Robert K. Massie

Nicolau & Alexandra

O RELATO CLÁSSICO DA QUEDA DA DINASTIA ROMANOV

Tradução
Angela Lobo de Andrade

Rocco

Título original
NICHOLAS AND ALEXANDRA
The Classic Account of the Fall of the Romanov Dynasty

Copyright © 1967 *by* Robert K. Massie
Copyright renovado © 1995 *by* Robert K. Massie
Copyright da Introdução © 2000 *by* Robert K. Massie

Todos os direitos reservados.

Direitos para a língua portuguesa reservados
com exclusividade para o Brasil à
EDITORA ROCCO LTDA.
Rua Evaristo da Veiga, 65 – 11º andar
Passeio Corporate – Torre 1
20031-040 – Rio de Janeiro – RJ
Tel.: (21) 3525-2000 – Fax: (21) 3525-2001
rocco@rocco.com.br
www.rocco.com.br

Printed in Brazil/Impresso no Brasil

revisão técnica
BRUNO GARCIA

preparação de originais
VILMA HOMERO

CIP-Brasil. Catalogação na fonte.
Sindicato Nacional dos Editores de Livros, RJ.

M369n   Massie, Robert K., 1929-
         Nicolau e Alexandra: o relato clássico da queda da dinastia
     Romanov/Robert K. Massie; tradução de Angela Lobo de Andrade.
     – 1ª ed. – Rio de Janeiro: Rocco, 2014.
     16x23cm

        Tradução de: Nicholas and Alexandra
        ISBN 978-85-325-2936-7

         1. Romance norte-americano. I. Andrade, Angela Lobo de.
     II. Título.

14-13854   CDD-813
                                   CDU-821.111(73)-3

"Tenho a firme, absoluta convicção de que o destino da Rússia
– e o meu próprio destino e o da minha família –
está nas mãos de Deus, que me pôs onde estou. Seja o que for
que me aconteça, eu me curvarei à Sua vontade com
a consciência de jamais ter tido qualquer pensamento
além de servir ao país que Ele me confiou."

– Nicolau II

"Afinal, o quarto das crianças foi o centro
de todos os problemas da Rússia."

– Sir Bernard Pares

"A imperatriz recusou-se a se render ao destino.
Ela falava sem cessar da ignorância dos médicos… Voltou-se
para a religião, e suas preces eram eivadas de certa histeria. O palco
estava pronto para o surgimento de um operador de milagres…"

– Grão-duque Alexandre

"A doença do czarevich lançou uma sombra sobre todo o período
terminal do reinado do czar Nicolau II, e basta para explicar.
Sem que parecesse, foi uma das principais causas de sua queda,
pois tornou possível o fenômeno de Rasputin e resultou
no fatal isolamento dos soberanos, que viviam num mundo
à parte, totalmente absorvidos numa trágica ansiedade
que precisava ser escondida de todos os olhares."

– Pierre Gilliard,
Tutor do czarevich Alexei

"Sem Rasputin, não teria havido Lênin."

– Alexandre Kerensky

INTRODUÇÃO

Quando *Nicolau* e *Alexandra* foi lançado, em 1967, o governo comunista ao estilo soviético da Rússia parecia monolítico, implacável e eterno. Jamais acreditei que eu, meus filhos ou os filhos dos meus filhos pudéssemos ver a queda daquele sistema. No entanto, tão rapidamente que foi difícil acompanhar o que estava acontecendo, o monólito se partiu, a União Soviética se dissolveu, Leningrado virou São Petersburgo, e a bandeira branca, azul e vermelha trazida à Rússia por Pedro, o Grande, substituiu a bandeira com a foice e o martelo flutuando sobre o Kremlin. No tumulto e excitação de olhar para o futuro, os russos olharam também para o passado. Afinal, a Rússia já existia havia mil anos e a era soviética durou apenas 74. A dinastia Romanov, que teve figuras gigantescas, como Pedro e Catarina, os Grandes, reinou por mais de três séculos. Chegou ao fim com assassinatos brutais num porão siberiano, mas muitos russos não sabiam que isso tinha acontecido. Nem como. Nem por quê.

Essas questões também me interessavam. Sou norte-americano e meu interesse na vida e no reinado do último czar era o de um historiador – e de um pai. Eu estava curioso porque os eventos na Rússia tiveram um profundo impacto na história do século XX, durante o qual vivi a maior parte da minha vida. Além disso, o nascimento de meu filho mais velho com hemofilia deu um significado pessoal à tragédia de Nicolau e Alexandra com seu único filho.

Quando comecei a escrever este livro, não tinha uma visão política preconcebida. Meu objetivo não era culpar ou desculpar, mas descobrir e explicar. O que encontrei foi tão fascinante quanto frustrante. Havia uma concordância geral de que a hemofilia do czarevich Alexei, herdeiro do último czar de todas as Rússias, fora um fator significativo na vida pessoal e política de seus pais e, devido à sua elevada posição, na queda do império russo. No afã de lidar com as agonias infligidas ao filho pela hemofilia, a mãe, desesperada, recorreu a Gregório Rasputin, o carismático e dissoluto místico siberiano. A presença de Rasputin perto do trono – sua influência sobre a imperatriz e, por meio dela, sobre seu marido e sobre o governo da Rússia – acelerou a queda da dinastia.

Isso foi fascinante. Mas foi frustrante descobrir que até aqueles que atribuíam grande importância à doença nos eventos não sabiam explicar, nem em termos médicos, nem em termos humanos, o que aconteceu exatamente. Se a doença do menino e a assistência dada por Rasputin contribuíram de fato para derrubar a antiga dinastia Romanov e levaram à Revolução Russa, por que nunca houve uma tentativa de decifrar e explicar esses episódios de cruel sofrimento e curas dramáticas? E quanto a Rasputin, quem não ouviu contar algo sobre esse homem extraordinário e seu sinistro assassinato? Mas quem sabia exatamente o que ele fazia para ajudar o czarevich? Tanto em termos históricos quanto humanos, parecia-me que, somente entendendo as bases de seu relacionamento, o restante da história seria coerente.

Li os diários, cartas e memórias deixados por homens e mulheres que estiveram intimamente envolvidos nesse grande drama e encontrei neles uma riqueza de informações fragmentadas que nunca haviam sido coletadas e estruturadas. Meu propósito era reunir todos os fios soltos e interpretar, à luz da medicina e da psiquiatria modernas, o relato de uma família cuja luta com a doença viria a ter consequências momentosas para o mundo.

Se a princípio meu interesse era traçar o papel da hemofilia, logo o vi se expandindo para incluir o rico panorama da época e do reinado de Nicolau II. Meio século após a revolução, alguns emigrados russos ainda respeitavam e idolatravam o último czar. Outros continuavam a falar dele como o tirano "Nicolau Sanguinário". Geralmente, porém, ele era descrito como fraco e superficial, uma figura bidimensional, presidindo com fragilidade os últimos anos de um sistema corrupto e em deterioração. Os historiadores admitiam que Nicolau era "um bom homem" – a evidência histórica da gentileza, charme, amor à família, fé religiosa, senso de dever e forte patriotismo é tão esmagadora que não podia ser negada. Mas argumentavam que as características pessoais eram irrelevantes. O importante é que Nicolau foi um mau czar.

Historicamente, os grandes líderes do povo russo – Pedro, o Grande, Catarina, a Grande, Lênin e Stalin – foram aqueles que empurraram à força a nação atrasada para a frente. Mas Nicolau, cuja mão era mais leve do que a de qualquer outro czar antes dele, era o "Nicolau Sanguinário". Ninguém sabe dizer como se sairiam os ancestrais de Nicolau II sob a enxurrada de desastres que caiu sobre ele. Uma comparação razoável pode ser feita entre o czar e seus contemporâneos nos tronos europeus, o kaiser Guilherme II, da Alemanha, e o imperador Francisco José, da Áustria-Hungria. Algum deles enfrentaria com sucesso a tempestade que se abateu sobre Nicolau? A história deu a resposta: a mesma guerra que ajudou a tirar Nicolau do trono fez ruir os impérios e imperadores Hohenzollern e Habsburgo.

Uma comparação com outro nobre contemporâneo de Nicolau, seu primo-irmão George V, da Inglaterra, cria sombras melancólicas. Pois se Nicolau não tivesse aprendido desde a infância que uma Constituição era um anátema, teria sido um excelente monarca constitucional. Ele era pelo menos tão inteligente quanto qualquer monarca europeu de sua época, ou da nossa. Suas qualidades e preferências eram surpreendentemente semelhantes às do rei George, com quem tanto se parecia fisicamente. Na Inglaterra, onde o soberano só precisava ser um bom homem para ser um bom rei, Nicolau II teria sido um monarca admirável.

Mas o destino não reservou para o último Romanov uma existência tão serena ou um nicho tão confortável na história. Ele era russo, não inglês, e se tornou não um monarca constitucional, mas imperador-czar, o autocrata de uma vasta região do planeta. Embora Nicolau estivesse no topo de um sistema que claramente sobrevivera aos tempos, a Rússia imperial não estava necessariamente fadada à destruição total. De fato, nos anos anteriores à revolução, a autocracia vinha recuando. Em 1905, o povo russo teve uma revolução parcial. O poder absoluto foi arrebatado da mão do czar pela criação de um parlamento, a Duma. Na época do primeiro-ministro Piotr Stolypin e da Terceira Duma, a cooperação entre o trono e o parlamento atingiu um nível altamente promissor. Durante a Primeira Guerra Mundial, a nação não pedia revolução, mas reformas, uma participação de responsabilidade na luta e na conquista da vitória. Nicolau, porém, reagiu obstinadamente a toda tentativa de diluir ainda mais seu poder. E agiu assim porque acreditava que estava cumprindo um dever ordenado por Deus, crença que sua esposa alimentava contínua e fervorosamente. É aqui, precisamente, que jaz a questão. Levada pela agonia do filho hemofílico, Alexandra recorreu a Rasputin para salvá-lo. Quando veio a crise política definitiva, incentivada por Rasputin, ela objetou passionalmente quaisquer concessões do poder imperial, que ela via como herança do filho.

Ao ceder a Alexandra, ao lutar para preservar a autocracia, ao negar todo pedido de aumento da responsabilidade no governo, Nicolau tornou a revolução e o triunfo de Lênin inevitáveis.

Depois da revolução, e supondo que seu domínio na Rússia seria permanente, o governo soviético não precisava mais de Nicolau como vilão, e os fatos de sua vida e de seu reinado ficaram trancados nos arquivos do Estado. Lembro-me de ter ido a uma exposição no Palácio do Arsenal do Kremlin nos anos 1960. Numa estante de vidro, estavam expostos muitos ovos de Páscoa de Fabergé, um deles com retratos em miniatura das quatro filhas e do filho do czar. Um grupo de mulheres russas também observava os retratos, falando entre si sobre quem seriam aquelas crianças. Falei que eram filhos de Nicolau II e lhes disse seus nomes. "O que aconteceu com eles?", perguntaram. "Foram mortos", respondi. "Por quem?", perguntaram. "Pelo governo soviético. Lênin aprovou." Elas me olharam com um misto de curiosidade e incredulidade. "Como você sabe disso?", uma delas perguntou. "Sou um historiador norte-americano", respondi. "Estudo essa família há muitos anos." Elas concordaram com a cabeça, não totalmente convencidas, e voltaram a olhar os retratinhos no ovo.

Não foi só na União Soviética que a lembrança dessa família se apagou. Quando terminei de escrever o livro, anos atrás, fiquei pensando no título. Até que me dei conta de que, em essência, o livro era sobre duas pessoas, e resolvi intitulá-lo *Nicolau e Alexandra*. Ao ouvir isso, meu editor ficou boquiaberto. "Que Nicolau e Alexandra?", indagou. "Ninguém vai saber de quem você está falando! Ninguém nunca ouviu falar deles!"

Quando foi lançado, *Nicolau e Alexandra* foi um sucesso mundial. Duas comunidades foram particularmente afetadas pelo livro. Emigrados russos e hemofílicos me disseram que nunca antes as circunstâncias especiais de sua vida haviam sido expostas com tanta clareza. Foi triste, porém, ver que nenhum dos dois grupos tinha muito interesse no outro. Os russos pouco ligavam para a hemofilia. Ainda culpavam Alexandra, "aquela alemã", por trazer a "doença alemã" para a Rússia e para seu filho. Os hemofílicos simpatizavam com mãe e filho, mas não tinham o menor interesse pela Rússia, pelos russos ou pelas implicações históricas da doença do czarevich. De modo geral, porém, tive sorte.

O livro gerou um fluxo de livros e filmes sobre os Romanov. Milhares de leitores, pessoalmente ou por escrito, vieram me dizer que meu livro fez diferença em suas vidas. Alguns disseram que havia despertado um interesse pela Rússia que eles agora manifestavam em vários níveis de pós-graduação e ensino. Muitos me falaram que *Nicolau e Alexandra* os introduziu na história em geral e que agora se interessavam por muitas áreas do passado da humanidade.

A reação das autoridades soviéticas variou de críticas ásperas a uma aprovação cautelosa. Uma resenha, logo no início, declarou que o livro era uma miscelânea de mentiras inventadas por um agente da CIA. Não muito tempo depois, porém, visitantes e turistas ocidentais estavam levando o livro à Rússia e traduções russas passavam de mão em mão, datilografadas clandestinamente em *samizdat*.* No começo dos anos 1970, a visão oficial era moderada. Uma conferência de professores universitários declarou que, embora o autor não entendesse a dialética marxista-leninista e não soubesse dar o devido peso ao papel de Lênin, a descrição e a análise de Nicolau e de seu reinado eram corretas. Como resultado, concluíram que o livro não devia ser considerado uma provocação política ou ideológica, mas apenas uma história mal contada. Desde o início de 1990, quando o regime comunista desapareceu, *Nicolau e Alexandra* tem sido publicado abertamente na Rússia — apesar de, no espírito do novo capitalismo empresarial russo, todas as edições traduzidas serem piratas. No Museu Hermitage, em São Petersburgo, e no Salão de Exposições Manège, ao lado do Kremlin, em Moscou, grandes exposições intituladas especificamente "Nicolau e Alexandra" são vistas por dezenas de milhares de russos curiosos, que ficam fascinados. De fato, o diretor do Hermitage e o diretor do Arquivo Estatal da Federação Russa (equivalente russo da Biblioteca do Congresso norte-americano) agora publicam livros em nível internacional sobre o czar, sua esposa, suas filhas e seu filho hemofílico.

A chegada do comunismo, trazido por Lênin, seu enraizamento na Rússia e o alastramento de sua ideologia e poder por todo o globo foram

---

* Trata-se de uma técnica de reprodução de uma literatura proibida muito utilizada na União Soviética e, posteriormente, nos países comunistas da Europa Central durante a Guerra Fria. Os livros, copiados a partir do papel carbono de manuscritos ou originais, tiveram o papel de espalhar ideias e debates reprimidos pela censura. (N. do R. T.)

eventos essenciais do século XX. Ironicamente, a Rússia é a única grande potência mundial com a qual os Estados Unidos nunca tiveram uma guerra. A Guerra Fria, que dividiu o mundo e foi ameaça de aniquilação nuclear, não foi motivada por comércio nem território, mas por ideologia. Esse foi o legado de Lênin. E também o legado de Rasputin e da hemofilia. Alexandre Kerensky, o último primeiro-ministro do Governo Provisório pós-czarista, afirmou: "Se não tivesse havido Rasputin, não teria havido Lênin." Se for verdade, também é verdade que, se não tivesse havido hemofilia, não teria havido Rasputin. Isso não significa que tudo o que aconteceu na Rússia teve origem na doença de um menino. Não significa desdenhar o atraso da sociedade russa, o clamor por reformas, o excesso de tensão e desgaste de uma guerra mundial, além das decisões erradas do último czar. Tudo isso afetou fortemente o rumo dos eventos. Mas, então, como se para garantir o final terrível, o destino introduziu a hemofilia e Rasputin. Desse golpe, Nicolau e a Rússia imperial não conseguiram se recuperar.

Hoje, no começo de um novo século, desaparece a discussão sobre a instituição da autocracia e os erros políticos do último czar, enquanto permanecem vivos o horror e a compaixão pela maneira com que Nicolau e sua família foram assassinados. Nos meses que antecederam a execução, esse marido, sua esposa e os cinco filhos se comportaram com excepcional coragem e dignidade. Seu fim os redimiu na memória nacional e histórica.

Robert K. Massie
Setembro de 1999

SUMÁRIO

Parte Um

1. 1894: A Rússia Imperial 23
2. O czarevich Nicolau 33
3. Princesa Alix 47
4. Casamento 60
5. A coroação 70
6. O novo czar 80
7. Dois revolucionários 92
8. O conselho do kaiser 102
9. 1905 117

Parte Dois

10. A cidade do czar 135
11. "OTMA" e Alexei 149
12. A agonia de uma mãe 164
13. O progresso real 181
14. "O pequenino não vai morrer" 196
15. Rasputin 206
16. O demônio sagrado 220
17. "Queremos uma grande Rússia" 230
18. A dinastia Romanov 251
19. O longo verão de 1914 266

Parte Três

20. Pela defesa da sagrada Rússia 293
21. Stavka 310
22. "Coitados, prontos a dar a vida por um sorriso" 324
23. O engano fatídico 340
24. O governo se desintegra 360
25. O príncipe e o camponês 385

26 ❦ Último inverno em Tsarskoe Selo *399*
27 ❦ Revolução: março de 1917 *412*
28 ❦ Abdicação *425*
29 ❦ A imperatriz solitária *442*

Parte Quatro

30 ❦ Cidadão Romanov *457*
31 ❦ "O governo de Sua Majestade não insiste" *472*
32 ❦ Sibéria *486*
33 ❦ Bons homens russos *500*
34 ❦ Ekaterinburg *519*

Epílogo *531*
Árvores genealógicas *547*
Agradecimentos *551*
Notas *553*
Bibliografia *602*

PERSONAGENS

NICOLAU II, CZAR DA RÚSSIA, 1894-1917 – *Antes de 1894, czarevich Nicolau*

ALEXANDRA FEODOROVNA, IMPERATRIZ DA RÚSSIA } *Nascida princesa Alix de Hesse-Darmstadt*

ALEXEI, O CZAREVICH – *Quinto e único filho de Nicolau e Alexandra*

OLGA
TATIANA
MARIA
ANASTÁCIA } *Filhas de Nicolau e Alexandra*

ALEXANDRE III, CZAR DA RÚSSIA, 1881-1894 – *Pai de Nicolau II*

MARIA FEODOROVNA, IMPERATRIZ VIÚVA } *Mãe de Nicolau II, nascida princesa Dagmar da Dinamarca*

GRÃO-DUQUE GEORGE
GRÃO-DUQUE MIGUEL } *Irmãos de Nicolau II*

GRÃ-DUQUESA XENIA
GRÃ-DUQUESA OLGA } *Irmãs de Nicolau II*

GRÃO-DUQUE VLADIMIR
GRÃO-DUQUE ALEXEI
GRÃO-DUQUE SÉRGIO
GRÃO-DUQUE PAULO } *Irmãos do czar Alexandre III e tios de Nicolau II*

GRÃ-DUQUESA MARIA PAVLOVNA – *Esposa do grão-duque Vladimir*

GRÃO-DUQUE CIRILO
GRÃO-DUQUE BORIS
GRÃO-DUQUE ANDREI } *Filhos de Vladimir e Maria Pavlovna e primos de Nicolau II*

GRÃ-DUQUESA ELIZABETH (Ella) } *Irmã da imperatriz Alexandra e esposa do grão-duque Sérgio*

GRÃO-DUQUE NICOLAU NICOLAIEVICH — Comandante em chefe do Exército russo na Primeira Guerra Mundial

GRÃO-DUQUE ALEXANDRE MIKHAILOVICH (Sandro) — Marido da irmã de Nicolau II, Xenia

PRÍNCIPE FELIX YUSSOUPOV — Assassino de Rasputin. Marido da princesa Irina, filha da grã-duquesa Xenia e do grão-duque Alexandre Mikhailovich

GRÃO-DUQUE DIMITRI — Assassino de Rasputin. Filho do grão-duque Paulo

EDUARDO VII, REI DA INGLATERRA, 1901-1910 (Tio Bertie) — Cunhado da imperatriz viúva Maria Feodorovna, tio da imperatriz Alexandra e do kaiser Guilherme II

GEORGE V, REI DA INGLATERRA, 1910-1936 (Georgie) — Por parte de mãe, primo-irmão de Nicolau II. Por parte de pai, primo-irmão da imperatriz Alexandra

CONDE SERGIUS WITTE, 1905-1906
IVAN GOREMYKIN, 1906
PIOTR STOLYPIN, 1906-1911
VLADIMIR KOKOVTSOV, 1911-1914
IVAN GOREMYKIN, 1914-1916
BORIS STÜRMER, 1916
ALEXANDRE TREPOV, 1916-1917
NICOLAU GOLITSYN, 1917
— Presidentes do Conselho de Ministros (primeiros-ministros) depois do Manifesto de 1905

GUILHERME II, KAISER DA ALEMANHA, 1888-1918 (Willy) — Primo-irmão da imperatriz Alexandra. Primo distante de Nicolau II

CONDE VLADIMIR FREDERICKS — Ministro da Corte Imperial

CONDE PAULO BENCKENDORFF — Marechal da Corte Imperial, subordinado de Fredericks

DR. EUGÊNIO BOTKIN — Médico da corte. Botkin atendia primeiramente a imperatriz Alexandra

DR. FEDOROV — Um médico que atendia ao czarevich Alexei

DR. VLADIMIR DEREVENKO — Médico permanente do czarevich Alexei

PIERRE GILLIARD – *Tutor suíço do czarevich Alexei*

ANA VYRUBOVA – *Amiga íntima e confidente da imperatriz Alexandra*

DEREVENKO } *Um marinheiro encarregado de vigiar o czarevich Alexei dia e noite. Não tem relação com o dr. Derevenko*

MATILDE KSCHESSINSKA } *Bailarina. Amante de Nicolau II antes do casamento dele*

GREGÓRIO RASPUTIN – *Um camponês siberiano*

ALEXANDRE KERENSKY – *Primeiro-ministro do Governo Provisório, 1917*

VLADIMIR ULYANOV (Lênin) – *Primeiro líder do Estado soviético*

Retrato da imperatriz Alexandra Feodorovna, com seu traje de gala de csarina, 1907. Fotografia de autor não identificado. Acervo Bridgeman Images

Imperatriz Alexandra

Retrato do imperador Nicolau II, 1900. Óleo sobre tela de Valentin Aleksandrovich Serov. Coleção Museu Histórico do Estado, Moscou. Acervo Bridgeman Images

Nicolau II, por Serov

NOTA

Os títulos IMPERADOR e CZAR, IMPERATRIZ e CZARINA são todos corretos e usados indistintamente neste livro. IMPERADOR era um grau mais alto, usado primeiro por Pedro, o Grande, mas Nicolau II, eslavófilo, preferia o título mais antigo, mais russo, de CZAR.

As datas na história russa podem ser confusas. Até 1918, a Rússia adotava o antigo calendário juliano. No século XIX, esse calendário estava doze dias atrasado em relação ao gregoriano, usado em quase todos os outros lugares. No século XX, o calendário russo já estava treze dias atrasado. Neste livro, todas as datas estão de acordo com o calendário gregoriano, mais recente, exceto as indicadas como estilo antigo (E.A.).

Todos os russos têm três nomes: o primeiro, nome de batismo, o nome do pai com final VICH (que significa filho de), e o nome da família. Assim, Nicolau era Nicolau Alexandrovich Romanov. Para as mulheres, o segundo nome é o do pai, acrescido de EVNA ou OVNA. A filha mais nova do czar era Anastácia Nicolaievna.

Parte Um

A família de Nicolau: (a partir da esquerda para a direita) Miguel, a imperatriz Maria, Nicolau, Xenia, George, czar Alexandre III com Olga no colo.

1
1894: A RÚSSIA IMPERIAL

Da cidade báltica de São Petersburgo, construída num pântano fluvial no extremo norte do império, o czar governava a Rússia. Tão imensos eram seus domínios que, quando a noite começava a cair nas fronteiras ocidentais, o dia já raiava na costa do Pacífico. Entre essas fronteiras distantes estendia-se um continente, um sexto da superfície do globo. Nas profundezas dos invernos russos, milhões de altos pinheiros se elevavam silenciosos sob pesadas neves. No verão, bosques de bétulas de troncos brancos farfalhavam suas folhas prateadas sob os raios oblíquos do sol da tarde. Rios largos e lisos fluíam pacificamente por entre os capinzais das planícies, rumo a um ilimitado horizonte meridional. A leste, na Sibéria, rios ainda mais poderosos deslizavam para o norte ártico, cortando florestas onde humano algum jamais estivera, atravessando charcos desolados de tundras congeladas.

Aqui e acolá, escassamente espalhados por essa vastidão de terras, viviam cento e trinta milhões de súditos, não somente eslavos, mas também bálticos, judeus, germânicos, georgianos, armênios, uzbeques e tártaros. Alguns se aglomeravam nas cidades e vilas provinciais, dominadas por domos em forma de cebola, que se alteavam acima das casas de muros brancos. Muitos outros viviam em aldeias esparsas de cabanas de madeira sem pintura, onde uns poucos girassóis cresciam junto às portas. Gansos e porcos vagavam livremente por ruas lamacentas. Tanto homens quanto mulheres trabalhavam todo o verão, plantando e ceifando lustrosos grãos maduros antes da primeira geada de setembro. Nos seis meses de inverno, o campo aberto era um deserto congelado de brancura. Na atmosfera densa do interior das cabanas, em meio ao aroma de roupas fumegando e de chá fervendo, os camponeses se sentavam em volta do enorme fogão de barro, discutindo e ponderando sobre os obscuros mistérios da natureza e de Deus.

No campo, o povo russo levava a vida sob uma coberta de silêncio. Muitos viviam e morriam na mesma aldeia em que tinham nascido.

Três quartos deles eram camponeses libertos uma geração antes pela lei de emancipação dos servos, promulgada pelo czar libertador Alexandre II. Mas a liberdade não produzia alimento. Quando veio a fome e a terra enegrecida rachou por falta de chuvas, enquanto os grãos secaram e viraram pó ainda nos talos, os camponeses arrancaram o sapé dos telhados para dar de comer aos animais e mandaram os filhos pegar o caminho da cidade para procurar trabalho. Na fome, mujiques famintos se embrulhavam em mantos esfarrapados e passavam o dia inteiro em silêncio na beira das estradas cobertas de neve. Nobres damas agasalhadas em peles passavam em suas troicas pelos campos arruinados, esparzindo com gestos graciosos dos braços esbeltos chuviscos de moedas de prata. Logo atrás vinha o coletor de impostos para pegar as moedas e exigir mais.

Quando os mujiques reclamavam, um esquadrão de cossacos invadia a vila, empunhando lanças nas mãos de luvas pretas, com chicotes e sabres pendurados nas selas. Os encrenqueiros eram açoitados e a amargura jorrava junto com o sangue. Donos de terras, polícia, governadores e funcionários locais eram profusamente amaldiçoados pelos camponeses. Mas o czar, nunca. Lá longe, num lugar mais perto do céu que da Terra, o czar nada fazia de mau. Ele era o *Batiushka-Czar*, o pai do povo russo, e não sabia quanto sofrimento o povo tinha que suportar. "Muito alto está Deus! Muito longe está o czar!", dizia um provérbio russo. Se pudéssemos ir até o czar e contar a ele, nossos problemas teriam fim – assim era o enredo de centenas de contos de fada russos.

Ao se aproximar o fim do século, a vida de muitas dessas aldeias longínquas andava agitada. A estrada de ferro vinha chegando. Naqueles anos, a Rússia construía ferrovias mais depressa do que todos os outros países europeus. Como no oeste norte-americano, as estradas de ferro cobriam amplos espaços, ligavam fazendas a cidades, indústrias a mercados. O viajante podia entrar num trem em Moscou e, após passar um dia numa cabine aconchegante, tomando chá e contemplando os campos enterrados sob a neve passarem correndo, descer na estação de São Petersburgo. Em 1891, o governo imperial deu início à construção da maior ferrovia da Rússia, a Transiberiana. Começando no subúrbio leste de Moscou, a faixa de trilhos se alongava por mais de 6.500 quilômetros até o oceano Pacífico.

Então, como agora, Moscou era o coração da Rússia, o centro das ferrovias, das vias fluviais, dos negócios e do comércio. De uma pequena vila do século XII, cercada por uma paliçada de madeira, Moscou se tornara a capital e cidade sagrada da Rússia. Foi lá que Ivan, o Terrível, quando tomou o trono, em 1547, anunciou que seria coroado, não como grão-príncipe de Moscou, mas como czar de todas as Rússias.

Moscou era "a Cidade de Quarenta Vezes Quarenta Igrejas". Elevando-se sobre os telhados verdes, brilhavam os domos azuis e dourados de centenas de torres de igrejas. Lá embaixo, as largas avenidas eram ornadas com as colunatas de palácios de príncipes e mansões de ricos mercadores de têxteis. No labirinto de ruas secundárias, fileiras de casas de dois andares e casinholas de madeira abrigavam funcionários municipais e operários de fábricas. As ruas ficavam mergulhadas nas neves do inverno, nos lamaçais da primavera e na poeira grossa do verão. Mulheres e crianças que se aventuravam pelas ruas tinham que ficar atentas ao súbito surgimento de uma carruagem às carreiras ou de um estrondoso bando de cossacos, berrando como caubóis numa vila do oeste americano.

No coração de Moscou, com maciços muros vermelhos emergindo da margem do rio Moscou, alteava-se a sombria cidadela medieval do poder russo, o Kremlin. Não um único prédio, mas uma cidade inteira murada, o Kremlin parecia a um francês romântico nada menos do que um espelho da Rússia: "O curioso conglomerado de palácios, torres, mosteiros, capelas, quartéis, arsenais e bastiões, essa desordem incoerente de prédios sagrados e seculares, esse complexo de funções de fortaleza, santuário, serralho, harém, necrópole e oratório, esse violento conflito do mais cru materialismo e da mais exaltada espiritualidade, não é isso toda a história da Rússia, toda a épica da nação russa, todo o drama interno da alma russa?"

Moscou era a "Terceira Roma", o centro da fé ortodoxa. Para milhões de russos, o drama e a panóplia da vida na Terra eram encontrados na Igreja Ortodoxa. Nas grandes catedrais, as camponesas de lenço na cabeça se misturavam a princesas cobertas de joias e peles. Pessoas de todas as classes e idades permaneciam horas em pé segurando velas, com a mente e os sentidos absortos no espetáculo avassalador que acontecia à sua volta. Em cada canto da igreja, ícones dourados brilhavam sob a luz quente. No iconóstase, o grande retábulo coberto de ícones diante do altar, assim como nas mitras e cruzes dos bispos vestidos de ouro, fulguravam diamantes, esmeraldas e rubis. Clérigos de longas barbas lhes descendo pelo peito caminhavam entre o povo, balançando incensários olorosos. O culto não era tanto em cânticos, mas uma sucessão emendada de hinos, extraindo um poder inacreditável das notas acentuadas dos baixos mais profundos. Deslumbrada com as cenas e os aromas, e purificada pelas notas crescentes da música, ao final do culto a congregação se adiantava para beijar a mão macia do bispo, que lhes ungia a testa com óleo sagrado num gesto em sinal da cruz. A igreja oferecia os extremos da emoção, da melancolia e do êxtase. Ensinava que o sofrimento era bom, que a tristeza e a dor eram inevitáveis. "É a vontade de Deus", diziam os russos, e, com o auxílio da igreja, procuravam encontrar humildade e forças para suportar sua carga terrena.

Apesar de toda a sua glória, em 1894 Moscou já não era a capital do império. Duzentos anos antes, Pedro, o Grande, havia arrancado à força a antiga herança eslava e arremessado a nação na cultura da Europa ocidental. Nos pântanos do rio Neva, Pedro construiu uma nova cidade, projetada para ser a "janela para a Europa". Milhões de toneladas de granito vermelho foram arrastados e amontoados nos pântanos, e duzentos mil operários morreram de febre e subnutrição. Mas, antes de morrer, o que aconteceu em 1725, Pedro instalou o governo do império nessa estranha capital artificial, nas cabeceiras do mar Báltico.

A cidade de Pedro foi construída na água, espalhando-se por dezenove ilhas encadeadas por pontes em arco, debruadas por canais sinuosos. A nordeste, situava-se a vasta extensão do lago Ladoga; a oeste, o golfo da Finlândia; e, entre os dois, fluía a larga corrente do rio Neva. "Dividindo a cidade ao meio, as frias águas do Neva se movem silenciosamente como uma tira cinzenta de metal polido... trazendo com elas a fragrância das florestas e dos charcos onde brotaram." A margem norte era dominada pelos sombrios bastiões marrons da fortaleza de Pedro e Paulo, de cuja catedral se erguiam pelos ares 120 metros de uma delgada espiral dourada. Ao longo da margem sul, um cais de cinco quilômetros de sólido granito bordejava o Palácio de Inverno, o Almirantado, as embaixadas e os palácios da nobreza.

Chamada de Veneza do Norte, de Babilônia das Neves, São Petersburgo era europeia, não russa. Sua arquitetura, estilo, moral e pensamento eram ocidentais. O toque italiano era visível. Os arquitetos italianos Rastrelli, Rossi, Quarenghi, trazidos à Rússia por Pedro e seus herdeiros, moldaram imensos palácios barrocos em vermelho e amarelo, verde-claro, azul e branco, instalados entre jardins ornamentais, em meio a largas avenidas. Até os prédios menores eram pintados e adornados no estilo e nas cores do sul. Maciços edifícios públicos ganhavam leveza com janelas, sacadas e colunas ornamentadas. A enorme catedral de Nossa Senhora de Kazan era uma cópia direta da Basílica de São Pedro em Roma.

Apesar do estilo mediterrâneo, São Petersburgo era uma cidade do norte, onde a latitude ártica pregava peças com a luz e com o clima. As noites de inverno começavam cedo, logo à tarde, e duravam até alta manhã do dia seguinte. Ventos gélidos e redemoinhos de nevascas varriam as vastas planícies ao redor da cidade, açoitando paredes e janelas de palácios renascentistas e deixando o Neva congelado e duro como aço. Sobre as espirais barrocas e os canais congelados dançavam as estranhas luzes da aurora boreal. Ocasionalmente, um dia claro quebrava a triste monotonia. O céu ficava azul-prateado e os cristais de neve nas árvores, nos telhados e nos domos floreados refulgiam à luz de um sol tão forte que os olhos não suportavam a claridade ofuscante. O inverno era um grande moderador. Czar, ministros, padres e operários de fábricas agasalhavam-se com camadas e camadas de roupas e, ao chegarem da rua, iam direto ao borbulhante samovar servir-se de uma xícara de chá.

O verão em São Petersburgo era tão claro quanto o inverno era escuro. Durante vinte e duas horas, a cidade ficava inundada de luz. Às onze da noite, as cores do dia se haviam esmaecido numa nuance leitosa de prata e pérola, e a cidade, velada pela iridescência, dormia em silêncio. No entanto, se alguém estivesse acordado depois da meia-noite e olhasse para o leste, já podia ver, como uma fina linha rósea contra o horizonte, o começo do alvorecer. O verão podia ser muito quente na capital. Janelas abertas para receber a brisa do rio deixavam entrar também o ar salgado do golfo da Finlândia, aromas de temperos e alcatrão, o som das rodas das carruagens, gritos de vendedores de rua, o repique dos sinos das igrejas.

Em 1894, São Petersburgo ainda era fiel aos desejos do czar Pedro, o Grande. Era o centro de tudo o que era avançado, tudo o que era elegante e muito do que era cínico na vida russa. As grandes companhias de ópera e de balé, as orquestras sinfônicas e de câmara apresentavam obras de Glinka, Rimsky-Korsakov, Borodin, Mussorgsky e Tchaikovsky; os cidadãos liam Pushkin, Gogol, Dostoiévski, Turgenev e Tolstoi. Mas a sociedade falava francês, e não russo, e as melhores roupas e mobílias eram encomendadas em Paris. Os nobres russos passavam férias em Biarritz, na Itália e na Riviera, em vez de ir para as grandes propriedades no campo, que forneciam o dinheiro para financiar esses prazeres. Os homens iam às corridas de cavalos e a clubes de jogo. As damas dormiam até o meio-dia, recebiam o cabeleireiro e depois iam passear nas ilhas. Os casos de amor floresciam, acompanhados pelos inevitáveis cochichos de deliciosos mexericos.

A sociedade ia todas as noites ao Balé Imperial no belíssimo Teatro Maryinsky, azul e dourado, ou ao Théatre Français, onde "a *décolletage* da moda era compensada por uma abundância de joias". Depois do teatro, as damas e seus escorts se acomodavam entre peles em pequenos trenós vermelhos e deslizavam ruidosamente sobre a neve para jantar e dançar no Restaurante Cuba. "Ninguém pensava em ir embora antes das três da madrugada, e os oficiais costumavam ficar até as cinco... quando o céu se coloria em tons de pérola, rosa e prata."

A "temporada" em São Petersburgo começava na véspera de Ano-Novo e durava até o início da Quaresma. Nessas semanas de inverno, a aristocracia da capital se movimentava numa roda-viva de concertos, banquetes, bailes, balés, óperas, festas particulares e ceias à meia-noite. Todo mundo dava festas e todo mundo comparecia. Nas recepções, oficiais em uniformes brilhantes cobertos de condecorações coloridas e velhas senhoras em vestidos ondulantes de cetim branco circulavam pelos salões de teto alto, pegando taças de champanhe das bandejas dos servos e enchendo os pratos de salada de esturjão, creme de galinha, ovos recheados e três tipos de caviar. No *Bal Blanc,* as moças casadoiras, vestidas em branco virginal, dançavam quadrilha com jovens oficiais sob o olhar vigilante de *chaperones* sentadas em cadeiras douradas de espaldar reto. Para os jovens casais havia os *Bals Roses*, uma girândola de valsas e música cigana, de joias rutilantes e fardas azuis, verdes e escarlates, que "faziam a gente se sentir como se tivesse asas nos pés e a cabeça nas estrelas".

No auge da temporada, as damas se enfeitavam com diamantes já de manhã, iam à igreja, recebiam para almoço, passeavam à tarde e voltavam em casa para se vestir para um baile. Tradicionalmente, os melhores bailes eram os oferecidos por Suas Majestades no Palácio de Inverno. Nenhum palácio da Europa era tão bem equipado para uma grande festança. O Palácio de Inverno tinha uma sucessão de galerias gigantescas, cada uma tão grande e alta quanto uma catedral. Grandes colunas de jaspe, mármore e malaquita sustentavam os altos tetos ornados de dourado, de onde pendiam imensos candelabros de ouro e cristal. Lá fora, no frio intenso das noites de janeiro, os três blocos que compunham o Palácio de Inverno ficavam profusamente iluminados. Um infindável cortejo de carruagens ia chegando, trazendo passageiros, que deixavam com serviçais seus mantos e casacos de pele, antes de subir as largas escadarias de mármore, cobertas com grossos tapetes vermelhos. Ao longo das paredes, buquês de orquídeas e vasos de palmeiras emolduravam imensos espelhos, nos quais dezenas de pessoas podiam se mirar e se admirar ao mesmo tempo. Nos corredores, a intervalos regulares, soldados da *Chevaliers Gardes*, de farda branca com armadura prateada cobrindo o peito e águia de prata no elmo, e cossacos em túnica escarlate montavam guarda, rígidos, em posição de sentido.

Os três mil convidados incluíam oficiais da corte, trajando uniforme preto com rendas de ouro, generais com o peito curvado ao peso de medalhas das guerras turcas e jovens oficiais hussardos em uniforme de gala, com calças de pele de alce tão apertadas que era preciso dois soldados para ajudar a enfiá-las. Num grande salão de baile, a paixão das russas por joias era ostentada em cada cabeça, pescoço, orelha, pulso, dedo e cintura.

Um baile imperial começava precisamente às 20:30, quando o grão-mestre de cerimônias aparecia e dava três batidas fortes no chão com o bastão de ébano ostentando a águia de duas cabeças, símbolo do czar, engastada em ouro. O som produzia silêncio imediato. As grandes portas de mogno com incrustações de ouro se abriam, o grão-mestre de cerimônias gritava: "Suas Majestades Imperiais", e centenas de vestidos farfalhavam enquanto as damas se curvavam em profundas reverências. No inverno de 1894, esse anúncio fez aparecer um homem alto, poderoso, barbado, o czar Alexandre III. A seu lado, num vestido de brocado de prata, costurado com diamantes, e sua famosa tiara de diamantes nos cabelos, vinha sua esposa dinamarquesa, de olhos escuros, a imperatriz Maria. A orquestra irrompeu numa *polonaise* e, no decorrer da noite, tocou quadrilhas, *chaconnes*, mazurcas e valsas. À meia-noite, foi servida uma ceia nos salões adjacentes. Enquanto devoravam pratos de salada de lagosta, empadas de galinha, cremes, tortas e pastéis, os felizes convivas podiam ver, através das vidraças duplas das janelas, o vento soprando rajadas de neve fina sobre o rio congelado. Por entre as mesas, o czar, de 1,95m, circulava como um grande urso russo, parando aqui e ali para conversar, até à uma e meia da madrugada, quando o casal imperial se retirou e os convidados, relutantemente, foram embora.

O czar Alexandre III tinha uma enorme capacidade de trabalho e espantosa força física; conseguia envergar atiçadores de ferro e pratos de prata. Certa vez, num jantar, o embaixador austríaco fez insinuações sobre os problemas nos Bálcãs e mencionou de modo ameaçador que a Áustria podia mobilizar dois ou três exércitos. Em silêncio, Alexandre III pegou um garfo, torceu-o até dar um nó e jogou-o no prato do embaixador, dizendo calmamente: "Isso é o que vou fazer com seus dois ou três exércitos." O modo de Alexandre relaxar era levantar-se antes do amanhecer, pôr a espingarda no ombro e sair para um dia inteiro de caçada nos pântanos e florestas. Como um urso, ele era mal-humorado, feroz, fechado e desconfiado. Tinha a mente firme, fortes preferências e ojerizas, muita vontade e determinação. Depois de tomar uma decisão, ia para a cama e dormia profundamente. Detestava ingleses e alemães, e tinha paixão por tudo o que era russo. Odiava a pompa e achava que um verdadeiro russo devia ter simplicidade nos modos, à mesa, no falar e no vestir. Usava suas calças e botas até acabarem. A rainha Vitória disse uma vez, em tom gélido, que aquele enorme czar da Rússia era "um soberano que ela não consideraria um *gentleman*".

Alexandre III dominava a família como dominava o império. Sua esposa encontrou um jeito charmoso de lidar com o gigante rabugento; seus filhos, principalmente os três meninos, não tinham independência nenhuma. A palavra do czar era ordem e, segundo um oficial da corte, quando ele falava, "dava a impressão de estar a ponto de lhe bater". Quando reuniam um pequeno grupo para tocar música de câmara, o czar dominava o ambiente, soprando seu grande fagote.

Sob Alexandre III, o sistema autocrático russo parecia funcionar. A pessoa do czar era o governo da Rússia. Seu poder era absoluto, devendo satisfações apenas a Deus. O poder fluía de cima para baixo e era exercido em todo o império por batalhões de ministros, governadores, funcionários, coletores de impostos e policiais, tudo em nome do czar. Não existia parlamento e o povo não tinha voz. Até os membros da família imperial, os grão-duques e grã-duquesas, estavam submetidos à sua vontade. Os grão-duques eram governadores de províncias ou oficiais de alta patente no exército ou na marinha, mas serviam somente de acordo com a vontade do czar. A um estalar de dedos do monarca, eram postos para fora.

Alexandre III era um autocrata dedicado, levando ao limite os poderes de sua posição. Sob quaisquer circunstâncias ele teria sido um czar forte, mas o vigor de sua crença na autocracia foi inspirado pela revolta contra aqueles que mataram seu pai, o czar libertador Alexandre II. Que os assassinos de seu pai não tenham sido liberais, mas terroristas revolucionários, não interessava a Alexandre III; ele punha todos no mesmo bolo.

Durante os treze anos de seu reinado, Alexandre III se dedicou a esmagar qualquer oposição à autocracia. Centenas de seus inimigos políticos fizeram a longa viagem para o exílio em vilarejos perdidos da Sibéria. O peso da censura calava a imprensa. Não tardou para que o rigor de suas políticas criasse uma força psicológica a favor da autocracia, e o empenho dos assassinos e revolucionários começasse a arrefecer.

À exceção de sua postura política, Alexandre III era um czar com visão de futuro. Fez aliança com a França, a fim de conseguir os altos empréstimos de que precisava para a construção das ferrovias russas. Começou a reconstruir o exército e resistiu a todas as tentações e provocações que poderiam tê-lo arrastado para a guerra. Apesar de não gostar dos alemães, estimulou os industriais daquele país a investirem capital no desenvolvimento das minas de carvão e ferro da Rússia.

A determinação de governar sozinho seu vasto império exigia toda a grande energia de Alexandre III. Para trabalhar sem ser incomodado, resolveu morar no palácio de Gatchina, 40 quilômetros a sudoeste de São Petersburgo. A imperatriz Maria preferia bem mais morar na cidade, e a cada inverno ela o trazia à capital para abrir a temporada. Mas Alexandre III simplesmente se recusava a morar no enorme e requintado Palácio de Inverno, que ele achava frio e cheio de correntes de ar, por isso o casal imperial fixou residência no Palácio Anitchkov, bem menor, no Nevsky Prospect.

Foi uma sorte para a Rússia Alexandre III ter se casado com uma mulher cujos talentos se adequavam perfeitamente à sua posição. Nascida princesa Dagmar da Dinamarca, ela era irmã mais nova da princesa Alexandra, que se casou com o príncipe de Gales e se tornou rainha da Inglaterra. Quando mocinha, Dagmar foi noiva do irmão mais velho de Alexandre III, Nicolau, então herdeiro do trono russo. Quando Nicolau morreu, antes do casamento, Alexandre recebeu como legado não só o título de czarevich, mas também a noiva de cabelos negros. Antes de se casar, Dagmar tomou o nome russo de Maria Feodorovna.

Os russos amavam aquela mulher pequena, alegre, que se tornou sua imperatriz, e Maria brilhava na vida da corte russa. Adorava bailes e festas. "Dancei, dancei muito. Deixei-me levar", ela escreveu, aos 44 anos. Nos jantares, sua conversa era inteligente, espirituosa, seus olhos escuros tinham brilho, a voz sussurrante era calorosa e bem-humorada. Ela dominava tanto pelo charme quanto pela posição. Quando algum ocorrido gerava comentários maliciosos, Maria se deleitava em passar a fofoca adiante. Certa vez, escreveu numa carta: "Ficaram meia hora dançando a mazurca. Uma senhora perdeu a anágua, coitada, que ficou caída a nossos pés, até que um general a escondeu atrás de um vaso de flores. A infeliz se ocultou por entre as pessoas, antes que alguém descobrisse quem ela era." Divertindo-se com as falhas humanas, ela era tolerante com as fraquezas das pessoas. Comentou com divertida piedade as tribulações do arquiduque Francisco Ferdinando quando ele fez uma visita oficial a São Petersburgo, em 1891: "Ele é tão festejado, tão empanturrado com almoços e jantares aonde quer que vá, que acaba tendo uma indigestão monstruosa. Ontem à noite no teatro, ele já parecia enjoado e saiu mais cedo, com enxaqueca."

Quando fez 30 anos, Maria já havia cumprido as exigências da maternidade real, tendo gerado cinco filhos. Nicolau nasceu em 18 de maio de 1868, seguido por George (1871), Xenia (1875), Miguel (1878) e Olga (1882). Como seu marido estava sempre envolvido no trabalho, era Maria quem atendia as crianças, supervisionava seus estudos, dava-lhes conselhos e ouvia suas confidências. Frequentemente, agia como um amortecedor maternal entre a prole e o homem forte e mal-humorado que era o pai. O filho mais velho, o czarevich Nicolau, tinha uma especial necessidade do apoio da mãe. Tudo o que se relacionava a Alexandre inspirava assombro no filho. Em outubro de 1888, o trem imperial descarrilou perto de Cracóvia enquanto a família comia pudim no vagão-restaurante. O teto do trem ficou amassado para dentro, mas, com sua força enorme, Alexandre o levantou com os ombros e o sustentou até que sua esposa e filhos saíssem engatinhando, ilesos. O pensamento de que um dia sucederia a esse pai hercúleo deixava Nicolau apavorado.

Quando começou o ano de 1894, os medos de Nicolau ficaram no passado. Com apenas 49 anos, o czar Alexandre III ainda se aproximava do auge de seu reinado. Os primeiros anos tinham sido dedicados a restabelecer de forma efetiva a autocracia. Agora, com o império a salvo e a dinastia assegurada, ele esperava usar o grande poder que havia conquistado para colocar um selo diferencial na Rússia. Alguns, olhando confiantemente para o futuro, já comparavam Alexandre III a Pedro, o Grande.

❧2❧
O CZAREVICH NICOLAU

FOI COM UM CUIDADO ESPECIAL que o destino escolheu Nicolau para ser czarevich e, mais tarde, czar. Era o mais velho de quatro irmãos, mas, por uma série de infortúnios, lhe foi negado o apoio que irmãos poderiam dar a um monarca. Um dos irmãos, um principezinho chamado Alexandre, morreu ainda bebê. O seguinte, George, foi seu grande companheiro quando menino. Durante toda a infância, Nicolau admirou o humor brilhante de George, e cada vez que o irmão fazia uma piada, o czarevich a anotava cuidadosamente num papel e guardava numa caixa. Anos depois, quando se ouvia o czar Nicolau rindo sozinho em seu gabinete, ele estava relendo a coleção de piadas de George. Infelizmente, na adolescência, George teve tuberculose nos dois pulmões e foi mandado, acompanhado somente por serviçais, para as altas montanhas ensolaradas do Cáucaso.

Embora o Palácio Gatchina tivesse 900 cômodos, Nicolau e seus irmãos foram criados com simplicidade espartana. Todas as manhãs, Alexandre III se levantava às sete horas, se lavava em água fria, vestia roupas de camponês, fazia ele mesmo um bule de café e se sentava à escrivaninha. Mais tarde, quando Maria se levantava, ela o acompanhava numa refeição de pão de centeio e ovos cozidos. As crianças dormiam em simples catres do exército com travesseiros duros, tomavam banho frio e mingau de manhã. No almoço, quando se reuniam aos pais, havia grande fartura de comida, mas, como as crianças eram servidas por último, depois de todos os convidados, e tinham que deixar a mesa no momento em que seu pai se levantava, muitas vezes ficavam com fome. Voraz, certa vez Nicolau atacou a cruz de ouro oca enchida com cera de abelha que ganhara no batismo. No meio da cera, havia um minúsculo fragmento da Santa Cruz. "Nicolau estava com tanta fome que abriu a cruz e comeu o conteúdo, com relíquia e tudo", contou a irmã Olga. "Depois ele se envergonhou, mas admitiu que achou o gosto 'imoralmente bom'." As crianças comiam melhor quando jantavam sozinhas, embora as refeições sem a presença dos pais se tornassem facilmente um vale-tudo, com irmãos e irmãs se bombardeando com migalhas de pão.

Nicolau foi educado por tutores. Tinha tutores de línguas, de história, de geografia, e um tutor de dança bigodudo, que usava luvas brancas e exigia que houvesse sempre um grande vaso de flores no piano do músico. De todos os tutores, porém, o mais importante foi Constantine Petrovich Pobedonostsev. Brilhante filósofo reacionário, Pobedonostsev era chamado de "sumo sacerdote da estagnação social" e "a mais dominante e maligna influência do [último] reinado". Calvo, encarquilhado, com frios olhos ascéticos por trás de óculos de aro metálico, ele se destacou quando, jurista na Universidade de Moscou, escreveu um elogiado texto em três volumes sobre leis russas. Foi tutor dos filhos do czar Alexandre II, e Alexandre III foi seu discípulo e adepto fiel. Quando Alexandre III subiu ao trono, Pobedonostsev já tinha o posto de procurador do Santo Sínodo, chefe leigo da Igreja Ortodoxa russa. Além disso, assumiu a educação do novo czarevich, Nicolau.

A mente brilhante de Pobedonostsev era encravada no nacionalismo e na intolerância. Tinha uma visão misantrópica hobbesiana do homem em geral. Os eslavos, principalmente, eram considerados por ele lerdos e preguiçosos, exigindo uma liderança firme, enquanto a Rússia era um "deserto de gelo e a morada do 'Homem Mau'". Acreditando que a unidade nacional era essencial para a sobrevivência desse império espraiado e multirracial, ele pregava a autoridade absoluta das duas grandes instituições unificadoras da Rússia: a autocracia e a Igreja Ortodoxa. A oposição tinha que ser impiedosamente esmagada. Opunha-se a todas as reformas, que chamava "todo esse bazar de projetos... esse ruído de êxtases baratos e superficiais". Considerava a Constituição "um mal fundamental", a liberdade de imprensa, "um instrumento de corrupção de massa", e o sufrágio universal, "um erro fatal".

"Dentre os mais falsos princípios políticos", afirmava, "está o princípio da soberania do povo... que infelizmente entusiasmou certos russos tolos... o Parlamento é uma instituição a serviço da satisfação das ambições pessoais, da vaidade e dos interesses próprios de seus membros. A instituição do Parlamento é de fato uma das maiores ilustrações da ilusão humana... A Providência preservou nossa Rússia, com sua composição racial heterogênea, de desditas desse tipo. É terrível pensar em nossa condição se o destino tivesse nos enviado o prêmio fatal – um Parlamento de todos os russos. Mas isso jamais haverá."

Pela mesma razão, e em sua posição especial como ministro da Religião, de fato Pobedonostsev atacava todas as correntes religiosas que rejeitavam ser assimiladas pela ortodoxia. Quanto mais resistiam, mais ele as odiava. Era violentamente antissemita e afirmava que o problema dos judeus na Rússia só seria resolvido quando um terço deles emigrasse, um terço se convertesse à ortodoxia e um terço desaparecesse. Era o discípulo de Pobedonostsev falando em Alexandre III quando ele descreveu na margem de um relatório a difícil situação dos judeus na Rússia de 1890: "Não devemos esquecer que foram os judeus que crucificaram Nosso Senhor e derramaram seu precioso sangue."

O virulento preconceito de Pobedonostsev não se limitava aos judeus. Ele atacava os católicos e muçulmanos espalhados pelos vastos confins do império. Foi Pobedonostsev que escreveu o documento excomungando Leon Tolstoi em 1901.*

A Rússia apresentada a Nicolau por Pobedonostsev nada tinha a ver com o inquieto gigante que se agitava do lado de fora das janelas do palácio. Era uma terra antiga, estagnada, coerciva, composta pelo clássico triunvirato: o czar, a Igreja e o povo. Foi Deus, dizia o tutor, que escolheu o czar. Nos desígnios de Deus não havia lugar para que representantes do povo participassem da regência da nação. Fechando o argumento de Pobedonostsev, um czar que não governasse como autocrata estaria descumprindo seu dever para com Deus. Como lição escolar, talvez faltasse ao ensinamento do velho senhor uma base de realidade, mas tinha a convidativa pureza da lógica, e Nicolau a aceitou prontamente.

Para Nicolau, a prova mais drástica dos ensinamentos de Pobedonostsev contra os perigos do liberalismo foi o assassinato brutal de seu avô, o czar Alexandre II, o mais liberal dos czares do século XIX. Por sua histórica emancipação dos servos, Alexandre II ficou conhecido

---

* Tolstoi havia abandonado a Igreja e a excomunhão era o único reconhecimento formal desse fato. Mas Pobedonostsev deve ter tido uma certa satisfação pessoal ao expulsar o grande escritor. Desde 1877, quando Tolstoi lançou *Ana Karenina*, corria o boato de que o personagem Alexei Karenin, o burocrata frio e arrogante que Ana traiu e de quem se divorciou, foi calcado num episódio da família de Constantine Pobedonostsev.

como o "czar libertador". Contudo, seu assassinato se tornou o objetivo principal dos revolucionários. Os assassinos foram a extremos. Certa vez, nos arredores de Moscou, eles compraram um prédio perto da linha de trem e cavaram um túnel do prédio até debaixo dos trilhos, onde colocaram uma mina enorme. O czar foi salvo porque o trem partiu de Moscou em outra direção. Houve seis outros atentados e, em 13 de março de 1881 – ironicamente, poucas horas depois de o czar ter aprovado a formação de um corpo nacional de representantes para participar da legislação –, os assassinos conseguiram. Ele passava pelas ruas de São Petersburgo quando uma bomba atirada da calçada rolou para baixo da carruagem. A explosão despedaçou o veículo, feriu os cavalos, os estribeiros e um cossaco da escolta, mas o czar escapou ileso. Saiu da carruagem destruída, falou com os homens feridos e até perguntou gentilmente pelo estado do que atirou a bomba, que foi preso. Nesse instante, um segundo assassino surgiu gritando: "É cedo para agradecer a Deus!", e atirou outra bomba diretamente entre os pés do czar. Na língua de fogo e metal que se seguiu, as pernas de Alexandre II foram arrancadas, seu ventre ficou aberto e seu rosto, mutilado. Ainda vivo, ele sussurrou: "Para o palácio, para morrer lá." O que restava de seu corpo foi recolhido e levado para o Palácio de Inverno, deixando um rastro de sangue escuro nos degraus de mármore. Inconsciente, ele foi colocado num divã, com a perna esquerda arrancada, a direita estraçalhada, um olho fechado e o outro aberto, mas imóvel. Um após outro, os membros da família imperial se acercaram, horrorizados, enchendo o salão. Nicolau, com 13 anos, vestindo uma roupa azul de marinheiro, mortalmente pálido, ficou olhando, aos pés do divã. Sua mãe, que estivera esquiando na neve, chegou ainda carregando os esquis. De pé junto à janela, olhando para fora, estava seu pai, o herdeiro aparente, com os largos ombros curvados e trêmulos, apertando os punhos. "O imperador está morto", anunciou o cirurgião, soltando o pulso ensanguentado do czar. O novo czar, Alexandre III, fez um grave aceno de cabeça e um gesto para a esposa. Saíram juntos do palácio, já rodeado pelos guardas do Regimento Preobrajensky, de baionetas a postos. Ele parou por um momento, fez uma saudação e entrou na carruagem, que partiu "acompanhada por um regimento inteiro de cossacos do Don em formação de ataque, com as lanças vermelhas brilhando aos últimos raios do sol carmesim do crepúsculo de março". Em seu manifesto de ascensão ao trono, Alexandre III proclamou que governaria "com fé no poder e no direito da autocracia". Nos treze anos de reinado de seu pai, Nicolau viu a Rússia governada segundo as teorias de Pobedonostsev.

Aos 21 anos, Nicolau era um jovem esguio, com 1,74m, o rosto quadrado e aberto do pai, os olhos expressivos e o charme carismático da mãe. Suas maiores qualidades eram gentileza, bondade e amizade. "Nicolau sorriu, com seu jeito sempre terno, tímido, levemente triste", escreveu seu jovem primo e amigo íntimo, o grão-duque Alexandre Mikhailovich. Sempre pronto a gostar de todo mundo, Nicolau esperava que as pessoas gostassem dele. Tanto quanto podia perceber por entre as camadas de bajulação e etiqueta que cercavam sua posição, as pessoas realmente gostavam dele.

Em muitos aspectos, sua educação fora excelente. Tinha uma memória rara e se saíra muito bem em história. Falava francês e alemão, e seu inglês era tão bom que poderia levar um professor de Oxford a tomá-lo por inglês. Cavalgava altivamente, dançava graciosamente e era ótimo atirador. Tinha aprendido a manter um diário e, no estilo de inumeráveis príncipes e cavalheiros da época, registrava conscienciosamente, dia após dia, como estava o tempo, quantos pássaros havia abatido e os nomes das pessoas com quem tinha passeado e jantado. O diário de Nicolau era idêntico ao de seu primo George V, rei da Inglaterra. Ambos eram basicamente um catálogo de compromissos, uma prosa monótona em tom conciso, parte da disciplina de uma vida organizada. Curiosamente, o diário de Nicolau, que não tem a linguagem expressiva de suas cartas pessoais, foi um rico filão para seus detratores, ao passo que o diário de George é constantemente elogiado por revelar o caráter honesto do bom rei.

Em maio de 1890, dias antes de seu aniversário de 22 anos, Nicolau escreveu em seu diário: "Hoje concluí definitivamente e para sempre a minha educação." E voltou-se alegremente para a agradável tarefa de se tornar um libertino. Geralmente, seu dia começava no meio da manhã, quando se arrastava para fora da cama exausto da noite anterior. "Como sempre depois de um baile, não me sinto bem", escreveu no diário. "Levantei-me às 10:30. Estou convencido de que tenho alguma doença do sono, porque não há meio de me acordar."

Uma vez de pé, ele ia a uma reunião do conselho, ou recebia um ministro sueco, ou talvez um explorador russo recém-chegado de uma estada de dois anos na Etiópia. Às vezes, tinha sorte. "Hoje não houve reunião do conselho imperial. Não fiquei arrasado de tristeza pelo fato."

Na maior parte do tempo, Nicolau não precisava fazer absolutamente nada. Tendo terminado os estudos e atingido a maioridade, a função essencial de um czarevich era esperar tão discretamente quanto possível sua vez de se tornar czar. Em 1890, Alexandre III tinha apenas 45 anos. Julgando que continuaria a ocupar o trono por mais vinte ou trinta anos, não pensava em transmitir ao filho experiência para sucedê-lo. Nicolau aceitava, feliz, o papel de playboy para o qual havia sido tacitamente designado. Comparecia às reuniões do conselho imperial, mas seus olhos se fixavam no relógio. Na primeira oportunidade razoável, ele fugia.

Nas tardes de inverno, ia esquiar com a irmã Xenia. "Esqui com Xenia e tia Ella. Nos divertimos e corremos como bobos. Esquiei e joguei bola com todas as minhas forças", Nicolau escreveu. Caiu no gelo, esfolou os joelhos, os pés, e teve que ficar andando de chinelos, reclamando da boa sorte das pessoas que podiam esquiar. No fim da tarde, corados dos exercícios ao ar livre, os esquiadores se reuniam numa sala para tomar copos de chá quente. O jantar podia ser em qualquer lugar: num restaurante com amigos ou na casa de alguém, e os anfitriões contratavam uma orquestra de balalaicas.

Na temporada de inverno, Nicolau saía todas as noites. No mês de janeiro de 1890, ele compareceu a vinte espetáculos – às vezes dois no mesmo dia – de ópera, teatro e balé. Foi naquele mês que o balé *A Bela Adormecida*, de Tchaikovsky, foi apresentado pela primeira vez em São Petersburgo. Nicolau foi ao ensaio geral e a duas apresentações. Assistiu a peças em alemão, francês e inglês, inclusive a *O mercador de Veneza*. Gostou especialmente de *Eugene Onegin* e *Boris Goudunov* e, em fevereiro, até conseguiu um pequeno papel numa produção de *Eugene Onegin*. Era o convidado de maior prestígio em *soirées* privadas tarde da noite, em que os presentes se divertiam com apresentações da Banda da Marinha Imperial ou de um coro de sessenta cantoras, ou ainda com um famoso contador de histórias. Duas ou três vezes por semana, o czarevich ia a um baile. "Dançamos até a exaustão... depois, ceia... dormir às 3:30." A chegada da Quaresma interrompeu essa sucessão de festividades. No dia seguinte ao baile e à ceia que encerraram a temporada do inverno de 1892, ele escreveu no diário: "Passei o dia inteiro num estado de alegria que pouco tem em comum com o período da Quaresma."

Durante esse período mais calmo, Nicolau ficou em casa, jantando com a mãe e jogando cartas com amigos. Foi instalado um telefone em seu quarto no palácio, de modo que ele pôde ouvir a ópera *Rainha de Espadas*, de Tchaikovsky, em linha direta com o palco. Acompanhava o pai regularmente nas caçadas, saindo do palácio de madrugada para passar o dia nas florestas e brejos fora da capital, matando lebres e faisões.

A maior felicidade de Nicolau era ficar montado em seu cavalo branco ao lado do Palácio de Inverno, com o braço estendido em saudação aos batalhões de cossacos desfilando com grossos gorros de peles lhes cobrindo as sobrancelhas e os penachos das lanças flutuando ao vento. O exército, com toda sua pompa e sua história, o fascinou a vida inteira, e nenhum título significava mais do que a patente de coronel, concedida a ele por seu pai.

Aos 19 anos, Nicolau recebeu o comando de um esquadrão da Guarda Montada e foi com ele para Krasnoe Selo, o grande acampamento militar perto de São Petersburgo usado pelos regimentos da Guarda Imperial para manobras de verão. Instalado num bangalô com quarto, gabinete, sala de jantar e sacada sobre um pequeno jardim, ele viveu a existência agradável e despreocupada de qualquer jovem oficial rico da aristocracia russa. Participou ativamente da vida e das conversas do refeitório, e sua modéstia o tornou popular entre seus colegas oficiais.

"Estou mais feliz do que posso expressar por estar no exército. A cada dia me acostumo mais à vida no acampamento", ele escreveu para a mãe, a imperatriz Maria. "Todos os dias temos exercícios duas vezes – prática de tiro ao alvo de manhã e exercícios de batalhão à tarde, ou o contrário – exercícios de batalhão de manhã e tiro à tarde... Almoçamos às 12 horas e jantamos às oito, com siesta e chá no intervalo. Os jantares são animados; eles nos alimentam bem. Depois das refeições, os oficiais... jogam bilhar, boliche, cartas ou dominó."

A imperatriz se preocupava, receosa de que o entusiástico subalterno se esquecesse de que era o czarevich. "Nunca se esqueça de que todos os olhos agora estão sobre você, esperando para ver quais serão seus primeiros passos na vida", ela escreveu. "Seja sempre polido e cortês com todos, de modo a conviver bem com seus camaradas sem discriminação, mas sem muita intimidade ou familiaridade, e *jamais* dê ouvidos a aduladores."

Nicolau respondeu compenetradamente: "Tentarei sempre seguir seus conselhos, minha muito queridíssima mamãe. É preciso ter cautela com todos no começo." Mas em seu diário ele fazia outras confidências: "Ficamos encharcados", "bebi seis tipos de Porto e fiquei meio bêbado", "rolamos na grama, bebendo", "fiquei embriagado", "os oficiais me carregaram".

Na primavera de 1890, foi como oficial que Nicolau conheceu uma bailarina de 17 anos do Balé Imperial, Matilde Kschessinska. Pequenina, animada, de corpo ágil e seios cheios, pescoço em arco, cabelos escuros cacheados e olhos vivazes, Kschessinska teve dez anos de ensino rigoroso de balé e, em 1890, quando se formou, era a melhor bailarina da turma. Por acaso, a família imperial compareceu em peso à apresentação e ao jantar de formatura.

Em suas memórias, Kschessinska recorda a chegada do czar Alexandre III, sobressaindo acima de todos os demais e clamando com voz forte "Onde está Kschessinska?". Quando a garotinha miúda lhe foi apresentada, o czar tomou-lhe a mão e disse calorosamente "Seja a glória e o adorno do nosso balé". No jantar, o czar se sentou ao lado de Matilde, depois saiu e o czarevich tomou seu lugar.

Ela escreve que, quando olhou para Nicolau, "no coração de ambos nasceu uma atração nos impelindo irresistivelmente um para o outro". A anotação daquela noite no diário de Nicolau é mais lacônica: "Fomos ver a apresentação na Escola de Teatro. Vimos uma pequena peça e um balé. Delicioso. Jantar com as alunas."

A partir desse momento, Kschessinska fazia de tudo para se colocar na linha de visão de Nicolau. Sabendo que Nicolau e sua irmã Xenia ficavam frequentemente nas altas balaustradas de pedra do Palácio Anitchkov, vendo as pessoas passarem pelo Nevsky Prospect, ela caminhava por ali todos os dias. Em maio, no aniversário de Nicolau, Kschessinska decorou seu quarto com bandeirinhas russas, brancas, azuis e vermelhas. Naquele verão, ela foi selecionada para fazer parte da companhia que dançava no teatro de madeira dos oficiais em Krasnoe Selo, onde o czarevich servia na Guarda Montada. Ele foi assistir ao balé todos os dias. Certa vez, o czar Alexandre III viu os dois conversando, e comentou: "Ah, vocês devem estar flertando."

Como o czarevich e a bailarina nunca ficavam a sós, o romance naquele verão não foi além do flerte. "Achei que, mesmo sem estar apaixonado, ele tinha certa afeição por mim, e me entreguei aos meus sonhos", ela escreveu. "Gosto muito de Kschessinska", Nicolau confidenciou ao diário. Dias depois, ele escreveu: "Fofoquei na janela com a pequena

Kschessinska." E pouco antes de partir do acampamento, ele acrescentou: "Depois do almoço, fui pela última vez ao querido teatrinho de Krasnoe Selo. Disse adeus a Kschessinska."

Nicolau não tornou a ver Matilde por quase um ano. Em outubro de 1890, ele e seu irmão George partiram num cruzeiro de nove meses saindo do mar Mediterrâneo, passando pelo canal de Suez e prosseguindo para a Índia e o Japão. No caso de George, os pais rezavam para que aquela temporada no mar, com sol quente e ar salgado, limpasse seus pulmões congestionados. Para Nicolau, eles tinham planejado um grande tour real, um aprendizado das sutilezas diplomáticas e um intervalo que ajudaria o czarevich a esquecer a jovem que estava começando a complicar sua vida.

Kschessinska não era a única. Nicolau achava a bailarina atraente, estava bem à mão, era bonita e fazia com que ele soubesse, de todas as maneiras possíveis, o quanto gostava dele. Mas seus sentimentos por uma princesa germânica, alta, de cabelos dourados, Alix de Hesse, eram mais sérios. A princesa Alix era a irmã mais nova da grã-duquesa Elizabeth, de 25 anos, esposa do grão-duque Sérgio, tio de Nicolau. Elizabeth, chamada de Ella, era uma mulher alegre, cujas atividades de esqui e performances com a família trouxeram um sopro de juventude à família imperial. Nicolau frequentava a casa da jovem tia e, quando sua irmã Alix chegou a São Petersburgo, suas visitas ficaram ainda mais frequentes. Séria e tímida, Alix ardia em chamas interiores. Quando ela pousou em Nicolau seus olhos azul-acinzentados, a emoção dele foi avassaladora. Infelizmente, ela morava muito longe, em Hesse-Darmstadt, e seus pais viam pouca possibilidade do casamento de um czarevich russo com uma obscura princesa germânica.

Saindo de São Petersburgo acabrunhado, Nicolau chegou a Atenas com George, onde foram recebidos por um primo, o príncipe George, da Grécia. Os três, acompanhados por vários nobres russos, inclusive os príncipes Bariatinsky, Obolensky e Oukhtomsky, embarcaram num navio de guerra russo, o *Pamiat Azova*. Quando o navio aportou no Egito, o cruzeiro havia se transformado numa casa de festas navegante e o ânimo de Nicolau já estava bem elevado. No Nilo, passaram para o iate do quediva para subir o rio. No calor escaldante, Nicolau observava as margens do rio, pensando: "Sempre a mesma coisa, em todo o lugar, vilas e tufos de palmeiras." Nas paradas em vilarejos ao longo do rio, os jovens russos ficavam cada vez mais interessados nas dançarinas do ventre.

"Nada que valha a pena contar", Nicolau escreveu depois de assistir à primeira performance, mas na noite seguinte: "Dessa vez foi muito melhor. Elas se despiram." Subiram em duas pirâmides, jantaram com árabes comendo com os dedos, e montaram em camelos. Chegaram até as cataratas do Nilo, em Assuã, onde Nicolau viu meninos egípcios nadando nas águas turbulentas.

Na Índia, Bariatinsky e Obolensky mataram um tigre cada um, mas Nicolau, para sua imensa tristeza, não caçou nada. O calor era intenso e o czarevich ficou irritável. De Déli, ele se queixou à mãe: "Como é opressivo estar novamente cercado pelos ingleses e ver fardas vermelhas por toda parte." Maria se apressou a responder:

"Eu gostaria de pensar que você está sendo muito cortês com todos os ingleses, que estão se dando a tanto trabalho para lhe proporcionar a melhor recepção possível, caçadas etc. Posso imaginar que bailes e outras atividades oficiais não sejam muito divertidos, especialmente nesse calor, mas você precisa entender que sua posição acarreta isso. Você tem que deixar de lado seu conforto pessoal, ser duplamente polido e amável e, acima de tudo, nunca demonstrar que está aborrecido. Você fará isso, não é, querido Nicolau? Nos bailes, lembre-se de que é seu dever dançar mais e fumar menos no jardim com os oficiais só porque é mais agradável. Simplesmente, não se pode fazer isso, querido, mas sei que você entende bem e sabe que meu único desejo é que nada seja dito contra você e que deixe uma boa impressão para todos, em todos os lugares."

George sofria com o calor indiano. Sua tosse persistia e ele tinha febre constante. Para seu grande desapontamento, seus pais ordenaram que ele interrompesse o tour. Quando o *Amiat Azova* zarpou de Bombaim, George embarcou num destróier na direção oposta, de volta à sua vida sossegada no Cáucaso.

Nicolau continuou viajando para o leste, parando em Colombo, Singapura, Batávia e Bangcoc, onde visitou o rei do Sião. Prosseguiu para Saigon e Hong Kong, e chegou ao Japão justamente quando as cerejeiras estavam florindo nos parques de Tóquio. Foi a Nagasaki e Kioto, e estava passando pela cidade de Otsu quando sua viagem — e sua vida — quase chegou a um fim abrupto. De repente, numa rua, um japonês pulou para cima dele brandindo uma espada. A lâmina, apontada para sua cabeça, passou raspando pela testa e o sangue jorrou, mas o ferimento não foi profundo. O assassino levantou novamente a espada, mas o príncipe George, da Grécia, aparou o golpe com sua bengala.

O motivo do ataque nunca foi esclarecido. Apesar da cicatriz que ficou pelo resto da vida, e das dores de cabeça no lugar do golpe, Nicolau não deu explicações. Correram duas histórias, e ambas provavelmente são boatos. Uma atribuía o atentado a um fanático enfurecido por um suposto comportamento desrespeitoso de Nicolau e seus companheiros num templo japonês. A outra dizia que foi o aguilhão do ciúme de um samurai, cuja esposa teria recebido atenções do czarevich. O episódio encerrou a visita, e Alexandre III telegrafou ao filho para retornar imediatamente. A partir de então, Nicolau passou a não gostar do Japão e se referia aos japoneses como "macacos". Uma anotação subsequente em seu diário diz: "Recebi o ministro sueco e o macaco japonês, o *chargé d'affaires*, que me trouxe uma carta, um retrato e uma armadura antiga de Sua Majestade [o imperador do Japão]."

A caminho de casa, Nicolau parou em Vladivostock tempo suficiente para colocar a pedra fundamental no terminal leste da ferrovia Transiberiana. Achou Vladivostock uma cidade de fronteira desolada, enlameada, com ruas sem calçamento, esgoto a céu aberto, casas de madeira sem pintura e choças de sopapo de barro e palha, habitadas por chineses e coreanos. Em 31 de maio de 1892, Nicolau compareceu a um culto religioso campal varrido pelos frios ventos siberianos. Pegou uma pá para encher um barril de terra, carregou-o por vários metros e esvaziou-o no aterro para a futura estrada de ferro. Com uma espátula, cimentou ali a pedra fundamental da estação de passageiros de Vladivostock.

Ao retornar a São Petersburgo, Nicolau voltou a se encontrar com Kschessinska. A princípio, secretamente, numa carruagem na margem do Neva. Depois passou a visitar Matilde na casa do pai dela. Geralmente, levava com ele três jovens primos, os grão-duques Sérgio, George e Alexandre Mikhailovich. Kschessinska lhes servia o champanhe do pai e os ouvia cantar canções russas da Geórgia. Aos domingos, ela ia às corridas, se sentava bem em frente ao camarote imperial e sempre recebia um buquê de flores, enviadas pelo czarevich por dois oficiais da guarda.

Quando a afeição de Nicolau por Matilde se tornou mais forte, ele lhe deu um bracelete de ouro incrustado de diamantes e uma grande safira. No verão seguinte, quando Kschessinska voltou ao teatro militar de Krasnoe Selo, Nicolau ia frequentemente aos ensaios e se sentava no camarim, onde ficava conversando até o início do ensaio. Depois da apresentação, Nicolau ia buscar Kschessinska, conduzindo sua própria troica. A sós, passeavam à luz das estrelas, galopando pelas sombras da vasta planície de Krasnoe Selo. Às vezes, de volta desses excitantes galopes, o czarevich ficava depois da ceia, até de madrugada.

No final do verão de 1892, Kschessinska decidiu que precisava ter uma casa só para ela. "Apesar de ele não falar abertamente", ela disse, "eu achava que o czarevich tinha o mesmo desejo." Seu pai, abalado com a notícia, perguntou se ela sabia que Nicolau jamais se casaria com ela. Matilde respondeu que não se importava com o futuro e queria apenas agarrar a breve felicidade que o destino lhe oferecia. Pouco depois, ela alugou uma pequena casa de dois andares em São Petersburgo, cujo proprietário era o compositor Rimsky-Korsakov.

Quando a casa ficou arrumada, Nicolau comemorou dando-lhe um serviço de vodca com oito copinhos de ouro incrustados de joias. A partir de então, conta ela, "tivemos uma vida sossegada, muito caseira". Em geral, Nicolau chegava a cavalo, para jantar. Davam pequenas reuniões, frequentadas pelos jovens grão-duques, mais uma ou duas bailarinas e um tenor de quem Nicolau gostava. Depois do jantar, "num clima íntimo e delicioso", jogavam bacará.

Enquanto isso, Nicolau mantinha suas funções na corte. "Fui nomeado membro do Comitê de Finanças", escreveu. "Uma grande honra, mas não um grande prazer... Recebi seis membros da instituição; admito que jamais suspeitei da existência deles." Foi nomeado presidente de um comitê de ajuda aos que sofriam com a fome e trabalhou muito nessa função, levantando dinheiro e doando fundos substanciais de seu próprio bolso. Seu relacionamento com o pai permanecia distante e deferente. "Eu gostaria de fazer exercícios com os hussardos hoje", ele escreveu, "mas esqueci de pedir a papai". Sergius Witte, o corpulento e eficiente ministro das Finanças que construiu a ferrovia Transiberiana e mais tarde serviu a Nicolau durante a guerra japonesa e na revolução de 1905, relata uma conversa que teve com Alexandre III. Segundo Witte, ele começou a conversa sugerindo ao czar que o czarevich fosse presidente da Transiberiana, e Alexandre III ficou pasmo com a proposta:

— O quê? Mas você conhece o czarevich. Já teve alguma conversa séria com ele?

— Não, Sire, nunca tive o prazer de ter uma conversa assim com o herdeiro.

— Ele é absolutamente criança, só tem julgamentos infantis, como seria capaz de ser presidente de um comitê?

— Entretanto, Sire, se não começar a iniciá-lo nos assuntos de Estado, ele nunca vai entendê-los.

Em 1893, Nicolau foi enviado a Londres, representando a família no casamento de seu primo-irmão George, duque de York, mais tarde rei George V, com a princesa Mary de Teck. O czarevich ficou hospedado na Marlborough House, com muitos personagens da realeza europeia morando logo abaixo. Sempre preocupado com questões do bem-vestir, o príncipe de Gales logo viu que o jovem visitante precisava refinar o visual. "Tio Bertie, é claro, mandou-me imediatamente um alfaiate, um sapateiro e um chapeleiro", Nicolau contou à mãe. Foi sua primeira visita a Londres. "Nunca imaginei que fosse gostar tanto", contou, relatando suas visitas à abadia de Westminster, a St. Paul e à Torre. Apropriadamente, evitou a cidadela do governo representativo, o Parlamento.

Nicolau ficou encantado com a princesa Mary. "Mary é adorável e muito mais bonita do que nas fotografias", escreveu. Quanto a seu primo George, ele e o czarevich eram tão parecidos que até as pessoas que os conheciam confundiam um com o outro. George era mais baixo e mais magro do que Nicolau, tinha o rosto mais estreito e olhos um pouquinho mais protuberantes, mas ambos repartiam os cabelos no meio e usavam barba no estilo Van Dyke. Vistos lado a lado, pareciam irmãos, senão gêmeos. Durante as cerimônias, a semelhança causou embaraços diversas vezes. Numa festa ao ar livre, Nicolau foi confundido com George e recebeu calorosas congratulações, enquanto lhe perguntavam se George tinha vindo a Londres apenas para o casamento ou se tinha outros negócios a tratar. Na véspera do casamento, um cavalheiro da corte, tomando George por Nicolau, pediu ao herdeiro da Inglaterra que não se atrasasse para a cerimônia.

Após o casamento, Nicolau visitou o castelo de Windsor e almoçou com a rainha Vitória. "Ela foi muito amável, conversou muito e me concedeu a Ordem da Liga", relatou. Depois foi a um baile no Palácio de Buckingham e, sabendo que agradaria a sua mãe, escreveu: "Dancei muito... mas não vi muitas damas lindas."

Enquanto isso, em São Petersburgo, a carreira de bailarina da pequena Kschessinska ganhava impulso. Aos 19 anos, já tinha o papel de Fada Açucarada no *Quebra-Nozes* e de Princesa Aurora em *A Bela Adormecida*, ambos de Tchaikovsky. O próprio Tchaikovsky comparecia aos ensaios e acompanhava as bailarinas ao piano. Certa vez, depois de Matilde dançar a Princesa Aurora, o compositor foi ao camarim especialmente para lhe dar parabéns. Anos depois, Matilde Kschessinska rivalizaria com Ana Pavlova e Tamara Karsavina como uma das grandes bailarinas da Rússia pré-revolucionária.

Como sempre, havia alguns que atribuíam o sucesso precoce de Matilde à sua ligação com o czarevich. Não que a sociedade visse essa ligação com desprezo moral por qualquer dos lados. Para a aristocracia russa, o balé era uma arte suprema, e a combinação de altos títulos com belos tornozelos era comum. Muitas jovenzinhas da segunda fila do corpo de baile do Balé Imperial saíam do Teatro Maryinsky jogando o manto nos ombros e levantando a barra das saias para subir numa carruagem forrada de veludo à espera para levá-las a um jantar seleto em algum palácio elegante.

Apesar do sucesso de Matilde no palco, a chama entre ela e Nicolau começou a tremular. Nicolau nunca escondeu de Kschessinska seu interesse pela princesa Alix. No início de 1894, ele disse a Matilde que esperava fazer de Alix sua noiva. Mais tarde no mesmo ano, Nicolau e Matilde se separaram dizendo adeus num encontro na estrada, ela em sua carruagem, e ele a cavalo. Quando ele se afastou, ela chorou. Durante meses, ela passou pelo "terrível sofrimento infindável... de perder meu Niki". O grande mestre do balé, Marius Petipa, consolou-a dizendo que a dor do amor é necessária à arte, principalmente para os grandes papéis a que ela aspirava. "Eu não estava sozinha em minha dor e tristeza... O [mais jovem] grão-duque Sérgio... ficou a meu lado para me consolar e proteger." Sérgio comprou para ela uma dacha com jardins à beira-mar. Mais tarde, no auge do sucesso, ela conheceu o grão-duque Andrei, outro primo do czarevich. Embora Andrei fosse sete anos mais novo do que ela, viajaram juntos em férias para Biarritz e Veneza. Em 1902, Matilde e Andrei tiveram um filho, e em 1921 se casaram em Cannes.

3
PRINCESA ALIX

"MEU SONHO É ME CASAR ALGUM DIA com a princesa Alix H. Amo-a há longo tempo, e ainda mais forte e profundamente desde 1889, quando ela passou seis semanas em São Petersburgo. Por muito tempo resisti ao sentimento de que meu mais caro sonho se realizasse."

Quando Nicolau fez essa anotação no diário, em 1892, ainda não tinha estabelecido sua pequena moradia temporária com Kschessinska. Estava desencorajado quanto ao seu interesse pela princesa Alix. A sociedade russa não compartilhava o fascínio de Nicolau pela menina alemã de cabelos louro-avermelhados. Alix causara má impressão durante suas temporadas com a irmã, a grã-duquesa Elizabeth, na capital russa. Malvestida, desajeitada, dançava mal, sotaque francês atroz, ruborizava como uma colegial, muito tímida, muito nervosa, muito arrogante — eram alguns dos comentários desairosos que São Petersburgo fazia sobre Alix de Hesse.

A sociedade criticava abertamente a princesa Alix, muito à vontade por saber que o czar Alexandre III e a imperatriz Maria, ambos fortemente antigermânicos, não tinham intenção de permitir uma união da princesa com o czarevich. Embora Alix fosse afilhada do czar, era de conhecimento geral que Alexandre III arquitetava conseguir alguém mais importante para o filho, alguém como a princesa Hélène, a filha morena de um pretendente ao trono da França, o comte. de Paris. Apesar de ser uma república, a França era aliada da Rússia, e Alexandre III suspeitava de que uma conexão entre a dinastia Romanov e a deposta Casa de Bourbon fortaleceria a aliança no coração do povo francês.

Mas a sugestão de Hélène não agradou a Nicolau. "Mamãe fez algumas alusões a Hélène, filha do comte. de Paris", ele escreveu no diário. "Por mim, quero ir numa direção e é evidente que mamãe quer que eu escolha a outra."

Hélène também resistia. Não tinha a menor vontade de abrir mão do catolicismo romano em favor da fé ortodoxa, como se exigia de uma futura imperatriz da Rússia. Frustrado, o czar mandou emissários à princesa Margareth da Prússia. Nicolau declarou calmamente que preferia se tornar monge a se casar com Margareth, feia e ossuda. Margareth o poupou, anunciando que ela também não estava a fim de trocar o protestantismo pela ortodoxia.

Em meio a tudo isso, Nicolau nutria esperanças de um dia se casar com Alix. Antes de viajar para o Oriente, escreveu no diário: "Oh, Senhor, como eu gostaria de ir para Ilinskoe [a casa de campo de Ella, onde Alix estava hospedada]... senão, se eu não a vir agora, terei que esperar um ano inteiro e vai ser difícil." Os pais continuavam a desencorajar seu ardor. Alix, diziam, nunca trocaria de religião para casar-se com ele. Nicolau pediu permissão para vê-la e pedi-la em casamento. Se ela recusasse, afirmou, ele jamais se casaria.

Enquanto estava bem de saúde, Alexandre III ignorou as preferências do filho. Mas, no inverno de 1894, o czar pegou uma gripe e começou a ter problemas nos rins. Quando sua vitalidade passou a sofrer um declínio alarmante, Alexandre teve que pensar como a Rússia se arranjaria sem ele. Nada podia ser feito de imediato sobre a falta de experiência do czarevich, mas o czar decidiu que poderia ao menos prover o filho com o efeito estabilizador de um casamento. Já que a princesa Alix era a única moça que Nicolau levaria em consideração, ainda que remotamente, Alexandre III e Maria concordaram, relutantes, em permitir que ele pedisse sua mão.

Para Nicolau, foi uma grande vitória pessoal. Pela primeira vez na vida, ele havia superado todos os obstáculos, afastado todas as objeções, desafiado o pai todo-poderoso e conseguido o que queria.

Alix Victoria Helena Louise Beatrice, princesa de Hesse-Darmstadt, nasceu em 6 de junho de 1872 na cidade medieval de Darmstadt, a poucos quilômetros do rio Reno. Recebeu o nome de Alix por causa de sua mãe, princesa Alice da Inglaterra, terceira dos nove filhos da rainha Vitória. "Alix" era a adaptação eufônica mais aproximada de "Alice" no alemão. "Eles assassinam meu nome aqui, pronunciam Aliicé", dizia a mãe.

A princesa Alix nasceu "uma pessoinha doce, alegre, sempre rindo, com covinha numa bochecha", sua mãe escreveu à rainha Vitória. Quando ela foi batizada, tendo como padrinhos o futuro czar Alexandre III e o futuro rei Eduardo VII, sua mãe já a chamava de "Sunny". "Sunny, de cor-de-rosa, foi imensamente admirada", sua mãe escreveu ao castelo de Windsor.

Se os laços emocionais entre a Inglaterra e o pequeno grão-ducado de Hesse-Darmstadt eram fortes, os laços entre Hesse e a Prússia, governada pela Casa de Hohenzollern, eram fracos e amargos. Apenas dois anos após o nascimento de Alix, Hesse foi incorporada obrigatoriamente ao recém-criado império germânico. Ainda em 1866, Hesse havia se unido à Áustria numa fracassada guerra contra a Prússia. O pai de Alix, grão-duque Luís de Hesse, odiava a Prússia e os Hohenzollern, e Alix compartilhou esse azedume por toda a sua vida.

Darmstadt mesmo era uma antiga cidade germânica, com estreitas ruelas de pedras e casas com telhados pontudos, ornados com madeiras esculpidas do século XV. O palácio do grão-duque ficava no meio da cidade, cercado por um parque de tílias e castanheiros. Em seu interior, a filha da rainha Vitória enchia os aposentos de lembranças da Inglaterra. Nas salas, havia retratos da rainha Vitória, do príncipe Albert e de todos os primos ingleses vivos. Gravuras de cenários e palácios ingleses enchiam as paredes dos quartos. Uma governanta inglesa, Mrs. Orchard, era encarregada das crianças. Mrs. Orchard não era de frioleiras. Os quartos das crianças eram amplos e arejados, mas mobiliados discretamente. As refeições eram simples; Alix cresceu comendo maçãs assadas e pudim de arroz. Mrs. Orchard acreditava em estrita programação diária, com horários fixos para cada atividade. Anos depois, quando Alix levou seus hábitos para a Rússia, a família imperial russa fazia as refeições exatamente ao soar do relógio e as manhãs e as tardes eram divididas em blocos rígidos de horários, sob o olhar aprovador de Mrs. Orchard. Ela, assim como seus métodos, também foi levada para a Rússia.

Antes dos 6 anos, Alix já conduzia sua charrete puxada a pônei pelo parque, acompanhada por um lacaio de libré que caminhava ao lado do pônei. No verão, seu pai, o grão-duque Luís, levava a família para uma cabana de caça, chamada Wolfsgarten. Alix passava as manhãs num pátio ensolarado, subindo e descendo um alto lance de degraus de pedra, sentada junto à fonte e molhando as mãos tentando pegar os peixes dourados. Gostava de vestir as roupas que a mãe já não usava, e se pavoneava no salão afogada num vestido de crinolina, imaginando-se uma grande dama ou personagem de conto de fada.

O Natal era comemorado com prodigalidade germânica e guarnições inglesas. Uma enorme árvore de Natal era montada no meio do salão de baile, com os galhos cheios de maçãs e nozes decoradas, e o salão brilhava à luz de pequenas velas de cera fixadas nos ramos. A ceia começava com o tradicional ganso de Natal e terminava com pudim de ameixas e tortas especialmente enviadas da Inglaterra.

Todos os anos, a família visitava a rainha Vitória. As crianças de Hesse adoravam ir ao castelo de Windsor, perto de Londres, ao granítico castelo de Balmoral, nas terras altas da Escócia, e ao Osborne, o palácio renascentista à beira-mar. Muitos anos depois, na Rússia, a imperatriz Alexandra ainda sonhava que era menina, apanhando caranguejos e construindo castelos de areia numa praia inglesa.

Em 1878, quando Alix tinha 6 anos, houve um surto de difteria no palácio de Hesse-Darmstadt. Todos, à exceção de um dos filhos do grão-duque, foram afetados. Vitória enviou seu médico particular da Inglaterra para ajudar os médicos alemães, mas, apesar de seus esforços, a irmã de Alix, May, de 4 anos, morreu. Exausta de velar as crianças, a mãe de Alix, princesa Alice, também adoeceu. Morreu em menos de uma semana.

A morte de sua mãe, aos 35 anos, teve um efeito devastador sobre a pequena Alix. Ela ficava quieta e retraída, enquanto sua babá chorava num canto. Até seus brinquedos eram novos. Os brinquedos velhos, familiares, haviam sido queimados como prevenção contra a doença. Até então Alix fora uma menina alegre, generosa, afetuosa, obstinada, mas sensível, de temperamento explosivo. Depois da tragédia, ela passou a se fechar diante das pessoas. Uma dura concha de indiferença se formou sobre suas emoções e seu sorriso radiante raramente aparecia. Carente de carinho e afeição, ela se isolava. Passou a não gostar de lugares desconhecidos e a evitar pessoas desconhecidas. Apenas em reuniões íntimas da família, onde encontrava calor e compreensão, Alix se abria. Nessas ocasiões, a tímida, séria e fria princesa Alix era novamente a alegre e amorosa Sunny sorridente de sua primeira infância.

Após a morte da filha, a rainha Vitória tratava o grão-duque Luís como seu próprio filho, convidando-o frequentemente a ir à Inglaterra com as crianças. Alix, agora a mais nova, era a favorita da idosa rainha, que observava de perto a netinha. Tutores e governantas de Darmstadt eram orientados a enviar relatórios especiais a Windsor e recebiam um fluxo contínuo de conselhos e instruções da rainha. Sob essa tutela, os padrões de gosto de Alix se formaram totalmente ingleses e totalmente vitorianos. A futura imperatriz da Rússia tornava-se gradualmente a mais apreciável e respeitável das criaturas, uma perfeita jovem dama inglesa.

Alix era excelente aluna. Aos 15 anos, tinha perfeito conhecimento de história, geografia e literaturas inglesa e germânica. Tocava piano com um talento próximo ao brilhantismo, mas não gostava de tocar diante de pessoas. Quando a rainha Vitória lhe pedia que tocasse para convidados em Windsor, ela obedecia, mas sua face enrubescida traía seu tormento. Ao contrário de Nicolau, que aprendia decorando, Alix gostava de discutir ideias abstratas. Uma de suas tutoras, uma inglesa chamada Margareth Jackson – Madgie, para a princesa Alix – se interessava por política. Miss Jackson transmitiu seu fascínio a Alix, que cresceu acreditando que a política não era um assunto restrito aos homens. Afinal, sua avó era uma mulher que ainda conseguia ser uma monarca dominante na Europa.

Alix foi a São Petersburgo pela primeira vez aos 12 anos para o casamento de sua irmã Ella com o grão-duque Sérgio, irmão mais novo do czar Alexandre III. Ela observou com interesse sua irmã ser recebida na estação de São Petersburgo por uma luxuosa carruagem dourada, puxada por cavalos brancos. Durante a cerimônia de casamento, na capela do Palácio de Inverno, Alix ficou a um lado, vestida em musseline branca com rosas nos cabelos. Ouvindo os longos e incompreensíveis cânticos da litania, sentindo o aroma do incenso, lançava discretos olhares enviesados para um jovem de 16 anos, o czarevich Nicolau. Ele correspondeu, e um dia presenteou-a com um pequeno broche. Atordoada, ela aceitou, mas em seguida colocou-o de volta na mão dele, na excitação de uma festa infantil. Nicolau ficou ofendido e deu o broche para sua irmã Xenia, que, sem saber da história, aceitou alegremente.

Nicolau e Alix se encontraram novamente cinco anos mais tarde, em 1889, quando ela foi visitar Ella em São Petersburgo. Dessa vez, ela estava com 17 anos, e ele, com 21 – idades em que jovens se apaixonam. Viram-se em recepções, jantares e bailes. Ele foi buscá-la uma tarde para patinar em lagos gelados e descer de tobogã encostas de gelo. Antes da partida de Alix, Nicolau convenceu os pais a oferecer-lhe um chá dançante especial, seguido de uma ceia de *blínis* e caviar no Palácio Alexandre, em Tsarskoe Selo.

No verão seguinte, Alix voltou à Rússia, mas não a São Petersburgo. Foi para Ilinskoe, a propriedade campestre do grão-duque Sérgio perto de Moscou. Sérgio e Ella tinham ali uma vida simples no campo, com amigos convidados para visitas prolongadas. Era o auge dourado do verão, eles vagavam preguiçosamente pelas campinas, colhiam morangos e cogumelos nos bosques. Foi a primeira visão que Alix teve da extensão dos campos russos, das bétulas brancas e dos camponeses de batas largas e calções frouxos. Ficou impressionada com as profundas e respeitosas reverências que lhe faziam, como visitante. Quando foi a uma feira com Ella, comprou bonecas de madeira e pão de gengibre para levar para Darmstadt.

Alix e Nicolau não se encontraram dessa vez, e no outono ele partiu em viagem ao Oriente. Entretanto, Alix estava cada vez mais certa de que amava o czarevich. Desde o começo, ele fora polido e gentil. Ela gostava do encanto pensativo de seus olhos azuis. Via que Nicolau ainda era tratado como criança pelos pais, mas via também sua silenciosa persistência em procurá-la, contra o desejo deles. Por sua dedicação, ele era uma pessoa em quem ela podia confiar.

Para Alix, o obstáculo insuperável ao pensamento de se casar com aquele jovem tímido e afetuoso era a religião. Batizada na Igreja Luterana aos 16 anos, Alix aceitara a teologia protestante com todo o fervor de sua natureza passional. Levava tudo na vida muito a sério, e a religião era o mais importante. Rejeitar a fé que tinha jurado aceitar lhe parecia uma afronta direta a Deus. No entanto, amava Nicolau. A princesa Alix mergulhou num turbilhão de dúvidas e autoanálise.

O fato de que Nicolau viria a ser um dia um dos mais poderosos governantes da Europa em nada influenciava Alix. Ela não tinha interesse em títulos nem no tamanho dos impérios. Em 1889, ela rejeitou o pedido do príncipe Albert Victor, filho mais velho do príncipe de Gales, herdeiro do trono depois do pai. Esse jovem alegre e benquisto, chamado na família de príncipe Eddy, morreu em 1892, aos 28 anos, um evento triste que colocou seu irmão George na linha de sucessão. É uma das fascinantes histórias de "se": se Alix tivesse aceito o pedido do príncipe Eddy, e se o príncipe Eddy não tivesse morrido, ele e Alix, e não o rei George V e a rainha Mary, teriam reinado na Inglaterra. E, nesse caso, o filho de Alix poderia ter ocupado o trono britânico.

Mas o caso é que Alix não tinha interesse em Eddy, e até a rainha Vitória, que fazia gosto na união, admirou a firmeza com que a neta rejeitou o pretendente. "Receio que toda a esperança de Alicky se casar com Eddy tenha chegado ao fim", a rainha Vitória escreveu a uma amiga. "Ela escreveu para lhe dizer como é triste para ela causar-lhe tristeza, mas que não pode casar-se com ele, muito porque gosta dele como primo, que ele não seria feliz com ela e que não deve pensar nela... É uma verdadeira pena para nós... mas... ela diz que, se for obrigada, se casará, mas que seria infeliz e ele também. Isso mostra grande força de caráter, como toda a família dela e todos nós desejamos. Ela recusa a maior posição que há."

Alix fazia o papel de princesa consciensiosa. Visitava escolas e hospitais e patrocinava obras de caridade. Ia a bailes à fantasia, às vezes como princesa renascentista, com vestido de veludo verde pálido e prata, e esmeraldas nos cabelos louro-avermelhados. Sentava-se à janela do Palácio de Windsor com uma amiga, cantando canções e tocando banjo. Acompanhou a rainha Vitória num tour pelo distrito mineiro de Gales e fez questão de descer à mina e andar pelos sombrios túneis labirínticos. Numa viagem à Itália, visitou palácios e galerias de Florença e passeou de gôndola nos canais de Veneza.

Na primavera de 1894, seu irmão mais velho, Ernest, que sucedera ao pai como grão-duque de Hesse-Darmstadt, ia se casar. O casamento em Coburg atraía a mais distinta realeza europeia. A rainha Vitória, com 75 anos, viria da Inglaterra com o filho Eduardo, príncipe de Gales. O kaiser Guilherme II, neto de Vitória, com 35 anos, estava chegando de Berlim. E Nicolau, tendo arrancado permissão de seu pai para pedir a mão de Alix, vinha representando a Rússia.

Numa cálida noite de abril, Nicolau embarcou num trem em São Petersburgo, acompanhado por três de seus quatro tios, os grão-duques Vladimir, Sérgio e Paulo. Ao chegar a Coburg, com um dia e meio de atraso, vestindo uniforme completo, Alix o esperava na estação. À noite, foram jantar e a uma opereta com a família. Na manhã seguinte, incapaz de esperar mais, Nicolau foi diretamente pedir Alix em casamento. Em seu diário e numa carta para a mãe, ele conta o que aconteceu.

"Que dia!", escreveu no diário. "Depois do café, por volta das dez, fui com tia Ella falar com Alix. Ela estava particularmente bonita, mas extremamente triste. Deixaram-nos a sós e então teve início entre nós a conversa que eu queria tanto, há tanto tempo, e ao mesmo tempo temia. Conversamos até as doze, mas sem resultado; ela ainda objetava a mudar de religião. Pobre garota, chorou muito. Estava mais calma quando nos separamos."

Numa carta para Gatchina, Nicolau escreveu: "Tentei explicar a ela que não havia outro meio senão dar seu consentimento e que ela simplesmente não poderia recusar. Ela chorou o tempo todo e apenas sussurrava às vezes: 'Não, eu não posso.' Ainda assim continuei, repetindo e insistindo... Apesar disso ter durado duas horas, não deu em nada."

Mas Nicolau não estava sozinho na corte a Alix. À medida que os parentes chegavam de toda a Europa, havia tanta gente que os jantares de família tinham que ser divididos em dois turnos, um às sete e outro às nove. Poucas horas depois da conversa de Nicolau e Alix, a rainha Vitória chegou, com a escolta de um esquadrão dos Dragões britânicos. A rainha era favorável à união russa e teve uma conversa com a jovem relutante, apresentando a ideia um tanto original de que a ortodoxia não era assim tão diferente do luteranismo. No dia seguinte, chegou o kaiser. Nem um pouco contrariado com a perspectiva de casar uma princesa germânica com o futuro czar, ele também pressionou Alix a aceitar Nicolau. Acima de todos, foi Ella quem aplacou os receios de Alix e encorajou seu ardor. Ella não tinha sido obrigada a se converter à ortodoxia quando se casou com Sérgio porque o marido não estava na linha de sucessão ao trono. Mas ela aceitou voluntariamente a nova religião. Insistiu com Alix, dizendo que a mudança de fé não era nem uma experiência tão desmedida nem tão incomum.

Muito antes de acontecer, o casamento do grão-duque Ernest foi totalmente ofuscado pela questão de Nicolau e Alix. Durante a cerimônia, Nicolau observou Alix atentamente. "Naquele momento", ele escreveu, "como eu gostaria de poder penetrar nas profundezas da alma de Alix."

No dia seguinte, Alix capitulou. Exultante, Nicolau escreveu em seu diário: "Um dia maravilhoso, inesquecível. Hoje é o dia do meu noivado com minha querida, adorável Alix. Depois das dez, ela foi ter com tia Miechen* e, depois de uma conversa com ela, chegamos a um entendimento. Oh, Deus, que montanha rolou de meus ombros... O dia inteiro andei caminhando num sonho, sem entender completamente o que estava acontecendo comigo. Guilherme ficou na sala ao lado, esperando junto com os tios e tias até nossa conversa acabar. Fui diretamente com Alix à rainha [Vitória]... A família inteira ficou simplesmente encantada. Depois do almoço, fomos à igreja de tia Mary para um serviço de ação de graças. Nem posso acreditar que estou noivo."

Para sua mãe, Nicolau escreveu: "Fomos deixados a sós e, em suas primeiras palavras, ela consentiu... Chorei como uma criança, e ela tam-

---
* Grã-duquesa Maria Pavlovna, esposa do tio mais velho de Nicolau, grão-duque Vladimir.

bém, mas sua expressão tinha mudado: seu rosto se iluminou com um calmo contentamento... O mundo inteiro mudou para mim: a natureza, a humanidade, tudo, e tudo parece bom e adorável... Ela está muito mudada. Está alegre e divertida, falante e terna."

Mais tarde, todos os que estiveram presentes recordaram o momento em que foi feita essa fadada união. "Lembro-me de estar sentada em meu quarto", disse a princesa Maria Louise, da Inglaterra. "Estava me arrumando calmamente para o almoço quando Alix irrompeu pelo quarto, atirou os braços em torno do meu pescoço e disse: 'Vou me casar com Nicky!'"

Nicolau acordou na manhã seguinte com o bater de cascos de cavalos nas pedras da rua e o grito rouco de comandos militares. Sob sua janela, os Dragões da rainha Vitória executavam manobras em sua honra. "Às duas horas", ele escreveu no diário, "minha soberba Alix veio a mim e fomos juntos tomar café com a rainha." Enquanto estiveram em Coburg, todos os dias começaram com o "café com vovó". Vitória estava encantada com o jovem casal. Romântica incurável e infatigável casamenteira da realeza, ela adorava se cercar de jovens casais de ternos olhares apaixonados. Alix era sua neta preferida e, agora que a união estava feita, ela queria desfrutar.

Aquele dia estava frio e cinzento, escreveu Nicolau, "mas tudo em meu coração estava brilhando". Tio Bertie sugeriu que, estando presente uma parte tão grande da família, precisavam tirar uma fotografia. Os trinta membros da família desceram ao jardim, e o resultado foi um memorável panorama da realeza. A velha rainha, pequena e indômita, sentou-se no centro da primeira fila, segurando a bengala. O kaiser, com seu vasto bigode, trajando uniforme, era o único homem sentado. Nicolau, retraído e suave com seu chapéu-coco, ficou ao lado de Alix, bonita, porém séria.

De todas as partes, chegaram telegramas de congratulações. "Passamos o dia respondendo", Nicolau queixou-se, "mas a pilha crescia mais do que diminuía. Parece que todo mundo na Rússia mandou flores para minha noiva."

Apesar de sua oposição à união, depois de efetuada, o czar Alexandre III e a imperatriz Maria responderam com elegância. Alix escreveu à imperatriz, chamando-a de "titia-mamãe", e Maria escreveu a Nicolau:

"Sua querida Alix é como uma filha para mim... Diga a Alix que sua... [carta] me comoveu profundamente, apenas não quero que ela me chame de 'titia-mamãe'; 'mamãe querida' é o que quero ser para ela agora... Pergunte a Alix que pedras ela prefere, safiras ou esmeraldas? Eu gostaria de saber, para o futuro." Para começar, Maria enviou a Alix um magnífico bracelete de esmeraldas e um belíssimo ovo de Páscoa incrustado de joias.

A primavera chegou de repente a Hesse-Darmstadt e o parque se encheu de flores, de ar cálido e perfumado. Nicolau não podia acreditar no que tinha acontecido. "Ela mudou tanto nesses últimos dias em seu relacionamento comigo que estou transbordando de prazer. Hoje de manhã, ela escreveu duas frases em russo, sem erros." Quando a família saía a passeio de carruagem, Nicolau e Alix seguiam atrás numa charrete puxada a pônei, alternando-se nas rédeas. Caminhavam juntos, apanhavam flores e descansavam junto a lagos com peixes. Faziam também todas as refeições. "Não é fácil conversar na presença de estranhos, é preciso evitar falar sobre muitas coisas", queixou-se Nicolau. À noite, iam a concertos no teatro local. A pedido de Nicolau, o coro do Regimento Preobrajensky, da Guarda Imperial, veio da Rússia, de trem, para cantar para sua noiva e convidados.

Todos os dias, Nicolau passava o anoitecer com Alix, no quarto dela. "Ficamos um longo tempo juntos, ela foi extremamente terna comigo... É tão estranho poder ir e vir assim, sem a menor restrição... Que desgosto separar-me dela, mesmo só por uma noite."

Finalmente, após dez dias de êxtase, chegou a hora de Nicolau dizer adeus. Passou o último fim de tarde no quarto de Alix, com a chuva quente caindo nas árvores lá fora. "Que tristeza ser obrigado a ficar muito tempo longe dela", ele escreveu. "Como ficamos bem juntos – um paraíso."

No dia seguinte, viajando para o leste, a caminho da Rússia, o coração de Nicolau estava inundado de amor e tristeza, e ele usava um anel. "Pela primeira vez na vida, pus um anel no dedo. Faz-me sentir esquisito", ele confessou. Em Gatchina, encontrou a família reunida para recebê-lo, o czar Alexandre III ainda vestido com as calças largas, acabando de chegar da caçada aos patos. Havia telegramas de Alix e da rainha Vitória aguardando sua resposta. Depois Nicolau deu um longo passeio pelo parque com a mãe, contando-lhe tudo o que tinha acontecido.

O mês de maio pareceu interminável para o czarevich. Passava os dias andando entre os lilases do parque, depois corria a escrever outra carta para Alix. Por fim, em junho, ele embarcou no iate imperial *Estrela Polar*, que o levou pelo Báltico e pelo mar do Norte até Alix, na Inglaterra. Ao fim de 40 dias de viagem ao largo da costa inglesa, ele escreveu: "Amanhã verei novamente a minha amada... Vou ficar louco de alegria." Aportou em Gravesend e pegou um trem até a Estação Waterloo, em Londres, "para os braços da minha prometida, que estava mais adorável e linda do que nunca".

O casal partiu para um chalé em Walton-on-Thames, pertencente à irmã mais velha de Alix, a princesa Vitória de Battenberg. Durante três dias memoráveis, descansaram junto às margens calmas do rio, caminhando pelos belos gramados verdes, colhendo frutas e flores nos campos. Sentados sob o velho castanheiro do jardim, Alix bordava enquanto Nicolau lia para ela. "Passamos todo o dia fora, com tempo maravilhoso, remando de cima a baixo no rio, fazendo piquenique na margem. Um verdadeiro idílio", Nicolau escreveu à mãe. Anos depois, Alix e Nicolau ainda recordavam cada detalhe daqueles três dias gloriosos nos campos ingleses, e a simples menção do nome Walton bastava para trazer lágrimas de felicidade aos olhos dela.

Quando os três dias terminaram, o jovem casal emergiu de seu casulo de felicidade. "Vovó" esperava para cumprimentá-los no Castelo de Windsor. O czar Alexandre III enviara seu confessor pessoal, padre Yanishev, que estava ansioso para começar a instrução religiosa de Alix. Em Windsor, Nicolau apresentou os presentes de noivado formal: um anel de pérola rosa, um colar de grandes pérolas rosa, um bracelete com uma enorme esmeralda e um broche de safiras e diamantes. Mais portentoso era o *sautoir* de pérolas, presente do czar para a futura nora. Criado por Fabergé, o famoso joalheiro da corte russa, valia 250 mil rublos de ouro e era a mais valiosa transação que Fabergé jamais tivera com a família imperial. Contemplando aquela magnífica exposição de joias, a rainha Vitória comentou, sorridente: "Alix, não vá ficar muito orgulhosa."

O calor era sufocante aquele verão na Inglaterra. Nicolau saía do Castelo de Windsor para cavalgar pela manhã, enquanto ainda estava fresco. Gostava de trotar pela Queen Anne's Way, uma popular trilha de cavalgada margeada por árvores frondosas, e voltava pelo campo aberto, "galopando como louco". Estava sempre de volta às dez horas para tomar café com Alix e a rainha. Depois do almoço, às duas horas, todos descansavam, tentando escapar ao calor. Antes do chá, Nicolau e Alix passeavam sob os grandes carvalhos de Windsor Park, admirando as azáleas em flor. Nicolau admitiu para a mãe: "Não posso me queixar. Vovó tem sido muito amável e até nos permite passear sem *chaperone*." Ao cair da noite, quando o ar era mais fresco, jantavam com convidados numa varanda ou terraço, ao som da música tocada no pátio do palácio. Quando um violinista veio de Londres, Alix acompanhou-o ao piano.

Apesar das aulas com o padre Yanishev, Alix frequentemente ia ao quarto de Nicolau. Ele se desculpou com a mãe por não escrever mais amiúde. "A todo momento", ele alegou, "eu simplesmente tenho que me levantar e abraçá-la." Numa dessas idas ao quarto dele, Alix descobriu que Nicolau tinha um diário, e começou a escrever nele também. Essas anotações a princípio eram curtas: "Muitos beijos de amor", "Deus o abençoe, meu anjo", "para sempre, sempre" — e progrediram para versos e orações:

"Sonhei que era amada, acordei e era verdade, agradeci de joelhos a Deus. Amor verdadeiro é um presente de Deus, dado por Deus, diariamente, mais forte, mais profundo, mais completo, mais puro."

Como objeto dessa devoção avassaladora, Nicolau achou que devia contar certos episódios de seu passado. Falou-lhe sobre Kschessinska. Embora tivesse apenas 22 anos, Alix reagiu como uma verdadeira neta da rainha Vitória. Ela o perdoou dignamente, até efusivamente, mas também lhe passou um pequeno sermão, colocando Nicolau no lugar de homem redimido pela pureza do amor:

"O que passou, passou, e jamais retornará. Todos temos tentações nesse mundo e, quando somos jovens, nem sempre podemos lutar contra a tentação e nos conter, mas, desde que nos arrependamos, Deus nos perdoará... Perdoe-me por escrever tanto, mas quero que tenha plena certeza do meu amor por você e que eu o amo ainda mais desde que me contou essa pequena história. Sua confiança em mim me comoveu, oh, tão profundamente... [Que eu] sempre me mostre à altura... Deus o abençoe, meu amado Nicky."

Sabendo do amor de Nicolau pelo esplendor marcial, a rainha Vitória promoveu uma série de exibições militares. Em Windsor, ele assistiu a uma apresentação de ginástica ao som de música, realizada por mil cadetes da escola naval. Passou em revista seis companhias da Guarda Coldstream, e foi convidado pelos oficiais para jantar. Normalmente, Nicolau aceitaria com entusiasmo, "mas... vovó me ama tanto e não gosta que me ausente no jantar, e Alix também não", escreveu explicando à mãe por que havia recusado. Em Aldershot, o imenso acampamento militar, assistiram a uma cerimônia de retirada à luz de tochas e a um coral de vozes inglesas, escocesas, galesas e irlandesas. No dia seguinte, vestindo a farda dos hussardos imperiais, Nicolau foi saudado por colunas britânicas de infantaria, cavalaria e artilharia montadas. Gostou especialmente dos kilts pregueados e das gaitas escocesas dos regimentos das Terras Altas.

Enquanto Nicolau estava na Inglaterra, nasceu um bebê na família real britânica. "Ontem, às 10 horas, para alegria geral, nasceu o filho de Georgie e Mary", ele escreveu. O infante, batizado Eduardo, viria a ser o rei Eduardo VIII, e mais tarde o duque de Windsor. Nicolau e Alix foram escolhidos como padrinhos do pequeno príncipe. "Em vez de mergulhar o bebê na água", observou o czarevich, "o arcebispo metropolitano salpicou água na cabeça dele... Que criança linda e saudável!" Depois o pai do bebê foi visitar o casal de noivos em Windsor. Mesmo em seu diário, Nicolau mostrou um toque singular de pudicícia ao descrever a visita: "Georgie veio almoçar. Alix e ele ficaram em meu quarto comigo. Acrescento a palavra 'comigo' porque senão pareceria um pouco estranho."

Antes de partir da Inglaterra, o czarevichv e sua noiva foram com a rainha a Osborne, a residência real à beira-mar na ilha de Wight. Do gramado do palácio, eles apreciaram as flotilhas de veleiros escudadas contra o vento. Como um menino, Nicolau tirou os sapatos e caminhou pelas ondas que se desmanchavam na praia.

À medida que se aproximava o final de julho, as seis semanas de idílio chegavam ao fim. Alix havia enchido o diário de mensagens: "O amor foi apanhado, prendi suas asas. Ele não mais vagueará ou fugirá voando. Dentro dos nossos corações, para sempre o amor canta." Quando o *Estrela Polar* passou por Dover, rumando para o norte, a caminho do Báltico, Nicolau leu a oração de Alix: "Dorme suavemente, e deixe que as ondas suaves embalem seu sono. Seu Anjo da Guarda vela por você. Um beijo terno."

No dia seguinte, Nicolau estava de pé no passadiço, contemplando um feérico pôr do sol na costa da Jutlândia, quando vinte navios da Marinha Real Alemã hastearam a bandeira em saudação. Entrando no Báltico pelo canal Skaggerak, o *Estrela Polar* singrou lentamente as águas da costa dinamarquesa, podendo-se avistar o castelo de Elsinore. Mas os pensamentos de Nicolau estavam muito longe.

"Sou sua", Alix escrevera, "você é meu, disso esteja certo. Você está trancado em meu coração, a chavezinha foi perdida e agora você tem que ficar aqui para sempre."

Havia ainda outra anotação, um verso estranhamente profético, de Maria Corelli: "Pois o passado é passado e jamais retornará; do futuro não sabemos, e apenas o presente pode ser chamado nosso."

4

CASAMENTO

Em Gatchina, Nicolau encontrou a família em estado de alarme pela saúde de seu pai. Sofrendo dores de cabeça, insônia e fraqueza nas pernas, o czar havia consultado médicos, que recomendaram repouso, preferencialmente no clima quente da Crimeia. Mas Alexandre III não era homem de mudar a agenda simplesmente por não estar se sentindo bem. A família viajou em setembro, não para a Crimeia, mas para o bangalô imperial de caça em Spala, na Polônia.

O czar continuou a se sentir mal e um especialista, professor Leyden, foi chamado de Viena. Leyden examinou cuidadosamente aquela estrutura de urso e diagnosticou nefrite. Insistiu que o paciente fosse levado para a Crimeia imediatamente e obrigado a descansar. Dessa vez, Alexandre III aquiesceu. Enquanto isso, Nicolau se viu num dilema entre "meu dever de permanecer aqui com meus queridos pais e o desejo ardente de correr para Wolfsgarten, para perto de minha querida Alix". Acabou reprimindo o ardor e foi com a família para o palácio de verão em Livadia, na Crimeia.

Ali, entre as brisas aromatizadas com uvas, o czar começou a melhorar. Comia bem, tomava banhos de sol no jardim e até descia para caminhar na praia. Mas essa melhora foi apenas temporária. Passados alguns dias, voltou a ter problemas de sono, as pernas cederam e ele ficou acamado. Sua dieta era rigidamente restrita e, para seu maior sofrimento, foi proibido de tomar sorvete. Sentada sozinha à beira do leito do czar, sua filha de 16 anos, Olga, de repente ouviu o pai sussurrar: "Filhinha, querida, sei que tem sorvete na sala ao lado. Traga para mim, mas não deixe ninguém ver." Ela lhe trouxe uma porção, e ele se deliciou. Foi chamado um padre de São Petersburgo, padre John de Kronstadt, que tinha fama de fazer milagres. Enquanto os médicos trabalhavam, o padre rezava, mas o czar piorava cada vez mais.

Sentindo o que estava para acontecer, Nicolau pediu a Alix que viesse para Livadia. Ela veio imediatamente, de trem, como uma passageira comum. Normalmente, a noiva de um czarevich era honrada com um trem especial, mas o ministro da Corte Imperial, a quem cabia tomar essas providências, estava tão envolvido com a doença do czar que simplesmente esqueceu. Aproximando-se da Crimeia, Alix telegrafou dizendo desejar que sua cerimônia de conversão à Igreja Ortodoxa fosse realizada o mais cedo possível. Nicolau não pôde conter a felicidade. "Meu Deus, que alegria encontrar com ela em meu país e tê-la perto de mim", ele escreveu. "Metade do meu medo e da minha tristeza desapareceram."

Foi ao encontro do trem em Simferopol e levou-a para Livadia numa carruagem aberta. Durante as quatro horas de viagem, foram parados várias vezes por aldeões tártaros com pães e sal de boas-vindas, e braçadas de uvas e flores. Quando a carruagem passou pela guarda de honra do palácio, vinha transbordando de frutas e flores. Em seu quarto, sentado numa poltrona, Alexandre III esperava o jovem casal. Trajava uniforme completo. Apesar de todas as objeções, ele insistira que era a única maneira de receber o czar e a futura imperatriz da Rússia. Ajoelhada diante do gigante pálido e debilitado, Alix recebeu sua bênção. Ela e Nicolau estavam formalmente prometidos.

Nos dez dias que se seguiram, a vida da casa girou em torno do leito do czar agonizante. Nicolau e Alix andavam silenciosamente pela casa, apanhados no incerto turbilhão de felicidade e desespero. Caminhavam pelos vinhedos e pela praia, mas não ousavam se afastar muito de casa. Ela ficava a seu lado enquanto ele lia os relatórios trazidos pelos ministros de seu pai. Era uma tarefa difícil. Imersa no seio de uma família quase enlutada, ela se sentia uma estranha. Seu único contato e confidente era Nicolau. Maria estava muito ocupada cuidando do marido para se preocupar com amenidades de hospedagem da futura nora. Decerto, era natural que, numa casa onde o paciente era o marido, pai e governante de um grande império, todas as atenções se concentrassem nele e na esposa. Médicos, ministros do governo e oficiais da corte tratavam Maria, não só com a deferência devida à imperatriz, mas também com a consideração extra, devida a um ser humano que passava por um grande tormento. Os médicos corriam entre o leito do doente e a imperatriz, mal notando os jovens quietos à porta do quarto ou esperando ao pé da escada. A certa altura, Alix se ofendeu com esse tratamento. Seu amado, que ela honrava, era herdeiro do trono. Se esse enorme czar, que ela mal conhecia, ia morrer, seu noivo seria o czar. No entanto, era tratado como um ninguém.

Muito desses sentimentos ela pôs numa famosa passagem no diário dele: "Doce criança, reze a Deus. Ele o confortará. Não se sinta tão abatido. Sua Sunny está rezando por você e pelo amado paciente... Seja firme e faça com que os médicos venham todos os dias lhe dizer como ele está... de modo que você seja sempre o primeiro a saber. Não deixe que outros fiquem em primeiro lugar e o deixem de fora. Você é o filho querido do pai, devem lhe contar tudo e consultá-lo sobre tudo. Mostre seu interesse e não deixe que os outros esqueçam quem você é. Perdoe-me, amor."

Por dez dias depois da chegada de Alix a Livadia, a agonia no quarto do doente continuou. Na tarde de 1º de novembro de 1894, Alexandre III morreu. Maria desmaiou nos braços de Alix. "Deus, Deus, que dia", Nicolau escreveu. "O Senhor chamou nosso adorado, nosso querido, nosso ternamente amado pai. Minha cabeça está girando, não é possível acreditar. Passamos todo o dia lá em cima, perto dele. Sua respiração ficou difícil, de repente foi necessário dar-lhe oxigênio. Por volta das 2:30, ele recebeu a extrema-unção; logo um leve tremor, e o fim se seguiu rapidamente. Padre John permaneceu uma hora junto ao leito, segurando-lhe a cabeça. Foi a morte de um santo, Senhor, assista-nos nesses dias difíceis. Pobre mamãe querida."

Ninguém entendeu melhor o que significava a morte do czar do que o jovem de 26 anos que lhe herdou o trono. "Vi lágrimas em seus olhos azuis", recordou o grão-duque Alexandre, cunhado de Nicolau. "Ele me pegou pelo braço e me levou lá para baixo, para seu quarto. Nós nos abraçamos e choramos juntos. Ele não conseguia ordenar seus pensamentos. Sabia que agora era o imperador, e o peso desse fato aterrador o esmagava."

"'Sandro, o que vou fazer?', ele exclamou pateticamente. 'O que irá acontecer comigo, com você, com Xenia, com Alix, com mamãe, com toda a Rússia? Não estou preparado para ser czar. Nunca quis ser. Não sei nada desse negócio de governo. Não tenho ideia nem de como falar com os ministros.'"

No fim da tarde, enquanto os canhões dos navios de guerra ainda disparavam salvas numa última homenagem ao monarca morto, foi erguido um altar no gramado em frente ao palácio. Cortesãos, oficiais, servos e família formaram um semicírculo e um clérigo em vestimentas douradas recitou solenemente o juramento de lealdade a Sua Majestade Imperial, czar Nicolau II.

Quando a manhã do dia seguinte chegou, todo o palácio estava com cortinas negras e uma tempestade varria o mar Negro. Os embalsamadores chegaram para preparar o corpo, e os padres efetivaram a conversão da princesa germânica protestante que subitamente ficou tão perto do trono russo. Antes do meio-dia, o novo czar, sua prometida e sua mãe viúva foram à capela do palácio para um serviço religioso especial.

"Mesmo em nossa grande dor, Deus nos dá uma doce e luminosa alegria", Nicolau escreveu. "Às dez horas, na presença apenas da família, minha querida Alix foi consagrada à ortodoxia." Depois do serviço, Alix, Maria e Nicolau receberam juntos a sagrada comunhão e, disse Nicolau, "Alix leu lindamente, em voz clara, as respostas e as orações". Quando voltaram ao palácio, o czar Nicolau emitiu seu primeiro decreto imperial, proclamando a nova fé, o novo título e o novo nome da ex-princesa Alix de Hesse. A neta luterana da rainha Vitória se tornava "a verdadeira fiel grã-duquesa Alexandra Feodorovna".

A morte do poderoso czar Alexandre III, aos 49 anos de idade, foi um choque para toda a Rússia. Não haviam sido tomadas providências para o funeral e o czar morto foi obrigado a esperar uma semana em Livadia enquanto telegramas voavam entre a Crimeia e São Petersburgo. O casamento, programado para a primavera seguinte, foi adiantado por insistência de Nicolau. Cambaleando sob o peso de sua nova função, ele não tinha intenção de permitir que sua única confidente saísse de perto.

"Mamãe, muitos outros e eu achamos que será melhor realizar o casamento aqui, em paz, enquanto papai ainda está sob esse teto", ele anotou no diário, "mas todos os tios estão contra, dizendo que devo me casar em Petersburgo, depois do funeral."

Os tios de Nicolau, os quatro irmãos do czar morto, eram homens independentes, de vontade firme, que carregavam um grande peso na família. A vontade deles, afirmando que o casamento do jovem sobrinho era um evento nacional importante demais para ser realizado tão discretamente em Livadia, prevaleceu. Enquanto isso, as cerimônias fúnebres ortodoxas continuavam ininterruptamente. A família beijou os lábios do czar morto em seu caixão, e foi à capela duas vezes por dia rezar por sua alma. "Meu querido papai foi transferido para uma grande igreja", Nicolau escreveu. "O caixão foi carregado por cossacos... Quando voltamos à casa vazia, desabamos completamente. Deus nos afligiu com pesadas atribulações."

Ao fim de uma semana, o caixão, coberto com tecido púrpura e acompanhado pela família enlutada, deixou Livadia rumo a Sebastopol, onde um trem fúnebre o aguardava. Quando o trem partiu para o norte, saindo da Crimeia para cruzar a Ucrânia, multidões de camponeses se juntaram ao longo dos trilhos para ver passar o czar morto. O trem parou nas cidades de Cracóvia, Kursk, Orel e Tula para serviços religiosos com a presença de nobres e autoridades locais. Em Moscou, o caixão foi transferido para um carro fúnebre e levado para o Kremlin, onde passou a noite. Nuvens baixas corriam pelo céu cinzento de novembro e lascas de granizo fino pinicavam as faces dos moscovitas que se alinhavam nas ruas para assistir ao cortejo. Dez vezes antes de chegar ao Kremlin, o cortejo parou para litanias cantadas nas escadarias de cada uma das dez igrejas no caminho.

Em São Petersburgo, carruagens da corte, vermelhas e douradas, com pesadas cortinas negras, esperavam a família na estação e seguiram pelas ruas enlameadas por um degelo precoce. Durante quatro horas torturantes o cortejo avançou vagarosamente pelas ruas de São Petersburgo até chegar à catedral da Fortaleza de Pedro e Paulo, onde eram enterrados os Romanov. De um lado a outro da cidade, só o que se ouvia eram o soar abafado de tambores em surdina, o bater dos cascos dos cavalos, o rangido das rodas de ferro das carruagens e o toque compassado dos sinos das igrejas. Na procissão, a grã-duquesa Alexandra Feodorovna seguia sozinha atrás da família, coberta por espessos véus. Quando passava, a multidão, silenciosa, se esticava para ver a futura imperatriz. As velhas abanavam a cabeça e se benziam, murmurando agourentamente: "Ela chegou aqui atrás de um caixão."

Os reis da Grécia, Dinamarca e Sérvia chegaram para se unir ao luto dos nobres. Eduardo, príncipe de Gales, e seu filho George, duque de York, vieram representando a rainha Vitória; o príncipe Henrique da Prússia representou seu irmão, o kaiser. Ao todo, 61 personalidades da realeza, cada uma com sua comitiva, se reuniram naquela semana nos palácios de mármore de São Petersburgo. Além deles, os ministros do governo imperial, os comandantes do exército e da marinha, os governadores provinciais e 460 delegados vindos de toda a Rússia chegaram para prestar homenagem. "Recebi tantas delegações que precisei caminhar pelo jardim. Minha cabeça está girando", escreveu Nicolau. Num banquete oferecido em honra aos hóspedes estrangeiros, "quase caí em soluços à mesa porque foi muito difícil ver toda aquela cerimônia quando minha alma estava tão pesada".

Durante 17 dias, o corpo de Alexandre III ficou exposto. Milhares de pessoas desfilaram diante do esquife aberto, enquanto um padre rezava ao lado e um coro oculto entoava hinos. Duas vezes por dia, os pranteadores reais cruzavam as frias ruas brumosas para ir à igreja. Nesse período, o futuro rei George V escreveu a Mary, sua esposa:

"Todos os dias, depois do almoço, tínhamos um serviço religioso na igreja. Depois do serviço, íamos todos ao caixão, que estava aberto, e beijávamos o quadro sagrado que ele tem nas mãos. Tive um choque ao ver o querido rosto tão junto ao meu quando me abaixei. Ele parece tão belo e em paz, mas certamente está muito mudado. Hoje faz apenas quinze dias."

Entre padres e litanias, ruas decoradas em negro, rostos tristes, lágrimas e torcer de mãos, Alexandra reprimia sua pequena, patética felicidade. "Pode-se bem imaginar os sentimentos", ela escreveu à irmã. "Um dia no mais profundo luto, lamentando um ser querido, no dia seguinte nas mais luxuosas roupas, me casando. Não pode haver maior contraste, mas nos tornou mais unidos, se é que isso é possível." "Assim foi minha entrada na Rússia", ela acrescentou mais tarde. "Nosso casamento me pareceu a mera continuação das missas para o falecido, com a diferença de que então usei um vestido branco, em vez de preto."

O casamento aconteceu em 26 de novembro, uma semana após o enterro. O dia escolhido foi o do aniversário da imperatriz Maria, agora a imperatriz viúva, e para essa ocasião o protocolo permitia um breve alívio do luto. Vestidas de branco, Alexandra e Maria foram juntas na carruagem, do Nevsky Prospect até o Palácio de Inverno. Diante de um famoso espelho de ouro usado por todas as grã-duquesas russas no dia do casamento, a noiva foi formalmente vestida pelas damas da família imperial. Ela usou um pesado vestido antigo da corte russa, de brocado de prata, com manto e cauda de ouro debruado com arminho. Maria retirou pessoalmente a refulgente coroa nupcial de diamantes da almofada de veludo e colocou-a delicadamente sobre a cabeça de Alexandra. Juntas, atravessaram as galerias do palácio até a capela, onde Nicolau esperava, vestindo o uniforme dos hussardos e botas. Cada um segurando uma vela acesa, Nicolau e Alexandra se postaram diante do arcebispo. Minutos antes da uma da tarde, eram marido e mulher.

Alexandra estava radiante. "Ela estava tão maravilhosamente linda", comentou a princesa de Gales. George, duque de York, escreveu a Mary, na Inglaterra: "Acho que Nicky é um homem de muita sorte para ter uma esposa tão bela e charmosa, e devo dizer que nunca vi duas pessoas mais apaixonadas e mais felizes do que eles. Disse a ambos que não poderia lhes desejar mais do que serem tão felizes quanto você e eu somos juntos. Estou certo?"

Devido ao luto, não houve recepção depois da cerimônia, nem lua de mel. O jovem casal retornou imediatamente ao Palácio Anitchkov. "Quando saíram do Palácio de Inverno, após o casamento, receberam uma tremenda... ovação da enorme multidão nas ruas", George escreveu à rainha Vitória. "Os aplausos foram muito calorosos e me lembraram a Inglaterra... Nicky tem sido a bondade em pessoa para mim, é o mesmo menino querido de sempre e conversa abertamente comigo sobre todos os assuntos... Faz tudo com tanta calma e naturalidade; todos se admiram com isso e ele já é muito popular." No Palácio Anitchkov, Maria esperava para recebê-los com pão e sal. Passaram lá a noite, responderam a telegramas de congratulações, jantaram às oito e, segundo Nicolau, foram "dormir cedo, porque Alix estava com dor de cabeça".

O casamento iniciado naquele dia foi perfeito pelo resto da vida deles. Foi um casamento vitoriano, externamente sereno e convencional, mas baseado num amor físico intenso e passional. Na noite do casamento, antes de ir dormir, Alexandra escreveu no diário do marido: "Finalmente unidos, ligados para toda a vida, e quando esta vida acabar, nos encontraremos no outro mundo e ficaremos juntos pela eternidade. Sua, sua." Na manhã seguinte, transpassada por novas emoções, ela escreveu: "Jamais acreditei que pudesse haver tão absoluta felicidade nesse mundo, tamanho sentimento de unidade entre dois mortais. Eu amo você, essas três palavras têm nelas a minha vida."

Passaram o primeiro inverno em seis cômodos do Palácio Anitchkov, onde a imperatriz viúva permanecia dona da casa. Na pressa para o casamento, não houve tempo para a preparação de um palácio para Nicolau e Alexandra. Eles se mudaram temporariamente para os aposentos que ele e seu irmão George haviam compartilhado quando meninos. Embora reinasse sobre um continente, o jovem czar conduzia os negócios de Estado em uma pequena sala, enquanto a nova imperatriz ficava na sala ao lado, estudando a língua russa. Entre compromissos, Nicolau se reunia a ela para conversar e fumar um cigarro. Como não havia sala de jantar no apartamento, Nicolau e Alexandra faziam as refeições com a "mamãe querida".

O jovem casal se incomodava muito menos com o aperto de seus aposentos do que com as longas horas separados. "Petições e audiências sem fim", Nicolau resmungava; "vi Alix somente por uma hora"; e "Sou indescritivelmente feliz com Alix. É triste que meu trabalho tome tantas horas que eu preferiria passar exclusivamente com ela". À noite, Nicolau lia em francês para ela, que queria melhorar seu uso da língua da corte. Começaram lendo contos de Alphonse Daudet, e a vida de Napoleão em Santa Helena.

Ocasionalmente, em noites de neve, Nicolau embrulhava Alexandra em peles a seu lado num trenó e açulava os cavalos numa louca corrida por entre muros e domos, pelos brancos campos congelados. De volta ao apartamento, vestiam-se para cear diante de uma lareira ardente.

No último dia de 1894, Nicolau reviu a enormidade dos eventos daquele ano fatídico. Em seu diário, escreveu: "É duro pensar nas terríveis mudanças deste ano. Mas depositando nossas esperanças em Deus, encaro o próximo ano sem medo, porque a pior coisa que poderia ter me acontecido, aquilo que temi durante toda a vida [a morte do pai e sua ascensão ao trono], já passou. Ao mesmo tempo que me enviou pesar irreparável, Deus me enviou uma felicidade com que nunca ousei sonhar, ao me dar Alix."

Certos problemas são universais. Genuinamente pesaroso por sua mãe abruptamente viúva, Nicolau tentava confortá-la com sua presença, jantando docilmente com ela, e frequentemente lhe fazendo companhia após o jantar. Nos primeiros meses de seu reinado, Nicolau pedia à mãe conselhos políticos. Ela os dava abertamente, sem jamais suspeitar que Alexandra pudesse se ressentir desse seu papel. Para Maria, Alexandra ainda era uma menina alemã desajeitada, recentemente chegada à Rússia, sem conhecimento nem experiência em questões de Estado. Quando o período de luto terminou, Maria retornou à vida pública, às roupas e às joias, ao brilho das luzes que ela tanto amava. Era vista constantemente rodando pelo Nevsky Prospect em carruagem aberta ou em trenó, puxados por belos corcéis negros, com um enorme cossaco de barba negra no estribo traseiro. No protocolo da corte russa, uma imperatriz viúva tinha precedência sobre a imperatriz. Em cerimônias públicas, Maria, toda de branco e com esplendorosos diamantes, entrava pelo braço de Nicolau, enquanto Alexandra seguia atrás, pelo braço de um dos grão-duques. A primazia lhe parecia tão natural que, quando descobriu que a nora nutria ressentimentos, Maria ficou surpresa e magoada.

Alexandra, por sua vez, tinha os sentimentos e o comportamento típicos de qualquer jovem esposa. Chocada com o terrível golpe que atingiu Maria, sua primeira reação foi de simpatia pela sogra. Logo, porém, as tensões de viver sob o mesmo teto e competir pelo mesmo homem começaram a dar mostras. Nas refeições, Alexandra era duplamente insultada. Não só era totalmente ignorada, mas a sogra tratava seu amado Nicky como um menino de escola. Apesar da elaborada polidez entre a "querida Alix" e a "mamãe querida", uma hostilidade velada começava a aparecer.

Um incidente em especial irritou muito Alexandra. Ela estava certa de que as joias da Coroa passavam tradicionalmente de uma imperatriz para a seguinte, e, de fato, o protocolo russo exigia que Alexandra as usasse em ocasiões formais. Mas Maria tinha paixão por joias e, quando Nicolau pediu à mãe que as cedesse, ela se abespinhou e recusou. Humilhada, Alexandra declarou que já não se importava com as joias e que não as usaria mais em nenhuma ocasião. Antes que houvesse um escândalo público, Maria cedeu.

Como muitas jovens esposas, Alexandra às vezes tinha dificuldade em aceitar a rápida transição em sua vida. "Ainda não consigo realmente me ver casada", ela escreveu. "Parece que estou hospedada." Ela se alternava entre o desespero e o êxtase. "Sinto-me completamente só", ela escreveu a uma amiga na Alemanha. "Choro e me preocupo o dia inteiro porque sinto meu marido tão jovem e inexperiente... Fico sozinha a maior parte do tempo. Meu marido está ocupado o dia todo e passa as noites com a mãe." Mas no Natal ela escreveu no diário dele: "Meio ano agora que estamos casados. O quão intensamente feliz você [me] fez... você nem imagina."

As tensões domésticas se acalmaram na primavera de 1895, quando Nicolau e Alexandra foram passar o verão em Peterhof e Maria partiu para uma longa temporada na casa de sua família na Dinamarca. E, mais importante, Alexandra descobriu que estava grávida. A grã-duquesa Elizabeth veio ficar com a irmã, e as duas jovens pintavam, faziam trabalhos de agulha e passeavam de carruagem pelo parque. Nicolau e Alexandra se encantavam com o desenvolvimento do bebê. "Já está muito grande, chuta e briga muito lá dentro", o czar escreveu à mãe. Com o bebê a caminho, Alexandra começou a planejar a decoração de seu primeiro lar verdadeiro, no Palácio Alexandre, em Tsarskoe Selo, a pouco mais de vinte quilômetros ao sul de São Petersburgo. "Triste por deixar Peterhof e... nossa casinha à beira-mar, onde passamos nosso primeiro verão tão tranquilos juntos", Nicolau escreveu a Maria. "Mas quando entramos nos aposentos de Alix [em Tsarskoe Selo], nosso sentimento mudou instantaneamente... para imenso prazer... Às vezes, simplesmente nos quedamos em silêncio onde quer que estejamos para admirar as paredes, as lareiras, os móveis... Fomos duas vezes ao quarto das crianças; aqui, os cômodos são admiravelmente arejados, claros e aconchegantes."

Ambos gostariam que o bebê fosse menino. Um herdeiro homem seria o primeiro czarevich nascido diretamente de um czar reinante, desde o século XVIII. Quando a data estava próxima, Maria voltou, exultante. "Está entendido, não é, que você vai me avisar assim que aparecerem os primeiros sinais?", ela escreveu a Nicolau. "Vou voando para vocês, queridos filhos, e não serei um incômodo, a não ser para agir como policial, mantendo todo mundo afastado."

Em meados de novembro de 1895, quando teve início o trabalho de parto, as artilharias de Kronstadt e de São Petersburgo ficaram a postos, junto às armas. Uma salva de 300 tiros anunciaria o nascimento de um herdeiro homem, e 101 significaria que era menina. Por fim, os canhões começaram a disparar, 99... 100... 101... e não houve 102. A primeira filha do czar Nicolau II e da imperatriz Alexandra Feodorovna foi a grã-duquesa Olga Nicolaievna. Ao nascer, pesava quatro quilos.

A alegria de ter o primeiro bebê dispersou imediatamente todas as preocupações quanto à criança ser menino ou menina. Quando o pai tem 27 anos e a mãe apenas 23, o tempo para ter mais filhos parece infinito. Alexandra cuidava pessoalmente da filha, dava banho e cantava canções de ninar para fazê-la dormir. Enquanto Olga dormia, sua mãe se sentava ao lado do berço, tricotando casaquinhos, touquinhas e meias. "Você nem imagina nossa imensa felicidade, agora que temos essa preciosa pequenina para cuidar e criar", a imperatriz escreveu a uma das irmãs.

5

A COROAÇÃO

NA PRIMAVERA, QUANDO O GELO DO NEVA começou a rachar, depois de ter sido usado todo o inverno como via pública para passagem de pessoas e trenós, os pensamentos dos russos se voltaram para a coroação. O ano era 1896, o período de doze meses de luto havia terminado e o novo czar seria coroado em maio, em Moscou.

Lembrando que, para a imperatriz viúva, de 49 anos, a coroação seria em parte um lembrete da súbita morte de Alexandre III, Nicolau tentou consolá-la. "Acredito que devemos encarar todas essas difíceis cerimônias em Moscou como uma grande provação enviada por Deus", ele escreveu à mãe, "pois a cada passo teremos que repetir tudo o que passamos nos dias felizes treze anos atrás! Um pensamento me consola: que, no curso de nossa vida, não teremos que passar novamente por esse rito, que eventos subsequentes ocorrerão em paz e tranquilidade."

A coroação de um czar russo era rigidamente ditada pela história e pela tradição. A cerimônia se realizava em Moscou. Algo tão solene, tão significativo para a nação, não poderia ser deixado para a capital artificial ocidental fundada por Pedro, o Grande. Por tradição, o czar que ainda não fora coroado não devia entrar na cidade até a véspera da coroação. Ao chegarem a Moscou, Nicolau e Alexandra fizeram um retiro, rezando e jejuando no Palácio Petrovsky, fora da cidade.

Enquanto o czar esperava do lado de fora da cidade, os moscovitas caiavam e pintavam as casas, penduravam guirlandas de azevinho nos portais e bandeiras nas cores azul, branca e vermelha, da Rússia, nas janelas. Bandos de cossacos passavam galopando, ultrapassando charretes que rangiam sob o peso de camponesas de lenços coloridos na cabeça – vermelhos, amarelos, azuis, laranja. Trens despejavam siberianos altos, com pesados casacos de golas de peles, caucasianos em longos casacos vermelhos, turcos de fez vermelho na cabeça, túnicas e mantos dourados debruados de peles. A cidade andava em ebulição: além do excitamento, do fausto e dos banquetes, a coroação significava três dias de feriado, perdão de prisioneiros e anistia de multas e impostos.

Na tarde de 25 de maio, dia da entrada formal de Nicolau em Moscou, o sol brilhava sobre os domos e janelas da cidade. Duas fileiras de tropas margeavam o percurso de seis quilômetros, contendo a multidão. Todas as sacadas e janelas estavam lotadas de gente. Num dos camarotes montados ao longo da via, estava Matilde Kschessinska. "Foi uma agonia ver o czar passar... o czar ainda era Nicky para mim, que adorei, mas que não poderia, não poderia jamais pertencer a mim."

Às duas horas, os primeiros esquadrões da cavalaria da Guarda Imperial começaram o desfile pelas ruas, formando a vanguarda do cortejo. Quem assistia das janelas podia ver o sol da tarde brilhando no metal de seus elmos e peitorais. Em seguida vieram os cossacos, com longos casacões vermelho e púrpura, os sabres curvos batendo contra suas botas macias de couro preto. Atrás dos cossacos vinha a nobreza moscovita, com faixas carmesim entrelaçadas com ouro e fulgurantes medalhas com pedras preciosas no peito. A pé, seguiam a Orquestra da Corte, o Corpo de Caça Imperial e os valetes, com calções vermelhos até os joelhos e meias de seda branca.

A chegada dos oficiais da corte, em uniformes bordados em ouro, anunciava a entrada do czar. Nicolau chegou sozinho, montado num cavalo branco. Ao contrário dos ministros, generais e adjuntos ostentando carreiras de medalhas de um lado a outro do peito, ele vestia uma túnica simples do exército, abotoada sob o queixo. Tinha o rosto pálido e abatido de tanta agitação, e segurava as rédeas com a mão esquerda, mantendo a mão direita fixa numa continência.

Atrás de Nicolau vinham mais grupos de cavaleiros, duques russos e príncipes estrangeiros. A seguir, o som de rodas de carruagens se misturava ao dos cascos de cavalos. Primeiro, a carruagem dourada de Catarina, a Grande, puxada por oito cavalos brancos, e tendo no alto uma réplica da coroa imperial. Em seu interior, acenando radiante, estava a imperatriz viúva Maria. Atrás, na segunda carruagem dourada, também puxada por oito cavalos brancos, vinha a imperatriz não coroada, Alexandra Feodorovna. Trajava um vestido branco com pedras preciosas bordadas e tinha no pescoço um colar de diamantes que refulgia ao sol forte da tarde. Voltando-se para a direita e para a esquerda, acenando e sorrindo, as duas imperatrizes seguiram o czar, passando pelo Portão Nikolsky e entrando no Kremlin.

No dia seguinte, na manhã da coroação, o céu era azul, sem nuvens. Nas ruas, arautos em trajes medievais proclamavam que, naquele dia, 26 de maio de 1896, um czar seria coroado. No Kremlin, servos estendiam um tapete de veludo carmesim nos degraus da famosa Escadaria Vermelha, que levava à catedral Ouspensky, onde se realizaria a cerimônia. No lado oposto à escadaria, foi montado um palanque de madeira para os convidados que não coubessem na catedral. Desse ponto de observação, centenas de pessoas viram os soldados da Guarda Imperial, vestidos em uniformes vermelho, branco e ouro, assumindo suas posições nos degraus ao longo do tapete carmesim.

Em seus aposentos, Nicolau e Alexandra estavam de pé desde cedo. Enquanto o cabeleireiro fazia o penteado de Alexandra, Nicolau esperava, conversando e acalmando a esposa. Com ajuda das damas, ela treinou fechar e abrir as presilhas do pesado vestido de coroação. Nicolau colocou a coroa em sua cabeça, como faria na catedral, e o cabeleireiro ajeitou o grampo cravejado de diamantes que mantinha a coroa no lugar. O grampo penetrou muito fundo e a imperatriz deu um grito de dor. Envergonhado, o cabeleireiro bateu em retirada.

Descendo a Escadaria Vermelha, o cortejo formal foi aberto pelos bispos, com suas longas barbas e vestimentas douradas. Maria veio em seguida, num vestido de veludo branco bordado, com sua longa cauda carregada por doze homens. Por fim, Nicolau e Alexandra apareceram no alto da escadaria. Ele vestia o uniforme verde e azul da Guarda Preobrajensky, com a faixa vermelha cruzada no peito. A seu lado, Alexandra trajava um vestido da corte branco e prata, com uma faixa vermelha descendo do ombro. Em torno do pescoço, trazia um único fio de pérolas cor-de-rosa. Vinham caminhando lentamente, seguidos por acompanhantes que carregavam a cauda do vestido. Um dossel de tecido de ouro encimado por altas plumas de avestruz era mantido sobre a cabeça dos soberanos. No final da escadaria, os soberanos fizeram um cumprimento de cabeça para a multidão e pararam em frente aos bispos, que os ungiram com o sinal da cruz e água benta sobre a testa. Diante do ícone que um dos bispos segurava, eles fizeram uma prece. Em seguida, um a um, os clérigos foram beijar as mãos imperiais. Só então o casal entrou na catedral.

Sob os domos das cinco cúpulas de ouro, o interior da catedral Ouspensky brilhava. Cada centímetro das paredes e do teto era coberto por afrescos luminosos e, em frente ao altar, brilhava o grande iconóstase, o painel dourado coberto de pedras preciosas. Descendo das cúpulas e cintilando em centenas de velas, a luz se refletia sobre a superfície das gemas preciosas, banhando os presentes em iridescência. O coro, vestido em prata e azul-claro, encheu a catedral com hinos sagrados. Fileiras de clérigos se postaram hierarquicamente diante do altar: metropolitanos, arcebispos, bispos e abades. Em suas mitras fulguravam mais diamantes, safiras, rubis e pérolas, intensificando a luminosidade celestial.

Na frente da nave, dois tronos de coroação aguardavam o czar e sua esposa. Nicolau sentou-se no Trono de Diamante do Czar Alexei, do século XVII, solidamente revestido de pedras preciosas e pérolas. Seu nome era derivado dos 870 diamantes que trazia cravejados: só nos braços havia 85 diamantes, 144 rubis e 129 pérolas. Alexandra sentou-se ao lado, no famoso Trono de Mármore, trazido de Bizâncio para a Rússia em 1472 por Sofia Paleologus, noiva de Ivan, o Grande.

A cerimônia de coroação durou cinco horas. Após a longa missa, seguiu-se a unção formal do czar e da czarina. Alexandra se ajoelhou, e o metropolitano rezou pelo czar. Todos os presentes ficaram de pé e só Nicolau se ajoelhou e rezou pela Rússia e por seu povo. Depois de ungido com o óleo sagrado, Nicolau fez o juramento de governar o império e preservar a autocracia como imperador e autocrata de todas as Rússias.* Depois, pela primeira e única vez em sua vida, entrou no san-

---

* O título completo de Nicolau era imperador e autocrata de todas as Rússias, czar de Moscou, Kiev, Vladimir, Novgorod, Kazan, Astrakan, da Polônia, da Sibéria, de Tauric Chersonese, da Geórgia; senhor de Pskov, grão-duque de Smolensk, da Lituânia, Volhynia, Courland e Semigalia, Samogotia, Bielostok, Karelia, Tver, Yougouria, Perm, Viatka, Bulgária e outros países, senhor

tuário para receber o sacramento de prelado da Igreja. Ao subir os degraus do altar, a pesada corrente da Ordem de Santo André escorregou de seu ombro e caiu no chão. Aconteceu tão rápido que ninguém percebeu, exceto aqueles que estavam muito próximos. Mais tarde, para evitar que o incidente fosse visto como mau agouro, todos eles juraram segredo.

Por tradição, o czar coroava a si mesmo, tomando a coroa das mãos do metropolitano e colocando-a sobre a própria cabeça. No planejamento da coroação, Nicolau desejou usar a Pac de Monomakh, uma coroa de oitocentos anos, mais simples, de filigrana de ouro, atribuída a Vladimir Monomakh, governante da Rússia Kievana, no século XII. Além de enfatizar sua paixão pelo passado histórico, a Pac tinha a grande vantagem de ser leve, pesando menos de um quilo. Mas a férrea etiqueta do cerimonial tornou isso impossível, e Nicolau pôs na cabeça a grande coroa imperial da Rússia, de quatro quilos, confeccionada em 1762 para Catarina, a Grande. Na forma de mitra episcopal, trazia uma cruz cravejada de diamantes e com um enorme rubi não lapidado no centro. O arco de suporte abaixo da cruz e o que contornava por cima da cabeça tinham 44 diamantes incrustados, cada um com dois centímetros de largura, cercados por uma massa sólida de diamantes menores. Trinta e oito pérolas rosa perfeitas circulavam a coroa de cada lado do arco central. Nicolau deixou a coroa cravejada por um momento em sua cabeça, tirou-a cuidadosamente e colocou-a na cabeça de Alexandra. Depois recolocou-a na própria cabeça e Alexandra recebeu uma coroa menor. Nicolau beijou-a e, tomando-lhe a mão, voltaram a se sentar nos dois tronos. A cerimônia terminou com a imperatriz Maria e todos os membros da família se aproximando para homenagear o coroado czar de todas as Rússias.

Apesar da longa cerimônia, Alexandra mais tarde escreveu a uma de suas irmãs que não ficou cansada, tão fortes eram suas emoções. Para ela, foi como um casamento místico com a Rússia. Na coroação, ela deixou para trás a menina criada em Darmstadt e na Inglaterra. Em seu

---

e grão-duque do Baixo Novgorod, de Tchernigov, Riazan, Polotsk, Rostov, Yaroslav, Belozero, Oudoria, Obderia, Condia, Vitebsk, Mstislav e toda a região do norte; senhor e soberano dos países de Iveria, Cartalinia, Kabardinia e das províncias da Armênia; soberano dos príncipes circacianos e dos príncipes da Montanha; senhor do Turquestão; herdeiro da Noruega; duque de Schleswig Holstein, de Storman, dos Ditmars e de Oldenbourg etc.

coração, ela agora realmente pensava em si mesma, não apenas como imperatriz, mas como *Matushka*, mãe do povo russo.

Ao final da cerimônia, os monarcas coroados saíram da catedral vestindo os mantos de brocado bordados com a águia imperial de duas cabeças. Subiram a Escadaria Vermelha e voltaram-se para cumprimentar a multidão com três acenos de cabeça. De milhares de gargantas elevou-se um forte brado de vivas. Da boca dos muitos canhões, trovões ecoaram pela cidade. Acima de tudo, tornando impossível alguém sequer falar ao ouvido da pessoa ao lado, se sobrepunha o badalar dos milhares de sinos de Moscou. Das torres e igrejas do Kremlin, o soar concentrado dos sinos obliterava todos os outros sons.

Em meio aos sete mil convidados do banquete de coroação, entre grão-duques e princesas reais, emires e embaixadores, numa das salas banqueteavam pessoas do povo, vestidas com simplicidade. Estavam ali por direito de hereditariedade, por serem descendentes de pessoas que, em um momento ou outro, tinham salvado a vida de um czar russo. O mais honrado era Ivan Susanin, que mesmo sob tortura recusara-se a dizer aos poloneses onde estava escondido o jovem Miguel Romanov, o primeiro czar da dinastia. Os convidados se sentavam a centenas de mesas. Diante de cada um deles havia um rolo de pergaminho preso com cordões de seda, contendo o menu em escrita medieval com iluminuras. A refeição consistia em *borsch* apimentado, esfihas de carne, peixe cozido no vapor, assado de cordeiro tenro, faisão ao creme, saladas, aspargos, frutas ao vinho e sorvete.

Num tablado, sob um dossel dourado, Nicolau e Alexandra jantavam sozinhos, como rezava a tradição, à vista da nata da sociedade russa, acomodada em mesas dispostas nas galerias. Os mais altos oficiais da corte lhes passavam os pratos, de ouro. Durante a longa refeição, embaixadores estrangeiros eram admitidos um a um para fazer um brinde ao casal imperial. Nicolau e Alexandra passaram o resto do dia cumprimentando os convidados, circulando pelos grandes salões do Kremlin, decorados com cortinas de seda azul e cadeiras douradas. Durante todo o dia, o czar usou a coroa, tão grande que lhe chegava quase até os olhos. Pousada exatamente sobre a cicatriz deixada pelo japonês fanático, seu peso lhe deu dor de cabeça. A imperatriz ia a seu lado, ainda com o vestido branco e prata, com a cauda carregada pelos doze pajens.

À noite, durante o baile da coroação, o Kremlin brilhava em luzes e música. As damas estrangeiras achavam que o decote dos vestidos das russas descia escandalosamente abaixo dos ombros. Abundavam tiaras, colares, braceletes, anéis e brincos, alguns com pedras do tamanho de um ovo de passarinho. A grã-duquesa Xenia, irmã de Nicolau, e a grã-duquesa Elizabeth, sua cunhada, estavam cobertas de esmeraldas. Outras mulheres se afogavam em safiras e rubis. Alexandra usava um grosso cordão de diamantes em volta da cintura. E Nicolau ostentava também um enorme cordão de florões de diamantes que lhe tomava todo o peito. Mesmo num dia em que se viam mil opulências régias, as joias que desfilaram àquela noite eram de tirar o fôlego.

Naquela noite, toda a cidade de Moscou brilhava de um modo especial. No interior do Kremlin, as igrejas e edifícios públicos eram iluminados por milhares de lâmpadas elétricas, que se acenderam todas ao mesmo tempo quando Alexandra apertou o botão escondido num buquê de rosas. Lá fora, milhões de velas tremulavam nas ruas e nas casas. Às dez horas, quando Nicolau e Alexandra se dirigiram a uma das varandas do Kremlin para contemplar a cidade, suas faces refletiram o brilho das luzes. Mesmo depois que foram dormir, as paredes do quarto ainda estavam cobertas pelas sombras projetadas pela cidade iluminada.

O dia seguinte à coroação pertencia ao povo de Moscou. O grão-duque Sérgio, governador-geral da cidade, havia providenciado a tradicional festa ao ar livre, com a presença do czar e da imperatriz, num campo próximo. Carros cheios de canecas esmaltadas e estampadas com o selo imperial foram distribuídos como suvenires, e centenas de barris de cerveja foram colocados à disposição do povo.

Escolhido para o grande festejo, o Campo de Khodynka, espaço para treinamento das tropas da guarnição de Moscou, cortado por uma rede de valas e trincheiras rasas, era o único local apropriado para abrigar as centenas de milhares de moscovitas que afluiriam para ver o czar e a czarina.

Na noite anterior, milhares de pessoas já haviam ido até o campo, sem se dar ao trabalho de dormir antes. De madrugada, 500 mil pessoas já aguardavam, muitas já bêbadas. Vagões carregados de canecas e de cerveja começaram a chegar, posicionando-se atrás de frágeis cercas de madeira. A multidão, que observava com interesse, foi se aproximando, cheia de bom humor. De repente, correu um rumor de que haveria menos vagões do que o esperado, e só teria cerveja quem chegasse primeiro. Começou a correria. O esquadrão de cossacos encarregados de manter a ordem foi empurrado para o lado. Homens se arremessavam, tropeçando nas valas. Mulheres e crianças, atropeladas pela massa que corria e empurrava, eram pisoteadas na cabeça e nas costas. Narizes e bocas foram amassados contra o solo. Milhares de pés continuavam a pisotear implacavelmente os corpos mutilados, sufocados.

Quando a polícia e mais cossacos chegaram, tudo parecia um campo de batalha. Havia centenas de mortos e milhares de feridos. À tarde, os hospitais estavam lotados de feridos e todos já sabiam o que havia acontecido. Nicolau e Alexandra ficaram horrorizados. O primeiro impulso do czar, desesperado, foi se retirar em oração. Declarou que não tinha a menor possibilidade de comparecer ao baile oferecido àquela noite pelo embaixador francês, o marquês de Montebello. Mais uma vez, os tios, liderados pelo irmão, o grão-duque Sérgio, intervieram. Para adornar o baile, o governo francês enviara tapeçarias de valor inestimável e tesouros em prataria de Paris e Versalhes, além de 100 mil rosas do sul da França. Os tios exortaram Nicolau a não ampliar o desastre, ofendendo o único país aliado da Rússia. Tragicamente, o czar cedeu e concordou em ir ao baile.

"Esperávamos que a festa fosse cancelada", disse Sergius Witte, ministro das Finanças. "[Em vez disso,] foi como se nada tivesse ocorrido, e Suas Majestades abriram o baile dançando uma quadrilha." Foi uma noite sofrida. "A imperatriz parecia estar sofrendo muito, com os olhos vermelhos de lágrimas", o embaixador inglês informou à rainha Vitória. Alexandre Izvolsky, mais tarde ministro das Relações Exteriores, declarou que "longe de se mostrarem insensíveis, eles [o casal imperial] estavam profundamente comovidos. O primeiro impulso do imperador foi fazer retiro num monastério. Mas seus tios insistiram com ele para não cancelar nada, a fim de evitar um escândalo maior".

Expressando seu pesar, Nicolau e Alexandra passaram um dia indo de hospital em hospital. Nicolau ordenou que os mortos fossem enterrados em caixões separados – ele arcaria com os custos –, em vez de enterrados em covas comuns, como era habitual em casos de grandes desastres. A família de cada vítima recebeu mil rublos do próprio bolso do czar. Mas nenhum gesto de consideração poderia apagar o terrível evento. Milhares de russos humildes entenderam o desastre como um presságio de infelicidade para o reinado. Outros, mais sofisticados ou mais vingativos, usaram a tragédia para ressaltar a impiedade da autocracia e a desprezível futilidade do jovem czar e "daquela mulher alemã".

Depois da coroação, o monarca devia viajar em visitas oficiais e de cortesia a outros soberanos. No verão de 1896, Nicolau e Alexandra foram a Viena visitar o idoso imperador austro-húngaro, Francisco José, encontraram o kaiser em Breslau e passaram dez dias tranquilos em Copenhague com os avós de Nicolau, o rei Christian IX e a rainha Louise, da Dinamarca. Em setembro, levando com eles a pequena Olga, de 10 meses, embarcaram para visitar a rainha Vitória.

A rainha estava na Escócia, no grande Castelo de Balmoral, cheio de torreões de granito, nas Terras Altas de Aberdeen. Sob uma chuva torrencial, o iate imperial russo *Standart* ancorou no cais de Leith. Tio Bertie, o príncipe de Gales, foi a bordo para conduzir os hóspedes russos pelas montanhas. Totalmente encharcados por terem vindo em carruagem aberta, chegaram ao castelo à noite. A rainha estava à espera na escadaria, cercada por *highlanders* segurando tochas.

Exultantes com o reencontro, avó e neta passaram horas brincando com a bebê. "Ela é maravilhosamente boa e amável conosco, e encantada ao ver nossa filhinha", Nicolau escreveu a Maria. Nicolau ficou entregue a Bertie. "Eles parecem considerar necessário levar-me para caçar todos os dias com os cavalheiros", ele se queixou. "O tempo está horrível, chuva e vento todo dia, e, para completar, sorte nenhuma – ainda não matei um cervo... Ainda bem que George também vem caçar – pelo menos podemos conversar."

Da Escócia, seguiram para Portsmouth, e depois para a França. Ao contrário da estada britânica, que foi como férias em família, a visita do czar a Paris era um evento da maior importância para os dois países. Apesar da grande diferença de sistemas políticos, necessidades diplomáticas tinham tornado aliadas militares a maior república e a maior autocracia da Europa. Desde 1870, quando a França perdeu a guerra franco-prussiana e, com a derrota, as províncias da Alsácia e da Lorena, os estadistas e generais franceses sonhavam com o dia de se desforrar da Alemanha com a ajuda dos incontáveis soldados do czar. O czar Alexandre III, por sua vez, queria contrabalançar o imenso poderio militar da Alemanha, que crescera em sua fronteira ocidental. Além disso, a França estava disposta a emprestar à Rússia as enormes somas de que

Alexandre III precisava para reerguer seu exército e construir suas ferrovias. Em 1888 e 1889, o primeiro desses empréstimos foi colocado na Bolsa de Paris a baixas taxas de juros. Em 1891, a frota francesa visitou Kronstadt; o autocrata e todos os russos tiraram o chapéu quando a banda tocou a *Marseillaise*. Até aquele momento era crime tocar o hino revolucionário em qualquer parte dos domínios do czar. Em 1893, a frota russa visitou Toulon, e em 1894, ano da morte de Alexandre III e da ascensão de seu filho ao trono, Rússia e França assinaram um tratado de aliança. Em suas *Memórias*, Raymond Poincaré, presidente da França durante a Primeira Guerra Mundial, anotou: "Aqueles de nós que atingiram a maioridade em 1890 não podem recordar sem emoção o prodigioso efeito produzido pela amizade do imperador Alexandre III."

Nicolau II foi o primeiro czar a visitar a França desde a formação da *Entente*, e o governo francês lhe ofereceu uma recepção grandiosa. Como já era final de setembro, os carpinteiros parisienses tiveram ordem de prender brotos artificiais de castanhas nos galhos dos castanheiros para dar à cidade sua mais bela aparência. Policiais foram colocados a cada vinte metros para conter o entusiasmo de revolucionários e anarquistas, que poderiam aproveitar a oportunidade para assassinar o autocrata. A frota francesa navegou até o meio do Canal da Mancha com bandeiras tremulando e bandas tocando para cumprimentar o czar que chegava da Inglaterra.

Desde o momento em que a carruagem de Nicolau apareceu nos largos *boulevards* de Paris, o povo irrompeu numa estrondosa e incessante ovação. Multidões agitavam lenços e gritavam quando Nicolau e Alexandra passavam. Ao verem Olga e a pajem em outra carruagem, gritavam *"Vive le bébé"*, *"Vive la grande duchesse"* e até *"Vive la nounou"*. Nicolau ficou cativado. "Só posso comparar com minha entrada em Moscou [para a coroação]." Os convidados imperiais visitaram a Notre-Dame, a Saint-Chapelle, o Panthéon e o Louvre. Nos Invalides, viram a tumba do invasor da Rússia, Napoleão. Tendo a seu lado Alexandra, vestida em cetim azul, Nicolau colocou a pedra fundamental da ponte Alexandre III, sobre o Sena. Em Versalhes, para passar uma noite, os aposentos de Maria Antonieta foram cedidos a Alexandra.

A visita à França foi encerrada com um enorme desfile militar às margens do rio Marne. Vestindo o uniforme dos cossacos e montando um cavalo alazão, Nicolau passou em revista 70 mil *chasseurs alpines*, zuavos africanos, cavaleiros *spahis* em túnicas esvoaçantes e regimentos da infantaria regular em pantalonas vermelhas. No clímax da revista, os *spahis* rodopiaram e atacaram *en masse*, envolvendo os ilustres personagens numa nuvem de poeira. Deixando o campo para embarcar no trem, Nicolau passou por uma estrada ladeada por batalhões da infantaria francesa. Espontaneamente, os soldados saudavam *"Vive l'Empereur!"*.

Excitadíssimos com a recepção na França, Nicolau e Alexandra detestaram embarcar no trem para a viagem de volta à Rússia, atravessando a Alemanha. "Chegamos à fronteira às onze da noite", Nicolau escreveu a Maria. "Ali ouvimos pela última vez as notas do nosso hino. Depois começaram os capacetes alemães, e era desagradável olhar pela janela. Em cada estação da França ouvimos 'Hurra!' e vimos rostos amáveis e alegres, mas aqui tudo era negro, escuro e sem graça. Felizmente, era hora de dormir; à luz do dia, seria ainda mais deprimente."

Nicolau nunca esqueceu as manifestações de emoção do povo e dos soldados da França em sua primeira visita como czar. No futuro, essa impressão favorável na mente e no coração do jovem monarca viria a ser de grande serventia para a França.

6

O NOVO CZAR

DE VOLTA A CASA, Nicolau mergulhou no "trabalho horrível que temi a vida inteira". Atacava as montanhas de papéis que lhe traziam todos os dias e, conscienciosamente, rubricava, escrevia comentários nas margens, assinava ordens, promoções e listas de honrarias. No princípio, ainda tateando, recorria a Maria para orientá-lo. "Os vários assuntos que você me passou, petições etc. foram todos resolvidos", ele relatou fielmente. Duas semanas depois, ela respondeu: "Lamento ainda ter que lhe enviar tantos papéis, mas é sempre assim no começo do verão, antes de os ministros saírem de férias."

Mas Nicolau nem sempre seguia as recomendações da mãe. Quando ela pediu, como um favor, um empréstimo de 1 milhão de rublos ao Banco Central para uma princesa necessitada, Nicolau admoestou-a severamente: "Preciso falar com você, querida mamãe, sobre coisas bastante desagradáveis... A respeito... o empréstimo de 1 milhão de rublos do banco, devo lhe dizer que é impossível. Eu gostaria de ver se ela sequer ousaria insinuar uma coisa dessas a papai; e certamente posso até ouvir a resposta que ele lhe daria... Seria mesmo um belo estado de coisas no Tesouro se, na ausência de Witte (ele está de férias no momento), eu fosse dando 1 milhão para um, 2 milhões para outro etc... O que forma uma das mais brilhantes páginas da história do reinado de papai é a sólida condição de nossas finanças – [isso] seria destruído no curso de alguns anos."

Bem mais difícil para Nicolau eram seus tios, os quatro filhos sobreviventes de Alexandre III. Vladimir, o mais velho, caçador, gourmet e patrono das artes, era o comandante da Guarda Imperial e presidente da Academia de Belas-Artes. Alexei, homem de infinito charme e enorme circunferência, era simultaneamente grande almirante da marinha russa e *bon-vivant* internacional – "era um caso de mulheres rápidas e navios lentos". Sérgio, marido da grã-duquesa Elizabeth, era o violentamente reacionário governador-geral de Moscou, um homem de mente tão estreita e despótico que proibiu a esposa de ler *Ana Karenina*, por medo de despertar nela "curiosidade perniciosa e emoções violentas". Somente Paulo, meros oito anos mais velho do que Nicolau, não causava problemas ao sobrinho.

"Nicolau II passou os primeiros dez anos de reinado atrás de uma pesada escrivaninha, ouvindo com quase terror as bem ensaiadas vociferações de seus ameaçadores tios", escreveu o grão-duque Alexandre, primo do czar. "Ele tinha pavor de ficar a sós com eles. Na presença de testemunhas, suas opiniões eram aceitas como ordens, mas no instante em que a porta do gabinete se fechava atrás do observador – a mesa balançava sob o punho pesado de seu tio Alexei... 115 quilos... embrulhados no resplandecente uniforme de grande almirante da marinha... Tio Sérgio e tio Vladimir desenvolveram métodos igualmente eficientes de intimidação... Todos tinham seus generais e almirantes prediletos... suas bailarinas desejosas de organizar uma 'temporada russa' em Paris, seus maravilhosos pregadores ansiosos por salvar a alma do czar... seus videntes camponeses com mensagens divinas."

Não era de surpreender que os tios tivessem tamanha influência. Todos eram vigorosos e relativamente jovens quando o sobrinho de 26 anos subitamente se tornou czar. Três deles estavam presentes em Darmstadt, guiando Nicolau no pedido de casamento à princesa Alix.

Mais tarde, foram eles que decidiram que Nicolau se casaria publicamente em São Petersburgo, e não em Livadia. E, na coroação, foram os tios que insistiram que Nicolau comparecesse ao baile do embaixador francês, depois da tragédia no Campo Khodynka. A influência dos tios continuou por toda a primeira década do reinado. Não foi senão quando Nicolau enfrentou o fogo cerrado da guerra contra o Japão e a revolução de 1905, já aos 36 anos, que a influência dos tios começou a enfraquecer.

Ao se tornar czar, Nicolau passou a ser também o chefe da Casa dos Romanov e administrador do vasto império russo. Sua renda, totalizando 24 milhões de rublos de ouro (mais de 12 milhões de dólares) por ano, vinha, em parte, dos recolhimentos anuais do Tesouro, e em parte dos lucros dos milhões de acres da Coroa – vinhedos, fazendas, plantações de algodão – comprados principalmente por Catarina, a Grande. Em 1914, o valor das terras dos Romanov era estimado em 50 milhões de dólares. Outros 80 milhões estavam congelados sob a forma de imensos tesouros em joias, compradas durante três séculos de regência. Dentre as joias da Coroa Imperial, havia o diamante Orlov, de 194,5 quilates, engastado no cetro imperial, o diamante Lua da Montanha, de 120 quilates, e o Estrela Polar, um soberbo rubi de 40 quilates.

Apesar dessa riqueza, a carteira pessoal do czar estava sempre vazia. Havia a manutenção de sete palácios: o Palácio de Inverno e o Anitchkov, em São Petersburgo; os palácios de Alexandre e Catarina, em Tsarskoe Selo; Peterhof; Gatchina; os apartamentos imperiais no Kremlin e o Palácio Livadia, na Crimeia. Neles, 15 mil funcionários e serviçais significavam salários, comida, uniformes e presentes adequados em ocasiões festivas. Havia os trens e os iates imperiais. Três teatros em São Petersburgo e dois em Moscou, a Academia Imperial de Artes e o Balé Imperial, com 153 bailarinas e 73 dançarinos, todos mantidos pela bolsa pessoal do czar. Até os pequenos alunos da Escola de Balé, que vestiam uniforme azul-marinho com liras de prata na gola, eram considerados integrantes da "casa" do czar.

Além disso, todos os membros da família recebiam mesada do monarca. Cada grão-duque recebia 100 mil dólares por ano, e cada grã-duquesa, um dote de 500 mil. Inumeráveis hospitais, orfanatos e instituições para cegos dependiam da caridade do czar. Uma torrente de petições particulares de ajuda financeira jorrava todos os anos na chancelaria privada. Muitas eram legítimas e tinham que ser atendidas. Antes do fim do ano, o czar estava sem um tostão. Às vezes, atingia essa embaraçosa situação já no outono.

Para administrar a família e o império, Nicolau pensava no pai e no passado da Rússia. Preferia ser russo até nos detalhes de sua vida pessoal. Na mesa de trabalho, usava uma simples camisa larga de camponês, calção bufante e botas. Certa vez, brincou com a ideia de reverter o traje formal da corte para os antigos caftans dos dias de Ivan, o Grande, e Ivan, o Terrível. Desistiu do projeto ao descobrir que o custo de adornar esses trajes com joias no estilo dos antigos boiardos moscovitas ia muito além do que uma bolsa moderna podia bancar. Embora fosse excelente em inglês, francês e alemão, Nicolau preferia falar russo com os filhos e assim escrevia para a mãe. Apenas com a imperatriz Alexandra, cujo russo era ruim, ele falava e escrevia em inglês. A despeito de a língua francesa ser popular entre a classe alta, ele exigia que os ministros se dirigissem a ele em russo e mostrava desagrado diante de uma frase ou expressão inserida numa língua estrangeira. Até em termos culturais Nicolau era intensamente nacionalista. Gostava de ler Pushkin, Gogol e os romances de Tolstoi. Gostava de Tchaikovsky e ia a concertos, óperas e balés várias vezes por semana. Seu balé predileto era *O cavalo corcunda*, baseado num conto de fada russo. De todos os czares, o que Nicolau mais admirava era Alexei, o Pacífico, o último dos monarcas puramente moscovitas e pai de Pedro, o Grande. Em 1903, seu interesse o levou à realização de um esplêndido baile à fantasia, em que todos os convivas foram vestidos com trajes do século XVII e dançaram antigas danças russas, depois de passarem semanas ensaiando. Certa vez, quando um adjunto falava com entusiasmo sobre Pedro, o Grande, Nicolau replicou, pensativo: "Reconheço os grandes méritos do meu ancestral, mas... é o ancestral que menos me atrai. Ele tinha admiração demais pela cultura europeia... Descaracterizou os antigos hábitos e costumes russos, os usos legados pela nação."

Nicolau tinha hábitos solitários em seu trabalho. Ao contrário de muitos monarcas e chefes de Estado – e ao contrário de sua própria esposa –, ele não tinha secretário particular. Preferia fazer tudo sozinho. Em sua mesa de trabalho, tinha um calendário com seus compromissos diários, escrupulosamente anotados de próprio punho. Quando chegavam papéis oficiais, ele mesmo os abria, lia, assinava e colocava em envelopes. Certa vez, explicou que sempre colocava as coisas exatamente no mesmo lugar porque gostava de saber que, ao entrar no gabinete, podia encontrar qualquer objeto, mesmo no escuro. Na mesma linha de privacidade, Nicolau detestava discutir política, principalmente em conversas corriqueiras. Acompanhando o czar na cavalgada matinal perto de Lidavia, um novo ajudante de campo imaginou que era sua obrigação distraí-lo com conversas casuais. Escolheu falar sobre política. Nicolau respondeu com relutância e mudou rapidamente o tema da conversa para as condições do tempo, o cenário da montanha, cavalos e tênis. Quando o ajudante insistiu no assunto, Nicolau esporeou o cavalo e abriu distância.

Esse senso de privacidade, junto com a vontade de não provocar desagrado, criava uma eterna dificuldade nas relações com seus ministros. Nomeados e destituídos diretamente pela Coroa, os ministros eram, em teoria, servos do czar, que tinha liberdade para conceder o posto a quem quisesse, para ouvir ou ignorar seus conselhos e demitir sem explicações. Na prática, os ministros eram chefes de grandes departamentos do governo, em que a coordenação e a continuidade eram necessidades administrativas. Além disso, eram homens ambiciosos, orgulhosos e suscetíveis. Nicolau nunca dominou uma técnica de administração impositiva e eficiente de subordinados. Detestava cenas e achava impossível criticar severamente ou demitir alguém frente a frente. Se algo estava errado, ele preferia receber o ministro amigavelmente, fazer um comentário gentil e despedir-se com um caloroso aperto de mãos. Ocasionalmente, após uma dessas reuniões, o ministro voltava a seu gabinete satisfeito consigo mesmo, apenas para receber, na manhã seguinte, uma carta lamentando muito, mas pedindo sua exoneração. Era natural que esses homens se queixassem de terem sido enganados.

Os principais traços de Nicolau como czar foram adquiridos nesses primeiros anos de reinado. Subindo despreparado ao trono, foi obrigado a desenvolver sua administração à medida que governava. Como fora influenciado primeiramente por sua mãe, seus tios e seu tutor (Pobedonostsev continuou sendo procurador do Grande Sínodo até 1905), seus inimigos diziam que ele não tinha vontade própria. Seria mais correto dizer que ele era um homem de educação estreita, de convicções fortes e – infelizmente – inalteráveis, de modos gentis e fala suave, mas, por baixo, de obstinada coragem. Até Sergius Witte, cuja abrupta demissão do cargo gerou mais tarde um ódio virulento contra Nicolau, escreveu sobre seus primeiros anos: "Naqueles dias, o jovem imperador trazia em si a semente do melhor que a mente e o coração humanos possuem."

Para desespero dos liberais russos, esperançosos de que a morte de Alexandre III significasse uma modificação da autocracia, Nicolau deixou logo claro que respeitaria os princípios do pai. Antes mesmo da coroação, ele já martelava essa tecla. Ao fazer o tradicional discurso de congratulações pela ascensão do czar, o Zemstvo de Tver, forte reduto do liberalismo, fez um apelo "de que a voz do povo e a expressão de seus desejos sejam ouvidas" e que a lei se mantenha "acima das mudanças de visão dos instrumentos individuais do poder supremo". Nessa linguagem moderada, Pobedonostsev descobriu um perigoso desafio ao princípio da autocracia e, com sua ajuda, o jovem czar elaborou uma resposta, endereçada pessoalmente à delegação de Tver. Recriminando-os pelos "sonhos sem sentido de participação dos representantes do Zemstvo nas questões da administração interna", Nicolau acrescentou, "manterei o princípio de autocracia tão firme e inabalável quanto foi preservado por meu inesquecível falecido pai".

Seu discurso foi um golpe fatal nas esperanças liberais e um renovado desafio aos revolucionários, que mais uma vez se dedicaram a sabotar a monarquia. Contudo, Nicolau foi grandemente parabenizado pela família. Do kaiser Guilherme II veio o elogio: "Fiquei muito contente com seu magnífico discurso. O princípio da autocracia deve ser mantido em toda sua força."

Nos assuntos externos, Alexandre III deixou um legado de treze anos de paz, mas não considerou importante transmitir ao filho as mais básicas informações sobre a posição internacional da Rússia. Portanto, somente quando de sua ascensão ao trono, o jovem czar tomou conhecimento dos termos da aliança franco-russa.* Ansioso em manter a paz e sem querer confiar unicamente numa aliança militar, Nicolau lançou um dramático apelo pelo desarmamento e pela "paz universal", que levou à formação da Corte Permanente de Arbitragem de Haia. Em agosto de 1898, uma nota da Rússia, lamentando os efeitos econômicos, financeiros e morais da corrida armamentista, foi enviada a todos os governos do mundo, propondo uma conferência internacional para es-

---

* O estranho fenômeno de poderosos chefes de Estado omitirem de seus sucessores diretos informações vitais não se restringiu à Rússia ou às autocracias. Somente quando se tornou subitamente presidente, com a morte de Franklin D. Roosevelt, Harry Truman ficou sabendo que os Estados Unidos estavam na fase final de um enorme esforço para construir a bomba atômica.

tudar o problema. Sugeriu-se que a proposta do czar fora motivada totalmente pelo fato de que a Áustria estava reequipando sua artilharia com modernas armas de longo alcance, o que a Rússia não conseguia acompanhar. Mas não foi só por isso. Outra razão foi a publicação, naquele ano, de uma obra de seis volumes, de autoria de Ivan Bliokh, um importante judeu-russo, investidor em ferrovias, que apresentava, numa grande coleção de fatos, estatísticas e taxas de mortalidade projetadas para o sombrio horror de uma futura guerra. Bliokh teve uma audiência com Nicolau, e ajudou a convencer o czar a lançar o apelo.

A estranha proposta de São Petersburgo deixou a Europa abismada. Em alguns setores, Nicolau foi elogiado como o czar que passaria à história como "Nicolau, o Pacífico". Outros mais sofisticados, porém, descartaram a ideia nos termos do príncipe de Gales, que afirmou ser "o maior contrassenso e baboseira que jamais ouvi". A reação do kaiser foi imediata, freneticamente hostil. Imagine, ele telegrafou a Nicolau, "um monarca... dissolvendo seus regimentos sagrados com cem anos de história, e entregando sua cidade aos anarquistas e à democracia".

A despeito das apreensões, em deferência ao czar e à Rússia, foi realizada uma conferência em Haia, em maio de 1899. Vinte potências europeias compareceram, além dos Estados Unidos, México, Japão, Sião e Pérsia. A proposta russa de congelamento do nível de armamentos foi derrubada, mas a convenção concordou em estabelecer normas de guerra e um tribunal permanente de arbitragem. Em 1905, o próprio Nicolau levou o incidente do Banco Dogger, entre a Inglaterra e a Rússia, a uma Comissão Internacional de Inquérito e, em 1914, às vésperas da Primeira Guerra Mundial, o czar pediu apoio do kaiser para levar a Haia a disputa entre a Áustria e a Sérvia.

A surpresa da Europa, de que uma ideia tão inusitada partisse da "semibárbara" Rússia, traía sua falta de conhecimento da cultura ricamente criativa que vicejava por lá. Os primeiros anos do reinado de Nicolau foram um período de tamanho brilho e conquistas intelectuais e culturais que ficou conhecido como a "Renascença russa", ou a "Idade de Prata". O fervilhar de atividades e novas ideias englobava não só a política, mas a filosofia e as ciências, a música e as artes.

Na literatura, Anton Chekhov escrevia peças e contos que se tornariam clássicos mundiais. Em 1898, Constantine Stanislavsky abriu as portas do famoso Teatro de Arte de Moscou, e a segunda peça lá encenada, *A gaivota*, escrita por Chekhov em 1896, consagrou seu sucesso. Em seguida, *Tio Vânia* (1899) e *O jardim das cerejeiras* confirmaram a chegada de um novo conceito de atuação naturalística e uma nova era na história do teatro. Em 1902, Stanislavsky dirigiu *As profundidades mais baixas*, uma peça sombriamente realista de Maxim Gorky, até então conhecido apenas por seus pesados romances. Em Kiev, de 1900 a 1905, Sholom Aleichem, que já havia perdido uma fortuna no comércio de cereais e em ações, se dedicava inteiramente a escrever histórias curtas em iídiche, que o tornaram conhecido como o "Mark Twain judeu".

Na filosofia, Vladimir Solov'ev, importante filósofo religioso e poeta, havia começado a publicar seus trabalhos em 1894. Em 1904, começaram a aparecer os poemas do famoso discípulo de Solov'ev, Alexandre Blok. No Instituto de Medicina Experimental de São Petersburgo, Ivan Pavlov, integrante de um grupo de cientistas que faziam avanços significativos em química e medicina, conduzia experimentos em psicologia que lhe valeram o Prêmio Nobel, nesse mesmo ano.

A pintura estava em transição. Ilya Repin, então professor de pintura histórica na Academia de Belas-Artes de São Petersburgo, coroava sua carreira pintando as grandes cenas históricas do passado da Rússia. Victor Vasnetsov e Miguel Nesterov iam ainda mais fundo no passado, tentando recriar a arte religiosa medieval. Enquanto isso, ainda na Rússia, jovens artistas reagiam com deslumbramento a exposições de Cézanne, Gauguin e Picasso. Influenciado pelos impressionistas franceses, Serov pintava retratos evocativos de vários contemporâneos russos, inclusive, em 1900, o czar. Em 1896, Vassily Kandinsky, advogado em Moscou, desistiu da carreira e deixou o país para pintar em Munique. Em 1907, Marc Chagall chegou a São Petersburgo para estudar o famoso pintor contemporâneo Lev Bakst.

No Balé Imperial, Marius Petipa estava no meio de um reinado de meio século de coreografias, que se prolongaria até sua aposentadoria, em 1903. Numa magnífica sucessão, ele montou 60 balés importantes, entre eles *O lago dos cisnes*, *O quebra-nozes* e *A bela adormecida*, de Tchaikovsky. Foi Petipa quem lançou no palco a esplendorosa safra de bailarinos que incluía Matilde Kschessinska, Tamara Karsavina, Ana Pavlova e Vaslav Nijinsky. Até hoje, a excelência das companhias de balé do mundo inteiro é medida pelos padrões de Petipa. Em 1899, Serge Diaghilev fundou o influente jornal *O Mundo da Arte*, em cujo editorial criticava o estilo conservador de Petipa. Em 1909, Diaghilev, com um audacioso novo coreógrafo chamado Miguel Fokine, fundou o Balé Russo em Paris e pôs o mundo em polvorosa.

Nos estupendos conservatórios de música de São Petersburgo e de Moscou, uma ininterrupta sucessão de professores famosos transmitia sua arte a pupilos talentosos. Nicholas Rimsky-Korsakov era o regente da Sinfônica de São Petersburgo. Enquanto compunha seu magnífico *O galo de ouro*, ele dava aulas a um jovem, Igor Stravinsky, cujos números de balé brilhantemente originais, compostos para Diaghilev – *O pássaro de fogo* (1910), *Petrushka* (1911) e *A sagração da primavera* (1913) –, teriam uma influência gigantesca em toda a música do século XX. Mais tarde, em 1914, outro aluno de Rimsky-Korsakov, Serge Prokoviev, graduou-se no conservatório. Entre os violinistas e pianistas formados na Rússia imperial figuram Serge Rachmaninov, Vladimir Horowitz, Efrem Zimbalist, Mischa Elman e Jascha Heifetz. Serge Koussevitsky conduziu sua própria orquestra sinfônica em Moscou. Em 1899, o insuperável baixo Fedor Chaliapin fez seu *début*, e daí por diante dominou o palco da ópera.

Em toda a Rússia, as pessoas acorriam para ouvir música e ópera. Kiev, Odessa, Varsóvia e Tíflis, cada uma tinha sua própria companhia de ópera, com uma temporada de oito a nove meses. Somente em São Petersburgo havia quatro teatros de ópera. Em 1901, o czar Nicolau construiu um desses teatros, o Narodny Dom, ou Palácio do Povo. Acreditando que os russos comuns teriam oportunidade de apreciar o melhor da música e do drama nacionais, Nicolau construiu um grande edifício, abrigando teatros, salas de concerto e restaurantes, com ingresso a apenas 20 copeques. As melhores orquestras, os grandes atores e músicos se apresentavam lá. Sentindo o gosto da novidade, a sociedade de São Petersburgo acompanhava de perto.

Durante esses anos, a família do czar cresceu rapidamente. A intervalos de dois anos, nasceram mais três meninas. Em 1897, quando Alexandra estava grávida pela segunda vez e se sentindo mal, a imperatriz viúva advertiu: "Ela deve comer presunto cru na cama, antes do café da manhã. Ajuda muito contra a náusea. Eu mesma fiz isso, e é também muito forte e nutritivo... É seu dever, meu querido Nicky, tomar conta e cuidar dela de todas as maneiras possíveis, ver que mantenha os pés quentes..." Naquele mês de junho, nasceu a grã-duquesa Tatiana.

Um ano depois, Alexandra estava grávida novamente. "Agora estou em posição de lhe dizer, mamãe querida, que, com a ajuda de Deus, esperamos um evento feliz na família em maio próximo", escreveu Nicolau. "Alix não sai mais dirigindo, desmaiou duas vezes na missa..." Um mês depois, em novembro: "A náusea passou. Ela anda muito pouco e, quando faz calor, se senta na varanda... À noite, leio para ela na cama. Terminamos *Guerra e paz*." A grã-duquesa Maria nasceu em maio de 1899 e a quarta filha chegou em junho de 1901. Recebeu o nome de Anastácia.

Além dos nascimentos, houve doenças e mortes. No verão de 1899, aos 27 anos, o grão-duque George, irmão de Nicolau, morreu de tuberculose, e no outono de 1900, o próprio Nicolau caiu doente com febre tifoide, na Crimeia. Alexandra cuidou dele pessoalmente. "Nicky foi realmente um anjo", ela escreveu à irmã. "Recusei a contratação de uma enfermeira e nós dois damos conta perfeitamente. Orchie [Mrs. Orchard] lava o rosto e as mãos dele pela manhã, e sempre traz minhas refeições. Faço-as no sofá... Quando ele está se sentindo melhor, leio para ele quase o dia inteiro." "Alix cuidou de mim melhor do que qualquer enfermeira", Nicolau escreveu a Maria quando já se sentia melhor. "Durante toda a minha doença, não conseguia me levantar. Agora posso andar facilmente da cama até a cômoda."

Mal Nicolau se recuperou, a rainha Vitória morreu. Apenas um verão antes, quando a rainha, com 81 anos, convidara a imperatriz para ir a Londres, Alexandra escreveu a uma amiga: "Quão intensamente anseio ver sua querida face... nunca fiquei separada tanto tempo, quatro anos inteiros, e tenho um sentimento, como se nunca mais fosse vê-la. Se não fosse tão longe, eu iria sozinha passar alguns dias para vê-la e deixaria as crianças e meu marido, pois ela tem sido como uma mãe para mim desde a morte de mamãe, 22 anos atrás."

Quando a notícia da morte da rainha Vitória chegou, em janeiro de 1901, Alexandra quis partir imediatamente para Windsor, mas, grávida de Anastácia, foi persuadida a não ir. No serviço em memória, na igreja inglesa de São Petersburgo, a imperatriz chorou em público. À sua irmã, ela escreveu: "Como a invejo por ter podido ver a amada vovó sendo levada a seu último descanso. Não acredito realmente que ela se foi, que nunca mais a veremos... Desde que podemos nos lembrar, ela esteve em nossa vida, e um ser mais querido, mais bondoso, nunca existiu... a Inglaterra sem a rainha parece impossível."

A morte da avó fez mais do que levar embora a mulher que Alexandra mais amava. Levou também uma influência de estabilidade e uma fonte de encorajamento. Desde seu casamento, a imperatriz e a rainha se correspondiam com regularidade, embora Alexandra tenha destruído as cartas em 1917. A rainha sempre se preocupou com a timidez excessiva de Alexandra, temendo que a drástica ascensão, em apenas um mês, de princesa germânica a imperatriz da Rússia, não lhe desse tempo para criar desenvoltura em sociedade.

De fato, esse foi um problema desde o primeiro aparecimento da imperatriz, na temporada de inverno de 1896. Quando estava num baile ao lado do marido, os olhos de Alexandra ficavam frios de medo e sua língua grudava de nervosismo. Mais tarde, ela admitiu que se sentiu aterrorizada naquela primeira noite e teve vontade de afundar no chão. Mas ficou até meia-noite, quando, graças a Deus, foi levada embora.

As recepções da nova imperatriz para as damas de São Petersburgo eram arruinadas pela mesma timidez. À medida que o salão se enchia, as convidadas, em fila, se viam confrontando uma figura alta, silenciosa e fria. Alexandra raramente sorria, nunca dizia mais do que uma palavra automática de boas-vindas. Sua mão ficava pendurada no ar de um jeito esquisito, esperando ser beijada. Tudo nela, a boca apertada, o olhar ocasional pela fila para ver quantas ainda faltavam, indicava plenamente que seu único desejo era sair dali o mais cedo possível.

Não foram precisos muitos bailes e recepções para que o nervosismo e a insegurança criassem nos dois lados uma ativa antipatia. A infância de Alexandra na pequena corte de Darmstadt, sua criação nos padrões severamente vitorianos de Windsor não a prepararam para a sociedade alegre e solta de São Petersburgo. Ela ficava chocada com as festas a noite inteira, os casos de amor ostensivos, os mexericos maliciosos. "As jovens damas de São Petersburgo não têm nada na cabeça além de jovens oficiais", ela declarou, muito corretamente. Escandalizada com os visíveis casos de amor entre a aristocracia, Alexandra pegou as listas de convidados e foi riscando nomes. Quando um nome importante após outro foi desaparecendo, não havia mais lista.

Muita gente em São Petersburgo rapidamente tachou a imperatriz de pudica e chata. Há uma história de que, num de seus primeiros bailes na corte, Alexandra viu uma jovem dançando, cujo decote achou cavado demais. Uma das damas de companhia foi levar um recado à transgressora: "Madame, Sua Majestade quer que lhe diga que em Hesse-Darmstadt não usamos vestidos assim." "É mesmo?", a jovem teria respondido. "Por obséquio, diga a Sua Majestade que na Rússia *nós* usamos vestidos assim."

O zelo de Alexandra com a ortodoxia encabulava a sociedade. Ortodoxos de nascença, achavam a imperatriz, com sua agressiva coleção de ícones raros, sua excessiva leitura da história da Igreja, suas conversas sobre abades e santos eremitas, uma esquisitice. Quando ela tentou organizar um grupo de tricô em São Petersburgo, cujas participantes fariam três agasalhos por ano para dar aos pobres, as damas disseram que não tinham tempo para aquela bobagem.

Os membros da família imperial se ressentiam do modo como a imperatriz parecia barrar sua presença no palácio do czar. Apesar de grande e espalhada, a família imperial, como muitas famílias russas, era bastante unida. Tios e tias, primos e primas estavam acostumados a frequentes visitas e convites para jantar. Ansiosa para ficar a sós com o marido, Alexandra demorava muito a convidar. A família se indignava. Grã-duquesas imperiais, irmãs ou filhas de um czar bufavam, furiosas que uma mera princesa alemã pudesse tentar se interpor entre elas e suas prerrogativas.

A sociedade se deliciava com os atritos entre as duas imperatrizes, Alexandra e Maria, tomando abertamente o partido de Maria e falando com saudade de dias mais alegres. Mas Maria passava a maior parte do tempo fora, em Copenhague, com a irmã, agora rainha da Inglaterra, ou em sua vila na Riviera francesa.

Talvez por causa da timidez trazida da infância, a imperatriz Alexandra nunca conseguiu desempenhar bem o papel público que se exigia dela. No entanto, além de sua própria personalidade, o acaso sempre conspirou contra. Maria vivera dezessete anos na Rússia, antes de subir ao trono; Alexandra, mal completara um mês. A nova imperatriz quase não falava russo. Incapaz de assimilar a intrincada hierarquia da corte, cometia erros e ofensas. Uma vez imperatriz, não havia meio de fazer amizades; as damas simplesmente não podiam fazer uma visitinha ou convidá-la para um chá. Sua irmã, a grã-duquesa Elizabeth, que poderia ter sido uma ponte entre o trono e a sociedade, havia se mudado para Moscou. Os planos particulares de Alexandra para começar a dar almoços foram interrompidos pelas gravidezes recorrentes e os longos confinamentos. A gravidez não era fácil para ela e, muito antes da data prevista para o nascimento, ela cancelava todos os compromissos e ficava de repouso. Depois do nascimento, fazia questão de cuidar do bebê e não gostava de ficar longe do quarto das crianças.

Entre a imperatriz e a aristocracia formou-se um infeliz ciclo de antipatia e rejeição. Em sua mente, Alexandra encontrou uma explicação, dizendo a si mesma que eles não eram verdadeiros russos, nenhum deles. Nem a nobreza desgastada, nem os operários que faziam greve, nem os estudantes revolucionários, nem os complicados ministros, nenhum deles tinha a ver com o verdadeiro povo da Rússia. O povo verdadeiro eram os camponeses, que ela vira no verão em Ilinskoe. Aquela gente humilde, multiplicada por milhões que atravessavam os bosques de bétulas a caminho dos campos, que se ajoelhavam para rezar pelo czar, aqueles eram o coração e a alma da sagrada Rússia. Para eles, tinha certeza, ela era mais do que uma imperatriz; era a *Matushka*.

7

DOIS REVOLUCIONÁRIOS

APESAR DE BASTANTE SIMPLIFICADA, a visão de Alexandra da vida nas províncias era, de modo geral, correta. Mesmo na virada do século, espalhavam-se pelas terras russas mansões de leais cavalheiros rurais e aldeias habitadas por camponeses, cujos pais haviam sido servos e que ainda se aferravam aos padrões tradicionais de vida. Cada sonolenta cidade provincial era igual a outra: no topo, a camada da nobreza e dos senhores rurais, depois os burocratas – juízes, advogados, médicos e professores –, e abaixo deles, padres, funcionários, lojistas, artesãos, operários e servos. De vez em quando, uma corrente de inquietude, uma fagulha de liberalismo, percorria uma dessas cidades, mas a atitude geral era esmagadoramente conservadora. Por ironia, uma cidade exatamente assim era Simbirsk, no Médio Volga, berço da infância de dois homens que, sucessivamente, teriam um papel importante na derrubada da Rússia de Nicolau e Alexandra. Um era Alexandre Fedorovich

Kerensky. O outro, onze anos mais velho que Kerensky, era Vladimir Ilyich Ulyanov, chamado de Lênin.

Nos anos 1880 e 1890, Simbirsk era uma cidadezinha isolada, montada num morro sobre o rio Volga. Não havia estrada de ferro e, embora barcaças a vapor parassem no cais durante o verão, a única via de acesso no inverno era o rio congelado. No alto do morro, olhando para além do rio e dos campos que se desdobravam até o horizonte oriental, ficavam a catedral, a mansão do governador, a escola e a biblioteca. "Do cume até a margem do rio", escreveu Kerensky, "se estendiam luxuriantes pomares de maçãs e cerejas. Na primavera, toda a encosta da montanha ficava branca de botões, perfumada, e à noite, animada com as canções dos rouxinóis... A vista para além do rio, por milhas de terras, era magnífica. Com o derretimento da neve, o rio costumava sair do leito e inundar os campos baixos... se espalhando como um mar interminável sobre os campos, que depois, no calor do verão, se alegravam com as canções e jogos dos camponeses e da gente da cidade, que vinham ceifar o rico capim cheiroso."

Nesse lugar aprazível, Vladimir Ulyanov nasceu em 1870, dois anos depois do nascimento de Nicolau II. Seu pai, Ilya Ulyanov, filho de um servo libertado, se formara na Universidade de Kazan e seguira a carreira de professor de matemática. Ilya Ulyanov progrediu rapidamente no sistema educacional estatal, e em 1863 casou-se com Maria Blank, uma germânica do Volga, cujo pai, médico, possuía uma grande fazenda. Batizado com o nome do santo que fora o primeiro governante cristão da Rússia, Vladimir era o terceiro dos três filhos de Maria.

Em 1869, ano anterior ao nascimento de Lênin, Ilya Ulyanov foi promovido a inspetor e, cinco anos mais tarde, a diretor de escolas da província de Simbirsk. Trabalhava diligentemente, formando professores e abrindo novas escolas. Passava longos períodos fora de casa, mas em doze anos o número de escolas primárias na província subiu de 20 para 434. Em reconhecimento por seu trabalho, Ilya foi promovido ao cargo de conselheiro efetivo do Estado, uma categoria que na nobreza hereditária seria equivalente à patente de general do exército. Quando o czar Alexandre II foi assassinado, em 1891, Ilya Ulyanov "abotoou tristemente seu uniforme oficial e foi para a catedral de Simbirsk chorar a morte do czar libertador".

Vladimir, chamado de Volodya pela família, era um menino ruivo, gordinho, de corpo atarracado e pernas curtas. Nos verões, ia com seus irmãos nadar no Volga e colher cogumelos nos bosques de bétulas. Durante o inverno, patinavam no gelo e andavam de trenó. Ao contrário de Alexandre, seu irmão mais velho, impulsivo e idealista, Vladimir tendia a ser meticuloso e sarcástico. Quando jogava xadrez com os irmãos, estabelecia uma norma severa: "Em nenhuma circunstância, desfaça uma jogada. Se tocou numa peça, tem que movê-la." Era excelente aluno na escola, e enquanto os irmãos traziam suas notas e mostravam solenemente aos pais, Volodya chegava escancarando a porta e subindo correndo as escadas, gritando: "Excelente em tudo!"

Num período de dezesseis meses, entre 1886 e 1887, o confortável lar dos Ulyanov desmoronou. Em 1922, respondendo a um questionário do censo, Lênin escreveu: "Ateu desde a idade de 16 anos" – era a idade que tinha quando, em janeiro de 1886, o pai morreu de um ataque cardíaco, diante de seus olhos. Na primavera de 1887, seu irmão mais velho, Alexandre, foi preso em São Petersburgo, junto com quatro outros universitários, acusado de tentar matar o czar Alexandre III. Foram encontrados com uma bomba tosca, inoperante, escondida em um dicionário médico oco. Alexandre não negou a acusação. Para sua mãe, que correu a ficar a seu lado, ele admitiu: "Tentei matar o czar. A tentativa fracassou, foi só isso." Em maio de 1887, Alexandre foi enforcado. Sua mãe caminhou junto com ele até o patíbulo, repetindo: "Tenha coragem. Tenha coragem."

O efeito da morte do irmão sobre Vladimir é objeto de controvérsia. "A execução de um irmão como Alexandre Ulyanov estava fadada, sem dúvida, a ter um resultado psicológico esmagador e destrutivo em qualquer mente normal", disse Alexandre Kerensky. Mas Lênin, é claro, estava muito longe do normal. Além disso, há evidências de atrito entre os dois irmãos, especialmente depois da morte do pai. "Certamente uma pessoa muito talentosa, mas não nos damos bem", disse Alexandre sobre Vladimir na ocasião. Alexandre detestava particularmente a arrogância, a impertinência e as zombarias de Vladimir com a mãe. Certa vez, quando os irmãos jogavam xadrez, Maria lembrou a Vladimir que tinha lhe pedido para fazer alguma coisa. Vladimir respondeu com grosseria. Maria insistiu e ele foi ainda mais malcriado. Nesse ponto, Alexandre disse calmamente: "Ou você vai fazer o que mamãe está pedindo, ou não vou jogar mais com você."

Alexandre foi enforcado na primavera do último ano de Vladimir na escola secundária de Simbirsk. Aparentemente imperturbável, Vladimir prestou os exames finais e, vestindo o uniforme azul justo no corpo, graduou-se como primeiro da classe. O diretor da escola (correndo um risco considerável, em vista do escândalo pairando sobre os Ulyanov) escreveu uma calorosa recomendação:

"Muito talentoso, sempre asseado e assíduo, Ulyanov foi o melhor em todas as disciplinas, e ao completar seus estudos recebeu a medalha de ouro como o aluno mais merecedor por sua capacidade, progresso e comportamento. Dentro ou fora da escola, não se observou nenhuma ocasião sequer em que ele tenha dado motivo de insatisfação, por palavras ou atos, às autoridades escolares... A religião e a disciplina foram a base de sua criação... e seus frutos são visíveis no comportamento de Ulyanov. Observando mais de perto o caráter e a vida privada de Ulyanov, tive oportunidade de notar uma tendência um tanto excessiva ao isolamento e à reserva, uma tendência a evitar contato com conhecidos e até mesmo com seus melhores colegas fora do expediente da escola."

A assinatura no documento é de Fedor Kerensky, diretor da escola, amigo e admirador do falecido Ilya Ulyanov. Por essa amizade, a justiça encarregou Fedor Kerensky de cuidar temporariamente dos assuntos do jovem Vladimir.

Como viúva de um nobre hereditário, Maria Ulyanov continuou a receber pensão, mas o escândalo fez com que se mudasse de Simbirsk. Vladimir entrou para a Universidade de Kazan e foi rapidamente expulso por tomar parte numa pequena manifestação estudantil. Então, na esperança de salvar o segundo filho do destino que destruíra o primeiro, Maria comprou uma fazenda de 225 acres e instalou Vladimir como administrador. Ele não gostou. "Minha mãe queria que eu me dedicasse à fazenda", escreveu mais tarde. "Tentei, mas vi que não ia funcionar. Minhas relações com os mujiques não eram normais." A fazenda foi vendida e a família se mudou para Samara, indo morar com os pais de Maria. Diante da lareira do avô, Vladimir lia onivoramente Pushkin, Turgenev, Dostoiévski, Tolstoi. Começou a estudar leis em casa e, em um ano de estudos, avançou quatro. Quando obteve permissão para prestar exames na Faculdade de Direito, passou novamente em primeiro lugar. Apesar do brilhantismo acadêmico, ele fracassou numa breve tentativa de prática jurídica. Assumiu doze casos de defesa de camponeses e operários em Samara, acusados de crimes menores; todos foram julgados culpados. Para se exercitar, Vladimir nadava todos os dias. No inverno, se pendurava de cabeça para baixo e fazia ginástica num par de barras cruzadas, feitas por ele mesmo.

Na mesma intensidade com que dominou o direito, começou a estudar Karl Marx. O totalitarismo do sonho marxista e a persuasiva lógica de seu estilo afetaram Vladimir muito mais do que o impulsivo nacionalismo emocional de seu irmão Alexandre Ulyanov. A ideia de Alexandre, de assassinar um único homem, não alteraria nada. Marx, e Lênin depois dele, queria mudar tudo. Para desespero de sua mãe, Vladimir transformava toda refeição em família numa acalorada discussão sobre *Das Kapital*. Ela se desesperou mais ainda quando ele anunciou que, já que Marx afirmava que o cerne da revolução seria o proletariado urbano, ele seguiria os passos do irmão e se mudaria para São Petersburgo.

Em 1893, exatamente um ano antes de Nicolau subir ao trono, Vladimir, aos 23 anos, vestindo a casaca e o chapéu alto do pai, chegou a São Petersburgo, onde já havia arrumado emprego num escritório de advocacia. Aderiu a um grupo de estudos de Marx, que se reunia para debater à noite. Num jantar de Terça-Feira Gorda, ele conheceu outra adepta do marxismo, Nadezhda Krupskaya. Professora primária, de rosto redondo e nariz arrebitado, lábios cheios e olhos extraordinariamente grandes, Krupskaya, como todos a chamavam, era um ano mais velha do que Vladimir. Após a festa, Vladimir levou-a para casa, caminhando pelas margens do Neva. Daí por diante começaram a frequentar reuniões juntos. Numa dessas reuniões, alguém sugeriu a fundação de comitês literários para educar as massas. "Vladimir deu uma risada", Krupskaya escreveu mais tarde, "e sua risada tinha um som malévolo e seco... 'Tudo bem', ele disse, 'quem quiser salvar a pátria com um comitê de literatura, ótimo, não vamos interferir.'"

Em 1895, Vladimir viajou para fora da Rússia pela primeira vez. Estava decidido a conhecer George Plekhanov, em Genebra, pai do marxismo e ídolo de todos os revolucionários russos. No entanto, após vinte anos de exílio, Plekhanov tinha perdido contato com o movimento na Rússia, e Vladimir, ansioso para conversar, achou-o frio e distante. Prosseguiu para Zurique, Berlim e Paris, onde admirou os grandes *boulevards* arborizados. Semanas depois, retornou à Rússia com um baú de fundo falso, cheio de material literário proibido, e se enfiou na organização de greves e na impressão de panfletos e manifestos contra o governo. A bem da conveniência, evitava ataques diretos ao jovem czar, que estava no trono havia menos de um ano. "É claro que, se você começar falando diretamente contra o czar e o sistema social existente, só vai criar antagonismo com os operários", explicou. Preso em dezembro de 1895, passou um ano na cadeia em São Petersburgo e depois foi exilado por três anos na Sibéria.

A vida de um exilado político na Sibéria, sob o governo czarista, nem sempre era um pesadelo enregelante. Podia ser, e geralmente era, um arranjo muito permissivo. A punição consistia em que o exilado vivesse numa área delimitada. Se tivesse dinheiro, podia viver exatamente como vivia na Rússia europeia, com casa, criados, recebendo correspondência, livros e visitantes.

Ao ser libertado da prisão, Vladimir teve cinco dias em São Petersburgo e quatro em Moscou como preparação para o exílio. Viajou sozinho, atravessando os Urais, levando consigo mil rublos e um baú com cem livros. Seus três anos na estagnada cidade siberiana de Shushenskoe, perto da fronteira com a Mongólia, foram os mais felizes de sua vida. O rio Shush fluía cheio de peixes, as florestas abrigavam ursos, esquilos e zibelinas. Vladimir alugava quartos, ia nadar duas vezes por dia, adquiriu um cachorro e uma espingarda, e saía para caçar patos e galináceos. Era o homem mais rico da cidade, e ensinou um comerciante local a manter os livros de contabilidade. Sua correspondência era enorme, e por ela mantinha contato com marxistas de toda parte da Rússia e da Europa. Passava muitas horas por dia trabalhando em sua volumosa obra O *desenvolvimento do capitalismo na Rússia*.

Estava lá havia um ano quando Krupskaya se reuniu a ele. Presa por ter organizado uma greve, tinha conseguido ser mandada para Shushenskoe, dizendo à polícia que era noiva de Vladimir. Ele ficou encantado ao vê-la e aos livros que trouxera, mas não tão feliz ao receber a mãe dela, que viera junto e de quem ele não gostava. Para sua mãe, Vladimir escreveu que Nadezhda "foi colocada numa condição tragicômica; se não se casar imediatamente, terá que voltar para Ufa". Para resolver o problema, casaram-se em 10 de julho de 1898. Recém-casados, dedicaram-se a traduzir *The Theory and Practice of Trade Unionism*, de Sydney e Beatrice Webb. Essa versão russa chegou a mil páginas. No inverno, patinavam no rio congelado. Vladimir era exímio, deslizava velozmente com as mãos nos bolsos. Krupskaya tentava acompanhá-lo e tropeçava. A sogra foi patinar uma vez e caiu de costas, estalelada no gelo. Mas os três adoravam a brancura do inverno siberiano, o ar claro, translúcido, a paz silenciosa dos bosques nevados. "Era como viver num reino encantado", disse Krupskaya.

Como seu tempo de exílio acabou antes do dela, Vladimir deixou a esposa e a sogra na Sibéria e voltou a São Petersburgo. Pouco depois, fez uma petição às autoridades, assinada pelo "nobre hereditário Vladimir Ilyich Ulyanov", solicitando autorização para voltar à Sibéria para ver sua esposa antes de viajar para o exterior. A petição foi aceita, Vladimir se despediu e deu início a uma vida solitária pelas cidades da Europa. Seu trabalho de organizador clandestino e seus dons de escritor vigoroso lhe valeram uma significativa reputação, ampliada quando ele se tornou editor e colaborador permanente da *Iskra* (*A Faísca*), uma revista editada no exterior e contrabandeada para a Rússia. Foi nessa ocasião que Vladimir começou a usar o nome "Lênin". Escreveu um panfleto intitulado *Que fazer?*, que atraiu muita atenção, e lançou um programa para o Partido Social Democrata, como os marxistas passaram a se denominar. Já não receava atacar a pessoa do czar. "Nicolau, o sanguinário", e "Nicolau, o carrasco" eram suas expressões prediletas.

Quando o exílio de Krupskaya terminou, ela foi se encontrar com o marido em Munique. Em 1902, a redação da *Iskra* foi transferida para Londres, e Lênin e Krupskaya mudaram-se para lá. Chegaram sob um denso nevoeiro. Principalmente para Krupskaya, a transição de uma tranquila cidadezinha siberiana para uma enorme capital barulhenta, suja e com tráfego intenso foi sofrida. Alugaram um apartamento de dois cômodos de uma Mrs. Yeo, na Holford Square, 30, e Lênin, sob o pseudônimo de Jacob Richter, cadastrou-se na Sala de Leitura do Museu Britânico. Pelas manhãs, ele trabalhava, e à tarde saía com Krupskaya para conhecer Londres vista do alto de um ônibus de dois andares. Tiveram problemas com Mrs. Yeo, que reclamou que Krupskaya não pendurou cortinas no apartamento e não usava aliança. Afinal, um amigo russo avisou a Mrs. Yeo que eles eram casados legalmente, e que se ela continuasse a tagarelar seria processada por difamação de caráter.

Por sua implacável certeza e sinceridade de propósito, sua inabalável energia e autossacrifício, Lênin tornou-se rapidamente uma figura dominante no partido. Uma vez reconhecido como líder, tornou-se extremamente intolerante, recusando-se até a discutir suas ideias com os outros, a não ser que as circunstâncias exigissem. Esbarrando contra a rocha de intransigência de Lênin, o pequeno partido de exilados começou a se desintegrar.

Para dar fim às desavenças, o Partido Social Democrata propôs uma conferência de unidade, a ser realizada em Bruxelas, em julho de 1903. Com 43 delegados presentes, a conferência foi aberta num velho depósito de farinha, com as janelas cobertas de panos vermelhos, mas infestado de ratos e moscas. A polícia belga, que já havia atormentado os russos vasculhando seus apartamentos e revistando suas bagagens, subitamente deu aos exilados 24 horas para deixarem o país. Em conjunto, entraram em um barco e cruzaram o Canal da Mancha para Londres, brigando o tempo todo.

Dando continuidade a suas sessões numa igreja socialista em Londres, os delegados logo viram que sua momentosa conferência de "unidade" estava levando a uma perigosa cisão entre Plekhanov e Lênin. Os discursos de Plekhanov eram líricos e comoventes; os de Lênin eram mais simples, mais crus, mais lógicos e enfáticos. O tema da divisão foi a estrutura organizacional do partido. Lênin queria o partido restrito a uma elite profissional, pequena, fortemente disciplinada. Plekhanov e outros eram a favor de aceitar todos os que quisessem aderir. Numa votação, a vitória de Lênin foi apertada. A partir daí, seus seguidores adotaram o nome de bolcheviques (majoritários) e os perdedores ficaram sendo os mencheviques (minoritários). Dividido entre o medo e a admiração, Plekhanov olhou para Lênin e disse: "Dessa massa são feitos os Robespierres."

Se Lênin era Robespierre, Alexandre Kerensky era Danton da Rússia. Impressionado pela coincidência da origem e criação dos dois, Kerensky escreveu: "Não venham dizer que Lênin é a expressão de alguma 'força elemental russa' supostamente asiática. Nasci sob o mesmo céu, respirei o mesmo ar, escutei as mesmas cantigas camponesas e brinquei no pátio do mesmo colégio. Vi os mesmos horizontes ilimitados da mesma alta margem do Volga, e sei, na minha própria carne... que somente perdendo todo contato com nossa terra natal, somente esmagando todo sentimento nativo por ela, somente assim alguém poderia fazer o que Lênin fez, ao mutilar deliberada e cruelmente a Rússia."

Fedor Kerensky, pai de Alexandre, era um acadêmico gentil, destinado originalmente a ser padre, mas que, em vez disso, foi professor. No começo da carreira, casou-se com uma aluna, filha de um funcionário público cujo pai tinha sido um servo. Como diretor da escola secundária de Simbirsk, Fedor Kerensky era um membro importante da sociedade local. "Desde meus primeiros vislumbres de consciência, lembro-me de um apartamento enorme, esplendoroso, dado pelo governo", disse o filho Alexandre. "Uma longa fila de salões de recepção, governantas para as irmãs mais velhas, quartos das crianças, festas infantis em casas de 'gente da sociedade'." Na escola, perfilado na capela de roupa branca e boné de Eton, Alexandre era um menino importante, filho do diretor. "Vejo-me na infância como um pequeno súdito muito leal. Sentia a Rússia profundamente... a Rússia tradicional, com os czares, a Igreja Ortodoxa e a camada superior das autoridades provinciais." Na mesma cidade de Simbirsk, o pároco era tio de Alexandre. O próprio Alexandre sonhava ser "sineiro da igreja, subir ao alto da torre, acima de todo o mundo, perto das nuvens, e chamar os homens para o serviço de Deus com fortes badaladas do grande sino".

Em 1889, quando Alexandre tinha 8 anos, Fedor Kerensky foi promovido a diretor de Educação da província do Turquestão, e a família mudou-se para Tashkent. Certa noite, Alexandre ouviu seus pais falando sobre um panfleto de circulação ilegal em que Leo Tolstoi se opunha à aliança da autocracia russa com a república francesa, admirada por Tolstoi. Mas "minha adoração juvenil pelo czar não foi abalada em nada pela opinião de Tolstoi", disse Alexandre; "... quando Alexandre III morreu, li o obituário oficial... e chorei longa e copiosamente. Compareci fervorosamente a todas as missas e réquiens pelo czar, e, com assiduidade, coletei pequenas contribuições em minha classe para uma coroa funerária em memória do imperador".

Em 1899, Kerensky chegou a São Petersburgo para estudar na universidade. A cidade, vibrante de criatividade em todos os campos das artes e da intelectualidade, era cheia de estudantes de todas as classes sociais e de todas as províncias do império. "Duvido que o ensino superior antes da guerra fosse tão barato e tão acessível a todos, em qualquer lugar do mundo, quanto na Rússia... O preço das aulas era praticamente irrisório, e todos os experimentos em laboratório e aulas práticas... eram totalmente de graça... podia-se jantar por 5 a 10 copeques... Os mais pobres dentre nós muitas vezes viviam em más condições, iam de casa em casa dando aulas, e não jantavam todos os dias; ainda assim, todos viviam e estudavam."

A princípio, Kerensky, o leal filho de um burocrata do governo, tinha pouco interesse em política. Mas a política fazia parte da vida estudantil em São Petersburgo, e ele foi engolfado pela onda de agitação dos estudantes, das assembleias e das greves. A opinião dos estudantes foi cindida pelos dois partidos revolucionários, os marxistas e o Partido do Povo, de Narodniki. Instintivamente, Kerensky aderiu ao segundo. "Simbirsk, as lembranças da minha infância... toda a tradição da literatura russa me arrastaram fortemente para... o movimento de Narodniki... Os ensinamentos marxistas, inteiramente emprestados do exterior, impressionavam vivamente as mentes jovens por sua austera completude e sua lógica ordenada. Mas calhavam muito mal na estrutura social russa. Em contraste... os ensinamentos de Narodniki eram indistintos... inconsistentes... Mas eram produto do pensamento nacional russo, enraizados no solo nativo, fluindo inteiramente pelo canal dos ideais humanitários da Rússia."

Levado pelo entusiasmo juvenil, Kerensky se viu certo dia discursando em uma reunião de estudantes. No dia seguinte, foi chamado pelo reitor e pela diretoria, e mandado temporariamente para casa. Ele voltou, planejando seguir uma carreira acadêmica e fazer pós-graduação em direito criminal. Antes da graduação, porém, esse "altamente respeitável passatempo" começou a enfraquecer, "talvez até a me desgostar um pouco. A gente não quer atender a interesses privados quando sonha em servir à nação, ou lutar pela liberdade. Decidi ser advogado político".

Nos seis anos seguintes, Kerensky viajou a todos os cantos da Rússia, defendendo prisioneiros políticos contra a perseguição do Estado. Mas, antes de sua saída de São Petersburgo, em 1905, um episódio extraordinário ocorreu:

"Era Páscoa e eu estava voltando tarde da noite, ou melhor, de madrugada, lá pelas quatro horas, da tradicional celebração da meia-noite. Não consigo descrever a magia encantadora de São Petersburgo na primavera, nas horas antes do amanhecer, principalmente ao longo das margens do Neva... Feliz, eu caminhava de volta para casa, e já ia atravessar a ponte do Palácio de Inverno. De repente, no Almirantado, no lado oposto ao palácio, parei involuntariamente. Numa sacada de canto estava o jovem imperador, imerso em pensamentos. Um agudo pressentimento [me invadiu]: vamos nos encontrar algum dia, de algum modo nossos caminhos vão se cruzar."

8
O CONSELHO DO KAISER

Nos primeiros anos de reinado, junto com a mãe, o tutor Pobedonostsev e seus tios, o primo kaiser Guilherme II, da Alemanha, também tomou Nicolau pela mão. Desde os primeiros meses, Guilherme espiava por cima do ombro do czar, cutucava seu cotovelo, elogiava, repreendia e dominava. Guilherme era nove anos mais velho, e se tornara kaiser em 1888, seis anos antes de Nicolau se tornar czar. Assim, ele tinha a vantagem da experiência, bem como da idade, e a usava vigorosamente. Durante dez anos, de 1894 a 1904, o kaiser manipulou a política externa russa, influenciando o jovem e suscetível czar. A certa altura, mais velho e mais sábio, Nicolau repeliu essa influência intrometida. Mas o mal estava feito. Por obra de Guilherme, a Rússia havia sofrido uma catástrofe militar na Ásia.

Em termos de caráter, os dois imperadores eram totalmente diferentes. Nicolau era amável, tímido e dolorosamente consciente de suas limitações. O kaiser era fanfarrão, valentão, arrogante e exibicionista. Nicolau detestava a ideia de vir a ser soberano; Guilherme só faltou arrancar a coroa da cabeça do pai agonizante, Frederick III. Como czar, Nicolau tentava levar uma vida sossegada com sua esposa, evitando muita movimentação. Guilherme adorava desfilar com botas pretas de cano alto, manto branco, peitoral de prata e o capacete com uma maligna ponta de ferro no alto da cabeça.

O rosto fino de Guilherme II, os olhos cinzentos caídos e os cabelos ralos de tom pálido eram parcialmente disfarçados pelo objeto de seu maior orgulho: o bigode. Era enorme, uma escova espessa com extraordinárias pontas reviradas para cima, criação de um talentoso barbeiro que vinha ao palácio todas as manhãs com uma lata de cera. Em parte, esse tufo elegante ajudava a compensar outra distinção física, que Guilherme tentava desesperadamente esconder. Seu braço esquerdo era miniaturizado, um infortúnio atribuído ao excesso de zelo com que o obstetra usou o fórceps em seu parto. Guilherme chegou ao mundo com o braço quase arrancado do ombro; depois, o braço cresceu muito devagar. Tanto quanto possível, ele tentava manter o membro atrofiado fora da vista, enfiado em bolsos especialmente modelados. Nas refeições, o kaiser não conseguia cortar a carne sem o auxílio de um acompanhante de jantar.

No clima militar da corte prussiana onde cresceu, o braço ruim de Guilherme teve um efeito pronunciado em seu caráter. Um príncipe prussiano tinha que cavalgar e atirar. Guilherme se esforçou em fazer ambos muito bem e era bom em natação, remo e tênis. Seu braço direito tornou-se incrivelmente forte e seu aperto de mãos era duro como ferro. Guilherme ainda virava os anéis da mão direita para dentro, a fim de aumentar a sensação de dor de quem cumprimentava; as pedras dos anéis penetravam fundo na carne do infeliz.

Aos 19 anos, estudante em Berlim, Guilherme se apaixonou pela princesa Elizabeth de Hesse, a irmã mais velha da imperatriz Alexandra. Foi muitas vezes a Darmstadt visitar a família hesseana da irmã de sua mãe. Mesmo como hóspede, era egoísta e grosseiro. Primeiro exigia cavalgar, depois queria caçar, remar ou jogar tênis. Com frequência, jogava longe a raquete no meio do jogo ou desmontava repentinamente do cavalo e ordenava que todos fossem com ele fazer alguma outra coisa. Quando estava cansado, mandava os primos se sentarem em silêncio à sua volta, enquanto lia a Bíblia em voz alta. Alix tinha apenas 6 anos por ocasião dessas visitas e era ignorada. Mas Ella tinha viçosos 14 anos e Guilherme sempre queria que ela jogasse com ele, ou se sentasse a seu lado para ouvi-lo com atenção. Ella o achava terrível. Guilherme partiu de Bonn queimado de frustração, e quatro meses depois ficou noivo de outra princesa germânica, Augusta de Schleswig-Holstein. Depois que Ella se casou com o grão-duque Sérgio, da Rússia, Guilherme se recusou a vê-la. Mais tarde, ele confessou que passara a maior parte do tempo em Bonn escrevendo poemas de amor para a bela prima.

O temperamento inquieto de Guilherme, suas vaidades e delírios, suas rápidas passagens de uma euforia histérica a um soturno desespero deixavam seus ministros em estado de constante apreensão. "O kaiser", comentou Bismark, "é como um balão. Se você não segurar bem o cordão, nunca se sabe aonde ele vai parar." Guilherme rabiscava furiosamente nas margens dos documentos oficiais: "Besteira!" "Mentiras!"

"Canalhas!" "Peixe podre!" "Típicas mentiras procrastinantes orientais!" "Falso como todo francês!" "Culpa da Inglaterra, não nossa!" Tratava seus dignitários com uma familiaridade bizarra, frequentemente dando nos veneráveis almirantes e generais um amistoso beijo no traseiro. Visitantes, oficiais e outros eram tratados com espantosas manifestações de verbosidade, sem nunca saber no quanto podiam acreditar. "O kaiser", contou um perplexo funcionário do Ministério das Relações Exteriores alemão, "tem o infeliz hábito de falar cada vez mais rápida e imprudentemente quando mais os assuntos interessam a ele. Portanto, geralmente se compromete... antes que os consultores responsáveis ou especialistas possam lhe expressar opiniões." Assistir a uma gargalhada do kaiser era uma experiência espantosa. "Se o kaiser ri, o que fatalmente acontece muitas vezes", escreveu um observador, "ele gargalha com total abandono, atirando a cabeça para trás, abrindo a boca em toda a extensão possível, sacudindo o corpo inteiro e batendo o pé no chão para mostrar seu excessivo gozo com qualquer piada."

Guilherme tinha certeza de sua infalibilidade e assinava os documentos como "O Todo Mais Alto". Odiava parlamentos. Certa vez, numa exposição colonial, lhe mostraram a choça de um rei africano, com crânios dos inimigos espetados em postes. "Se eu pudesse ver o Reichstag empalado assim...", desabafou.

Os maus modos de Guilherme eram tão ofensivos para seus parentes quanto para todos os demais. Ele acusou publicamente a mãe, antes princesa Vitória, da Inglaterra, de ser mais pró-ingleses do que pró-germânicos. Escrevendo a *sua* própria mãe, a rainha Vitória, a princesa disse a respeito do filho, então com 28 anos: "Você pergunta como estava Guilherme quando veio aqui. Estava tão grosseiro, desagradável e impertinente comigo quanto possível." O czar Alexandre III esnobava Guilherme, a quem considerava "um garoto mal-educado, indigno de confiança". Cada vez que falava com o kaiser, Alexandre III se virava de costas e falava por sobre o ombro. A imperatriz Maria detestava Guilherme. Via nele um *nouveau riche* real, cujo império fora construído, em parte, pisoteando sua amada Dinamarca e extorquindo as províncias de Schleswig-Holstein. Os sentimentos de Maria eram os mesmos de sua irmã Alexandra, casada com o rei Eduardo VII. "Então, o menino Georgie virou um soldado alemão de verdade, ao vivo, imundo, de farda azul e capacete Pickelhaube. Nunca pensei estar viva para ver esse dia", a rainha Alexandra escreveu ao filho, mais tarde George V, quando ele se tornou coronel honorário em um regimento do kaiser. Quando chegou a vez da Rússia fazer do kaiser um almirante, Nicolau tentou dizer gentilmente a Maria: "Penso que, por mais desagradável que seja, somos obrigados a deixá-lo vestir nosso uniforme naval, particularmente desde que ele me fez capitão da marinha dele, no ano passado... *C'est à vomir!*" Após outra visita do kaiser, ele escreveu: "Graças a Deus a visita germânica terminou... Ela [esposa de Guilherme] tentou ser simpática, mas estava feia em ricos trajes escolhidos sem bom gosto. Os chapéus que usava à noite eram particularmente impossíveis." A imperatriz Alexandra mal conseguia ser educada com Guilherme. Virava-se de costas quando ele contava suas piadas sujas, e quando o kaiser pegou uma das filhas dela nos braços, ela teve um sobressalto. O ódio compartilhado a Guilherme era talvez o ponto de maior concordância entre a imperatriz e a sogra.

O próprio Nicolau sentia ao mesmo tempo repulsa e atração pelas extravagâncias do kaiser. Desde o começo, Guilherme conseguiu que Nicolau restaurasse o antigo costume monárquico de manter *attachés* particulares em seu séquito. Isso, o kaiser pontificou, permitiria a Nicolau "comunicar-se comigo rapidamente... sem o aparato moroso e indiscreto de chancelarias, embaixadas etc.".

Teve início a famosa correspondência "Willy-Nicky". Escrevendo em inglês, dirigindo-se ao "Querido Nicky" e assinando "Seu afetuoso Willy", o kaiser enchia Nicolau de elogios e sugestões. Encantado pelo discurso sobre os "sonhos sem sentido" do Zemstvo de Tver, ele martelou na importância da manutenção da autocracia, "a tarefa que nos foi dada pelo Senhor dos Senhores". Avisava que "a grande massa do povo russo ainda coloca sua fé no... czar e idolatra sua santificada pessoa", prevendo que "o povo irá... aplaudi-lo e cair de joelhos rezando por você". Quando se encontravam pessoalmente, Guilherme lhe dava tapinhas nas costas, dizendo: "Meu conselho a você é mais discursos e mais desfiles."

Por meio de seu canal privativo, Guilherme se dispôs a desfazer a aliança antigermânica entre a Rússia e a França. Nicolau era czar havia menos de um ano quando o kaiser lhe escreveu: "Não é a amizade entre a França e a Rússia que me inquieta, mas o perigo ao nosso princípio de monarquismo, de colocar os republicanos num pedestal... Os republicanos são revolucionários *de nature*. A República francesa se originou de uma grande revolução e propaga duas ideias. O sangue de Suas Majestades ainda está naquele país. Pense: desde então o país foi feliz ou tranquilo novamente? Não foi abalado por banho de sangue após banho de sangue, por guerra após guerra, até mergulhar a Europa e a Rússia em rios sangrentos? Nicky, creia-me, a maldição de Deus se abateu para sempre sobre aquele povo. Nós, reis cristãos, temos um dever sagrado, que nos foi imposto pelos céus: manter o princípio do direito divino dos reis."

A aliança da Rússia com a França resistia a esses ataques, mas em outro tema as exortações do kaiser tiveram um sucesso dramático. Guilherme odiava os orientais e frequentemente tinha delírios raivosos sobre o "perigo amarelo". Em 1900, despedindo-se de um navio cheio de soldados alemães a caminho da China para ajudar a dispersar os revolucionários boxers, o kaiser gritou instruções sanguinárias: "Vocês devem saber, meus homens, que estão prestes a encontrar um inimigo mortal, cruel, bem armado e ardiloso! Encontrem esse inimigo e o derrotem. Não deem perdão. Não façam prisioneiros. Matem-nos assim que caírem em suas mãos. Há mil anos, os hunos, sob o comando do rei Átila, fizeram um nome que até hoje ressoa com terror em lendas e fábulas; que assim também o nome da Alemanha ressoe com terror em lendas e fábulas por mil anos na história da China..."

Ao escrever para o czar, Guilherme elevou seu preconceito a um pedestal ainda mais alto. A Rússia, ele afirmou, tinha uma "missão sagrada" na Ásia: "Claramente, o maior empreendimento do futuro da Rússia é cultivar o continente asiático e defender a Europa das incursões da grande raça amarela. Nisso você sempre me encontrará a seu lado, pronto a ajudar o melhor que puder. Você entendeu bem o chamado da Providência... na defesa da cruz e da antiga cultura cristã europeia contra as incursões dos mongóis e do budismo... Não deixarei ninguém tentar interferir com você e atacar a Europa por trás durante o tempo em que estiver cumprindo a grande missão que o céu lhe enviou."

Guilherme levou o tema à arte alegórica. Enviou ao czar um retrato seu envergando uma reluzente armadura, segurando um enorme crucifixo na mão direita erguida. Aos seus pés, encurvada, a figura de Nicolau vestindo uma longa túnica bizantina. O rosto do czar, elevado na direção do kaiser, exibia um olhar de humilde admiração. Ao fundo, num mar azul, singrava uma frota de navios de guerra germânicos e russos. Em 1902, após observar uma frota de navios de guerra russos executando manobras navais, Guilherme enviou um sinal de seu iate ao czar, que estava a bordo do *Standart*: "O almirante do Atlântico saúda o almirante do Pacífico."

O ódio de Guilherme aos orientais era autêntico, mas havia mais em jogo do que um simples preconceito. Durante anos, Bismarck promoveu diligentemente a expansão da Rússia na Ásia como um meio de diminuir a influência russa na Europa. "A Rússia não tem nada o que fazer no Ocidente", dizia o astuto chanceler germânico. "Ali, ela só pode pegar niilismo e outras doenças. Sua missão é na Ásia; lá ela representa a civilização." Retirando a Rússia da Europa, a Alemanha diminuía o perigo de uma guerra nos Bálcãs entre Rússia e Áustria, e a Alemanha estaria livre para lidar com a aliada da Rússia, a França. Além disso, para onde quer que a Rússia se voltasse na Ásia, teria problemas, com a Inglaterra, na Índia, ou com o Japão, no Pacífico. Guilherme retomou entusiasticamente o projeto de Bismarck. "Precisamos amarrar a Rússia na Ásia oriental", ele confidenciou aos ministros, "para ela prestar menos atenção na Europa e no Ocidente próximo."

O kaiser não era o único a encher a cabeça de Nicolau com sonhos expansionistas; muitos russos estavam igualmente ansiosos para se aventurar na Ásia. As tentações eram fortes. O único porto da Rússia no Pacífico, Vladivostock, ficava preso no gelo três meses por ano. Ao sul, o decrépito império chinês se estendia pelo Pacífico como uma carcaça apodrecida. Em 1895, para desgosto da Rússia, o vigoroso, recém-ocidentalizado império das ilhas do Japão ocupou vários territórios chineses cobiçados pelos russos, entre eles o grande porto e fortaleza não gelada de Port Arthur. Seis dias após o Japão ter engolido Port Arthur, a Rússia interveio, declarando que essa nova posição constituía "uma ameaça perpétua à paz do Extremo Oriente". Sem querer se arriscar a uma guerra, o Japão foi forçado a regurgitar Port Arthur. Três anos mais tarde, a Rússia arrancou dos impotentes chineses uma concessão de 99 anos de exploração do porto.

A notícia da ocupação de Port Arthur foi festejada em São Petersburgo: "Boas notícias...", escreveu Nicolau. "Finalmente teremos um porto sem gelo." Um novo ramal da Transiberiana foi construído, atravessando diretamente a Manchúria; quando a ferrovia ficou pronta, operários e guardas russos permaneceram lá. Em 1900, durante a rebelião dos boxers, a Rússia ocupou "temporariamente" a Manchúria. Só faltava um troféu em toda a costa norte do Pacífico: a península da Coreia. Embora o Japão considerasse a Coreia essencial à segurança nacional, um grupo de aventureiros russos decidiu roubá-la. O plano era estabelecer uma empresa privada, a Companhia Madeireira Yalu, e ir levando para a Coreia soldados russos disfarçados de trabalhadores. Se houvesse problema, o governo russo sempre poderia negar a responsabilidade. E se a operação tivesse sucesso, o império teria adquirido uma nova província e os aventureiros obteriam grandes concessões econômicas na região. Witte, o ministro das Finanças, se opôs vigorosamente a essa política arriscada. Mas impressionado com o líder dos aventureiros, ex-oficial da cavalaria Bezobrazov, Nicolau aprovou o plano, e, como em consequência, Witte deixou o cargo em 1903. Previsivelmente, o kaiser se manifestou: "É evidente para qualquer mente aberta que a Coreia deve ser e será russa."

O avanço russo na Coreia tornou inevitável a guerra com o Japão. Os japoneses teriam preferido um acordo, deixando a Manchúria com a Rússia e a Coreia livre para o Japão. Mas os ministros de Mikado não podiam ficar de braços cruzados vendo os russos se espalhando por toda a costa da Ásia, hasteando bandeiras com a águia de duas cabeças em cada porto e em cada promontório diante de suas ilhas. Em 1901, o maior estadista japonês, marquês Ito, foi a São Petersburgo negociar. Recebeu um tratamento vergonhoso. Ignorado, sem encontrar com quem falar, colocou por escrito suas reivindicações. As respostas foram retardadas por dias, sob os mais frívolos pretextos. Em desespero, Ito acabou indo embora da Rússia. Durante 1903, Kurino, o ministro japonês permanente em São Petersburgo, enviou avisos urgentes e em vão implorou para ter uma audiência como o czar. Em 3 de fevereiro de 1904, com uma soturna reverência, Kurino deixou o país.

Na Rússia, era tido como certo que, se houvesse guerra, os russos venceriam com facilidade. Não seria necessário disparar um único tiro, gabavam-se os generais de salão. Bastava os russos jogarem seus capacetes em cima dos "macacos" japoneses e eles estariam aniquilados. Vyacheslav Plehve, ministro do Interior, que vinha lutando contra uma crescente praga de surtos de rebelião, apoiou abertamente a ideia de "uma guerrinha vitoriosa" para distrair o povo. "A Rússia foi feita com baionetas, não com diplomacia", declarou.

Tranquilo na crença de uma esmagadora superioridade russa, Nicolau supunha que a decisão seria dele e que só haveria guerra se a Rússia começasse. Embaixadores e ministros estrangeiros, reunidos na recepção diplomática anual do dia de Ano-Novo, ouviram o czar falar com eloquência do poderio militar russo, pedindo que não testassem sua paciência e seu amor à paz. Todavia, durante o mês de janeiro de 1904, a indecisão de Nicolau deixou o kaiser num estado de alarme constante. Escreveu exortando a Rússia a não aceitar acordo nenhum com o Japão e que fosse à guerra. Ficou perplexo quando Nicolau respondeu: "Ainda tenho boas esperanças de um entendimento calmo e pacífico." Guilherme mostrou a carta a seu chanceler, Von Büllow, queixando-se amargamente da atitude medrosa do czar. "Nicolau está causando grande dano a si mesmo com esse modo flácido de agir", comentou o kaiser, acrescentando que, com esse comportamento, ele estava "comprometendo todos os grandes soberanos".

O Japão tornou desnecessária uma decisão da Rússia. Na noite de 6 de fevereiro de 1904, quando Nicolau voltou do teatro, recebeu um telegrama das mãos do almirante Alexeiev, vice-rei e comandante em chefe russo no Extremo Oriente:

"Por volta da meia-noite, destróieres japoneses efetuaram um ataque repentino à esquadra ancorada em Port Arthur. Os navios *Tzarevich*, *Retvizan* e o cruzador *Pallada* foram torpedeados. A importância dos danos está sendo avaliada." Pasmo, Nicolau copiou o texto do telegrama em seu diário, e acrescentou: "Isso, sem uma declaração de guerra. Que Deus venha em nosso socorro."

Na manhã seguinte, grandes multidões patrióticas encheram as ruas de São Petersburgo. Estudantes carregando faixas marcharam para a frente do Palácio de Inverno e lá ficaram cantando hinos. Nicolau foi à janela e saudou. Em meio ao júbilo, ele estava deprimido. Tinha flertado com a guerra e tentado blefar com os inimigos, mas a ideia de derramamento de sangue o revoltava. Agora o povo ansiava por uma rápida vitória. À medida que continuavam a chegar relatórios de danos em Port Arthur, ele registrou seu "agudo pesar pela armada e pela opinião que o povo terá da Rússia".

O desastre que se seguiu foi bem maior do que até Nicolau temia. Em praticamente apenas uma geração, o Japão tinha dado um salto do feudalismo para uma moderna potência industrial e militar. Instrutores militares da França e instrutores navais da Inglaterra haviam ajudado a criar uma força militar com comandantes eficientes e criativos. Nos dois anos após Ito ter voltado humilhado de São Petersburgo, os generais e almirantes japoneses aperfeiçoaram seus planos de guerra contra a Rússia. No momento em que maiores negociações pareciam fúteis, eles atacaram.

Desde o começo, a situação foi desigual. Embora o exército japonês consistisse de 600 mil homens e os russos fossem quase três milhões, o Japão lançou em batalha 150 mil homens simultaneamente pelo continente asiático. Encontraram apenas 80 mil soldados russos baseados, mais 23 mil das tropas de guarnição e 30 mil guardas da ferrovia. As linhas de suprimento japonesas estavam apenas a poucos quilômetros por mar até o país e suas perdas podiam ser substituídas rapidamente. Os russos tinham que percorrer 6,5 mil quilômetros por uma única via da estrada de ferro Transiberiana para levar armas, munições, alimentos e reforços. A própria ferrovia ainda estava incompleta. Em torno das montanhas ao sul do lago Baikal, uma lacuna de 160 quilômetros interrompia os trilhos. No verão, essa lacuna era coberta por barcas que atravessavam o lago. No inverno, soldados e canhões tinham que atravessar o lago gelado em trenós puxados a cavalo.

A frota russa no Extremo Oriente e a Marinha Imperial Japonesa eram mais equivalentes em tamanho. De fato, os russos tinham encouraçados e cruzadores, e os japoneses contavam com mais destróieres e torpedeiros. Mas os japoneses aproveitaram a iniciativa do primeiro ataque surpresa para ganhar o comando no mar. Os navios russos que escaparam ao primeiro ataque ficaram cercados por áreas minadas e foram afundados no porto por torpedos posteriores. Quando o mais importante almirante russo, Makarov, zarpou do cais de Port Arthur, em 13 de abril, sua nau capitânea, a *Petropavlovsk*, atingiu uma mina e naufragou, com a perda de 700 homens, inclusive Makarov. "Esta manhã chegaram notícias de inexprimível tristeza...", Nicolau escreveu sobre o desastre. "O dia inteiro, não pude pensar em nada além desse terrível golpe... Que a vontade de Deus seja feita em todas as coisas, mas nós, pobres mortais, imploramos a misericórdia do Senhor."

Tendo o mar garantido, as forças expedicionárias japonesas tinham liberdade para aportar onde quisessem no continente. Um exército desembarcou na Coreia, esmagou cinco regimentos siberianos, cruzou o rio Yalu e marchou rumo ao norte, para a Manchúria. Outra força japonesa desembarcou no norte do Mar Amarelo e cercou Port Arthur com imensos canhões de onze polegadas. Durante todo o verão e outono de 1904, a infantaria japonesa tomou uma colina fortificada após outra ao redor de Port Arthur. Em janeiro de 1905, quando Port Arthur finalmente se rendeu, tinha custado 57.780 homens ao Japão e 28.200 à Rússia.

Em São Petersburgo, Nicolau observava, atônito. Seu primeiro impulso tinha sido ir para o front e se colocar em pessoa à frente das tropas sitiadas. Mais uma vez, seus tios discordaram. A sua mãe, o czar escreveu: "Minha consciência fica muito inquieta por estar aqui, em vez de compartilhar os perigos e privações do meu exército. Ontem, perguntei ao tio Alexei o que ele pensava disso: ele acha que minha presença no exército nesta guerra não é necessária – ainda assim, ficar para trás em tempos como esse é muito incômodo para mim."

Então, Nicolau percorria os acampamentos militares, passando as tropas em revista e distribuindo imagens de São Serafim aos soldados de partida para o Extremo Oriente. A imperatriz cancelou todas as atividades sociais e transformou os grandes salões de baile do Palácio de Inverno em oficinas com mesas para centenas de mulheres fazerem roupas e bandagens. Alexandra ia todos os dias às oficinas e muitas vezes se sentava para costurar uma camisa ou roupa de hospital.

À medida que a sombria expectativa de uma derrota da Rússia parecia mais provável, Nicolau, a conselho de Guilherme, ordenou que a frota russa no Báltico contornasse meio mundo para restaurar sua supremacia no Pacífico. O almirante Rozhdestvensky, comandante da frota, via o projeto sem muita esperança, mas, sendo ordem do czar, ele subiu à ponte de comando e ordenou que os navios se preparassem para se lançar ao mar. Em outubro de 1904, no deque do *Standart,* Nicolau recebeu a saudação final da frota. Quando os vasos de guerra e cruzadores cinzentos lentamente levantaram âncoras e navegaram para fora do Báltico, ele escreveu: "Abençoe essa viagem, Senhor. Permita que cheguem sãos e salvos a seu destino, que tenham sucesso nessa missão para a segurança e felicidade da Rússia."

Infelizmente, muito antes de sequer chegar perto do Japão, o almirante Rozhdestvensky quase envolveu a Rússia numa guerra com a Inglaterra. Impressionado com o ataque surpresa do Japão à frota de Port Arthur e supondo que essa tática maliciosa pudesse ter sequência, o almirante suspeitou que navios japoneses com bandeira falsa adentrassem águas territoriais neutras na Europa para desfechar outro terrível golpe contra a armada russa. Para não cair numa emboscada, o almirante ordenou a colocação de vigias extras desde o momento em que saíram do porto. Navegando à noite pelo mar do Norte, nesse estado de total alerta, os comandantes russos de repente se viram cercados por uma flotilha de barcos pequenos. Sem perguntas, os canhões russos mandaram bala nos cascos frágeis dos pesqueiros ingleses nas águas do Dogger Bank. Após as primeiras salvas, os russos se deram conta do engano. Entretanto, o medo do almirante era tamanho que, em vez de parar para salvar os sobreviventes, ele continuou navegando noite adentro.

Apenas um barco afundou e dois homens morreram, mas a Inglaterra ficou indignada. Nicolau, já irritado com o apoio diplomático britânico ao Japão, não estava inclinado a se desculpar. "Os ingleses estão muito zangados, quase a ponto de fervura", ele escreveu a Maria. "Chegaram a dizer que estão aprontando a frota para a ação. Ontem enviei um telegrama ao tio Bertie expressando meu pesar, mas não pedi desculpas... Acho que os ingleses não vão ter coragem de ir além de se permitir fazer ameaças."

O embaixador russo em Londres, conde Benckendorff, avaliou com maior precisão a extensão da raiva britânica e recomendou imediatamente que as duas partes submetessem a questão à Comissão Internacional de Inquérito. Relutante, Nicolau aquiesceu, e a Rússia terminou pagando 65 mil libras de indenização.

Deixando na esteira dos navios essa amarga crise, o almirante Rozhdestvensky singrou o Atlântico, rumando para o cabo da Boa Esperança, o oceano Índico e o Pacífico. Ficou ancorado durante três meses na ilha de Madagascar, pertencente à França, enquanto agentes diplomáticos russos vasculhavam estaleiros do mundo inteiro, a fim de comprar navios para reforçar a frota. O kaiser ordenou que navios mercantes alemães abastecessem a esquadra russa. Em cais recônditos de Madagascar e na baía de Camranh, na Indochina, os marinheiros alemães transferiam toneladas de carvão para as caldeiras dos batidos navios do almirante Rozhdestvensky.

Às duas horas da tarde do dia 27 de maio de 1905, liderada por oito vasos de guerra navegando em colunas, a esquadra russa surgiu no estreito de Tsushima, entre o Japão e a Coreia. O comandante japonês, almirante Togo, posicionou seus navios a seis mil metros de distância, barrando a entrada das colunas russas, e disparou os canhões em um navio russo de cada vez. À medida que o canhoneiro japonês prosseguia, os navios russos explodiam, naufragavam ou simplesmente ficavam à deriva. Em 45 minutos, tudo estava terminado. Togo disparou torpedos para acabar com os danificados. Os oito vasos de guerra afundaram, além de sete cruzadores e seis dos nove destróieres de Rozhdestvensky.

Tsushima, a maior batalha naval desde Trafalgar, teve um poderoso impacto na mentalidade marítima de todo o mundo. Confrontou a Inglaterra, cuja existência dependia totalmente da Marinha Real, com a apavorante possibilidade de perder uma guerra em uma tarde por conta de uma escaramuça. O kaiser, que louvava sua frota de alto-mar, também ficou atemorizado. Como resultado, durante os quatro anos da Primeira Guerra Mundial, as poderosas frotas britânicas e alemãs só se enfrentaram uma vez, na Jutlândia. Nos Estados Unidos, a ação de Tsushima convenceu o presidente Theodore Roosevelt de que nenhuma nação poderia se dar ao luxo de dividir a armada como a Rússia fizera. Roosevelt começou imediatamente a fazer pressão para a construção do canal do Panamá, para ligar os dois oceanos que banhavam a costa americana.

O czar estava viajando no trem imperial quando recebeu a notícia da tragédia. Mandou chamar o ministro da Guerra, general Sakharov, e teve com ele uma conversa prolongada a sós. Voltando ao vagão onde seu *staff* esperava para saber a reação do czar, Sakharov declarou: "Sua Majestade demonstrou reconhecer amplamente o problema que temos à frente e propôs um plano de ação muito sensato. Sua compostura é admirável." À noite, Nicolau escreveu em seu diário: "Confirmação definitiva das terríveis notícias da destruição quase completa de nossa esquadra."

Reconhecendo que a Rússia não tinha mais chance de ganhar a guerra, Nicolau mandou chamar Serge Witte e o enviou à América, a fim de tirar o melhor partido de uma conferência de paz que Roosevelt tinha se oferecido para mediar. Embora a guerra estivesse terminando, conforme ele previra, Witte aceitou a missão, bastante aborrecido. "Na hora de desentupir o esgoto, chamam Witte", resmungou. "Mas assim que aparece um trabalho mais limpo e agradável, aparecem montes de candidatos."

Ao cruzar o Atlântico no transatlântico alemão *Wilhelm der Grosse*, acompanhado por muitos jornalistas europeus, Witte se apresentou como o "representante do maior império da Terra, não abalado com o fato de que esse império estava temporariamente envolvido numa pequena dificuldade". Chegando a Portsmouth, em New Hampshire, local da conferência de paz, e encontrando americanos cheios de admiração pelos "japonesinhos valentes", Witte tratou de reverter essa imagem. "Posso dizer que consegui dar uma guinada na opinião pública americana sobre nós", ele observou mais tarde. "Gradualmente, fui trazendo a imprensa para o meu lado... A esse respeito, o plenipotenciário japonês Komura cometeu uma séria gafe... Ele preferiu evitar a imprensa... Aproveitei a vantagem da falta de tato do meu adversário para pôr a imprensa contra ele e sua causa... Meu comportamento pessoal também foi parcialmente responsável pela mudança da opinião pública americana. Tomei o cuidado de tratar todos os americanos com quem tive contato com a maior simplicidade de maneiras. Em viagens, em trens especiais, em automóveis do governo ou em navios, eu agradecia a todos, conversava e apertava as mãos dos engenheiros. Numa palavra, tratei a todos, de qualquer posição social, como iguais. Esse comportamento foi de grande tensão para mim, como qualquer ato com que não se está acostumado, mas é certo que valeu a pena."

Levados pela manobra de Witte ao papel de vilões, os enviados japoneses tiveram dificuldade em pressionar por suas demandas. Por fim, Nicolau – sabendo que o Japão não tinha capacidade financeira para continuar a guerra – ordenou ao ministro das Relações Exteriores: "Envie a Witte minha ordem para encerrar as conversações amanhã, de qualquer maneira. Prefiro continuar a guerra a esperar concessões indulgentes por parte do Japão." Komura, que fora como vencedor, aceitou o compromisso.

Depois da conferência, num almoço com o presidente Roosevelt no Sagamore Hill, em Oyster Bay, Long Island, Witte descreveu a refeição como "quase intragável para um europeu. Não havia toalha de mesa, e só água gelada, em vez de vinho... Os americanos não têm gosto culinário e... são capazes de comer tudo o que veem pela frente". Estranhou a "ignorância [de Roosevelt] de política internacional... Ouvi as mais ingênuas opiniões". Roosevelt também não deu muita importância a Witte. "Não posso dizer que gostei dele", afirmou o presidente, "pois achei sua jactância e arrogância não só tolas, mas espantosamente vulgares, se comparadas com a contenção cavalheiresca dos japoneses. Além do mais, me pareceu um homem muito egoísta, totalmente sem ideais."

De volta à Rússia, Witte estava satisfeito consigo mesmo. "Cumpri a missão com sucesso total", escreveu, "tanto que, no final, o imperador Nicolau se sentiu moralmente compelido a me recompensar, de modo excepcional, com o título de conde. Isso, apesar de ele e Sua Majestade, especialmente ela, não gostarem de mim, e também apesar das intrigas conduzidas contra mim por uma turma de burocratas e cortesãos, cuja vilania só se compara à sua estupidez."

De fato, Witte conduziu brilhantemente as negociações. "Nenhum diplomata profissional poderia ter feito o mesmo", comentou Alexandre Izvolsky, que logo se tornaria ministro das Relações Exteriores. Nicolau recebeu em seu iate o herói retornado, em setembro de 1905. "Witte veio nos ver", o czar escreveu à mãe. "Foi muito simpático e interessante. Após uma longa conversa, eu lhe falei sobre a honraria. Vou fazê-lo conde. Ele ficou rígido de emoção e tentou três vezes beijar a minha mão!"

Tsushima encerrou abruptamente a "missão sagrada" russa na Ásia. Vencido e humilhado pelos "macacos" japoneses, o gigante russo voltou cambaleando para a Europa. Em Berlim, observando o desenrolar dos acontecimentos, o kaiser não ficou insatisfeito. Com o exército derrotado e mal-humorado, sem marinha e com o povo desiludido e amargurado, o czar já não era um vizinho a ser temido. Guilherme achou que ainda contava com a amizade de Nicolau. Acalmou o czar, recordando que Frederico, o Grande, e Napoleão haviam sofrido derrotas. Ressaltou a lealdade que ele havia demonstrado, "protegendo" a fronteira russa na Europa – supostamente contra a Áustria, sua própria aliada. Agora, pisando de leve nas ruínas da aventura no Extremo Oriente, que tanto fizera para fomentar, o kaiser voltou a seu propósito original: quebrar a aliança russa com a França, seduzindo Nicolau a fazer uma aliança de autocratas entre a Rússia e a Alemanha.

Essa última tentativa, espetacular, de manipular o czar foi o episódio de Björkö, na costa da Finlândia, em julho de 1905. Teve origem imediata no furor internacional contra o incidente de Dogger Bank. Exigindo em altos brados que a Marinha Real proibisse a marinha alemã de suprir de carvão os navios russos, a imprensa britânica levou o kaiser ao desespero. A uma carta de Guilherme, Nicolau respondeu dizendo: "Concordo plenamente com suas queixas contra a atitude da Inglaterra... Certamente, já é tempo de dar um basta nisso. A única maneira, como você diz, seria a Alemanha, a Rússia e a França se unirem para acabar com a arrogância e insolência anglo-japonesa. Você gostaria de traçar e lançar as bases desse tratado? Tão logo seja aceito por nós, a França deve aderir como aliada."

Guilherme, exultante, começou febrilmente a elaborar o tratado. No verão seguinte, o kaiser telegrafou secretamente ao czar, convidando-o a ir como "simples turista" a um encontro à beira-mar. Nicolau concordou e deixou Peterhof à tarde, sem avisar aos ministros. Naquela noite, os dois iates imperiais, *Hohenzollern* e *Standart*, ancoraram num remoto fiorde finlandês e os dois imperadores jantaram juntos. Na manhã seguinte, Guilherme enfiou a mão no bolso e, "por acaso", encontrou o rascunho de um tratado entre a Rússia e a Alemanha. Uma das cláusulas dizia que a França só seria informada depois que Rússia e Alemanha tivessem assinado, e então seria convidada a participar, caso quisesse. Nicolau leu e, segundo Guilherme, teria dito: "Excelente. Concordo!"

"Se você quiser assinar", continuou o kaiser, casualmente, "será um belo suvenir desse nosso encontro." Nicolau assinou e Guilherme ficou exultante. Com lágrimas de alegria, ele disse a Nicolau que todos os ancestrais que tinham em comum estavam olhando lá do céu, aprovando em êxtase.

De volta às suas respectivas capitais, os dois imperadores receberam más notícias. Von Bülow, o chanceler alemão, criticou o tratado, considerando-o inútil para a Alemanha, e ameaçou se demitir. Arrasado, o kaiser escreveu ao chanceler uma carta histérica: "No dia seguinte à chegada de sua carta de demissão, você já não encontrará seu imperador vivo. Pense em minha pobre esposa e filhos." Em São Petersburgo, Lamsdorf, ministro das Relações Exteriores, estava agastado; não podia acreditar em seus olhos e ouvidos. A aliança francesa, ele disse ao czar, era a pedra angular da política externa russa, não podia ser jogada fora. A França, Lamsdorf prosseguiu, jamais faria aliança com a Alemanha, e a Rússia não podia fazer essa aliança sem antes consultar a França.

Em consequência, Guilherme foi informado de que, da maneira como estava redigido, o tratado não poderia ser honrado. O kaiser respondeu com um pedido apaixonado para que o czar reconsiderasse: "Sua aliada deixou-o notoriamente em apuros durante toda a guerra, ao passo que a Alemanha o ajudou de todas as maneiras... De mãos dadas, assinamos diante de Deus, que ouviu nossos votos. O que foi assinado, assinado está! Deus é testemunha!" Mas o tratado de Björkö nunca foi invocado, a correspondência Willy-Nicky foi rareando, e a influência do kaiser sobre o czar também não tardou a morrer. Mas Nicolau abriu os olhos tarde demais. Em 1905, ele havia perdido uma guerra e seu país descambava rapidamente para a revolução.

9

1905

A "GUERRINHA VITORIOSA" desejada tão ardentemente por Plehve, o ministro do Interior, tinha acabado, mas Plehve não viveu para ver. Vyacheslav Plehve era um policial profissional: seu feito mais espetacular fora a prisão de todos os envolvidos na conspiração que matou o czar Alexandre II. Nomeado ministro do Interior em 1902, depois que seu antecessor foi morto por um terrorista, Plehve foi descrito por um colega como "um homem esplêndido para coisas pequenas, um homem estúpido para assuntos de Estado". Como ministro, ele não permitia qualquer tipo de reunião política. Os estudantes eram proibidos de andar juntos nas ruas de São Petersburgo e de Moscou. Não se podia dar uma festa com mais que algumas pessoas sem permissão escrita da polícia.

Os cinco milhões de judeus-russos eram um alvo especial do ódio de Plehve.* Num amargo ciclo de repressão e retaliação, uma grande quantidade de judeus-russos se uniu às fileiras do terrorismo revolucionário. Sob Plehve, a polícia local era estimulada a fazer vista grossa ao antissemitismo. No Dia da Páscoa, a polícia de Plehve promoveu o mais violento pogrom do reinado de Nicolau: uma multidão enfurecida correu pela cidade de Kishenev, na Bessarábia, assassinou 45 judeus e queimou 600 casas. A polícia não se deu ao trabalho de interferir até o fim do segundo dia. O pogrom foi condenado pelo governo, o governador da província

---

* O antissemitismo, doença endêmica na Rússia, teve origem nas mais antigas tradições da Igreja Ortodoxa. "Para os devotos... russos ortodoxos", explicou um historiador judeu, "... o judeu era um infiel que envenenava a fé verdadeira, tinha matado Cristo." Todo czar apoiava essa crença. Pedro, o Grande, recusando-se a permitir a entrada de mercadores judeus na Rússia, declarou: "É minha obrigação erradicar o mal, não multiplicá-lo." Catarina, a Grande, endossou a decisão de Pedro, dizendo: "Dos inimigos de Cristo, não desejo ganhos nem lucros." Foi Catarina que, ao anexar ao império russo regiões do leste da Polônia e da Ucrânia, com grandes populações judaicas, estabeleceu a Zona de Assentamento Judeu, uma área na Polônia e na Ucrânia onde supostamente todos os judeus-russos deviam morar. As restrições eram porosas, mas mesmo assim a vida de um judeu na Rússia do século XIX era sujeita a assédios e perseguições. Que esse antagonismo era mais religioso do que racial foi repetidamente ilustrado por casos de judeus que abdicaram da fé, se converteram à ortodoxia e passaram a se movimentar livremente na estrutura social russa.

foi demitido e os vândalos foram julgados e punidos, mas Plehve foi mantido no cargo. Sem rodeios, Witte disse ao ministro do Interior que suas políticas estavam tornando seu próprio assassinato inevitável. Em julho de 1904, Plehve foi feito em pedaços por uma bomba.

A morte de Plehve não destruiu seu mais criativo projeto, um movimento de trabalhadores fundado e orientado secretamente pela polícia. O movimento era liderado por um jovem clérigo de São Petersburgo, padre George Gapon, que se empenhava em imunizar os trabalhadores contra o vírus revolucionário e fortalecer seus sentimentos monarquistas. As queixas econômicas eram canalizadas para fora do governo, na direção geral dos empregadores. Os empregadores, compreensivelmente assustados, eram persuadidos de que era melhor ter uma organização sob vigilância e controlada pela polícia do que deixar os trabalhadores expostos aos perigosos argumentos da propaganda socialista clandestina.

Gapon não era um agente policial qualquer. Seu interesse pelo povo era autêntico. Nos bairros das classes trabalhadoras de São Petersburgo, onde havia atuado e pregado por muitos anos, ele era uma figura popular. Acreditava sinceramente que o propósito de sua Assembleia de Trabalhadores Russos era crescer "de maneira nobre, sob a liderança de pessoas e clérigos cultos, genuinamente russos, na direção de uma filosofia de vida e de um status do trabalhador, num sólido espírito cristão". Para alguns, as conexões de Gapon com a polícia eram suspeitas, mas a massa de operários, felizes por terem um mecanismo que lhes possibilitava se reunirem e protestarem, se submetia voluntariamente à sua liderança.

No começo de janeiro de 1905, a notícia da humilhante rendição em Port Arthur gerou uma onda de protestos contra a má administração da guerra que varria o país. Em São Petersburgo, uma pequena greve na imensa fábrica de aço de Putilov subitamente se alastrou, ganhando a adesão de milhares de operários insatisfeitos e desiludidos.* Arrastado

---

* Foi uma era de amargos conflitos trabalhistas em todas as nações industrializadas. Nos Estados Unidos, por exemplo, durante a greve da Pullman, em 1894, o juiz William Howard Taft, futuro presidente, escreveu a sua esposa: "Será preciso que o exército mate alguns dessa turba para que os problemas sejam resolvidos. Até agora só mataram seis. Não é o suficiente para impressionar." No final, 30 foram mortos, 60 feridos e 700 presos. Seis anos depois, em campanha para a vice-presidência, Theodore Roosevelt disse em particular: "O sentimento que anima hoje uma grande proporção do nosso povo só pode ser reprimido... pegando uns dez ou doze líderes, pondo contra o paredão e matando. Acredito que chegaremos a isso. Esses líderes estão planejando uma revolução social e a subversão da república norte-americana."

por esse surto de revolta, Gapon só podia escolher entre liderar ou ser deixado para trás. Rejeitando o papel de agente da polícia, ele decidiu liderar. Durante uma semana, ele foi de reunião em reunião, proferindo dezenas de discursos, açulando um apoio inflamado, que a cada dia fazia crescer a lista de exigências. Antes de terminar a semana, levado por seu senso de missão, ele conclamava os operários a participar de uma atuação extravagante, teatral: ele lideraria pessoalmente a massa numa marcha até o Palácio de Inverno, onde entregaria ao czar uma petição em nome do povo russo. Gapon visualizou a cena acontecendo numa varanda, sobre um vasto oceano de rostos russos, onde o *Batiushka-Czar*, representando um conto de fada russo, libertaria seu povo dos malvados opressores, denominados na petição como o "governo despótico e irresponsável" e os "exploradores capitalistas, canalhas, ladrões do povo russo". Além da libertação, a petição exigia, especificamente, uma assembleia constituinte, sufrágio universal, separação da Igreja e do Estado, anistia para os prisioneiros políticos, imposto sobre a renda, salário mínimo e jornada de oito horas de trabalho.

Gapon não comunicou a extensão de suas intenções a nenhum membro do governo. Se tivesse comunicado, provavelmente não teria sido ouvido. O príncipe Sviatopolk-Mirsky, um liberal recém-empossado ministro do Interior, passou a maior parte da semana preocupado com a visita cerimonial do czar a São Petersburgo, na quinta-feira, 19 de janeiro, para o tradicional serviço religioso da Bênção das Águas. No fim das contas, o dia foi um sucesso. Nicolau foi recebido com aplausos pela multidão que enchia as ruas. Enquanto esteve parado à margem do Neva, um dos canhões reservados para a salva cerimonial de cinco tiros disparou e a bala aterrissou perto do czar, deixando um policial ferido, mas as investigações provaram que o tiro tinha sido acidental, e não parte de uma conspiração.

Somente em 21 de janeiro, quando Gapon informou ao governo que a marcha teria lugar no dia seguinte e pedia que o czar estivesse presente para receber a petição, foi que Mirsky ficou subitamente alarmado. Os ministros correram a se reunir para discutir o problema. Não havia a menor possibilidade de pedir ao czar, que estava em Tsarskoe Selo e não tivera nenhuma informação sobre a marcha nem sobre a petição, que recebesse Gapon. A sugestão de que outro membro da família recebesse a petição foi rejeitada. Por fim, informado pelo chefe de polícia de que não dispunha de homens para tirar Gapon do meio de seus seguidores e levá-lo à prisão, Mirsky e seus pares só puderam pensar em mandar vir mais tropas para a cidade e torcer para a situação não fugir ao controle.

Só na noite de sábado Nicolau ficou sabendo, por Mirsky, o que o amanhã traria. "Foram enviadas tropas dos arredores para reforçar a guarnição", ele escreveu no diário. "Até agora os trabalhadores se mantiveram calmos. Seu número é estimado em 120 mil. Na liderança dos sindicatos está uma espécie de padre socialista chamado Gapon. Mirsky veio hoje à noite trazer o relatório das medidas tomadas."

Domingo de manhã, 22 de janeiro de 1905, sob uma ventania gelada que trazia chorrilhos de neve, o padre Gapon iniciou a marcha. Nos bairros operários, formaram-se passeatas para convergir no centro da cidade. De braços dados, eles seguiram pacificamente pelas ruas em correntes de alegria, de expectante humanismo. Alguns carregavam cruzes, ícones e faixas religiosas, outros levavam a bandeira nacional e retratos do czar. Iam cantando hinos religiosos e o hino nacional "Deus salve o czar". Às duas da tarde, todas as passeatas convergentes deveriam se reunir na frente do Palácio de Inverno, conforme programado.

Não houve um único confronto com as tropas. Em toda a cidade, em cada ponte, em cada avenida estratégica, o caminho fora bloqueado por fileiras da infantaria guardadas por cossacos e hussardos na retaguarda. Incertas do que aquilo significava, ainda não esperando violência, ansiosas em não se atrasarem para verem o czar, as passeatas avançaram. Num instante de horror, os soldados abriram fogo. As balas atingiram homens, mulheres e crianças. Poças vermelhas de sangue mancharam a neve endurecida. O número oficial de mortos foi 92, e muitas centenas de feridos. Provavelmente, o número real foi bem mais alto. Gapon desapareceu e os outros líderes foram presos. Expulsos da capital, eles percorreram o império, exagerando em milhares o número de mortes.

Esse dia, que ficou conhecido como o "Domingo Sangrento", foi o ponto de virada na história da Rússia. Abalou crenças antigas, lendárias, de que o czar e o povo eram um só. Enquanto as balas estraçalhavam seus ícones, suas bandeiras e os retratos do czar, o povo gritava: "O czar não vai nos ajudar!" Não tardaram a chegar ao sombrio corolário "Não temos czar". No exterior, a ação desastrada pareceu uma crueldade premeditada, e Ramsay MacDonald, futuro primeiro-ministro da Inglaterra, atacou o czar, chamando-o de "criatura manchada de sangue" e "assassino ordinário".

De seu esconderijo, o padre Gapon enviou uma carta denunciando amargamente: "Nicolau Romanov, ex-czar e atualmente assassino da alma do império russo. O sangue inocente dos trabalhadores, de suas esposas e filhos estará para sempre entre você e o povo da Rússia... que todo o sangue derramado recaia sobre você, carrasco!" Gapon se tornou um revolucionário convicto: "Conclamo todos os partidos socialistas da Rússia a chegarem imediatamente a um acordo e começarem um levante armado contra o czarismo." Mas a reputação de Gapon era obscura e os líderes do Partido Social Revolucionário estavam convencidos de que ele ainda tinha ligação com a polícia. Condenaram-no à morte e seu corpo foi encontrado pendurado num chalé abandonado, na Finlândia, em abril de 1906.

Em Tsarskoe Selo, Nicolau ficou perplexo ao saber o que tinha acontecido. "Um dia doloroso", ele escreveu aquela noite. "Sérias desordens ocorreram em São Petersburgo quando os trabalhadores tentaram ir ao Palácio de Inverno. As tropas foram obrigadas a atirar em várias partes da cidade e houve muitos mortos e feridos. Senhor, como isso é doloroso e triste!" Os ministros se reuniram, alarmados, e Witte sugeriu que o czar se dissociasse publicamente do massacre, declarando que as tropas haviam atirado sem ordem. Nicolau se recusou à difamar o exército e decidiu receber em Tsarskoe Selo uma delegação de 34 trabalhadores selecionados. Os trabalhadores foram ao palácio e tomaram chá enquanto o czar lhes fazia um sermão de pai para filhos sobre a necessidade de apoiar o exército em ação e rejeitar os conselhos malévolos de revolucionários traiçoeiros. Os trabalhadores voltaram a São Petersburgo, onde foram ignorados, ridicularizados ou surrados.

A imperatriz estava em desespero. Cinco dias depois do "Domingo Sangrento", ela escreveu à irmã, princesa Vitória de Battenberg:

"Você entende a crise pela qual estamos passando! Realmente, é um tempo cheio de provações. A cruz do meu pobre Nicky é pesada demais para suportar, ainda mais porque ele não tem ninguém em quem confiar totalmente, que possa lhe dar uma verdadeira ajuda. Ele teve tantas decepções amargas, mas, apesar de tudo, permanece corajoso e cheio de fé na misericórdia de Deus. Ele tenta com tanto empenho, trabalha com tanta perseverança, mas a falta do que chamo de homens 'verdadeiros' é grande... Os maus estão sempre por perto, os outros, com falsa humildade, ficam por trás. Devemos tentar ver mais gente, mas é difícil. De joelhos, rezo a Deus que me dê sabedoria para ajudá-lo nessa pesada tarefa...

"Não acredite em todos os horrores que os jornais estrangeiros dizem. Eles deixam as pessoas de cabelos em pé – exagero revoltante. Sim, as tropas, *alas*, foram obrigadas a atirar. Disseram repetidamente à multidão que recuasse, que Nicky não estava na cidade (pois estamos passando o inverno aqui) e que ninguém fosse obrigado a atirar, mas eles não deram atenção e o sangue foi derramado. No total, 92 mortos e 200-300 feridos. Uma coisa medonha, mas se não o tivessem feito, a multidão se tornaria colossal e 1.000 teriam sido esmagados. Em todo o país, é claro, isso está se espalhando. A petição tinha somente duas questões relativas aos trabalhadores e todo o resto era atroz: separação da Igreja do governo etc., etc. Se uma pequena delegação tivesse trazido, calmamente, uma verdadeira petição pelo bem dos trabalhadores, tudo teria sido diferente. Muitos dos trabalhadores ficaram desesperados quando souberam mais tarde o que a petição continha e imploraram para voltar ao trabalho sob a proteção das tropas.

"Petersburgo é uma cidade podre, nem um átomo russa. O povo russo é profunda e verdadeiramente devotado ao seu soberano, e os revolucionários usam seu nome para provocá-los contra os senhores rurais, mas não sei como. Como eu queria ser inteligente para ser de verdadeira utilidade. Amo meu novo país. É tão jovem, poderoso e tem tantas coisas boas, apenas absolutamente desequilibrado e infantil. Pobre Nicky, tem uma vida amarga e dura pela frente. Se o pai dele tivesse tido mais homens, se cercado deles, teríamos muitos para preencher os cargos necessários; agora, só velhos ou jovens demais, ninguém a quem recorrer. Os tios de nada adiantam, Mischa [grão-duque Miguel, irmão mais novo do czar] é um amor de menino, mas..."

Mas o "Domingo Sangrento" foi apenas o começo de um ano de terror. Três semanas mais tarde, em fevereiro, o grão-duque Sérgio, tio de Nicolau e marido de Ella, foi assassinado em Moscou. O grão-duque, que tinha um áspero orgulho por saber o quanto era odiado pelos revolucionários, despediu-se da esposa em seu apartamento no Kremlin e ia passando por um dos portões quando uma bomba explodiu em cima dele. Ouvindo a terrível explosão, Ella gritou "É Sérgio!", e correu para ele. O que ela encontrou não era seu marido, mas uma centena de pedaços de carne irreconhecíveis sangrando na neve. Corajosamente, a grã-duquesa aproximou-se do cocheiro agonizante e aliviou seus últimos momentos, dizendo-lhe que o grão-duque havia sobrevivido à explosão. Mais tarde, ela visitou o assassino na prisão, um membro do Partido Revolucionário Social chamado Kaliayev, e se ofereceu para pedir que lhe poupassem a vida se ele pedisse perdão ao czar. Kaliayev recusou, dizendo que sua morte ajudaria a causa, a derrubada da autocracia.

O assassinato do marido mudou a vida de Ella. A moça alegre, irrepreensível, que havia guiado a irmãzinha órfã de mãe, Alix, que havia rejeitado as atenções de Guilherme II, que havia esquiado e dançado com o czarevich Nicolau, essa mulher desapareceu. Todas as qualidades de gentileza e santidade insinuadas na calma aceitação do caráter de seu marido tomaram a frente com força total. Poucos anos depois, a grã-duquesa construiu uma abadia em Moscou, o Convento de Maria e Marta, e se tornou abadessa. Num último gesto de elegância mundana, encomendou ao pintor religioso Miguel Nesterov, muito em moda na época, o desenho dos hábitos para a ordem. Ele desenhou uma longa túnica com capuz de fina lã cinza-pérola e véu branco, que ela usou pelo resto da vida.

À medida que os meses se passavam, a violência se alastrava para todos os cantos da Rússia. "Fico doente ao ler as notícias", disse Nicolau. "Greves em escolas e fábricas, policiais e cossacos assassinados, tumultos. E os ministros, em vez de agirem com rápida decisão, só se reúnem em conselhos, como um monte de galinhas amedrontadas cacarejando sobre uma ação ministerial unida." O massacre da frota de Rozhdestvensky, em Tsushima, gerou uma tempestade de motins nos navios remanescentes das frotas do Báltico e do mar Negro. Irritados por lhes servirem porções de carne estragada, marinheiros do encouraçado *Potemkin* jogaram os oficiais no mar, hastearam a bandeira vermelha e navegaram ao longo da costa do mar Negro bombardeando cidades, até que a necessidade de combustível os obrigou a parar no porto romeno de Constanza.

Em meados de outubro de 1905, toda a Rússia foi paralisada por uma greve geral. De Varsóvia aos Urais, os trens pararam de rodar, as fábricas foram fechadas, os navios permaneceram ociosos nos portos. Em São Petersburgo, não havia mais entrega de alimentos, escolas e hospitais foram fechados, os jornais desapareceram e até as luzes elétricas se apagaram. De dia, multidões marchavam pelas ruas aplaudindo oradores, e bandeiras vermelhas tremulavam nos telhados. À noite, as ruas ficavam vazias, às escuras. Nos campos, camponeses invadiam propriedades, arrasavam e saqueavam castelos, e as chamas das mansões incendiadas iluminavam as noites.

De uma hora para outra, brotou uma nova organização de trabalhadores. Constituída por delegados, um para cada mil trabalhadores, denominou-se soviete, ou conselho. Assim como as greves, ela surgiu do nada, mas cresceu rapidamente em números e poder. Em quatro dias, um líder emergiu em Leon Trotsky, um orador inflamado e membro do braço menchevique do Partido Social Democrata marxista. Quando o soviete ameaçou destruir cada fábrica que não fechasse as portas, companhias de soldados foram trazidas para a cidade. Sentinelas se postaram na frente de todos os prédios públicos e esquadrões de cossacos marchavam de um lado para outro pelas avenidas. A revolução estava pronta; só precisava de uma fagulha.

Numa de suas mais famosas cartas, escrita para a mãe no auge da crise, Nicolau descreve o que se passou em seguida:

"Assim começaram os calmos dias aziagos. Completa ordem nas ruas, mas ao mesmo tempo todo mundo sabia que alguma coisa ia acontecer. As tropas esperavam o sinal, mas o outro lado não começava. Tinha-se a mesma sensação de antes de uma tempestade de verão. Todos estavam tensos, extremamente nervosos... Durante todos esses dias horríveis, me reuni com Witte constantemente. Com frequência, nos reuníamos de manhã cedo e nos separávamos somente quando a noite caía. Havia apenas dois caminhos abertos: encontrar um soldado enérgico para esmagar a rebelião à força. Então haveria tempo para respirar, mas muito provavelmente teríamos que usar a força novamente em poucos meses, e isso significaria rios de sangue e no fim estaríamos na mesma.

"O outro caminho seria dar ao povo direitos civis, liberdade de expressão e de imprensa, e ter todas as leis sancionadas por uma Duma estatal – isso, é claro, seria uma Constituição. Witte defende isso energicamente. Ele diz que, embora não seja sem risco, é a única saída no momento presente. Quase todos que tive oportunidade de consultar são da mesma opinião. Witte me deixou muito claro que aceitaria a presidência do Conselho de Ministros, com a única condição de haver concordância com esse programa, e não interferência com suas ações. Ele... redigiu o manifesto. Discutimos a questão durante dois dias e, no final, invocando a ajuda de Deus, assinei... Meu único consolo é que esta é a vontade de Deus e que essa grave decisão tirará minha querida Rússia desse caos intolerável em que está por quase um ano."

Sergius Witte, que deu à Rússia a primeira Constituição e o primeiro parlamento, não acreditava nem em Constituições nem em parlamentos. "Tenho uma Constituição na cabeça, mas em meu coração..." Witte cuspiu no chão. Era um homem enorme, corpulento, de ombros largos, alto, que tinha a cabeça do tamanho de uma abóbora. Dentro dela, Witte carregava o cérebro administrativo mais capaz da Rússia. Esse cérebro o havia guiado desde seu humilde começo na cidade de Tíflis, na Geórgia, onde nasceu, em 1849, até o cargo de principal ministro de dois czares.

Sua mãe era russa, mas por lado de pai seus ancestrais eram holandeses. O pai, nativo das províncias russas no Báltico, era um homem culto, que perdera a fortuna num negócio de minas na Geórgia, deixando Witte sozinho com sua inteligência e seu ego para subir na vida. Witte estava belamente equipado nesses dois aspectos. "Na universidade [em Odessa]", ele escreveu, "trabalhei dia e noite e atingi grande proficiência em todos os meus estudos. Conhecia tão perfeitamente todos os temas que passei em todos os exames com excelência, sem ter me preparado para eles. Minha tese acadêmica final foi intitulada 'Sobre quantidades infinitesimais'. Era um trabalho de concepção muito original e diferenciado por uma dimensão de visão filosófica."

Apesar do desejo de ser professor de matemática pura, Witte optou por trabalhar na Ferrovia Distrital Sudoeste. Durante a guerra de 1877, da Rússia contra a Turquia, ele serviu como supervisor de tráfego, encarregado do transporte de tropas e suprimentos. "Atingi o sucesso em minha difícil tarefa", declarou. "Devo meu sucesso a ações enérgicas e ponderadas." Em fevereiro de 1892, foi promovido a ministro das Comunicações (inclusive ferrovias). "Não seria exagero", observou, "dizer que o enorme empreendimento de construir a grande ferrovia Transiberiana foi realizado por meus esforços, com o apoio, é claro, primeiro do imperador Alexandre III, e depois do imperador Nicolau II." Em agosto de 1892, Witte foi transferido para o posto-chave de ministro das Finanças. "Como ministro das Finanças, fiquei também encarregado de nosso comércio e indústria. Como tal, tripliquei nossa indústria. Mais uma vez, isso é usado contra mim. Tolos!" Até em sua vida privada, Witte cuidava para não ser superado em espertaza. Casou-se duas vezes. As duas esposas já eram divorciadas quando se casaram com ele. De sua primeira mulher, ele diz: "Com a minha assistência ela obteve o divórcio e me seguiu para São Petersburgo. Por consideração a minha esposa, adotei a menina que era sua filha única, com o entendimento, é claro, de que se não houvesse filhos do nosso casamento, ela também não seria minha herdeira."

Junto com o trono, Nicolau herdou Witte de seu pai. Tanto o novo czar quanto o ministro veterano esperavam pelo melhor. "Eu sabia que ele [Nicolau] era inexperiente ao extremo, mas muito inteligente, e... ele sempre me deu a impressão de ser um jovem bondoso e bem-criado", Witte escreveu. "Na verdade, raramente encontrei um jovem tão bem-educado quanto Nicolau II." Da imperatriz, Witte gostava menos, embora fosse obrigado a admitir que "não faltam dotes físicos a Alexandra". Como ministro das Finanças, ele se empenhou, com sucesso, em colocar a Rússia num padrão de excelência. Trouxe batalhões de industriais e comerciantes estrangeiros, tentando-os com isenção de impostos, subsídios do governo e títulos honoríficos. Seu monopólio estatal de vodca trazia milhões por ano para o Tesouro. Nicolau não gostava do cinismo e da arrogância de Witte, mas reconhecia seu gênio. Quando Witte levou as negociações de paz em Portsmouth ao que, nas circunstâncias, era uma brilhante solução para a Rússia, o czar reconheceu seu débito fazendo dele conde.

Experiente, arguto e agora reconhecido como pacificador, Witte era a escolha óbvia para lidar com os levantes revolucionários que se alastravam pelo país. Até Maria, a imperatriz viúva, aconselhou o filho: "Estou certa de que o único homem que pode ajudá-lo agora é Witte... Ele é certamente um homem genial." A pedido do czar, Witte elaborou um memorando analisando a situação e concluindo que existiam apenas duas alternativas: uma ditadura militar ou uma Constituição. Witte insistia que a Constituição seria o modo mais barato e mais fácil de dar fim à turbulência. Essa recomendação ganhou ainda mais peso quando foi veementemente endossada pelo grão-duque Nicolau Nicolaievich, o primo do czar de mais de 1,80m de altura, então no comando do Distrito Militar de São Petersburgo. O grão-duque objetou tão fortemente à ideia de se tornar ditador militar que sacudia o revólver no coldre, gritando: "Se o imperador não aceitar o programa de Witte, se quiser me obrigar a ser ditador, eu me mato em sua presença com este revólver! Temos que apoiar Witte a todo custo. É necessário para o bem da Rússia."

O Manifesto Imperial de 30 de outubro de 1905 transformou a Rússia de uma autocracia absoluta em uma monarquia semiconstitucional. Prometia ao povo russo "liberdade de consciência, expressão, assembleia e associação". Garantia um parlamento eleito, a Duma, e que "nenhuma lei entraria em vigor sem o consentimento da Duma". Não ia tão longe quanto a monarquia constitucional da Inglaterra; o czar mantinha suas prerrogativas de decisão sobre assuntos externos e de defesa, e o poder total de nomear e demitir ministros. Mas o manifesto fez a Rússia voar, com grande rapidez, por cima de um difícil terreno político que a Europa ocidental levou séculos para atravessar.

Witte agora se metera numa situação complicada. Tendo forçado um soberano relutante a autorizar uma Constituição, esperava-se que ele a fizesse funcionar. Assumiu o cargo de presidente do Conselho de Ministros, e rapidamente obteve a exoneração de Constantine Pobedonostsev. Após 26 anos como procurador do Santo Sínodo, Pobedonostsev saiu, mas não sem antes dizer causticamente que seu sucessor, príncipe Alexei Obolensky, tinha na cabeça "três galos cocoricando ao mesmo tempo".

Para desespero de Witte, ao invés de melhorar, a situação piorou. A direita o odiava por ter degradado a autocracia, os liberais não confiavam nele e a esquerda temia que a revolução esperada lhes escapasse das mãos. "Nada mudou, a luta continua", declarou Paulo Miliukov, um importante historiador liberal russo. Escrevendo na recém-lançada *Isvestia*, Leon Trotsky foi mais incisivo: "O proletariado sabe o que não quer. Não quer nem o policial bandido Trepov [comandante da polícia durante todo o império], nem o tubarão financeiro liberal Witte: nem o focinho do lobo, nem o rabo da raposa. Rejeita o chicote da polícia embrulhado no pacote da Constituição."

Em partes da Rússia, o manifesto, destituindo a polícia local de muitos de seus poderes, levou diretamente à violência. Nos estados bálticos, os camponeses se levantaram contra seus senhores germânicos e proclamaram repúblicas uma enfiada de cidadezinhas. Na Ucrânia e na Rússia Branca, denominando-se Centenas Negras, bandos de ultradireita se voltaram contra os bodes expiatórios de sempre, os judeus. Em Kiev e Odessa, irromperam pogroms, frequentemente com o apoio da Igreja. Sob o pretexto de patriotismo e religião, ataques similares explodiram na Transcáucaso contra os armênios. Na Polônia e na Finlândia, o manifesto foi tomado como sinal de fraqueza; o sentimento de que o império estava desmoronando provocou manifestações de massa por autonomia e independência. Em Kronstadt, no Báltico, e em Sebastopol, no mar Negro, ocorreram motins navais. Em dezembro, o soviete de Moscou levou 200 mil operários e estudantes às barricadas. Durante dez dias, eles mantiveram a distância as forças governamentais, proclamando um novo "Governo Provisório". A revolta só foi esmagada com a chegada a São Petersburgo do Regimento da Guarda Semenovsky, que abriu as ruas à força de artilharia e baionetas. Durante essas semanas, Lênin voltou clandestinamente à Rússia para liderar os bolcheviques. A polícia logo descobriu seu rastro e ele foi obrigado a mudar secretamente de um esconderijo a outro, o que diminuiu sua eficiência. Mesmo assim, ele estava exultante. "Vão em frente, atirem!", gritava. "Chamem os regimentos austríacos e alemães contra os operários e camponeses russos! Queremos alastrar a luta, queremos uma revolução internacional!"

Enquanto isso, Nicolau esperava impaciente que seu experimento em constitucionalismo desse resultados. À medida que Witte tropeçava, ele se tornava mais amargo. As cartas para a mãe assinalam a progressão de suas desilusões:

9 de novembro: "Todos estão com medo de tentar uma ação corajosa. Continuo tentando forçá-los — até o próprio Witte — a agir mais energicamente. Conosco, ninguém está acostumado a assumir responsabilidades; todos esperam receber ordens, que desobedecem na maior parte das vezes."

14 de dezembro: "Ele [Witte] agora está preparado para prender os principais líderes do levante. Tenho tentado convencê-lo já há algum tempo, mas ele sempre esperou ser capaz de dar conta sem tomar medidas drásticas."

25 de janeiro de 1906: "Desde os acontecimentos de Moscou, Witte mudou completamente sua visão; agora quer enforcar e fuzilar todo mundo. Nunca vi um homem tão camaleão. Essa, naturalmente, é a razão por que ninguém mais acredita nele."

Sentindo que seu status lhe fugia, Witte tentou reconquistar a boa vontade do czar, cortando cinicamente muito da força do manifesto que ele mesmo escrevera tão recentemente. Sem esperar que a Duma fosse eleita, Witte redigiu arbitrariamente uma série de Leis Fundamentais, baseadas na declaração: "Ao imperador de Todas as Rússias pertence o supremo poder autocrático." Para tornar o governo financeiramente independente das apropriações da Duma, Witte usou sua grande reputação pessoal no exterior para obter da França um vultoso empréstimo, de mais de 2 bilhões de francos.

Apesar de seus esforços, Sergius Witte não participou dos assuntos do parlamento russo que ajudara a criar. Às vésperas da primeira reunião, Nicolau pediu sua exoneração. Witte fingiu estar contente com a manobra. "À sua frente está o mais feliz dos mortais", ele disse a um colega. "O czar não poderia ter me demonstrado maior clemência do que me dispensar dessa prisão onde eu estava definhando. Vou viajar imediatamente, para me curar. Não quero saber de nada e vou meramente imaginar o que está acontecendo por aqui. A Rússia inteira é um grande hospício." Isso era uma bobagem, é claro. Witte passou o resto da vida ansiando loucamente para voltar ao governo. Suas esperanças foram ilusórias. "Enquanto eu viver, jamais voltarei a confiar naquele homem, por menos que seja", disse Nicolau. "Já tive o bastante com a experiência do ano passado. Ainda é um pesadelo para mim." Witte acabou voltando para a Rússia, e Nicolau lhe fez uma doação de 200 mil rublos do Tesouro. Mas nos nove anos que se passariam antes de sua morte, Witte só voltou a ver o czar duas vezes, em duas rápidas entrevistas de vinte minutos.

Em todos os meses da guerra com o Japão e da revolução de 1905, Nicolau e Alexandra tiveram apenas um breve momento de plena alegria. Em 12 de agosto de 1904, Nicolau escreveu em seu diário: "Um grande dia que jamais será esquecido, quando a misericórdia de Deus nos visitou tão claramente. Alix deu à luz um menino, à uma hora. A criança se chama Alexei."

O longamente esperado varão chegou de repente. Ao meio-dia de uma tarde quente de verão, o czar e sua esposa se sentaram para almoçar em Peterhof. A imperatriz tinha acabado de tomar uma sopa quando foi obrigada a pedir licença e correr para o quarto. Menos de uma hora depois, o menino nasceu, pesando 3,6 quilos. Quando os canhões de Peterhof dispararam, outros canhões soaram em Kronstadt. A 30 quilômetros de distância, no coração de São Petersburgo, as baterias da Fortaleza de Pedro e Paulo ribombaram – dessa vez numa salva de 300 tiros. Em toda a Rússia, canhões troavam, sinos tocavam e bandeiras tremulavam. Alexei, assim chamado em honra do czar Alexei, predileto de

Nicolau, era o primeiro menino nascido de um czar reinante na Rússia, desde o século XVII. Parecia um bom augúrio, um sinal de esperança.

Sua Alteza Imperial Alexei Nicolaievich, soberano herdeiro czarevich, grão-duque da Rússia, era um bebê gordinho, bonito, de cachinhos dourados e olhos azuis. Tão logo lhes foi permitido, Olga, de 9 anos, Tatiana, de 7, Maria, de 5, e Anastácia, de 3, entraram no berçário nas pontas dos pés para espiar o irmãozinho no berço.

O batizado do augusto principezinho foi realizado na capela de Peterhof. Alexei foi colocado numa almofada de tecido de ouro nos braços da princesa Maria Golitsyn, uma dama de honra que tradicionalmente levava os bebês imperiais à pia batismal. Devido à sua idade avançada, a princesa compareceu à cerimônia especialmente equipada. Para maior suporte, a almofada do bebê foi atada a uma larga alça contornando os ombros da dama. Para evitar escorregões, foram colocadas solas de borracha em seus sapatos.

O czarevich foi batizado na presença da maior parte de sua grande família, o que incluiu seu bisavô, o rei Christian IX, da Dinamarca, em seus 87 anos. Apenas o czar e a imperatriz estavam ausentes; o costume proibia os pais de assistirem ao batismo dos filhos. O serviço foi realizado pelo padre Yanishev, o clérigo mais idoso, há muitos anos confessor da família imperial. Ele pronunciou o nome, que, no século XVII, fora do segundo czar Romanov, Alexei, o Pacífico. Depois mergulhou o pequeno Alexei de corpo inteiro na água, e o czarevich berrou, externando sua fúria. Tão logo o batizado terminou, o czar se apressou a entrar na capela. Ele esperara ansiosamente do lado de fora, rezando para a princesa idosa e o velho padre não deixarem o menino cair dentro da pia. A imperatriz, recostada num sofá, foi vista sorrindo frequentemente para o czar, que permaneceu a seu lado.

Seis semanas depois, num humor bem diferente, Nicolau escreveu em seu diário: "Alix e eu estamos muito preocupados. Hoje de manhã, sem o menor motivo, começou uma hemorragia no umbigo do nosso pequeno Alexei. Permaneceu, com poucas interrupções, até a noite. Tivemos que chamar... o cirurgião Fedorov, que aplicou uma bandagem às sete horas. A criança ficou notavelmente quieta, e até alegre, mas foi uma coisa horrível passar por tamanha ansiedade."

No dia seguinte: "Esta manhã, houve novamente algum sangue na bandagem, mas o sangramento parou ao meio-dia. A criança passou um dia calmo e sua aparência saudável acalmou um pouco nossa ansiedade."

No terceiro dia, o sangramento parou. Mas o medo que surgiu naqueles dias continuou a crescer no czar e em sua esposa. Os meses se passaram, Alexei já ficava de pé no berço, começava a engatinhar e ensaiava andar. Quando tropeçava e caía, apareciam pequenas manchas em suas pernas e braços. Em poucas horas, as manchas inchavam e se tornavam de um tom azulado. Por baixo da pele, o sangue não coagulava. A terrível suspeita de seus pais se confirmou. Alexei tinha hemofilia.

A dor de descobrir o fato, conhecido somente pela família, permaneceu no coração de Nicolau mesmo quando ele soube do Domingo Sangrento e do desastre de Tsushima, e quando assinou o manifesto. Permaneceria com ele pelo resto da vida. Foi nesse período que aqueles que se encontravam frequentemente com Nicolau, sem saberem do mal de Alexei, notavam um crescente fatalismo no czar. Nicolau sempre fora impressionado pelo fato de ter nascido no dia em que, pelo calendário russo, era o dia de Jó. Com a passagem do tempo, esse fatalismo passou a dominar sua aparência. "Tenho a secreta convicção", ele disse a um ministro, "de que estou destinado a uma terrível provação, que não receberei minha recompensa nessa terra."

Uma das supremas ironias de sua história foi que o abençoado nascimento de seu único filho tenha sido o golpe fatal. Enquanto os canhões troavam e as bandeiras tremulavam, o destino já havia preparado uma história terrível. Além das batalhas perdidas e dos navios afundados, das bombas, dos revolucionários e suas conspirações, das greves e revoltas, a Rússia imperial fora contemplada com o minúsculo defeito no corpo de um menino. Escondida da visão do público, dissimulada em rumores, agindo no interior, essa tragédia oculta mudaria a história da Rússia e do mundo.

Parte Dois

O imperador Nicolau II, com seu filho, Alexei Nicolaievich, e uma de suas filhas. Fotografia da década de 1910, de autor não identificado. Acervo Bridgeman Images.

Nicolau, Alexei e Tatiana, 1916

10

A CIDADE DO CZAR

O SEGREDO DA DOENÇA DE ALEXEI ficou escondido e bem guardado nos limites internos de Tsarskoe Selo, "a cidade do czar". "Tsarskoe Selo era um mundo à parte, uma terra encantada, um país de fadas, no qual apenas um pequeno número de pessoas tinha direito a entrar", escreveu Gleb Botkin, filho do médico da corte que atendia o filho de Nicolau II. "Tornou-se um lugar lendário, uma espécie de paraíso terrestre, morada dos deuses terrenos. Para os revolucionários, era um lugar sinistro, onde tiranos sedentos de sangue tramavam contra a população inocente."

Tsarskoe Selo era um símbolo magnífico, um gesto supremo da autocracia russa. Às margens da planície de São Petersburgo, 24 quilômetros ao sul da capital, uma sucessão de czares e czarinas tinha criado um mundo em miniatura, isolado, tão artificial e fantástico quanto um brinquedo mecânico articulado com precisão. Em torno da grade de ferro do Parque Imperial, barbados cavaleiros cossacos, com túnicas vermelhas e gorros pretos de pele, botas e sabres reluzentes, circulavam dia e noite, numa ronda incessante. Dentro do parque, monumentos, obeliscos e arcos do triunfo se espalhavam pelos 800 acres de gramado verde aveludado. Um lago artificial, grande o bastante para pequenos veleiros, podia ser esvaziado e cheio novamente, como uma banheira. Num extremo do lago havia um banho turco cor-de-rosa. Não longe dali, um esplêndido pagode chinês, vermelho e dourado, coroava um pequeno outeiro artificial. Caminhos sinuosos atravessavam bosques de velhas árvores, cujos galhos grossos haviam sido escorados com cabos e barras de ferro. Uma trilha para pôneis fazia voltas por entre jardins de flores exóticas. Espalhadas em canteiros pelo parque, havia moitas de lilases plantadas por dezenas de imperatrizes. No correr dos anos, as moitas cresceram para formar luxuriantes florestas perfumadas. Quando chegavam as chuvas da primavera, o doce aroma dos lilases úmidos inundava o ar.

Tsarskoe Selo floresceu quando Catarina I, a sensual esposa de Pedro, o Grande, desejou um retiro no campo para descansar da cidade granítica que seu marido estava construindo nos pântanos do Neva. A filha de Pedro, Elizabeth, herdou a aptidão dos pais para obras grandiosas. Ao custo de 10 milhões de rublos, ela construiu o Palácio de Inverno, em São Petersburgo, e depois voltou sua atenção para Tsarskoe Selo. Avessa ao sacolejar das carruagens que a levavam nas idas e vindas à cidade, ela mandou construir um canal para fazer a viagem de barco. Elizabeth morreu antes que o canal fosse terminado, mas as partes concluídas eram excelentes para os habitantes de Tsarskoe Selo se banharem.

Os dois palácios, a 400 metros de distância um do outro no Parque Imperial, haviam sido construídos pela imperatriz Elizabeth e por Catarina, a Grande. Em 1752, Elizabeth encomendou ao famoso arquiteto Rastrelli um palácio em Tsarskoe Selo que superasse Versalhes. Rastrelli erigiu uma grande construção azul e branca, agora chamada Palácio Catarina, uma estrutura ornamentada, com mais de 200 cômodos. Agradou tanto a Elizabeth que ela lhe deu o título de conde. Misturando bom gosto com uma estranha diplomacia, o embaixador francês na corte de Elizabeth comentou com a imperatriz que só faltava uma coisa a seu belo palácio: uma redoma de vidro que preservasse aquela obra-prima. Em 1792, Catarina, a Grande, encarregou outro italiano, Quarenghi, de erguer um segundo palácio, menor, em Tsarskoe Selo, para seu filho adorado, o menino que se tornaria Alexandre I. A obra de Quarenghi, o Palácio Alexandre, era tão simples quanto o de Elizabeth era enfeitado. Foi para o Palácio Alexandre que Nicolau II trouxe sua esposa para morar, na primavera de 1895. E lá fixaram residência por 22 anos.

Na descrição de palácios, simplicidade se torna um termo relativo. O Palácio Alexandre tinha mais de 100 cômodos. Das altas janelas do Palácio Catarina, o czar e sua esposa contemplavam terraços, pavilhões, estátuas, jardins e carruagens ornamentadas, puxadas por magníficos cavalos. No interior do palácio, havia longos salões elegantes e quartos de teto alto e luz suave, decorados em mármore, mogno, ouro, cristal, veludo e seda. Sob imensos candelabros, ricos tapetes orientais cobriam o chão assoalhado. No inverno, cortinas de brocado em tons de safira e prata protegiam contra o frio nebuloso da escuridão russa. Grandes lareiras de porcelana multicolorida aqueciam os quartos gélidos, misturando o cheiro da madeira queimada à fragrância de potes fumegantes de incenso, levados por lacaios de quarto em quarto. Em cada estação, a imperatriz Alexandra enchia o palácio de flores. Quando as geadas de outono cobriam os jardins e estufas de Tsarskoe Selo, flores da Crimeia eram trazidas de trem. Cada aposento tinha seu torvelinho de odores: a doçura dos lírios em altos vasos chineses, a delicada fragrância de violetas e lírios do vale em jarras de prata, o perfume de jacintos em raros vasos laqueados.

Para cuidar desse paraíso, manter os gramados e colher as flores, tratar dos cavalos, polir os automóveis, limpar os assoalhos, arrumar as camas, dar brilho aos cristais, servir os banquetes, banhar e vestir as crianças imperiais, eram necessárias milhares de mãos humanas. Além dos cossacos, uma guarnição permanente de cinco mil homens da infantaria, cuidadosamente selecionados entre todos os regimentos da Guarda Imperial, montava guarda nos portões e patrulhava a pé o Parque Imperial. Trinta sentinelas estavam sempre posicionadas no interior do palácio, nos vestíbulos, corredores, escadarias, cozinhas e até nos porões. Aos guardas se somavam policiais à paisana, que fiscalizavam os criados, mercadores e operários, e mantinham um registro de todas as pessoas que entravam e saíam. No mau tempo, de qualquer janela se viam soldados de casacão longo, capacete e botas, fazendo a ronda. Não muito longe, geralmente havia um policial solitário de galochas e guarda-chuva.

No interior do palácio, um batalhão de criados em vistosas librés circulava pelos salões brilhantes e alcovas de seda. Escudeiros em casacos vermelhos bordados com a águia imperial e chapéus ataviados com longas plumas de avestruz, vermelhas, amarelas e pretas, andavam sem fazer ruído, com sapatos de couro legítimo e sola macia. "Resplandecentes em suas ligas brancas como a neve, os lacaios corriam à nossa frente, subindo escadas atapetadas", escreveu um visitante. "Passamos por salas, antessalas, salões de banquetes, caminhando por tapetes e assoalhos brilhantes, tapetes de novo... Em cada porta, lacaios petrificados, aos pares, nos mais variados trajes, conforme o aposento vigiado; aqui, a tradicional sobrecasaca preta; ali, sobrecasacas polonesas vermelhas com sapatos vermelhos, meias e ligas brancas. Numa das portas, dois belos lacaios com... turbantes carmesim atados com presilhas de ouropel."

Nada havia mudado, nem os pomposos vestuários, nem o ritmo da vida no palácio, desde os dias de Catarina, a Grande. O protocolo da corte, herdado de uma era esquecida, continuava tão obstinadamente rígido quanto um bloco de granito. Os cortesãos recuavam na presença dos soberanos. Ninguém jamais contradizia um membro da família imperial; era inadequado dirigir-se a um deles sem que primeiro lhe fosse dirigida a palavra. E, quando em companhia dos soberanos, amigos não se cumprimentavam, nem sequer tomavam conhecimento da presença uns dos outros, a não ser que um personagem imperial o fizesse primeiro.

Frequentemente, o protocolo parecia conduzir a si mesmo, gerenciando seu próprio curso, tomando suas próprias decisões, correndo com sua própria energia interna da tradição, excluindo toda interferência humana. Certo dia, o dr. Botkin, médico da corte, surpreendeu-se ao receber o Grande Cordão da Ordem de Santa Ana. Segundo o protocolo, ele pediu uma audiência formal com o czar, a fim de agradecer-lhe a honraria. Como via Botkin diariamente, por ser seu médico, Nicolau estranhou o pedido. "Aconteceu alguma coisa para você querer me ver oficialmente?", ele perguntou. "Não, Sire. Vim agradecer a Sua Majestade por isso", Botkin respondeu, apontando para a estrela em seu peito. "Parabéns", retrucou Nicolau, sorrindo. "Eu não sabia que tinha lhe dado."

Tudo em Tsarskoe Selo girava em torno do czar. Fora dos portões dos palácios, Tsarskoe Selo era uma elegante cidadezinha imperial, dominada pela vida e pelas fofocas da corte. Ao longo da larga avenida que levava da estação de trem aos portões do Parque Imperial, as mansões da aristocracia pulsavam ao ritmo que emanava da casa imperial. Um cumprimento de cabeça, um sorriso ou uma palavra enviada pelo soberano em direção inesperada podia render uma semana de conversas animadas. Graves crises irrompiam a respeito de promoções, honrarias e colisões de agendamentos para o chá. Nenhum júbilo maior se oferecia do que ouvir o telefone tocar e escutar uma solene voz masculina anunciar: "Você está recebendo um telefonema dos aposentos de Sua Majestade Imperial", ou, se quem chamava era uma das filhas de Sua Majestade: "Você está recebendo um telefonema dos aposentos de Suas Altezas Imperiais."

O mestre da vida da corte, o gerente de todas as cerimônias, outorgante de todas as medalhas e faixas, árbitro de todas as disputas na corte, era um nobre finlandês de idade avançada, conde Vladimir Fredericks. Em 1897, aos 60 anos, Fredericks se tornou ministro-chefe da Corte Imperial. Manteve-se na função até 1917, quando o cargo deixou de existir. Nicolau e Alexandra eram dedicados ao "Velho", como se referiam a ele. Fredericks, por sua vez, tratava-os como seus próprios filhos, e em particular os chamava de *mes enfants*.

Segundo o embaixador francês Paléologue, Fredericks era "a própria personificação da vida da corte. De todos os súditos do czar, nenhum recebeu mais títulos e honrarias. Ele é ministro da corte e da casa imperial, ajudante de campo do czar, general da cavalaria, membro do Conselho do Império. Passou toda a sua longa vida em palácios e cerimônias, em carruagens e desfiles, com galardões e medalhas de ouro... Sabe todos os segredos da família imperial. Em nome do czar, ele distribui todos os prêmios e favores, todas as reprimendas e punições. Os grão-duques e grã-duquesas o cobrem de atenções, pois é ele quem controla a casa de todos, abafa seus escândalos e paga suas dívidas. Apesar de todas as dificuldades de sua tarefa, não se sabe que ele tenha inimigos, tal é o charme de suas maneiras e seu tato. Ele é também um dos homens mais bonitos de sua geração, um dos melhores cavaleiros, e seu sucesso com as mulheres vai além da conta. Sempre manteve o corpo ágil, o bigode pendente e o encanto no trato... é o tipo ideal para seu ofício, o árbitro supremo dos ritos e precedências, convenções e tradições, maneiras e etiqueta".

Quando a idade avançou sobre ele, Fredericks adoeceu e sua energia decaiu. Cochilava no meio das reuniões. Tornou-se esquecido das coisas. Durante a guerra, o príncipe Bariatinsky chegou ao palácio para presentear o czar com a ordem militar da Cruz de São Jorge. "Fredericks foi anunciar o príncipe a Sua Majestade", escreveu Botkin, "mas, no meio do caminho, passando de uma sala a outra, esqueceu o que ia fazer e ficou vagando, deixando o imperador à espera do príncipe numa sala, e o príncipe à espera do imperador na sala ao lado, ambos estranhando e irritados com a demora do outro." De outra feita, Fredericks aproximou-se do czar, indagando: "Diga-me, Sua Majestade o convidou para jantar hoje à noite?" Vendo o olhar totalmente perplexo do czar, Fredericks replicou: "Oh, pensei que o senhor fosse outra pessoa."

Depois de Fredericks, o favorito do czar entre os habitantes da corte era o príncipe Vladimir Orlov, chefe do secretariado particular do czar. Altamente culto, sarcástico, descendente de um dos amantes de Catarina, a Grande, o príncipe era conhecido como o "Gordo Orlov" porque era tão obeso que, quando se sentava, não enxergava os próprios joelhos. Orlov tinha sido oficial da cavalaria, mas, na meia-idade, não era mais capaz de montar um cavalo. Nas paradas, quando o czar e a comitiva imperial desfilavam a cavalo, Orlov marchava a pé no meio dos corcéis.

Naturalmente, esses cortesãos eram fervorosos monarquistas, "*plus royalistes que le roi*". A Rússia que homens como Orlov gostariam de ver era uma terra de mujiques humildes, devotos religiosos, absolutamente leais ao czar. Acreditavam que os inimigos da Rússia eram aqueles que degradavam a autocracia – os políticos e parlamentares, bem como os revolucionários. Essa noção, que soava nos ouvidos de Nicolau cada vez que ele se dava ao trabalho de ouvir, sobreviveu às derrotas da guerra, aos levantes revolucionários, à ascensão e queda de ministros e de Dumas imperiais. Ano após ano se passava, escreveu Botkin, e "o pequeno país encantado de Tsarskoe Selo dormitava pacificamente à beira do abismo, embalado pelas doces canções de sereias barbudas, que suavemente entoavam 'Deus salve o czar', indo à igreja com grande regularidade... e, de tempos em tempos, perguntando discretamente quando receberiam o próximo galardão, ou promoção, ou aumento de salário".

O Palácio Alexandre, em Tsarskoe Selo, era um elegante prédio de dois andares em estilo clássico, constituído por um corpo principal entre duas alas laterais. No bloco central, estavam os apartamentos estatais e as câmaras formais. Os ministros da corte, os cavalheiros e damas de honra tinham apartamentos em uma ala. Na outra ala, Nicolau e Alexandra criaram um mundo onde levavam uma existência rigorosamente programada.

A primeira atitude de Alexandra como imperatriz foi mandar redecorar a ala. Cortinas, tapetes, estofados e almofadas foram confeccionados em chintzes ingleses coloridos, predominando o malva, sua cor predileta. No segundo andar, foram retirados todos os móveis pesados dos quartos destinados às crianças, substituídos por camas e cômodas simples de aromática madeira tropical, e colchas de alegres cretones ingleses. Sob o comando de Alexandra, a aparência geral dessa ala privativa era de uma confortável casa de campo inglesa.

Montando guarda na fronteira entre esse mundo privativo e o resto do palácio, ficava um quarteto fantástico de guarda-costas. Quatro negros gigantescos, vestidos em calças escarlates, jaquetas bordadas a ouro, sapatos de bico recurvo e turbantes brancos, montavam guarda à porta do gabinete em que Nicolau trabalhava ou no quarto em que a imperatriz estava descansando. "Eles não eram soldados", escreveu Ana Vyrubova, amiga de Alexandra, "e não tinham outra função além de abrir e fechar as portas, e avisar, com uma repentina entrada silenciosa no aposento, que uma de Suas Majestades ia aparecer." Embora os quatro fossem considerados etíopes na corte, um deles era um negro norte-americano chamado Jim Hercules. Originalmente servo de Alexandre III, Hercules era um empregado ligado à família apenas por lealdade. Passava férias na América e trazia potes de goiaba em calda de presente para as crianças.

Atrás das portas guardadas por esse quarteto espetaculoso, a família imperial levava uma existência pontual. No inverno, Tsarskoe Selo permanecia sob um pesado cobertor de neve e o sol não surgia antes das nove horas. Nicolau se levantava às sete, se vestia à luz de lâmpadas, tomava café com as filhas e desaparecia no gabinete de trabalho. Alexandra raramente deixava o quarto antes do meio-dia. Passava as manhãs recostada em travesseiros na cama ou num divã, lendo e escrevendo longas cartas emotivas às amigas. Ao contrário de Nicolau, que sofria para escrever e às vezes levava horas para redigir uma carta, Alexandra escrevia profusamente, lançando frases longas, página após página, pontuando somente com pontos, travessões e pontos de exclamação. A seus pés, enquanto escrevia, deitava-se um pequeno e desgrenhado scotch terrier chamado Eira. Muitos achavam Eira desagradável; ele gostava de sair correndo de baixo das mesas e mordiscar calcanhares. Alexandra mimava o cão e o carregava de sala em sala — até para a mesa de jantar.

Ao contrário de muitos casais reais, Nicolau e Alexandra dormiam na mesma cama. O quarto do casal era um grande aposento com altas janelas se abrindo para o parque. A grande cama de casal, de madeira clara, ficava entre duas janelas. Cadeiras e sofás estofados com tapeçarias florais se espalhavam sobre um grosso tapete felpudo em cor malva. À direita da cama, uma porta levava a uma pequena capela usada pela imperatriz para suas orações. Difusamente iluminada por lâmpadas pendentes, a capela tinha apenas um ícone numa parede e uma Bíblia sobre uma mesa. Outra porta do quarto levava ao banheiro privativo de Alexandra, onde uma coleção de artefatos sanitários fora de moda ficava assentada num recesso escuro. Puritanamente vitoriana, Alexandra exigia que a banheira e o vaso ficassem cobertos com panos durante o dia.

O mais famoso aposento do palácio – e em outra época o mais famoso em toda a Rússia – era o *boudoir* malva da imperatriz. Tudo ali era malva: cortinas, tapete, almofadas e até a mobília Hepplewhite* era malva e branca. Fartos buquês de lilases brancos e roxos, jarras de rosas e orquídeas e vasos de violetas perfumavam o ar. Mesas e prateleiras eram abarrotadas de livros, papéis, bibelôs esmaltados e de porcelana.** Nesse quarto, Alexandra se cercava de lembranças de sua família e de sua religião. As paredes eram cobertas por ícones. Sobre a cabeceira do divã havia um quadro da Virgem Maria. Um retrato de sua mãe, a princesa Alice, a fitava de outra parede. Num lugar de honra, sobre uma mesa, havia uma grande fotografia da rainha Vitória. O único quadro de tema não religioso nem de alguém da família era um retrato de Maria Antonieta.

Nesse ambiente desordenado, aconchegante, cercada pelos objetos que amava, Alexandra se sentia protegida. Ali ela conversava com as filhas pela manhã, ajudava-as a escolher os vestidos e a planejar seus programas. Era para lá que Nicolau fugia para estar com a esposa, tomar chá, ler os jornais e conversar sobre as crianças e sobre o império. Conversavam em inglês, embora Nicolau e as crianças conversassem em russo. Para Alexandra, Nicolau era sempre "Nicky". Para ele, ela era "Alix", ou "Sunshine" ou "Sunny". Às vezes, soava nos aposentos da ala privativa um assovio claro, musical, como o gorjeio de um pássaro. Era o modo de Nicolau chamar a esposa. Logo que se casaram, cada vez que Alexandra ouvia o chamado, enrubescia, largava o que quer que estivesse fazendo e corria ao seu encontro. Mais tarde, quando as crianças cresceram, Nicolau usava o assovio para chamá-las, e aquele som se tornou familiar e constante no Palácio Alexandre.

Anexo ao *boudoir* malva ficava o quarto de vestir da imperatriz, uma fileira de armários para os vestidos, prateleiras para os chapéus, bandejas

---

* George Hepplewhite (1727-1786) foi um dos grandes mestres britânicos da fabricação de móveis no século XVIII. Seu mobiliário, na maioria feito de ébano, ganhou enorme reconhecimento e cópias nos séculos XIX e XX (N. do R. T.).

** Além das cruzes, ícones e imagens religiosas de todo tipo e qualidade, Alexandra era fascinada pelo símbolo da suástica. Tendo suas origens profundamente enterradas no passado, a suástica foi durante milhares de anos símbolo do sol, da contínua recriação e da infinitude. Foram encontradas suásticas em relíquias desencavadas em Troia, tecidas em urdiduras incas e rabiscadas nas catacumbas de Roma. Somente para a geração seguinte à morte de Alexandra é que o significado da suástica foi pervertido, e o símbolo transformado num desprezível emblema de violência, intolerância e terror.

para as joias. Alexandra tinha cinco ajudantes de vestir, mas seu pudor limitava-lhes severamente os deveres. Ninguém jamais viu a imperatriz Alexandra nua ou no banho. Ela se banhava sozinha e, quando estava pronta para lhe pentearem o cabelo, aparecia vestindo um quimono japonês. Frequentemente, a grã-duquesa Tatiana vinha pentear a mãe e empilhava as longas mechas vermelho-ouro no alto de sua cabeça. Quando a imperatriz estava quase pronta, as ajudantes eram chamadas para ajeitar os botões e colocar as joias. "Somente rubis hoje", dizia a imperatriz, ou "pérolas e safiras com esse vestido". Ela preferia pérolas a todas as outras joias, e geralmente vários cordões de pérolas desciam-lhe em cascata do pescoço até a cintura.

Durante o dia, Alexandra usava roupas soltas, fluidas, com arremates de renda no pescoço e na cintura. Considerava a famosa saia "hobble", da era edwardiana, um aborrecimento. "Você realmente gosta dessa saia?", perguntou a Lili Dehn, cujo marido era oficial do iate imperial. "Bem, madame, *c'est la mode*", respondeu a dama. "Não tem a menor utilidade como saia", retrucou a imperatriz. "Lili, prove que é confortável. Corra, Lili, corra, deixe-me ver se você consegue correr com ela."

Os vestidos da imperatriz eram criados pela ditadora de moda reinante em São Petersburgo, Mme. Brissac, que ganhou uma fortuna como *couturière* e morava numa mansão na capital. Todas as clientes, inclusive a imperatriz, se queixavam de seus preços. À imperatriz, Mme. Brissac confidenciou: "Imploro a Sua Majestade que não conte a ninguém, mas sempre diminuo o preço para Sua Majestade." Depois, Alexandra descobriu que Mme. Brissac respondera à queixa de sua cunhada, a grã-duquesa Olga Alexandrovna, com a mesma confidência: "Imploro a Sua Alteza Imperial que não mencione essas coisas em Tsarskoe Selo, mas sempre diminuo o preço para a senhora."

À noite, Alexandra usava vestidos de seda branca ou creme, bordados em prata e azul, com diamantes nos cabelos e pérolas no pescoço. Não gostava de lingerie transparente; seus trajes de baixo e camisolas eram feitos de fino linho bordado. Seus sapatos eram de salto baixo e bico fino, geralmente de camurça bronze ou branca. Fora do palácio, levava uma sombrinha para se proteger do sol, mesmo usando um chapéu de abas largas.

Recordando sua apresentação à imperatriz em Tsarskoe Selo, em 1907, Lili Dehn relata uma vívida primeira impressão de Alexandra: "Avançando por entre as moitas de folhagens, vinha uma figura alta e esbelta... A imperatriz estava vestida inteiramente de branco, com um fino véu drapejado em torno do chapéu. Sua compleição era delicadamente clara... seus cabelos eram louro-avermelhados, seus olhos... eram azul-escuros e sua figura era flexível como um ramo de salgueiro. Lembro-me que suas pérolas eram magníficas e os brincos de diamantes rebrilhavam fogos coloridos cada vez que ela movia a cabeça... Notei que ela falava russo com forte sotaque inglês."

Para as crianças da família imperial, o inverno era um período de aulas intermináveis. Começando às nove da manhã, os tutores lhes passavam exercícios de aritmética, geografia, história, russo, francês e inglês. Todas as manhãs, antes de começar a primeira aula, eram examinadas pelo dr. Botkin, médico da corte, que vinha diariamente olhar gargantas e erupções. Botkin não era o único responsável pelas crianças; um especialista, dr. Ostrogorsky, vinha de São Petersburgo dar consultas. Mais tarde, o dr. Vladimir Derevenko foi contratado especialmente para tratar a hemofilia do czarevich. Mas Botkin sempre foi o preferido pelas crianças. Alto, corpulento, sempre de terno azul, com a corrente de ouro do relógio atravessada sobre o estômago, ele exalava um forte perfume importado de Paris. Quando tinham tempo livre, as jovens grã-duquesas iam atrás dele de sala em sala, seguindo seu rastro aromático.

Às onze da manhã, o czar e as crianças interrompiam o trabalho e passavam uma hora ao ar livre. Às vezes, Nicolau atirava em corvos no parque. Ele possuía um canil com esplêndidos collies ingleses, e gostava de passear com os cães brincando e correndo a sua volta. No inverno, ele se reunia às crianças e seus tutores para fazer "montanhas de gelo", altos montes de neve cobertos por água, que congelava e se tornava uma boa pista para trenós e pequenos tobogãs.

O almoço, ao meio-dia, era uma refeição cerimonial em Tsarskoe Selo. Embora a imperatriz geralmente estivesse ausente, Nicolau almoçava com as filhas e os membros de sua comitiva. A refeição começava, conforme o costume russo, com um padre se levantando da mesa e se colocando à frente de um ícone para entoar uma bênção. À mesa imperial, essa função cabia ao padre Vassiliev, confessor da família. De origem camponesa, Vassiliev não chegou a se formar na Academia Teológica, mas o que lhe faltava em escolaridade lhe sobrava em fervor. Ouvindo suas preces gritadas numa voz entrecortada, Alexandra sentia que ele representava a ortodoxia simples, essencial, do povo russo. Como confessor, Vassiliev era reconfortante. Fosse qual fosse o pecado, ele dizia: "Não se preocupe. Não se preocupe. O demônio não faz nada dessas coisas. Ele não bebe, não fuma, nem participa de orgias e, no entanto, é o Demônio." À mesa imperial, entre os uniformes com galões de ouro dos oficiais da corte, Vassiliev era uma figura dramaticamente sinistra. Vestindo uma longa batina negra de mangas largas, barba escura até a cintura e um crucifixo de 15 centímetros de prata sobre o peito, ele dava a impressão de um enorme corvo pousado na mesa do czar.

Outra presença, nem sempre visível, agraciava a mesa do czar. Era Cubat, o chef de cozinha do palácio. Em Tsarskoe Selo, Cubat carregava um pesado fardo profissional. Nem Nicolau, nem Alexandra gostavam dos pratos ricos e complicados que os grandes chefs franceses traziam da terra natal para cobrir as mesas principescas da Rússia. Nicolau, principalmente, gostava de fatias de leitãozinho com raiz-forte, acompanhado de um cálice de vinho do Porto. O caviar certa vez lhe dera forte indigestão e ele raramente provava essa suprema iguaria russa. Acima de tudo, ele se deliciava com a cozinha simples dos camponeses russos: sopa de repolho, *borshch* ou *kasha* (trigo sarraceno) com peixe cozido e frutas. Alexandra não dava a menor importância à comida e meramente beliscava qualquer coisa que pusessem diante dela. Todavia, Cubat, um dos maiores chefs do seu tempo, labutava bravamente, esperançoso de que algum dia houvesse entre os convidados um renomado gourmet. Às vezes, quando um prato especialmente elaborado era servido, Cubat se postava à porta, expectante, de avental e chapéu de cozinheiro imaculadamente brancos, esperando receber os cumprimentos do senhor e seus convivas.

À tarde, enquanto as crianças continuavam as aulas, Alexandra costumava dar um passeio. A ordem "preparar a carruagem de Sua Majestade para as duas horas" gerava um surto de atividade nos estábulos. A carruagem de luxo, preta, de estilo inglês, era trazida para fora bem polida, os cavalos eram atrelados e dois valetes de casaco azul e chapéu alto se posicionavam nos estribos traseiros. O cocheiro só aparecia quando estava tudo pronto. Era um homem alto, pesado, amplificado por um imenso casaco acolchoado, que ele usava coberto de medalhas. Dois lacaios se posicionavam atrás dele e, a um grunhido de comando, lhe davam um impulso para subir à boleia. Tomando as rédeas, ele fazia o sinal da cruz, sacudia as mãos e, com um oficial cossaco trotando atrás, a carruagem passava sob um arco e seguia para a frente do palácio, à espera da imperatriz.

Não somente os estábulos, mas todo o vasto e complexo aparato da supervisão policial entrava em alerta quando Alexandra pedia a carruagem. Unidades táticas de detetives eram rapidamente acionadas e quando a imperatriz cruzava o portão, uma hora mais tarde, cada árvore e cada moita escondiam um policial agachado. Se Alexandra parava para falar com alguém no caminho, assim que ela prosseguia o passeio um agente da polícia surgia de caderneta em punho, perguntando: "Qual é o seu nome e qual o motivo da conversa com Sua Majestade Imperial?"

Nicolau raramente acompanhava a esposa nessas excursões. Ele preferia sair a cavalo na companhia do conde Fredericks ou de seu amigo general Alexandre Orlov, comandante dos *uhlans* de Sua Majestade. Geralmente, eles cavalgavam pelos campos na direção de Krasnoe Selo, passando por vilarejos no caminho. Frequentemente, o czar parava para conversar informalmente com camponeses, perguntava-lhes sobre sua vida, os problemas de suas aldeias e o sucesso da colheita. Sabendo que o czar quase sempre passava por ali, camponeses de outros distritos esperavam na estrada para lhe entregar petições ou fazer pedidos especiais. Na maioria dos casos, Nicolau providenciava para que fossem atendidos.*

---

* Uma história contada pelo general Spiridovich tem todas as características de um conto de fada, exceto que Spiridovich, um policial consciencioso e severamente prático, encheu seu livro com nada além de descrições precisas e exaustivas do fato. A história é assim:
    Tarde da noite, numa sala do palácio Peterhof, separada para receber petições, o general Orlov ouviu um estranho som vindo da antessala. Encontrou uma moça escondida ali, chorando. Atirando-se no chão a seus pés, ela contou que o noivo fora condenado à morte e seria executado na manhã seguinte. Ele era estudante, contou ela, sofria de tuberculose e se envolvera em atividades revolucionárias. Pouco antes de ser preso, ele tentara se retirar do movimento, mas fora forçado a permanecer. De qualquer maneira, ele morreria em pouco tempo, em consequência da doença. Abraçando os joelhos de Orlov, com os olhos marejados de lágrimas, ela lhe implorou que pedisse o perdão do czar.
    Comovido, Orlov decidiu agir, apesar da hora tardia. Ordenou uma troica e partiu para a Villa Alexandra, onde o czar estava. Entrando apressadamente, ele foi detido por um guarda, que lhe disse que o czar já havia se recolhido. Mas Orlov insistiu. Minutos depois Nicolau apareceu, de pijama, e perguntou calmamente: "O que está acontecendo?" Orlov lhe contou a história.
    "Agradeço muito a você por ter agido assim", disse Nicolau. "Não se deve hesitar quando se tem a chance de salvar uma vida. Graças a Deus, nem a sua consciência, nem a minha terão algo a nos reprovar." Na mesma hora, ele escreveu um telegrama para o ministro da Justiça: "Suspenda a execução de S. Aguarde ordens." Entregou o papel a um mensageiro da corte, ordenando: "Corra!"
    Orlov voltou e contou à moça o que havia ocorrido. Ela desmaiou e Orlov teve que reanimá-la. Quando ela conseguiu falar, suas primeiras palavras foram: "O que quer que aconteça a nós,

Às quatro horas, a família se reunia para o chá. Em Tsarskoe Selo, o chá era sempre igual. Ano após ano, as mesmas mesinhas cobertas de branco eram postas com a mesma louça em suportes de prata, os mesmos pratos de pão quente, os mesmos biscoitos ingleses. Nunca havia bolos nem doces. A sua amiga Ana Vyrubova, Alexandra se queixou de que "outras pessoas têm chás muito mais interessantes". Apesar de ser a imperatriz, Vyrubova escreveu: "Ela parecia incapaz de mudar um único detalhe da rotina da corte russa. Os mesmos pratos de pão quente e manteiga, nas mesmas mesinhas de chá... [desde os tempos de] Catarina, a Grande."

Como tudo o mais em Tsarskoe Selo, havia uma rígida rotina para o chá. "Todos os dias, no mesmo momento", lembra Ana Vyrubova, "a porta se abria, o imperador entrava, sentava-se à mesa de chá, passava manteiga numa fatia de pão e bebericava o chá. Tomava duas xícaras todos os dias, nem mais, nem menos, e enquanto isso dava uma olhada nos telegramas e nos jornais. As crianças achavam a hora do chá muito divertida. Punham vestidos brancos com faixas coloridas e passavam a maior parte do tempo se distraindo com brinquedos no chão. À medida que cresciam, os brinquedos eram substituídos por trabalhos de agulha e bordados. A imperatriz não gostava de ver as filhas com mãos ociosas."

Depois do chá, Nicolau voltava ao gabinete. Entre as cinco e as oito horas, ele recebia uma fila de visitantes. Aqueles que tinham negócios a tratar eram trazidos de São Petersburgo, de trem, chegando a Tsarskoe Selo ao cair da tarde. Eram conduzidos a uma sala de espera onde podiam se sentar e folhear livros e revistas até que o czar estivesse pronto para recebê-los.

"Embora minha audiência fosse particular", escreveu o embaixador francês Paléologue, "vesti uniforme de gala completo, como convinha a uma reunião com o czar, autocrata de todas as Rússias. O diretor de cerimônias, Evreinov, foi comigo. Ele também trazia uma sinfonia de cordões de ouro... Meu séquito consistia apenas em Evreinov, um guarda da casa sem uniforme e um lacaio com sua pitoresca vestimenta (czarina Elizabeth), de chapéu adornado de longas plumas vermelhas, amarelas e pretas. Fui conduzido pelas salas de audiência, depois pela sala particular da imperatriz, por um longo corredor que levava aos aposentos

---

estamos prontos a dar a vida pelo imperador." Mais tarde, quando Orlov contou a Nicolau suas palavras, o czar retrucou: "Veja, você fez duas pessoas, ela e eu, muito felizes."

privativos dos soberanos, onde passei por um criado de libré muito simples, que carregava uma bandeja de chá. Mais adiante era o pé de uma pequena escada privativa levando aos aposentos das crianças imperiais. Uma dama de companhia passou voando pelo patamar de cima. O último aposento no fim do corredor era ocupado pelo... ajudante de campo [do czar]. Mal esperei um minuto. O etíope de alegres adornos exóticos que montava guarda ao gabinete de Sua Majestade abriu a porta para mim quase imediatamente.

"O imperador recebeu-me com aquela amabilidade graciosa e meio tímida tão própria dele. A sala em que me recebeu é pequena e tem apenas uma janela. A mobília é simples e confortável. São cadeiras simples de couro, um sofá coberto por um tapete persa, uma escrivaninha e prateleiras meticulosamente arrumadas, uma mesa cheia de mapas, uma estante baixa com fotografias, bustos e suvenires de família."

Nicolau recebia informalmente a maioria dos visitantes. De pé diante da escrivaninha, ele fazia um gesto para que se sentassem numa cadeira de braços, perguntava se gostariam de fumar e acendia um cigarro. Era um ouvinte cuidadoso e, embora geralmente soubesse a conclusão antes que o visitante falasse, jamais interrompia.

Precisamente às oito horas, todas as entrevistas oficiais eram encerradas para que o czar fosse jantar. Nicolau sempre terminava uma audiência levantando-se e caminhando até a janela. Não havia como não entender esse sinal, e os novatos eram severamente advertidos para se retirarem, por mais que Sua Majestade parecesse estar apreciando ou lamentando o fim da reunião. "Receio tê-lo deixado exausto", dizia Nicolau, interrompendo polidamente a conversa.

Os jantares da família eram informais, embora a imperatriz viesse à mesa invariavelmente de vestido de noite e coberta de joias. Depois, Alexandra ia ao quarto das crianças ouvir o czarevich dizer suas orações. Depois do jantar, Nicolau costumava sentar-se na sala de estar da família e ler em voz alta enquanto sua esposa e filhas costuravam ou bordavam. Suas preferências, segundo Ana Vyrubova, que passava muitos desses aconchegantes serões com a família imperial, eram Tolstoi, Turgenev e seu predileto, Gogol. Por outro lado, para agradar as damas, podia ser um romance inglês da moda. Nicolau lia igualmente bem em russo, inglês, francês, e se saía bem em alemão e dinamarquês. Sua voz, dizia Ana, era "agradável e [ele tinha] uma enunciação notavelmente clara". Os livros eram fornecidos por seu bibliotecário particular, cuja tarefa era trazer mensalmente vinte dos melhores de todos os países. A coleção era colocada numa mesa e Nicolau arrumava os livros na ordem de sua preferência. Os valetes cuidavam para que ninguém os tirasse da ordem até o fim do mês.

Às vezes, em vez de ler, a família passava o tempo colando fotos tiradas pelos fotógrafos da corte em álbuns encadernados em couro verde, com o monograma imperial em ouro. Nicolau gostava de supervisionar a colagem das fotos, exigindo que o trabalho fosse feito com laborioso capricho. "Ele não suportava ver a menor gota de cola sobre a mesa", escreveu Vyrubova.

O fim desses dias aprazíveis e monótonos chegava às onze horas, quando era servido o chá da noite. Antes de se retirar, Nicolau escrevia em seu diário e mergulhava numa grande banheira revestida de ladrilhos brancos. Já na cama, costumava dormir imediatamente. As exceções eram as ocasiões em que sua esposa o mantinha acordado porque ainda estava lendo e mastigando biscoitos ingleses do outro lado da cama.

❖ II ❖
"OTMA" E ALEXEI

DIRETAMENTE EM CIMA DO *BOUDOIR* MALVA da imperatriz ficavam os aposentos das crianças. De manhã, recostada no divã, Alexandra podia ouvir os passos das meninas e o som do piano lá em cima. Uma escada e um elevador privativos levavam a seus quartos.

Nesses amplos aposentos, as quatro grã-duquesas eram criadas com simplicidade, de modo condizente com o espartano Alexandre III. Dormiam em camas duras, sem travesseiro, e tomavam banho frio todas as manhãs. As babás, uma russa e uma inglesa, eram severas, mas não sem suas próprias fraquezas. A russa contratada para cuidar da pequena Olga era dada a beber. Depois foi flagrada na cama com um cossaco e demitida no mesmo instante. A babá inglesa de Maria, Miss Eager, era fascinada por política e falava incessantemente sobre o caso Dreyfus. "Certa vez ela até esqueceu Maria no banho enquanto discutia com uma amiga", escreveu o czar a sua irmã, a grã-duquesa Olga Alexandrovna. "Maria saiu da banheira e ficou correndo nua, pingando água pelos corredores do palácio. Felizmente cheguei nesse exato momento e a carreguei de volta para Miss Eager, que ainda falava sobre Dreyfus."

A passagem do tempo e a brevidade de sua vida obscureceram as qualidades das quatro filhas do último czar. Apenas Anastácia, a menor, aparece nitidamente, não pelo que era quando criança, mas por causa das extraordinárias alegações, muitas vezes fascinantes, feitas em seu nome, nos anos posteriores ao massacre em Ekaterinburg. No entanto, as quatro meninas eram muito diferentes e, quando ficaram mocinhas, essas diferenças se tornaram ainda mais evidentes.

Olga, a mais velha, era muito parecida com o pai. Tímida e recatada, tinha longos cabelos castanho-claros, olhos azuis e o rosto largo, típico russo. Impressionava a todos por sua gentileza, inocência e profundidade de sentimentos. Olga era inteligente, com facilidade em captar ideias. Em conversas com pessoas que ela conhecia bem, falava rapidamente, com franqueza e perspicácia. Lia muito, tanto ficção quanto poesia, e frequentemente pegava livros na mesa da mãe antes que a imperatriz os tivesse lido. "Espere, mamãe, até eu saber se este livro é apropriado para você", gracejava quando Alexandra a via lendo um livro que faltava em sua mesa.

Ao ler *Les Misérables*, com a orientação de seu tutor suíço, Pierre Gilliard, ela quase levou o tutor a uma calamidade. Gilliard lhe dissera que sublinhasse todas as palavras que não conhecia. Chegando à palavra dita em Waterloo ao exigir-se a rendição do comandante da guarda de Napoleão, Olga conscienciosamente sublinhou *Merde!*. À noite, no jantar, não tendo encontrado Gilliard, ela perguntou ao pai o que significava. No dia seguinte, caminhando pelo parque, Nicolau disse ao tutor: "Está ensinando um curioso vocabulário a minha filha, monsieur." Gilliard foi tomado de confusão e vergonha. "Não se preocupe", acrescentou Nicolau, abrindo um sorriso, "entendo perfeitamente o que aconteceu."

Se Olga era mais chegada ao pai, Tatiana, dezoito meses mais nova, era mais ligada a Alexandra. Em público e em particular, ela era infatigável em cobrir a mãe de atenções. A mais alta, esguia e elegante das irmãs, Tatiana tinha uma rica cabeleira ruiva e profundos olhos cinzentos. Era organizada, enérgica, determinada e tinha opiniões fortes. "Via-se que era filha de um imperador", comentou um oficial da Guarda Imperial. Em público, a grã-duquesa Tatiana ofuscava a irmã mais velha. Sua técnica ao piano era melhor do que a de Olga, embora ela praticasse menos e desse menos importância. Com sua bela aparência e segurança, ela era muito mais ansiosa do que Olga para frequentar a sociedade. Entre as cinco crianças, era Tatiana quem tomava as decisões. As irmãs mais novas e o irmão a chamavam de "A Governanta". Se precisavam de alguma permissão, todos concordavam que "Tatiana deve pedir ao papai". Surpreendentemente, Olga não se importava de receber ordens de Tatiana; na verdade, as duas eram muito amigas.

Maria, a terceira filha, era a mais bonita das quatro. Tinha bochechas coradas, fartos cabelos castanho-claros e olhos azul-escuros tão grandes que eram conhecidos na família como os "pires de Maria". Quando pequena, era gordinha e emanava saúde. Na adolescência, era alegre e gostava de flertar. Apreciava pintar, mas era alegre e preguiçosa demais para se dedicar seriamente. O que Maria – que todos chamavam de Maskha – mais gostava era de falar sobre casamento e filhos. Mais de um observador comentou que, se não fosse uma das filhas do czar, essa menina forte e calorosa teria sido uma excelente esposa.

Anastácia, a mais nova, destinada a ser a mais famosa das filhas do czar Nicolau II, era baixinha, rechonchuda, famosa por ser a palhaça da família. Quando ouvia as salvas dos canhões no iate imperial ao pôr do sol, ela corria para um canto, enfiava os dedos nos ouvidos, rolava os olhos e punha a língua para fora, numa careta de fingido terror. Esperta e vivaz, Anastácia tinha ainda traços de teimosia, malícia e impertinência. O mesmo talento de ouvido e fala que a fazia a mais rápida em pegar a pronúncia perfeita em línguas estrangeiras também a equipava com um admirável dom de mímica. Comicamente, e às vezes de forma contundente, a menina arremedava com exatidão o modo de falar e os maneirismos das pessoas à sua volta.

Anastácia, a *enfant terrible*, era também moleca. Subia a uma altura estontenaante nas árvores e se recusava a descer até receber uma ordem específica do pai. Raramente chorava. Sua tia e madrinha, a grã-duquesa Olga Alexandrovna, se lembrava de uma ocasião em que Anastácia lhe fazia provocações tão malcriadas que ela lhe deu um tapa. O rosto da menina ficou vermelho, mas, em vez de chorar, ela correu para fora da sala sem emitir um som. Às vezes, as travessuras de Anastácia fugiam ao controle. Uma vez, numa guerra de bolas de neve, ela enfiou uma pedra dentro da bola e atirou em Tatiana. O míssil atingiu Tatiana no rosto e a jogou, atônita, no chão. Assustada de fato, finalmente Anastácia não resistiu e chorou.

Como filhas do czar, reclusas em Tsarskoe Selo sem um círculo normal de amigos e conhecidos, as quatro jovens grã-duquesas eram mais unidas do que muitas irmãs. Olga era apenas seis anos mais velha do que Anastácia. Na adolescência, as quatro proclamaram sua união adotando uma assinatura única, OTMA, composta pela inicial de cada uma. Como OTMA, elas assinavam cartas e davam presentes em conjunto. Emprestavam umas às outras vestidos e joias. Numa ocasião, a baronesa Buxhoeveden, uma das damas de honra da imperatriz, se vestia para um baile, mas as meninas acharam que suas joias não eram apropriadas. Tatiana correu a pegar um broche seu, de rubis. Quando a baronesa recusou, Tatiana ficou muito surpresa. "Sempre emprestamos umas às outras quando achamos que as joias não combinam com o vestido", ela disse.

A hierarquia pouco significava para as meninas. Trabalhavam junto com as empregadas, arrumando as próprias camas e o quarto. Muitas vezes iam aos aposentos das empregadas brincar com os filhos delas. Quando davam instruções, nunca era em tom de comando. A grã-duquesa dizia: "Se não for incômodo, minha mãe pede que você vá lá." Em casa, eram chamadas simplesmente à moda russa, pelo nome e o patronímico: Olga Nicolaievna, Tatiana Nicolaievna. Quando se dirigiam a elas em público, chamando-as pelo título, ficavam encabuladas. Certa vez, Tatiana era presidente honorária de um comitê e, numa reunião, a baronesa Buxhoeveden começou dizendo: "Por obséquio, Sua Alteza Imperial..." Tatiana arregalou os olhos e, quando a baronesa se sentou, ela lhe deu um chute violento por baixo da mesa, cochichando: "Você está louca de falar comigo assim?"

Separadas das outras crianças, conhecendo pouco do mundo lá fora, elas tinham um agudo interesse nas pessoas e atividades da casa. Sabiam os nomes dos cossacos da escolta do czar e dos marinheiros do iate imperial. Falavam livremente com eles, sabiam os nomes de suas esposas e filhos. Viam as fotos, ouviam quando eles liam as cartas de suas famílias e lhes davam presentinhos. Quando crianças, tinham uma mesada equivalente a apenas 9 dólares para gastar em bloquinhos e perfumes. Dar um presente significava sacrificar algo que gostariam de comprar.

Em sua tia grã-duquesa Olga Alexandrovna, as meninas tinham uma amiga íntima e benfeitora. Todos os sábados, ela vinha de São Petersburgo passar o dia com as sobrinhas em Tsarskoe Selo. Certa de que as meninas precisavam sair do palácio, ela persuadiu a imperatriz a deixar que as levasse à cidade. Assim, todos os domingos de manhã, tia e quatro empolgadas sobrinhas tomavam o trem para a capital. A primeira parada era para um almoço formal com a imperatriz viúva no Palácio Anitchkov. Depois iam tomar chá, jogar ou dançar na casa da tia Olga Alexandrovna. Sempre havia outros jovens presentes. "As meninas aproveitavam cada momento", escreveu a grã-duquesa cerca de 50 anos depois. "Especialmente minha querida afilhada (Anastácia). Ora, ainda posso ouvir sua gargalhada ecoando no salão. Danças, música, jogos – ela se atirava em tudo de corpo e alma." O dia terminava quando uma dama de honra da imperatriz chegava para levar as meninas de volta a Tsarskoe Selo.

No palácio, as duas mais velhas dormiam no mesmo quarto, e eram conhecidas como "O Par das Grandes". Maria e Anastácia dormiam em outro quarto, e eram chamadas de "O Par das Pequenas". Quando eram pequenas, a imperatriz as vestia em pares, vestidos iguais para as duas grandes e vestidos iguais para as duas pequenas. À medida que cresciam, as irmãs iam fazendo modificações no ambiente decorado pelos pais. As camas duras permaneciam, mas ícones, quadros e fotos ocupavam os espaços vagos nas paredes. Foram instalados sofás com almofadas brancas e verdes, e penteadeiras cheias de babados. Um aposento grande, dividido por uma cortina, servia de quarto de banho e de vestir para as quatro. Metade do aposento era cheia de guarda-roupas, e atrás da cortina havia uma banheira de prata maciça. Na puberdade, as meninas pararam de tomar banho frio de manhã, passando a tomar banho à noite, com água quente e perfumada. As quatro usavam perfumes Coty. Olga preferia *Rose Thé*, Tatiana gostava mais de *Jasmín de Corse*, Anastácia era fiel ao *Violette*, e Maria, que experimentava vários, acabava sempre voltando ao *Lílas*.

Quando Olga e Tatiana já eram crescidas, desempenhavam um papel mais sério em funções públicas. Embora no âmbito privado ainda se referissem aos pais como mamãe e papai, em público diziam a imperatriz e o imperador. Cada uma delas era coronel em chefe de um regimento de elite. Vestidas em uniformes de saias amplas e botas, elas compareciam a revistas militares montadas de lado na sela, cavalgando atrás do czar. Conduzidas pelo pai, começaram a frequentar teatros e concertos. Acompanhadas de perto, tinham permissão para jogar tênis, cavalgar e dançar com jovens oficiais elegíveis. Aos 20 anos, Olga pôde usar parte de sua grande fortuna e atendia a pedidos de caridade. Durante um passeio de carruagem, Olga viu uma criança de muletas, fez indagações e descobriu que os pais eram pobres demais para pagar um tratamento. Discretamente, ela passou a separar uma quantia mensal para pagar as contas do tratamento.

Nicolau e Alexandra planejavam o *début* oficial das duas filhas mais velhas para 1914, quando Olga tivesse 19 anos, e Tatiana, 17. Mas a guerra interveio e os planos foram cancelados. As meninas continuaram reclusas com a família em Tsarskoe Selo. Em 1917, as quatro filhas de Nicolau II tinham desabrochado em jovens cujos talentos e personalidades, por decreto do destino, jamais seriam descobertos e revelados.

"Alexei era o centro dessa família unida, o foco de todas as esperanças e afeições", escreveu Pierre Gilliard. "Suas irmãs o idolatravam. Ele era o orgulho e a alegria dos pais. Quando ele estava bem, o palácio se transformava. Tudo e todos pareciam banhados por raios de sol."

O czarevich era um menino bonito, de olhos azuis e cachos dourados, mais tarde ruivos e lisos. Desde bebê ele era feliz e animado, e os pais não perdiam oportunidade de exibi-lo. Quando ele tinha poucos meses, o czar encontrou A. A. Mosolov, diretor da Chancelaria da Corte, ao lado do berçário.

— Acho que você ainda não conhece meu pequeno czarevich — comentou Nicolau. — Venha, vou lhe mostrar.

Ao entrarem, lembra Mosolov, o bebê estava tomando banho. Batia animadamente os pezinhos na água... O czar tirou o bebê das toalhas, colocou os pezinhos dele na palma da mão, segurando-o ereto com o outro braço. Ali estava, nu, rechonchudo, rosado — um lindo menino!

— Não é uma beleza? — indagou o czar, radiante.

No dia seguinte, Nicolau disse orgulhosamente à imperatriz:

— Ontem o czarevich desfilou para Mosolov.

Na primavera seguinte ao seu nascimento, a imperatriz levava Alexei para passear de carruagem e se deliciava vendo as pessoas ao longo dos caminhos sorrindo e se curvando diante do pequenino herdeiro. Ele ainda não tinha um ano quando o czar o levou para passar em revista o Regimento Preobrajensky. Os soldados bradaram um vigoroso "Hurra!", a que Alexei respondeu com uma gargalhada.

Mas desde o começo a hemofilia se abateu como uma nuvem escura sobre essa criança radiosa. O primeiro sinal de agouro apareceu com seis semanas, no sangramento do umbigo. Quando ele começou a engatinhar e a andar, os sinais se acentuaram. Os tombos deixavam edemas em tons azulados em suas pernas e braços. Aos 3 anos e meio, uma batida no rosto inchou tanto que fechou seus olhos. De Londres, a imperatriz Maria escreveu: "[Soube] que o pequenino Alexei bateu com a testa e seu rosto está tão inchado que seus olhos estão fechados. Pobrezinho, é terrível, posso imaginar como vocês estão aflitos. Mas onde foi que ele bateu? Espero que tudo já esteja bem e que seu rostinho encantador não tenha sofrido." Três semanas mais tarde, Nicolau foi capaz de responder: "Graças a Deus a inchação e a contusão não deixaram marcas. Ele está bem e tão animado quanto as meninas. Trabalho constantemente com eles no jardim."

Em termos médicos, hemofilia significava que o sangue do czarevich não coagulava normalmente. Qualquer pancada, qualquer contusão que rompesse um minúsculo vaso sanguíneo sob a pele poderiam iniciar uma lenta infiltração de sangue em torno de um músculo ou tecido. Em vez de coagular, como ocorre numa pessoa normal, o sangue continuava a fluir ininterruptamente, durante horas, formando um hematoma maior do que uma laranja. Aos poucos, quando a pele já estava dura e esticada como um balão, a pressão fazia diminuir a hemorragia e se formava a coagulação. Ocorria, então, um processo gradual de reabsorção, com a pele passando de roxo brilhante a uma mancha amarelo-esverdeada.

Um simples arranhão no dedo do czarevich não era perigoso. Pequenos cortes e arranhões externos, em qualquer parte superficial do corpo, eram pressionados e fortemente enfaixados, o que apertava o sangue, permitindo que o tecido se recompusesse. As exceções, é claro, eram hemorragias no interior da boca ou do nariz, áreas que não podiam ser enfaixadas. Certa vez, embora não sentisse dor, o czarevich quase morreu de um sangramento no nariz.

A pior dor e o efeito deformante permanente da hemofilia de Alexei eram produzidos por sangramentos nas juntas. Penetrando pelos espaços confinados de um tornozelo, joelho ou cotovelo, o sangue pressionava os nervos, provocando uma dor terrível. Às vezes, a causa do machucado era aparente, outras vezes, não. O fato é que Alexei acordava pela manhã se queixando: "Mamãe, não estou conseguindo andar", ou "Mamãe, não consigo dobrar o braço". A princípio, enquanto os membros flexionavam, deixando o maior espaço possível nas juntas para receber o fluxo, a dor era pequena. Mas à medida que os espaços se enchiam, a dor aumentava. Havia morfina, mas por seu destrutivo efeito de dependência o czarevich nunca tomou esse medicamento. Seu único alívio da dor era o desmaio.

Uma vez nas juntas, o sangue tinha um efeito corrosivo, destruindo o osso, a cartilagem e o tecido. A formação dos ossos se modificava e os membros ficavam trancados numa posição rígida, dobrados. A melhor terapia para esse estado eram exercícios e massagens constantes, mas havia sempre o risco de reiniciar a hemorragia. Como resultado, o tratamento habitual de Alexei se baseava num catálogo de sinistros aparelhos ortopédicos de ferro que, juntamente com muitos banhos de lama quente, tinham por objetivo esticar-lhe os membros. Desnecessário dizer que cada episódio desses significava semanas de cama.*

A combinação de sua alta estirpe com a hemofilia fez com que Alexei crescesse com um grau de cuidados raramente dispensado a uma criança. Quando era muito pequeno, vivia cercado de enfermeiras, dia e noite. Ao completar 5 anos, os médicos sugeriram que ele tivesse dois acompanhantes, guarda-costas homens. Foram escolhidos dois marinheiros da Marinha Imperial, chamados Derevenko e Nagorny, para protegerem o czarevich. Quando Alexei adoecia, eles atuavam como enfermeiros. "Derevenko era tão paciente e criativo que fazia maravilhas para aliviar a dor", escreveu Ana Vyrubova, amiga íntima da imperatriz. "Ainda escuto a voz lamentosa de Alexei pedindo ao grande marinheiro 'Levante meu braço', 'Ponha minha perna para cima', 'Aqueça minhas mãos', e vejo aquele homem de olhar calmo, trabalhando horas a fio para dar conforto aos membros do menino torturado pela dor."

A hemofilia é uma doença inconstante, e Alexei passava semanas, às vezes meses, tão bem quanto qualquer criança. Era por natureza buliçoso, vivaz e travesso como Anastácia. Quando ainda mal andava, seguia pelo corredor e entrava na sala de aula das irmãs, interrompendo a lição,

---

* Hoje, ao primeiro sinal de um sangramento grave, os hemofílicos recebem transfusões de plasma ou concentrados. Existem medicamentos que não criam dependência. Quando necessário, as juntas são protegidas com braçadeiras de plástico ou de metal leve. Muitos desses avanços no tratamento são bastante recentes. O uso de plasma, por exemplo, foi um achado médico resultante da Primeira Guerra Mundial, e o design de braçadeiras de metal leve é consequência de novas ligas de metal e plástico. A hemofilia, hoje, ainda é uma doença grave, porém tratável, e muitos hemofílicos sobrevivem aos anos de uma infância difícil para levar uma vida adulta relativamente normal.

só para ser carregado para fora, sacudindo os bracinhos. Aos 3 ou 4 anos, chegava à mesa de jantar e ia de cadeira em cadeira, cumprimentando e conversando com os convidados. Certa vez, entrou debaixo da mesa, tirou o sapato de uma dama de honra e foi mostrar orgulhosamente o troféu ao pai. Nicolau ordenou-lhe severamente que o colocasse de volta e o czarevich desapareceu debaixo da mesa. Subitamente, a dama deu um grito. Antes de calçar de volta o sapato, ele enfiou um enorme morango maduro em seu dedão. Passou semanas proibido de ir à mesa de jantar.

"Ele gozava totalmente a vida — quando a vida permitia — e era um menino feliz, estouvado", escreveu Gilliard. "Tinha gostos muito simples e não se gabava do fato de ser o herdeiro; era a última coisa em que pensava." Como muitos garotos, seus bolsos viviam cheios de barbantes, pregos e pedrinhas. Na família, ele obedecia às irmãs e usava as camisolas que já estavam pequenas para elas. Todavia, fora da família, Alexei entendia que era mais importante do que suas irmãs. Em público, era ele quem se sentava ou se postava ao lado do pai. Ele era aclamado com brados de "O Herdeiro!" e em torno de quem as pessoas se aglomeravam e tentavam tocar. Quando um comitê de camponeses veio lhe trazer um presente e todos se ajoelharam diante dele, Gilliard lhe perguntou por que os recebera daquele modo, e Alexei respondeu: "Não sei, Derevenko diz que é assim." Ao lhe informarem que um grupo de oficiais de seu regimento chegara para visitá-lo, ele interrompeu uma algazarra com as irmãs. "Vão embora, meninas", disse o garoto de 6 anos. "Estou ocupado. Vieram me visitar a trabalho."

Às vezes, acostumado à deferência com que o tratavam, Alexei era rude. Aos 6 anos, ele entrou na antessala do pai e encontrou o ministro das Relações Exteriores, Alexandre Izvolsky, à espera do czar. Izvolsky permaneceu sentado. Alexei se aproximou do ministro e disse em voz alta: "Quando o herdeiro do trono russo entra, as pessoas se levantam." Na maioria das vezes, era amável. A uma dama de honra da mãe que lhe fizera um favor, o czarevich estendeu a mão, numa exata imitação do pai, dizendo com um sorriso: "Foi muita gentileza sua." À medida que crescia, ia se tornando mais sensível às sutilezas e à etiqueta de sua posição. Aos 9 anos, mandou uma coleção de versinhos para Gleb Botkin, filho do médico, que desenhava muito bem, junto com um bilhete. "Para ilustrar e escrever os versos sob os desenhos. Alexei." Mas, antes de entregar o bilhete para o dr. Botkin levar a Gleb, Alexei riscou abruptamente sua assinatura. "Se eu mandar o papel assinado, será uma ordem e Gleb terá que obedecer", explicou o czarevich. "Mas é apenas um pedido, e ele não tem que fazer, se não quiser."

Quando Alexei estava mais crescido, os pais lhe explicaram cuidadosamente que ele precisava evitar tombos e pancadas. Mas sendo um menino ativo, Alexei era atraído exatamente pelo que envolvia maior perigo. "Posso ter uma bicicleta?", implorava à mãe. "Alexei, você sabe que não pode." "Por favor, posso jogar tênis?" "Querido, você sabe que não." E não contendo as lágrimas, Alexei lamentava: "Por que os outros meninos podem ter tudo e eu não posso ter nada?" Às vezes, ele simplesmente ignorava as restrições e fazia o que bem entendia. Esse comportamento de risco, tão comum entre garotos hemofílicos que chegou a ser clinicamente rotulado como "reação temerária", era composto de vários sinais: rebelião constante contra superproteção, necessidade inconsciente de se mostrar invulnerável ao perigo e, o mais importante, o simples desejo de ser e brincar como uma criança normal.

Certa vez, aos 7 anos, ele apareceu em meio a uma revista da guarda do palácio, pedalando a bicicleta que pedira emprestada em segredo. Assustado, o czar interrompeu a parada imediatamente e ordenou a todos os homens que perseguissem, cercassem e capturassem o instável veículo e o jubiloso ciclista principiante. Numa festa infantil com apresentação de filmes, Alexei chamou as crianças para correrem em cima das mesas e foi pulando loucamente de mesa em mesa. Derevenko e outros tentaram acalmá-lo, mas ele gritou alegremente "Todos os adultos para fora!", tentando empurrá-los para a porta.

Enchendo-o de presentes caros, os pais tentavam fazê-lo esquecer as brincadeiras proibidas. Seu quarto era cheio de brinquedos sofisticados. Havia "grandes estradas de ferro com bonecos de passageiros nos vagões, barreiras, estações, edifícios, cabines de sinalização, locomotivas rápidas, um maravilhoso aparato de sinais, batalhões inteiros de soldadinhos de metal, miniaturas de cidades, com domos e torres de igrejas, navios flutuantes, fábricas perfeitamente equipadas com bonecos operários, minas exatamente iguais às verdadeiras, com mineiros descendo e subindo. Todos os brinquedos eram operados mecanicamente, e o pequeno príncipe só precisava apertar um botão para pôr os operários em movimento, manobrar os navios de guerra no tanque de água, fazer tocar os sinos das igrejas e pôr os soldados em marcha".

Assim como seu pai, Alexei era fascinado pelo fausto militar. Ao nascer, já portava o título de *Hetman* de todos os cossacos e, além de soldadinhos, fortes e canhões de brinquedo, ele tinha um verdadeiro uniforme cossaco, com gorro de pele, botas e sabre. No verão, ele usava um uniforme de marinheiro da marinha russa. Quando pequeno, dizia que queria ser como os antigos czares, cavalgando um corcel branco à frente das tropas para a batalha. Depois, à medida que passava cada vez mais tempo na cama, entendeu que jamais seria um czar daqueles.

Alexei tinha bom ouvido para música. Diferentemente de suas irmãs, que tocavam piano, ele preferia a balalaica e aprendeu a tocar bem. Amava a natureza e tinha vários bichos de estimação. Seu preferido era um spaniel sedoso chamado Joy, cujas orelhas compridas se arrastavam pelo chão. O czar adquiriu um burro de circo, chamado Vanka, que tinha um repertório de truques. Vanka procurava açúcar no bolso de Alexei e sabia tirar o torrão com o nariz. No inverno, era atrelado a um trenó e levava o czarevich a passeio no parque.

Certa vez, Alexei ganhou o mais raro de todos os bichos, uma marta domesticada. Apanhado por um velho caçador nos confins da Sibéria, o animalzinho foi domesticado por ele e a esposa, que decidiram levá-lo de presente para o czar. O casal gastou até o último copeque para chegar ao palácio. Depois de investigados por meio de telegrama passado para sua cidade natal, a fim de verificar se não eram revolucionários, foram anunciados à imperatriz. Uma hora depois, veio a ordem para o velho e sua esposa entrarem com a marta "o mais rápido possível. As crianças estão ardendo de impaciência". Mais tarde, o caçador contou a um oficial do palácio o que aconteceu:

– Pai czar entrou. Ajoelhamos a seus pés. A marta olhou para ele como se entendesse que era o próprio czar. Entramos no quarto das crianças. O czar me disse para soltar a marta e as crianças começaram a brincar com ela. Então, o czar falou para nos sentarmos nas cadeiras. Ele me fez perguntas. O que me fez pensar em vir vê-lo... Como são as coisas na Sibéria, como vão as caçadas... [Enquanto isso, a marta corria pelo quarto, perseguida pelas crianças, deixando um rastro de destruição.] Pai czar perguntou o que precisavam fazer com a marta. Eu falei, e ele me disse para mandá-la para a Vila dos Caçadores, em Gatchina. Mas eu respondi:

– Pai czar, não pode ser. Os caçadores vão querer vender a pele da minha marta. Eles vão matar o animal e dizer que sofreu um acidente...

O czar retrucou:

— Eu teria escolhido um caçador de confiança. Mas talvez você tenha razão, afinal. Leve-a de volta para a Sibéria. Cuide dela enquanto ela viver. É uma ordem que você está recebendo de mim... Mas não se esqueça de cuidar bem da marta; ela agora é minha. Vá com Deus!

O caçador ganhou um relógio incrustado com a águia imperial, e sua mulher ganhou um broche. Receberam um generoso pagamento pela marta e dinheiro para voltar para casa. Mas as crianças ficaram inconsoláveis. "Não adianta", disseram, "papai já decidiu."

Os bichos eram apenas um substituto do que Alexei realmente desejava: garotos de sua idade para brincar. Devido à hemofilia, a imperatriz não queria que ele brincasse com frequência com os primos Romanov, que vinham poucas vezes ao palácio com os pais. Ela os considerava brutos e rudes, e temia que derrubassem Alexei nas brincadeiras. Seus companheiros mais constantes eram os dois filhos de Derevenko, o marinheiro, que brincavam com Alexei sob o olhar do pai. Se a brincadeira ficava violenta, Derevenko dava um basta e os três paravam imediatamente. Mais tarde, três jovens cadetes da academia militar foram escolhidos a dedo e, depois de receberem instruções sobre o perigo envolvido, foram trazidos ao palácio para brincar com o czarevich.

Mais frequentemente, Alexei brincava com as irmãs ou sozinho. "Felizmente", escreveu Gilliard, "as irmãs gostam de brincar com ele. Elas trazem à sua vida um elemento de alegria que, não fosse por isso, seria uma falta lamentável." Às vezes, sozinho, ele permanecia simplesmente deitado de costas, olhando para o céu azul. Quando tinha 10 anos, sua irmã Olga perguntou o que ele fazia, tão quieto. "Gosto de pensar e imaginar", respondeu Alexei. "Sobre o quê?", Olga insistiu. "Ah, tantas coisas, eu aproveito o sol e a beleza do verão tanto quanto posso. Quem sabe se um dia não vou ser impedido de fazer isso?"

Mais do que qualquer pessoa da família, Pierre Gilliard entendia a natureza da hemofilia e o que significava para o czarevich e sua família. Esse entendimento se desenvolveu gradualmente. Ele viera da Suíça para a Rússia em 1904, aos 26 anos. Em 1906, tornou-se professor de francês das meninas. Durante seis anos, ele foi ao palácio todos os dias, sem conhecer realmente o czarevich. Via o bebê no colo da mãe, mais tarde correndo de vez em quando por um corredor ou andando de trenó na neve, e só. Desconhecia totalmente a doença de Alexei.

"Às vezes, suas visitas [à sala de aula das meninas] cessavam de repente e ele não era visto durante um longo tempo", escreveu Gilliard. "Cada vez que ele desaparecia, o palácio era afetado pela maior depressão. O ânimo de minhas alunas era melancólico, o que elas tentavam esconder em vão. Quando eu lhes perguntava a causa, respondiam evasivamente 'Alexei Nicolaievich não está bem'. Eu sabia que ele era vítima de uma doença... cuja natureza ninguém me dizia."

Em 1912, a pedido da imperatriz, Gilliard passou a ensinar francês a Alexei. Ele se viu diante de um menino de 8 anos e meio "bem alto para a idade... um rosto finamente cinzelado, feições delicadas, cabelos ruivos com brilho acobreado e grandes olhos azul-acinzentados como os da mãe... Tinha uma inteligência rápida e a mente ágil, penetrante. Ele me surpreendia com perguntas além da sua idade, que davam testemunho de um espírito delicado e intuitivo. Quem, como eu, não era obrigado a lhe ensinar hábitos disciplinares, sucumbia rapidamente ao feitiço de seu charme. Sob os caprichos daquela criaturinha que me apareceu, descobri uma criança de espírito naturalmente afetuoso, sensível aos sofrimentos dos outros porque ele mesmo sofria demais".

O primeiro problema de Gilliard foi estabelecer disciplina. Devido a seu amor e temor pelo filho, a imperatriz não conseguia ser firme com ele. Alexei só obedecia ao czar, que nem sempre estava presente. A doença interrompia as aulas durante semanas de cada vez, sugando sua energia e seu interesse, de modo que, quando ele estava bem, tendia à preguiça. "Nessa época, era uma criança que mal suportava uma correção", escreveu Gilliard. "Ele nunca tivera qualquer disciplina. A seus olhos, eu era a pessoa designada para extrair trabalho dele... Eu tinha a nítida impressão de uma hostilidade muda... Com o passar do tempo, minha autoridade tomou a frente, e quanto mais o menino abria seu coração para mim, mais eu descobria os tesouros de sua natureza e comecei a pensar que, com tantos talentos preciosos, não era justo perder a esperança."

Gilliard também se preocupava com o isolamento de Alexei. Os príncipes vivem, inevitavelmente, fora da rotina dos meninos normais e, no caso de Alexei, esse isolamento era grandemente intensificado por sua condição de hemofílico. Gilliard resolveu fazer alguma coisa a esse respeito. Seu relato do que aconteceu – da decisão de Nicolau e Alexandra aceitarem seu conselho e da angústia que ele e Alexei sofreram quando ocorreu um episódio de sangramento – é o relato mais íntimo e emocionante de uma testemunha ocular da vida real no mundo fechado de Tsarskoe Selo.

"A princípio, fiquei perplexo e decepcionado com a falta de apoio da czarina", escreveu Gilliard... "Dr. Derevenko [por coincidência, o médico do czarevich e seu acompanhante marinheiro tinham o mesmo nome, embora não fossem parentes] me disse que, em vista do perigo constante de uma recaída do menino, e como resultado do fatalismo religioso desenvolvido pela czarina, ela tendia a deixar a decisão por conta do acaso e adiava uma intervenção que infligiria um sofrimento inútil a seu filho, caso ele não sobrevivesse..."

Gilliard discordava do dr. Derevenko. "Eu considerava a perpétua presença do marinheiro Derevenko e seu assistente, Nagorny, prejudicial à criança. O poder externo, intervindo cada vez que um perigo ameaçava, me parecia obstruir o desenvolvimento da força de vontade e a faculdade de observação. O que a criança possivelmente ganhava em segurança, perdia em verdadeira disciplina. Achei que seria melhor lhe dar maior liberdade e acostumá-lo a resistir aos impulsos por sua própria vontade."

"Além disso, acidentes ocorriam continuamente. Era impossível proteger contra tudo e, quanto mais severa a supervisão, mais irritante e humilhante parecia ao menino, e maior o risco de desenvolver sua capacidade de evasão, tornando-o astucioso e sonso. Era o melhor caminho para fazer de uma criança já fisicamente delicada um indivíduo sem caráter, sem autocontrole e sem determinação, até no sentido moral.

"Falei... com o dr. Derevenko, mas ele estava tão obcecado pelo medo de um ataque fatal e tão imbuído da terrível responsabilidade que pesava sobre ele como médico que não consegui que aceitasse meu ponto de vista. Cabia aos pais, e tão somente, tomar uma decisão que poderia ter sérias consequências para o filho. Para meu grande espanto, eles concordaram inteiramente comigo e disseram estar prontos a aceitar os riscos de um experimento no qual não entrei sem uma terrível ansiedade. Sem dúvida, eles sabiam o mal que o sistema em vigor estava fazendo ao que de melhor existia no filho, e se o amavam loucamente... o próprio amor lhes dava forças para correr o risco de um acidente... em vez de ver o filho se tornar um homem sem força de caráter... Alexei Nicolaievich ficou maravilhado com essa decisão. Em seu relacionamento com os companheiros, sofria sempre a incessante supervisão a que era submetido. Prometeu me recompensar pela confiança nele depositada.

"Tudo correu bem a princípio, e eu começava a relaxar a mente quando o acidente que eu tanto temia aconteceu sem aviso. O czarevich estava na sala de aula, em cima de uma cadeira, quando escorregou e caiu com o joelho na quina de um móvel. No dia seguinte, não podia andar. E, no outro dia, a hemorragia subcutânea havia aumentado e o inchaço sob o joelho se alastrou rapidamente pela perna. A pele, muito distendida, enrijeceu com a força do sangue e... causou uma dor que piorava a cada hora.

"Fiquei arrasado. Mas nem o czar nem a czarina me culparam o mínimo que fosse. Pelo contrário, pareciam decididos a impedir que eu me desesperasse... A czarina ficou ao lado do leito do filho desde o início da crise. Ela o velava, cercando-o de terno amor e cuidados, lançando mão de todas as atenções para aliviar seu sofrimento. O czar vinha sempre que estava livre. Ele tentava distrair e confortar o filho, mas a dor era mais forte que as carícias da mãe e as histórias do pai, e os gemidos e as lágrimas recomeçavam. Volta e meia a porta se abria, uma das grã-duquesas entrava na ponta dos pés e beijava o irmãozinho, trazendo ao quarto um sopro de doçura e saúde. Por um momento, o menino abria os grandes olhos, em torno dos quais a moléstia pintara círculos negros, e os fechava quase imediatamente.

"Um dia, de manhã, encontrei a mãe junto ao leito do filho. Ele havia passado uma noite péssima. O dr. Derevenko estava ansioso porque a hemorragia não parava e a temperatura estava subindo. A inflamação tinha se espalhado e a dor era pior do que no dia anterior. O czarevich jazia na cama, gemendo de causar pena. Sua cabeça repousava no braço da mãe e seu rostinho, mortalmente pálido, estava irreconhecível. Às vezes, os gemidos cessavam e ele murmurava uma só palavra, 'mamãe'. A mãe beijava-lhe os cabelos, a testa, os olhos, como se o toque de seus lábios aliviasse a dor e restaurasse um pouco da vida que o abandonava. Imagine a tortura dessa mãe – testemunha impotente do martírio do filho nessas horas de angústia –, sabendo ser a causa desse sofrimento, sabendo que transmitira essa terrível doença, contra a qual a medicina também era impotente. Agora entendo a tragédia secreta da vida da czarina. Como foi fácil reconstruir os estágios daquele longo calvário."

12

A AGONIA DE UMA MÃE

A HEMOFILIA É TÃO VELHA QUANTO O HOMEM. Vem atravessando os séculos nas brumas das lendas, envolta no negro pavor de uma maldição hereditária. No Egito dos faraós, uma mulher era proibida de ter um segundo filho se o primeiro sangrasse até a morte por um pequeno ferimento. O Talmude antigo proibia a circuncisão em famílias em que dois meninos sucessivos tivessem tido hemorragias fatais.

Como nos últimos cem anos apareceu nas casas reinantes da Inglaterra, Rússia e Espanha, foi chamada de "doença real". Foi também chamada de "a doença dos Habsburgo", e isso é incorreto porque nenhum príncipe da dinastia austríaca jamais sofreu de hemofilia. Continua a ser uma das mais misteriosas e malignas de todas as doenças crônicas genéticas. Até hoje, tanto a causa como a cura são desconhecidas.

Em termos médicos, a hemofilia é uma deficiência da coagulação sanguínea herdada, transmitida por mulheres conforme o padrão mendeliano de genes recessivos ligados ao gênero. Assim, as mulheres carregam os genes defectivos, mas não têm a doença. Com raras exceções, a hemofilia só afeta homens. Tanto genética como clinicamente, a hemofilia é caprichosa. Na família em que tenha surgido, nunca se sabe se outro filho será ou não hemofílico. Se for menina, só se saberá ao certo se é portadora da doença quando ela tiver filhos. O segredo está bem guardado na estrutura dos cromossomas.*

---

* No coração do problema da hemofilia estão os genes, que enviam instruções bioquímicas dizendo ao corpo como crescer e se nutrir. Reunidos em aglomerações de curiosas formas de matéria, chamadas cromossomas, eles são provavelmente os mais intrincados pacotes de informação conhecidos. Eles determinam a natureza de cada um dos trilhões de células altamente especializadas que constituem o ser humano. Os cientistas sabem que o gene defectivo que causa a hemofilia aparece em um dos cromossomas do sexo feminino, conhecidos como cromossomas X, mas não isolaram a localização do gene faltante, nem determinaram a natureza da falta. Em termos químicos, muitos médicos acreditam que a hemofilia é causada pela ausência de algum ingrediente, provavelmente uma proteína que provoca a coagulação normal. Mas um importante hematologista, dr. Leandro Tocantins, da Filadélfia, acredita que a hemofilia é causada pela presença de um ingrediente extra, um inibidor que bloqueia o processo de coagulação. Ninguém sabe ao certo.

Há uma remota expectativa de que as pesquisas atuais sobre a estrutura dos cromossomas irão ajudar os hemofílicos. Se vier a ser possível isolar os genes responsáveis, e corrigir ou substituir o gene faltante, a hemofilia poderá ser curada. Mas os pesquisadores têm poucas esperanças de que isso ocorra num futuro próximo. Até agora, a ciência não foi capaz de mudar características genéticas em qualquer forma de vida, exceto nas bactérias.

Se a ciência moderna fez poucos progressos na busca da causa ou da cura da hemofilia, por outro lado conseguiu traçar um amplo mapeamento da incidência da doença. A hemofilia não segue padrões geográficos nem raciais; aparece em todos os continentes, em todas as raças, com uma taxa de um para cada 5 mil homens. Nos Estados Unidos, há 200 mil hemofílicos. Teoricamente, a doença deveria aparecer somente nas famílias americanas com história prévia de hemofilia, mas, hoje, 40% dos casos aparecem em famílias sem histórico verificável. Outra explicação é que o gene defectivo pode permanecer escondido por até sete ou oito gerações. Uma explicação mais provável é que os genes sofrem modificações ou mutações espontâneas. O que causa essas mutações espontâneas, ninguém sabe. Alguns pesquisadores acreditam que são resultado de novos fatores ambientais, e que mudam rapidamente, como medicamentos ou radiação. Seja como for, seu número parece estar crescendo.

O mais famoso caso de mutação espontânea ocorreu na família da rainha Vitória. A pequena mulher indomável que reinou sobre a Inglaterra durante 64 anos e que era a "vovó" da maioria da realeza europeia era, sem saber disso quando se casou, uma portadora da hemofilia. Seu filho mais novo, príncipe Leopold, duque de Albany, era hemofílico. E duas de suas cinco filhas, a princesa Alice e a princesa Beatrice, eram portadoras. Quando as filhas de Alice e Beatrice, netas da rainha Vitória, se casaram nas casas reais da Rússia e da Espanha, seus filhos, os herdeiros das duas coroas, nasceram hemofílicos.

Ao saber que seu próprio filho tinha hemofilia, a rainha Vitória ficou estupefata. Aturdida, ela protestou que "na nossa família não há essa doença" e, de fato, ela não tinha aparecido até então. Uma mutação espontânea ocorrera, ou no material genético da própria Vitória, ou no cromossoma X passado em sua concepção, pelo pai, o duque de Kent. Entretanto, logo depois do nascimento de Leopold, em 1853, a evidência da doença, na forma de edemas e hematomas, era inequívoca. Aos 10 anos, numa festa de casamento na família, Leopold foi encarregado de vigiar seu sobrinho de 4 anos, Guilherme, o futuro kaiser, igualmente teimoso. Quando o sobrinho se comportou mal e Leopold o repreendeu, o alemãozinho deu-lhe uma mordida na perna. Leopold não se feriu, mas a rainha Vitória ficou brava. Leopold cresceu, tornando-se um príncipe alto, inteligente, afetuoso e teimoso. Durante a infância e a adolescência, sua obstinação levava a frequentes hemorragias, e ele ficou permanentemente coxo devido a uma sequela no joelho. Em 1868, o *British Medical Journal* publicou um desses episódios de sangramento: "Sua Alteza Real... que anteriormente estava em plena saúde e atividade, tem sofrido na última semana de grave hemorragia acidental. O príncipe foi reduzido a um estado de extrema e perigosa exaustão pela perda de sangue." Em 1875, quando Leopold tinha 22 anos, o mesmo jornal noticiou: "A peculiar capacidade do príncipe em sofrer graves hemorragias, das quais ele sempre foi vítima... é essencialmente um caso de vigilante atenção médica e da mais cuidadosa enfermagem... Ele está nas mãos daqueles que o tratam desde o berço, armados da especial experiência de sua constituição, bem como do mais amplo comando de recursos profissionais."

A rainha Vitória reagiu da maneira típica dos pais de hemofílicos. Era muito ligada ao filho, preocupada, superprotetora e, como resultado de suas constantes admoestações para que tivesse cuidado, brigava muito com ele. Quando Leopold tinha 15 anos, ela lhe concedeu a Ordem da Liga em idade inferior à de seus irmãos "porque ele era muito mais avançado mentalmente e porque desejei lhe dar estímulo e prazer, pois tinha tantas privações e decepções". Quando Leopold tinha 26 anos, sua mãe escreveu ao primeiro-ministro, Benjamin Disraeli, dizendo que Leopold não poderia representá-la na abertura de uma exposição australiana, como Disraeli pedira. Usando a terceira pessoa majestática, a rainha escreveu: "Ela não pode consentir em mandar seu muito delicado filho, que esteve *quatro ou cinco vezes às portas da morte* [itálicos da rainha], e que *nunca* passa alguns *poucos* meses sem estar acamado, a uma grande *distância*, para um clima que lhe é estranho, e expô-lo a perigos que ele pode não ser capaz de evitar. Mesmo que ele não sofra, a terrível ansiedade a que a rainha se submeterá a deixará inapta para seus deveres e poderá debilitar sua saúde."

Constantemente frustrado pelas tentativas maternas de protegê-lo, Leopold procurava alguma coisa que fazer. Seu irmão mais velho, Bertie, o príncipe de Gales, sugeriu dar-lhe o comando dos Voluntários de Balmoral, uma companhia militar estacionada perto do castelo real na Escócia. Temendo pelo joelho de Leopold, a rainha negou. Depois disso, Leopold recusava-se a ir a Balmoral. Quando a rainha tentou mantê-lo cativo num andar superior do palácio de Buckingham, Leopold fugiu e passou duas semanas em Paris. Aos 29 anos, para surpresa de sua mãe, ele encontrou uma princesa alemã, Helen de Waldeck, que não tinha medo da doença e se mostrou desejosa de se casar com ele. Viveram felizes por dois anos e ela lhe deu uma filha. Helen estava grávida pela segunda vez quando, em Cannes, Leopold caiu, teve uma pancada leve na cabeça e morreu, aos 31 anos, de hemorragia cerebral. Sua mãe lamentou por si mesma e pela família, mas escreveu em seu diário "pelo querido Leopold, não podemos estar descontentes... havia um desejo tão insopitável por tudo o que ele não podia ter... que parecia aumentar mais do que diminuir".

Primeiro dos hemofílicos reais, o príncipe Leopold era tio da imperatriz Alexandra. Sua enfermidade significava que todas as suas cinco irmãs podiam ser portadoras, mas apenas Alice e Beatrice transmitiram o gene mutante para os filhos. Dos oito filhos de Alice, duas meninas – Alix e Irene – eram portadoras. Um filho, irmão de Alix, Frederick, apelidado Frittie, nasceu hemofílico. Aos 2 anos, ele sangrou durante três dias por um corte na orelha. Aos 3 anos, Frittie e seu irmão mais velho, Ernst, entraram correndo, numa manhã, no quarto da mãe, que ainda estava deitada. As janelas, que iam até o chão, estavam abertas. Frittie tropeçou e caiu de uma altura de seis metros, no terraço de pedra. Não quebrou nenhum osso, e a princípio parecia só abalado e com escoriações. Mas houve um sangramento no cérebro e à noite Frittie estava morto.

A imperatriz Alexandra era um bebê de 1 ano quando Frittie morreu, e tinha 12 quando morreu Leopold. Nenhuma dessas tragédias a abalou pessoalmente. Seu primeiro contato significativo com a hemofilia ocorreu quando apareceu em seus dois sobrinhos, filhos de sua irmã Irene com o príncipe Henrique da Prússia. Um deles, o pequeno príncipe Henrique, morreu, aparentemente de hemorragia, com a idade de 4 anos, em 1904, pouco antes do nascimento de Alexei. Sua curta vida foi vivida entre as paredes do palácio e a doença foi escondida, provavelmente para ocultar o fato de que a hemofilia surgira na família imperial germânica. O irmão mais velho, príncipe Waldemar, viveu até os 56 anos e morreu em 1945.

Em circunstâncias normais, o aparecimento da hemofilia em seu tio, seu irmão e seus sobrinhos deveria indicar a Alexandra a possibilidade de também ser portadora. O padrão genético era conhecido havia muito tempo. Foi descoberto em 1803 pelo dr. John Conrad Otto, da Filadélfia, e confirmado em 1820 pelo dr. Christian Nasse, de Bonn. Em 1865, o monge e botânico austríaco Gregor Johann Mendel formulou sua lei da genética, baseada em 25 anos de cruzamento genético de ervilhas-de-cheiro. Em 1876, um médico francês chamado Grandidier declarou que "todos os membros de famílias de hemofílicos deveriam ser advertidos contra o casamento". E em 1905, um ano depois do nascimento de Alexei, o dr. M. Litten, de Nova York, reunira experiência suficiente para escrever que meninos hemofílicos deviam ter supervisão quando brincavam com outras crianças e não deviam ser submetidos a castigo corporal. "Hemofílicos com posses", acrescentou, "devem seguir uma profissão acadêmica; se forem estudantes, duelar é proibido."

Por que então foi um golpe tão brutal para Alexandra saber que seu filho tinha hemofilia? Um motivo, sugerido pelo geneticista inglês dr. J. B. S. Haldane, é que, embora o padrão genético fosse conhecido pelos médicos, esse conhecimento não penetrava nos círculos fechados das cortes: "É previsível", escreveu Haldane, "que Nicolau soubesse que sua noiva tinha irmãos hemofílicos, embora nada seja dito em seu diário ou cartas, mas que, em virtude de sua educação, ele não atribuísse importância ao fato. É possível que eles ou seus conselheiros tivessem consultado médicos. Não sabemos, e sem dúvida jamais saberemos, se... os médicos da corte aconselharam contra o casamento. Se um médico importante fora dos círculos da corte tivesse desejado avisar Nicolau do caráter perigoso de seu casamento vindouro, não acredito que conseguisse, nem diretamente nem por colunas na imprensa. Os reis são zelosamente protegidos contra realidades desagradáveis... A hemofilia do czarevich foi um sintoma do divórcio entre a realeza e a realidade."

Não existem, diz Haldane, evidências de que Nicolau ou Alexandra tenham alguma vez interpretado as leis da genética para determinar as chances de terem um filho hemofílico. Certamente ambos consideravam que o mistério da doença, de quem seria ou não afligido por ela, era uma questão que estava nas mãos de Deus. Essa deve ter sido também a atitude da rainha Vitória, que parecia não entender o padrão de hereditariedade da doença que disseminou tão amplamente. Quando um de seus netos morreu na infância, ela escreveu simplesmente: "Nossa pobre família parece perseguida por essa terrível doença, a pior que conheço."

Se Alexandra estava cercada de parentes hemofílicos antes de se casar, isso também ocorria com a maioria das princesas da Europa. Tão numerosa era a real descendência da rainha Vitória – nove filhos e 34 netos – que o gene defectivo estava largamente espalhado. Depois que se casavam e tinham filhos, a hemofilia era considerada um dos acasos infelizes que o casal real enfrentava, como difteria, pneumonia, varíola e escarlatina. As princesas reais, até as que eram herdeiras de um trono, não dispensavam um bom partido por causa de hemofilia na família. O príncipe Albert Victor, da Inglaterra, que, caso tivesse vivido, teria sido rei em lugar de seu irmão mais novo, George V, foi pretendente à mão da princesa Alix antes de Nicolau. Se tivessem se casado, a hemofilia teria seguido a linha direta da família real britânica. O kaiser Guilherme II estava cercado de hemofilia por todos os lados. Ele e seus seis filhos escaparam, mas um tio e dois sobrinhos foram vítimas. O próprio Guilherme esteve apaixonado por Ella, irmã mais velha da imperatriz Alexandra. Se Ella tivesse se casado com Guilherme, e não com o grão-duque Sérgio (eles não tiveram filhos), o kaiser também poderia ter tido um herdeiro hemofílico.

Naquela época, toda família, inclusive as reais, tinha uma carreira de filhos e esperava perder um ou dois no processo de crescimento. A perda de um filho não era uma experiência banal, mas raramente produzia na vida da família mais do que um impacto temporário. No entanto, no caso de Alexandra, a mera ameaça de morte do filho mais novo a envolvia totalmente, assim como o destino de uma dinastia antiga e a história de uma grande nação. Por quê?

É importante compreender o que o nascimento de Alexei significava para Alexandra. Seu maior desejo depois do casamento era dar à autocracia russa um herdeiro. Em dez anos ela tivera quatro filhas, todas saudáveis, encantadoras e muito amadas, mas ainda não tivera o herdeiro do trono. A coroa russa não passava mais às mulheres na linha de descendência como aconteceu com as filhas de Pedro, o Grande, e com Catarina, a Grande. O czar Paulo, filho de Catarina, odiava a mãe e mudou a lei de sucessão para que somente os homens herdassem o trono. Assim, se Alexandra não tivesse um filho, a sucessão passaria primeiro para o irmão mais novo de Nicolau, Miguel, e depois para a família do tio dele, o grão-duque Vladimir. Cada vez que Alexandra ficava grávida, rezava com fervor para ter um menino. A cada vez, suas preces eram ignoradas. Quando nasceu Anastácia, a quarta filha, Nicolau deixou o palácio e foi caminhar pelo parque para superar a decepção antes de encarar a esposa. Portanto, o nascimento do czarevich significou muito mais para a mãe do que a simples chegada de mais um bebê. Esse bebê era a coroação de seu casamento, o fruto de suas horas de oração, a bênção de Deus recaindo sobre ela, sobre o marido e sobre o povo da Rússia.

Naqueles primeiros meses, todos os que viam a imperatriz com o bebê nos braços ficavam impressionados com sua felicidade. Aos 32 anos, Alexandra era alta, ainda esbelta, com olhos azul-acinzentados e longos cabelos louro-avermelhados. A criança parecia irradiar saúde. "Vi o czarevich no colo da imperatriz", escreveu Ana Vyrubova. "Como ele é lindo, saudável, normal, com seus cabelos dourados, olhos azuis e uma expressão de inteligência tão rara em criança tão pequena." Pierre Gilliard viu o czarevich pela primeira vez quando seu futuro aluno tinha 18 meses. "Vi que ela [Alexandra] estava transfigurada pela alegria delirante de uma mãe que, por fim, teve seu maior desejo realizado. Estava orgulhosa e feliz com a beleza da criança. O czarevich de fato é um dos bebês mais bonitos que se pode imaginar, com lindos cachos louros, olhos azul-acinzentados sob a franja de longos cílios curvos e a cor rosada de uma criança saudável. Quando ele sorriu, mostrou duas covinhas nas bochechas rechonchudas."

Como havia esperado tanto tempo e rezado muito para ter seu filho, a revelação de que Alexei sofria de hemofilia foi um golpe que atingiu Alexandra com força selvagem. Daquele momento em diante, ela viveu no mundo sem sol reservado às mães de hemofílicos. Para qualquer mulher, não há maior requinte de tortura do que ver, impotente, seu filho adorado sofrendo dores extremas. Alexei, como qualquer outra criança, buscava proteção na mãe. Quando tinha hemorragia numa junta e a dor latejante obliterava tudo o mais de sua consciência, ele ainda era capaz de gritar "Mamãe, me ajude, me ajude!". Para Alexandra, sentada a seu lado, incapaz de ajudar, cada grito era uma espada cravada no fundo de seu coração.

Quase pior para a imperatriz do que os episódios de sangramento era a terrível incerteza damocleana da hemofilia. Outras doenças crônicas podem deixar sequelas na criança e torturar a mãe, mas, com o tempo, ambas aprendem a adaptar a vida às exigências médicas. Na hemofilia, porém, não há *status quo*. Num minuto, Alexei podia estar brincando normalmente, feliz e satisfeito. No minuto seguinte, podia tropeçar, cair e dar início a um novo episódio que o deixaria à beira da morte. A qualquer momento, ele poderia ser atingido em qualquer parte do corpo: cabeça, nariz, boca, rins, juntas, músculos.

Assim como a rainha Vitória, a reação natural de Alexandra era superproteger o filho. A família real da Espanha vestia seus meninos hemofílicos com roupas acolchoadas e acolchoava as árvores do parque quando eles saíam para brincar. A solução de Alexandra foi contratar dois marinheiros para pairarem tão perto de Alexei de modo que pudessem segurá-lo antes da queda. No entanto, como Gilliard fez notar à imperatriz, esse tipo de proteção pode coibir o espírito e resultar numa mente dependente, deformada e deficiente. Alexandra aceitou corajosamente, dispensando os dois guardiães, para permitir ao filho cometer seus próprios erros, dar seus próprios passos e, se fosse inevitável, cair e se machucar. Mas foi ela quem aceitou o risco e quem carregou o peso adicional da culpa quando o acidente ocorreu.

Manter o equilíbrio entre prover uma proteção adequada e tentar manter o grau de normalidade é uma tensão cruel para uma mãe. À exceção de quando a criança está dormindo, não há momentos de relaxamento. O dano causado à imperatriz foi semelhante à fadiga de guerra; após um período muito longo em estado constante de alerta, ela ficou emocionalmente esgotada. Isso acontece muito entre soldados em tempos de guerra e, quando acontece, eles são retirados do front para descansar. Mas para a mãe de um hemofílico não há descanso. A luta continua para sempre, e o campo de batalha está em todo lugar.

A hemofilia significa uma grande solidão para a mulher. No começo, quando nasce o menino hemofílico, a reação materna é uma vigorosa decisão de lutar. De algum modo, em algum lugar, deve haver um especialista para dizer que houve um engano, ou que a cura está logo ali, bem à mão. Um a um, os especialistas são consultados. Um a um, balançam tristemente a cabeça. A segurança emocional geralmente proporcionada pelos médicos se vai. A mãe entende que está sozinha.

Tendo descoberto e aceito esse fato, ela passa a preferir ficar de fato sozinha. O mundo normal, levando a vida do dia a dia, parece frio e insensível. Já que o mundo normal não pode ajudar e não entende, é melhor distanciar-se dele. A família se torna seu refúgio. Aqui, onde a tristeza não precisa se esconder, não há perguntas nem pretensões. Esse mundo interno passa a ser a realidade da mãe. Assim foi para a imperatriz Alexandra no pequeno mundo de Tsarskoe Selo. Tentando controlar as ondas de ansiedade e frustração que não cessavam de se abater sobre ela, Alexandra procurou respostas no seio da Igreja. A Igreja Ortodoxa russa é muito emocional, com uma forte crença no poder da cura pela fé e pela oração. Tão logo a imperatriz compreendeu que nenhum médico podia curar seu filho, ela resolveu arrancar de Deus o milagre que a ciência lhe negava. "Deus é justo", ela declarou, e mergulhou numa nova tentativa de ganhar Sua misericórdia por meio do fervor apaixonado de suas preces.

Hora após hora ela rezava, ou na capelinha junto ao quarto, ou na capela do palácio, uma câmara escurecida com tapeçarias de seda. Para maior privacidade, ela montou uma pequena capela na cripta da Fedorovsky Sobor, uma igreja no Parque Imperial usada pelo pessoal da casa e pelos soldados da guarda. Ali, sozinha no chão de pedra, à luz de lâmpadas de óleo, ela implorava pela saúde do filho.

Nos períodos em que Alexei estava bem, ela ousava ter esperança. "Deus me ouviu", ela dizia, chorando. Mesmo com o passar dos anos e uma hemorragia atrás da outra, Alexandra se recusava a crer que Deus a tinha abandonado. Em vez disso, achava que não tinha merecimento para receber o milagre. Sabendo que a doença fora transmitida por seu corpo, passou a se concentrar na própria culpa. Obviamente, dizia a si mesma, se ela fora o instrumento da tortura do filho, não poderia ser o instrumento de sua salvação. Deus rejeitara suas preces. Portanto, ela precisava encontrar alguém que fosse mais próximo de Deus para interceder a seu favor. Quando Gregório Rasputin, um camponês siberiano com fama de poderes miraculosos de cura pela fé, chegou a São Petersburgo, Alexandra achou que Deus finalmente lhe dera uma resposta.

Para muitas mães de hemofílicos, rodeadas por um medo e ignorância corrosivos, a esperança é fraca e a ajuda, incerta. O maior apoio que uma mulher pode ter em seu tormento solitário é o amor e a compreensão do marido. Nesse aspecto, a contribuição de Nicolau foi notável. Não poderia haver homem mais gentil e compassivo com a esposa, ou que passasse mais tempo com seu filho em aflição. Não obstante os julgamentos a respeito desse último czar russo como monarca, a nobreza de seu comportamento como marido e pai tem um brilho à parte.

O outro apoio que a mãe de um hemofílico pode ter é a compreensão dos amigos. Nisso Alexandra estava em grande desvantagem. Ela nunca fez amizades facilmente. Seus amigos de infância haviam ficado na Alemanha. E quando chegou à Rússia, aos 22 anos, foi ocupar o grandioso isolamento do trono. Mesmo antes do nascimento de Alexei, Alexandra já desgostava dos alegres bailes e da vida vazia da sociedade e da corte. Depois do nascimento de Alexei, ela foi totalmente envolvida por seu drama pessoal, e a vida normal de uma mulher de sua posição lhe parecia ainda mais vazia e superficial. O que ela desejava encontrar não eram as atenções e conversas artificiais da maioria das damas da corte, mas a amizade simples, profunda, do coração, que rompe todas as barreiras e é passada de uma alma a outra, compartilhando os mais íntimos medos, sonhos e esperanças.

Numa carta para a princesa Maria Bariatinsky, uma das poucas amigas de seus primeiros anos na Rússia, a imperatriz contou o que buscava nas amizades: "Preciso ter alguém para mim, se quiser ser *eu mesma*. Não fui feita para brilhar em grandes reuniões – não adquiri a conversação fácil e espirituosa que se precisa para isso. Gosto do *ser interior* e isso me atrai com grande força. Como você sabe, sou do tipo pregadora. Quero ajudar os outros na vida, quero ajudá-los a lutar suas batalhas e a carregar suas cruzes."

Essa compulsão a ajudar os outros a lutar suas batalhas e a carregar suas cruzes se originava, em parte, da frustração de Alexandra. Nada é mais desencorajador e debilitante do que estar em confronto permanente com uma situação que não muda e não pode ser mudada, por mais que se tente. Frequentemente, mães de hemofílicos sentem um enorme impulso de se lançar à ajuda de outros que *podem* ser ajudados. Muitos dos problemas desse mundo, ao contrário da hemofilia, encerram uma promessa de esperança. Ao ajudar os outros, Alexandra estava na verdade tentando se manter agarrada a sua fé e sanidade.

Uma das pessoas a quem a imperatriz ajudou foi a princesa Sonia Orbeliani, uma garota da Geórgia que chegou à corte em 1898, aos 23 anos, pequena, loura e muito animada, excelente desportista e ótima musicista. A imperatriz sempre apreciara a inteligência e alegria de Sonia, mas foi somente quando a garota caiu doente, enquanto fazia parte do séquito imperial numa visita a Dramstadt, que os sentimentos de Alexandra afloraram completamente. Assim que Sonia adoeceu, a imperatriz deixou tudo de lado para cuidar dela, a despeito das críticas de seus parentes alemães e de membros da comitiva imperial. A doença era um mal degenerativo da coluna espinhal, que todos sabiam ser incurável. Mas durante nove anos, até a morte de Sonia, Alexandra tornou sua vida digna de ser vivida.

"A imperatriz teve grande influência moral sobre ela", escreveu a baronesa Buxhoeveden, dama de companhia que testemunhou o longo sofrimento. "Foi ela quem levou aquela mulher fadada, que sabia o que a esperava, a alcançar a maravilhosa submissão cristã, com a qual não apenas suportou pacientemente a doença, mas também conseguiu manter o espírito alegre e um forte interesse pela vida. Por nove longos anos, a imperatriz nunca fez sua visita diária às filhas sem ir também ao quarto de Sonia, que ficava ao lado dos aposentos das grã-duquesas. Quando Sonia passou por uma crise aguda... a imperatriz ia vê-la, não somente várias vezes ao dia, mas muitas vezes à noite, quando ela estava muito mal: na verdade, nenhuma mãe poderia ter sido mais amorosa. Carruagens e dispositivos especiais foram feitos para que Sonia pudesse participar da vida em geral como se estivesse bem... Ela seguia a imperatriz a todo lugar."

Sonia Orbeliani morreu em 1915, num hospital em Tsarskoe Selo onde a imperatriz Alexandra cuidava de soldados feridos no campo de batalha. Em vez de vestir as roupas pretas de luto, Alexandra foi diretamente para o serviço fúnebre com seu uniforme de enfermeira. "Eu me sinto mais perto dela assim, mais humana, menos imperatriz", confessou. Mais tarde, à noite, antes que o caixão fosse fechado, Alexandra sentou-se ao lado do corpo da amiga, contemplando a face tranquila, acariciando seus cabelos louros. "Deixem-me aqui", ela disse aos que tentavam fazê-la descansar. "Eu gostaria de ficar um pouco mais com Sonia."

Sonia Orbeliani chegou perto de ser o que Alexandra tanto desejava na corte russa: uma amiga do coração. Mas nem Sonia jamais penetrou totalmente no imenso reservatório de emoções da imperatriz. Afora sua família, a única pessoa com quem Alexandra abriu completamente sua alma foi uma jovem gorducha, de rosto redondo, chamada Ana Vyrubova.

Ana Vyrubova, nascida Ana Taneyeva, era doze anos mais nova do que a imperatriz Alexandra. Vinha de família importante. Seu pai, Alexandre Taneyev, era diretor da Chancelaria Imperial e famoso compositor. Por sua casa passavam ministros do governo, artistas, músicos e damas da sociedade. A própria Ana frequentou aulas de dança exclusivas, onde seu parceiro ocasional era o jovem príncipe Felix Yussoupov, da família mais rica da nobreza russa.

Em 1901, aos 17 anos, Ana Taneyeva adoeceu e a imperatriz lhe fez uma breve visita no hospital. Foi apenas uma das muitas visitas que Alexandra costumava fazer, mas a garota romântica ficou absolutamente encantada com o gesto e desenvolveu uma fervorosa admiração pela imperatriz, então com 29 anos. Quando se recuperou, Ana foi convidada ao palácio, onde Alexandra descobriu que ela cantava e tocava piano, e as duas passaram a tocar e cantar em dueto.

Um romance infeliz estreitou os laços entre as duas. Embora Ana Taneyeva fosse pesada e mole para ser considerada bonita, tinha claros olhos azuis, boca bem-feita e um charme inocente, confiante. "Lembro-me de Vyrubova quando ela veio visitar minha mãe", conta a filha de Botkin, Tatiana. "Era cheia de corpo, tinha bochechas rosadas e estava vestida inteiramente em peles macias. Pareceu-me amável demais, conversando conosco e nos paparicando, e não gostamos muito dela." Em 1907, Ana foi cortejada pelo tenente Boris Vyrubov, um sobrevivente da batalha de Tsushima. Ana estava relutante, mas Alexandra ignorou suas objeções e insistiu para que aceitasse. Ana concordou e o casamento foi realizado, com o czar e a imperatriz como padrinhos. Em poucos meses, o casamento naufragou. Vyrubov, cujo navio havia afundado sob seus pés, tinha os nervos esfrangalhados e não conseguia consumar o matrimônio.

A imperatriz culpou-se pelo infortúnio de Ana. Durante algum tempo, dedicou boa parte de suas horas vagas à jovem amiga romântica e solitária. Naquele verão, Ana foi convidada a acompanhar a família no cruzeiro anual de duas semanas no iate imperial pelos fiordes finlandeses. No deque durante o dia ou à luz das lâmpadas do salão do iate à noite, Ana despejou seu coração. Alexandra respondeu contando sobre sua própria infância, seus sonhos antes de se casar, sua solidão na Rússia, suas esperanças e medos por seu filho. Desses dias a bordo do iate resultou um desses relacionamentos tão íntimos e confidenciais que só existem entre duas mulheres. O vínculo entre as duas se fortaleceu tanto que podiam passar horas juntas em silêncio, confiantes numa afeição não expressa. De parte a parte, as ansiedades se acalmavam, as feridas cicatrizavam e a fé se renovava. Quando terminou o cruzeiro, Alexandra bradou: "Agradeço a Deus por finalmente ter me enviado uma verdadeira amiga." Nicolau, que gostava de Ana, lhe disse, bem-humorado: "Agora você está inscrita para vir sempre conosco."

A partir daquele verão, Ana Vyrubova centralizou sua vida na imperatriz Alexandra. Se, por algum motivo, Alexandra não pudesse vê-la por um dia ou dois, Ana fazia beicinho. Nessas ocasiões, a imperatriz provocava, chamando-a de "nosso bebezão" e "nossa filhinha". Para ficar mais perto, Ana foi transferida para uma casinha dentro do Parque

Imperial, a uns 300 metros do Palácio Alexandre. Era um chalé de verão, sem fundações, e no inverno um frio gelado entrava pelo assoalho. Muitas vezes, Nicolau e Alexandra iam visitá-la depois do jantar.

"Quando Suas Majestades vinham tomar chá à noite", Ana escreveu, "a imperatriz trazia frutas e doces, e o imperador às vezes trazia uma garrafa de cherry brandy. Sentávamos à volta da mesa, com as pernas levantadas para evitar contato com o chão frio. Suas Majestades viam meu jeito primitivo de viver pelo lado humorístico. Sentados diante da lareira acesa, tomávamos chá e comíamos *cracknels* torrados, servidos por minha criada... Lembro-me que certa vez o imperador me disse, rindo, que a única coisa que poderia esquentá-lo de novo era um banho quente."

Quando não estava bancando a anfitriã em seu chalé, Ana ficava no palácio. Vinha depois do jantar, participava das brincadeiras e jogos da família, e da leitura em voz alta. Nas conversas, ela raramente levantava um tema político, ou dava uma opinião pessoal, preferindo concordar com tudo o que o imperador e a imperatriz diziam. Se marido e mulher discordavam, seu papel era tomar muito gentilmente o lado da imperatriz.

Ao contrário de muitos favoritos das realezas, Ana Vyburova nada pedia, exceto atenção e afeto. Não tinha ambição. Nunca aparecia nas cerimônias da corte, nunca pedia favores, títulos ou dinheiro para si mesma ou para seus parentes. Ocasionalmente, Alexandra a fazia aceitar um vestido ou algumas centenas de rublos. Em geral, Ana doava o dinheiro. Durante a guerra, ela gastou a maior parte de sua pequena herança em equipamentos para um dos hospitais militares em Tsarskoe Selo.

Numa corte em que as farpas afiadas das intrigas mesquinhas e da ambição se mostravam sem disfarces, Ana Vyborova era uma afronta para muita gente. Alguns escarneciam de sua aparência e ingenuidade, outros achavam que a imperatriz da Rússia merecia uma companhia com mais presença. Grã-duquesas de sangue imperial que nunca eram convidadas ao palácio se irritavam ao pensar que a balofa Vyrubova passava todos os serões no círculo íntimo da família imperial. Maurice Paléologue, o embaixador francês, ficou chocado com a figura deselegante de Ana. "Nenhum favorito real jamais teve aparência tão despretensiosa", escreveu. "Ela era atarracada, de constituição larga e grosseira, com cabelos grossos e lustrosos, pescoço gordo, um rosto bonito, inocente, com bochechas luzidias, olhos grandes espantosamente claros e brilhantes, e lábios cheios e carnudos. Estava sempre vestida com muita simplicidade e seus adornos baratos tinham uma aparência provinciana."

Pelas mesmas razões que outros desprezavam Ana Vyrubova, a imperatriz a valorizava. Enquanto os outros pensavam apenas em si mesmos, a aparente ausência de egoísmo de Ana a destacava e a fazia parecer ainda mais rara e valiosa. Em hipótese alguma, Alexandra ouvia críticas a sua jovem *protégée*. Quando Ana sentia o desdém de alguém e contava à imperatriz, Alexandra se eriçava contra o antagonista e redobrava suas atenções para com Ana. Quase com beligerância, a imperatriz recusava fazer de Ana uma dama de companhia oficial e permitir que ela se imiscuísse nos deveres e intrigas que vinham junto com o título. "Nunca darei a Ana uma posição oficial", ela disse. "Ela é minha amiga, e quero mantê-la assim. Certamente uma imperatriz tem o direito de mulher para escolher suas amizades."

Mais tarde, durante a guerra, quando a imperatriz assumiu um papel importante no governo da Rússia, a amizade com Ana passou a ter significância política. Como se sabia que ela era a mais íntima confidente da imperatriz, cada gesto, cada uma de suas palavras eram observados e comentados. Correta ou incorretamente, as opiniões, atividades, gostos e erros de Ana eram associados, na mente do público, a Alexandra Feodorovna. Essa associação era especialmente significativa em conexão à inqualificável devoção ao extraordinário milagreiro siberiano, Gregório Rasputin, cuja influência sobre o casal imperial e, consequentemente, sobre a Rússia, atingiria proporções gigantescas. Ana conheceu Rasputin quando ele chegou a São Petersburgo. Ele profetizou o fracasso de seu casamento, e ela ficou convencida de que ele era um homem divinamente abençoado. Certa de que Rasputin poderia aliviar a carga de sua senhora, Ana se tornou sua muito apaixonada defensora. Quando Alexandra e Rasputin se comunicavam, Ana era o elo físico da comunicação. Ela levava mensagens pessoalmente e telefonava todos os dias para Rasputin. Transmitia fielmente suas opiniões e insistia com Alexandra para que as aceitasse. Mas Ana, por si mesma, não era uma fonte de ideias e ação políticas. Todos os que lidavam com ela pessoalmente – ministros, embaixadores e até o secretário de Rasputin – a descreveram nos mesmos termos: "um veículo", "um disco ideal de gramofone", "ela não entendia nada".

Todavia, nos dias tumultuados que culminaram na queda da dinastia, a despretensiosa Ana foi acusada de ter uma importante influência política sobre o czar e sua esposa. Os boatos a ampliaram a um monstro de depravação, que reinava em sinistras orgias no palácio. Foi acusada de conivência com Rasputin para hipnotizar ou drogar o czar, de se deitar com o czar e com Rasputin, tendo preferência pelo último e um domínio lascivo sobre ambos. Ironicamente, tanto a aristocracia quanto os revolucionários repetiam as mesmas histórias, saboreando do mesmo jeito a fofoca, com as mesmas interjeições de raiva. Depois da queda da monarquia, com os boatos girando maldosamente sobre sua cabeça, Ana Vyrubova foi arrastada para a prisão pelo ministro interino da Justiça, Alexandre Kerensky. Mais tarde, levada a julgamento por suas "atividades políticas", Ana se defendeu pateticamente, da única maneira que sabia: pediu um exame médico para provar sua inocência sexual. O exame foi realizado em maio de 1917 e, para total espanto de toda a Rússia, Ana Vyrubova, a notória confidente da imperatriz Alexandra, foi clinicamente declarada virgem.

À medida que um ano precário se seguia a outro, a tensão emocional foi cobrando um terrível preço à saúde de Alexandra. Quando criança, ela sofria do nervo ciático, sentindo uma dor forte nas costas e na perna. Suas gravidezes, quatro nos primeiros seis anos de casamento, foram difíceis. A luta contra a hemofilia do filho deixou-a esgotada física e emocionalmente. Em épocas de crise, Alexandra não se poupava, dia e noite ao lado de Alexei. Mas quando passava o perigo, ela desmoronava, passando semanas derreada na cama ou num sofá, movimentando-se em cadeira de rodas. Em 1908, quando o czarevich tinha 4 anos, ela começou a ter uma série de sintomas, que atribuía a um "coração dilatado". Tinha fôlego curto, e cada exercício era um esforço. Ela era "de fato uma mulher doente", escreveu a grã-duquesa Olga Alexandrovna, irmã do czar. "Sua respiração vinha em ofegos curtos, obviamente dolorosos. Diversas vezes, vi seus lábios ficarem azuis." O dr. Bolkin, que diariamente vinha auscultar seu coração, às nove da manhã e às cinco da tarde, mencionou anos depois a um guarda na Sibéria que a imperatriz havia "herdado a fraqueza dos vasos sanguíneos da família", o que levava a uma "histeria progressiva". Na terminologia médica moderna, a imperatriz Alexandra tinha sintomas de ansiedade psicossomática em função da preocupação com a saúde do filho.

As cartas da própria Alexandra mencionavam sua saúde fraca. Em 1911, ela escreveu a uma ex-tutora, Miss Jackson: "Tenho estado doente quase todo o tempo... As crianças estão crescendo muito depressa... Mando-os às revistas de tropas com o pai e ontem foram a um grande almoço militar... Como não pude ir, eles precisam se acostumar a me substituir, já que raramente posso aparecer em qualquer lugar e, quando vou, pago o preço longamente – músculos do coração muito cansados."

À sua irmã, princesa Vitória de Battenberg, ela escreveu: "Não pense que minha doença me deprime pessoalmente. Não me importo, a não ser por ver sofrerem meus queridos por minha causa e não poder cumprir meus deveres. Mas já que Deus me envia essa cruz, deve ser carregada... Tenho tido tanto que, de bom grado, abro mão de qualquer prazer – significam tão pouco para mim, e minha família é tão ideal que compensa tudo de que não posso participar. O bebê [Alexei] está virando uma companhiazinha para o pai. Remam juntos todos os dias. Todos os cinco almoçam comigo, mesmo quando estou acamada."

A incapacidade de Alexandra em participar da vida pública aborrecia seu marido. "Ela passa a maior parte do dia na cama, não recebe ninguém, não aparece para almoçar e fica no terraço dia após dia", ele escreveu à mãe. "Botkin a convenceu a ir para Nauheim [um spa na Alemanha] no começo do outono para se curar. Para ela, é muito importante melhorar, para seu próprio bem, das crianças e meu. Estou completa e mentalmente abatido de preocupação por sua saúde."

Maria era solidária. "É tão triste e doloroso vê-la [Alexandra] sempre doente e incapaz de tomar parte em qualquer coisa. Você já tem preocupações suficientes na vida sem a provação adicional de ver a pessoa que mais ama no mundo sofrer... a melhor coisa para vocês seria viajar... isso faria a ela um grande bem."

Seguindo o conselho de sua mãe e de Botkin, Nicolau levou a esposa ao spa alemão de Nauheim para tratamento. Nicolau gostou muito dessa viagem. De terno escuro e chapéu-coco, ele caminhava incógnito pelas ruas da cidadezinha alemã. Enquanto isso, Alexandra tomava banhos termais, bebia água mineral e ia às compras com uma atendente empurrando sua cadeira de rodas. Ao fim de várias semanas, ela voltou para a Rússia, repousada, mas não curada. Para a mãe de um hemofílico, assim como para o filho, jamais foi encontrada a cura.

Os russos são um povo compassivo, ardorosos em seu amor pelas crianças e profundamente compreensivos quanto ao sofrimento. Por que não abriram o coração a essa mãe angustiada e a seu filho doente?

A resposta, por incrível que pareça, é que a Rússia não sabia. A maioria das pessoas em Kiev e em São Petersburgo não sabia que o czarevich tinha hemofilia e os poucos que suspeitavam tinham apenas uma vaga noção da natureza da doença. Mesmo em 1916, George T. Marye, o embaixador norte-americano, relatou: "Ouvimos todo o tipo de histórias sobre o que há com ele [Alexei], mas a que parece ter maior autenticidade é a de que ele tem um problema de circulação; o sangue circula muito perto ou muito livremente junto à superfície... da pele." Até mesmo dentro da casa imperial, pessoas como Pierre Gilliard, que viam a família imperial constantemente, ficaram anos sem saber exatamente o que acontecia com Alexei. Quando o czarevich não comparecia a uma função pública, anunciava-se que ele estava resfriado ou que tinha torcido o tornozelo. Ninguém acreditava nessas explicações e o menino tornou-se objeto de boatos incríveis. Diziam que Alexei era mentalmente retardado, epilético, vítima de bombas de anarquistas. O mistério piorava a situação, pois não havia um foco de simpatia ou de compreensão. Assim como fizeram em Khodynka após a coroação, Nicolau e Alexandra tentavam prosseguir em meio ao desastre, fingindo que nada de incomum havia acontecido. O problema era que todo mundo sabia que, por trás da fachada de normalidade, algo terrível estava acontecendo.

O segredo de Alexei era deliberadamente guardado, conforme o desejo do czar e da imperatriz. Na etiqueta da corte havia uma base para isso: tradicionalmente, a saúde de membros da família imperial jamais era mencionada. No caso de Alexei, o segredo era amplamente estendido. Pedia-se a médicos e serviçais diretos que não divulgassem o esmagador infortúnio.* Os pais racionalizavam que Alexei era o herdeiro do trono da maior e mais absoluta autocracia. Qual seria o destino do garoto, da dinastia e da nação, se o povo russo soubesse que seu futuro czar era um inválido, vivendo sob a sombra da morte? Sem saber a resposta, ou temendo descobri-la, Nicolau e Alexandra cercavam o assunto de silêncio.

A revelação da condição de Alexei traria inevitavelmente novas pressões ao czar e à monarquia. Mas erguer um muro de segredo foi

---

* O dr. Botkin guardou bem o segredo e nunca falou sobre a doença, nem com sua família. Em 1921, sua filha Tatiana escreveu um livro sobre a família imperial sem mencionar a natureza da doença do czarevich nem a palavra hemofilia. Isso sugere que, ou ela não sabia, ou que, fiel ao código do pai, ainda se sentia presa ao segredo.

pior, pois deixou a família vulnerável a todo tipo de rumores maldosos. Minou o respeito da nação pela imperatriz e, por meio dela, pelo czar e pelo trono. E como a condição do czarevich nunca foi revelada, os russos nunca entenderam o poder de Rasputin sobre a imperatriz. E nem puderam traçar um perfil verdadeiro de Alexandra. Ignorantes de sua provação, atribuíram erroneamente seu distanciamento a uma rejeição à Rússia e a seu povo. Os anos de preocupação deixaram uma expressão de tristeza gravada permanentemente em seu rosto. Quando ela se dirigia ao povo, sempre parecia preocupada e mergulhada em melancolia. Como dedicava horas às preces, a vida da corte tornou-se mais austera e suas aparições públicas foram reduzidas. Quando se apresentava, era silenciosa, aparentemente altiva e indiferente. Jamais tendo sido uma consorte querida, Alexandra Feodorovna se tornava cada vez menos popular. Durante a guerra, quando a paixão nacional explodiu, todas as queixas que os russos tinham da imperatriz – seu nascimento alemão, sua frieza, sua devoção a Rasputin – se fundiram numa única torrente avassaladora de ódio.

A queda da Rússia imperial foi um drama titânico em que os destinos individuais de milhares de homens tomaram parte. No entanto, mesmo levando em conta o fluxo impessoal de forças históricas – as contribuições de ministros, camponeses e revolucionários –, ainda é essencial entender o caráter e a motivação das figuras centrais. À imperatriz Alexandra Feodorovna, esse entendimento nunca foi concedido. Desde a época em que seu filho nasceu, o foco central de sua vida foi a luta contra a hemofilia.

13

O PROGRESSO REAL

TODOS OS ANOS, QUANDO A PRIMAVERA se insinuava na Rússia, a família imperial fugia dos gelos e neves de Tsarskoe Selo para os jardins floridos da Crimeia. Quando o momento da partida se aproximava, o espírito do czar se animava. "Só lamento por vocês precisarem permanecer nesse atoleiro", ele disse alegremente ao bando de ministros e grão-duques que vieram se despedir em março de 1912.

Havia um padrão cíclico nessas migrações anuais. Março trazia o êxodo primaveril para a Crimeia; em maio, a família ia para a mansão de Peterhoff, na costa do Báltico; em junho, cruzavam os fiordes finlandeses no iate imperial; agosto os encontrava no chalé de caça enfurnado na floresta polonesa; em setembro, voltavam à Crimeia, e em novembro, retornavam a Tsarskoe Selo para passar o inverno.

O trem imperial que levava o czar e a família nessas viagens pela Rússia era a miniatura de um palácio viajante. Consistia em um colar de luxuosos salões em vagões azuis com o emblema da águia bicéfala em ouro de cada lado, puxados por uma reluzente locomotiva preta. O vagão particular de Nicolau e Alexandra era composto por um quarto do tamanho de três apartamentos normais, a sala de estar da imperatriz decorada em malva e cinza, e o gabinete do czar mobiliado com escrivaninha e cadeiras de couro verde. O banheiro ladrilhado de branco, ao lado do quarto imperial, ostentava uma banheira com bordas projetadas com tal engenhosidade que a água não espirrava para fora nem quando o trem fazia curvas.

Depois havia um vagão inteiro de quartos para as quatro grã-duquesas e o czarevich, com toda a mobília pintada de branco. Um vagão apainelado de mogno com tapetes macios, sofás e cadeiras estofadas em tecido adamascado servia como local de reunião para as damas de companhia, ajudantes de campo e outros membros da comitiva, que tinham cada um sua cabine individual. Um vagão era inteiramente reservado às refeições, contendo uma cozinha equipada com três fogões, caixa de gelo, armário de vinhos, sala de jantar com mesa para vinte pessoas e uma pequena antessala, onde eram servidos canapés *zakouski* antes das refeições. Mesmo em viagens, a comitiva imperial observava o costume russo de se servir pessoalmente num bufê de caviar, salmão, sardinhas, língua de rena, linguiças, picles de cogumelos, rabanetes, arenque defumado, pepinos em fatias e outros pratos. No jantar, Nicolau se sentava no lugar do meio em uma longa mesa, com as filhas ao lado, e o conde Fredericks e outros funcionários da corte do lado oposto. Com raras exceções, em geral, a imperatriz fazia as refeições sozinha ou com Alexei.

Apesar da empolgação de sair de São Petersburgo, uma viagem no trem imperial não era um prazer total e absoluto. Havia sempre o pensamento desagradável de que, a qualquer momento, o trem poderia ser explodido por revolucionários. Para reduzir as probabilidades, dois trens idênticos faziam a mesma viagem, a distância de alguns quilômetros. Os assassinos não podiam saber em qual deles estavam o czar e família. Pior para os passageiros eram os desconfortos normais e o tédio de uma longa viagem de trem. Embora pudesse correr mais, o trem costumava resfolegar a 25 ou 30 quilômetros por hora. Assim, uma viagem de São Petersburgo à Crimeia levava duas noites e um dia, chacoalhando pela interminável vastidão das paisagens russas. No verão, o sol batendo no teto de metal transformava os vagões em fornos acarpetados. Já era rotina parar o trem durante meia hora cada vez que um agrupamento de árvores ou um rio oferecia aos passageiros uma oportunidade de esticar as pernas e se refrescar na sombra ou na água.

Certa vez, quando o trem parou num campo aberto junto a um barranco de rio muito alto, as crianças pegaram bandejas de prata na despensa para usar como tobogãs. Depois do jantar, na presença do czar e da imperatriz, o general Strukov, ajudante de campo, gritou para as crianças que ele chegaria primeiro que elas ao fundo do barranco, a pé. Trajando seu uniforme formal de jantar, com a fita de Alexandre Nevsky no ombro e a espada de honra cravejada de diamantes em punho, o general se atirou marchando barranco abaixo. Escorregou por uns seis metros, ficou atolado na areia até os joelhos e acenou galantemente para as crianças que, gargalhando de prazer, continuavam deslizando nas bandejas de prata.

Se o trem imperial era um meio de transporte, os iates imperiais eram um meio de lazer. Durante duas semanas em junho, o czar se entregava completamente ao curso lento e sinuoso do mar ao longo da costa rochosa da Finlândia. De dia, o iate navegava por entre as ilhas, e, à noite, achava um ancoradouro em alguma enseada deserta, à exceção da cabana de um pescador solitário. Na manhã seguinte, quando os passageiros acordavam, viam-se cercados pelo brilho de águas azuis, de praias de areias amareladas, ilhas de granito vermelho e escuras florestas de pinheiros verdes.

O iate predileto de Nicolau era um belíssimo barco de casco negro chamado *Standart*, de 4,5 mil toneladas, construído especialmente para ele num estaleiro dinamarquês. Ancorado numa enseada do Báltico ou sob os penhascos da Crimeia no porto de Ialta, o *Standart* era uma maravilha de elegância náutica. Embora grande como um pequeno cruzador, alimentado a carvão e movido a vapor, o *Standart* foi projetado com a majestade graciosa de um veleiro. Um imenso gurupés folheado a ouro se projetava da proa. Três altos mastros envernizados se elevavam sobre as brancas chaminés geminadas. Nos deques reluzentes, cobertos por toldos de lona, enfileiravam-se mesas e cadeiras de vime. Embaixo ficavam as salas de estar e de jantar com painéis de mogno, assoalho polido, candelabros de cristal e cortinas de veludo. Somente os aposentos privados da família eram decorados com *chintz*. Passando a capela e as salas espaçosas para o séquito imperial, havia alojamentos para os oficiais navais, engenheiros, estoquistas, marinheiros, mordomos, valetes, criadas e um batalhão de guardas da marinha. Além disso, em algum lugar dos deques inferiores, criou-se espaço para alojar os músicos da banda de metais e a orquestra de balalaicas do iate.

A vida a bordo do *Standart* era tranquila e informal. A família convivia livremente com a tripulação e conhecia muitos marinheiros pelo nome. Frequentemente um grupo de oficiais era convidado para jantar à mesa imperial. Durante o dia, as meninas andavam desacompanhadas pelos deques, vestidas de blusas brancas e saias de bolinhas. Conversas e flertes divertidos entre os jovens oficiais e as grã-duquesas em flor aconteciam a bordo. Mesmo no inverno, quando o iate ficava ancorado para manutenção, os laços especiais da vida a bordo se mantinham firmes. "Durante as apresentações da ópera *Aída*... marinheiros do iate imperial *Standart* foram chamados para representar os guerreiros", escreveu a grã-duquesa Olga, irmã do czar. "Era um espetáculo ver aqueles homens altos e robustos ali no palco, desajeitados, com elmos e sandálias, mostrando as pernas nuas cabeludas. Apesar dos sinais frenéticos do diretor, eles ficavam olhando diretamente para nós [no camarote imperial] com largos sorrisos."

Quando as crianças eram pequenas, cada uma ficava a cargo de um marinheiro, cujo dever era impedir que engatinhasse para fora do barco. Já maiores, quando elas iam à praia, os marinheiros-babás iam junto. Ao fim de cada cruzeiro, o czar recompensava os musculosos babás marítimos dando um relógio de ouro a cada um.

Mesmo a bordo do *Standart*, o czar não estava livre dos encargos do ofício. Embora proibisse o embarque de ministros do governo e agentes de segurança policial, botes de correio, vindos de São Petersburgo, fervilhavam em torno do iate, trazendo relatórios e documentos. Ainda como outro lembrete a seu augusto passageiro, o iate nunca navegava sem a escolta de torpedeiros da marinha ancorados por perto ou navegando lentamente no horizonte.

A bordo, Nicolau trabalhava dois dias por semana. Nos outros cinco, relaxava. De manhã, remava até a costa para dar longas caminhadas pelas florestas finlandesas. Quando o *Standart* atracava perto de fazendas ou casas de campo de nobres russos ou finlandeses, o proprietário podia se deparar com o czar batendo à porta e perguntando delicadamente se podia usar a quadra de tênis. Às vezes, Nicolau dispensava os cavalheiros que o acompanhavam nesses passeios e caminhava sozinho com as crianças, procurando cogumelos nas florestas, ou flanando pelas praias, catando pedrinhas coloridas.

Como a ciática dificultava seus movimentos, Alexandra raramente saía do iate. Passava os dias sentada tranquilamente no convés, tricotando, bordando, escrevendo cartas, contemplando o mar e as gaivotas. Sozinha no salão, tocava Bach, Beethoven e Tchaikovsky ao piano. Quando cresceram, as meninas se revezavam para ficar a bordo, fazendo companhia à mãe. Em 1907, quando Ana Vyrubova começou a participar dos cruzeiros, as duas passavam os dias tomando sol, tricotando e conversando.

Na hora do chá, o czar e as crianças voltavam trazendo histórias, flores silvestres, musgos, framboesas e pedaços de quartzo. O chá era servido no convés, ao som da banda sincopando marchas ou das balalaicas dedilhando melodias folclóricas russas. Ocasionalmente, as meninas encenavam pequenas peças. Ana Vyrubova recorda um dia em que o iate da velha imperatriz, *Estrela Polar*, ancorou perto do *Standart* e a avó das crianças veio a bordo tomar chá e assistir a uma peça. Depois Vyrubova viu Maria "sentada na cama de Alexei, descascando uma maçã para ele, como qualquer avó".

A parte do dia que mais agradava a Alexandra era o crepúsculo. Quando os últimos raios de sol banhavam as árvores, rochas e barcos com sua luz dourada, ela se sentava no convés vendo arriar a bandeira e ouvindo os ecos profundos das vozes grossas da tripulação cantando os hinos ortodoxos da Oração da Noite. Mais tarde, enquanto Nicolau jogava bilhar e fumava com os cavalheiros, a imperatriz lia e costurava à luz de lâmpadas. Todos iam dormir cedo. Às onze da noite, as ondas já embalavam o sono, e mordomos trazendo o chá noturno encontravam o salão deserto.

Em 1907, o cruzeiro do *Standart* quase acabou em catástrofe. O iate singrava para alto-mar por um canal estreito enquanto os passageiros tomavam o chá da tarde. De repente, com uma forte sacudida, o iate bateu numa rocha. Xícaras voaram, cadeiras caíram, a banda esparramou-se no chão. A água entrou pelo casco, o barco adernou e começou a afundar. Sirenes soavam, barcos salva-vidas foram baixados. Por um momento não se achou o czarevich, de 3 anos, e os pais entraram em desespero, até que ele foi localizado. Alexandra acompanhou as crianças e damas aos botes e voltou correndo a seu quarto, junto com Ana Vyrubova. Arrancou o lençol da cama e fez uma trouxa com joias, ícones e objetos de valor sentimental. Ao sair do iate, última mulher a descer, ela levava a trouxa bem segura ao colo.

Enquanto isso, Nicolau permanecia na amurada, supervisionando o abaixamento e partida dos botes. Ao mesmo tempo, debruçava-se a intervalos de poucos segundos, olhava para a linha da água e consultava o relógio de bolso que tinha na mão. Queria permanecer a bordo até o último instante e calculava quantos centímetros por minuto o barco afundava. Estimou que restavam vinte minutos. Todavia, devido a seus compartimentos estanques, o *Standart* não afundou. Mais tarde, foi retirado das rochas e recuperado. Aquela noite, a família dormiu nas cabines superlotadas do cruzador *Asia*. "O imperador, muito em desalinho, trouxe bacias de água para a imperatriz e para mim, a fim de lavarmos as mãos e o rosto", conta Ana. "Na manhã seguinte, o *Estrela Polar* apareceu e fomos transferidos para acomodações mais espaçosas."

Em agosto de 1909, o *Standart* navegava lentamente ao largo da ilha de Wight, levando a família imperial russa pela última vez à Inglaterra. O imperador chegou pouco antes da Regata Week, quando o rei Eduardo VII homenageou Nicolau com uma revista formal da Marinha Real. Em três colunas, a mais poderosa armada de navios de guerra deitou âncoras. Enquanto o iate real inglês *Victoria and Albert* navegava lentamente abaixo das amuradas daquelas montanhas de aço cinzento, flâmulas penduradas tremulavam, salvas de canhões disparavam, bandas tocavam "Deus salve a rainha" e "Deus salve o czar", e explodiam vivas de centenas de marinheiros britânicos. No convés do iate, o imponente rei e seu convidado russo, em uniformes brancos de almirante, faziam continência.

Após a revista naval, teve início a regata, que era o clímax da temporada social de verão. Uma grande frota de centenas de iates estava ancorada no cais, seus mastros envernizados brilhando à luz do sol como uma floresta de lanças douradas. "Em terra e no mar", escreveu um observador inglês, "havia bailes e jantares. Pequenos barcos a vapor com refulgentes chaminés de metal, esguios saveiros e barcos menores, impulsionados pela tripulação em longos remos brancos, zanzavam entre iates e navios da armada. De dia, as velas dos iates se abriam sobre as águas azuis do Solent, como asas de borboletas gigantes; à noite, as luzes e lanternas de navegação se acendiam e brilhavam, como vaga-lumes contra o ônix das águas, e fogos explodiam e se desfaziam sob o céu da noite."

Essa visita foi a única ocasião em que o príncipe Eduardo, depois duque de Windsor, encontrou seus primos russos. O príncipe Eduardo, então com 15 anos, e seu irmão mais novo, príncipe Albert, que se tornou o rei George VI, eram cadetes da Escola Naval de Osborne, perto de Cowes, na ilha de Wight. Os dois príncipes foram escalados para mostrar a escola aos visitantes, mas na última hora Albert pegou um resfriado, que piorou rapidamente, com muita tosse. O dr. Botkin receou que, se Albert passasse a doença para Alexei, os acessos de tosse poderiam ocasionar sangramento. Em vista disso, Albert ficou de quarentena.

"[Essa] foi a única vez que vi o czar Nicolau", escreveu o duque de Windsor, rememorando o evento. "Devido aos complôs de assassinato... o governo imperial não arriscaria a vida do Paizinho numa grande metrópole. Portanto, o encontro foi programado para Cowes, na ilha de Wight, que podia ser praticamente isolada. Tio Nicky veio para a regata com a imperatriz e seus numerosos filhos, a bordo do *Standart*. Lembro-me de ficar perplexo com a elaborada guarda policial em torno de todos os seus movimentos quando fui lhe mostrar a escola Osborne."

A imperatriz Alexandra estava felicíssima por voltar à terra em que tinha passado os dias mais felizes de sua vida. Contente com a calorosa hospitalidade oferecida pelo rei Eduardo, ela escreveu que "o querido tio" tem sido "muito gentil e atencioso". Em menos de um ano, o "querido tio" estava morto; seu filho, rei George VI, estava no trono e o jovem Eduardo era o príncipe de Gales.

Cada imperador, rei e presidente da Europa andou vez por outra no polido convés do *Standart*. O kaiser, cujo iate branco e ouro de 4 mil toneladas, *Hohenzollern*, era ligeiramente menor que o *Standart*, proclamou abertamente sua inveja do iate russo. "Ele disse que ficaria muito feliz se o ganhasse de presente." Nicolau escreveu a Maria depois que Guilherme subiu a bordo pela primeira vez. Em resposta, Maria desabafou, indignada: "Essa brincadeira dele... foi de gosto muito duvidoso. Espero que ele não tenha o atrevimento de encomendar um igual aqui [na Dinamarca]. Isso realmente seria o limite, embora seja bem do jeito dele, com o tato que lhe é peculiar."

O czar e o kaiser se viram pela última vez em junho de 1912, quando os dois iates, *Standart* e *Hohenzollern*, atracaram lado a lado no porto russo de Reval, no Báltico. "A visita do imperador Guilherme foi um sucesso", Nicolau escreveu a Maria. "Ele ficou três dias e... esteve muito alegre e afável, fez brincadeiras com Anastácia... Deu presentes muito bons para as meninas e um monte de brinquedos para Alexei... No último dia, convidou todos os oficiais para uma recepção matinal a bordo de seu iate. Durou cerca de uma hora e depois ele... disse que nossos oficiais esvaziaram sessenta garrafas do seu champanhe."

Dentre todos os lugares da Rússia, Nicolau e Alexandra preferiam a Crimeia. Para o viajante vindo do norte por trem, cansado de horas e horas da monotonia e do vazio da estepe ucraniana, o cenário da Crimeia russa é luxuriante, dramático. Nessa península banhada pelo mar Negro, picos ásperos de montanhas emergem das águas azuis e cor de esmeralda. As encostas mais altas da cadeia de Haila são cobertas de florestas de altos pinheiros. Nos vales e ao longo dos penedos da costa há bosques de ciprestes, pomares, vinhedos, aldeias e pastos. As flores e uvas da Crimeia sempre foram famosas. Na época de Nicolau, nenhum baile em São Petersburgo estava completo sem um carregamento de flores vindas de trem da Crimeia. Em nenhuma mesa de príncipe ou grão-duque de qualquer lugar da Rússia faltavam garrafas de vinhos tintos e brancos, produzidos em alguma propriedade do anfitrião na Crimeia. O clima era ameno durante o ano todo, mas na primavera a súbita floração maciça de árvores frutíferas, arbustos, vinhas e flores silvestres transformava os vales agrestes num vasto jardim perfumado. Lilases, glicínias, violetas e acácias brancas floresciam. Macieiras, pessegueiros e cerejeiras explodiam em flores cor-de-rosa e brancas. Morangos silvestres cobriam cada outeiro. Uvas de toda cor e sabor margeavam as estradas. O mais espetacular eram as rosas. Roseiras enormes, densas, se enroscavam em casas e muros, espalhando pétalas nos caminhos, pátios, gramados e campos. Com todo aquele festival de cores e aromas delicados, sol brilhando e brisas suaves, com a aura de saúde e liberdade que ostentava, não é de surpreender que, de todas as propriedades imperiais espalhadas pela Rússia, Nicolau e Alexandra preferissem estar no Palácio de Livadia, na Crimeia.

Antes de 1917, a Crimeia foi deliberadamente mantida em seu estado natural. Ao longo da costa entre Ialta e Sebastopol, as belas villas da família imperial e da aristocracia se aninhavam entre os rochedos e o mar. Metade da península se isolava atrás de altos pilares encimados pela águia dourada que marcava as terras da família imperial. Para preservar o isolamento natural e a beleza desses vales, Alexandre III e Nicolau II proibiram a construção de estradas de ferro, exceto a linha que vinha do norte, passando por Simferopol e chegando a Sebastopol. Desse ponto, seguia-se de carruagem, ou de barco, costeando os penhascos até Ialta, o pequeno porto na ponta da propriedade imperial. A viagem levava quatro horas de barco, e a carruagem levava o dia inteiro.

O povo da Crimeia era tártaro, de fé muçulmana, resultado das violentas invasões no século XIII. Até serem conquistados pelo príncipe Gregório Potemkin para Catarina, a Grande, no século XVIII, os tártaros eram governados por seus khans. Sob os czares, eles viviam em pitorescas aldeias brancas espalhadas pelas encostas, avistando-se de longe os delicados minaretes rendilhados das mesquitas se elevando graciosamente no céu azul. Os homens tártaros tinham compleição escura e musculosa, usavam chapéus pretos redondos, casacos curtos bordados e calças justas brancas. "Ver uma cavalgada de tártaros passar a galope era imaginar uma corrida de centauros varrendo a terra", escreveu Ana Vyrubova, admirada. As mulheres tártaras eram bonitas, pintavam os cabelos de vermelho vivo e usavam véus flutuantes para esconder o rosto. No cume de todas as fervorosas lealdades dos tártaros estava o czar, sucessor do khan. Quando a carruagem imperial passava por uma aldeia, tinha que parar para que o chefe tártaro exercesse seu dever e privilégio de entrar a cavalo em sua aldeia antes do amo imperial.

O palácio imperial em Livadia era motivo de especial orgulho da imperatriz. Construído em 1911 para substituir a antiga estrutura de madeira, era todo de pedra branca, recostado num penedo sobre o mar. Os pilares das galerias do pátio interno, que sustentavam os terraços, em estilo italiano, eram admirados pela imperatriz por causa das boas lembranças dos palácios e conventos que vira em Florença antes de se casar. Os jardins, plantados em grandes canteiros triangulares, eram decorados com mármores da Grécia antiga, escavados em ruínas na Crimeia. No andar de baixo, um salão de jantar formal era também usado – retirando-se mesas e cadeiras – para bailes. Do salão de jantar, portas de vidro se abriam para o roseiral; à noite, o doce perfume enchia todo o palácio. No andar de cima, de seus aposentos mobiliados em rosa e malva, Alexandra apreciava panoramas magníficos. Do *boudoir*, via montanhas ainda brilhando com as neves de maio, e, do quarto, via o horizonte desmedido do mar. Ao lado, era o estúdio de Nicolau; seguindo pelo corredor, chegava-se aos quartos das crianças e a uma sala de jantar privativa da família. Quando o palácio foi inaugurado, num dia de abril de 1911, foi benzido por padres ortodoxos, que, de aposento em aposento, balançavam seus incensórios espargindo água benta. Só depois é que Alexandra mandou desfazer as malas e colocar seus quadros e ícones nas paredes e mesas.

Para Alexandra e Alexei, os dias quentes em Livadia significavam recobrar a saúde e renovar as forças. A imperatriz e o filho passavam as manhãs juntos, ela recostada num divã no terraço, e ele brincando com seus brinquedos. À tarde, ela ia ao jardim ou passeava de charrete puxada a pônei pelos caminhos em torno do palácio, enquanto Alexei ia nadar com o pai nas águas cálidas do mar. Uma vez, em 1906, Nicolau nadava com as meninas quando uma onda grande arrebentou em cima deles. O czar e as três maiores se levantaram no meio da espuma, mas Anastácia, então com 5 anos, havia sumido. "O pequeno Alexei [com 2 anos] e eu vimos da praia tudo acontecer", escreveu Olga Alexandrova, irmã do czar. "A criança, é claro, não percebia o perigo, e ficou batendo palmas enquanto a onda rolava. Então, Nicky voltou a mergulhar, agarrou Anastácia pelos cabelos longos e voltou nadando com ela para a praia. Fiquei gelada de terror."

Apesar desse incidente, Nicolau gostava tanto de água e considerava tão saudável para as crianças que mandou construir uma piscina coberta, cheia de água salgada e tépida, para nadar diariamente sem estar exposto ao vento, à chuva ou a uma pequena queda de temperatura da água do mar. Quando Alexei estava bem, Nicolau ficava exultante. Em 1909, em meio a uma carta para Maria, o czar interrompeu o assunto para escrever animadamente: "Alexei acabou de entrar, saindo do banho, e insiste que eu conte a você que ele está mandando beijos para a vovó com muito amor. Ele está muito queimado de sol, assim como as irmãs e eu."

Em Livadia, Nicolau e Alexandra viviam mais informalmente do que em qualquer outro lugar. A imperatriz ia a Ialta fazer compras, o que nunca fazia em São Petersburgo ou Tsarskoe Selo. Certa vez, ao entrar em uma loja num dia chuvoso, ela fechou o guarda-chuva e uma poça de água se formou no chão. Aborrecido, o vendedor apontou o porta-guarda-chuva junto à porta, dizendo asperamente: "Madame, isso é para pôr o guarda-chuva." A imperatriz obedeceu humildemente. Somente quando Ana Vyrubova, que estava com ela, chamou-a de Alexandra Feodorovna no meio da conversa, foi que o atônito vendedor entendeu quem era a cliente.

Em Livadia, Nicolau passava a maior parte do dia ao ar livre. Jogava tênis todas as manhãs. Fazia passeios a cavalo com as filhas, indo às aldeias, às fazendas que lhe abasteciam a mesa, a cachoeiras nas montanhas. Como na Finlândia, colhiam framboesas e cogumelos nas florestas. Às vezes, Nicolau fazia uma fogueirinha de gravetos e folhas secas para cozinhar cogumelos no vinho e servia o petisco borbulhante em canecas de estanho. Em 1909, quando o ministro da Guerra estava redesenhando os uniformes e os equipamentos da infantaria russa, Nicolau quis experimentar pessoalmente se estava leve e confortável, e ordenou que um kit completo, sob medida, lhe fosse enviado na Livadia. Vestiu camisa, calças e botas, pôs nos ombros rifle, munição, mochila e saco de dormir, saiu do palácio e marchou durante nove horas, cobrindo 40 quilômetros. Foi impedido de prosseguir por um policial da segurança, que não o reconheceu e ordenou grosseiramente que saísse dali. Voltando ao cair da noite, Nicolau declarou que o uniforme era satisfatório. Quando o kaiser soube, ficou aborrecido porque a ideia não tinha sido dele, e mandou que seu adido militar lhe enviasse um relatório completo. Mais tarde, o comandante do regimento cujo uniforme o czar havia experimentado pediu a Nicolau que preenchesse o formulário padrão de identidade dos soldados para guardar como lembrança. Nicolau preencheu *Sobrenome*: "Romanov"; *Endereço*: "Tsarskoe Selo"; *Baixa do serviço*: "Quando eu estiver no túmulo."

Sempre que possível, a família imperial passava a Páscoa em Livadia. A comemoração era uma experiência jubilosa e exaustiva para a imperatriz. Durante os dias de festas religiosas, ela esbanjava as forças que mantinha de reserva. Na Rússia imperial, a Páscoa era o clímax do ano na Igreja Ortodoxa. Mais profundamente sagrada e menos alegre que o Natal, provocava um intenso jorrar de emoção. Na noite de Páscoa, multidões piedosas em toda a Rússia enchiam as igrejas e catedrais, levando velas acesas, para ouvir a litania cantada. Desde antes da meia-noite, todos aguardavam o momento em que o padre, o bispo e o metropolitano liderariam a procissão em busca do Salvador. Seguidos por toda a congregação, formando um rio de velas, caminhavam em torno da igreja e, voltando à entrada, encenavam a descoberta da tumba de Cristo, o momento em que se viu que a pedra que selava o túmulo havia sido rolada. O padre olhava para dentro da igreja vazia e se voltava para a multidão. Com a face iluminada de alegria, ele gritava *Khrístos Voskres!*", "Cristo se elevou!". E a congregação, com as faces iluminadas pelas chamas das velas, respondia bradando *Voístinu Voskrese!*", "Eis que se elevou!". Em todas as partes da Rússia, desde a Praça Vermelha, em frente à Catedral de São Basílio, até as portas da Catedral de Nossa Senhora de Kazan, em São Petersburgo, e as igrejinhas de aldeias perdidas, era o momento em que todo o povo russo, de príncipes a camponeses, todos riam e choravam um uníssono.

No encerramento do culto religioso, começava o festival da Páscoa. Era uma inacreditável sucessão de comilanças, visitas e trocas de presentes. Muitos saíam da igreja diretamente para um suntuoso banquete no meio da noite, quebrando o longo jejum da Quaresma. Como manteiga, queijo e ovos eram proibidos durante a Quaresma, o ponto alto dessas refeições eram *paskha*, uma rica sobremesa cremosa, e *kulich*, um bolo de Páscoa coroado de glacê branco com o símbolo XC, "Cristo se elevou". Por tradição, qualquer estranho que entrasse na casa era bem-vindo, e a mesa permanecia posta noite e dia. Na Crimeia, o palácio imperial se transformava num imenso salão de banquetes. Presidindo a festança, Nicolau e Alexandra cumprimentavam todos na casa com os tradicionais três beijos de bênção, boas-vindas e felicidades. Alunos da escola de Ialta vinham na manhã seguinte e postavam-se em fila para receber bolinhos *kulich* da imperatriz e das filhas. Para membros da corte e da Guarda Imperial, os soberanos davam seus famosos ovos de Páscoa. Alguns eram simples, com as cascas lindamente pintadas depois de retirado o conteúdo por pequenos furinhos. Outros eram os fabulosos milagres incrustados de joias, feitos pelo imortal mestre joalheiro Fabergé.

Peter Carl Fabergé era um russo descendente de franceses. No auge do sucesso, por volta da virada do século, sua oficina em São Petersburgo empregava cinco mil joalheiros, ourives e aprendizes. Tinha filiais em Moscou, Londres e Paris, e fazia enormes vendas em ouro e prata, especialmente grandes serviços de mesa. Sua fama imorredoura, porém, deve-se à extraordinária qualidade de sua joalheria. A genialidade de Fabergé foi ignorar a costumeira ênfase exagerada nas pedras preciosas e subordiná-las à forma geral da peça. Ao compor uma cigarreira, por exemplo, os artesãos de Fabergé usavam esmalte translúcido azul, vermelho ou rosa em primeiro lugar e cravejavam os contornos com pequeninos diamantes. O resultado era uma obra-prima de decoro, elegância e beleza.

Fabergé era oficialmente o joalheiro do czar da Rússia, mas tinha uma clientela internacional. O rei Eduardo VII era seu cliente, sempre exigindo "Não pode haver duplicatas", ao que Fabergé respondia com serenidade "Sua Majestade ficará satisfeito". Num único dia de 1898, a Casa Fabergé recebeu o rei e a rainha da Noruega, os reis da Dinamarca e da Grécia e a rainha Alexandra, da Inglaterra, consorte de Eduardo VII. Na Rússia, não havia casamentos de príncipes, nascimentos de grão-duques, jubileus regimentais ou sociais sem uma chuva de broches, colares, *pendants*, cigarreiras, abotoaduras, canetas e relógios de Fabergé. Para satisfação de seus patronos entusiastas, Fabergé produzia uma série impressionante de joias criativas. Num interminável fluxo de maravilhas, seus artesãos faziam joias de flores, zoológicos de animais minúsculos, figuras de camponeses, cantoras ciganas e cavaleiros cossacos. Suas miniaturas incluíam sombrinhas, regadores enfeitados com diamantes, uma estátua equestre de Pedro, o Grande, em ouro e menor do que uma polegada, um console Luís XVI de 12 centímetros de altura em ouro, e liteiras de sete centímetros em ouro e esmalte, com o interior em madrepérola.

A expressão suprema da arte de Fabergé foram os 56 fabulosos ovos de Páscoa criados para dois czares, Alexandre III e Nicolau II. Alexandre deu início ao hábito em 1884, quando presenteou sua esposa, Maria, com um ovo de Fabergé. Após a morte do pai, Nicolau manteve a tradição, encomendando dois ovos a cada ano, um para a esposa e outro para a mãe. A escolha de materiais e o design ficavam inteiramente a cargo de Fabergé, que cercava de grande segredo a execução da obra. Desde a primeira dessas encomendas, Fabergé teve a ideia de usar a forma do ovo apenas como uma casca que se abria, revelando uma "surpresa". Dentro poderia haver uma cesta de flores silvestres com pétalas de calcedônia leitosa e folhas de ouro. Ou o alto do ovo podia se abrir a cada hora e sair lá de dentro um galo esmaltado cantando e batendo as asas, marcando as horas.

O problema de Fabergé era que a obra-prima de cada ano tornava mais difícil confeccionar a do ano seguinte. Na verdade, ele nunca superou o ovo de Páscoa da Grande Ferrovia Siberiana, feito em 1900. Como Nicolau, quando ainda era czarevich, foi diretor do comitê da ferrovia, Fabergé criou um ovo de esmalte azul, verde e amarelo com delicadas incrustações em prata, traçando o mapa da Sibéria e a rota da Transiberiana. O ovo podia ser aberto com um toque na águia bicéfala de ouro no topo, revelando a "surpresa" em seu interior. Era uma miniatura em escala, de 30 centímetros de comprimento e 1,5 centímetro de largura, dos cinco vagões e locomotiva do expresso transiberiano. "Manivela de direção, engrenagens duplas sob os vagões e outras partes móveis eram feitas com precisão, de modo que bastava dar voltas numa pequena chave de ouro... a locomotiva de ouro e platina, com um rubi brilhando no farol, realmente puxava o trem", descreve um observador. "Acoplado ao carro de bagagens há um vagão com metade dos assentos reservada para damas, outro vagão para crianças... outro vagão para fumantes... [e um] vagão-capela com uma cruz russa e sinos de ouro no teto."

Fabergé sobreviveu à revolução, mas sua arte, não. Com as atividades suspensas em suas oficinas, os mestres artesãos se dispersaram. Fabergé fugiu da Rússia em 1918, disfarçado de diplomata, e viveu seus últimos dois anos na Suíça. Artista e fornecedor de imperadores, ele criou obras de arte que sobrevivem como símbolos de uma era que desapareceu, uma era de opulência, mas também de artesania, integridade e beleza.

Além dos palácios e villas da aristocracia russa nas montanhas da costa da Crimeia, havia hospitais e sanatórios para tuberculosos. Alexandra costumava visitar essas instituições. Quando não podia ir, mandava as filhas. "Elas precisam conhecer as tristezas que há por trás de toda essa beleza", disse a uma dama de companhia. A própria imperatriz fundou dois hospitais na Crimeia, e todos os anos ela vendia seus trabalhos de tricô e bordado num bazar de caridade em Ialta, a fim de levantar fundos para essas instituições. O bazar funcionava perto do píer de Ialta, e o *Standart*, ancorado no cais, servia de sala de descanso e de estoque. Às vezes, Alexei ia à mesa da mãe e, quando ele aparecia, as pessoas se aglomeravam, pedindo que o levantassem bem alto para que pudessem vê-lo. Sorrindo, Alexandra o colocava em cima da mesa, onde ele se sentava de pernas cruzadas e, a um sussurro da mãe, fazia um cumprimento de cabeça.

Nicolau e Alexandra preferiam viver tranquilos em Livadia, mas os habitantes das propriedades vizinhas levavam uma vida muito animada, de piqueniques, passeios de barco e bailes de verão. Já crescidas, Olga e Tatiana eram convidadas para esses eventos e, de vez em quando, com acompanhantes, tinham permissão para comparecer. Até a vida doméstica do czar era mais ativa do que em Tsarskoe Selo. O palácio estava sempre cheio de visitantes – ministros vindos de São Petersburgo para se reportar ao czar, residentes locais ou convidados de palácios vizinhos, oficiais do *Standart* ou de algum dos regimentos estacionados na Crimeia. E, ao contrário dos procedimentos em Tsarskoe Selo, os visitantes eram sempre convidados para almoçar. O convidado preferido das crianças era o emir de Bokhara, governante de um Estado autônomo dentro do império russo, perto da fronteira do Afeganistão. O emir era alto, moreno, com uma barba fluindo sobre a túnica encimada por dragonas de oficial russo cravejadas de diamantes. Embora tenha sido educado em São Petersburgo e falasse russo fluentemente, o emir seguia o costume de Bokhara e, quando falava oficialmente com o czar, trazia um intérprete. Quando o emir chegava, com escolta de dois ministros de longas barbas tingidas de vermelho vivo, levava presentes extravagantes. A irmã do czar lembra-se de ter recebido "um enorme colar de ouro, do qual, como línguas de fogo, pendiam franjas de rubis".

Em Livadia, em 1911, para comemorar o aniversário de 16 anos da filha mais velha, a grã-duquesa Olga, a imperatriz deu um baile a rigor. Antes do baile, a grã-duquesa ganhou de seus pais um anel de diamante e um colar com 32 diamantes e pérolas. Eram as primeiras joias de Olga, simbolizando sua entrada na juventude. Seu primeiro vestido de baile era cor-de-rosa. Com seus bastos cabelos louros penteados pela primeira vez no estilo de mulher adulta, em cachos no alto da cabeça, ela entrou no salão enrubescida e bela.

O baile aconteceu no salão de jantar formal do novo palácio branco. As portas de vidro foram abertas e a fragrância das rosas enchia o ambiente. As luzes dos candelabros fulguravam nos pingentes de cristal, capturando os vestidos longos, as joias das mulheres e as refulgentes condecorações nos uniformes brancos dos homens. Mais tarde, foi servida uma ceia e os pares saíram a passear pelo jardim e pelos terraços de mármore sobre o penhasco. Uma imensa lua de outono surgiu, derramando sua luz prateada sobre as águas brilhantes do mar Negro.

14
"O PEQUENINO NÃO VAI MORRER"

Em 19 de agosto de 1912 (E.A.), a imperatriz Alexandra escreveu uma carta de Peterhof para sua ex-tutora, Miss Jackson, que estava aposentada e morando na Inglaterra.

> Querida Madgie:
> Agradeço com amor sua última carta — perdoe-me por ser tão má correspondente. Tive a visita de Vitória por uma semana, que foi deliciosa. Ella também veio por três dias e devo vê-la novamente em Moscou. Tivemos Ernie e família na Crimeia, Waldemar veio por três dias ao *Standart,* na Finlândia, e Irene virá no fim de setembro para nos ver na Polônia, Spala...
> Semana que vem partimos para Borodino e Moscou, festividades terrivelmente cansativas, não sei como vou aguentar. Depois de Moscou, na primavera, fiquei por muito tempo esgotada — agora, no geral, estou melhor... Aqui tivemos um calor colossal e mal uns pingos de chuva.
> Se você souber de livros históricos interessantes para as meninas, poderia me dizer, pois leio para elas e elas começaram a ler em inglês. Elas leem muito em francês e as duas menores encenaram *Le Bourgeois. Gentilhomme* realmente muito bem... Quatro línguas é muito, mas elas precisam de fato. Nesse verão, tivemos alemães e suecos e fiz todas as quatro almoçarem e jantarem, pois é uma boa prática para elas.
> Comecei a pintar flores, pois, *alas*, tive que parar de cantar e tocar, que é muito cansativo.

Preciso terminar. Adeus e Deus a abençoe e proteja.
Um beijo terno de sua amiga,
Com amor, velha P.Q. N.III
Alíx

Apesar do fluxo de visitantes, o verão de 1912 foi tranquilo para a família imperial. As meninas estavam crescendo: Olga tinha 17, Tatiana, 15, Maria, 13, e Anastácia, 11 anos. Alexei, com 8 anos, era uma fonte de orgulho e alívio. Era alegre, malicioso e vivaz. Tinha passado tão bem aquele ano que Alexandra começava a esperar que suas preces tivessem sido atendidas e que ele ficaria permanentemente bem.

Em Spala, seis semanas depois de escrever essa carta, suas esperanças desmoronaram. Naquele outono, nas profundezas das florestas polonesas, Nicolau e Alexandra foram arremessados numa crise que os marcou para sempre.

As cerimônias de Borodino mencionadas na carta de Alexandra eram uma celebração do centenário da grande batalha antes de Moscou, em 1812, quando o exército de Kutuzov finalmente enfrentou Napoleão. Para o centenário, engenheiros do exército russo reconstruíram o campo de batalha, com os redutos fortificados marcando as posições das baterias francesas e russas, e identificando os locais onde a infantaria e a cavalaria atacaram. Montando um cavalo branco, Nicolau percorreu lentamente o campo de batalha, com destacamentos de soldados dos regimentos que lutaram em Borodino alinhados em torno. No clímax da cerimônia, um velho sargento, Voitinuik, que diziam ter 122 anos e ser sobrevivente da batalha, foi levado à frente e apresentado ao czar. Nicolau, profundamente emocionado, apertou calorosamente a mão do veterano e o congratulou. "Um sentimento compartilhado de profunda reverência por nossos antepassados nos envolveu", ele escreveu a Maria.

As cerimônias terminaram em Moscou, que cem anos antes tinha ardido em chamas diante dos olhos de Napoleão. Nicolau participou de cultos religiosos, recepções, paradas e procissões. Visitou museus, foi a bailes e passou em revista 75 mil soldados e 72 mil crianças de escolas. Como previra, Alexandra ficou esgotada tentando acompanhá-lo. Foi com alívio que ela e a família embarcaram no trem imperial, em meados de setembro, na viagem para oeste, rumo aos chalés de caça de Bialowieza e Spala, na Polônia. Pararam apenas uma vez no caminho. Em Smolensk, tomaram chá com a nobreza local. Naquela tarde, o czar contou à mãe: "Alexei pegou uma taça de champanhe e tomou sem ninguém notar, após o que ficou muito alegre e foi divertir as damas, para nossa grande surpresa. Quando voltou ao trem, ficou nos contando as conversas na festa e contou também que ouviu sua barriga roncando."

O chalé de caça em Bialowieza, no leste da Polônia, era cercado por 30 mil acres de densas florestas cheias de grandes caças. Além de alces e veados, era o único lugar da Europa onde ainda se podia encontrar o auroque, o bisão europeu. Em Bialowieza, a família imperial pôde ter uma agradável rotina de férias. "O tempo está quente, mas temos chuvas constantes", o czar escreveu à mãe. "De manhã, minhas filhas e eu cavalgamos em perfeitas trilhas pelos bosques." Alexei, que não podia cavalgar, ia remar num lago próximo. Num desses passeios, quando pulava para dentro do barco, ele caiu. A argola que segurava o remo pressionou o alto de sua coxa esquerda. Dr. Botkin examinou e encontrou um pequeno inchaço logo abaixo da virilha. O machucado doeu, e dr. Botkin o colocou de cama por vários dias. Uma semana depois, a dor e o inchaço haviam cedido e o dr. Botkin deu o incidente por encerrado.

Após duas semanas em Bialowieza, a família foi para Spala, o antigo local de caça dos reis da Polônia. Perdida no fim de uma estrada de areia, a pequena casa de madeira parecia um hotelzinho campestre. Seu interior era escuro e atulhado; as lâmpadas elétricas ficavam acesas o dia inteiro para que as pessoas pudessem se movimentar nos quartos pequenos e pelos corredores estreitos. Lá fora, a floresta era magnífica. Um riacho cristalino de águas rápidas cortava pelo meio um vasto gramado verdejante. Do gramado, várias trilhas penetravam floresta adentro. Uma delas era chamada Estrada dos Cogumelos, porque terminava num banco rodeado por um encantador anel de cogumelos.

Nicolau lançou-se animadamente às caçadas. Todos os dias, saía a cavalo com os nobres poloneses que vinham visitá-lo. À noite, depois do jantar, os veados abatidos eram colocados no gramado diante da casa. Enquanto homens seguravam tochas em volta dos animais, o czar e os amigos vinham olhar o que tinham matado.

Foi enquanto Alexei convalescia da queda no bote que Alexandra pediu a Pierre Gilliard que ensinasse francês ao filho. Foi o primeiro contato pessoal com o czarevich. Ele ainda não conhecia a natureza da doença do menino. As aulas foram logo interrompidas. "[Alexei] parecia... doente desde o princípio", escreveu Gilliard. "Logo precisou ficar de cama... [Fiquei] impressionado com sua falta de cor e o fato de que era carregado porque não conseguia andar."

Alexandra, como qualquer mãe, se preocupava com o filho confinado naquela casa escura, sem sol nem ar puro. Decidida a levá-lo a passear, mandou colocá-lo na carruagem entre ela e Ana Vyrubova. A carruagem saiu sacolejando na estrada de areia. Não muito depois de saírem, Alexei começou a se queixar de dor na perna e no abdômen. Assustada, a imperatriz ordenou ao cocheiro que voltasse imediatamente a casa. Eram muitos quilômetros a percorrer. Cada vez que a carruagem sacudia, Alexei gritava, pálido e contorcido. Alexandra, agora aterrorizada, mandava o cocheiro correr, depois mandava ir devagar. Ana Vyrubova recorda o passeio como "uma experiência de horror. Cada movimento da carruagem, cada aspereza do chão causavam na criança mais intenso sofrimento, e quando chegamos em casa, o menino estava quase inconsciente de tanta dor".

Ao examinar Alexei, Botkin detectou uma grave hemorragia na coxa e na virilha. Naquela noite, uma chuva de telegramas voou de Spala. Um a um, os médicos começaram a chegar de São Petersburgo. Ostrogorsky, o pediatra, e Rauchfuss, o cirurgião, se reuniram a Fedorov e ao dr. Derevenko. Sua presença em Spala trouxe mais rostos preocupados e cochichos urgentes, mas nenhum deles podia ajudar a criança em sofrimento. Não podiam conter o sangramento e não deram remédios contra a dor. O sangue fluía sem cessar dos vasos rompidos, inundando os tecidos e formando um enorme hematoma na perna, virilha e baixo abdômen. A perna foi levantada até o peito, para dar ao sangue uma cavidade maior para encher. Mas chegou-se a um ponto em que não havia mais lugar para o sangue correr. E continuava correndo. Era o começo de um pesadelo.

"Os dias entre o 6º e o 10º foram os piores", Nicolau escreveu à mãe. "O pobrezinho sofreu intensamente, as dores vinham em espasmos recorrentes a cada quarto de hora. A alta temperatura o deixou delirante dia e noite; ele se sentava na cama e cada movimento trazia a dor de novo. Ele quase não dormia, não tinha nem forças para chorar, e ficava repetindo 'Oh, Senhor, tenha piedade de mim'."

Dia e noite, os gritos perfuravam as paredes e enchiam os corredores. Muitos na casa tamparam os ouvidos com algodão a fim de continuar a trabalhar. Durante onze dias – a pior parte da crise –, Alexandra mal saiu do lado do filho. Hora após hora, ela permaneceu sentada junto à cama onde o menino gemia, semiconsciente, encolhido. Seu rosto estava exangue e seus olhos, fundos e negros em volta, rolavam para trás. A imperatriz não se despia nem ia para a cama. Quando precisava dormir, recostava-se no sofá ao lado da cama e cochilava. Depois de algum tempo, os gritos e gemidos diminuíram para um lamento constante, que rasgava seu coração. No meio da dor, ele chamava: "Mamãe, me ajude. Não vai me ajudar, mamãe?" Alexandra segurava-lhe as mãos, alisando sua testa, com as lágrimas escorrendo enquanto pedia em silêncio a Deus que livrasse seu menininho daquela tortura. Durante aqueles onze dias, os cabelos dourados de Alexandra ficaram mechados de cinza.

Ainda assim, ela suportou melhor do que o czar. "Eu mal conseguia ficar no quarto, mas é claro que alternei com Alix, pois ela estava exausta, passando noites inteiras ao lado dele", ele escreveu para a mãe. "Ela aguentou a provação melhor do que eu." Ana Vyrubova conta que, uma das vezes, Nicolau entrou no quarto e, quando viu o filho em agonia, sua coragem faltou e ele saiu correndo para fora da casa, chorando.

Ambos, Nicolau e Alexandra, tinham certeza de que o menino estava morrendo. Alexei também achava e até desejava. "Quando eu morrer, não vai doer mais, vai, mamãe?", ele perguntava. Em outro momento, de relativa calma, ele disse baixinho: "Quando eu morrer, faça um pequeno monumento de pedras para mim na floresta."

Entretanto – inacreditavelmente, na opinião de Gilliard –, fora do quarto do doente, na superfície, a rotina da casa permanecia igual. Nobres poloneses continuavam a ir caçar com o czar na floresta. À noite, a imperatriz deixava o leito de Alexei e aparecia, pálida, porém composta, para agir como anfitriã. Desesperados, faziam essa encenação, tentando esconder do mundo não somente a gravidade da doença de Alexei, mas também sua própria angústia.

Observando de seu novo ponto privilegiado na intimidade da família, Gilliard mal acreditava no que via. Uma noite, depois do jantar, suas alunas Maria e Anastácia apresentariam duas cenas de *Le Bourgeois Gentilhomme*, de Molière, para os pais, o séquito e alguns convidados. Como diretor, Gilliard ficava ao lado do palco improvisado, atrás de um biombo. Dali, podia assistir à peça e soprar o texto para as meninas.

"Eu via a czarina na primeira fila, sorrindo e conversando alegremente com as pessoas ao lado", o tutor escreveu. "Quando a peça terminou, saí pela porta de serviço e me encontrei no corredor oposto ao quarto de Alexei Nicolaievich, de onde chegava aos meus ouvidos o som distinto de gemidos. De repente, vi a czarina correndo, carregando a longa cauda incômoda do vestido com as duas mãos. Encolhi-me contra a parede enquanto ela passava sem perceber a minha presença. Havia uma expressão de conflito e terror em sua face. Voltei à sala de jantar. Todos estavam felizes. Lacaios de libré serviam salgadinhos e todos riam e contavam piadas...

"Minutos depois, a czarina voltou. Havia recolocado a máscara. Sorria amavelmente para os convidados que se juntavam a seu redor. Mas observei que o czar, mesmo participando das conversas, estava numa posição em que podia ver a porta, e vi o olhar desesperado que a czarina lhe lançou ao entrar. A cena... subitamente me fez ver a tragédia de uma vida dupla."

Apesar de todas as precauções, o manto de segredo que encobria a doença começou a se esgarçar. São Petersburgo fervilhava com falatórios nada corretos. No escuro, choviam palpites sobre o que estava acontecendo. Um longo artigo no *London Daily Mail* dizia que o menino havia sido atacado por um anarquista e fora gravemente ferido por uma bomba. Por fim, depois que o dr. Fedorov avisou a Nicolau que a hemorragia no estômago, ainda não controlada, podia ser fatal a qualquer momento, o conde Fredericks foi autorizado a publicar boletins médicos. Mas não mencionavam a causa.

O anúncio oficial da grave doença do herdeiro do trono mergulhou a Rússia em oração. Serviços religiosos especiais foram realizados em grandes catedrais e em igrejinhas de aldeias. Diante do sagrado ícone da Catedral de Nossa Senhora de Kazan, em São Petersburgo, russos rezavam dia e noite. Em Spala não havia igreja, mas foi instalada uma grande tenda verde no jardim para essa finalidade. "Todos os criados, os cossacos, os soldados e todos os outros foram maravilhosamente solidários", Nicolau escreveu à mãe. "No começo da doença de Alexei, pediram ao padre Vassiliev para rezar um *Te Deum* ao ar livre. Pediram que repetisse até o dia em que ele se recuperasse. Camponeses poloneses vieram em grandes grupos e choraram quando o padre lhes leu o sermão."

Mais de uma vez, parecia que o fim havia chegado. Certo dia, no almoço, o czar recebeu um bilhete escrito às pressas pela imperatriz, que permanecia junto à cama de Alexei. Dizia que Alexei estava sofrendo terrivelmente, e que ela sabia que ele estava para morrer. Nicolau fez um sinal para Fedorov, que deixou apressadamente a mesa e foi para o quarto do doente. Mas Alexei continuava a respirar e a agonia continuava. Na noite seguinte, quando as damas reuniam-se, impotentes, no *boudoir* da imperatriz, a princesa Irene da Prússia, irmã de Alexandra, chegou à porta. Com a face pálida, ela pediu às damas que se retirassem, dizendo que a condição do menino era desesperadora. Fora ministrado o último sacramento e o boletim enviado a São Petersburgo fora redigido de modo a dizer que a próxima notícia poderia anunciar a morte de Sua Alteza Imperial, o czarevich.

Foi nessa noite, ao fim de toda esperança, que Alexandra mandou chamar Rasputin. Pediu a Ana Vyrubova para telegrafar-lhe, em Pokrovskoe, na Sibéria, onde morava, pedindo-lhe que rezasse pela vida do filho. Rasputin telegrafou de volta imediatamente: "Deus enviou suas lágrimas e ouviu suas preces. Não se aflija. O pequenino não vai morrer. Não deixem que os médicos o incomodem muito."

Na manhã seguinte, Alexandra chegou à sala de estar, magra e pálida, mas sorrindo. "Os médicos ainda não observaram uma melhora", anunciou, "mas não estou nem um pouco ansiosa agora. A noite passada recebi um telegrama do padre Gregório Rasputin, que me reconfortou completamente." Um dia depois, a hemorragia parou. O menino estava exausto, absolutamente esgotado, mas vivo.

A função do telegrama de Rasputin na recuperação de Alexei em Spala permanece um dos episódios mais misteriosos de sua lenda. Nenhum médico presente jamais relatou isso por escrito. Ana Vyrubova, o elo entre Rasputin e a imperatriz, escreveu sobre o telegrama e a recuperação do menino, sem comentários nem julgamento. Pierre Gilliard, na época um membro menor da casa, para quem muitas portas permaneciam fechadas, sequer menciona o telegrama. Estranhamente, nem Nicolau, escrevendo para a mãe, fala desse dramático telegrama da Sibéria. Seu relato, escrito depois de terminada a aflição, termina assim:

"Em 10 de out. [E.A.] decidimos dar-lhe a sagrada comunhão e seu estado melhorou imediatamente. A temperatura baixou, a dor quase desapareceu e ele caiu rapidamente e pela primeira vez num sono profundo. A comitiva da família recebeu a comunhão e o padre ministrou o sagrado sacramento a Alexei. Nevou todo o dia de ontem, mas degelou na noite passada. Estava frio na igreja, mas isso não é nada quando o coração e a alma se rejubilam."

O silêncio do czar sobre o telegrama de Rasputin não significa que não estivesse ciente dele, ou de sua importância para a esposa. Indicava, sim, sua incerteza quanto ao acontecido e sua recusa a se comprometer com a crença em Rasputin, principalmente numa carta à mãe. Maria considerava Rasputin uma fraude, e uma carta de Nicolau anunciando que Rasputin havia salvo Alexei enviando um telegrama da Sibéria teria deixado pasma a imperatriz viúva. Sabendo disso, Nicolau teve tato suficiente para deixar Rasputin fora do relato.

As evidências remanescentes são escassas. Mosolov estava em Spala, e sugeriu que Fedorov, o cirurgião, poderia ter algo a ver com a cura. A história de Mosolov é que, no auge da crise, Fedorov lhe disse: "Não concordo com meus colegas. É urgentemente necessário tomar medidas muito mais drásticas, mas envolvem risco. Devo dizer isso à imperatriz? Ou será melhor prescrever sem que ela saiba?" Mais tarde, depois que o sangramento cessou, Mosolov perguntou a Fedorov: "Você aplicou o tratamento de que me falou?" Fedorov abanou as mãos. "Se tivesse aplicado, não iria admitir. Você pode ver por si mesmo o que está havendo aqui." A implicação de que Fedorov não fez nada é fortalecida pelo fato de que, naquele mesmo ano, ele disse à grã-duquesa Olga Alexandrovna que "a recuperação foi totalmente inexplicável do ponto de vista médico".

Apesar do que disse Fedorov, há uma explicação médica possível para o episódio. Após um prolongado período de tempo, o sangramento do hemofílico pode parar por si mesmo. Já em 1905, o dr. M. Litten escreveu: "É impossível prever, em qualquer caso individual, quando a hemorragia irá cessar. A grande perda de sangue pode exercer um efeito benéfico para a constrição da hemorragia. A anemia no cérebro produz desmaios acompanhados de uma redução da pressão sanguínea, e a hemorragia cede pouco depois. Por outro lado, ocasionalmente, ela persiste por tanto tempo que o paciente pode sangrar até morrer."

Hoje, muito antes que o hemofílico atinja esse estado, a hemorragia é neutralizada com transfusão de plasma. Contudo, se não houver disponibilidade de plasma, os hematologistas concordam que o hemofílico pode se ver na situação descrita.

Dado que a crise em Spala é tão obscura e, no entanto, de tamanha importância para o que aconteceu depois, torna-se necessário examinar todas as explicações possíveis. Nesse contexto, é razoável especular que a chegada do telegrama de Rasputin teve, por si só, um efeito benéfico na desesperada situação clínica.

Para começar, um trecho do telegrama de Rasputin — "Não deixem que os médicos o incomodem muito" — foi um excelente conselho clínico. Quatro médicos hesitantes rondando o leito, ansiosos, verificando a temperatura, mexendo na perna e na virilha de Alexei, provavelmente impediam a total ausência de trauma de que ele tanto precisava. A formação gradual de uma coagulação, ainda frágil, poderia facilmente ser desfeita no decorrer dos frequentes exames médicos. Quando pararam de mexer em Alexei, ou porque desistiram, ou devido ao conselho de Rasputin à imperatriz, o efeito só pode ter sido benéfico.

Há outra possibilidade a considerar, mais difusa, porém importante. Já se suspeitava de que a emoção tem influência no sangramento. Recentemente, a hipótese ganhou força. Em 1957, o dr. Paul J. Poinsard, do Jefferson Hospital, na Filadélfia, apresentou num simpósio sua hipótese de que "o paciente hemofílico sangra mais profusamente sob condição de tensão emocional". Desenvolvendo sua tese, o dr. Poinsard prosseguiu: "A tranquilidade emocional, com sensação de bem-estar, parece conduzir a um sangramento menos severo e menos frequente do que no sujeito emocionalmente perturbado."

No momento em que o telegrama de Rasputin chegou a Spala, Alexandra, a única pessoa com quem Alexei, semiconsciente, tinha forte comunicação emocional, estava em estado de histeria desenfreada, apesar de exausta. Alexei deve ter sentido seu medo e desespero. Talvez, conforme sugerido pelo dr. Poinsard, seu estado estivesse sendo afetado pelo dela. Se assim era, a súbita mudança causada pelo telegrama de Rasputin pode também ter afetado Alexei. Por si só, a nova aura de calma e confiança provavelmente não teria feito cessar a hemorragia, mas, aliada à redução natural da pressão sanguínea e à lenta formação da coagulação, pode ter contribuído. Pode até, como Alexandra acreditou, ter sido o fator que virou a maré da morte.

Seja qual for a causa, todos — médicos, membros da corte, grã-duquesas, as pessoas que acreditavam em Rasputin e as que o odiavam — reconheceram que havia ocorrido uma notável e assombrosa coincidência. Apenas para uma pessoa, o mistério não era misterioso. Em sua mente, Alexandra entendia claramente o que acontecera. Para ela, parecia muito natural que, depois que os médicos russos haviam falhado, depois que suas horas de preces não haviam sido atendidas, seu apelo a Rasputin trouxera a intervenção de Deus e um milagre acontecera. A partir de então, Alexandra teve a convicção inabalável de que a vida de seu filho estava nas mãos de Rasputin.

Uma vez encerrada a crise, a casa imperial retomou rapidamente suas ocupações normais. Nicolau recebia os ministros para discutir a guerra da Sérvia e da Bulgária contra a Turquia, caçava, jogava tênis, caminhava pelas florestas e remava no rio. Levou Ana Vyrubova para passear num bote, que bateu numa pedra na correnteza e quase virou.

Mas para os dois mais intimamente envolvidos naquele tormento, a recuperação foi lenta. Durante semanas, Alexandra e Alexei permaneceram juntos no quarto dele. Ele na cama, recostado em travesseiros, e ela numa cadeira ao seu lado, lendo em voz alta ou tricotando. "Devo avisá-la de que, segundo os médicos, a recuperação de Alexei será muito lenta", Nicolau escreveu a Maria. "Ele ainda sente dor no joelho esquerdo, e não consegue dobrá-lo. Tem que ficar apoiado num travesseiro. Mas isso não preocupa os médicos, pois o principal é que o processo de absorção interna continua, e por isso a completa imobilidade é necessária. Sua compleição está boa agora, mas já esteve cor de cera, suas mãos, pés, rosto, tudo. Ficou terrivelmente magro, mas agora os médicos o estão empanturrando de tudo quanto há."

Um mês depois, Alexei havia se recuperado o suficiente para ser levado de volta a Tsarskoe Selo. Por ordem da imperatriz, a estrada da casa até a estação fora nivelada de modo a não haver o menor abalo. Na viagem de volta, o trem imperial foi se arrastando a 25 quilômetros por hora.

Quase um ano se passaria antes que Alexei pudesse andar novamente. Durante meses sua perna esquerda, dobrada contra o peito, não esticava. Os médicos colocaram um triângulo com lados deslizantes, que podia ser ajustado em vários pontos, conforme a perna permitia. Pouco a pouco, o triângulo foi sendo aberto à medida que a perna esticava. Mas mesmo um ano depois, em Livadia, Alexei ainda era tratado com banhos de lama para curar a coxeadura adquirida em Spala. Em todo esse tempo, em fotos oficiais, o herdeiro posava sentado ou em degraus para que a perna curvada parecesse normal.

Depois de Spala, Alexei se tornou uma criança mais séria, mais reflexiva e com maior consideração pelas pessoas. Para um garoto de 8 anos, o fato de seu pai ser um autocrata, reinando sobre milhões de pessoas, chefe do maior império da terra, e mesmo assim não ter o poder de fazer passar a dor que ele sentia na perna era uma questão a considerar. Para Alexandra, Spala foi a suprema experiência religiosa. Por um tempo que parecera uma eternidade, ela vivera no inferno. O poder que deu fim ao inferno e salvou seu filho foi um sinal dos céus. Abaixo desse sinal, estava Gregório Rasputin.

✤15✤

RASPUTIN

Havia muito de repulsivo em Rasputin. Quando apareceu pela primeira vez nos mais elegantes salões de São Petersburgo, em 1905, o anunciado "milagreiro" siberiano tinha trinta e poucos anos, era musculoso, espadaúdo, de altura mediana. Vestia-se toscamente, com camisas largas de camponês e calças bufantes, enfiadas em pesadas botas grosseiras de couro cru. Era sujo. Acordava, dormia e acordava de novo sem sequer se lavar ou trocar de roupa. Suas mãos eram encardidas, as unhas negras e a barba desgrenhada, incrustada de detritos. Seus cabelos, longos e oleosos, mal repartidos no meio, caíam em mechas ralas pelas costas. Como era de esperar, exalava um odor acre.

Para suas devotas, esses detalhes não tinham a menor importância. Mulheres que o achavam asqueroso descobriram depois que o asco era uma sensação nova e excitante, que o camponês rústico e malcheiroso era uma variação sedutora da superabundância de oficiais de cavalaria e cavalheiros de sociedade perfumados e arrumadinhos. Outras, menos sensuais, racionalizavam que sua aparência bruta era um sinal certo de espiritualidade. Se não fosse um homem sagrado, diziam a si mesmas, esse mujique maltrapilho não estaria aqui entre nós. Satisfeitas com essa conclusão, elas iam somando suas vozes ao coro crescente e entoando que Rasputin era realmente um homem de Deus.

Os olhos de Rasputin eram seu traço mais marcante. Amigos e inimigos concordavam com seu estranho poder. Ana Vyrubova, que idolatrava Rasputin, o descrevia com uma "face pálida, cabelos longos, barba descuidada e os olhos mais extraordinários, grandes, claros, brilhantes". O monge Iliodor, que odiava Rasputin, descrevia seus "olhos de aço cinzento, encravados sob sobrancelhas grossas que quase despencavam com os ciscos". Paléologue, que tinha que considerar Rasputin um fenômeno político, também reparou em seus olhos: "Rasputin era moreno, com longos cabelos duros, uma espessa barba preta, testa alta, nariz largo e proeminente, e boca sensual. A expressão total de sua personalidade, porém, estava concentrada em seus olhos. Eram azul-claros, de excepcional brilho, profundidade e atração. Seu olhar era ao mesmo tempo penetrante e acariciante, inocente e perspicaz, distante e intenso. Quando estava numa conversa séria, suas pupilas pareciam irradiar magnetismo. Levava consigo um forte cheiro de animal, como o cheiro de um bode."

Era difícil resistir ao poder do olhar fixo de Rasputin. Homens e mulheres que foram conhecê-lo por curiosidade ficaram fascinados, seduzidos e atraídos pelos olhos faiscantes e a vontade urgente, misteriosa por trás daqueles olhos. O príncipe Yussoupov, que assassinou Rasputin, foi procurá-lo declarando friamente que estava doente, a fim de aprender mais sobre seus métodos de "cura".

"O *starets* me fez deitar num sofá", Yussoupov escreveu mais tarde. Depois, fixando intensamente os olhos em mim, passou gentilmente a mão sobre meu peito, pescoço e cabeça, após o que se ajoelhou, pousou as duas mãos sobre minha testa e murmurou uma oração. Seu rosto estava tão perto do meu que eu só via seus olhos. Ficou nessa posição por algum tempo, e depois, levantando-se bruscamente, fez passes mesméricos sobre meu corpo.

"Rasputin tinha um tremendo poder hipnótico. Senti como se alguma energia ativa jorrasse calor, como uma corrente quente, por todo o meu ser. Caí num torpor e meu corpo ficou dormente; tentei falar, mas minha língua já não me obedecia e gradualmente entrei num estado de sonolência, como se me tivessem ministrado um poderoso narcótico. Só conseguia ver os olhos faiscantes de Rasputin, duas contas fosforescentes de luz se fundindo num grande anel luminoso, que às vezes chegava mais perto, outras vezes se afastava. Ouvi a voz do *starets*, mas não consegui entender o que ele dizia.

"Permaneci nesse estado, sem ser capaz de gritar nem me mover. Apenas minha mente estava livre, e percebi que ia caindo gradualmente sob o poder desse homem maligno. Então, senti acender-se em mim a vontade de lutar contra a hipnose. Pouco a pouco, o desejo de resistir foi crescendo, cada vez mais forte, formando uma armadura em torno de mim. Eu tinha a sensação de que uma batalha cruel se travava entre mim e Rasputin. Sabia estar impedindo-o de ter completo domínio sobre mim, mas ainda não conseguia me mover, tive que esperar até ele me dar ordem de levantar." Rasputin encerrou a sessão dizendo: "Bem, meu querido, é o bastante para a primeira vez."

Uma história contada por Fülöp-Miller, biógrafo de Rasputin, indica a estranha dualidade da natureza de Rasputin:

"Uma jovem que ouvira falar do estranho santo veio de sua província para a capital e foi vê-lo em busca de... orientação espiritual. Seu gentil olhar monástico e os cabelos castanhos mal repartidos... desde o princípio lhe inspiraram confiança. Mas quando ele chegou mais perto, ela sentiu imediatamente que outro homem bem diferente, misterioso, ardiloso e corruptor olhava por detrás dos olhos que irradiavam bondade e gentileza.

"Ele se sentou de frente, muito perto dela, e seus claros olhos azuis mudaram de cor, se tornaram profundos e escuros. Um olhar intenso a atingiu, nela se aninhou e a deixou fascinada. Um peso de chumbo apossou-se de seus membros, e o rosto dele, grande, vincado, distorcido de desejo, aproximou-se do dela. Ela sentiu sua respiração quente no rosto e viu seus olhos, ardendo nas profundezas das órbitas, vagarem sobre seu corpo indefeso, até ele fechar as pálpebras com uma expressão sensual. Sua voz baixara para um sussurro apaixonado e ele murmurava estranhas palavras voluptuosas no ouvido dela.

"Quando estava a ponto de se abandonar ao sedutor, uma lembrança despertou dentro dela... lembrou-se de que fora perguntar a ele sobre Deus... acordou gradualmente... o peso desapareceu... ela se debateu... Ele sentiu imediatamente aumentar sua resistência interna, seus olhos semicerrados se abriram, ele se levantou, curvou-se sobre ela... e pressionou seus lábios na testa dela num beijo terno, sem paixão, paternal. Seu rosto distorcido de desejo suavizou-se novamente e era mais uma vez a face bondosa do professor ambulante. Falou com a visitante num tom benevolente, paternalista, com a mão direita levada à testa, em posição de bênção. Ficou diante dela na atitude em que Cristo é representado nos antigos ícones russos. Seu olhar era novamente gentil e amigável, quase humilde, e somente no fundo daqueles olhinhos ainda espreitava, quase invisível, o outro homem, a besta sensual."

Rasputin concentrava seus olhos não só em mulheres febris, mas também em ministros do governo imperial. A pedido da imperatriz, ele foi até o palácio e foi recebido por dois primeiros-ministros sucessivos, Piotr Stolypin e Vladimir Kokovtsov.

Um homem de grande força e determinação, Stolypin mais tarde relatou a visita de Rasputin a seu amigo Miguel Rodzianko, presidente da Duma. "Ele [Rasputin] correu os olhos pálidos sobre mim, murmurou palavras misteriosas e inarticuladas das Escrituras, fez movimentos estranhos com as mãos e comecei a sentir um ódio indescritível daquele verme sentado à minha frente. Ainda assim, percebi que o homem possuía um grande poder hipnótico, que começava a produzir em mim uma forte impressão moral, embora certamente de repulsa. Eu me recompus..."

A mesma cena, num grau notavelmente semelhante, repetiu-se com o sucessor de Stolypin, Kokovtsov: "Quando Rasputin entrou em meu gabinete e se sentou numa cadeira de braços, senti o impacto da repulsiva expressão de seus olhos", Kokovtsov escreveu. "Muito fundos e juntos, ele grudaram em mim por um longo tempo, Rasputin não os desviava, como se tentasse exercer alguma influência hipnótica. Quando o chá foi servido, Rasputin encheu a mão de biscoitos, jogou-os dentro do chá e voltou a fixar em mim os olhos de lince. Eu estava ficando cansado de suas tentativas de hipnotismo e disse a ele com todas as letras que não adiantava me olhar com tanta força porque seus olhos não tinham o menor efeito sobre mim."

Tanto Stolypin como Kokovtsov saíram das entrevistas convencidos de que pelo menos haviam triunfado sobre o mujique siberiano. Na verdade, ambos tinham selado seu destino político. As entrevistas haviam sido programadas por Alexandra para que Rasputin avaliasse os dois ministros. Ao deixar cada um deles, Rasputin contou-lhe que nenhum dos dois lhe dera atenção, nem à vontade de Deus. A partir desses relatórios, que ambos ignoravam, a reputação dos dois, os melhores primeiros-ministros que a Rússia já tivera, começou a declinar.

Os olhos de Rasputin eram a base de seu poder, mas quando lhe falhavam, ele era rápido em usar sua língua persuasiva.

A ascensão de Gregório Rasputin teria sido impossível em outro país que não a Rússia. Mesmo na Rússia, camponeses com odor pungente, desgrenhados, semianalfabetos não costumavam tomar chá com primeiros-ministros. No entanto, nem Kokovtsov nem Rasputin consideraram a cena tão bizarra quanto nos parece hoje. Não era, como alguém disse, "como se Og entrasse na Casa Branca".

Rasputin chegou a São Petersburgo como *starets*, um homem de Deus que vivia na pobreza, em ascetismo e solidão, oferecendo-se como guia de outras almas em momentos de comoção e angústia. Às vezes, como nesse caso, o *starets* era também um *strannik*, um andarilho que levava sua pobreza e sua oferta de orientação perambulando de um lugar a outro. Esses tipos, a Rússia sabia reconhecer. Em sua história, bandos de peregrinos empobrecidos atravessavam as estepes, de aldeia em aldeia, de mosteiro em mosteiro, vivendo do que os camponeses e monges pudessem lhes dar. Muitos ascetas caminhavam descalços no inverno ou enrolavam grossas correntes nas pernas. Alguns pregavam, outros apregoavam poderes de cura. Se a Igreja Ortodoxa os apanhasse pregando heresias, iam para a prisão, mas sua pobreza e sacrifício geralmente faziam com que parecessem mais sagrados do que os padres locais.

Todos os russos ouviam esses homens sagrados. Para os camponeses iletrados, que nunca tinham ido além do rio mais próximo, eles falavam de cidades colossais, terras estrangeiras, curas misteriosas e milagres de Deus. Até os russos cultos os tratavam com respeito. Em seu livro *Os irmãos Karamazov*, Dostoiévski escreveu: "O *starets* é aquele que leva nossa alma e nossa vontade, e as faz dele. Quando escolhemos nosso *starets*, entregamos nossa vontade. Damos a vontade a ele em absoluta submissão, em renúncia total." Pouco antes de morrer, o conde Leon Tolstoi foi se aconselhar com o venerando *starets* de Optina Poustin. Tradicionalmente, os trapos que vestiam, as correntes, a clara renúncia às coisas do mundo davam a esses homens liberdades que outros não tinham. Eles podiam admoestar os poderosos e às vezes até os próprios czares.

Rasputin era um *starets* fraudulento. Muitos eram velhos homens santos que deixaram para trás todas as tentações e bens mundanos. Rasputin era jovem, casado e com três filhos, e seus amigos poderosos mais tarde lhe compraram a casa mais grandiosa de sua aldeia. Sua mente era impura e seu comportamento moral, grosseiro. Mas tinha, em enorme profusão, os acessórios dramáticos da santidade. Além dos olhos ardentes, tinha a língua fluente. Sua cabeça era cheia das Escrituras, e sua voz profunda, poderosa, fazia dele um pregador irresistível. Ademais, havia percorrido a Rússia de cima a baixo, e feito duas peregrinações à Terra Santa. Apresentava-se como um humilde penitente, um homem de muitos pecados que fora perdoado e comandado a fazer o trabalho de Deus. Era um comovente símbolo de sua humildade – dizia o povo – manter o apelido de "Rasputin", adquirido quando jovem em sua aldeia natal. "Rasputin" significa "dissoluto".

Seu nome de nascimento era Gregório Efimovich, filho de Efim, um fazendeiro que havia sido cocheiro do Correio Imperial. Nasceu no ano de 1872, portanto tinha 33 anos quando conheceu a família imperial, e 44 quando morreu. Seu local de nascimento foi Pokrovskoe, uma aldeia no rio Tura, no oeste da Sibéria, 400 quilômetros a leste dos montes Urais. Era uma terra dura, varrida pelos ventos, onde a temperatura no inverno chegava a 40 graus abaixo de zero. Para sobreviver eram precisos muita força e muito trabalho físico. O clima e o isolamento afetavam a mente, e vinham mais místicos, mais homens santos e mais seitas excêntricas da Sibéria do que de qualquer outra parte da Rússia.

Diz uma história que, quando menino, Gregório ensaiou sua primeira profecia. Ele estava de cama, com febre, e um grupo de aldeões se reuniu na casa de seu pai para falar sobre o roubo de um cavalo. Gregório se levantou da cama, excitado, e apontou o dedo para um camponês dizendo que ele era o ladrão. Indignado, o camponês negou, e Gregório levou uma surra. Naquela noite, porém, alguns camponeses desconfiados seguiram o acusado e o viram pegar o cavalo num abrigo na floresta. Gregório adquiriu uma modesta reputação local de vidente, algo sensacional para um garoto de 12 anos.

Quando jovem, o vidente virou libertino. Bebia, brigava e assediava as moças da aldeia. Foi carroceiro, levando mercadorias e passageiros a outras aldeias, uma ocupação que ampliava seu território de conquistas. Bem-falante, seguro de si, abordava todas as mulheres que encontrava. Seu método era direto: agarrava e ia desabotoando as roupas. Naturalmente, era muito chutado, arranhado e mordido, mas a quantidade de tentativas resultava em um notável sucesso. Aprendeu que, até na mais tímida e pudica das moças, o vazio e a solidão da vida na Sibéria geravam um palpitante apetite de romance e aventura. O talento de Gregório era estimular esse apetite e superar todas as hesitações por meio de uma agressão direta e bem-humorada.

Numa de suas viagens, Gregório – agora denominado Rasputin por chacota dos vizinhos – conduziu um viajante para o mosteiro de Verkhoturye, um lugar que servia de retiro para monges e também como prisão eclesiástica de sectários heréticos. Rasputin ficou fascinado pelos dois tipos de residentes do local, e lá permaneceu por quatro meses.

A maioria dos confinados em Verkhoturye era de membros da Khlysty, uma seita que acreditava alcançar Deus por meio dos arroubos das relações sexuais. Suas orgias secretas aconteciam nas noites de sábado, em casas bem vedadas com cortinas ou em clareiras no fundo da floresta. Homens e mulheres chegavam vestidos com túnicas de linho branco e cantavam hinos à luz de velas. À medida que as velas iam queimando, todos começavam a dançar, a princípio lentamente, reverentes, depois com muita animação. Numa excitação febril, desnudavam o corpo e se submetiam a chicotadas aplicadas pelo líder da seita. No auge do frenesi, homens e mulheres se atiravam uns sobre os outros, a despeito de idade ou graus de parentesco, e atingiam o clímax da devoção em indiscriminadas relações sexuais.

Em anos posteriores, os inimigos de Rasputin o acusaram de ser membro da seita Khlysty. Se tivessem conseguido comprovar isso, até a imperatriz teria ficado chocada. Mas nunca houve provas. O máximo que se podia provar – e Rasputin admitia abertamente – era que, assim como os membros da Khlysty, ele acreditava que o primeiro passo para a santidade era pecar.

Pouco depois de voltar a Pokrovskoe, Rasputin, que mal tinha completado 20 anos, casou-se com uma camponesa loura quatro anos mais velha que ele. Em toda a sua vida, mesmo no auge da notoriedade, sua esposa, Praskovie, nunca saiu da aldeia de Pokrovskoe. Ela sabia de seu lado mulherengo e nunca se queixou. "Ele tem bastante para todas", ela dizia, com um estranho orgulho. Deu-lhe quatro filhos, dois meninos e duas meninas. O primeiro morreu ainda bebê, e o outro era deficiente mental. As duas filhas, Maria e Varvara, foram morar com o pai e estudaram em São Petersburgo.

Para sustentar a família, Rasputin foi trabalhar na fazenda. Um dia, no arado, pensou ter tido uma visão e comunicou que havia recebido ordem de fazer uma peregrinação. Seu pai riu. "Gregório virou peregrino por preguiça", comentou Efim. Mas Gregório começou a caminhar e percorreu três mil quilômetros até o mosteiro de monte Athos, na Grécia. Ao fim de dois anos, quando retornou, trazia uma aura de mistério e santidade. Passou a rezar muito, a abençoar os camponeses, a ajoelhar à beira da cama dos doentes, suplicando bênçãos. Parou de beber e refreou seus impulsos com as mulheres. Começaram a falar que

Gregório Rasputin, o devasso, era um homem próximo de Deus. O padre da aldeia, ameaçado pelo surgimento repentino de um jovem e vigoroso homem santo em sua área, sugeriu heresia e falou em promover uma investigação. Sem vontade de discutir e entediado com a vida em Pokrovskoe, Rasputin deixou a aldeia e se pôs novamente a perambular.

O primeiro aparecimento de Rasputin em São Petersburgo ocorreu em 1903 e durou cinco meses. Mesmo na capital, longínqua e sofisticada, sua reputação o precedeu. Diziam que era um estranho mujique siberiano que, tendo pecado e se arrependido, fora abençoado com poderes extraordinários. Como tal, ele foi recebido pelo mais famoso religioso da cidade, padre João de Kronstadt. João era uma santa figura, famoso pelo poder de suas orações. Sua igreja em Kronstadt era ponto de peregrinações da Rússia inteira. Tinha sido confessor de Alexandre III e ficou com a família à beira do leito de morte do czar, em Livadia. Ser recebido por esse padre tão venerado por toda a Rússia era um passo impressionante no progresso de Rasputin.

Em 1905, Rasputin voltou a São Petersburgo. Dessa vez, foi levado ao encontro do idoso arquimandrita Teófano, inspetor da Academia Teológica de São Petersburgo e ex-confessor da imperatriz Alexandra. Assim como padre João, ele ficou impressionado com o aparente fervor de Rasputin e providenciou para que ele encontrasse outro clérigo de alta posição, o bispo Hermógenes de Saratov. Com todos esses padres e bispos, a atitude de Rasputin era a mesma. Ele se recusava a se curvar e os tratava com alegria e um bom humor espontâneo, como se fossem amigos e seus iguais. Espantados com esse igualitarismo e sincera simplicidade, eles também foram seduzidos por seu óbvio talento de pregador. Ele lhes parecia um fenômeno concedido à Igreja, e ao qual a Igreja, então tentando estender suas raízes entre os camponeses, poderia dar valiosa utilidade. E o receberam como um autêntico *starets*.

Além da bênção dos santos padres da Igreja, Rasputin começou sua vida na capital com o respaldo de duas damas da mais alta sociedade, as princesas irmãs Montenegrin, grã-duquesa Militsa e grã-duquesa Anastácia. Filhas do rei Nicolau I, as duas se casaram com primos do czar Nicolau II, e ambas eram sérias praticantes do ramo de misticismo pseudo-oriental em voga em muitos dos mais elegantes salões da capital. Entediada com a velha rotina ortodoxa tradicional, essa camada superior da sociedade buscava significado e sensação no oculto. Na atmosfera decadente de carteado e ouro das mesas de pano verde, de casais inebriados de champanhe dançando a noite inteira, de troicas galopantes, de apostas de fortunas nas corridas, os médiuns e videntes proliferavam. Grão-duques e príncipes se reuniam em torno de mesas em salas fechadas para sessões espíritas, tentando ansiosamente se comunicar com o outro mundo. Em salas escuras, ouviam-se batidas nas mesas, vozes estranhas, e diziam que as mesas se elevavam e flutuavam no ar. Numerosas mansões tinham seus próprios fantasmas domésticos. Passos soavam, portas estalavam e ouvia-se uma mesma melodia tocada ao piano por mãos invisíveis cada vez que um membro da família estava morrendo. Rasputin, que tanto impressionara os beatos da Igreja, era recebido com o mesmo entusiasmo nessa confraria do oculto.

Foi a grã-duquesa Militsa que levou Rasputin a Tsarskoe Selo. A data fatídica, 1º de novembro de 1905 [E.A.], está registrada numa anotação no diário de Nicolau: "Conhecemos um homem de Deus, Gregório, da província de Tobolsk." Um ano depois, Nicolau escreveu: "Gregório chegou às 18:45. Viu as crianças e conversou conosco até as 19:45." E depois: "Militsa e Stana [grã-duquesa Anastácia] jantaram conosco. Falaram a noite inteira sobre Gregório."

Na verdade, Rasputin não era o primeiro "homem santo" levado ao palácio pela grã-duquesa Militsa. Em 1900, quando Alexandra estava desesperada para dar ao marido um herdeiro, Militsa lhe falou da existência de um místico francês, um "médico da alma" chamado Philippe Vachot. Vachot havia começado como assistente de um açougueiro em Lyon, mas achou mais fácil a vida de curandeiro místico. Muitos acreditavam que ele podia determinar o sexo de uma criança por nascer. Isso não impressionou as autoridades francesas, que por três vezes o processaram por praticar a medicina sem licença. Em 1901, Nicolau e Alexandra foram à França e Militsa arranjou-lhes um encontro com Vachot. Ele se mostrou um homenzinho meio infantil, de testa alta e olhos penetrantes. Quando o casal imperial voltou para a Rússia, Vachot foi junto, como parte da bagagem.

Infelizmente para Vachot, o bebê seguinte da imperatriz foi uma menina, Anastácia. Em 1903, Vachot declarou que a imperatriz estava grávida e teria um menino. Ela sequer estava grávida e o prestígio de Vachot despencou. Desesperada, Alexandra foi convencida a desistir e Vachot foi despachado para casa, regiamente remunerado, e morreu na obscuridade. Mas antes de ir embora ele disse à imperatriz: "Um dia, a senhora terá outro amigo como eu, que vai lhe falar de Deus."

A princípio, a recepção a Rasputin no palácio causou poucos comentários. Suas credenciais, com aval de todas as fontes, eram impecáveis. Tinha a bênção dos mais santos homens da Igreja, padre João e o arquimandrita Teófano haviam aconselhado a imperatriz a conversar com o piedoso camponês, apresentado pelos mais altos círculos sociais da capital.

Nenhuma dessas pessoas, porém, imaginava o grau de intimidade com que Rasputin viria a ser recebido no palácio. Geralmente, ele chegava uma hora antes do jantar, quando Alexei estava brincando no chão, já vestido com seu roupão azul, antes de ir para a cama. Rasputin chegava, sentava-se ao lado do menino e lhe contava histórias de viagens, de aventuras e velhos contos russos. Contava histórias do cavalo corcunda, do cavaleiro sem pernas e do cavaleiro sem olhos, de Alyonushka e Ivanuska, da czarina traidora que foi transformada numa pata branca, das maldades da Baba Yaga, do czarevich Vasily e da linda princesa Elena. Muitas vezes, as meninas, a imperatriz e o próprio czar se sentavam para ouvir.

Foi numa dessas noites, no outono de 1907, que a grã-duquesa Olga, a irmã mais nova do czar, conheceu Rasputin. Nicolau lhe disse "Quer conhecer um camponês russo?", e Olga foi com ele ao quarto das crianças. Ali, as quatro meninas e seu irmãozinho, todos de roupão branco, esperavam para deitar. No meio do quarto, estava Rasputin.

"As crianças pareciam gostar dele", disse Olga. "Ficavam completamente à vontade com ele. Ainda me lembro que o pequeno Alexei [então com 3 anos], pulava para lá e para cá, dizendo que era um coelho. Então, de repente, Rasputin pegou a mão do menino e o levou para o quarto, e nós três os seguimos. Havia algo como um silêncio, como se estivéssemos na igreja. No quarto de Alexei, nenhuma lâmpada estava acesa; a única iluminação vinha de velas diante de belos ícones. A criança ficou muito quieta ao lado do gigante, que estava de cabeça baixa. Eu sabia que ele estava rezando. Era tudo muito impressionante. Sabia também que meu sobrinho o acompanhava na oração. Não sei como descrever – mas senti a sinceridade do homem... Entendi que tanto Nicky como Alicky esperavam que eu gostasse de Rasputin..."

O jeito de Rasputin com Nicolau e Alexandra era exatamente de acordo com seu papel. Era respeitoso, mas não servil, sentia-se à vontade para dar gargalhadas e criticar abertamente, embora engrandecesse seu linguajar com citações da Bíblia e antigos provérbios russos. Não se referia aos soberanos como Sua Majestade ou Sua Majestade imperial, mas como *Batiushka* e *Matushka*, o paizinho e a mãezinha dos camponeses. Assim, ele acentuava os contrastes entre ele, o homem de Deus e representativo do povo russo, e as refinadas figuras da corte e da sociedade que Alexandra desprezava.

Tanto Nicolau quanto Alexandra falavam abertamente com Rasputin. Para o czar, Rasputin era exatamente o que descrevera para sua irmã, "um camponês russo". Certa vez, falando com um oficial da guarda, Nicolau definiu: "Ele [Rasputin] é apenas um russo bom, religioso e simplório. Quando estou com um problema, ou tomado pela dúvida, gosto de conversar com ele, e invariavelmente me sinto em paz comigo mesmo." Para Alexandra, Rasputin se tornou bem mais importante. Gradualmente, ela foi se convencendo de que o *starets* era um emissário de Deus para ela, para seu marido e para a Rússia. Possuía todos os apetrechos. Era um camponês dedicado ao czar e à fé ortodoxa, e assim representava o triunvirato histórico: czar-povo-Igreja. Além disso, como prova irrefutável de sua missão divina, Rasputin era capaz de ajudar seu filho.

Essa era a chave. "Foi a doença do menino que trouxe Rasputin ao palácio", escreveu Sir Bernard Pares. "Qual era a natureza da influência de Rasputin no círculo familiar?", Pares pergunta. "A base de tudo era que ele realmente podia dar alívio ao menino, e sobre isso não havia a menor dúvida." As testemunhas concordam. "Chamem do que quiserem", afirmou Alexandra Tegleva, a última babá de Alexei, "ele [Rasputin] podia prometer à imperatriz a vida do menino enquanto vivesse." Mosolov, funcionário da corte, escreveu sobre o "incontestável sucesso de cura" de Rasputin. Gilliard atesta que "a presença de Rasputin no palácio estava intimamente ligada à doença do príncipe. Ela [Alexandra] achava que não tinha escolha. Rasputin era o intermediário entre ela e Deus. As preces dela não haviam obtido resposta, mas as dele pareciam ter". Intrometendo-se na família após a morte de Rasputin, Kerensky declarou que "era fato que mais de uma vez, diante dos olhos do czar e da czarina, o aparecimento de Rasputin ao lado do leito do aparentemente moribundo Alexei produziu uma mudança crítica".

O que, exatamente, Rasputin fazia? A crença comum, nunca comprovada, é que Rasputin usava seus olhos extraordinários para hipnotizar o czarevich e, com o menino em estado hipnótico, usava a sugestão para parar o sangramento. Em termos médicos, não pode ter sido simples assim. Nenhum médico da área aceita a possibilidade de que a hipnose por si só possa estancar uma hemorragia grave. No entanto, há uma forte corrente de opinião respeitável que acredita que a hipnose, usada adequadamente, pode ter uma função no controle do sangramento hemofílico.

"Rasputin tomou o império fazendo cessar o sangramento do czarevich", escreveu o geneticista inglês J. B. S. Haldane. "Talvez fosse impostura, mas também é possível que, por meio do hipnotismo ou de um método similar, ele fosse capaz de produzir uma contração de pequenas artérias. Estas últimas são colocadas sob a regulação do sistema nervoso [autônomo] e, embora não sejam normalmente controladas pela vontade, sua contração pode ser provocada no corpo de um sujeito hipnotizado."*

Se é clinicamente possível que Rasputin pudesse controlar as hemorragias de Alexei com hipnose, historicamente é mais do que incerto que o tenha feito. Stephen Beletsky, diretor do Departamento de Polícia que monitorava as atividades de Rasputin, declarou que em 1913 Rasputin teve aulas de hipnotismo com um professor em São Petersburgo. Beletsky deu fim às aulas, expulsando o professor da capital. Mas o sucesso de Rasputin com Alexei teve início bem antes de 1913. Se ele usava a hipnose o tempo todo, para que precisava de aulas?

A resposta mais provável a esse mistério deriva de recentes investigações das obscuras conexões entre o funcionamento da mente e do corpo, e entre emoções e saúde física. Na hematologia, por exemplo, comprovou-se que a hemorragia de hemofílicos pode ser agravada, ou

---

* Num período de três anos, 1961-1964, no Jefferson Hospital, na Filadélfia, dr. Oscar Lucas usou a hipnose para extrair 150 dentes de pacientes hemofílicos sem transfusão de uma única unidade de plasma. Normalmente, a extração de dentes de hemofílicos significa uma operação importante, exigindo a transfusão de dezenas de unidades de plasma durante vários dias após a operação. Lucas usa a hipnose em seu trabalho basicamente para dissipar o medo que os hemofílicos naturalmente sentem frente a uma cirurgia e o consequente sangramento. "Um paciente emocionalmente tranquilo tem menos dificuldade com sangramentos do que um aflito", Lucas explica. "O sangramento engendra o medo e o medo do sangramento é consideravelmente maior nos hemofílicos do que nos não hemofílicos. A ansiedade resultante pode ser evitada por meio da hipnose." Geralmente, Lucas suprimia a ansiedade pedindo aos pacientes que se lembrassem de experiências agradáveis. Um paciente se divertiu enormemente durante uma cirurgia, remetendo-se a um campo de beisebol no clima emocionante do começo de um jogo decisivo. Quer Rasputin de fato hipnotizasse o czarevich, quer não, a distração de um norte-americano contemporâneo ao se ver assistindo a um empolgante jogo de beisebol não pode ser muito diferente da que um menino russo encontraria ouvindo histórias e lendas dramáticas, contadas por um misterioso andarilho. É interessante notar que Lucas achou a inspiração para aplicar a hipnose em seu trabalho depois que leu sobre Rasputin.

mesmo induzida espontaneamente, pelo estresse emocional. Raiva, ansiedade, ressentimento e constrangimento provocam um aumento do fluxo nos menores vasos sanguíneos, os capilares. Ademais, há evidências de que emoções extenuantes podem afetar adversamente a força e a integridade das paredes capilares. Como estas tendem a se tornar mais frágeis e se romper sob estresse ao mesmo tempo que tentam conter um aumento do fluxo de sangue, a probabilidade de um sangramento anormal aumenta.

Há o lado oposto dessa proposição. Existe forte suspeita de que a diminuição do estresse emocional tenha um efeito benéfico sobre o sangramento. Quando calma e sensação de bem-estar retornam ao paciente, o fluxo sanguíneo diminui e a força das paredes vasculares aumenta. Nesse contexto, a pergunta se Rasputin hipnotizava o czarevich se torna uma questão de grau. Se, tecnicamente, não era hipnose o que ele praticava, era de qualquer modo uma poderosa sugestão. O relato do príncipe Yussoupov dá uma indicação desse poder. Quando Rasputin usava seu poder com Alexei, narrando histórias, enchendo o quarto em penumbra com sua voz de comando, ele efetivamente lançava um feitiço sobre um menino avassalado pela dor. E, então, como Rasputin lhe transmitia confiança num tom que não deixava margem a dúvidas, Alexei acreditava que o tormento estava passando, que logo ele andaria de novo e talvez eles fossem juntos ver as maravilhas da Sibéria. A calma e a sensação de bem-estar induzidas por esse poderoso fluxo de linguagem tranquilizadora produziam uma drástica mudança emocional no czarevich. Como se por milagre, a mudança emocional afetava o corpo de Alexei. O sangramento diminuía, a criança exausta adormecia e a hemorragia cessava. Ninguém mais podia fazer isso, nem os pais angustiados, nem os médicos apavorados. Apenas um homem com suprema autoconfiança podia transmiti-la a um menino.

Como qualquer outra explicação, esta é apenas um palpite. Contudo, tem o apoio dos conhecimentos da medicina atual. E é também sugerida por um breve comentário de Maria Rasputin, filha do *starets*: "O poder, a força nervosa que emanava dos olhos de meu pai, de suas mãos excepcionalmente longas e belas, de todo seu ser impregnado de força de vontade, de sua mente concentrada em um desejo... [eram] transmitidos à criança – particularmente nervosa e impressionável – e... de algum modo... a galvanizava. A princípio por meio da emoção, e depois pelo poder da confiança, o sistema nervoso da criança reagia, o envoltório dos vasos sanguíneos se contraía, a hemorragia cessava."

A verdade sobre o efeito de Rasputin sobre o czarevich jamais será conhecida com exatidão. Poucos registros médicos foram escritos sobre esses episódios, e nenhum sobreviveu à revolução. Nem aqueles que eram íntimos da maioria dos segredos estavam bem a par desses dramáticos episódios. A grã-duquesa Olga Alexandrovna, tia do czarevich, declarou: "Não há dúvida quanto a isso [os poderes de Rasputin]. Vi esses efeitos miraculosos com meus próprios olhos, e mais de uma vez. Sei também que os mais famosos médicos da época tiveram que admiti-lo. O professor Fedorov, que estava no auge da carreira e cujo paciente era Alexei, me admitiu em mais de uma ocasião. Mas todos os médicos detestavam Rasputin."

Ocorre, porém, que se Olga viu os "efeitos miraculosos", nunca viu a causa. Ela não via com seus próprios olhos sequer o que acontecia à beira do leito de Alexei. A única experiência que ela cita é essa:

"A pobre criança jazia em dores, manchas escuras sob os olhos, o corpinho todo contorcido e a perna terrivelmente inchada. Os médicos eram simplesmente inúteis... mais assustados do que qualquer um de nós... cochichando entre si... Estava ficando tarde e me persuadiram a ir para o meu quarto. Então, Alicky enviou uma mensagem para Rasputin, em São Petersburgo. A essa altura eu já tinha chegado a meu apartamento, mas de manhã cedo Alicky me chamou para ir ao quarto de Alexei. Eu nem podia acreditar em meus olhos. O menino não só estava vivo, mas bem. Estava sentado na cama, a febre tinha passado, seus olhos estava claros e brilhantes, nenhum sinal de inchaço na perna. Mais tarde, eu soube por Alicky que Rasputin nem tinha tocado na criança, mas simplesmente ficou ao pé da cama e rezou."

Olga pode ter se enganado, tanto com relação à gravidade da hemorragia quanto com a rapidez da recuperação. Mas não necessariamente. Um dos mistérios da doença é que o poder de recuperação das vítimas, especialmente crianças, é extraordinário. Um menino totalmente incapacitado e sofrendo grandes dores pode sarar rapidamente. Uma única noite de sono pode trazer cor a suas faces e brilho a seus olhos. Os edemas recedem mais lentamente e as juntas afetadas podem levar semanas ou meses para voltar ao normal. Mas para observadores como Olga Alexandrovna, a diferença entre a noite e a manhã seguinte pode realmente parecer miraculosa.

A respeito de Rasputin, há quem tenha manifestado ceticismo quanto a qualquer efeito de sua presença. Pierre Gilliard menciona a teoria de que Rasputin era um charlatão esperto, que tinha um cúmplice no palácio. A maior suspeita, é claro, era Ana Vyrubova. Segundo essa teoria, quando Alexei adoecia, Rasputin esperava até o pico da crise. Então, a um sinal da cúmplice, ele aparecia no exato momento em que a crise começava a ceder e levava o crédito pela melhora. Essa teoria, como o próprio Gilliard admite, pressupõe conhecimento médico por parte de Ana Vyrubova, que seus livros subsequentes não revelam. Seria arriscado demais. Se Rasputin fosse chamado cedo demais ou tarde demais, o jogo seria descoberto. O pior dessa teoria é o fato de supor que ela fosse mais leal a Rasputin do que à imperatriz. Evidências esmagadoras negam essa suposição.

Seja o que for que Rasputin fez ou deixou de fazer, só uma pessoa podia realmente julgar sua eficiência. Era a imperatriz Alexandra. Ela acreditava que Rasputin era capaz de deter a hemorragia de Alexei, e que conseguia fazer isso pelo poder da oração. Cada vez que Alexei se recuperava de uma crise, ela atribuía a cura exclusivamente às preces daquele homem de Deus.

❖16❖

O DEMÔNIO SAGRADO

O SUCESSO DE RASPUTIN em Tsarskoe Selo garantiu seu sucesso na sociedade. À medida que sua posição social melhorava, seu guarda-roupa tornava-se mais elegante. As grosseiras camisas de linho cru foram trocadas por camisas de seda colorida, azul-clara, vermelha, violeta e amarelo-clara, algumas bordadas com flores pela própria imperatriz. Calças de veludo negro e botas de pelica substituíram as vestimentas enlameadas do camponês. A correia de couro que usava em volta da cintura deu lugar a cordões de seda com enormes franjas azul-céu ou cereja, macias e ondulantes. Numa corrente em torno do pescoço, Rasputin usava agora uma bela cruz de ouro, presente de Alexandra.

Devidamente paramentado, Rasputin entrava confiante em salas lotadas e imediatamente se tornava o centro das atenções. Seus ricos trajes eram um contraste gritante com a cara rude de camponês, os cabelos desgrenhados, a barba emaranhada, o nariz largo marcado de varíola e a pele vincada, castigada pelo tempo. Avançando por entre os convidados, Rasputin pegava as mãos de cada novo conhecido entre suas largas palmas calejadas, fixando o olhar nos olhos do outro. Segurando-o com o olhar, Rasputin começava sua habitual provocação pontilhada de perguntas impertinentes. Quando perguntaram à grã-duquesa Olga Alexandrovna o que mais lhe desagradava em Rasputin, ela citou "sua curiosidade, desenfreada e embaraçosa". Olga tivera uma boa amostra em seu primeiro encontro com Rasputin, em Tsarskoe Selo.

"No *boudoir* de Alicky", Olga escreveu, "tendo conversado com ela e Nicky por alguns momentos, Rasputin esperou que os criados pusessem a mesa para o chá da noite, e então me atacou com as mais impertinentes perguntas. Eu era feliz? Amava meu marido? Por que não tinha filhos? Ele não tinha o direito de fazer essas perguntas, e nem eu respondi. Receio que Nicky e Alicky tenham se sentido muito desconfortáveis. Lembro-me de ter me sentido aliviada ao deixar o palácio aquela noite, dizendo 'Graças a Deus que ele não me seguiu até a estação', quando embarquei em meu vagão particular no trem para São Petersburgo."

Rasputin estava sempre pronto, mesmo em reuniões públicas, a dar conselhos íntimos. Lili Dehn, amiga da imperatriz, conheceu Rasputin no momento em que estava decidindo se acompanhava o marido numa viagem ou se ficava em casa com seu filho pequeno. "Nossos olhos se encontraram", ela escreveu. "... Seus olhos sustentaram os meus, aqueles olhos de aço, brilhantes, que pareciam ler os mais íntimos pensamentos de alguém. Ele se adiantou e pegou minha mão... 'Estás preocupada... Nada na vida vale uma preocupação – *tout passe* –, tu entendes. É a melhor atitude.' Ele ficou sério. 'É necessário ter fé. Somente Deus é tua ajuda. Estás dividida entre teu marido e teu filho. Qual é o mais fraco? Pensas que teu filho é o mais fraco. Não é. Uma criança nada pode fazer em sua fraqueza. Um homem pode fazer muito.'"

Por baixo da elegância, Rasputin continuava a ser o mujique. Exultava com o fato de um camponês ser aceito nos salões luxuosos da aristocracia e ostentava sua origem diante de admiradores coroados. Em meio aos convidados que chegavam da rua e se despojavam de peles e capas de veludo, Rasputin estendia ao lacaio seu longo caftan preto, o manto pobre de idade incerta do camponês. Em conversas corteses, Rasputin usava grosseiras expressões de carroceiro. Não era uma questão de palavras escapulindo acidentalmente; Rasputin as usava com *gusto*, e se divertia com as engolidas em seco que invariavelmente provocava. Gostava de descrever em detalhes a vida sexual dos cavalos, que vira quando criança em Pokrovskoe, e se dirigia a uma bela mulher de vestido bem decotado, dizendo "Venha, minha linda égua". Descobriu que a sociedade ficava tão fascinada com suas histórias e contos da Sibéria quanto a família imperial. Frequentemente, num salão elegante, ele sacudia a cabeça em desaprovação, dizendo "Sim, sim, meus queridos, vocês todos são muito mimados. Venham comigo a Pokrovskoe num verão, à grande liberdade da Sibéria. Vamos apanhar peixes e trabalhar no campo, e então vocês vão aprender realmente a entender Deus". Suas maneiras à mesa deixavam as pessoas horrorizadas. Não há imagem mais vívida do que a descrita por Simanovich, seu ajudante e parceiro, "enfiando as mãos sujas em sua sopa de peixe favorita". No entanto, essa crua confirmação da natureza de Rasputin parecia atrair mais do que repelir. Para uma sociedade cansada, amaneirada, ele era uma diversão exótica.

A princípio, Rasputin andava com cuidado nesse mundo dos ricos. Logo descobriu, porém, que para muitas das mulheres que esvoaçavam em torno dele, seu lado sensual era tão interessante quanto o espiritual. Rasputin reagiu rapidamente. Sua luxúria se acendeu, seus gestos ficaram excitados, sua voz e seus olhos se tornaram sugestivos, lascivos e insinuantes. Suas primeiras conquistas foram fáceis, e as seguintes, mais fáceis ainda. Os rumores sobre suas aventuras amorosas só aumentavam sua misteriosa reputação. Damas da nobreza, esposas de oficiais servindo muito longe, atrizes e mulheres das classes baixas procuravam as carícias brutas, humilhantes do mujique. Fazer amor com o camponês sem banho, de barba suja e mãos imundas era uma sensação nova e excitante. "Ele tinha ofertas demais", comentou Simanovich.

Rasputin facilitava para as damas, pregando sua doutrina pessoal de redenção: a salvação é impossível, a não ser que se alcance a redenção do pecado, e a verdadeira redenção não é alcançada, a não ser que o pecado seja cometido. Em sua própria pessoa, Rasputin oferecia as três coisas: pecado, redenção e salvação. "As mulheres", diz Füllöp-Miller, "encontravam em Gregório Efimovich a realização de dois desejos que até então pareciam irreconciliáveis, a salvação religiosa e a satisfação dos apetites carnais... Como aos olhos de suas discípulas Rasputin era a reencarnação do Senhor, ter relações sexuais com ele, em particular, não podia ser pecado; e essas mulheres encontravam pela primeira vez na vida uma felicidade pura, imperturbada pelos aguilhões da consciência."

Para alguns, a concessão dessa suprema honra pelo padre Gregório era motivo de vanglória, não só das damas, mas também de seus maridos. "Você estaria disposta a ceder a ele?", perguntou um forasteiro, incrédulo, a uma das discípulas de Rasputin. "É claro. Já pertenci a ele, estou feliz e orgulhosa", a dama teria respondido. "Mas você é casada! O que o seu marido diz a isso?" "Ele considera uma grande honra. Se Rasputin deseja uma mulher, todos nós achamos que é uma bênção e uma distinção, tanto nossos maridos quanto nós."

Todos os dias, várias admiradoras vinham ao apartamento de Rasputin para se sentar na sala de jantar, tomar vinho ou chá, fofocar e ouvir a sabedoria do padre. As que não podiam ir se desculpavam, lacrimosas, por telefone. Uma visitante frequente, cantora de ópera, costumava telefonar-lhe apenas para cantar suas músicas favoritas. Rasputin dançava pela sala, segurando o fone na orelha. À mesa, acariciava os braços e cabelos das mulheres sentadas a seu lado. Às vezes, largava o copo de vinho Madeira e punha uma moça no colo. Quando estava inspirado, levantava-se e, na frente de todo mundo, levava a escolhida para o quarto, um *sanctum* que suas adoradoras chamavam de "Santo dos Santos". Lá dentro, se necessário, ele sussurrava no ouvido da parceira palavras de confiança: "Você acha que a estou poluindo, mas não estou. Estou purificando."

Na vertigem do sucesso, sem saber onde parar, Rasputin chegou a fazer avanços com a grã-duquesa Olga. Uma vez, depois do jantar, Olga foi com seu irmão e Alexandra ao chalé de Ana Vyrubova. "Rasputin estava lá", ela escreveu, "e pareceu muito feliz ao me encontrar novamente, e quando a anfitriã saiu da sala por alguns momentos com Nicky e Alicky, Rasputin se levantou, pôs o braço em torno dos meus ombros e começou a alisar meu braço. Eu me afastei imediatamente, e não disse nada. Simplesmente me levantei e fui me reunir aos outros..."

Não muitos dias depois, Ana Vyrubova apareceu corada e desarrumada no palácio de Olga na cidade. Ela pediu à grã-duquesa que recebesse Rasputin novamente, implorando: "Oh, por favor, ele quer tanto vê-la." "Recusei muito prontamente... Ao que me consta, Nicky lidava com o homem somente em função da ajuda que ele dava a Alexei, e isso, como sei muito bem, era verdadeiro."

Embora fossem momentos totalmente inocentes, as visitas de Rasputin ao quarto das crianças no palácio tocaram as jovens filhas do czar com rumores de escândalo. Sob o pretexto de fazer as orações com o czarevich e suas irmãs, Rasputin às vezes ficava nos aposentos de cima depois que as meninas tinham trocado de roupa e já vestiam seus longos robes brancos. Mlle. Tiutcheva, a governanta, horrorizou-se ao ver um camponês olhando suas pupilas e exigiu que o proibissem. Como resultado, Alexandra ficou brava, mas não com Rasputin, e sim com Tiutcheva, que ousava questionar a santidade do homem de Deus. Nicolau, vendo a impropriedade da presença de Rasputin, interveio na disputa e disse a Rasputin que evitasse ir ao quarto de suas filhas. Mais tarde Tiutcheva foi demitida e pôs a culpa no poder de Rasputin sobre a imperatriz. Tiutcheva voltou para Moscou, onde sua família tinha conhecimentos importantes e era especialmente ligada à grã-duquesa Elizabeth, irmã de Alexandra. Enquanto se ocupava em espalhar a história em Moscou, Tiutcheva implorava à grã-duquesa que falasse firmemente com a irmã mais nova, a imperatriz. Ella estava mais do que disposta a isso. Tendo ela mesma se recolhido a um convento, considerava Rasputin um impostor blasfemo e lúbrico. Em cada oportunidade, ela falava com Alexandra, às vezes com gentileza, às vezes com acrimônia, sobre o *starets*. Suas tentativas não surtiram efeito, a não ser criando uma distância entre as duas irmãs, que, com o correr do tempo, ficou tão grande que uma não conseguia mais tocar a outra.

Em 1911, Rasputin causava alvoroço em São Petersburgo. Nem todos os maridos eram *complaisants*, e nem todas as damas gostavam que lhes desabotoassem as roupas. As princesas Montenegrin, grã-duquesa Militsa e grã-duquesa Anastácia, fecharam as portas ao *protégé*. O marido de Anastácia, o grão-duque e soldado Nicolau, jurou "nunca mais ver esse demônio". As duas Montenegrin até foram a Tsarskoe Selo contar à imperatriz sua "triste descoberta" sobre Gregório, e Alexandra as recebeu friamente.

Foi a Igreja que iniciou a primeira investigação formal das atividades de Rasputin e levou ao czar as primeiras reclamações oficiais. Bispo Teófano, o beato inspetor da Academia Teológica, que ficara impressionado com a fé de Rasputin e o recomendara à imperatriz, foi o primeiro a ter dúvidas. Quando as mulheres que tinham cedido ao *starets* começaram a ir se confessar, Teófano foi falar com a imperatriz. Ele tinha sido confessor de Alexandra, e agora comunicava que havia algo temível sobre o "homem santo" que lhe recomendara. Alexandra mandou chamar o *starets* e o interrogou. Rasputin fingiu surpresa, inocência e humildade. O resultado foi que Teófano, insigne teólogo, foi transferido da Academia Teológica para a Crimeia. "Joguei-o na própria arapuca", Rasputin vangloriou-se em surdina.

Depois foi a vez de o metropolitano Antônio falar com o czar sobre Rasputin. Nicolau respondeu que os assuntos privados da família não eram da alçada da Igreja. "Não, Sire", replicou o metropolitano, "isso não é um mero assunto de família, é assunto de toda a Rússia. O czarevich não é seu filho apenas, mas nosso futuro soberano e pertence à Rússia." Nicolau aquiesceu com a cabeça e encerrou a reunião. Mas pouco depois Antônio adoeceu e morreu.

O ataque isolado mais prejudicial a Rasputin partiu de um monge fanático e pretensioso, chamado Iliodor. Ele era ainda mais jovem do que Rasputin, mas havia conquistado fama de orador ardente e multidões acorriam para ouvi-lo aonde quer que fosse. Só por dizer à multidão que desejava construir um grande monastério ("Um dá uma tábua, outro traz um prego enferrujado"), ele atraiu milhares de voluntários, que erigiram um grande convento perto de Tsaritsyn [mais tarde Stalingrado, hoje Volgogrado], na margem do Volga.

De comportamento austero, Iliodor era extremista em sua crença. Pregava a adesão irrestrita à fé ortodoxa e à absoluta autocracia do czar. Contudo, junto com o monarquismo extremado, ele defendia um vago comunismo camponês. O czar deve reinar, dizia ele, mas, sob o autocrata, todos os homens devem ser irmãos, com direitos iguais e sem distinção de títulos ou de classe. Em consequência, Iliodor era tão malquisto por membros do governo, governantes regionais, aristocratas e pela hierarquia da Igreja quanto era popular com as massas.

Em Rasputin, Iliodor viu um aliado. Quando Rasputin lhe foi apresentado, trazido por Teófano, Iliodor apreciou o fervor primitivo manifestado pelo *starets*. Em 1909, Iliodor descobriu a outra face de Rasputin. Convidou-o para ir ao convento perto de Tsaritsyn, e lá, para surpresa de Iliodor, Rasputin correspondia ao respeito e humildade das mulheres que encontravam, agarrando as mais bonitas e lhes dando beijos estalados na boca. De Tsaritsyn, o monge e o *starets* seguiram para Pokrovskoe, terra natal de Rasputin. No trem, Iliodor ficou ainda mais pasmo quando Rasputin, contando bazófias de seu passado, gabou-se abertamente de suas aventuras sexuais, fazendo piadas sobre a inocência de Iliodor, e um relato insolente de suas relações com a família imperial. Disse que o czar se ajoelhou diante dele, dizendo "Gregório, você é o Cristo", e que tinha beijado a imperatriz no quarto das filhas dela.

Quando chegaram a Pokrovskoe, Rasputin comprovou suas fanfarronadas mostrando a Iliodor várias cartas que havia recebido de Alexandra e das crianças. Ele deu várias dessas cartas a Iliodor – pelo menos é o que diz Iliodor –, dizendo "Pode escolher. Só deixe a carta do czarevich. É a única que tenho." Três anos depois, partes dessas cartas da imperatriz a Rasputin começaram a vir a público e se tornaram os documentos incriminatórios básicos da sinistra acusação de que a imperatriz era amante de Rasputin. A mais condenatória é a seguinte:

> Meu amado, inesquecível professor, redentor e mentor! Quão cansativo é sem você! Minha alma fica tranquila e eu sossego somente quando você, meu professor, está a meu lado. Beijo suas mãos e inclino a cabeça em seu ombro abençoado. Oh, tão leve, tão leve me sinto então. Só desejo uma coisa: adormecer, adormecer para sempre em seu ombro e em seus braços. Quanta felicidade sentir sua presença perto de mim. Onde está você? Aonde você foi? Oh, estou tão triste e meu coração anseia... Você virá logo ficar novamente perto de mim? Venha depressa, estou esperando e me atormentando por você. Peço sua santa bênção e beijo suas mãos sagradas. Amo-o para sempre.
>
> Sua,
> M. [Mamãe]

Supondo por um momento que Alexandra tenha escrito essa carta a Rasputin, isso prova, como diziam seus inimigos, que eles eram amantes? Nenhum participante responsável nos eventos daqueles anos e nenhum historiador sério que tenha escrito sobre os eventos aceitou essa acusação. Sobre essa carta, Sir Bernard Pares diz: "Alexandra, ao que parece, usou desavisadamente algumas expressões que um leitor cínico pode interpretar como admissão de uma atração pessoal." A colocação de Pares é cautelosa demais. O fato é que Alexandra escrevia a todas as suas amizades íntimas nesse estilo florido, sentimental. Quase todas essas frases poderiam ser endereçadas a Ana Vyrubova ou a outras amigas. É igualmente possível que as cartas sejam falsas. Somente Iliodor as viu, e suas credenciais como fonte objetiva ficaram totalmente comprometidas pelos eventos subsequentes.

Apesar da surpresa e repugnância de Iliodor diante do que viu e leu em 1909, continuaram amigos por mais dois anos. Iliodor se esforçava para fazer Rasputin mudar de atitude. Ao mesmo tempo, o defendia valentemente quando outros o atacavam. Mas em 1911 Rasputin tentou seduzir – e quando não conseguiu, tentou raptar – uma freira.

Ao ouvir falar nisso, Iliodor ficou agastado e furioso. Junto com o bispo Hermógenes de Saratov, ele convidou Rasputin a sua sala e o confrontou com a história. "É verdade?", trovejou o bispo. Rasputin olhou em volta e resmungou "É verdade, é verdade, é tudo verdade". Hermógenes, um homem muito forte que estava a seu lado, deu-lhe um soco na cabeça e depois bateu nele com uma pesada cruz de madeira. "Você está quebrando nossos vasos sagrados!", berrou o bispo, indignado. Subjugado, Rasputin foi arrastado a uma pequena capela, onde Hermógenes e Iliodor o fizeram jurar perante um ícone que deixaria as mulheres em paz e ficaria longe da família imperial. Rasputin jurou entusiasticamente. No dia seguinte, apareceu diante de Iliodor, implorando "Salve-me! Salve-me!". Iliodor se comoveu e o levou à presença de Hermógenes. Mas o bispo virou as costas ao humilde *starets*, rejeitando suas súplicas com palavras ácidas: "Nunca, em lugar nenhum."

Rasputin recuperou-se rapidamente da surra e do juramento de abstinência. Dias depois, estava de volta ao palácio, contando sua versão do episódio. Logo, por ordem imperial, Hermógenes foi mandado para o claustro num mosteiro. Iliodor também recebeu ordem de clausura, mas não se submeteu. Em vez disso, continuou pregando de lugar em lugar, denunciando histericamente Rasputin, cada vez com maior amargura. O homem santo camponês a quem ele oferecera sua amizade, que esperara usar como instrumento de purificação da Igreja e para conduzir o povo russo de volta a seus valores históricos, esse mesmo camponês, sujo, libidinoso, imoral, havia desfeito seus mais caros sonhos. Sua grande carreira de pregador e profeta caíra por terra. E o patife que a destruíra entrava e saía livremente do palácio, era dono do ouvido da imperatriz e podia mover bispos e profetas como se fossem peças de xadrez. Foi nesse ponto, quando Iliodor estava nesse estado de espírito, que as cartas de Alexandra, supostamente tiradas da escrivaninha de Rasputin, começaram a aparecer.

Iliodor se entregou e passou vários meses preso num mosteiro, aguardando julgamento. Em sua cela, ele escrevia cartas desesperadas ao Santo Sínodo: "Curvaram-se diante do demônio. Todo o meu ser anseia por vingança contra vocês. Vocês venderam a glória de Deus, esqueceram a amizade de Cristo... Rasgarei seus mantos... Traidores e renegados... São todos carreiristas, vocês desprezam os pobres, andam em carruagens, orgulhosos e arrogantes... Anticristos, sem Deus, não estarei em comunhão espiritual com vocês... Vocês são animais alimentados com o sangue do povo."

Os destinatários retaliaram tirando a batina de Iliodor. Enfurecido, ele gritava "Não vou me permitir ser perdoado!", e renunciou à Igreja Ortodoxa. Incerto sobre o que fazer de si mesmo, ele pensou em ser pastor e pegou "emprestado dinheiro suficiente para comprar um rebanho de 50 ovelhas". Mas a ideia lhe pareceu muito submissa, e em vez disso resolveu começar uma revolução. "Minha intenção era começar uma revolução em 6 de outubro de 1913. Planejei para esse dia o assassinato de 60 governadores e 40 bispos em toda a Rússia... Selecionei 100 homens para executar esse plano." Mas o plano foi descoberto pela polícia e Iliodor se escondeu. Enquanto estava foragido, ele deu sua bênção a uma organização de mulheres e meninas – muitas das quais haviam sido abusadas por Rasputin – que tinha por único propósito a castração do padre Gregório. Uma das mulheres, uma ex-prostituta bonita, de 26 anos, chamada Khina Gusseva, que Rasputin tinha usado e repudiado, queria ir além e matar o *starets*. Iliodor ponderou, concordou, abriu-lhe a blusa e pendurou uma faca no cordão que ela usava no pescoço, ordenando: "Com essa faca, mate Grishka."

Mais tarde, Iliodor fugiu disfarçado de mulher pela fronteira da Finlândia e começou a escrever um livro sobre ele e Rasputin. Quando terminou o livro, ele o ofereceu primeiro à imperatriz, por 60 mil rublos. Essa tentativa de suborno foi rejeitada e o vingativo ex-monge levou o manuscrito a um editor norte-americano. Mais tarde, ele admitiu que colocara no livro "algum extra".

Embora exercesse enorme influência, Rasputin não era um grande frequentador do Palácio Alexandre. Morava em São Petersburgo e, quando ia a Tsarskoe Selo, geralmente ficava na casa de Ana Vyrubova. Evitar o palácio não era ideia de Rasputin. Na verdade, representava uma decisão do casal imperial de observar certa circunspecção em suas reuniões com o controverso *starets*. A polícia do palácio via tudo. Era impossível se esgueirar por uma escada dos fundos sem que a ação fosse observada e registrada, e no dia seguinte a notícia correria por São Petersburgo inteira. Nos anos posteriores, era tão rara a presença de Rasputin que Gilliard nunca o encontrou no palácio. A baronesa Buxhoeveden, que morava no fim do corredor das grã-duquesas, jamais o viu.

Mas, não obstante o fato de ver Rasputin com pouca frequência e de que quando o via era em circunstâncias ideais para ele, Alexandra se recusava a crer que poderia haver outro lado do homem santo. "Os santos são sempre caluniados", ela disse ao dr. Botkin. "Ele é odiado porque nós o amamos." A família desprezava a polícia, que os vigiava dia e noite; tinham como certo que os relatórios policiais sobre as atividades de Rasputin eram mentirosos. A imperatriz refutava tranquilamente qualquer insinuação sobre a devassidão de Rasputin. "Eles acusam Rasputin de beijar mulheres etc.", ela escreveu mais tarde ao czar. "Leia os apóstolos; eles beijavam todo mundo como forma de cumprimento." A opinião de Alexandra era confirmada pela fiel Ana Vyrubova. "Fui muitas vezes à moradia de Rasputin", afirmou Ana, "levando mensagens da imperatriz, geralmente sobre a saúde de Alexei." E Ana não via nada que não aprovasse devotadamente. "Rasputin não tem um harém", insistia ela. "Na verdade, não consigo imaginar nem remotamente uma mulher culta e refinada sentindo-se atraída por ele de modo pessoal. Nunca conheci nenhuma atraída desse modo."

Nem por temperamento, nem por experiência, Ana Vyrubova estava equipada para julgar a questão da atração física. Contudo, seus relatos inocentes do comportamento de Rasputin não eram fruto de cegueira ou idiotice. Quando Ana estava presente, e suas visitas eram sempre anunciadas antecipadamente, o comportamento de Rasputin era rigidamente correto. Sabendo da importância de Ana para seu herói, as damas de seu círculo se comportavam de acordo.

Depois da revolução, Basil Shulgin, um membro intensamente monarquista da Duma e um dos dois homens que, tentando preservar a monarquia, obtiveram a abdicação de Nicolau II, analisou o papel de Rasputin: "Rasputin é um Jano... Para a família imperial, mostra sua face de humilde *starets* e, olhando para essa face, a imperatriz só pode ter certeza de que o espírito de Deus repousa naquele homem. Mas para o país ele mostra a face bestial, bêbada e suja de um sátiro careca de Tobolsk. Temos aí a chave de tudo isso. O país fica indignado com tal homem sendo recebido sob o teto do czar. E sob esse teto há estranhamento e um amargo sentimento de mágoa. Por que todos têm tanta raiva? Será porque o homem santo reza pelo infeliz herdeiro, uma criança desesperadamente doente, cujo menor movimento pode resultar em morte? Assim, o czar e a imperatriz ficam magoados e indignados. Por que essa tempestade? O homem não faz senão o bem. Assim, um mensageiro da morte se colocou entre o trono e a nação... E por causa da fatídica dualidade do homem, que não era compreendida por nenhum dos dois lados [o czar e o povo], nenhum deles podia entender um ao outro. Assim o czar e seu povo, embora separados, conduzem um ao outro para a beira do abismo."

Pierre Gilliard foi mais sucinto. "A fatal influência daquele homem [Rasputin] foi a principal causa da morte daqueles que julgavam encontrar nele a salvação."

❖ 17 ❖
"QUEREMOS UMA GRANDE RÚSSIA"

SE ALGUM HOMEM fora da família imperial pudesse ter salvo a Rússia imperial seria o corpulento e barbudo cavalheiro que foi primeiro-ministro de 1906 a 1911, Peter Arkadyevich Stolypin. Homem do campo com raízes na nobreza rural, Stolypin tinha pouco em comum com as grandes figuras da aristocracia principesca, ou com os secos servidores civis, profissionais que galgavam diligentemente os degraus da promoção para ocupar os lugares do poder burocrático em São Petersburgo. Stolypin trouxe ao governo imperial um forte sopro de juventude e de ar fresco campestre. Direto, franco, transbordante de apaixonado patriotismo e esmagador em sua energia física, Stolypin se atracou com as causas fundamentais dos problemas da Rússia. Monarquista exaltado, odiava os revolucionários e aniquilou impiedosamente as últimas ofensivas da revolução de 1905. Mas Stolypin era também realista, e sentia que a monarquia sobreviveria somente se o governo e a própria estrutura da sociedade se adaptassem aos tempos. Assim sendo, ele remodelou o sistema de propriedade de terras de camponeses e começou a transformar a monarquia absoluta numa forma de governo mais responsiva à vontade popular.

Nenhum estadista russo da época era mais admirado. Na Duma, a figura imponente de Stolypin, parecendo um urso, atraía todos os olhares. Vestindo uma sobrecasaca com a corrente do relógio atravessada no peito, ele falava com tal eloquência e com tão evidente sinceridade que até os adversários o respeitavam. "Não temos medo", ele trovejava para seus inimigos esquerdistas na Segunda Duma. "Vocês querem grandes rebeliões, mas nós queremos uma grande Rússia." Seus colegas de ministério eram unânimes nos elogios. "Sua capacidade de trabalho e seu poder moral de resistência eram prodigiosos", escreveu Alexandre Izvolsky, ministro das Relações Exteriores. Vladimir Kokovtsov, ministro das Finanças, declarou que sua "nobreza, coragem e dedicação ao Estado eram indisputáveis". Sir George Buchanan, embaixador inglês, dizia que ele era "um homem ideal para negociar... suas promessas eram sempre cumpridas". O mais importante de tudo é que Stolypin agradava ao czar. Em outubro de 1906, quando Stolypin estava no cargo havia apenas três meses, Nicolau escreveu à mãe: "Não posso lhe dizer o quanto vim a gostar e respeitar esse homem."

Piotr Stolypin nasceu em 1863, enquanto sua mãe fazia repouso num spa da Renânia, em Baden-Baden. Estudou em São Petersburgo, onde o pai tinha um cargo na corte e sua mãe era socialite. Mas Stolypin preferia o campo e a maior parte de sua carreira foi feita longe da capital. Em 1905, no ápice da primeira revolução, ele era governador da província de Saratov, encarregado de reprimir os levantes locais de camponeses, que eram dos mais violentos do país. Stolypin cumpriu a tarefa com um mínimo de perda de vidas. Frequentemente, em vez de mandar tropas do governo para bombardear uma aldeia insurgente, Stolypin ia falar pessoalmente com o líder rebelde, convencendo-o a ordenar que seus homens largassem as armas.

Devido ao sucesso na província de Saratov, Stolypin foi levado a São Petersburgo, em 1906, para ser ministro do Interior. Chegou quando do Witte partia, e assumiu o cargo sob o sucessor de Witte, um velho burocrata chamado Ivan Logginovich Goremykin. Goremykin chefiava seu gabinete segundo o princípio simples e imutável de que os ministros eram servidores do czar, nomeados para executar, e não para criar, políticas. Sir Arthur Nicolson, que precedeu Buchanan como embaixador inglês, teve uma reunião com Goremykin nessa época, esperando encontrar um estadista angustiado, assoberbado de trabalho. Em vez disso, viu-se diante de "um homem velho, de rosto sonolento e suíças à moda de Piccadilly" reclinado num sofá e cercado de romances franceses. Goremykin caiu após três meses no cargo e, antes de partir, recomendou ao czar que Stolypin fosse nomeado para seu lugar.

Na noite de 7 de julho de 1906, Stolypin foi chamado ao gabinete de Nicolau, em Tsarskoe Selo, que o convidou a ser primeiro-ministro. Kokovtsov escreveu mais tarde: "Stolypin nos disse que havia tentado ressaltar sua falta de experiência e desconhecimento das diversas tendências da sociedade de São Petersburgo, mas o czar não o deixou terminar: 'Não, Peter Arkadyevich, aqui está um ícone diante do qual sempre faço o sinal da cruz. Vamos fazer o sinal da cruz e pedir ao Senhor que nos ajude nesse momento difícil, talvez histórico.' O czar fez o sinal da cruz em Stolypin, abraçou-o, beijou-o e perguntou qual seria o melhor dia para dissolver a Duma."

Uma vez no poder, Stolypin mostrou-se um furacão de energia. Queria atacar problemas de base, como a ânsia reprimida que os camponeses tinham de terra, mas nada podia ser feito até que os ataques terroristas a membros do governo e à polícia tivessem sido debelados. Para restaurar a lei e a ordem, Stolypin estabeleceu uma corte marcial especial de campo. Dentro de três dias após a prisão, os assassinos estavam pendurados no patíbulo. Antes que o verão findasse, 600 homens tinham sido enforcados, e os russos passaram a chamar o nó da corda do carrasco de "gravata de Stolypin". Entretanto, os 600 enforcados pelo governo eram em número bem menor que os 1.600 governadores, generais, soldados e policiais regionais mortos pelas balas e bombas dos terroristas.

Inevitavelmente, Stolypin tornou-se alvo dos assassinos. Numa tarde de sábado, mal tinha se passado um mês desde que assumira o cargo, enquanto escrevia no escritório de sua casa de campo perto de São Petersburgo, uma bomba explodiu. Uma parede da casa desabou e 32 pessoas, inclusive visitantes e criados, foram mortos. O filho pequeno de Stolypin, brincando numa varanda no segundo andar, ficou ferido, e sua filha, Natália, muito mutilada. Mas Stolypin mal foi respingado de tinta. "Um dia e meio após a explosão, o Conselho dos Ministros retomou os trabalhos como se nada de extraordinário tivesse acontecido", escreveu Kokovtsov. "Por sua calma e autocontrole, Stolypin ganhou a admiração de todos."

A repressão por parte do governo, à qual a bomba fora uma reação, foi apenas uma severa preliminar da reforma. Enquanto os terroristas balançavam na ponta da corda da justiça, o primeiro-ministro atacava o problema básico das terras. Em 1906, três quartos do povo russo extraíam do solo sua sobrevivência. Desde 1891, quando Alexandre II libertou os servos, a maioria dos camponeses russos vivia em aldeias comunais, fazia planos comunais para as terras e trabalhavam em parcerias. O sistema era ridiculamente ineficaz. Dentro de cada comuna, um único camponês podia cultivar até 50 faixas de terra compridas e dispersas, com magras fileiras de trigo ou de centeio em cada faixa. O camponês passava mais tempo percorrendo os sulcos espalhados da plantação do que arando a terra e semeando os grãos. Stolypin reverteu esse sistema comunal e introduziu o conceito de propriedade privada. Por decreto do governo, ele declarou que todo camponês que desejasse poderia se desligar da comuna e exigir dela uma parte da terra para cultivar para si mesmo. E deveria ser um pedaço de terra único, não espalhado em tiras, e essa terra seria herdada pelos filhos daquele camponês.

Nicolau aprovou totalmente o programa de Stolypin e, a fim de disponibilizar mais terras, propôs que 4 milhões de acres da Coroa fossem vendidos ao governo, que, por sua vez, as venderia aos camponeses em condições acessíveis. Embora o czar precisasse do consentimento da família imperial para dar esse passo, e apesar da oposição do grão-duque Vladimir e da imperatriz viúva, ele acabou conseguindo. As terras foram vendidas e Nicolau esperava que os nobres seguissem seu exemplo. Mas nenhum deles o fez.

O impacto da lei de Stolypin foi tanto político quanto econômico. De um só golpe, ele criou uma classe de milhões de pequenos proprietários, cujo futuro estava atrelado a um clima de estabilidade que só podia ser mantido pelo governo imperial. Aconteceu que os camponeses mais vociferantes e perturbadores da ordem foram os primeiros a reclamar as terras e a se tornarem adeptos da lei e da ordem. Em 1914, nove milhões de famílias de camponeses russos tinham fazendas próprias.

No fundo, o sucesso ou fracasso político da Rússia dependia das colheitas. Durante cinco anos de fartura, a natureza sorriu para Piotr Stolypin. De 1906 a 1911, o país foi abençoado com verões quentes, invernos amenos e boas colheitas. Em cada acre, os grãos foram os melhores da história da Rússia. Com a fartura de alimentos, o governo subiu os impostos. O orçamento ficou equilibrado e houve até superávit. Com os grandes empréstimos da França, a rede ferroviária se expandiu rapidamente. Minas de carvão e de ferro bateram recordes de produção. Empresas norte-americanas, como a International Harvester e a Singer Sewing Machine Company, estabeleceram filiais no país. Na Duma, o governo propôs e passou leis aumentando os salários dos professores primários e estabelecendo o princípio do ensino fundamental gratuito. A censura à imprensa foi abolida e o governo se tornou mais liberal na esfera da tolerância religiosa. "É um grande erro", disse Stolypin relatando as mudanças a Sir Bernard Pares, "que todas as propostas de reforma partam da oposição."

Ironicamente, a mais ferrenha oposição aos programas de Stolypin partia da extrema-direita e da extrema-esquerda. Os reacionários rejeitavam qualquer reforma que mexesse nos velhos modelos tradicionais. Os revolucionários odiavam ver qualquer melhoria de um sistema que nutria o descontentamento. Para Lênin e seu minguado bando de exilados, Stolypin era um tempo de esperanças que findavam. Tristemente convencido de que uma "situação revolucionária" não mais existia na Rússia, Lênin perambulava pelas bibliotecas de Zurique, Genebra, Berna, Paris, Munique, Viena e Cracóvia. Acabrunhado, via o sucesso da reforma agrária de Stolypin. "Se isso continuar", ele escreveu, "pode nos obrigar a renunciar a todo e qualquer programa agrícola." Para alguns marxistas obcecados, parecia que o sonho estava morto e enterrado. Em 1909, a filha e o genro de Karl Marx, Laura e Paulo Lafargue, desesperados, cometeram suicídio. Lênin recebeu a notícia com sombria aprovação. "Se não se pode mais trabalhar pelo partido", ele disse, "deve-se ser capaz de encarar a verdade de frente e morrer como os Lafargue morreram."

O aparecimento da Primeira Duma Imperial, em maio de 1906, era algo tão novo, tão estranho a tudo o que acontecera antes na Rússia que nem o czar, nem os membros do estreante corpo representativo sabiam bem como se comportar. Tudo tinha que começar do começo e ser construído da noite para o dia: Constituição, parlamento e partidos políticos. Antes de outubro de 1905, não havia partidos políticos na Rússia além do Social Democrata e do Revolucionário Socialista, ambos revolucionários e agindo na clandestinidade. Nessas circunstâncias, era notável que dois partidos liberais sérios surgissem subitamente: o Constitucional Democrata, ou Cadete, liderado pelo historiador Paulo Miliukov, e o Outubrista, assim batizado por sua adesão ao manifesto de outubro de 1905, liderado por Alexandre Guchkov.

Entretanto, o abismo de entendimento entre monarquia e parlamento era grande demais. A Duma foi recebida pelo czar na sala do trono do Palácio de Inverno. Não foi uma ocasião promissora. Montes de policiais e soldados mantiveram-se de prontidão na praça defronte ao palácio. Os deputados recém-eleitos, alguns em trajes de noite, outros em camisas rústicas de camponês, permaneceram de um lado da sala, olhando fixamente para o enorme trono de ouro e carmesim, encarando a imperatriz e suas damas em vestidos formais da corte. Do outro lado, estavam a corte e os ministros, dentre eles o conde Fredericks. "Os deputados", ele disse, "dão a impressão de uma gangue à espera de um sinal para se atirarem sobre os ministros e lhes cortarem a garganta. Que rostos perversos! Eu nunca mais porei os pés no meio dessa gentalha." Fredericks não era o único a se sentir desconfortável. A imperatriz viúva notou o "ódio incompreensível" nos rostos dos deputados. O próprio Kokovtsov ficou observando um deputado em particular, "um homem de alta estatura, vestido com uma camisa de operário e botas de oleado, que examinava o trono e os ali presentes com ar zombeteiro e insolente". Ao lado de Kokovtsov, Stolypin cochichou: "Estamos atentos ao mesmo espetáculo. Dá a impressão de que esse homem vai atirar uma bomba."

As impressões sobre a Duma foram manifestadas sem demora. Os 524 membros mal haviam tomado seus lugares no salão do Palácio Tauride quando formularam um agressivo e devastador "Discurso ao Trono". Para horror de Nicolau, exigiam sufrágio universal, reforma agrária radical, libertação de todos os prisioneiros políticos e demissão de todos os ministros nomeados pelo czar em favor de ministros aceitáveis pela Duma. A um comando de Nicolau, o velho Goremykin dirigiu-se cambaleando à Duma e, com as mãos trêmulas e voz mal audível, rejeitou todos os pedidos desta. Quando Goremykin se sentou, houve um momento de total silêncio. Então, outro membro pulou na tribuna e gritou: "O poder executivo deve se curvar diante do legislativo!" Foi acolhido com aplausos ensurdecedores. Outros oradores se seguiram, cada um mais ferino nos ataques ao governo. Quando um dos ministros presentes se levantava e tentava falar, calavam sua boca com gritos de "Fora! Fora!".

Estupefato com a cena, Nicolau estava mais do que decidido a acabar com a Duma, mas reconhecia que Goremykin não era homem capaz de enfrentar o tumulto que se seguiria à dissolução. Foi nesse ponto, em julho de 1906, que Goremykin renunciou e Stolypin assumiu. Dois dias depois, Stolypin fechou as portas do Palácio Tauride e publicou um decreto imperial dissolvendo a Duma. Na mesma tarde, vários membros embarcaram em trens, que atravessavam a fronteira da Finlândia. Reunindo-se numa floresta, declararam: "As sessões da Duma são retomadas aqui", e fizeram um apelo à nação para se recusar a pagar impostos e a não enviar recrutas para o exército até que a Duma fosse restaurada. Mas esse apelo, o famoso Manifesto Vyborg, não surtiu efeito. Entorpecidos com a revolução, os russos não queriam lutar de novo para preservar o parlamento.

Aborrecido com a experiência, Nicolau ficaria muito feliz em encerrar o experimento de um governo representativo. Foi Stolypin quem insistiu que a assinatura do czar no Manifesto de Outubro constituía uma promessa solene à nação, e não podia ser quebrada. Muito a contragosto, Nicolau abandonou seu plano de eliminar a Duma e deu permissão para a eleição de um segundo parlamento.

Quando a Segunda Duma se reuniu pela primeira vez, em fevereiro de 1907, o teto da sala despencou sobre a cabeça dos presentes. Foi um começo apropriado para a sessão de uma Duma que, em todos os aspectos, era pior que a primeira. Os partidos de esquerda, inclusive o Social Democrata e o Social Revolucionário, que haviam boicotado a Primeira Duma, obtiveram 200 lugares na segunda, mais que um terço do total. Determinados a desafiar o governo de todas as maneiras, fizeram da Duma uma casa de loucos, de gritaria, insultos e rixas. No outro extremo, os reacionários estavam determinados a desacreditar e abolir a Duma de uma vez por todas. Montaram esquemas com a polícia para incriminar os esquerdistas e acusações eram lançadas de lado a lado. Os debates se tornaram cada vez mais violentos e esvaziados. A certa altura, Stolypin se levantou em meio a uma torrente de xingamentos e trovejou: "Todos esses ataques têm o objetivo de paralisar a vontade e o pensamento do governo e do executivo. Todos esses ataques podem ser resumidos em três palavras que vocês dirigem à autoridade: 'Mãos ao alto!' Senhores, a essas palavras o governo, confiante em seus direitos, responde calmamente com outras três: 'Não temos medo!'"

Mais uma vez, Nicolau esperava impacientemente para se livrar da Duma. Em duas cartas a Maria, ele deixou fluir sua amargura:

"Uma grotesca comissão está vindo da Inglaterra [para encontrar os membros liberais da Duma]. Tio Bertie nos informou que lamentavam muito, mas não tiveram meios de impedir que viessem. Seus famosos "liberty", é claro. Como eles ficariam bravos se uma comissão nossa fosse desejar sucesso aos irlandeses na luta contra o governo!"

Pouco depois, ele escreveu: "Tudo estaria bem se o que fosse dito na Duma permanecesse entre quatro paredes. Cada palavra falada, porém, sai nos jornais do dia seguinte, que são lidos avidamente por todo mundo. Em muitos lugares, o populacho está se rebelando novamente. Começam a falar de terras mais uma vez e estão esperando para ver o que a Duma vai dizer sobre a questão. Recebo telegramas de toda parte, pedindo-me para ordenar a dissolução, mas é muito cedo para isso. É preciso esperar que façam algo manifestamente estúpido ou mau, e então – slap! Lá se vão todos!"

Três meses mais tarde, o momento chegou. Um deputado chamado Zurabov levantou-se na Duma e, com insultos e ocasional linguagem chula, acusou o exército de treinar soldados exclusivamente para reprimir os civis. Zurabov apelou diretamente às tropas para se revoltarem e se juntarem ao povo para derrubar o governo. Esse insulto ao exército russo foi mais do que suficiente para Nicolau. Ele publicou um manifesto acusando a Duma de tramar contra o soberano, mandou tropas para São Petersburgo e a dissolveu. Trinta social-democratas foram exilados na Sibéria e muitos outros esquerdistas da Duma ficaram sob observação da polícia.

Stolypin sacramentou a dissolução, publicando uma nova lei eleitoral que abandonava qualquer pretensão ao sufrágio universal e concentrava o poder eletivo amplamente nas mãos da aristocracia rural. Como resultado, a Terceira Duma, eleita no outono de 1907, era totalmente conservadora, com 45 sacerdotes ortodoxos. Com esse corpo representativo sob medida, Stolypin geralmente se dava bem. Não compartilhava a aversão inata, manifestada por Nicolau e seus ministros, por qualquer legislatura. Nos debates na Duma, a voz estentórea de Stolypin lhe permitia discutir efetivamente suas políticas. Contudo, quando a Duma permaneceu hostil ele não teve escrúpulos em invocar o Artigo 87 da Lei Fundamental, que dava poderes ao czar de emitir decretos de emergência, "urgentes e extraordinários durante o recesso da Duma Estatal". Seu ato legislativo mais famoso, a mudança da posse de terras por camponeses, foi promulgado com base no Artigo 87.

Não obstante o predomínio do conservadorismo, a Terceira Duma manteve sua independência. Dessa vez, porém, seus membros procediam com cautela. Em vez de agredir o governo, partidos opostos dentro da Duma agiam de modo a desenvolver uma função do corpo como um todo. À clássica maneira do Parlamento inglês, a Duma buscava obter poder puxando as cordas da bolsa nacional, pelo direito que detinha de, a portas fechadas, questionar ministros sobre suas propostas de despesas. Endossadas por Stolypin, essas sessões eram educativas para os dois lados, e ao fim de algum tempo o antagonismo mútuo foi dando lugar ao respeito mútuo. Mesmo na sensível área dos gastos militares, em que o Manifesto de Outubro reservava claramente as decisões para o trono, uma comissão da Duma começou a operar. Composta por patriotas agressivos e não menos ansiosos do que Nicolau em restaurar a decaída honra dos exércitos russos, a comissão da Duma frequentemente recomendava gastos ainda maiores do que os propostos.

Convivendo nos mais íntimos termos pessoais com muitos dos membros da Duma, Sir Bernard Pares recorda esse período com nostalgia: "Poderá um inglês criado na tradição de Gladstone, para quem a Duma era quase um lar, com muitos amigos em todas as reuniões, rememorar esse passado que se foi? No fundo, havia um sentimento de segurança e, baseado nele, via-se uma crescente coragem e iniciativa, um crescente entendimento e boa vontade. A Duma tinha o frescor de uma escola, com algo de surpresa diante da simplicidade com que diferenças que pareciam formidáveis podiam ser afastadas. Sentia-se o prazer com que os membros iam encontrando um modo de trabalhar em comum para o bem de todo o país... Umas setenta pessoas, pelo menos, formando o núcleo das mais importantes comissões, aprendiam em detalhes a compreender umas às outras e ao governo. Podia-se ver a competência política crescendo dia a dia. E para um observador constante, ia se tornando cada vez mais um segredo aberto que as distinções partidárias significavam pouco e que, no calor social de seu trabalho público pela Rússia, todos aqueles homens estavam se tornando amigos."

Com a passagem do tempo, Nicolau também começou a ter confiança na Duma. "Ela não pode ser acusada de tentativa de tomar o poder e não há necessidade alguma de disputas", disse a Stolypin, em 1909. Em 1912, uma Quarta Duma foi eleita com quase todos os mesmos membros da terceira. "A Duma começou depressa demais", disse Nicolau a Pares, em 1912. "Agora está mais devagar, porém melhor. E mais duradoura."

Apesar dos sucessos de Stolypin, sempre havia influências trabalhando para envenenar as relações entre o czar e o primeiro-ministro. Reacionários, inclusive poderosos como o príncipe Vladimir Orlov, não se cansavam de dizer ao czar que a própria existência da Duma era uma mancha na autocracia. Cochichavam-lhe ao pé do ouvido que Stolypin era um traidor, um revolucionário secreto, conivente com a Duma, para roubar as prerrogativas concedidas ao czar por Deus. Witte também fazia intrigas contra Stolypin. Embora ele nada tivesse a ver com sua queda ou com o desprezo de Nicolau, o ex-premier o culpava. O próprio Witte havia escrito o manifesto criando a Duma, mas agora, cheio de despeito, ele se aliava aos reacionários e promovia uma corrosão gradual no poder de Stolypin.

Infelizmente, sem intenção, Stolypin irritou também a imperatriz. No início de 1911, alarmado pelo fato de um homem como Rasputin ter influência no palácio, Stolypin ordenou uma investigação e apresentou um relatório ao czar. Nicolau leu, mas nada fez. Então, usando sua própria autoridade, Stolypin ordenou a Rasputin que saísse de São Petersburgo. Alexandra protestou veementemente, mas Nicolau se recusou a desautorizar o primeiro-ministro. Rasputin partiu numa longa peregrinação, durante a qual escreveu cartas longas, floreadas e místicas à imperatriz.

A expulsão de Rasputin foi outro exemplo do isolamento e da falta de compreensão que cercava a família imperial. Stolypin não era um homem sem compaixão. Se alguma vez tivesse presenciado uma crise do czarevich e visse o alívio que Rasputin trazia à mãe e ao filho, não teria ordenado essa separação forçada. No entanto, em termos políticos, a abrupta remoção daquela perigosa influência sobre o palácio deve ter parecido a essência da sensatez. Para Alexandra, porém, parecia que Stolypin tinha cortado deliberadamente o vínculo do qual o filho dependia para viver, e por isso odiava o primeiro-ministro.

Enquanto isso, Stolypin começava a se exaurir no trabalho. Derrubar séculos de tradição em cinco anos era mais do que até uma figura tão robusta quanto ele podia dar conta. Sua saúde enfraqueceu com gripes constantes, e ele se tornou irritável. Para um homem que preferia ações claras, decisivas, trabalhar com um soberano que acreditava em fatalismo e misticismo era uma frustração. Como exemplo, certa vez Nicolau devolveu a Stolypin um documento sem assinar, com uma nota: "Apesar dos argumentos muito convincentes sobre a questão, uma voz interna insiste cada vez mais que eu não aceite essa responsabilidade. Até o momento, minha consciência não me enganou. Portanto, tenho a intenção de seguir o que ela dita neste caso. Sei que você também acredita que 'o coração de um czar está nas mãos de Deus'. Que assim seja. Por todas as leis promulgadas por mim, tenho grande responsabilidade perante Deus, e estou sempre pronto a responder por minha decisão."

Em março de 1911, Stolypin perdeu a paciência quando o Conselho do Estado rejeitou uma lei que ele tinha conseguido passar na Duma. Stolypin concluiu, erroneamente, que o conselho agira daquela forma devido a manobras de Nicolau por suas costas. Num acesso de raiva, declarando que não mais detinha a confiança imperial, pediu para ser exonerado de suas funções. Era uma atitude sem precedentes. Dois anos antes, quando Stolypin falara casualmente em se demitir, Nicolau escrevera: "Não se trata de uma questão de confiança ou da falta dela; é a minha vontade. Lembre-se de que vivemos na Rússia, não em outro país... e portanto não vou considerar a possibilidade de qualquer pedido de demissão."

Nesse ínterim, Nicolau havia suavizado seus pontos de vista e, quando Stolypin insistiu, houve uma discussão acalorada. Foi o czar quem recuou. "Não posso aceitar sua demissão", falou a Stolypin, "e espero que você não insista nisso, pois deve perceber que, ao aceitar sua demissão, não somente perderei você, mas também criarei um precedente. O que seria de um governo com responsabilidades para comigo se os ministros entrassem e saíssem, hoje por um conflito com o conselho, amanhã por um conflito com a Duma? Pense em outra solução e me faça saber."

Naquele momento de impasse, a imperatriz viúva mandou chamar Kokovtsov para saber a sua opinião. Ela tomou o partido de Stolypin. "Infelizmente, meu filho é bondoso demais", ela disse. "Posso bem compreender que Stolypin esteja quase em desespero e perdendo a confiança em sua capacidade de conduzir os assuntos de Estado." E Maria teve uma conversa franca sobre os problemas de Nicolau: "Tenho plena certeza de que o czar não pode abrir mão de Stolypin... se Stolypin insistir, não tenho a menor dúvida de que no final o czar vai ceder. Ele não deu resposta porque está tentando encontrar outra maneira de sair da situação. Ele não pede conselhos a ninguém. Tem orgulho demais e, com a imperatriz, atravessa essas crises sem deixar ninguém saber que ele está agitado... Com o correr do tempo, o czar se tornará cada vez mais aferrado a seu desagrado com Stolypin. Estou certa de que Stolypin vai vencer no momento, mas apenas por pouco tempo. Em breve, ele será destituído, o que será uma pena enorme para o czar e para a Rússia... Meu pobre filho tem tão pouca sorte com as pessoas."

A profecia de Maria foi correta. Nicolau fez com que Stolypin continuasse no cargo, permitindo que ele suspendesse as reuniões da Duma durante três dias, a fim de promulgar por decreto a tal lei nesse ínterim. Mas uma frieza se instalou entre os dois. Sabendo quanto encorajamento o episódio tinha dado a seus inimigos, Stolypin vivia na expectativa de demissão. Queixou-se com amigos de que estava sendo ignorado na corte, que aconteciam descortesias mesquinhas, como esquecerem de lhe reservar uma carruagem ou seu lugar no barco imperial.

Em setembro de 1911, Stolypin e Kokovtsov acompanharam Nicolau a Kiev para a inauguração de uma estátua de Alexandre III. Enquanto a comitiva desfilava pelas ruas, o czar seguia cercado de guardas e policiais, mas a carruagem que levava os dois ministros ia completamente desguarnecida. "Veja só, somos supérfluos", Stolypin comentou com Kokovtsov.

Num incrível, mas puramente coincidente entroncamento do destino, Rasputin estava em Kiev naquele dia, no meio da multidão, assistindo ao desfile. Quando a carruagem de Stolypin passou por ele, Rasputin, agitado, começou a murmurar. De repente, gritou, com voz dramática: "A morte está atrás dele! A morte está seguindo atrás dele!" Pelo resto da noite, Rasputin continuou resmungando sobre a morte de Stolypin.

No dia seguinte, diante dos olhos do czar, Piotr Stolypin foi assassinado. Parte da família imperial assistia a uma apresentação da ópera *O conto do tsar Saltan,* de Rimsky-Korsakov, no Teatro de Ópera de Kiev. Nicolau estava com as duas filhas mais velhas no camarote de frente para o palco, e Stolypin e outros membros do governo estavam na primeira fila, diante da orquestra. No segundo intervalo, Stolypin se levantou e ficou de costas para o palco. Nesse momento, um jovem em traje de noite veio do fundo da plateia, descendo pela lateral. O primeiro-ministro olhou para ele interrogativamente. Em resposta, o homem ergueu um revólver Browning e deu-lhe dois tiros no peito.

De seu camarote, Nicolau viu o que aconteceu a seguir. Ele descreveu a cena sinistra numa carta à imperatriz viúva:

"Olga e Tatiana estavam comigo no momento. Durante o segundo intervalo tínhamos acabado de sair do camarote, que estava muito quente, quando ouvimos dois sons, como se alguma coisa tivesse caído. Pensei que um painel da ópera tivesse caído sobre alguém e corri de volta para ver. À direita, vi um grupo de funcionários e outras pessoas. Pareciam estar arrastando alguém. Mulheres gritavam e diretamente à minha frente, na plateia, Stolypin estava de pé. Ele se virou devagar na minha direção e, com a mão esquerda, fez o sinal da cruz no ar. Só então notei que ele estava muito pálido e sua mão e seu uniforme tinham manchas de sangue. Ele foi caindo lentamente na cadeira e começou a desabotoar a túnica. Fredericks... o ajudou. Olga e Tatiana... viram o que aconteceu.

"Enquanto ajudavam Stolypin a sair do teatro, houve um grande barulho no corredor perto do nosso camarote. As pessoas tentavam linchar o assassino. Lamento dizer que a polícia o salvou da multidão e o levou a uma sala isolada para um primeiro interrogatório... Ele tinha perdido dois dentes da frente. O teatro se encheu novamente, o hino nacional foi cantado, e saí com as meninas às 23 horas. Você pode imaginar com quantas emoções... Tatiana ficou muito abalada e chorou muito... O pobre Stolypin teve uma noite má."

A conspiração contra Stolypin foi intrincada e sórdida. O assassino, Mordka Bogrov, era um revolucionário e ao mesmo tempo informante da polícia. Autorizado a continuar com seu trabalho clandestino enquanto fizesse relatórios periódicos à polícia, Bogrov mostrou maior lealdade à revolução. A versão comumente aceita e mais provável é que Bogrov usou seu relacionamento com a polícia para atingir uma meta revolucionária. Antes de o czar e Stolypin chegarem a Kiev, Bogrov passara à polícia um informe detalhado sobre uma trama contra a vida de Stolypin. A polícia seguiu a pista e descobriu, tarde demais, que era falsa. Enquanto isso, usando um passe da polícia para entrar, Bogrov caminhava pelo teatro onde sua missão, supostamente, era proteger Stolypin, identificando e apontando potenciais "assassinos" que pudessem ter escapado ao cerco da polícia. Lá dentro, Bogrov tirou o revólver escondido sob a capa e atirou.

Essa foi a versão oficial, aceita por toda a família imperial. "Não sei dizer o quanto estou pesarosa e indignada com o assassinato de Stolypin", escreveu a imperatriz Maria. "É horrível e escandaloso que não se possa dizer nada de bom da polícia, cuja escolha recaiu sobre um desprezível como esse revolucionário para atuar como informante e guarda de Stolypin. Excede todos os limites e mostra a estupidez das pessoas no comando." Contudo, permanece uma questão para a qual essa versão não tem resposta: por que, se Nicolau também estava presente, o assassino atirou no primeiro-ministro, e não no czar? Embora Bogrov tenha sido preso e enforcado, e quatro oficiais tenham sido suspensos por negligência, sempre permaneceu a suspeita de que o assassinato de Stolypin foi obra de reacionários poderosos que tinham ligação com a polícia.

O choque de Nicolau com o assassinato do primeiro-ministro foi autêntico. Stolypin sobreviveu durante cinco dias e, apesar da insistência dos agentes da segurança do palácio para que o czar partisse imediatamente de Kiev para manter-se protegido em Livadia, Nicolau permaneceu nas redondezas. "Voltei a Kiev na noite de 3 de setembro, fui à clínica onde estava Stolypin e encontrei sua esposa, que não me deixou vê-lo", ele escreveu a Maria. Nicolau continuou sua programação, fazendo uma curta viagem ao Dnieper. "Em 6 de setembro, às nove da manhã, voltei a Kiev. No píer, soube por Kokovtsov que Stolypin havia morrido. Fui imediatamente à clínica, onde foi realizado um serviço em sua memória com a minha presença. A pobre viúva parecia ter virado pedra, incapaz de chorar."

Foi Kokovtsov que, na noite do assassinato, tomou as rédeas do governo e evitou uma segunda tragédia. Como Bogrov era judeu, a população ortodoxa de Kiev já preparava ruidosamente um pogrom em retaliação. Num frenesi de medo, a população judaica passou a noite empacotando seus pertences. As primeiras luzes do dia seguinte encontraram a praça diante da estação de trem atulhada de carroças e gente tentando se espremer nos trens que partiam. Enquanto esperavam, as pessoas aterrorizadas ouviram o soar de cascos de cavalos. Uma fila interminável de cossacos, com as compridas lanças apontadas para o céu, passou a galope. Por sua própria iniciativa, Kokovtsov havia ordenado que três regimentos de cossacos entrassem na cidade, a fim de prevenir a violência. Perguntado com que autoridade Kokovtsov tinha dado o comando, ele respondeu: "Como chefe do governo." Mais tarde, um político local foi queixar-se ao ministro das Finanças: "Ora, Excelência, ao chamar as tropas o senhor perdeu uma boa oportunidade de responder ao tiro de Bogrov com um belo pogrom." Indignado, Kokovtsov retrucou: "Seu gracejo sugere que as medidas que tomei em Kiev não foram suficientes... portanto, enviei um telegrama aberto a todos os governantes regionais, exigindo que usassem todos os meios possíveis — a força, se necessário — para prevenir possíveis pogroms. Quando submeti o telegrama à aprovação do czar, ele manifestou aprovação tanto ao telegrama quanto às medidas que tomei em Kiev."

Nicolau também confirmou rapidamente a posição oficial de Kokovtsov, nomeando-o sucessor de Stolypin. Um mês depois, o novo primeiro-ministro visitou o czar em Livadia para discutir a futura política. "Foi-me... concedida a mais calorosa recepção. Os membros da corte... rivalizavam entre si em amabilidades comigo", escreveu Kokovtsov. "... No dia seguinte, depois do almoço, a imperatriz, para quem era penoso ficar de pé durante algum tempo, sentou-se numa poltrona e chamou-me para ficar a seu lado... Parte dessa conversa imprimiu-se em minha memória porque... mostrou-me a natureza peculiar, mística dessa mulher que foi chamada a desempenhar uma função tão extraordinária na história da Rússia.

"A imperatriz disse... 'Noto que fica fazendo comparações entre você e Stolypin. Você parece fazer demais para honrar-lhe a memória e atribui importância demais às atividades e à personalidade dele. Creia-me, não se deve lamentar aqueles que não existem mais. Estou certa de que cada um realiza apenas seu dever e cumpre seu destino, e quando morre, isso significa que sua função terminou e está pronto para partir, pois seu destino foi cumprido. A vida assume continuamente novas formas, e você não deve tentar prosseguir cegamente a obra de seu antecessor. Seja você mesmo, não busque apoio de partidos políticos; eles têm tão pouca importância na Rússia. Encontre o apoio e a confiança do czar. O Senhor o ajudará. Estou certa de que Stolypin morreu para dar o lugar a você, e tudo isso é pelo bem da Rússia.'"

Em 1911, quando Stolypin ordenara uma investigação sobre as atividades de Rasputin, os protestos contra o *starets* ainda eram tema de conversas privadas. Em 1912, quando Kokovtsov herdou o gabinete de Stolypin, o escândalo havia estourado na arena pública. Na Duma, amplas alusões a "forças obscuras" perto do trono se insinuavam nos discursos dos deputados esquerdistas. Logo a "questão Rasputin" dominava o cenário político.

"Por incrível que pareça", escreveu Kokovtsov, "a questão de Rasputin se tornou tema central do futuro imediato; e nem desapareceu durante todo o meu tempo como diretor do Conselho de Ministros." A censura havia sido abolida pelo manifesto e a imprensa começava a falar abertamente de Rasputin como um aventureiro sinistro que controlava nomeações na Igreja e dominava o ouvido da imperatriz. Os jornais publicavam confissões e acusações de vítimas de Rasputin e lamentos de mães angustiadas. Alexandre Guchkov, líder dos outubristas, obteve cópias das cartas de Iliodor, supostamente escritas a Rasputin pela imperatriz, mandou imprimir mais cópias e as fez circular pela cidade. "Embora fossem absolutamente impecáveis, deram origem aos mais revoltantes comentários", disse Kokovtsov. "... Nós dois [Kokovtsov e Makarov, ministro do Interior] acreditamos que as cartas eram apócrifas e estavam sendo divulgadas com o objetivo de enfraquecer o prestígio do soberano, mas não podíamos fazer nada... O público, é claro, sedento de qualquer sensação, as recebia com o maior entusiasmo."

Quando o ataque a Rasputin se intensificou, o jornal moscovita *Golos Moskvy* denunciou "esse malicioso conspirador contra nossa santa Igreja, esse fornecedor de corpos e almas humanos – Gregório Rasputin", bem como "a inédita tolerância demonstrada para com o dito Gregório Rasputin pelos mais altos dignitários da Igreja". Nicolau expediu uma ordem proibindo qualquer menção a Rasputin na imprensa, sob pena de multa. Mas o *starets* rendia uma circulação muito grande para que os editores se preocupassem. Eles publicavam e pagavam as multas alegremente. As histórias impublicáveis, passadas de boca em boca, eram infinitamente piores. A imperatriz e Ana Vyrubova, diziam, compartilhavam a cama do camponês. Ele mandava o czar tirar-lhe as botas, lavar-lhe os pés e depois expulsava Nicolau do quarto para se deitar com Alexandra. Estuprou todas as jovens grã-duquesas e fez do quarto das crianças um harém onde as meninas, loucas de amor, brigavam por sua atenção. "Grishka", diminutivo de Gregório, aparecia em desenhos obscenos pichados em muros e prédios. Era tema de centenas de versinhos sujos.

Nicolau ficou extremamente ofendido ao ver o nome e a honra de sua esposa arrastados na lama. "Estou simplesmente sufocando nesse clima de mexericos e malícia", ele disse a Kokovtsov. "É preciso dar fim a esse caso repugnante." Nem Nicolau, nem Alexandra entendiam o significado de liberdade de imprensa. Não entendiam por que os ministros não podiam evitar que aparecesse impresso o que ambos sabiam ser mentiras e calúnias. Por outro lado, para os ministros, para a Duma, e até para a imperatriz viúva, a solução não estava na repressão aos jornais, mas em tirar o trono de Rasputin. Mais uma vez, Maria convidou Kokovtsov a visitá-la, e passaram uma hora e meia discutindo Rasputin. "Ela chorou amargamente e prometeu falar com o czar", escreveu Kokovtsov. "Mas não tinha muitas esperanças de sucesso." "Minha pobre nora não percebe que está arruinando a dinastia e a si mesma", declarou Maria. "Ela acredita sinceramente na santidade de um aventureiro e somos impotentes para impedir o infortúnio que certamente virá."

Inevitavelmente, a questão cresceu a ponto de provocar um debate aberto na Duma sobre o papel de Rasputin. Seu presidente, Miguel Rodzianko, uma maciça figura de 130 quilos, era um ex-oficial da cavalaria, de família aristocrática, cuja visão política não era muito diferente da de um aristocrata rural tory da Inglaterra. Para ele, a ideia de um debate público na Duma sobre as relações de Rasputin com a família imperial era altamente ultrajante. Em busca de orientação, ele também visitou a imperatriz Maria e ouviu as mesmas tristes opiniões que ela transmitira a Kokovtsov. "O imperador... é tão puro de coração que não acredita no mal", ela concluiu.

Entretanto, Rodzianko persistiu até conseguir uma audiência com o czar. Essa missão era tão importante para ele que, antes de ir ao palácio, foi rezar na catedral, diante do sagrado ícone da Nossa Senhora de Kazan. No palácio, Rodzianko disse valentemente ao czar que desejava "falar sobre o *starets* Rasputin e o fato inadmissível de sua presença na corte de Sua Majestade". Em seguida, emendou: "Suplico, Sire, como leal súdito de Sua Majestade, que lhe apraza ouvir-me até o fim. Caso contrário, diga uma só palavra e ficarei em silêncio." Nicolau desviou o olhar e assentiu com a cabeça, murmurando: "Fale." Rodzianko falou longamente, lembrando a Nicolau daqueles que, como Teófano e Iliodor, tinham condenado Rasputin e sofrido por isso. Falou das maiores acusações contra o *starets*. "Você leu o relatório de Stolypin?", Nicolau perguntou. "Não", respondeu Rodzianko, "ouvi falar dele, mas não o li." "Eu o rejeitei", disse o czar. "É pena", retrucou o presidente da Duma, "pois nada disso teria acontecido."

Comovido pelo sincero fervor de Rodzianko, Nicolau recuou e autorizou uma nova investigação do caráter e atividades de Rasputin, a ser conduzida pelo próprio Rodzianko. Rodzianko pediu e recebeu imediatamente as evidências reunidas pelo Santo Sínodo, passadas a Stolypin para fundamentar o relatório anterior. No dia seguinte, um membro do Santo Sínodo apareceu ordenando a Rodzianko que devolvesse os papéis. "Ele explicou", escreveu Rodzianko, "que a exigência viera de uma pessoa muito elevada." "Quem é? Um *sabler* [ministro de Religião]?" "Não, alguém de posição bem mais alta..." "Quem é?", insisti. "A imperatriz Alexandra Feodorovna." "Se assim é", falei, "tenha a bondade de informar a Sua Majestade, a imperatriz, que ela é tanto súdita de seu augusto consorte quanto eu, e que é dever de nós ambos obedecer às ordens dele. Não estou, portanto, em posição de atender aos desejos dela."

Rodzianko guardou os papéis e escreveu seu relatório, mas, quando pediu outra audiência para apresentá-lo, o pedido foi negado. Mesmo assim, ele o enviou ao czar, e Sazonov, ministro das Relações Exteriores, estava presente quando Nicolau o leu, em Livadia. Depois Sazonov conversou com o grão-duque Ernest de Hesse, irmão da imperatriz, que também estava presente. O grão-duque balançou tristemente a cabeça e comentou: "O imperador é um santo, um anjo, mas não sabe lidar com ela."

Dois anos após sua nomeação para primeiro-ministro, Kokovtsov caiu. Mais uma vez, foi Rasputin quem envenenou sua carreira política. Ao nomear Kokovtsov ministro das Finanças, Nicolau dissera: "Lembre-se, Vladimir Nicolaievich, que as portas desse gabinete estão sempre abertas para você, a qualquer momento que precise." Quando Kokovtsov enviou ao czar o discurso de proposta de orçamento a ser apresentado à Duma, em 1907, Nicolau respondeu com uma nota que dizia: "Deus permita que a nova Duma estude com calma essa esplêndida explanação e aprecie as melhorias que fizemos em tão pouco tempo, depois de tantas tribulações que nos impuseram." A princípio, a imperatriz também tinha boa vontade com Kokovtsov. Em sua primeira entrevista como ministro das Finanças, ela afirmara: "Eu queria mesmo vê-lo para dizer que tanto o czar quanto eu pedimos a você que seja sempre franco conosco e nos diga a verdade sem hesitar, ainda que nos possa ser desagradável. Creia-me, mesmo que no começo seja assim, seremos gratos a você mais tarde."

Mas a boa vontade de Alexandra e seu desejo de ouvir a verdade desapareceram rapidamente quando os jornais começaram a atacar Rasputin. O próprio Kokovtsov entendeu claramente o que houve e foi até solidário com Alexandra:

"A princípio, gozei das boas graças de Sua Majestade", ele escreveu. "De fato, fui nomeado diretor do Conselho de Ministros com o conhecimento e consentimento dela. Consequentemente, quando a Duma e a imprensa iniciaram uma violenta campanha contra Rasputin... ela esperava que eu desse um fim àquilo. No entanto, não foi minha oposição à proposta do czar de tomar medidas contra a imprensa que me valeu o desprazer de Sua Majestade; foi meu relatório a Sua Majestade, o czar, sobre Rasputin, depois que o *starets* me visitou. Desse momento em diante, embora o czar continuasse a me demonstrar apreço por mais dois anos, minha demissão era certa. Essa mudança de atitude de Sua Majestade, a imperatriz, não é difícil de entender... Na mente dela, Rasputin estava intimamente associado à saúde de seu filho e ao bem-estar da monarquia. Atacá-lo era atacar o protetor do que lhe era mais caro. Ademais, como qualquer pessoa rígida, ela ficou ofendida ao pensar que a santidade de seu lar fora questionada pela imprensa e pela Duma. Ela achou que eu, como chefe do governo, era responsável em permitir esses ataques, e não entendia por que eu não podia impedi-los, dando ordens em nome do czar. Ela me considerava, portanto, não um servidor do czar, mas um instrumento dos inimigos do Estado e, como tal, merecedor de demissão."

A despeito da animosidade da esposa, Nicolau manteve sua afeição por Kokovtsov. Contudo, em 12 de fevereiro de 1914, o primeiro-ministro recebeu uma carta do czar:

VLADIMIR NICOLAIEVICH:

Não é um sentimento de desprazer, mas uma profunda percepção, que vem de longa data, de uma necessidade do Estado que agora me força a dizer que precisamos nos separar.

Faço isso por escrito, pois é mais fácil selecionar as palavras certas ao colocá-las no papel do que durante uma conversa inquietante.

Os acontecimentos dos últimos oito anos me convenceram de que a ideia de reunir em uma só pessoa os deveres de diretor do Conselho de Ministros e de ministro das Finanças ou do Interior é inadequada e errada em um país como a Rússia.

Ademais, o ritmo veloz de nossa vida doméstica e o impressionante desenvolvimento das forças econômicas de nosso país demandam, ambos, tomar as medidas mais sérias e definitivas, uma tarefa que deverá ser confiada a um homem novo nesse trabalho.

Durante os últimos dois anos, infelizmente, sempre aprovei a política do Ministério das Finanças e percebo que isso não pode continuar.

Tenho alto apreço por sua dedicação a mim e por seus grandes serviços ao conseguir notáveis desenvolvimentos no crédito do Estado russo. Sou grato a você por isso, do fundo do meu coração. Creia-me, lamento separar-me de você, que tem sido meu assistente por dez anos. Creia também que não esquecerei de ter os cuidados pertinentes com você e sua família. Espero-o com seu último relatório na sexta-feira, às 11 da manhã, como sempre, e sempre como amigo.

Sinceras saudações,
NICOLAU

Kokovtsov encontrou pouco consolo na descrição de seu sucessor como "um homem novo nesse trabalho", principalmente ao descobrir que seu sucessor seria Goremykin. Certamente, Goremykin não tinha essa opinião sobre seus próprios talentos: "Sou como um velho casaco de pele", ele disse. "Passei muitos meses embrulhado com cânfora. Estou sendo usado simplesmente para a ocasião. Quando acabar, serei embrulhado de novo até a próxima vez que me quiserem."

Após a demissão, Kokovtsov foi convidado a visitar a imperatriz viúva. "Sei que você é um homem honrado e sei que não guarda ressentimentos de meu filho. Você também deve entender meu medo do futuro. Minha nora não gosta de mim; acha que tenho inveja do poder dela. Não entende que minha única aspiração é ver meu filho feliz. No entanto, vejo que nos aproximamos de uma catástrofe e que o czar só dá ouvidos a bajuladores, sem perceber ou sequer suspeitar o que se passa em torno dele. Por que não diz francamente ao czar o que você pensa e sabe, agora que tem liberdade para isso, advertindo-o, se não for tarde demais?"

Quase tão aflito quanto Maria, Kokovtsov respondeu que "nada podia fazer. Disse a ela que ninguém me ouviria, nem acreditaria em mim. A jovem imperatriz me considerava seu inimigo". Essa animosidade, explicou Kokovtsov, estava presente desde fevereiro de 1912.

Fora em meados de fevereiro de 1912 que Kokovtsov e Rasputin se encontraram para o chá e não gostaram um do outro.

Logo que chegou a São Petersburgo, Gregório Rasputin não tinha planos de se tornar o poder por trás do trono da Rússia. Como vários oportunistas bem-sucedidos, ele vivia um dia de cada vez, extraindo astuciosamente o máximo proveito do que lhe aparecia. No seu caso, os caminhos o levaram às mais altas esferas da sociedade russa, e de lá, devido à doença do czarevich, ao trono. Mesmo então, ele permaneceu indiferente à política até que seu próprio comportamento se tornasse um tema político. Então, sob o ataque de ministros do governo, membros da Duma e de hierarquia da Igreja, Rasputin contra-atacou pelo único caminho aberto para ele: recorrendo à imperatriz. Se Rasputin se tornou uma influência política na Rússia, foi em legítima defesa.

Alexandra era uma patronesse leal. Quando ministros do governo e bispos da Igreja levantaram acusações contra o *starets*, ela se vingou exigindo-lhes o afastamento. Quando a Duma debateu a "questão Rasputin" e a imprensa gritou contra seus excessos, a imperatriz exigiu a dissolução de uma e a repressão à outra. Ela defendia Rasputin com tanto ardor que era difícil para o povo dissociar a imperatriz e o mujique. Se ela estava decidida a odiar todos os inimigos dele, não era de surpreender que os inimigos dele decidissem odiá-la.

Stephen Beletsky, diretor do Departamento de Polícia, mais tarde avaliou que o poder de Rasputin foi firmemente estabelecido em 1913. Simanovich, que trabalhou com Rasputin em São Petersburgo, estimou que o *starets* levou cinco anos, 1906-1911, para adquirir poder, e o exerceu por mais cinco anos, 1911-1916. Nas duas estimativas, o ponto de virada fica em torno de 1912, o ano em que o czarevich Alexei quase morreu, em Spala.

18
A DINASTIA ROMANOV

EM 1913, O MUNDO DOURADO da aristocracia europeia parecia estar no zênite. Na verdade, a sociedade em voga, assim como o resto da humanidade, estava a um passo do abismo. Dentro de cinco anos, três impérios europeus seriam derrotados, três imperadores morreriam ou fugiriam para o exílio, e as velhas dinastias dos Habsburgo, Hohenzollern e Romanov se desfariam. Vinte milhões de homens, aristocratas e plebeus, iriam perecer.

Já em 1913 havia sinais de perigo. A aristocracia europeia continuava a circular num mundo de spas elegantes, iates magníficos, cartolas e fraques, saias longas e sombrinhas. Mas os velhos monarcas, que haviam moldado o caráter desse mundo, estavam desaparecendo. Em Viena, o idoso imperador Francisco José, em seus 83 anos, já estava no trono havia 64. Na Inglaterra, não só a rainha Vitória, mas também seu filho Eduardo VII, jaziam no túmulo. A morte de Eduardo deixou seu sobrinho, o kaiser Guilherme, como o monarca dominante na Europa. Guilherme se deleitava com essa nova supremacia e escarnecia de seus gentis primos que ocupavam os tronos da Inglaterra e da Rússia. Guilherme trocava de uniforme cinco vezes por dia e, quando comandava tropas em exercícios, deixava claro que o lado sob seu comando tinha que vencer.

Sob a atmosfera cortês dos reis e da sociedade, havia um mundo bem maior, onde milhões de pessoas comuns viviam e trabalhavam. Ali, os presságios eram ainda mais nefastos. As novas máquinas davam aos monarcas um poder muitíssimo maior de fazer guerra. As nações governadas por reis e imperadores haviam se transformado em gigantes industriais. Em 1913, era cientificamente garantido que a disputa de uma dinastia levaria à morte, não milhares, mas milhões de homens. Na convulsão dessas guerras assassinas encontrava-se a promessa de revolução.

"Uma guerra com a Áustria seria uma coisinha esplêndida para a revolução", Lênin escreveu a Máximo Gorky em 1913. "Mas há poucas chances de Francisco José e Nikolasha nos darem essa alegria." Mesmo sem guerras, a tensão produzida pela industrialização prometia tempestades futuras de frustração e inquietação. Os governos estremeciam sob o impacto de greves e assassinatos. As bandeiras vermelhas do sindicalismo e do socialismo tremulavam sob os estandartes dourados do nacionalismo militante. Eram dias em que, nas palavras de Churchill, "as ampolas do ódio estavam cheias".

Em nenhum outro lugar havia um contraste maior entre a vida folgada da aristocracia e a sombria existência das massas do que na Rússia. Entre a nobreza e os camponeses havia um vasto golfo de ignorância. Entre a nobreza e os intelectuais havia um pesado desprezo e um ódio crescente. Cada lado imaginava que, se a Rússia sobrevivesse, o outro seria eliminado.

Foi nesse clima de apreensão e suspeita que a Rússia deu início à celebração nacional da velha instituição da autocracia. A ocasião era o tricentenário da dinastia Romanov, que chegara ao poder em 1613. A esperança do czar e de seus conselheiros era de que, reavivando as grandes figuras do passado da Rússia, poderiam afogar a hostilidade de classes e unir a nação em torno do trono.

O tricentenário foi um sucesso extraordinário. Enormes multidões – trabalhadores e estudantes entre eles – enchiam as avenidas da cidade para aplaudir os desfiles imperiais. Nas aldeias, camponeses acorriam para conseguir vislumbrar a passagem do czar. Ninguém sonhava que aquilo era o crepúsculo da aristocracia, que após trezentos anos de domínio Romanov nenhum czar jamais tornaria a passar por ali.

Em fevereiro de 1913, Nicolau e Alexandra preparavam-se para a festa do tricentenário mudando-se com as crianças de Tsarskoe Selo para o Palácio de Inverno. Nenhum deles gostava do palácio. Era grande demais, sombrio demais, cheio de correntes de ar, e seu jardim interno era pequeno demais para as crianças brincarem. Além disso, Alexandra tinha um motivo especial para não gostar do Palácio de Inverno: despertava recordações de suas primeiras semanas em São Petersburgo, recém-casada, indo ao teatro, correndo de troica, as ceias aconchegantes diante da lareira. "Eu era tão feliz então, estava tão bem e era tão forte", ela contou a Ana Vyrubova. "Agora estou um trapo."

A comemoração oficial teve início com um grande coral cantando o *Te Deum* na catedral de Nossa Senhora de Kazan. Na manhã da missa, o Nevsky Prospect, por baixo do qual as carruagens imperiais iam passar, fervilhava de gente. Apesar das fileiras de soldados contendo a multidão, o povo, aplaudindo loucamente, rompeu os cordões de isolamento e cercou a carruagem do czar e da imperatriz.

Sob o grande domo dourado, a catedral estava com a capacidade lotada. Muitos dos presentes estavam de pé, mas as fileiras da frente haviam sido reservadas para os membros da família imperial, embaixadores, ministros e integrantes da Duma. Pouco antes da chegada do czar, houve uma briga a respeito dos assentos. Seu presidente, Miguel Rodzianko, havia conseguido fazer a reserva com grande dificuldade. Quando ele entrou na catedral, um guarda lhe sussurrou que um camponês ocupara um dos lugares e se recusava a sair.

"É claro", escreveu Rodzianko, "que era Rasputin. Vestia uma magnífica túnica russa de seda carmesim, botas altas de couro legítimo, calças pretas e um manto de camponês. Sobre a indumentária, trazia no peito uma cruz num cordão finamente trabalhado." Rodzianko ordenou firmemente ao *starets* que desocupasse o lugar. Depois, segundo Rodzianko, Rasputin tentou mesmerizá-lo ali mesmo. "Ele me olhou nos olhos... senti-me confrontado por um poder desconhecido, de uma força tremenda. Subitamente, fui possuído por uma fúria animalesca, o sangue corria forte para meu coração e percebi que estava entrando num estado de absoluto paroxismo. Também fixei os olhos nos de Rasputin e, falando literalmente, senti meu próprio olhar fora da cabeça... 'Você é um notório vigarista', falei." Rasputin caiu de joelhos, e Rodzianko, que era maior e mais forte, começou a chutá-lo nas costelas. Por fim, o presidente da Duma ergueu Rasputin pela nuca e o arrancou do assento. Murmurando "Senhor, perdoe-lhe esse pecado", Rasputin foi embora.

Os dias seguintes foram cheios de cerimônias. De todas as partes do império, delegações em trajes nacionais se apresentaram ao czar. Em honra ao soberano, Alexandra e todos os grão-duques e grã-duquesas Romanov, juntamente com toda a nobreza de São Petersburgo, deram um baile para milhares de convidados. O casal imperial compareceu a uma apresentação oficial da ópera de Glinka *A vida pelo czar*. "A orquestra era toda composta por oficiais fardados e os camarotes estavam cheios de mulheres com joias", escreveu Ana Vyrubova. "Quando Suas Majestades chegaram, toda a casa se levantou em tumultuosos aplausos."

O esforço dessas atividades, apenas quatro meses depois de Spala, foi intenso. Nas recepções no Palácio de Inverno, a imperatriz ficou horas em pé no meio das multidões que enchiam os aposentos palacianos. Estava magnífica, de veludo azul-escuro, com tiara e colar de diamantes. Num dos bailes ela usou pérolas brancas e esmeraldas. Várias vezes, em homenagem ao passado da Rússia, ela ostentou um vestido oriental longo, de brocado de seda, e *kokoshnik*, o alto chapéu cônico usado pelas imperatrizes russas antes que Pedro, o Grande, ocidentalizasse a corte. Suas filhas trajaram esplêndidos vestidos brancos, com a fita escarlate cravejada de diamantes da Ordem de Santa Catarina. Mas Alexandra estava frágil. Num dos bailes, a baronesa de Buxhoeveden escreveu: "Ela estava tão doente que mal podia manter-se de pé... mas foi capaz de atrair a atenção do imperador, que estava conversando no outro lado do salão. Quando ele se aproximou, foi justo a tempo de levá-la embora, evitando que ela desmaiasse em público."

Uma noite, ela apareceu no Teatro Maryinski pálida e silenciosa, num vestido de veludo branco com a faixa azul-clara da Ordem de Santo André atravessada ao peito. Do camarote adjacente, Meriel Buchanan observou-a atentamente: "Seu rosto belo, trágico, não tinha expressão... seus olhos enigmáticos, em sombria gravidade, pareciam fixos em algum pensamento secreto, certamente muito distante do teatro lotado... Parecia que uma emoção ou tristeza a dominava completamente, e, com algumas palavras sussurradas ao imperador, ela se levantou e saiu... Uma pequena onda de ressentimento percorreu o teatro."

Naquele ano, como presente de Páscoa, Nicolau deu a Alexandra um ovo Fabergé com retratos em miniatura de todos os czares e imperatrizes Romanov que já haviam reinado, emoldurados em águias de duas cabeças. Dentro do ovo, a surpresa era um globo de aço azulado com dois mapas do império russo desenhados em ouro, um do ano de 1613 e outro de 1913. Em maio, a família imperial fez uma peregrinação dinástica pelo percurso de Miguel Romanov, o primeiro czar Romanov, desde seu local de nascimento até o trono. No Alto Volga, onde o grande rio faz curvas para o norte e oeste de Moscou, embarcaram num navio a vapor para chegar a Kostroma, a antiga terra natal dos Romanov, onde Miguel, aos 16 anos, foi notificado de sua eleição para o trono, em março de 1613. Durante toda a viagem, camponeses se postavam às margens do rio para assistir à passagem da pequena flotilha; alguns até pulavam na água para ver mais de perto. A grã-duquesa Olga Alexandrovna recorda que "por onde quer que passássemos, encontrávamos manifestações de lealdade beirando a loucura. Quando nosso barco desceu o Volga, vimos multidões de camponeses com água pela cintura para tentar ver Nicky. Em algumas aldeias, vi artesãos e trabalhadores se deitando no chão para beijar-lhe a sombra quando passávamos. Os aplausos eram ensurdecedores".

O clímax do tricentenário foi em Moscou. Num belo dia de junho, Nicolau entrou sozinho na cidade, vinte metros adiante da escolta de cossacos. Na Praça Vermelha, ele desmontou e atravessou-a atrás de uma fila de padres cantando e entrou pelo portão do Kremlim. Alexandra e Alexei, seguindo em carro aberto, também deviam caminhar aquelas poucas centenas de metros. Mas Alexei estava doente. "O czarevich foi carregado nos braços de um cossaco da guarda do czar", escreveu Kokovtsov. "Quando a procissão fez uma pausa... ouvi claramente exclamações de compaixão à vista do pobre menino indefeso, herdeiro do trono dos Romanov."

Relembrando o tricentenário logo depois de encerrado, as figuras principais chegaram a diferentes conclusões. Alexandra confirmou, mais uma vez, sua crença no vínculo entre o czar e o povo. "Agora você viu por si mesma que covardes são esses ministros de Estado", ela disse a uma velha dama de companhia. "Estão sempre assustando o imperador com ameaças de revolução e aqui – você mesma viu – precisamos apenas nos mostrar e imediatamente os corações deles são nossos." Em Nicolau, acendeu-se o desejo de viajar mais além pelo interior das fronteiras russas. Ele falou em navegar novamente pelo Volga, em visitar o Cáucaso, talvez até ir à Sibéria. Escrevendo em retrospecto, e portanto já sabendo o que iria acontecer, a grã-duquesa Olga declarou: "Vendo aquelas multidões entusiásticas, ninguém poderia imaginar que, em menos de quatro anos, o nome de Nicolau seria arrastado na lama e no ódio."

Embora achando que os ministros e a Duma haviam sido ignorados, até Kokovtsov admitiu que as celebrações pareceram um grande sucesso. "A viagem do czar devia ter a natureza de uma comemoração em família", ele escreveu. "Os conceitos de Estado e governo deviam ser afastados para segundo plano, e a personalidade do czar devia dominar a cena. A presente atitude pareceu sugerir que o governo era uma barreira entre o povo e seu czar, que eles viam com cega devoção, como um ungido por Deus... Os amigos mais íntimos do monarca na corte se convenceram de que o soberano podia fazer qualquer coisa, confiando no amor incontido e na total lealdade do povo. Os ministros do governo, por outro lado, [e]... a Duma... eram de opinião de que o soberano devia reconhecer que as condições tinham mudado desde o dia em que os Romanov se tornaram czares e senhores dos domínios da Rússia."

A dinastia Romanov era fruto de um casamento realizado em 1547. A noiva era Anastácia, filha dos Romanov, uma boa família da nobreza de Moscou. O noivo era o príncipe moscovita Ivan IV, de 17 anos, que acabara de se proclamar czar da Rússia. A técnica de Ivan para arranjar esposa foi em grande estilo: ele ordenou que duas mil moças fizessem fila para ser inspecionadas por ele. Entre elas, ele escolheu Anastácia. Mas Ivan se apaixonou profundamente pela jovem esposa. Quando ela morreu, dez anos depois, ele suspeitou que houvesse sido envenenada. Sua dor se transformou em raiva e talvez em loucura. A partir de então, seu reinado foi num tal crescendo de crueldades que ele ficou conhecido como Ivan, o Terrível. Levava sempre consigo um báculo de ferro com o qual empalava os cortesãos que o irritavam. Quando Novgorod se rebelou, Ivan sitiou a cidade e ficou cinco semanas sentado num trono a céu aberto enquanto 60 mil pessoas eram torturadas e mortas diante de seus olhos.

Dividido entre o bem e o mal, Ivan falava incessantemente em abdicar do trono. Deixou Moscou no meio do reinado e seguiu para um monastério, onde alternava orgias espetaculares, execuções sangrentas e remorso abjeto. Voltando ao trono, não demorou que, num acesso de raiva, esfaqueasse seu filho mais velho e predileto. Quando o jovem morreu, Ivan tentou expiar a culpa lendo a Bíblia e fazendo intermináveis orações. Chorava, dizendo que sua vida havia sido arruinada pela morte de sua amada Anastácia Romanovna. Escrevendo ao príncipe Kurbsky, seu inimigo, ele dizia: "Por que você me separou de minha esposa? Se não tivesse me tirado minha jovem esposa... nada disso teria acontecido." Já no fim, era assombrado por suas vítimas. Seus cabelos caíram e ele urrava todas as noites. Quando morreu, supostamente no meio de um jogo de xadrez com o cortesão Boris Godunov, seu último gesto foi pedir um hábito com capuz e se tornar monge.

Ivan foi sucedido por seu filho Fedor, muito fraco, que, por sua vez, foi sucedido pelo regente Boris Godunov. Boris governou como czar por cinco anos. Sua morte abriu as portas para uma horda de reclamantes e candidatos ao trono – na história da Rússia, esse período é conhecido como o "Tempo de Problemas". A certa altura, o trono foi reclamado por um filho do rei da Polônia. Um exército polonês ocupou Moscou, entrincheirou-se no Kremlin e queimou o resto da cidade. Sitiados pelos russos, os poloneses mantiveram a ocupação do Kremlin por dezoito meses e só escaparam de morrer de fome comendo seus próprios mortos. Em novembro de 1612, o Kremlin se rendeu. A Rússia, que não tinha um monarca havia três anos, convocou uma assembleia nacional, a Zemsky Sobor, para eleger um novo czar.

A escolha recaiu em outro menino, Miguel Romanov, de 16 anos. Por sangue, sua reivindicação era fraca; ele não passava de sobrinho-neto de Ivan, o Terrível. Mas foi o único candidato sobre o qual as facções querelantes concordaram. Num dia frio de ventania, 13 de março de 1613, uma delegação de nobres, clérigos, aristocratas, comerciantes, artesãos e camponeses, representando "todas as classes e todas as cidades da Rússia", chegou a Kostroma, no Alto Volga, para comunicar a Miguel que ele tinha sido eleito czar. Sua mãe, que estava presente, objetou, argumentando que todos os czares anteriores haviam tido súditos desleais. Os delegados admitiram que era verdade, mas "agora fomos punidos e chegamos a um acordo em todas as cidades". Emocionado, Miguel aceitou, e em 11 de julho de 1613, no Kremlin, foi coroado o primeiro Romanov.

O maior dos Romanov foi Pedro, o Grande, neto de Miguel. Coroado czar em 1689, ele reinou por 36 anos. Desde a infância, Pedro se interessava pela Europa. Na adolescência, fugia do Kremlin para brincar fora da cidade com três companheiros mais velhos, um escocês, um alemão e um suíço. Em 1697, foi o primeiro czar a sair da Rússia e, viajando sob pseudônimo, passou um ano e meio perambulando pela Europa ocidental. Era difícil se manter incógnito; tinha quase dois metros de altura e viajava com um séquito de 250 pessoas, inclusive anões e bobos da corte, sua língua era russa e suas maneiras, bárbaras. Fascinado pela arte da cirurgia praticada no Teatro Anatômico de Leyden, Pedro notou seus cortesãos fazendo caretas de horror. Na mesma hora, ordenou que eles descessem ao anfiteatro e seccionassem os músculos dos cadáveres com os dentes.

Quando voltou à Rússia, Pedro distendeu violentamente o império de leste a oeste. Cortou pessoalmente as longas barbas e rasgou os caftans dos boiardos (nobres). Para modernizar os hábitos de sono, declarou que "damas e cavalheiros que fossem encontrados dormindo de botas seriam decapitados imediatamente". Empunhando um par de tenazes odontológicas que havia adquirido na Europa, arrancou dentes de maxilares de súditos desavisados e aterrorizados. Quando achou que São Petersburgo, sua capital europeia, estava pronta o suficiente para se tornar habitável, deu 24 horas para os boiardos arrumarem as malas em Moscou e partirem para o norte.

Não houve nenhum setor da vida russa em que Pedro não mexesse. Junto com a nova capital, ele construiu o exército, a marinha e a Academia de Ciências. Simplificou o alfabeto e editou o primeiro jornal. Encheu a Rússia de novos livros, novas ideias, novas palavras e novos títulos, na maioria alemães. Promoveu tamanha devastação na antiga cultura e religião que a Igreja Ortodoxa entendeu que ele era o Anticristo. Não obstante todas as suas ideias modernas, Pedro manteve os impulsos de antigo autocrata absoluto. Ao suspeitar que seu filho e herdeiro, Alexei, tramava contra ele, Pedro ordenou que o jovem fosse torturado e espancado até a morte.

Outra figura que se agigantou na dinastia Romanov não era nem Romanov, nem russa. Catarina, a Grande, era uma obscura princesa germânica, nascida Sofia, em Anhalt-Zerbst. Aos 14 anos, casou-se com o neto de Pedro, o Grande, Pedro III. Viveram juntos durante dezoito anos, a princípio como irmãos, e depois como antagonistas, quando Pedro a insultou em público e passou a viver abertamente com sua amante. Em 1762, organizou-se uma conspiração a favor dela e Pedro foi forçado a abdicar. Pouco depois, ele morreu numa briga suspeita, durante um jantar. Encarregado de sua custódia e um dos conspiradores, o príncipe Alexei Orlov declarou: "Nós mesmos não conseguimos nos lembrar do que fizemos." Como nunca foi confirmado que Pedro III era o pai de Paulo, filho de Catarina, há uma forte possibilidade de que a linhagem Romanov original tenha acabado nessa briga.

O reinado de Catarina trouxe o estilo clássico à autocracia russa. Diderot, Locke, Blackstone, Voltaire e Montesquieu eram seus autores prediletos. Ela se correspondia com Voltaire e Frederico, o Grande.

Construiu o Hermitage para servir como casa de hóspedes se Voltaire algum dia quisesse ir à Rússia, mas ele nunca foi. A própria Catarina escreveu uma história do país, com pinturas e esculturas. Nunca tornou a se casar. Vivia sozinha, levantava-se às cinco da manhã, acendia sua própria lareira e trabalhava quinze horas por dia. Ao longo dos anos, teve dezenas de amantes. Alguns, como o príncipe Gregório Potemkin, ajudaram a governar a Rússia. Sobre Potemkin, ela escreveu que as cartas trocadas entre eles eram quase de homem para homem, exceto que um deles "era uma mulher muito atraente".

Catarina morreu em 1796, ano em que Napoleão Bonaparte teve suas primeiras vitórias militares na Itália. Dezesseis anos mais tarde, Napoleão invadiu a Rússia e entrou em Moscou, onde seu exército foi dizimado por ventos e neves. Dois anos mais tarde, em 1814, o neto de Catarina, czar Alexandre I, entrou em Paris à frente de um exército russo. O sucessor de Alexandre foi seu irmão Nicolau I. Nicolau II, descendente de Miguel Romanov, Pedro, o Grande, e Catarina, a Grande, era bisneto de Nicolau I.

Fazendo cálculos como passatempo, Maurice Paléologue viu que o czar Nicolau II tinha apenas 1/128 de sangue russo, enquanto seu filho, o czarevich Alexei, era somente 1/256 russo. O hábito dos czares se casarem com mulheres alemãs e dinamarquesas era responsável por essas estranhas frações. Mais do que qualquer outra coisa, elas sugeriam a que ponto o sangue Romanov original fora diluído no começo do século XX.

Como chefe da família, Nicolau II presidia o imenso clã Romanov, de primos, tios, tias, sobrinhos e sobrinhas. Embora extremamente ciosos de seu nome e posição, eram relapsos quanto a deveres e obrigações. Em educação, linguagem e gosto, faziam parte da aristocracia cosmopolita da Europa. Falavam francês melhor do que russo, viajavam entre hotéis de Biarritz e vilas na Riviera em vagões privados de trens, eram vistos com mais frequência em casas de campo inglesas e palácios de Roma do que nas propriedades da família no Volga, no Dnieper ou no Don. Ricos, sofisticados, charmosos e entediados, a maioria dos Romanov considerava "Nicky", com seu fatalismo ingênuo, e "Alicky", com seu fervor religioso e apaixonado, ridiculamente pitorescos e obsoletos.

Infelizmente, na mente do público, todos os Romanov eram parte de um bolo só. Se as inadequações do czar enfraqueciam a lógica da autocracia, a indiferença da família à sua reputação contribuía para desgastar o prestígio da dinastia. A grã-duquesa Olga Alexandrovna, irmã de Nicolau, reconhecia o fracasso da família. Pouco antes de sua morte, em 1960, ela observou com tristeza:

"Certamente, a última geração contribuiu para a desintegração do império... Em todos aqueles anos críticos, os Romanov, que deviam dar o mais firme apoio ao trono, não viveram à altura dos padrões e da tradição da família... Muitos de nós, Romanov, fomos... viver num mundo de interesses pessoais, onde nada importava, exceto a ilimitada autogratificação do desejo e da ambição. Nada provou isso melhor do que a espantosa confusão marital em que a última geração de minha família se envolveu. A sucessão de escândalos domésticos só podia chocar a nação... Mas algum deles se importou com a impressão que criavam? Nunca."

O problema era o divórcio. Por lei, os membros da família imperial eram proibidos de se casar sem o consentimento do soberano. Eram também proibidos de se casar com plebeus ou com pessoas divorciadas. A Igreja Ortodoxa permite o divórcio em casos de adultério. Na verdade, aos olhos da Igreja, o ato de adultério dissolve o casamento cristão. Mas, mesmo sendo permitido, nem por isso é encorajado. Na família imperial, cuja vida privada deveria ser um exemplo, o divórcio era considerado uma mancha e uma desgraça.

Entretanto, mal Nicolau II assumiu o trono, esse rígido código começou a se esfacelar. Primeiro seu primo, grão-duque Miguel Mikhailovich, casou-se sem maiores explicações com uma plebeia e foi morar na Inglaterra. Depois a princesa Montenegrin, grã-duquesa Anastácia, divorciou-se do marido, duque de Leuchtenberg, para se casar com o grão-duque Nicolau, o soldado alto que comandou o exército russo na Primeira Guerra Mundial. Pouco depois, o grão-duque Paulo, tio mais novo do czar, tendo ficado viúvo, casou-se com uma plebeia divorciada.

"Tive uma conversa muito séria com tio Paulo, que terminou com minha advertência de todas as consequências que esse casamento teria para ele", Nicolau escreveu a Maria na ocasião. "Não adiantou... Quão triste e doloroso é tudo isso, e quão envergonhados ficamos pela família perante o mundo. Que garantia temos agora de que Cirilo não faça o mesmo tipo de coisa amanhã, e Bóris e Sérgio depois de amanhã? E no final, receio, uma colônia inteira da família imperial russa estará morando em Paris com suas mulheres semilegítimas e ilegítimas. Só Deus sabe os tempos que vivemos, quando um indisfarçável egoísmo sufoca todo o sentimento de consciência, de dever e até de decência básica."

Três anos mais tarde, o grão-duque Cirilo, primo-irmão de Nicolau, realizou a sombria profecia do czar, casando-se com uma divorciada. Para tornar a questão ainda mais delicada, a nova esposa de Cirilo era a princesa Vitória Melita, cujo ex-marido era o grão-duque Ernest de Hesse, irmão da imperatriz Alexandra. Fora no casamento de "Vicky" e "Ernie" que Nicolau pedira Alexandra em casamento. Nicolau reagiu à atitude de Cirilo expulsando-o da Marinha Imperial e da Rússia. Esse gesto, por sua vez, despertou a fúria do pai de Cirilo, o grão-duque Vladimir, que ameaçou se demitir de todos os *seus* postos oficiais. No final, Nicolau recuou. "Pergunto-me se foi sensato punir um homem publicamente a tal ponto, principalmente quando a família estava contra", escreveu a Maria. "Após pensar muito, o que acabou me dando dor de cabeça, decidi tirar vantagem do dia do santo do nome de seu neto, e telegrafei ao tio Vladimir dizendo que devolveria a Cirilo o título que ele tinha perdido."

De todos os golpes desferidos contra a dinastia pela própria família Romanov, nenhum foi pessoalmente mais prejudicial e mais doloroso para o czar do que a atitude de seu irmão Miguel. Assim como outros filhos ou irmãos caçulas de um monarca, Miguel era ignorado em público e paparicado em casa. Mesmo quando criança, era o único capaz de desafiar o pai irredutível, Alexandre III. Uma história de família conta sobre uma manhã em que pai e filho estavam andando pelo jardim e o czar, subitamente zangado com o comportamento de Miguel, pegou uma mangueira e encharcou o filho. Miguel aceitou o banho, trocou de roupa e foi fazer a refeição da manhã com o pai. Mais tarde, naquela mesma manhã, Alexandre se levantou da escrivaninha e, como de hábito, debruçou-se, meditativo, na janela do gabinete. Uma torrente de água desceu sobre sua cabeça. Da janela do andar de cima, Miguel tinha ido à forra.

Dez anos mais novo que Nicolau, o grão-duque Miguel cresceu para se tornar uma formosa e afetuosa nulidade. Embora desde a morte do irmão George, em 1898, até o nascimento do sobrinho Alexei, em 1904, Miguel tenha sido herdeiro do trono, ninguém levava a sério a possibilidade do "querido Misha" vir a ser czar. Era impensável. Mesmo em público, junto com ministros do governo, sua irmã Olga Alexandrovna se dirigia jovialmente a Miguel pelo apelido "Floppy".

Miguel gostava de automóveis e de moças bonitas. Tinha uma garagem cheia de carros reluzentes, que adorava dirigir. Infelizmente, o grão-duque tinha o inconveniente hábito de dormir na direção. Uma vez, com Olga a seu lado, acelerando para jantar com a mãe em Gatchina, Floppy cochilou e o carro capotou. Ambos foram atirados para fora, mas não se machucaram.

De todos os parentes, Miguel era mais íntimo de Olga, a outra caçula da família. Consequentemente, estava sempre rodeando as belas amigas e damas de honra da irmã. Em 1901, aos 23 anos, Miguel decidiu que estava apaixonado pela mais bonita delas, Alexandra Kossikovsky, que Olga chamava de Dina. Romântico, ele foi com a irmã e a acompanhante à Itália e, em Sorrento, planejou fugir com Dina. Antes que a fuga avançasse além dos planos, a história chegou aos ouvidos da imperatriz Maria. Ela mandou chamar Miguel e despejou sobre ele raiva e escárnio. Dina foi demitida sumariamente.

Cinco anos mais tarde, em 1906, agora com 28 anos, Miguel se apaixonou novamente. Dessa vez, escreveu ao irmão pedindo permissão para se casar com uma mulher que não só era plebeia, mas divorciada duas vezes. Abismado, Nicolau escreveu a Maria: "Três dias atrás, Misha pediu minha permissão para se casar... Jamais darei meu consentimento... É infinitamente mais fácil consentir do que recusar. Deus queira que esse triste caso não cause desentendimento em nossa família."

Mas Miguel não desistiu. A dama envolvida, nascida Nathalie Cheremetevskaya, era filha de um advogado de Moscou. Aos 16 anos, tinha se casado com um comerciante chamado Mamontov, divorciando-se três anos depois e casando-se com o capitão Wulfert, da Guarda Cuirassier. O coronel do regimento do novo marido não era outro senão Sua Alteza Imperial o grão-duque Miguel. Em poucos meses, Nathalie deu um jeito de se tornar amante de Miguel. E, desse momento em diante, dominou a vida dele.

Nathalie Cheremetevskaya era uma bela mulher e de grande fascínio. Paléologue a viu numa loja de São Petersburgo durante a guerra e correu a escrever em seu diário, com exuberância gaélica: "Vi uma jovem esbelta de cerca de 30 anos. Era um deleite de se ver. Todo seu estilo revela grande charme pessoal e gosto refinado. Seu casaco de chinchila, aberto no pescoço, dava o vislumbre de um vestido de tafetá cinza-prata com entremeios de renda. Uma leve boina de pele se fundia com seus brilhantes cabelos claros. Sua face pura e aristocrática é encantadoramente modelada e ela tem olhos claros aveludados. Em torno do pescoço, um colar de magníficas pérolas refulgia sob a luz. Havia uma graciosidade digna, sinuosa e suave em cada um de seus movimentos."

A princípio, Miguel respeitou a recusa da permissão para se casar, mas ele e Nathalie saíram da Rússia para viver juntos no exterior. Em 1910, Nathalie deu ao grão-duque um filho, cujo nome era George. Em julho de 1912, os amantes fixaram residência na turística cidade bávara de Berchtesgaden. Numa manhã de outubro daquele ano, os dois cruzaram secretamente a fronteira da Áustria e se casaram numa pequena igreja ortodoxa em Viena. Somente após o retorno a Berchtesgaden, o casal comunicou ao czar.

O telegrama foi enviado para Nicolau em Spala. Chegando imediatamente após a crise de Alexei, deixou Nicolau abalado. "Ele quebrou sua palavra, sua palavra de honra", lamentou Nicolau, agitado, esfregando as sobrancelhas enquanto mostrava o telegrama a Ana Vyrubova. "Como, no meio da doença do menino e de todos os nossos problemas, puderam fazer tal coisa?" A princípio, Nicolau quis manter o casamento em segredo. "Um golpe terrível... deve ser mantido em segredo absoluto", ele escreveu a Maria. A impossibilidade disso logo tornou-se óbvia. Mas Nicolau negou ao irmão o direito de regência em nome de Alexei, e colocou Miguel em estado de tutela, como se ele fosse menor de idade ou incapaz mentalmente. Segundo na linha de sucessão ao trono, o grão-duque Miguel foi proibido de voltar à Rússia.

Mais tarde, o motivo da decisão aparentemente impetuosa de Miguel foi esclarecido. Pelos boletins médicos e noticiários que vazavam para a Europa, de repente Miguel ficou ciente do fato de que seu sobrinho poderia morrer a qualquer momento. Se Alexei morresse, Miguel sabia que seria compelido a voltar para a Rússia em circunstâncias que tornariam impossível casar-se com uma mulher da posição de Nathalie. Antes que isso acontecesse, ele – ou ela – resolveu agir. "O que me revolta mais do que tudo", afirmou Nicolau, "é sua [de Miguel] referência à doença do pobre Alexei, que, diz ele, levou-o a se apressar."

Apesar da raiva, Nicolau não podia ignorar o *fait accompli*. Agora Nathalie era esposa de seu irmão. Relutantemente, concedeu a ela o título de condessa Brassova e consentiu que o infante, seu sobrinho, fosse intitulado conde Brassov. Quando começou a guerra, Nicolau permitiu que o casal voltasse à Rússia e Miguel foi para o front, no comando de uma divisão caucasiana. Mas nem Nicolau nem Alexandra jamais receberam ou dirigiram uma palavra à ousada e bela Nathalie Cheremetevskaya.

Para quem se lembra, a temporada do inverno seguinte ao tricentenário em São Petersburgo foi especialmente brilhante. Luzes flamejavam nas altas janelas dos grandes palácios às margens do Neva. As ruas e lojas viviam movimentadas, cheias de gente animada. Na Fabergé, com seus pesados pilares de granito e ar de opulência bizantina, os clientes se aglomeravam. Em elegantes salões de cabeleireiros, as damas se sentavam em cadeiras azul e ouro, congratulando-se por terem conseguido marcar hora e comentando as últimas fofocas. A história mais deliciosa do ano era a expulsão de Vaslav Nijinsky do Balé Imperial. Foi em seguida à apresentação do balé *Giselle*, na qual o esplêndido bailarino usou um traje incomumente exíguo e revelador. Quando ele apareceu no palco, houve comoção no camarote imperial. A imperatriz viúva foi vista se levantando, fixando no palco um olhar devastador e saindo do teatro num repelão. O bailarino foi expulso no dia seguinte.

O clima na capital era de esperança. A Rússia era próspera, as lembranças da guerra com o Japão haviam desvanecido e o tricentenário despertara um surto de entusiasmo pela antiga monarquia. Havia rumores de que dariam bailes na corte novamente, agora que as filhas do czar estavam crescidas. De cabelos dourados e olhos azuis, a grã-duquesa Olga já tinha feito presença em bailes de São Petersburgo. A grã-duquesa Tatiana, esguia, de cabelos escuros e olhos de âmbar, estava pronta para ser apresentada. Os bailes da corte não aconteceram naquele inverno, mas o evento social da temporada foi um baile que a imperatriz viúva deu para as netas no Palácio Anitchkov. A imperatriz compareceu, mas se retirou à meia-noite, e foi o czar quem levou as filhas para casa, às 4:30 da madrugada. No trem de volta a Tsarskoe Selo, ele tomou uma xícara de chá, ouvindo as meninas contando sobre a festa e falando que dormiriam até tarde no dia seguinte.

Fora do círculo cintilante, o entusiasmo pelo tricentenário se dissipou rapidamente. A inquietação entre operários e camponeses continuava a crescer. Em abril de 1912, houve um incidente nos remotos garimpos de ouro de Lena, na Sibéria. Os garimpeiros em greve marchavam em protesto diante da anglo-russa Lena Gold Mining Company quando um policial bêbado ordenou que seus homens abrissem fogo. Duzentas pessoas morreram e a Rússia espumou de ódio. Na Duma e na imprensa, o massacre foi chamado de "Segundo Domingo Sangrento". O governo ordenou a formação de uma comissão de inquérito, e a Duma, não querendo confiar no relatório de uma comissão governamental, decidiu conduzir sua própria investigação. O chefe da comissão da Duma era Alexandre Kerensky.

Desde sua saída da universidade em São Petersburgo, em 1905, Kerensky se tornara uma figura popular como defensor de prisioneiros políticos em tribunais de toda a Rússia. Embora seus argumentos e sucessos fossem frequentemente embaraçosos para o governo, "Não sofri a menor pressão", dizia. "Ninguém podia nos expulsar dos tribunais, ninguém podia levantar um dedo contra nós." O mesmo respeito legal prevaleceu na investigação dos garimpos de Lena: "A comissão do governo se instalou numa casa, e nós, em outra. As duas comissões convocavam e interrogavam testemunhas... ambas registravam o depoimento de empregados, ambas faziam relatórios oficiais... A administração dos garimpos se ressentia muito de nossa intrusão, mas nem os [investigadores do governo] nem as autoridades locais interfeririam, de modo algum; pelo contrário... o governador até ajudava." O relatório de Kerensky valeu como uma forte crítica à polícia, e não muito depois o ministro do Interior renunciou.

Dos garimpos de ouro, Kerensky seguiu diretamente para a região do Volga, a fim de se candidatar à eleição para a quarta Duma. Concorreu como crítico do governo, foi eleito e durante os dois anos anteriores à guerra viajou pela Rússia fazendo discursos, comícios e "extenuantes trabalhos revolucionários e de organização política... A Rússia inteira", ele escreveu, "estava agora coberta por uma rede de organizações liberais e de trabalho – cooperativas, sindicatos, clubes de trabalhadores". Para os agitadores, já não era sequer necessário manter segredo sobre suas atividades. "Naqueles dias, um homem como eu, tão aberta e implacavelmente hostil ao governo, ia livremente de cidade em cidade, fazendo discursos e comícios. Nesses comícios, eu criticava acidamente o governo... [Nunca] passou pela cabeça da Cheka czarista infringir minha inviolabilidade parlamentar."

O trabalho de Kerensky, e de outros como ele, surtiu efeito. Em 1913, ano do tricentenário, 700 mil trabalhadores russos entraram em greve. Em janeiro de 1914, esse número chegou a 1 milhão. Na região de Baku estourou uma briga entre operários de uma companhia de exploração de petróleo e a polícia, e, como sempre, os cossacos vieram a galope. Em julho de 1914, o número de grevistas inchou para um milhão e meio. Em São Petersburgo, hordas de trabalhadores em greve quebravam vidraças e erguiam barricadas nas ruas. Naquele mês, o embaixador alemão, conde Pourtalès, garantiu repetidamente ao kaiser que, nas circunstâncias caóticas em que se encontrava, a Rússia não tinha condição de lutar.

O fim do Velho Mundo se aproximava rapidamente. Após trezentos anos de reinado Romanov, a tempestade final estava prestes a desabar sobre a Rússia imperial.

19

O LONGO VERÃO DE 1914

NA PRIMAVERA DE 1914, o czarevich, então com 9 anos, tinha se recuperado bem da crise em Spala oito meses antes. Sua perna estava esticada e, para alegria dos pais, ele andava quase sem coxear. Em comemoração ao retorno de Alexei à saúde, o czar decidiu, numa bela manhã de maio, deixar de lado os papéis e levar o filho a passear. A excursão de Livadia até as montanhas seria exclusivamente para homens. Alexei ficou exultante.

Dois carros de passeio foram preparados para sair depois da refeição da manhã. Alexei e o pai foram no primeiro carro, com Gilliard e um oficial do *Standart*. O marinheiro Derevenko e um único guarda cossaco seguiam no segundo. Levantando longas plumas de poeira, os carros subiram a encosta da montanha atrás do palácio imperial, passando por florestas frescas de altos pinheiros. Seu destino era um grande penhasco cor de ferrugem chamado Rocha Vermelha, que oferecia uma vista magnífica dos vales, dos palácios brancos e do mar azul-turquesa lá embaixo. Depois do almoço, na descida da face norte da montanha, chegaram a um local onde ainda havia manchas de neve não derretida. Alexei pediu que parassem e Nicolau concordou. "Ele [Alexei] corria a nossa volta, pulando, rolando na neve, se levantando para cair de novo", escreveu Gilliard. "O czar observava as brincadeiras do filho com óbvio prazer." Embora interviesse de vez em quando para recomendar cuidado, Nicolau se convenceu, pela primeira vez, de que o pesadelo de Spala havia finalmente terminado.

"O dia chegava ao fim", Gilliard continuou, "e lamentávamos realmente ter que voltar. O czar estava muito animado durante todo o passeio. Tínhamos a impressão de que o feriado dedicado ao filho fora um tremendo prazer para ele. Por algumas horas, tinha escapado dos deveres imperiais."

Apesar do círculo familiar fechado e da timidez da grã-duquesa Olga, com 18 anos, naquele ano as conversas sobre casamento se concentraram nela. Falou-se numa união com Eduardo, o príncipe de Gales. Não deu em nada e o príncipe continuou solteiro até 1936, quando abdicou do trono para se casar com Wallis Warfield Simpson. Uma conversa mais séria focalizou Carol, o príncipe herdeiro da Romênia. Sazonov, ministro das Relações Exteriores russo, foi intermediário. Ele via ali uma possibilidade de desligar a Rússia de sua aliança com a Alemanha e a Áustria-Hungria. Nicolau e Alexandra eram receptivos à corte de Carol, mas Olga se opôs implacavelmente.

Em 13 de junho, a família imperial russa fez uma breve visita formal ao porto romeno de Constanza, no mar Negro. Carol e sua família esperavam no cais quando o *Standart* chegou de Ialta trazendo os visitantes. Foi um único dia, mas cheio de cerimônias: um culto na catedral, revista naval de manhã e almoço seguido por uma revista militar, um chá formal, um jantar oficial, uma parada com tochas e fogos de artifício à noite. Durante todo o dia, os romenos não tiraram os olhos de Olga, cientes de que, na menina russa, podiam estar vendo sua futura imperatriz.

Nesse sentido, a visita foi uma perda de tempo. Mesmo antes de o *Standart* aportar em Constanza, Olga disse a Gilliard, no convés: "Diga-me a verdade, monsieur, sabe por que estamos indo à Romênia?" Cheio de tato, o tutor respondeu que entendia ser uma questão diplomática. Jogando a cabeça para trás, Olga disse que Gilliard obviamente sabia o motivo. "Não quero que aconteça", ela disse, irritada. "Papai pro- meteu não me forçar. Não quero sair da Rússia; sou russa e quero permanecer russa."

Os pais de Olga respeitaram seus sentimentos. Um dia, sentada no terraço de Livadia, Alexandra explicou seu ponto de vista a Sazonov.

"Penso com terror que se aproxima o tempo em que terei que me separar de minhas filhas. Eu não desejaria nada melhor do que permanecerem na Rússia após o casamento. Mas tenho quatro filhas, e claro que isso é impossível. Você sabe como é difícil o casamento em famílias reais. Eu sei, por experiência, embora nunca tenha estado na posição que minhas filhas ocupam, sendo [apenas] filha do grão-duque de Hesse e correndo pouco risco de ser obrigada a uma união política. Ainda assim, uma vez fui ameaçada com o perigo de me casar sem amor, ou mesmo sem afeição, e me lembro vividamente dos tormentos que passei quando... [a imperatriz disse o nome de um membro de uma das casas reinantes na Alemanha] chegou a Darmstadt e fui informada de que ele desejava casar-se comigo. Eu não o conhecia e nunca esquecerei o que sofri quando o conheci. Minha avó, a rainha Vitória, teve pena de mim, e me deixaram em paz. Deus dispôs do meu destino de outra maneira e me concedeu uma felicidade jamais sonhada. Além de tudo, acho que é meu dever deixar minhas filhas livres para se casarem segundo suas inclinações. O imperador terá que decidir se considera esse ou aquele casamento conveniente para as filhas, mas a autoridade paterna não deve se estender além disso."

Carol não desistiu da esperança de se casar com uma grã-duquesa Romanov. Dois anos depois, ele sugeriu a Nicolau casar-se com Maria, então com 16 anos. Nicolau riu muito e declarou que Maria era apenas uma garotinha em idade escolar. Em 1947, tendo abdicado do trono da Romênia, Carol embarcou no terceiro de seus três casamentos. Sua terceira esposa, Magda Lupescu, era sua amante havia 22 anos.

Na Europa, o começo do verão de 1914 foi marcado por um tempo glorioso. Milhões de homens e mulheres saíram de férias, esquecendo os medos da guerra ao calor do sol. Reis e imperadores continuavam a se visitar, se encontravam em jantares formais, passavam tropas e frotas em revista e punham no colo os filhos uns dos outros. As visitas importantes aconteciam entre aliados. O rei George V foi a Paris, o kaiser visitou o arquiduque austríaco Francisco Ferdinando, o presidente francês Raymond Poincaré visitou o czar, em São Petersburgo. Em suas comitivas, os chefes de Estado traziam generais e diplomatas que se reuniam discretamente com seus pares aliados para comparar planos e confirmar entendimentos. Revistas militares assumiam um significado especial. As tropas em desfile eram observadas atentamente, à procura de sinais de *élan*, vigor e prontidão para a guerra.

Um evento de especial importância simbólica teve lugar no fim de junho, quando o audaz almirante inglês Sir David Beatty comandou o Primeiro Esquadrão de Cruzadores da Marinha Real no mar Báltico numa visita à Rússia. Alarmada com o rápido incremento da poderosa Frota de Mar Alto do kaiser, a Inglaterra relutantemente abandonava um século de "esplêndido isolamento". Um vínculo mais estreito com a Rússia czarista, até então desprezada na imprensa e no parlamento como a terra dos cossacos e do açoite, era parte da nova diplomacia britânica. Em 20 de junho, um dia sem nuvens e de calor abrasador, os quatro navios cinzentos de Beatty, *Lion*, *Queen Mary*, *Princess Royal* e *New Zealand*, passaram lentamente ao lado do *Standart* e ancoraram em Kronstadt. A família imperial subiu a bordo do *Lion* para um almoço com o comandante. "Nunca tinha visto rostos mais felizes que os das jovens grã-duquesas escoltadas a bordo do *Lion* por um pequeno grupo de aspirantes liberados especialmente para assisti-las", relatou o embaixador inglês, Sir George Buchanan. "Quando penso como as vi naquele dia, a trágica história de sua morte parece um pesadelo medonho."

No dia seguinte, enquanto milhares de russos olhavam para os barcos ingleses balouçando silenciosamente na maré do Báltico, o comandante e seus oficiais foram a Tsarskoe Selo. Beatty, o mais jovem almirante inglês desde Nelson, causou uma tremenda impressão. Seu rosto jovem e bem barbeado levou muitos russos, acostumados a ver almirantes de barba até a cintura, a pensar que ele era o imediato. Mas seu jeito era inequivocamente de comando. Seu queixo quadrado e o ângulo desenvolto em que usava o quepe sugeriam um lobo do mar. E ele falava com uma voz que se sobrepunha ao rugido das tormentas no mar. Era como se a sólida realidade do imenso poder marítimo britânico, coisa que poucos russos entendiam, subitamente se revelasse na pessoa de Beatty.

Após a partida do comandante inglês, a família imperial embarcou no *Standart* para seu cruzeiro anual pela costa da Finlândia. Zarparam quatro dias depois, em 28 de junho, e então chegou o terrível dia conhecido na história da Europa simplesmente como "Sarajevo".

O sol quente dos Bálcãs brilhava naquela manhã nos telhados brancos e planos da capital da Bósnia, Sarajevo. As ruas estavam cheias de gente vinda de quilômetros de distância para ver o príncipe Habsburgo, já de meia-idade, que um dia seria seu imperador. Alto e gorducho, o arquiduque Francisco Ferdinando não era torrencialmente popular em lugar nenhum por onde se espraiava o império austro-húngaro, governado durante 66 anos por seu idoso tio, o imperador Francisco José. Contudo, Francisco Ferdinando tinha esclarecimento político suficiente – o que seu tio e o governo em Viena não tinham – para ver que, a não ser que se fizesse algo sobre o nacionalismo eslavo que ardia no interior do império, o próprio império se desintegraria.

Em 1914, a Áustria-Hungria era uma mixórdia de raças, províncias e nacionalidades espalhadas pela Europa central e pelo norte dos Bálcãs. Três quintos dos 40 milhões de pessoas eram eslavos – poloneses, tchecos, eslovacos, bósnios e montenegrinos –, mas o império era regido por raças não eslavas: os austríacos e os magiares da Hungria. Era de esperar que esses povos eslavos ansiassem pelo dia de libertação.

Um pequeno reino eslavo independente, a Sérvia, agia com um ímã para essas turbulentas províncias. No interior da Sérvia, fanáticos nacionalistas conspiravam para demolir o já estremecido império austro-húngaro e fundir as províncias eslavas dissidentes num único Grande Reino Eslavo do Sul. A Sérvia não tinha poderio militar para libertar as províncias à força, mas Belgrado, a capital sérvia, tornou-se uma fonte de inflamada propaganda nacionalista. Belgrado tornou-se também o quartel-general de uma organização secreta terrorista, chamada Mão Negra, fundada para atacar a Áustria-Hungria por meio de sabotagem e assassinatos.

Em Viena, capital do império, a influência desintegradora da Sérvia era muito temida. O marechal de campo Von Conrad-Hötzendorf, chefe do Estado-Maior da Áustria, descrevia a Sérvia como "uma viborazinha venenosa". Durante anos, Conrad-Hötzendorf aguardava impaciente ordens de esmagar a ameaça sérvia. Mas, em 1914, o imperador Francisco José tinha 84 anos. Havia subido ao trono em 1848. Seus anos de reinado haviam sido marcados pela tragédia. Ao se tornar imperador do México, seu irmão Maximiliano foi assassinado por um esquadrão de tiro numa montanha daquele país. Seu único filho, o príncipe herdeiro Rodolfo, morreu junto com a amante num pacto suicida em Mayerling. Sua esposa, a imperatriz Elizabeth, foi morta pela faca de um assassino.

Seu sobrinho e agora herdeiro, o arquiduque Francisco Ferdinando, desafiara sua vontade ao se casar com uma plebeia, depois condessa Sofia Chotek. Antes de declará-lo seu sucessor, o velho imperador obrigou o arquiduque a deserdar do trono qualquer filho que tivesse com Sofia. Em ocasiões públicas, Sofia, esposa do herdeiro, era obrigada a vir atrás das menos importantes damas de sangue real e a se sentar no fim da mesa imperial. Ela achava as humilhações intoleráveis. O arquiduque fez cenas violentas com a família, mas o imperador se recusou a ceder. Sua última esperança era morrer em paz, com a dignidade imperial e o império intactos.

Ocupado em acalmar a esposa, ausente da corte, Francisco Ferdinando sabia, não obstante, que o imperador não viveria para sempre. Ele também entendia que essa política à deriva não podia continuar. Sua proposta era apaziguar os eslavos do império, trazendo-os para uma participação ativa no governo. Previa uma ampliação do "dualismo" austro-húngaro para um "trialismo" que incluiria austríacos, magiares e eslavos no governo. A essa solução se opunham todos os envolvidos: os ministros austríacos e magiares não queriam dividir o poder, e os nacionalistas eslavos temiam que o sucesso desse plano destruísse seus sonhos de um Reino Eslavo do Sul. Contudo, Francisco Ferdinando persistiu. Como primeiro passo, ele decidiu que, enquanto estivesse assistindo a manobras militares austríacas nas montanhas da Bósnia, faria uma visita de cerimônia à capital provincial de Sarajevo. Para expandir seu gesto de amizade, o arquiduque levou a esposa, mãe de seus três filhos deserdados. Além disso, pediu que as tropas, que normalmente se alinhavam ao longo do percurso durante uma visita imperial, fossem dispensadas. À exceção da guarda de 150 policiais locais, o povo teria livre acesso ao herdeiro do trono.

Naquele dia, Francisco Ferdinando vestia o uniforme verde de marechal de campo austríaco, com as penas esvoaçantes em seu capacete militar. Entrando na cidade atrás de seis batedores motorizados, o arquiduque vinha no banco de trás do segundo carro aberto, com Sofia a seu lado. Nas ruas, ele viu rostos sorridentes e mãos em saudação. Havia bandeiras e tapetes coloridos pendurados nas janelas e sacadas, e nas vitrines das lojas seu retrato o fitava. Francisco Ferdinando ficou imensamente feliz.

Quando o desfile se aproximava da prefeitura, o chofer do arquiduque viu de relance um objeto sendo atirado do meio da multidão. Apertou o acelerador, o carro deu um pulo para a frente e a bomba, que devia ter caído no colo de Sofia, explodiu sob as rodas dianteiras do carro que vinha logo atrás. Dois oficiais ficaram feridos. O jovem sérvio que atirou a bomba correu por uma ponte e foi detido pela polícia.

Francisco Ferdinando chegou à prefeitura de Sarajevo pálido, trêmulo e furioso. "Venho fazer uma visita", gritou, "e sou recebido com uma bomba!" Houve uma rápida conferência de emergência. Alguém da comitiva do arquiduque pediu que arrumassem uma guarda militar. O governador provincial respondeu acidamente: "Você acha que Sarajevo está cheia de assassinos?" Foi decidido que, na volta, ele atravessaria a cidade por uma rota diferente. No caminho, porém, o chofer do primeiro carro se esqueceu da alteração e entrou por uma das ruas do primeiro percurso. O chofer do arquiduque, que seguia logo atrás, foi momentaneamente enganado e começou a fazer a curva. Um oficial gritou: "Não é por aí, seu tolo!" O motorista freou, fazendo uma pausa para passar a marcha, a menos de um metro e meio da multidão. Nesse momento, um rapaz magro, de 19 anos, mirou o carro e deu dois tiros de pistola. Sofia caiu para a frente, sobre o peito do marido. Francisco Ferdinando continuou sentado, ereto, e por um minuto ninguém notou que ele havia sido atingido. Então, o governador, que estava no banco da frente, ouviu-o murmurar: "Sofia! Sofia! Não morra! Fique viva pelos nossos filhos!" Seu corpo amoleceu e o sangue da ferida em seu pescoço escorreu pelo uniforme verde. Sofia, a esposa que jamais seria imperatriz, morreu primeiro, com uma bala no abdômen. Quinze minutos depois, na sala ao lado do salão de baile onde os garçons gelavam champanhe para a recepção, o arquiduque morreu. Suas últimas palavras murmuradas foram "Não é nada".

O assassino, Gravilo Princip, era um bósnio de origem sérvia. No julgamento, o rapaz declarou que tinha agido para "matar o inimigo dos eslavos do sul" e para "vingar o povo sérvio". Princip disse no tribunal que o arquiduque era "um homem enérgico e que, como governante, implantaria ideias e reformas que seriam obstáculos para nós". Anos mais tarde, depois que Princip morreu, de tuberculose, numa prisão austríaca, a verdade veio à tona: a conspiração havia sido armada em Belgrado, capital da Sérvia, pela sociedade terrorista conhecida como Mão Negra. Seu líder não era outro senão o chefe do serviço secreto do exército sérvio.

O governo austríaco reagiu violentamente ao ato de Princip. O herdeiro do trono havia sido morto por um sérvio, numa província eslava. Com esse pretexto, era chegada a hora de esmagar "a víbora sérvia". O marechal de campo Conrad-Hötzendorf afirmou imediatamente que o assassinato era uma "declaração de guerra da Sérvia à Áustria-Hungria". O chanceler, conde Berchtold, que até então se opusera a uma guerra preventiva contra a Sérvia, mudou de ideia e exigiu que "a monarquia, com mão certeira... desfaça em tiras os cordões com os quais seus inimigos almejam tecer uma teia sobre sua cabeça". A avaliação mais franca da situação veio na forma de uma carta pessoal do imperador Francisco José para o kaiser:

"Esse ato sangrento não foi obra de um único indivíduo, mas de uma trama bem organizada, cujos filamentos se estendem a Belgrado. Embora talvez seja impossível estabelecer a cumplicidade do governo sérvio, ninguém pode duvidar que sua política de unir todos os eslavos do sul sob a bandeira sérvia encoraje tais crimes, e que a continuidade dessa situação é um perigo crônico para minha casa e meus territórios. A Sérvia deve ser eliminada como um fator político nos Bálcãs."

Apesar da comoção em Viena, muitos europeus se recusavam a considerar o assassinato do arquiduque um ato final de desgraça. Guerra, revolução, assassinatos eram ingredientes normais da política balcânica. "Nada que cause ansiedade", disse o jornal parisiense *Le Fígaro*. "Terrível choque para o querido e velho imperador", escreveu o rei inglês George V em seu diário. O kaiser Guilherme recebeu a notícia três horas depois do acontecido, a bordo de seu veleiro *Meteor*, a caminho de Kiev para tomar parte numa regata. Uma lancha a motor partiu velozmente, alcançou o iate e Guilherme se debruçou na amurada para ouvir a notícia enunciada aos gritos. "O crime covardemente detestável... abalou-me até as profundezas da alma", telegrafou ao chanceler Bethmann-Hollweg. Mas Guilherme não achou que o assassinato significasse guerra. O que o deixou estupefato foi a ocorrência do mais monstruoso dos crimes, um regicídio.

Três dias antes dos eventos em Sarajevo, a família imperial russa zarpara de Peterhof em seu cruzeiro anual pela costa do Báltico. Quando embarcavam no *Standart*, Alexei, pulando para a escada que levava ao convés, prendeu o pé num degrau e torceu o tornozelo. À noite, começou a sentir dores fortes.

Na manhã seguinte, o *Standart* estava ancorado no coração de um fiorde finlandês. Dirigindo-se à cabine de Alexei, Gilliard encontrou o dr. Botkin e a imperatriz com o menino, que sofria intensamente. A hemorragia no tornozelo era contínua e a junta estava inchada e rígida. Alexei chorava. A intervalos de poucos minutos, quando a dor latejante aumentava, ele gritava. O rosto de Alexandra estava lívido. Gilliard foi pegar seus livros e voltou para ler para o czarevich, a fim de distraí-lo. Apesar da doença, o cruzeiro continuou.

Foi a bordo do *Standart* que Nicolau e Alexandra souberam do que acontecera em Sarajevo. Como nem ele nem seus ministros esperavam que o assassinato levasse a uma guerra, o czar não voltou à capital. No dia seguinte à morte do arquiduque, outra notícia, ainda mais sensacional para todos os russos, chegou ao *Standart*. Correu rapidamente pelo barco, em cochichos excitados: houvera um atentado à vida de Rasputin. Ninguém ousava falar abertamente, mas quase todos a bordo torciam para que o *starets* tivesse morrido. Lutando com a doença de Alexei, Alexandra ficou enlouquecida de preocupação. Rezava o tempo todo e telegrafava diariamente para Pokrovskoe.

O que aconteceu foi o seguinte: voltando à terra natal em 27 de junho, Rasputin foi seguido furtivamente por Khina Gusseva, agente de Iliodor. Gusseva pegou o *starets* sozinho numa rua. Abordou-o e, quando ele se virou, enfiou a faca de Iliodor fundo em seu estômago. "Matei o Anticristo!", ela gritou histericamente, e tentou em vão esfaquear a si mesma.

Rasputin ficou gravemente ferido; o corte no estômago deixou expostas suas vísceras. Foi levado a um hospital em Tyumen, onde um especialista, enviado por seus amigos de São Petersburgo, o operou. Durante duas semanas, sua vida parecia incerta. Depois, com a imensa força física que marcou sua vida, ele começou a se recuperar. Ficou de cama pelo resto do verão e, consequentemente, não teve influência nos momentosos eventos que se seguiram. Gusseva foi levada a julgamento, declarada insana e internada num hospício.

Foi pura coincidência que colocou os dois atentados, o de Sarajevo e o de Pokrovskoe, tão próximos no tempo. No entanto, a coincidência por si só já basta para despertar a tentação de uma especulação: suponhamos que o resultado desses dois episódios violentos fosse o inverso.

Suponhamos que o príncipe Habsburgo, um homem bem-intencionado, herdeiro e esperança de uma dinastia esfacelada, tivesse sobrevivido, e a tempestuosa vida e maliciosa influência do camponês siberiano houvessem se extinguido para sempre. Quão diferente teria sido o curso daquele longo verão – e talvez também o do nosso século XX.

Em 19 de julho, o *Standart* levou seus passageiros de volta a Peterhof. Ainda sofrendo com o tornozelo inchado, Alexei desembarcou carregado. Nicolau e Alexandra se dedicaram imediatamente aos preparativos para a visita do presidente da França, Raymond Poincaré, marcada para o dia seguinte, em São Petersburgo.

Raymond Poincaré tinha 10 anos de idade quando o exército prussiano tomou sua província natal de Lorena, em 1870, exilando-o de seu local de nascimento durante boa parte da vida. Poincaré se formou advogado e depois, sucessivamente, foi ministro das Relações Exteriores, premier e presidente da França. Baixo, robusto, de cabelos escuros, ele impressionava a todos que o conheciam. Sazonov, o ministro das Relações Exteriores russo, relatou ao czar: "Nele [em Poincaré] a Rússia possui um amigo confiável e verdadeiro, dotado de um entendimento de estadista excepcional e de uma vontade indômita." O embaixador alemão em Paris tinha a mesma impressão. "M. Poincaré difere de muitos de seus conterrâneos, evitando deliberadamente o tom macio e untuoso característico dos franceses", ele escreveu. "Seus modos são comedidos, suas palavras são sem adornos e cuidadosamente ponderadas. Ele dá a impressão de um homem com a mente de um advogado, que expressa suas condições com ênfase obstinada e persegue seus objetivos com vontade forte." Nicolau, que já conhecia Poincaré, comentou simplesmente: "Gosto muito dele. É um homem calmo e inteligente, de constituição pequena."

Poucas semanas antes de chegar à Rússia, Poincaré foi precedido em São Petersburgo pelo novo embaixador francês, Maurice Paléologue. Veterano diplomata de carreira, Paléologue era também um brilhante escritor, cujo talento o tornou membro da Academia Francesa. Desde o momento de sua chegada à Rússia, Paléologue começou, e manteve, um diário sobre as pessoas, eventos, conversas e impressões, produzindo uma narrativa extraordinariamente vívida da Rússia imperial durante a Grande Guerra.

O diário de Paléologue começou em 20 de julho de 1914, no dia em que Poincaré chegou. O presidente vinha navegando pelo Báltico, a bordo do navio de guerra *France*. Naquela manhã, o czar convidou Paléologue para almoçar em seu iate, antes do *France* atracar. "Nicolau II [estava] em uniforme de almirante", escreveu Paléologue. "O almoço foi servido imediatamente. Tínhamos pelo menos uma hora e três quartos diante de nós, antes da chegada do *France*. Mas o czar gosta de se demorar nas refeições. Há sempre longos intervalos entre os pratos, em que ele conversa e fuma cigarros..." Paléologue menciona a possibilidade de guerra. "O czar refletiu por um momento. 'Não posso acreditar que o imperador [Guilherme II] queira guerra... Se vocês o conhecessem como eu! Se soubessem quanta teatralidade há em sua pose!' O café acabava de chegar quando o esquadrão francês foi avistado. O czar me fez subir à ponte com ele. Era um espetáculo magnífico. Sob uma trêmula luz prateada, o *France* avançava sobre as ondas em tons de turquesa e esmeralda, deixando uma longa esteira branca atrás. Depois parou majestosamente. O poderoso vaso de guerra que trouxe o chefe do Estado francês fazia jus ao nome. Era de fato a França vindo à Rússia. Senti meu coração batendo. Por alguns minutos, houve uma prodigiosa mistura de sons no porto. Os canhões e as baterias de terra troando, as tripulações dando vivas, a *Marseillaise* respondendo ao hino nacional russo, os vivas de milhares de espectadores que tinham vindo de São Petersburgo em barcos de passeio."

Naquela noite, em Peterhof, o czar recebeu o hóspede com um banquete formal. "Recordarei por muito tempo o fulgurante desfile de joias no colo das mulheres", Paléologue escreveu. "Era simplesmente uma fantástica chuva de diamantes, pérolas, rubis, safiras, esmeraldas, topázios, berilos – brilho de fogo e chamas. Nesse *mílieu* feérico, o casaco preto de Poincaré era um toque insípido. Mas a faixa larga, azul-céu, de Santo André atravessada em seu peito aumentava sua importância aos olhos dos russos... Durante o jantar, fiquei olhando para a czarina Alexandra Feodorovna, diante da qual eu estava sentado. Era uma bela visão, com seu vestido decotado de brocado e uma tiara de diamantes. Seus 42 anos deixaram-lhe o rosto e o talhe ainda agradáveis de se olhar."

Dois dias depois, Paléologue compareceu à revista de 60 mil soldados num acampamento do exército em Tsarskoe Selo. "Um sol quente acendia a vasta planície", escreveu. "A elite da sociedade de São Petersburgo lotava alguns camarotes. As leves toaletes das mulheres, suas sombrinhas e chapéus brancos faziam os camarotes parecerem canteiros de azaléas. Não muito depois, a família imperial chegou. Numa *calèche* puxada a cavalos vinha a czarina com o presidente da República francesa à sua direita e as duas filhas mais velhas no assento oposto. O czar vinha a cavalo ao lado da carruagem, seguido por uma brilhante escolta de grão-duques e ajudantes de campo... As tropas, sem armas, estavam formadas em fileiras cerradas até onde a vista podia alcançar..."

"O sol caía no horizonte num céu de púrpura e ouro", Paléologue prosseguiu. "A um sinal do czar, uma salva de artilharia deu início à oração da noite. As bandas tocaram um hino. Todos descobriram a cabeça. Um oficial não comissionado recitou o *Pater* em voz muito alta. Todos os homens, milhares e milhares, rezaram pelo czar e pela sagrada Rússia. O silêncio e a compostura da multidão naquela planície, a mágica poesia da hora... davam à cerimônia uma comovente majestade."

Na noite seguinte, a última da visita de Poincaré, o presidente recebeu o czar e a imperatriz para jantar a bordo do *France*. "Havia mesmo uma espécie de grandiosidade aterrorizante, com os quatro canhões de 3,04m levantando cada um sua boca imensa sobre a cabeça dos convidados", escreveu Paléologue. "O céu logo clareou novamente; uma leve brisa beijava as ondas; a lua se ergueu no horizonte... Vi-me sozinho com a czarina, que me pediu para ficar numa cadeira à sua esquerda. A pobre dama parecia devastada... De repente, ela pôs as mãos nos ouvidos. Então, com um olhar dolorido e súplice, ela apontou timidamente para a banda do navio, bem perto de nós, que havia começado a tocar um furioso *allegro* com todo o naipe de metais e grandes tambores.

"Por favor?", ela murmurou.

"Fiz um sinal rápido para o regente... A jovem grã-duquesa Olga vinha nos observando por alguns minutos com um olhar ansioso. Subitamente ela se levantou, veio deslizando com graciosa naturalidade e sussurrou duas ou três palavras no ouvido da mãe. Então, dirigindo-se a mim, ela disse: 'A imperatriz está muito cansada, mas pede que fique, *monsieur l'ambassadeur*, e continue conversando com ela.'"

Quando o *France* se preparava para partir, Nicolau convidou Paléologue a permanecer a bordo do iate imperial. "A Via Láctea se estendeu, uma pura faixa de prata no espaço infinito. Nem um sopro de vento. O *France* e a divisão de escolta navegaram rapidamente para oeste, deixando longas fitas de espuma brilhando ao luar como correntes prateadas... O almirante Nilov veio receber as ordens do czar, que me disse: 'É uma noite maravilhosa. Acho que vamos navegar.'" O czar contou ao embaixador a conversa que tivera com Poincaré. "Ele falou: 'Não obstante as aparências, o imperador Guilherme é cauteloso demais para lançar seu país em uma louca aventura e o imperador Francisco José só deseja morrer em paz.'"

Às 12:45 de 25 de julho, Paléologue deu boa-noite ao czar, e às 2:30 foi se deitar em sua cama em São Petersburgo. Às sete do dia seguinte, foi despertado com a notícia de que, na noite anterior, a Áustria dera um ultimato à Sérvia.

O fraseado e o momento do ultimato austríaco haviam sido minuciosamente planejados em Viena. Tendo a aprovação do imperador Francisco José, o império austro-húngaro decidiu fazer guerra contra a Sérvia. Conrad-Hötzendorf, chefe do Estado-Maior, queria mobilizar as Forças Armadas e atacar a Sérvia imediatamente. Mas o chanceler, conde Berchtold, tinha uma linha mais sutil. Ele convenceu os colegas a enviar um ultimato tão ultrajante que a Sérvia seria obrigada a rejeitar.

O ultimato declarava que o assassinato do arquiduque Francisco Ferdinando tinha sido tramado em Belgrado, que os membros do governo sérvio haviam fornecido a bomba e a pistola aos assassinos, e que os guardas da fronteira sérvia lhes haviam facilitado a entrada em segredo na Bósnia. Como satisfação, a Áustria exigia que agentes austríacos entrassem na Sérvia para conduzir as investigações. Além disso, o ultimato exigia a supressão de toda propaganda nacionalista sérvia dirigida contra o império, a dissolução de suas sociedades nacionalistas e a demissão de todos os funcionários do governo que fossem "anti-Áustria". A Sérvia tinha 48 horas para responder.

O ultimato foi redigido e aprovado por Francisco José em 19 de julho. Foi então deliberadamente retido por quatro dias, durante a visita do presidente Poincaré a São Petersburgo, para que o presidente e o czar não pudessem coordenar a resposta da França e da Rússia. Apenas à meia-noite de 23 de julho, quando Poincaré já havia zarpado, descendo o golfo da Finlândia, o ultimato foi enviado.

Ao lerem o documento, todos os diplomatas da Europa entenderam seu significado. Em Viena, o conde Hoyos, funcionário do governo, disse taxativamente: "As exigências austríacas são tais que nenhum país com um mínimo de orgulho nacional e dignidade poderia aceitá-las." Em Londres, o secretário do Exterior, Sir Edward Grey, afirmou ao embaixador austríaco que nunca vira um país enviar a outro um documento tão formidável. Em São Petersburgo, o ministro das Relações Exteriores, Sazonov, falou simplesmente: *"C'est la guerre européenne."*

Ao receber o ultimato, a Sérvia apelou imediatamente para a Rússia, tradicional protetora dos eslavos. De Tsarskoe Selo, Nicolau telegrafou ao príncipe herdeiro sérvio: "Enquanto houver a mais leve esperança de evitar derramamento de sangue, todo o meu empenho tenderá nessa direção. Se fracassarmos em atingir esse objetivo, a despeito de nosso sincero desejo de paz, Sua Alteza Real tenha a certeza de que, de forma alguma, ficaremos indiferentes ao destino da Sérvia." Um conselho militar foi reunido em Krasnoe Selo em 24 de julho e, em 25 de julho, o czar convocou seus ministros a Tsarskoe Selo.

Para os homens reunidos no gabinete de Nicolau naquele dia de verão, o ultimato austríaco à Sérvia parecia dirigido diretamente à Rússia. O clássico papel russo como protetora dos eslavos e a garantia pessoal de Nicolau II à independência da Sérvia eram parte do tecido permanente da diplomacia europeia. Uma ameaça à Sérvia, portanto, só podia ser interpretada como um desafio ao poder e influência da Rússia nos Bálcãs. Nas discussões que se seguiram perto de São Petersburgo naqueles dois dias de agitação, Sazonov e o grão-duque Nicolau, inspetor-geral do Exército, declararam que não podiam ficar de braços cruzados, permitindo a humilhação da Sérvia, sem que a própria Rússia perdesse sua posição de grande potência.

As raízes do dilema russo, em julho de 1914, remontavam a outra crise, sete anos antes, provocada, em 1907, pela repentina anexação da Bósnia pela Áustria. Naquela ocasião, quando a Rússia foi humilhada perante o mundo, a culpa coube principalmente à floreada diplomacia secreta e ao caráter pessoal do ministro das Relações Exteriores na época, Alexandre Izvolsky.

Izvolsky chegou ao poder no final da desastrosa guerra com o Japão e dedicou-se prontamente a liquidar o que restava da Rússia depois da aventura no Extremo Oriente. Desde o momento em que foi trabalhar com Stolypin, em 1906, Izvolsky concentrou-se num objetivo histórico da Rússia: a abertura do estreito de Dardanelos. Ele desejava simplesmente tomar o estreito e a cidade de Constantinopla do decrépito império turco. Stolypin vetou absolutamente o ato provocativo, pelo menos até a Rússia ganhar forças. Então, disse Stolypin, "a Rússia poderá falar como no passado".

Izvolsky não desistiu do sonho. Alerta, competente e ambicioso, Alexandre Izvolsky era o arquétipo do diplomata profissional do Velho Mundo. Roliço e afetado, ele usava um alfinete de pérola no colete branco, estilosas polainas brancas, *lorgnette* e sempre um leve toque de *eau de cologne* de violeta. Em seu mundo de secretas intrigas diplomáticas, alcançar um objetivo podia significar trair outro. Izvolsky lidava com essas situações com a maior facilidade.

Foi com plena coerência, portanto, que Alexandre Izvolsky teve um encontro secreto com sua contraparte austríaca, o ministro das Relações Exteriores Freiherr von Aehrenthal, em 1907, quando fizeram um acordo particular beneficiando os dois países. Em troca do apoio austríaco à exigência russa de que a Turquia abrisse o Dardanelos para dar livre passagem aos navios russos, Izvolsky aceitou não interferir quando a Áustria-Hungria anexasse as províncias balcânicas da Bósnia e Herzegovina. Nessa barganha, as duas partes violavam tratados europeus assinados por todas as grandes potências. Reconhecendo esse fato, os dois estadistas concordaram – ou assim declarou Izvolsky mais tarde – que as duas ações seriam simultâneas, a fim de apresentar à Europa o *fait accompli*. Não marcaram data para as ações. No caso de Izvolsky, o acordo envolvia não só desafiar os tratados, mas, infinitamente pior, trair um pequeno povo eslavo. Sua disposição de prosseguir indica a importância que ele atribuía à abertura do estreito.

Infelizmente para Izvolsky, antes que estivesse pronto para trair os bósnios, ele é quem foi traído por Aehrenthal. Três semanas depois do encontro secreto, e muito antes de Izvolsky estar preparado para pressionar a Turquia, o imperador Francisco José subitamente proclamou a anexação da Bósnia à Áustria-Hungria. Apanhado em flagrante, sem nada para mostrar em troca da traição, Izvolsky correu a Londres e Paris, tentando obter apoio para uma tardia ação da Rússia sobre o estreito. Fracassou. Informado da negociação secreta já malograda, Nicolau ficou furioso. "A impudência desavergonhada sempre dá em nada", escreveu ele a Maria. "O maior culpado é Aehrenthal. É simplesmente um canalha. Fez de Izvolsky um joguete." A Sérvia mobilizou-se e recorreu à Rússia. Tropas russas começaram a se posicionar na fronteira austríaca.

Nesse ponto, a Alemanha interveio para salvar a aliada Áustria. As intervenções foram feitas da maneira mais abrutalhada possível. O próprio kaiser a descreveu mais tarde como ele tendo aparecido em "reluzente armadura" ao lado da aliada. O governo alemão perguntou a Izvolsky se ele estava preparado para recuar. "Esperamos uma resposta precisa, sim ou não. Qualquer resposta vaga, complicada ou ambígua será entendida como recusa." Izvolsky não teve escolha; a Rússia estava despreparada para a guerra. "Se não formos atacados", Nicolau escreveu a Maria, "certamente não vamos lutar." Mais tarde, ele explicou a situação em detalhes à mãe: "A Alemanha nos disse que podemos ajudar a resolver essa dificuldade, concordando com a anexação; se recusarmos, as consequências podem ser graves e difíceis de prever. Já que a questão foi colocada definitiva e inequivocamente assim, nada há a fazer senão engolir o orgulho, recuar e concordar... Mas a atitude da Alemanha com relação a nós foi simplesmente brutal e não a esqueceremos."

A humilhação da Rússia na crise da Bósnia foi espetacular. Sir Arthur Nicolson, então embaixador inglês em São Petersburgo, escreveu: "Na história recente da Rússia... nunca houve anteriormente um momento em que o país passasse por tal humilhação, e embora a Rússia tenha tido seus problemas e desafios tanto externos quanto internos e tenha sofrido derrotas nos campos de batalha, ela nunca, sem razão aparentemente válida, teve que se submeter à ordem de uma potência estrangeira."

Foi no auge dessa humilhação que os estadistas russos, os generais e o próprio czar tomaram a decisão de jamais recuar novamente diante de um desafio semelhante. A partir de 1909, o comandante do distrito militar de Kiev, na Ucrânia, tinha ordem permanente de estar pronto em 48 horas para repelir qualquer invasão do oeste. Izvolsky deixou o posto em São Petersburgo para ser embaixador da Rússia na França, onde se vingou trabalhando dia e noite para fortalecer a aliança. Em 1914, quando veio a guerra, Alexandre Izvolsky vangloriou-se alegremente em Paris: "É a minha guerra! Minha guerra!"

Nicolau reconhecia que o ultimato austríaco à Sérvia era o segundo temido desafio à Rússia. Durante anos, ele vinha encarando o fato de que não poderia recuar outra vez. Mas sempre havia a esperança de que o desafio não viesse antes que a Rússia estivesse preparada.

Em 1911, Nicolau enfatizou esse ponto numa reunião com seu embaixador na Bulgária, Nekliudov. Como Nekliudov recordou mais tarde: "Depois de uma pausa intencional, o czar deu um passo para trás e, fixando em mim um olhar penetrante, falou: 'Preste atenção, Nekliudov, nem por um instante perca de vista o fato de que não podemos ir à guerra. Não tenho desejo de guerra; como norma, farei tudo em meu poder a fim de preservar os benefícios da paz para meu povo. Nesse momento, entre todos os momentos, tudo o que possa levar a um conflito deve ser evitado. Está fora de questão enfrentarmos uma guerra durante cinco ou seis anos – na verdade, até 1917 –, embora, se os mais vitais interesses e a honra da Rússia estiverem em jogo, poderemos, se for absolutamente necessário, aceitar um desafio em 1915, mas nem um momento antes, em quaisquer circunstâncias ou sob quaisquer pretextos.'"

Tendo o despreparo da Rússia em mente, o czar esperava desesperadamente que essa nova crise pudesse ser negociada. Deu instruções a Sazonov para ganhar tempo. Assim, o primeiro movimento de Sazonov foi pedir que o prazo dado pelo ultimato austríaco fosse estendido por 48 horas. Determinada a não deixar que nada impedisse a destruição da Sérvia, Viena recusou. Então, Sazonov tentou persuadir a Alemanha, aliada da Áustria, a mediar a querela balcânica. O governo alemão recusou, declarando que a questão era entre a Áustria e a Sérvia apenas, e que todos os outros países, inclusive a Rússia, deviam ficar de fora. Sazonov pediu a Sir Edward Grey que mediasse. Grey concordou e propôs uma conferência de embaixadores em Londres. Sazonov se apressou a aceitar a proposta de Grey, mas a Alemanha recusou. Finalmente, em resposta aos apelos da Sérvia, Sazonov aconselhou o premier sérvio, Pashich, a aceitar todas as exigências da Áustria que não comprometessem a independência do país.

Não menos ansiosos que sua protetora em evitar um confronto militar, os sérvios concordaram e responderam ao ultimato austríaco em termos extravagantemente conciliatórios. Tão humilde foi a resposta que pegou Viena totalmente de surpresa. O conde Berchtold ficou horrorizado, sem saber o que fazer com o documento. Durante dois dias, 26 e 27 de julho, ele o escondeu. Quando o embaixador alemão em Viena pediu para ver, disseram-lhe que teria que esperar por causa da papelada atrasada no Ministério das Relações Exteriores.

Mas, em 28 de julho, Berchtold e seus colegas chegaram a uma decisão. Rejeitando a resposta sérvia, a Áustria declarou guerra. Às cinco horas da manhã seguinte, 29 de julho, a artilharia austro-húngara começou a arremessar projéteis por cima do Danúbio na direção de Belgrado, capital da Sérvia. O bombardeio continuou o dia inteiro, desprezando as bandeiras brancas hasteadas nos telhados de Belgrado. Em São Petersburgo, o czar Nicolau deu ordem de mobilizar todos os distritos militares russos nas fronteiras da Áustria.

A rapidez e extensão do alastramento da guerra agora dependiam da Alemanha. Apesar dos pedidos urgentes do Estado-Maior para uma mobilização geral, Nicolau permitiu apenas uma mobilização parcial contra a Áustria. A comprida fronteira com a Alemanha, passando pela Polônia e pelo leste da Prússia, ainda dormitava em paz. O czar acreditava, segundo disse a Paléologue, que o kaiser não queria guerra.

Como era de prever, o kaiser mudou de opinião várias vezes durante a crise. Primeiro, ele supôs que os submissos eslavos poderiam ser intimidados e recuar diante dos formidáveis teutões. Em outubro de 1913, Guilherme falara exatamente sobre essa situação com o chanceler austríaco: "Se Sua Majestade, o imperador Francisco José, fizer uma exigência, a Sérvia deve obedecer. Caso contrário, Belgrado deverá ser bombardeada e ocupada até que seu desejo seja cumprido. E esteja certo de que eu estarei por trás, pronto a desembainhar a espada sempre que a ação exigir."

Enquanto falava, Guilherme descansava a mão no punho de sua espada cerimonial. Berchtold ficou devidamente impressionado. Depois do assassinato de Francisco Ferdinando, a militância do kaiser aumentou. "Agora ou nunca", ele escreveu na margem de um telegrama de Viena. "Já é tempo de acertar as contas com os sérvios, e quanto antes melhor." "Podemos contar com o apoio total da Alemanha", telegrafou o conde Szogyeny, embaixador austríaco em Berlim, após uma conversa com o kaiser. "Sua Majestade [o kaiser] disse... a Áustria deve julgar o que será feito para esclarecer as relações com a Sérvia. Qualquer que venha a ser a decisão, a Áustria pode estar certa de que a Alemanha estará a postos por sua amiga e aliada." Após dar seu penhor, Guilherme partiu alegremente para Kiev, onde embarcou no *Hohenzollern,* num cruzeiro pelos fiordes noruegueses.

Ensurdecido por sua própria vociferação, Guilherme equivocou-se quanto à reação de suas três maiores antagonistas. Segundo a avaliação de Sazonov, "as autoridades em Berlim não estavam convencidas de que a Rússia se arriscaria numa guerra para manter sua posição nos Bálcãs... De qualquer modo, eles mal acreditavam que ela fosse capaz de lutar numa guerra. E também não tinham em alta conta a França como potência militar. Quanto à possibilidade de a Inglaterra tomar o partido de seus inimigos, ninguém na Alemanha jamais pensou nisso; os avisos do embaixador alemão em Londres, príncipe Lichnowsky, eram ridicularizados, e na chancelaria de Berlim se referiam a ele indulgentemente como 'o velho Lichnowsky'".

A decisão de brindar a Áustria-Hungria com essa *carte blanche* para determinar o destino da Alemanha foi muitas vezes questionada em Berlim. Em maio de 1914, o embaixador alemão em Viena escreveu a Berlim perguntando "se realmente vale a pena nos vincularmos a esse Estado fantasma que está se rachando em todas as direções". A visão dominante em Berlim, porém, foi exposta em um *résumé* do ministro das Relações Exteriores à embaixada em Londres, sumarizando os fatores determinantes da política alemã:

"Agora, a Áustria vai ajustar as contas com a Sérvia... Neste momento, não forçamos a Áustria a esta decisão. Mas também não tentamos impedir sua ação. Se assim fizéssemos, a Áustria teria o direito de nos repreender por tê-la privado de sua última chance de reabilitação política. E seu processo de enfraquecimento e decadência interna seria ainda mais acelerado. Sua posição nos Bálcãs teria se acabado para sempre... A manutenção da Áustria, e de uma Áustria mais poderosa possível, é uma necessidade para nós... Que não possa ser mantida para sempre, estou pronto a admitir. Mas, enquanto isso, devemos ser capazes de fazer outras combinações."

O aval do kaiser a essa posição foi significativamente reforçado pelos relatórios que recebia de seu idoso embaixador em São Petersburgo, o conde Pourtalès. Deão do corpo diplomático de São Petersburgo, Pourtalès estava no posto havia sete anos. Gostava enormemente da Rússia. Mas sabia que um milhão e meio de russos estavam em greve em julho de 1914. Vira com seus próprios olhos as barricadas erguidas nas ruas da capital. Citando esses fatores, ele repetiu inúmeras vezes ao kaiser que a Rússia não podia entrar em guerra. Em 28 de julho, Pourtalès almoçou na embaixada britânica com seu colega Sir George Buchanan. Fumando um charuto, Pourtalès expressou sua visão sobre a fraqueza da Rússia, afirmando que vinha reportando essa opinião a Berlim. Perplexo, Buchanan agarrou seu convidado pelos ombros, dizendo: "Conde Pourtalès, a Rússia está decidida." Todavia, em 31 de julho, o kaiser ainda falava com confiança sobre a "moleza de gato doente" que, seu embaixador assegurava, infectava a corte e o exército russos.

Até o fim, Guilherme achou que faria o jogo à sua maneira. Em 28 de julho, de volta do cruzeiro, ele viu a resposta abjeta da Sérvia ao ultimato austríaco. Suas expectativas pareciam brilhantemente confirmadas. "Uma capitulação do tipo mais humilhante", exultou. "Agora que a Sérvia cedeu, todas as bases para a guerra desapareceram." Quando, na mesma noite, a Áustria declarou guerra à Sérvia, Guilherme ficou estupefato e frustrado. Mas a guerra ainda era apenas um caso dos Bálcãs. A não ser que a Rússia agisse, a Alemanha não precisava se envolver. Com essa ideia em mente, Guilherme telegrafou pessoalmente ao czar:

> Foi com a mais grave preocupação que soube da impressão que a ação da Áustria contra a Sérvia está criando em seu país. A inescrupulosa agitação que vem ocorrendo há anos na Sérvia resultou no ultrajante crime do qual o arquiduque Francisco Ferdinando foi vítima. Você, sem dúvida, concordará comigo que nós, você e eu, temos um interesse comum, bem como todos os soberanos, em exigir que todas as pessoas moralmente responsáveis por esse covarde assassinato recebam o castigo merecido. Nisso, a política não toma parte.
>
> Por outro lado, entendo plenamente como é difícil para você e seu governo encararem a corrente da opinião pública. Portanto, com respeito à calorosa e terna amizade que nos une há tanto tempo com firmes laços, exerço minha mais extrema influência para induzir os austríacos a lidarem diretamente e chegarem a um entendimento satisfatório com você. Espero confiantemente que me ajude em meus esforços para suavizar as dificuldades que possam surgir
> Seu muito sincero e devotado amigo e primo,
> Willy

O telegrama do kaiser cruzou com a mensagem do czar para ele:

> Estou feliz que esteja de volta. Nesse grave momento, apelo a você para me ajudar. Uma guerra ignóbil foi declarada contra um país fraco. A indignação na Rússia, plenamente compartilhada por mim,

é enorme. Prevejo que em breve serei esmagado pela pressão sobre mim e forçado a tomar medidas extremas, que levarão à guerra. Para tentar evitar uma calamidade, como uma guerra europeia, peço-lhe, em nome de nossa amizade, que faça o que puder para impedir que nossas aliadas cheguem longe demais.
                              Nicky

A "pressão" a que Nicolau se refere nesse telegrama vinha do Estado-Maior russo, que insistia numa mobilização total. Quando soube que os austríacos estavam bombardeando Belgrado, Sazonov abandonou seus protestos e endossou os pedidos dos generais.

No dia 29, Guilherme respondeu ao telegrama do czar:

Seria muito possível para a Rússia permanecer como espectadora do conflito austro-sérvio, sem envolver a Europa na mais horrível guerra jamais vista. Penso que um entendimento direto entre seu governo e Viena é possível e desejável e, como já lhe telegrafei, meu governo continua se empenhando em promovê-lo. É claro que medidas militares da parte da Rússia, que seriam vistas como ameaçadoras pela Áustria, precipitariam uma calamidade que ambos desejamos evitar e poria em risco minha posição como mediador, que aceitei prontamente por seu apelo à minha amizade e ajuda.
                              Willy

Nicolau respondeu sugerindo que a disputa fosse enviada a Haia:

Agradeço a você seu telegrama amigável e conciliatório, considerando que as comunicações do seu embaixador ao meu ministro hoje foram em tom muito diferente. Por favor, esclareça essa diferença. O problema austro-sérvio deve ser submetido à Conferência de Haia. Confio em sua sabedoria e amizade.
                              Nicolau

Na manhã do dia 30, Nicolau enviou ao kaiser uma explicação da mobilização parcial da Rússia:

As medidas militares que vieram a ser tomadas foram decididas cinco dias atrás por motivos de defesa, em vista dos preparativos da

Áustria. Espero de todo coração que essas medidas não interfiram com seu papel de mediador, que valorizo grandemente. Precisamos de sua forte pressão sobre a Áustria para chegar a um entendimento conosco.

                      Nicky

O telegrama do czar anunciando que a Rússia estava mobilizada contra a Áustria enfureceu o kaiser. "E essas medidas são para defesa contra a Áustria, que não o está atacando de jeito nenhum!!! Não posso concordar com nenhuma mediação mais, já que o czar, que a solicitou, está mobilizando secretamente pelas minhas costas." Após ler o apelo de Nicolau, "Precisamos de sua forte pressão sobre a Áustria...", Guilherme escreveu às pressas: "Não, não há condição de nada desse tipo!!!"

Na tarde de 30 de julho, Sazonov telefonou para Tsarskoe Selo pedindo uma reunião imediata. Nicolau foi ao telefone e, suspeitando do objetivo, pediu relutantemente ao ministro das Relações Exteriores que fosse ao palácio às três da tarde. Quando os dois se encontraram, Sazonov contou com tristeza ao soberano: "Não creio que Sua Majestade possa adiar a ordem de mobilização geral." E acrescentou que, em sua opinião, uma guerra geral era inevitável. Nicolau, pálido e com voz embargada, respondeu: "Pense na responsabilidade do que você está me aconselhando a assumir. Lembre que isso significa mandar centenas de milhares de russos para a morte." Sazonov observou que tudo havia sido feito para evitar a guerra. A Alemanha e a Áustria, afirmou, estavam "determinadas a aumentar seu poder, escravizando nossos aliados naturais nos Bálcãs, destruindo nossa influência lá e reduzindo a Rússia a uma lamentável dependência da vontade arbitrária das potências centrais". "O czar", escreveu Sazonov mais tarde, "permaneceu em silêncio e seu rosto mostrava os traços de uma terrível luta interna. Por fim, falando com dificuldade, ele disse: 'Tem razão. Nada nos resta fazer senão estar prontos para um ataque. Dê... minha ordem de mobilização [geral].'"

Antes que a notícia da mobilização geral russa chegasse a Berlim, mais dois telegramas foram passados entre Potsdam e Tsarskoe Selo. Primeiro, o czar telegrafou ao kaiser:

É tecnicamente impossível, para mim, suspender os preparativos militares. Mas enquanto as conversações com a Áustria não forem

interrompidas, minhas tropas irão se abster de tomar a ofensiva, dou-lhe minha palavra de honra.
Nicky

Guilherme respondeu:

Cheguei aos mais extremos limites do possível em meus esforços para salvar a paz. Não sou eu quem irá carregar a responsabilidade pelo terrível desastre que ameaça agora o mundo civilizado. Você, e tão somente você, ainda pode evitá-lo. Minha amizade por você e por seu império, que meu avô me legou em seu leito de morte, ainda é sagrada para mim, e fui leal à Rússia quando teve problemas, notadamente durante sua última guerra. Mesmo agora você ainda pode salvar a paz na Europa, suspendendo suas medidas militares.
Willy

A notícia da mobilização geral do enorme exército russo causou consternação em Berlim. À meia-noite de 31 de julho, o conde Pourtalès apareceu no gabinete de Sazonov com um ultimato alemão à Rússia para interromper a mobilização dentro de doze horas. Ao meio-dia de 1º de agosto a Rússia não tinha respondido e o kaiser ordenou mobilização geral.

Nicolau se apressou a telegrafar a Guilherme:

Entendo que tenha sido compelido a mobilizar, mas gostaria de ter de você a mesma garantia que lhe dei – que essas medidas não significam guerra e que devemos continuar a negociar para salvar a paz geral, tão cara aos nossos corações. Com a ajuda de Deus, nossa longa e comprovada amizade deve ser capaz de evitar derramamento de sangue. Aguardo confiantemente sua resposta.
Nicky

Antes que essa mensagem chegasse a Berlim, porém, o governo alemão tinha enviado instruções codificadas ao conde Pourtalès em São Petersburgo. Ele recebeu ordem de declarar guerra à Rússia às cinco horas da tarde. O conde demorou-se e só às 19:10 ele chegou, com o rosto cinzento, para falar com Sazonov. Três vezes, Pourtalès perguntou se Sazonov não poderia lhe afirmar que a Rússia cancelaria a mobilização. Três vezes Sazonov respondeu que não. "Nesse caso, senhor", declarou Pourtalès, "meu governo me encarrega de lhe entregar esta mensagem. Sua Majestade, o imperador, meu augusto soberano, em nome do império aceita o desafio e se considera em estado de guerra com a Rússia." Pourtalès foi tomado de emoção. Apoiou-se numa janela e chorou copiosamente. "Quem poderia imaginar que eu partiria de São Petersburgo sob essas circunstâncias", ele disse. Sazonov levantou-se da escrivaninha, abraçou o velho conde e o ajudou a sair.

Em Peterhof, o czar e família haviam acabado de chegar da oração da noite. Antes do jantar, Nicolau foi ao gabinete para ler os últimos despachos. A imperatriz e as filhas foram diretamente para a mesa de jantar, à espera do czar. Nicolau estava no gabinete quando o conde Fredericks lhe trouxe a mensagem de Sazonov, comunicando que a Alemanha havia declarado guerra. Abalado, porém calmo, o czar ordenou que seus ministros fossem ao palácio às nove da noite.

Enquanto isso, Alexandra e as meninas esperavam com crescente inquietação. A imperatriz mal tinha pedido a Tatiana que fosse chamar o pai, quando Nicolau apareceu. Numa voz tensa, ele contou o que tinha acontecido. Alexandra começou a chorar. As meninas, muito assustadas, seguiram o exemplo da mãe. Nicolau fez o que pôde para acalmá-las e deixou a sala sem jantar. Às nove horas, Sazonov, Goremykin e os outros ministros chegaram ao palácio junto com os embaixadores francês e inglês, Paléologue e Buchanan.

Quatro meses depois, numa conversa com Paléologue, Nicolau revelou como o dia havia terminado para ele. Mais tarde naquela noite, depois da declaração de guerra, ele recebeu outro telegrama do kaiser. Dizia assim:

> Uma resposta imediata, clara e inequívoca do seu governo [ao ultimato alemão] é o único meio de evitar infindáveis tormentos. Até receber essa resposta, não posso, para minha grande tristeza, me estender no tema do seu telegrama. Devo pedir muito seriamente que você, sem demora, ordene a suas tropas que, em nenhuma circunstância, cometam a menor violação de nossas fronteiras.

É quase certo que essa mensagem deveria ter sido enviada antes da declaração de guerra e ficou presa nos entupidos canais burocráticos. No entanto, foi redigida durante as mesmas horas em que seu país estava declarando guerra, o que dá uma indicação do estado mental do kaiser. Para Nicolau, essa última mensagem recebida do imperador alemão foi a revelação definitiva do caráter de Guilherme.

"Ele nunca foi sincero; nem por um momento", Nicolau disse a Paléologue, falando do kaiser. "No fim, ficou irremediavelmente emaranhado na rede de sua própria perfídia e mentiras... Era uma e meia da madrugada de 2 de agosto... Fui ao quarto da imperatriz, pois ela já estava na cama, tomar uma xícara de chá com ela antes de me retirar. Fiquei com ela até as duas da madrugada. Então quis tomar um banho, pois estava muito cansado. Estava entrando em meu quarto quando o criado bateu à porta dizendo que tinha 'um telegrama muito importante... de Sua Majestade, o imperador Guilherme'. Li o telegrama, li de novo, repeti em voz alta, mas não consegui entender uma palavra. Que diabos Guilherme está dizendo, pensei, fingindo que ainda depende de mim evitar ou não a guerra? Ele me implora para não deixar minhas tropas cruzarem a fronteira! Fiquei louco de repente? Então, o ministro da corte, meu fiel Fredericks, pelo menos seis horas atrás, não me trouxe a declaração de guerra que o embaixador alemão acabara de entregar a Sazonov? Voltei ao quarto da imperatriz e li o telegrama de Guilherme... Ela disse imediatamente: 'Você não vai responder, não é?' 'Claro que não!'

"Não há dúvida de que o objetivo desse estranho e burlesco telegrama era abalar minha resolução, desconcertar-me e inspirar-me a dar algum passo absurdo e desonroso. Produziu o efeito contrário. Ao sair do quarto da imperatriz, vi que estava tudo acabado entre mim e Guilherme. Dormi extremamente bem. Quando acordei, à hora habitual, senti como se um peso tivesse sido tirado de minha mente. Minha responsabilidade para com Deus e meu povo ainda era enorme, mas pelo menos eu sabia o que tinha a fazer."

Parte Três

Grigori Rasputin, "o monge louco" ou "o monge negro", entre 1900 e 1916. Fotografia de autor não identificado. Acervo Bridgeman Images

Rasputin

20

PELA DEFESA DA SAGRADA RÚSSIA

NA TARDE DO DIA SEGUINTE, 2 de agosto de 1914, no Palácio de Inverno, o czar fez uma proclamação formal das hostilidades. Era um dia de calor sufocante do alto verão. A praça do palácio, uma das maiores da Europa, estava superlotada de pessoas encaloradas, exaltadas, carregando bandeiras, faixas e ícones, esperando impacientemente o momento de derramar suas emoções na presença do soberano. Do lado do Neva em que o czar chegaria de barco, vindo de Peterhof, as pontes e cais fervilhavam de gente cantando e aplaudindo. O rio todo estava repleto de iates, vapores, veleiros, barcos de pesca e a remo, todos ostentando bandeiras e lotados de espectadores.

Quando Nicolau e Alexandra desembarcaram no cais da Ponte do Palácio, ondas e ondas de vivas rolaram sobre eles: "*Batiushka, Batiushka*, nos conduza à vitória!" Nicolau vestia o uniforme simples do regimento de infantaria. Alexandra, num vestido branco puro, tinha a aba do véu levantada para que a multidão visse seu perfil. As quatro jovens grã-duquesas vinham atrás, mas o czarevich, ainda sem poder andar devido ao ferimento no *Standart*, tinha ficado em Peterhof, chorando de frustração.

Dentro do palácio, o czar e a imperatriz caminharam vagarosamente por entre as pessoas que se apertavam ao longo das grandiosas escadarias e amplos corredores. À passagem de Nicolau, que seguia fazendo cumprimentos de cabeça, homens e mulheres se ajoelhavam e tentavam beijar-lhe a mão. O serviço religioso foi realizado na grande *Salle* de Nicolau, toda de mármore branco, onde cinco mil pessoas se espremiam sob o fulgor dos candelabros. Um altar fora erigido no centro do salão, ostentando o ícone milagroso da Mãe de Deus, de Vladimir. Dizia-se que esse ícone, trazido para Moscou em 1395, havia feito recuar Tamerlão. Em 1812, o veterano general Kutuzov rezara diante do ícone antes de partir para comandar os exércitos do czar Alexandre I contra Napoleão. Agora, no começo de outra guerra, Nicolau II invocava bênção ao ícone. Levantando a mão direita, pronunciou em voz baixa o juramento de Alexandre I, em 1812: "Juro solenemente que jamais farei a paz enquanto houver um único inimigo em solo russo."

Após o juramento, Nicolau e Alexandra foram ao encontro das massas expectantes lá fora. Quando as duas pequenas figuras apareceram no terraço encortinado de vermelho, a multidão se ajoelhou. Nicolau levantou a mão e tentou falar. As fileiras da frente pediram silêncio, mas a excitação e a comoção no fundo eram fortes demais, e suas palavras se perdiam no barulho. Vencido, Nicolau inclinou a cabeça. Vendo-o assim, a multidão começou a cantar espontaneamente o hino imperial, cujos acordes constituíam o *crescendo* final da "Ouverture 1812", de Tchaikovsky:

Deus salve o czar,
Forte e poderoso,
Que reine por nossa glória,
Derrotando os inimigos,
O czar ortodoxo,
Deus salve o czar.

De mãos dadas no terraço, o homem de uniforme cáqui e a mulher de vestido branco choraram junto com a multidão. "Naquele momento, para aqueles milhares ajoelhados", disse Paléologue, "o czar era realmente o autocrata, o mentor militar, político e religioso de seu povo, o senhor absoluto de seus corpos e suas almas."

O mesmo aconteceu em todo o império. Exaltação, multidões enchendo as ruas, rindo, chorando, cantando, ovacionando, beijando. Da noite para o dia, uma onda de patriotismo varreu a Rússia. Em Moscou, Kiev, Odessa, Cracóvia, Kazan, Tula, Rostov, Tiflis, Tomsk e Irkutsk, operários trocavam as bandeiras vermelhas revolucionárias por ícones da sagrada Rússia e retratos do czar. Estudantes deixavam as universidades para se alistar. Oficiais do exército vistos pelas ruas eram alegremente jogados para o alto.

Em São Petersburgo, cada dia trazia mais demonstrações a favor do czar e dos aliados da Rússia. De sua janela na embaixada francesa, Paléologue via imensas procissões carregando bandeiras e ícones, gritando *"Vive la France!"*. Em 5 de agosto, quando o exército alemão cruzou a fronteira da Bélgica, neutra, um telegrama de Londres para Sir George

Buchanan, o embaixador inglês, anunciou a entrada da Inglaterra na guerra. No mesmo dia, a Union Jack foi hasteada junto com a bandeira tricolor francesa e a bandeira imperial russa. Com um fino senso gaélico de detalhe, Paléologue observou que "as bandeiras das três nações se misturavam eloquentemente. Compostas das mesmas cores, azul, branco e vermelho, são uma expressão pitoresca e marcante da coalizão".

Diante da embaixada alemã, um enorme edifício de granito encimado por dois imensos cavalos de bronze no telhado, uma multidão violenta, prevista pelo conde Pourtalès, avançou de modo vingativo. Sua raiva não era dirigida ao governo russo, como Pourtalès imaginava, mas contra o dele, alemão. O prédio foi invadido, quebrando-se vidraças, arrancando-se tapeçarias e quadros, e jogando na rua não só os móveis, porcelanas e cristais da embaixada, mas também a coleção pessoal do conde, de mármores e bronzes da Renascença, de valor inestimável. Cordas foram lançadas em torno das estátuas equestres do telhado, enquanto centenas de mãos puxavam e empurravam, até que, com um estrondo, os galopantes cavalos do kaiser se estatelaram na rua.

Naqueles primeiros dias, o patriotismo estava muito ligado a um medo profundamente enraizado dos alemães. "Pela fé, pelo czar e pelo país!" e "Pela defesa da sagrada Rússia!" eram os brados que incitavam quartéis, fábricas e cidades. "A guerra com o Japão", escreveu Kerensky, "foi dinástica e colonial", mas, "em 1914, o povo reconheceu imediatamente o conflito com a Alemanha como sua própria guerra... uma guerra que significava que o destino da Rússia estava em jogo". Andando pelas ruas de São Petersburgo, Rodzianko misturou-se ao povo que dias antes estava derrubando postes de telégrafo, virando bondes e montando barricadas. "Agora toda a Rússia está envolvida", disseram a ele. "Estamos juntos com o czar para garantir a vitória contra os alemães." Nobreza e camponeses ardiam com a mesma emoção. "Esta não é uma guerra política", disse a grã-duquesa Maria Pavlovna, viúva de Vladimir, tio do czar. "É um duelo de morte entre o eslavismo e o germanismo. Um dos dois vai sucumbir." Um velho campônio de Novgorod afirmou a Kokovtsov, o ex-primeiro-ministro: "Se tivermos o azar de não destruir os alemães, eles virão para cá. Vão reinar sobre a Rússia inteira e nos atrelar — sim, eu e você também — para puxarmos seus arados."

A Duma se reuniu apenas um dia, 8 de agosto, aprovando o orçamento militar sem nenhum voto contra. "A guerra foi declarada e de repente não havia mais qualquer traço do movimento revolucionário", declarou Kerensky. "Até os membros bolcheviques da Duma foram forçados a admitir – ainda que com rabugice – que era dever do proletariado cooperar com a defesa."

Que a Alemanha seria derrotada, poucos russos duvidavam; a entrada da Inglaterra tornava o resultado certo. Havia controvérsias a respeito de quanto tempo a guerra duraria. "Seis meses", diziam os pessimistas, argumentando que a Alemanha poderia lutar. "Os alemães não sabem lutar", diziam os otimistas. "Eles só sabem fazer salsichas. Para aniquilar o exército alemão, basta os russos atirarem os quepes em cima deles."

Uma antiga tradição exigia que os czares russos começassem suas guerras indo a Moscou pedir a bênção de Deus no histórico pilar do governo czarista, o Kremlin. Parecia incrível, mas quando Nicolau e família chegaram a Moscou, em 7 de agosto, a cidade estava ainda mais entusiasmada do que São Petersburgo. Um milhão de pessoas se alinhavam nas ruas, se acotovelavam em terraços, janelas e telhados, se penduravam nos galhos das árvores quando a procissão atravessava a cidade e entrava pelo portão Iberian, do Kremlin. Naquela noite, uma preocupação particular ressurgiu no interior do Kremlin. "Hoje, Alexei Nicolaievich está se queixando muito da perna", escreveu Pierre Gilliard em seu diário. "Será capaz de andar amanhã ou terá que ser carregado? O czar e a czarina estão desesperados. O menino não pôde estar presente na cerimônia no Palácio de Inverno. É sempre a mesma coisa quando ele deve aparecer em público... alguma complicação impede. Parece que o destino o persegue."

No dia seguinte, Gilliard continuou: "Quando Alexei Nicolaievich descobriu que não podia andar hoje, ficou num estado terrível. Suas Majestades decidiram que ele estará presente à cerimônia mesmo assim. Será carregado por um cossaco do czar. Mas é uma decepção horrível para os pais, que não desejam que se desenvolva entre o povo a ideia de que o herdeiro do trono é inválido."

Às onze horas, o czar, a imperatriz, as quatro filhas, o czarevich, nos braços de um enorme cossaco, e a grã-duquesa Elizabeth, vestindo o hábito cinza de sua ordem religiosa, chegaram ao Salão George do Kremlin. No centro do salão, Nicolau proclamou à nobreza e ao povo de Moscou: "Deste lugar, o próprio coração da Rússia, envio os cumprimentos da minha alma às minhas valorosas tropas e aos meus nobres aliados.

Deus está conosco!" Em seguida, na Ouspensky Sobor – a Catedral da Assunção –, onde dezoito anos antes haviam sido coroados, o czar e a imperatriz se ajoelharam diante do imponente iconóstase de pedras preciosas. Ao clarão tremulante de centenas de velas, entre nuvens pungentes do aroma doce dos incensos, caminharam pela igreja para se ajoelhar e rezar diante das tumbas dos patriarcas. O ambiente triunfante e o glorioso aparato de pompa e piedade eram uma eloquente dramatização do princípio básico da autocracia russa: "Como o próprio Deus nos deu o supremo poder, é diante de Seu altar que somos responsáveis pelos destinos da Rússia."

Na manhã seguinte, enquanto Moscou ainda fervilhava, Gilliard e seu pupilo escapuliram silenciosamente do Kremlin para dar uma volta de carro pelas colinas perto da cidade. Ao voltar pelas ruas estreitas, cheias de operários e camponeses, o automóvel, sem escolta, foi obrigado pela massa a reduzir a velocidade e parar. Surgindo de todos os lados, a multidão subitamente reconheceu o jovem passageiro: "O herdeiro! O herdeiro!", gritavam, empurrando-se para ver melhor. Enquanto as pessoas mais perto eram esmagadas contra a lateral do carro, a mais ousada delas enfiou os braços para dentro e tocou em Alexei. "Eu toquei nele! Eu toquei no herdeiro!", gritou uma mulher em triunfo. Assustado e pálido, o czarevich se encolheu no assento, enquanto Gilliard tentava freneticamente pôr o carro em movimento. O automóvel acabou sendo salvo por dois policiais musculosos que chegaram à cena e afastaram a multidão à base de gritos e porretadas.

Quando a família imperial retornou a Tsarskoe Selo, em 22 de agosto, Nicolau estava animadíssimo. As duas maiores cidades do império tinham dado demonstrações espontâneas de esmagadora afeição e patriotismo. Querendo se mostrar à altura, Nicolau emitiu um decreto com a finalidade de livrar de qualquer desdouro a sagrada cruzada que a Rússia estava encetando. A venda de vodca foi proibida em todo o império enquanto durasse a guerra. Esse gesto, num momento em que as despesas militares eram tão elevadas, foi mais nobre do que sábio, pois a venda de vodca era monopólio do Estado e rendia um percentual considerável para o governo imperial. E a proibição não fez cessar a bebedeira na Rússia. Os ricos tinham bons estoques nas adegas, enquanto os pobres a fabricavam em casa. Num segundo arroubo de febricitante patriotismo, após retornar de Moscou, Nicolau subitamente mudou o nome da capital. Em 31 de agosto de 1914, o nome alemão, São Petersburgo, foi trocado para o eslavo Petrogrado.

Nos primeiros dias da guerra, o mesmo arrebatamento emocional irrompeu em Paris, Londres e Berlim. Mas depois que as trombetas soaram, depois que os hinos foram cantados e os homens marcharam para a luta, a guerra começou a aplicar seu severo teste às nações. Nos terríveis anos que se seguiram, Inglaterra, França e Alemanha convocaram suas vastas reservas de força e propósito nacionais. Mas na Rússia, por trás da maciça fachada de um imenso império, as estruturas da sociedade e da economia eram primitivas demais, inflexíveis demais e quebradiças demais para suportar as enormes tensões de quatro anos de um grande conflito.

Dois russos astuciosos e perspicazes sentiram o perigo imediatamente. Desde o começo, apesar de suas vozes terem sido abafadas pela torrente de entusiasmo, Rasputin e Witte se opuseram à guerra. Ainda próximo das aldeias, Rasputin via o quanto a guerra ia custar em sangue de camponeses. Antes, em 1908, ele havia argumentado contra uma guerra com a Áustria por causa da anexação da Bósnia: "Não vale a pena lutar pelos Bálcãs", ele dissera. Em 1914, ainda de cama na Sibéria, recobrando-se da facada, ele telegrafou: "Não deixe papai planejar guerra, pois com a guerra virá o fim da Rússia e de vocês; vão perder até o último homem." Ao entregar o telegrama ao czar, Ana Vyrubova relatou que ele o rasgou furiosamente diante de seus olhos. Rasputin não se deu por vencido. Pegou uma folha de papel bem grande e, em letras quase ilegíveis, rabiscou sua agourenta profecia:

> Querido amigo, direi novamente uma ameaçadora nuvem está sobre a Rússia muito sofrimento e dor está negro e não há luz à vista. Um mar de lágrimas imensurável e quanto ao sangue? O que posso dizer? Não há palavras o horror é indescritível. Sei que eles continuam querendo guerra de você evidentemente sem saber que é destruição. Pesado é o castigo de Deus quando afasta a razão que é o começo do fim. És o czar pai do povo não permita que os loucos triunfem e se destruam e ao povo. Pois bem, vão conquistar a Alemanha e quanto à Rússia? Se se pensar então verdadeiramente não há maior sofredora desde o começo do tempo ela está toda afogada em sangue. Terrível é a destruição e sem fim a dor.
>
> Gregório

Witte, que estava no exterior quando a guerra estourou, correu de volta para casa, insistindo que a Rússia se retirasse imediatamente. Falou à queima-roupa com Paléologue: "Essa guerra é loucura... Por que a Rússia vai lutar? Nosso prestígio nos Bálcãs, nosso dever piedoso de ajudar nossos irmãos de sangue?... Isso é quimera romântica, ultrapassada. Ninguém aqui, pelo menos nenhum homem pensante, dá a menor bola para essa gente balcânica turbulenta, que não vale nada, que não tem nada de eslavo, são só turcos batizados com o nome errado. Devemos deixar os sérvios sofrerem o castigo que merecem. É demais como origem de guerra. Vamos falar dos lucros e recompensas que vai nos trazer. O que podemos esperar obter? Um aumento de território? Pelo amor de Deus! O império de Sua Majestade já não é grande o bastante? Já não temos a Sibéria, o Turquestão, o Cáucaso, a própria Rússia, áreas enormes que ainda nem foram abertas? Então, quais são as conquistas que eles balançam diante de nossos olhos? O leste da Prússia? O imperador já não tem alemães demais entre seus súditos? Galícia? Está cheia de judeus!... Constantinopla, a Cruz de Santa Sofia, o Bósforo, Dardanelos. É uma ideia muito louca, que não vale nem um minuto de consideração. E mesmo supondo que tenhamos uma vitória completa, com os Hohenzollern e Habsburgo reduzidos a nos mendigar a paz e se submetendo aos nossos termos — isso significa não só o fim da dominação alemã, mas a proclamação de repúblicas por toda a Europa central. Significa o fim simultâneo do czarismo. Prefiro ficar calado a respeito do que podemos esperar na hipótese de nossa derrota... Minha conclusão prática é de que precisamos liquidar essa estúpida aventura o mais cedo possível."

Paléologue, cuja missão era fazer todo o possível para manter a Rússia na guerra, lutando ao lado da França, riu da postura de Witte depois que ele saiu: "Um indivíduo enigmático, enervante, grande intelecto, despótico, desdenhoso, consciente de seu poder, presa da ambição, da inveja e do orgulho." A visão de Witte, pensou ele, era "maligna" e "perigosa" para a França e para a Rússia.

Em parte alguma o otimismo de Nicolau foi mais efusivamente compartilhado do que entre os oficiais do exército russo. Os azarados que serviam em regimentos estacionados longe da fronteira ficaram preocupadíssimos; não fosse a guerra terminar antes que tivessem chance de entrar em ação. Oficiais da guarda, com sorte em seguir imediatamente para o front, perguntavam se deviam levar na mochila o uniforme de gala para a parada cerimonial na Unter den Linden. Receberam instruções de partir logo; galões e plumas seriam enviados pelo correio seguinte.

Dia após dia, a capital estremecia na cadência dos homens em marcha. De manhã à noite, regimentos da infantaria marchavam sob o Nevsky Prospect, em direção à Estação Varsóvia e à frente de batalha. Ao redor da cidade, regimentos de infantaria, esquadrões de cavalaria e baterias de artilharia montada cobriam as estradas que levavam às províncias bálticas e ao leste da Prússia. Em compasso com a organização frouxa, os soldados mais andavam do que marchavam, seguidos por longas colunas, não necessariamente em ordem, de carroças de bagagens, de munições, ambulâncias, cozinhas de campo e cavalos de remonta. As colunas em marcha eram tão densas que, em alguns trechos, saíam da estrada e se espalhavam pelos campos ressecados de verão, enxameando numa massa confusa de poeira, gritos, cascos de cavalos e rodas rangendo, evocando as hordas tártaras do século XIII.

Voltando à capital depois de uma audiência com o czar, Paléologue encontrou um desses regimentos em marcha na estrada. Reconhecendo o embaixador, o general fez continência e berrou: "Vamos destruir esses prussianos imundos! Fim da Prússia! Fim da Alemanha! Guilherme em Santa Helena!" A cada companhia que passava pelo carro de Paléologue, o general se punha na ponta dos pés nos estribos e rugia: "O embaixador francês! Hurra!" E os soldados bradavam freneticamente: "Hurra! Hurra!" Finalmente, o general saiu galopando, berrando sobre os ombros: "Guilherme em Santa Helena! Guilherme em Santa Helena!"

Às vezes, mulheres com crianças os seguiam por alguns quilômetros: "Uma... era muito jovem... apertava um bebê contra o peito. Andava tão rapidamente quanto podia para acompanhar o passo de um homem no final da coluna, um rapaz bonito, bronzeado e musculoso. Não trocavam uma palavra, mas se olhavam fixamente, com olhos amorosos e angustiados. Por três vezes seguidas, vi a jovem mãe oferecer o bebê para um beijo do soldado."

As mesmas cenas se repetiam nas estações de trem de cada cidade e aldeia da Rússia. Em Moscou, o cônsul inglês R. H. Bruce Lockhart recordou: "As tropas cinzentas de poeira e espremidas em vagões de gado; a grande multidão na plataforma desejando 'Vá com Deus'; pais graves, barbados, esposas e mães sorrindo bravamente entre lágrimas... padres gordos abençoando guerreiros alegres. A multidão balança para a frente para um último aperto de mãos e um último abraço. Há um apito agudo da locomotiva. Depois, o trem superlotado, como se relutasse em partir, rasteja devagar para fora da estação e desaparece na penumbra cinza da noite de Moscou. Silenciosa, com a cabeça descoberta, a multidão permanece imóvel até que o último eco enfraquecido da canção dos homens que jamais retornarão tenha desaparecido no nada."

De algum modo, foram os homens, e não os oficiais, que sentiram o que estava por vir. Sob os berros de anúncios de desfiles em Berlim e dos gritos de "Guilherme em Santa Helena!", muitos soldados marchavam para a guerra mergulhados na melancólica resignação de que nunca mais veriam novamente sua família e sua aldeia. No front, o general Alfred Knox, adido militar inglês, viu um jovem recruta de Kiev arrasado porque tinha deixado esposa e cinco filhos. Knox tentou animá-lo, falando que ele poderia voltar, mas o soldado abanou a cabeça e retrucou: "Dizem que uma estrada larga leva à guerra, mas só uma trilha estreita traz de volta para casa."

Em número de soldados, a Rússia era um colosso. A força militar normal pré-guerra era de 1,4 milhão, mas a mobilização acrescentou imediatamente 3,1 milhões de reservistas. Atrás dessa massa inicial, havia outros milhões. Durante três anos de guerra, 15,5 milhões de homens marcharam para lutar pelo czar e pela sagrada Rússia. Na imprensa inglesa, essa massa de corpos prontos a sangrar era descrita com o termo tranquilizador de "rolo compressor russo".

Em todos os aspectos, à exceção do número de homens, a Rússia estava despreparada para a guerra. As estradas eram totalmente inadequadas; para cada metro de trilhos russos por quilômetro quadrado, a Alemanha tinha dez. As reservas francesas e alemãs tinham que percorrer 250 a 300 quilômetros para chegar ao front; na Rússia, a viagem era, em média, de 1.200 quilômetros. Um general comandante de um corpo da Sibéria disse a Knox que passou 23 dias num trem trazendo homens para o front. Quando as operações começaram, a supremacia das ferrovias alemãs permitia ao comando transportar exércitos inteiros rapidamente de um local a outro. No lado russo, comentou Knox, "o Comando Supremo ordenava, mas as ferrovias decidiam".

A indústria russa era pequena e primitiva. Para cada fábrica na Rússia, havia 150 na Grã-Bretanha. Esperando uma guerra curta, os generais russos haviam providenciado reservas limitadas de armas e munição. Tendo despejado toda a munição, as armas russas rapidamente silenciaram enquanto as bombas inimigas, chegando regularmente das fábricas alemãs, explodiam sem parar. Em certo ponto, os artilheiros russos foram ameaçados de corte marcial se atirassem mais do que três rodadas por dia.

A imensa e isolada geografia da Rússia tornava impossível uma ajuda dos aliados. A Alemanha bloqueou facilmente o Báltico, e a Turquia, entrando na guerra contra os aliados em novembro de 1914, barrou o Dardanelos e o mar Negro. A comunicação permanecia apenas por Arkhangelsk, congelado no inverno, e Vladivostok, no Pacífico. As exportações russas caíram 98%, e as importações, 95%. Em média, 1.250 navios entraram em portos russos *por ano* durante a guerra, ao passo que as entradas em portos britânicos chegaram a 2.200 *por semana*. Quando fracassaram as tentativas inglesas e francesas de romper o bloqueio, bombardeando Dardanelos em Galípoli, a Rússia se tornou "uma casa murada, onde se podia entrar somente pela chaminé".

Nem todas as falhas se deviam à tecnologia e à geografia. No topo, o exército russo era comandado por dois homens que se odiavam: o general Vladimir Sukhomlinov, ministro da Guerra, e o grão-duque Nicolau Nicolaievich, primo distante do czar, que comandava o exército em campo. Sukhomlinov era um homenzinho gorducho, com cara de gato gordo, sobre o qual Paléologue observou que "com seu jeito tímido, seus olhos sempre vigilantes brilhando sob as pesadas dobras das pestanas, conheço poucos homens que inspirem mais asco à primeira vista". Embora totalmente calvo e avançando nos 70 anos, Sukhomlinov mantinha um gosto pronunciado por prazeres caros, incluindo uma voluptuosa esposa 32 anos mais nova do que ele. Mme. Sukhomlinov gostava de dar festas grandiosas, se vestia em Paris e passava férias na Riviera; o marido que pagasse as contas como pudesse. Dispondo de uma bela verba para viagens, baseada em milhagem, ele fazia frequentes inspeções em Vladivostok, a 12 mil quilômetros de ida e volta de seu escritório. Uma vez lá, as autoridades locais descobriram que o ministro da Guerra não gostava de sair do trem.

A reputação de Sukhomlinov chegava a ser uma triste piada. "O próprio retrato de um soldado de salão, perfumado, embonecado, com pulseiras de ouro nos pulsos brancos", lembra uma dama que o conheceu na sociedade. "Apesar da idade madura, Sukhomlinov era... ansioso por prazeres, como um jovem", escreveu Sazonov, seu colega de ministério. "Ele gozava a vida e detestava trabalho... Era muito difícil fazê-lo trabalhar, mas levá-lo a dizer a verdade era algo perto do impossível." No entanto, além de sustentar a esposa, era responsabilidade de Sukhomlinov organizar e equipar o exército russo. Sendo ex-oficial da cavalaria, agraciado com a Cruz de São Jorge, em 1878, na guerra contra os turcos, ele acreditava no ataque corporal — a cavalaria com sabres e a infantaria com baionetas. Achava que armas modernas, como metralhadoras e artilharia de tiro rápido, não estavam à altura de homens corajosos. Em resultado, a Rússia entrou na guerra com metade da artilharia de campo dos alemães — sete baterias de campo por divisão contra catorze — e 60 baterias de artilharia pesada contra 381 dos alemães. "Sukhomlinov", relatou o general Nicolau Golovine, que serviu sob suas ordens, "achava que o conhecimento adquirido por ele nos anos 1870, que já não tinha importância prática, era uma verdade permanente. Sua ignorância seguia de mãos dadas com uma extraordinária superficialidade mental. Essas duas características pessoais o capacitavam a tratar as mais complicadas questões militares com uma assombrosa leviandade. Sua atitude de tranquila certeza dava a impressão, a quem não estava familiarizado com a complicada técnica da moderna arte da artilharia, de que Sukhomlinov lidava bem com esses problemas e tomava as decisões certas e com rapidez."

O mais significativo foi que Sukhomlinov causou essa impressão no czar. Como muitos velhacos, ele sabia ser extremamente insinuante, e fazia tudo em seu poder para agradar ao czar. Seus relatórios, ao contrário dos relatórios dos outros ministros, eram breves e sem previsões negativas. Sabendo que o czar se orgulhava do exército, ele garantia que o moral das tropas e os equipamentos estavam em ótimas condições. Quando fazia relatórios pessoalmente, entremeava os informes com uma seleção do seu vasto repertório de histórias engraçadas. Na corte, era conhecido como o *"general voador"* por causa de sua presteza em adivinhar os desejos do czar. Nicolau o apreciava grandemente e, assistindo aos desfiles dos soberbamente polidos regimentos da Guarda Imperial, não podia acreditar que o exército russo estivesse despreparado para a guerra.

Sukhomlinov era um cortesão que usava a patente militar para sustentar seu perdulário jeito de viver. Seu arqui-inimigo, o comandante em chefe no campo, grão-duque Nicolau Nicolaievich, era um príncipe de sangue imperial, neto do czar Nicolau I. Embora nascido para grandes riquezas e posição impecável, Nicolau Nicolaievich dedicava sua vida ao serviço no exército. Aos 57 anos, o grão-duque tinha uma aparência assustadora. Com dois metros de altura, corpo magro e olhos azuis faiscantes no rosto estreito, a barba aparada no ponto exato e uma adaga ou espada pendendo do cinto, era a figura de um chefe guerreiro antigo. "Era o homem mais admirado no exército, não só um soldado à moda antiga, mas profundamente eslavo", escreveu Paléologue. "Seu todo exsudava uma energia feroz. Sua fala comedida e incisiva, olhos faiscantes e movimentos rápidos, nervosos, boca rígida como aço e estatura gigantesca personificavam a audácia imperiosa e impetuosa."

No exército, o grão-duque inspirava sentimentos de assombro. "Pelos soldados camponeses do exército russo", disse Knox, "... ele era visto como uma espécie de herói da sagrada Rússia... Eles sentiam que, apesar de severo disciplinador e muito exigente... ele não pediria a um recruta esforço maior do que... imporia a si mesmo."

Era natural, portanto, que o comandante em chefe e o ministro da Guerra se desprezassem mutuamente. O grão-duque levava suas responsabilidades tão a sério quanto Sukhomlinov levava as dele com leviandade. Em 1908, quando a Duma criticou a presença de membros da família imperial em altos postos militares, Nicolau Nicolaievich se demitiu do comando ativo. Nomeado ministro da Guerra em 1909, Sukhomlinov viu a área livre para sua própria promoção a comandante em chefe quando houvesse guerra. Para seu desgosto, em 1914, dissuadido de assumir pessoalmente o comando dos exércitos em campo, o czar nomeou seu primo para ocupar o posto. Daí por diante, o invejoso ministro da Guerra fazia de tudo, em palavras e obras, para prejudicar o grão-duque. A certa altura, com pedidos de mais bombas chegando sem parar, Sukhomlinov se recusou a dar ordens para mais munição. Quando o chefe da artilharia veio lhe dizer, aos prantos, que a Rússia teria que pedir paz por falta de munição, Sukhomlinov respondeu bruscamente: "Vá para o diabo e cale a boca."

Tanto em Berlim quanto em Paris, a estratégia foi talhada na medida do tamanho e morosidade do colosso russo. Sabendo que o estado das ferrovias russas não permitiria uma rápida concentração dos milhões de soldados do czar, o Estado-Maior alemão planejou destruir a França enquanto o pesado gigante se arrastava. "Em seis semanas após o início das operações, esperamos ter acabado com a França, ou pelo menos o suficiente para direcionar nossas forças principais para o leste", afirmou o general Von Moltke, chefe do Estado-Maior alemão, aos nervosos oficiais da sua contraparte austríaca em maio de 1914. Caracteristicamente, o kaiser colocou mais cruamente o plano alemão: "Almoço em Paris, jantar em São Petersburgo."

Sabendo que o ataque viria algum dia, os generais e diplomatas franceses haviam passado vinte anos tentando unicamente assegurar que os russos se moveriam com rapidez quando a guerra começasse. Para acelerar a mobilização russa, a França encheu a aliada de dinheiro. Os empréstimos foram feitos com a estrita condição de serem aplicados na construção de estradas de ferro que levassem à fronteira alemã. Mesmo com essa nova via férrea, o número de homens em posição M-15 — quinze dias após a mobilização — seria apenas uma fração das forças russas. No entanto, a França insistia que os russos atacassem em M-15 com o que tivessem pronto; a França contava com 700 mil homens. Esperar mais seria uma catástrofe para os franceses.

Nas primeiras semanas, a guerra correu brilhantemente conforme a programação alemã. Durante as quentes semanas de agosto, a nata do exército alemão, 1 milhão de homens em farda cinzenta, avançou como uma foice humana pela Bélgica e pelo norte da França. Em 2 de setembro, menos de um mês depois de cruzar a fronteira, as já fatigadas tropas de avanço do kaiser estavam 50 quilômetros ao norte de Paris. Uma única investida e chegariam aos Champs-Elysées.

Desde o dia em que a guerra começou, a missão do embaixador francês em São Petersburgo era apressar os russos. Com uma chuva de telegramas angustiados de Paris caindo na embaixada, Paléologue corria de um gabinete a outro, pedindo, implorando, exigindo pressa. Em 5 de agosto, ele disse ao czar: "O exército francês terá que enfrentar o formidável ataque de 25 corpos militares alemães. Portanto, imploro a Sua Majestade que ordene a ofensiva imediatamente. Se não atacarem logo, o exército francês corre o perigo de ser esmagado." Nicolau respondeu emocionalmente. Adiantou-se, pegou Paléologue em seus braços e disse: "*Monsieur l'ambassadeur*, deixe-me abraçar em você minha querida e gloriosa França... No momento em que a mobilização estiver completa, ordenarei o avanço. Minhas tropas estão muito entusiasmadas. O ataque será efetuado com o maior vigor. Sem dúvida, você sabe que o grão-duque Nicolau é extraordinariamente enérgico."

No mesmo dia, o embaixador foi falar com o grão-duque: "O generalíssimo recebeu-me em seu enorme gabinete, onde havia mapas abertos em todas as mesas. Veio em minha direção rapidamente, com seus passos largos e firmes. 'Deus e Joana d'Arc estão conosco!', ele exclamou. 'Vamos vencer...'" "Em quanto tempo irá ordenar a ofensiva, *monseigneur*?", perguntou Paléologue. "Talvez eu nem espere que a concentração de todos os corpos esteja completa. Tão logo eu me sentir forte o suficiente, atacarei. Será provavelmente em 14 de agosto." Levando Paléologue até a porta, ele sacudiu vigorosamente a mão do embaixador, gritando: "E agora, nas mãos de Deus!"

O grão-duque cumpriu a palavra. A frente comandada por ele tinha 880 quilômetros de comprimento, começando no norte do Báltico, onde as províncias bálticas russas faziam fronteira com a Prússia. De lá, a frente virou para o sul e para o oeste, contornando o grande bojo da Polônia russa. Depois, passando pela parte de baixo do bojo polonês, virou para o leste, na direção da Ucrânia. No setor sul dessa longa linha, na província austríaca da Galícia, concentrava-se um exército austro-húngaro de 1 milhão de homens. A oeste de Varsóvia, na linha direta para Berlim, os russos não podiam avançar devido ao perigo que corriam seus longos flancos galício e prussiano do leste. O ataque russo, portanto, foi efetuado no norte, investindo contra o leste da Prússia.

Dois exércitos russos foram selecionados para atacar. O primeiro consistindo em 200 mil homens comandados pelo general Rennenkampf, se moveria para sudoeste paralelamente à costa do Báltico, enquanto o segundo, de 170 mil homens sob o comando do general Samsonov, avançaria para o norte, partindo da Polônia. O exército de Rennenkampf começaria primeiro, atraindo para si o grosso das forças alemãs no leste da Prússia. Dois dias depois, quando os alemães estivessem totalmente engajados na batalha, Samsonov atacaria no norte do

Báltico, chegando pela retaguarda dos alemães em luta com Rennenkampf. Cada um dos exércitos russos era maior do que as forças alemãs. Se a estratégia do grão-duque funcionasse, os alemães seriam apanhados entre dois exércitos, e os russos começariam a cruzar o rio Vístula abaixo de Danzig. À frente deles, a estrada para Berlim – 240 quilômetros adiante – estaria livre.

Devido à necessidade de rapidez, a ofensiva russa foi montada aos poucos. O grão-duque Nicolau só partiu da capital para o quartel-general de campo à meia-noite de 13 de agosto. Ordenando que seu trem fosse desviado para linhas de serviço, a fim de deixar passar os trens de tropas, ele levou 57 horas na viagem e chegou na manhã do dia 16 de agosto. O general Samsonov, comandante do 2º exército, era asmático e estava de licença no Cáucaso, com a esposa. Quando chegou ao quartel-general, no dia 16, encontrou suas tropas já em marcha para a fronteira. O general Rennenkampf, um oficial da cavalaria fanfarrão, já tinha enviado seus cossacos para romper a fronteira no dia 12 de agosto. Dois dias depois, uma metralhadora alemã, capturada numa dessas incursões, apareceu como troféu no gramado de Peterhof, onde foi examinada com interesse pelo czar e pelo czarevich. Em 17 de agosto, o exército inteiro de Rennenkampf avançou, fazendo recuar as tropas da fronteira alemã. Nessas escaramuças iniciais, as táticas de Rennenkampf lembravam as de Napoleão cem anos antes. Sob fogo alemão, o general mandou a cavalaria atacar os canhões. Em resultado, nas primeiras contendas da guerra, muitos jovens oficiais da guarda, a fina flor da juventude aristocrática russa, foram derrubados do alto de suas selas.

Embora o Estado-Maior alemão tivesse previsto um avanço russo no leste da Prússia, a notícia de cavaleiros cossacos assolando as ricas fazendas e propriedades de aristocratas *junker* levantou um arrepio de horror em Berlim. Ignorando temporariamente o 2º exército russo que estava vindo do sul, os alemães se atracaram com as forças de Rennenkampf em 20 de agosto. Atirando 440 projéteis por dia, a artilharia russa era eficaz, e o resultado foi uma derrota parcial da Alemanha. Em desespero, o Estado-Maior alemão despachou às pressas dois outros generais para assumir o comando. Em 22 de agosto, Paul Hindenburg e Erich Ludendorff, a formidável dupla que conduziria a Alemanha através de quatro anos de guerra, embarcaram no mesmo trem rumo ao leste da Prússia.

Enquanto Rennenkampf ficou descansando – tempo demais – de sua vitória, Samsonov foi avançando a duras penas pelo terreno inóspito e agreste ao norte da fronteira polonesa. A rota cruzava um labirinto de florestas de pinheiros e abetos cortadas por riachos e pantanais, com poucos habitantes, péssimas estradas e nenhuma via férrea. Havia poucas fazendas naquele solo arenoso, e os homens comiam apenas o que podiam levar nas carroças. Na véspera da batalha, alguns homens estavam sem a ração completa de pão havia cinco dias.

Apesar das dificuldades, os homens de Samsonov avançavam penosamente. Muitos deles, vindos de pequenas aldeias russas, ficaram contentes ao avistar os vilarejos prussianos. Soldados do 23º Corpo, ao chegarem à cidadezinha de Allenstein, deram vivas entusiásticos achando que estavam entrando em Berlim. Samsonov era menos ardoroso. No fim da longa cadeia que começava em Paris, passava por Paléologue, pelo grão-duque e pelo comandante da Frente Noroeste, Samsonov recebia sinais constantes para se apressar. "Avançando conforme a programação, sem paradas, cobrindo marchas de mais de 20 quilômetros por dia, na areia. Não posso ir mais rápido", ele telegrafava de volta. Seus homens tinham fome, os cavalos estavam sem aveia, as colunas de suprimentos, desorganizadas, e a artilharia, atolada.

Em 24 de agosto, um dia após a chegada ao leste da Prússia, Hindenburg e Ludendorff decidiram por uma jogada surpreendente. Deixando apenas duas brigadas de cavalaria para enfrentar Rennenkampf, cujo exército ainda estava parado cinco dias após a vitória, enfiaram todos os outros soldados em trens para o sul, ao encontro de Samsonov. Em 25 de agosto, a transferência estava feita. Rennenkampf ainda não tinha retomado o avanço, e Samsonov enfrentava um exército igual em tamanho e muito superior em artilharia. Ao informar sobre essa nova conjuntura ao general Jilinsky, comandante da Frente Norte, Samsonov recebeu uma resposta grosseira: "Ver o inimigo onde ele não existe é covardia. Não vou permitir que o general Samsonov banque o covarde. Exijo que ele continue na ofensiva."

Em quatro dias de batalha, as tropas de Samsonov, exaustas, fizeram o que puderam. Todavia, diante da cerrada barragem de fogo da artilharia alemã, cercado por três lados pela infantaria, o 2º exército desintegrou-se. Samsonov era fatalista. "O inimigo tem sorte um dia, nós teremos sorte no outro", declarou, antes de cavalgar sozinho para a floresta, onde se matou com um tiro.

Os alemães chamaram sua vitória de Batalha de Tannenberg, em revanche a uma famosa derrota dos cavaleiros teutões, infligida pelos eslavos no mesmo local, em 1410. Em Tannenberg, os russos perderam 110 mil homens, 90 mil feitos prisioneiros. A culpa recaiu sobre o general Jilinsky, que foi substituído, e sobre Rennenkampf, que foi desligado do exército. O grão-duque Nicolau, cujos exércitos no sul estavam tendo uma grande vitória sobre os austríacos na Galícia, encarou a derrota em Tannenberg com equanimidade. "Estamos felizes por fazer tais sacrifícios pelos nossos aliados", ele respondeu quando o adido militar francês em seu quartel-general foi lhe dar condolências. Em São Petersburgo, Sazonov disse a Paléologue: "O exército de Samsonov foi destruído. É só o que sei", e acrescentou discretamente: "Devemos esse sacrifício à França, que tem se mostrado uma perfeita aliada." Agradecendo ao ministro das Relações Exteriores a generosidade de pensamento, Paléologue passou logo a discutir o único assunto que realmente lhe interessava: a ameaça maciça a Paris, que aumentava a cada instante.

Apesar de toda a temerária valentia e tola inépcia de sua prematura ofensiva, a Rússia não deixou de alcançar seu objetivo principal, que era desviar do oeste a atenção das forças alemãs. A limitada penetração no leste da Prússia teve um efeito ampliado. Refugiados, muitos deles de alta estirpe, correram em fúria e desespero para Berlim. O kaiser ficou indignado e o próprio Von Moltke admitiu que "todo sucesso na frente oeste será em vão se os russos chegarem a Berlim". Em 25 de agosto, antes do ataque decisivo a Samsonov, Von Moltke violou seu supostamente inviolável plano de guerra, de ignorar os russos até que a França estivesse liquidada. Por ordem urgente, dois corpos do exército e uma divisão da cavalaria foram tirados do flanco direito alemão na França e correram para o leste. Chegaram tarde demais para Tannenberg; não puderam retornar antes do Marne. "Isso talvez tenha sido nossa salvação", escreveu o general Dupont, um adido de Joffre. "Um erro desses, cometido pelo chefe do Estado-Maior alemão em 1914, deve ter feito o outro Moltke, tio dele, se revirar no túmulo."

Como os generais franceses haviam previsto, a chave da salvação da França estava em pôr imediatamente o colosso russo em movimento. Que o colosso encontrasse vitória ou derrota, pouco importava, desde que os alemães fossem desviados da esmagadora investida a Paris. Nesse sentido, os soldados russos que morreram nas florestas do leste da Prússia contribuíram tanto para a causa aliada quanto os franceses que morreram no Marne.

⚜21⚜
STAVKA

AO ESTOURAR A GUERRA, o primeiro impulso de Nicolau foi assumir pessoalmente o comando do exército, no antigo papel do czar-guerreiro à frente das tropas. Foi veementemente dissuadido pelos ministros, alegando que ele não devia arriscar seu prestígio de soberano, principalmente, como disse Sazonov, "porque é de esperar que sejamos forçados a recuar nas primeiras semanas". O alto-comando ficou com o grão-duque Nicolau, que partiu de São Petersburgo com sua comitiva, em 13 de agosto, para instalar o quartel-general em Baranovichi, uma junção ferroviária polonesa entre os fronts da Alemanha e da Áustria. O campo, chamado *Stavka*, derivado de uma antiga palavra russa com significado de campo militar de um chefe, foi instalado fora da ferrovia principal, entre Moscou e Varsóvia, numa floresta de bétulas e pinheiros. Ali, cercados por três anéis concêntricos de sentinelas, o grão-duque e seus oficiais viviam e trabalhavam em uma dúzia de vagões de trens militares dispostos em leque sob as árvores. Depois, quando o acampamento tornou-se semipermanente, foram construídos telhados sobre os carros para proteção contra a neve e o calor, e calçadas de madeira para que os oficiais pudessem ir de um trem a outro sem escorregar na lama ou no gelo.

De seu vagão privativo, forrado de peles de urso e tapetes orientais, o grão-duque dominava a vida no acampamento. Na parede do compartimento em que dormia, apertados entre as janelas, havia mais de 200 ícones. Sobre as portas de todos os espaços frequentados pelo grão-duque, havia tirinhas de papel branco penduradas para lembrar a Nicolau Nicolaievich, de dois metros de altura, que se curvasse a fim de não bater a cabeça.

O adido militar britânico em Petrogrado, general Sir John Hanbury-Williams, chegou a *Stavka* no trem do grão-duque Nicolau e lá ficou até a abdicação do czar. Seu diário desses dois anos e meio dá um expressivo retrato do quartel-general da Rússia Imperial durante a Primeira Guerra Mundial. "Todos íamos à igrejinha de madeira do campo. Todas as tropas se formavam na entrada da igreja, guarda e cossacos da guarda... todos em cáqui, com casacos cinzentos longos até os pés – duros como pedras – parecendo uma fileira de estátuas contra a floresta de pinheiros. Ali, esperávamos até que uma fanfarra de trombetas soasse a distância. Vindo do trem pela estrada, chegava marchando, rosto severo e cabeça erguida, e para o exército que ele tanto amava, a figura quase mística do grande grão-duque Nicolau... Ele chegava às fileiras, olhava em torno, encarando seus homens... olhando-os diretamente nos olhos e cumprimentando todas as patentes com o costumeiro 'Bom-dia'. Com o chocalhar de apresentar armas vinha o grito dos homens em resposta... e todos entrávamos em vagarosa fila na igreja."

Era essa atmosfera masculina, vigorosa, que o czar buscava frequentemente como um entusiástico visitante. Quando o trem imperial, com sua longa sucessão de carros de salões azuis com brasões e penachos dourados, deslizava lentamente sob a folhagem ensolarada até os trilhos paralelos ao trem do grão-duque, o czar incorporava-se alegremente à rotina da vida militar. Ele adorava o disciplinado senso de propósito em *Stavka*, as ordens exatas dadas e cumpridas, a conversa profissional dos oficiais na vida ao ar livre, rústica, abrutalhada. Trazia lembranças de seus dias como oficial júnior, quando sua responsabilidade mais pesada era levantar-se da cama a tempo da parada matinal. Era uma escapada do governo, dos ministros, uma mudança da vida em Tsarskoe Selo, onde, por mais que ele fosse dedicado à esposa e aos filhos, o mundo era pequeno, fechado e predominantemente feminino.

Em suas visitas ao quartel-general, Nicolau tinha o cuidado de não se intrometer na autoridade do grão-duque. Sentado ao lado do comandante em chefe nas reuniões matinais, o czar mantinha o papel de convidado de honra interessado. Juntos, os dois ouviam os relatórios das operações do front no dia anterior; juntos, se debruçavam sobre enormes mapas da Polônia, do leste da Prússia e da Galícia, estudando as linhas azuis e vermelhas que marcavam as posições dos exércitos inimigos. Mas quando chegava o momento de dar ordens, o czar se calava e o grão-duque falava.

Foi nesse estado de espírito relaxado e feliz do quartel-general que o general Hanbury-Williams conheceu o czar. "Às 2:30, fui chamado para conhecer o imperador", ele escreveu. "Ao chegar, encontrei dois enormes cossacos na porta do trem de Sua Majestade... O imperador me recebeu sozinho. Vestia um uniforme cáqui perfeitamente simples, o casaco parecendo mais uma camisa que os nossos, com calções azuis e botas altas de montaria. Estava de pé ao lado de uma alta escrivaninha. Quando o saudei, ele se adiantou imediatamente e me sacudiu calorosamente pela mão. Fiquei logo impressionado com seu apreço extraordinário por nosso rei e pelo modo como sorria, seu rosto se iluminando, como se fosse um verdadeiro prazer me receber. Sua primeira pergunta foi sobre nosso rei e rainha e a família real... Eu sempre o tinha imaginado um monarca meio triste e de ar ansioso, que cuida somente do Estado e das outras coisas que pendem pesadamente sobre ele. Em vez disso, encontrei um homem de rosto vivo, intenso, cheio de humor e felicidade ao ar livre."

As refeições no quartel-general eram substanciais e masculinas: fartas em canapés *zakouski*, rosbife, pudim Yorkshire, vodca e vinhos. "A vodca", escreveu Hanbury-Williams, "descia pela minha garganta como uma procissão de tochas acesas." À mesa, cercado de oficiais que considerava seus companheiros, Nicolau falava abertamente, sem as restrições impostas pela corte. Certa vez, ele fez uma análise da diferença entre a Rússia e os Estados Unidos:

"No jantar desta noite, S.M.I. [Sua Majestade Imperial] falou sobre impérios e repúblicas. Suas ideias quando jovem eram que ele tinha uma grande responsabilidade e achava que as pessoas sobre quem reinava eram tão numerosas e tão variadas em sangue e temperamento, tão diferentes também de nossos europeus ocidentais, que um imperador era uma necessidade vital para elas. Sua primeira visita ao Cáucaso lhe deixou forte impressão e confirmou suas opiniões.

"Os Estados Unidos da América", ele disse, "eram uma questão inteiramente diferente, e os dois casos não podiam ser comparados. Nesse país [Rússia], muitos eram os problemas e as dificuldades, seu senso de imaginação, seus sentimentos religiosos, seus hábitos e costumes geralmente tornavam uma Coroa necessária, e ele acreditava que precisaria ser assim por um longo tempo, que uma certa dose de descentralização da autoridade era certamente necessária, mas que o poder maior e decisivo precisava ficar com a Coroa. Os poderes da Duma deviam ir devagar por causa das dificuldades de incrementar a educação a uma taxa razoavelmente rápida entre todas essas massas de súditos."

Quanto à função pessoal do autocrata, Nicolau admitia que, embora ele pudesse dar qualquer ordem que quisesse, não podia garantir que fosse cumprida. Frequentemente, quando ele via que algo que havia pedido não fora feito adequadamente, explicou, suspirando, a Hanbury-Williams, "aí você vê o que é ser autocrata".

No quartel-general, o czar dava longos passeios à tarde pelas estradas vicinais, devidamente escoltado por patrulhas de cossacos na dianteira. Ocasionalmente, para variar, ele ia a Dnieper, muitas vezes tirando a camisa para tomar sol nas costas. Nicolau gostava de vencer, mas enfrentava apenas homens que tinham condição de vencê-lo.

Em novembro de 1914, o czar saiu do quartel-general para uma longa viagem ao sul do Cáucaso, onde suas tropas lutavam contra os turcos. "Estamos passando por terras pitorescas", ele escreveu a Alexandra, "... com belas montanhas muito altas de um lado e estepes do outro. Em cada estação, as plataformas estão cheias de gente... milhares delas... Estamos passando pelo mar Cáspio. Descansa a vista olhar para a distância azul, me lembrou o mar Negro... não longe estão as montanhas, lindamente acesas pelo sol." Na província de Kuban, passando por aldeias cossacas, ele admirou as pessoas e os belos pomares. "Eles estão começando a enriquecer e acima de tudo têm um número incalculável de crianças pequenas. Todos, futuros súditos. Tudo isso me enche de alegria e fé na misericórdia de Deus. Olho para o futuro com paz e confiança no que está guardado para a Rússia."

Em viagem, quando era impossível fazer exercícios físicos, Nicolau resolveu o problema instalando um equipamento no trem. "Meu trapézio é muito prático e útil", ele escreveu. "Balanço-me e subo nele muitas vezes antes das refeições. É realmente uma coisa excelente para se fazer no trem, aviva o sangue e todo o organismo." Essa descrição desperta a imagem interessante do trem imperial, passando por vilas poeirentas, com as plataformas cheias de camponeses curiosos e adoradores, enquanto lá dentro, fora da vista, o paizinho pendurado pelos calcanhares se balança para lá e para cá em seu trapézio.

No outono de 1915, o czar trouxe seu filho, o czarevich, agora com 11 anos, para ficar com ele no quartel-general. Foi uma atitude surpreendente, não só pela idade do menino, mas também por sua hemofilia. No entanto, Nicolau não tomou essa decisão de forma impetuosa. Suas razões, laboriosamente avaliadas com meses de antecedência, eram tanto sentimentais quanto judiciosas.

Derrotado e recuando após um verão de perdas terríveis, o exército russo precisava muito de algo que levantasse o moral. O próprio Nicolau aparecia diversas vezes, e sua presença, incorporando a causa da sagrada Rússia, suscitava um tremendo entusiasmo entre os homens que o viam. Foi levado pela esperança de que o aparecimento do herdeiro a seu lado, simbolizando o futuro, levantasse ainda mais os espíritos abatidos. Era uma esperança razoável e, de fato, cada vez que Alexei aparecia, era objeto de grande atenção e animação.

Talvez mais importante, o czar pensava no distante futuro em que seu filho se sentaria no trono. A educação de Alexei, até então, fora tudo, menos normal. Como príncipe, ele vivia num mundo restrito. Devido à doença, era basicamente um mundo de mulheres que o adoravam. Ao tirar o filho da abafada atmosfera de almofadas de seda do palácio, trazendo-o para o tonificante clima de barbas, couros e fardas no *Stavka*, Nicolau pretendia ampliar a educação do futuro czar.

Foi extremamente difícil para a imperatriz deixar Alexei partir. Em toda a sua vida, ele não tinha ficado longe do olhar da mãe por mais do que algumas horas. Aonde quer que ele fosse, ela imaginava perigos com que outras pessoas nem sonhariam. Nas viagens ao quartel-general, o czarevich tinha toda a proteção de sua comitiva pessoal: os médicos Fedorov e Derevenko, o tutor Gilliard, os marinheiros e guardiães Derevenko e Nagorny. Contudo, havia riscos, e a imperatriz tinha uma aguda consciência deles. No trem imperial, havia sempre o perigo de tropeçar e cair nos corredores quando os vagões trepidavam. Em solavancos de automóvel em estradas de terra, viajando por uma zona em que poderiam aparecer aviões alemães, caminhando longas distâncias e ficando de pé durante horas enquanto os homens marchavam – nenhum médico devia permitir essas atividades a um hemofílico. Enquanto ele estava fora, as cartas de Alexandra ao czar eram cheias de preocupação: "Veja que Tiny [Alexei] não se canse nas escadas. Ele não pode fazer caminhadas... Tiny adora cavar e trabalhar, e é tão forte que se esquece de ter cuidado... Cuide dos braços do Baby, não o deixe correr no trem para não machucar os braços... Antes de decidir, fale com M. Gilliard, ele é muito sensato e sabe tudo sobre Baby." Todas as noites, às nove horas, a imperatriz ia ao quarto de Alexei, como se ele estivesse lá, dizendo suas preces. Ela se ajoelhava e pedia a Deus que o filho voltasse para casa em segurança.

Uma vez, quando Gilliard voltou sozinho a Tsarskoe Selo, deixando Alexei no quartel-general, a imperatriz lhe explicou por que tinha deixado o filho viajar. "Depois do jantar, fomos para o terraço", escreveu o tutor. "Era uma linda noite, quente e calma. Sua Majestade estava recostada num sofá e duas de suas filhas tricotavam roupas de lã para os soldados. As outras duas grã-duquesas estavam costurando. Naturalmente, Alexei Nicolaievich era o tópico principal da conversa. Elas não se cansavam de me perguntar o que ele tinha feito, o que tinha falado... Com uma franqueza que me deixou muito espantado, [a imperatriz] disse que, em toda a sua vida, o czar sofrera com sua timidez natural e por este fato e como sempre ficara muito para trás, viu-se mal preparado para os deveres de um governante com a súbita morte de Alexandre III. Ele tinha jurado evitar os mesmos erros na educação do filho." Reprimindo seu próprio medo, a imperatriz concordava com o marido.

Alexei também ansiava por escapar do Palácio Alexander. Durante meses, sua única diversão fora passear de automóvel num raio de trinta quilômetros de Tsarskoe Selo. "Costumávamos sair logo depois do almoço", escreveu Gilliard, que organizava as excursões. "Sempre parávamos nas aldeias para ver os camponeses trabalhando. Alexei gostava de lhes fazer perguntas, e eles sempre respondiam com a franca simplicidade gentil de um mujique, sem ter a menor ideia de com quem estavam falando. As linhas de trem dos subúrbios de São Petersburgo exerciam grande atração sobre o menino. Ele tinha o mais vivo interesse nas atividades das pequenas estações por onde passávamos e pelos trabalhos de manutenção de trilhos e pontes... A polícia do palácio se afligia com as excursões que nos levavam para além da zona vigiada... Cada vez que saíamos do parque, tínhamos certeza de ver um carro nos seguindo pelo caminho. Um dos prazeres de Alexei era tentar despistá-los.

Para um menino de 11 anos, vivaz e inteligente, a chance de ir ao quartel-general do exército era a promessa de uma grande aventura. Numa manhã de outubro de 1915, vestindo um uniforme de recruta, o czarevich despediu-se da mãe com um alegre beijo e embarcou no trem do pai. Antes mesmo de chegarem ao quartel-general, o czarevich presenciou uma revista das tropas da frente de combate. Enquanto o czar percorria as fileiras, escreveu Gilliard, "Alexei o seguia bem de perto, escutando atentamente as histórias daqueles homens que tinham visto a morte de perto. Seus traços, sempre muito expressivos, ficaram muito tensos com o esforço para não perder uma só palavra do que os homens diziam. Sua presença ao lado do czar despertava grande interesse nos homens... eles cochichavam palpites sobre a idade, tamanho e aparência do czarevich. Mas o que lhes causou a mais forte impressão foi o fato de o czarevich estar vestindo uma farda de soldado raso".

Uma série de vitórias alemãs no verão de 1915 forçou uma relocação do *Stavka*, de Baranovichi para Mogilev, uma cidadezinha russa no alto Dnieper. Os trens foram abandonados e o quartel-general se instalou na casa do governador provincial, uma mansão no alto de uma colina sobre a curva do rio. Como a casa estava lotada, Nicolau reservou apenas dois cômodos – um quarto e um escritório. Para Alexei, foi colocada uma segunda cama no quarto do czar.

"É muito aconchegante dormir lado a lado", Nicolau escreveu a Alexandra. "Faço as orações com ele todas as noites... Ele reza rápido demais, e é difícil interrompê-lo... Li [todas] as suas cartas em voz alta para ele. Ele escuta deitado na cama e beija sua assinatura... Ele dorme bem e gosta de deixar a janela aberta... O barulho da rua não o incomoda... Ontem à noite, quando Alexei já estava na cama, caiu um temporal; um raio atingiu algo perto da cidade. Chovia forte, mas depois o ar ficou agradável e muito mais fresco. Dormimos bem, com a janela aberta... Graças a Deus, ele está muito bem e bronzeado de sol... Ele acorda cedo, entre sete e oito da manhã, se senta na cama e fala baixinho comigo. Respondo sonolento, ele se deita e fica quietinho até que me chamem."

Havia um terno encanto nessa intimidade entre pai e filho, uma breve camaradagem no meio de uma grande guerra. Para eles, o quarto em Mogilev era um pedacinho de céu de paz e carinho no olho do furacão. "Ele traz tanta luz em minha vida aqui", Nicolau escreveu. "Sua companhia traz luz à vida de todos nós."

Todas as manhãs, no quartel-general, o czarevich tinha aulas com Gilliard na varanda. Depois brincavam no jardim com um rifle de brinquedo. "Ele sempre leva o riflezinho e marcha para lá e para cá no pátio, cantando alto", escreveu Nicolau. "Fui ao jardinzinho onde Alexei estava marchando e cantando alto, e Derevenko andava por outro caminho, assoviando... A mão dele está doendo um pouco porque ontem ele trabalhou na areia na margem do rio, mas ele não dá atenção e está muito alegre. Depois do almoço, ele descansa cerca de meia hora e M. Gilliard lê para ele enquanto escrevo. À mesa, ele se senta à minha esquerda...

Alexei adora provocar. É extraordinário como ele perdeu a timidez. Sempre me imita quando cumprimento os cavalheiros."

À tarde, "saímos de carro... ou para um bosque ou para a margem do rio, onde acendemos uma fogueira e eu caminho por ali". Em dias mais quentes, eles se banhavam no Dnieper: "Ele brinca junto à margem. Eu me banho ali perto." Certa vez, "encontramos um lugar lindo, com areia macia, e brincamos muito. A areia era macia e branca como à beira do mar. Baby [Alexei] corria e gritava. Naturalmente, estava adorando". Às vezes, vinham companheiros para brincar. "Ele [Alexei] contou a você que os meninos camponeses brincaram muito com ele?"

Em Mogilev, as refeições eram servidas na sala de jantar da casa do governador ou, com tempo bom, numa grande tenda verde armada no jardim. Junto com a equipe usual do quartel-general, havia sempre "coronéis e generais voltando do front... convido-os para almoçar e jantar. Mogilev é como um enorme hotel, por onde passam muitíssimas pessoas". Alexei se entrosou alegremente a essa atmosfera agitada. "Ele se senta à minha esquerda e se comporta bem, mas às vezes fica excessivamente animado e barulhento, principalmente quando estou conversando com outros na sala de estar. De qualquer maneira, é agradável para eles e os faz sorrir."

Os favoritos de Alexei no quartel-general eram os estrangeiros – os adidos militares da Inglaterra, França, Itália, Sérvia, Bélgica e Japão. Não demorou para que eles, de fato, adotassem o garoto animado como mascote. "Eu esperava encontrar um menino delicado e não muito ativo", escreveu Hanbury-Williams, que se tornou o predileto do czarevich. "Mas nos períodos que podemos chamar de boa saúde ele tinha toda a vivacidade e fazia as mesmas travessuras de qualquer menino da sua idade... Vestia um uniforme cáqui e botas russas de cano alto, tinha muito orgulho de si mesmo como soldado, demonstrava excelentes maneiras e falava bem e com clareza várias línguas.

"Com o passar do tempo, sua timidez inicial se desfez e ele nos tratava como velhos amigos e... sempre se divertia conosco. Comigo, era verificar se todos os botões estavam devidamente fechados, um hábito que naturalmente me levava a ter o cuidado de deixar um ou dois desabotoados. Então, ele me parava imediatamente, dizendo que eu estava 'desarrumado de novo', suspirava diante da minha falta de atenção a esses detalhes e me abotoava todo de novo, cuidadosamente."

Depois que Alexei passou a ter certeza de seus novos amigos, coisas incríveis começaram a acontecer, principalmente no almoço. "Enquanto comíamos *zakouski*, ocorria todo tipo de brincadeira, uma verdadeira 'palhaçada', terminando muito provavelmente num jogo de futebol com o que quer que estivesse por perto. O general belga, de quem ele gostava muito e chamava de 'Papai de Ricquel', sendo um homem de circunferência abdominal não moderada, dava grandes oportunidades de ataque. O dedicado tutor se desesperava, e geralmente tudo terminava com a intervenção do imperador, ocasião em que o menino se escondia cautelosamente atrás de uma cortina. Reaparecia com um brilho nos olhos e voltava solenemente a tomar seu lugar à mesa. Mas logo recomeçava, com um ataque de bolinhas de pão... pondo em risco os cristais e porcelanas imperiais. Se, porém, houvesse um estranho sentado a seu lado, ele mostrava toda a cortesia e charme do pai, conversando bem e fazendo perguntas pertinentes. Mas no momento em que passávamos à antessala, as brincadeiras recomeçavam, cada vez mais rápidas e agitadas, até o imperador ou o tutor o levarem embora."

Depois do almoço, as brincadeiras continuavam no jardim. "Ele arrastou alguns de nós para uma fonte redonda com cabeças de boto em toda a volta, com dois furos em cada uma representando os olhos. A brincadeira era tapar os furos com os dedos, aumentar totalmente o fluxo da água e tirar os dedos de repente. O resultado foi que quase afoguei o imperador e o filho, eles retribuíram o cumprimento e todos tivemos que trocar de roupa, chorando de rir." Imaginando que a imperatriz desaprovaria esses jogos violentos, Nicolau escreveu uma nota explanatória: "Estou escrevendo... vindo do jardim com as mangas e botas molhadas porque Alexei nos molhou na fonte. É sua brincadeira favorita... muitas gargalhadas. Fiquei atento para as coisas não irem longe demais."

No final de outubro, para mostrar ao filho que a guerra não era só brincadeiras, fortes de brinquedo e soldadinhos de chumbo, o czar levou Alexei numa viagem de um mês ao longo da frente de batalha. Na Galícia, voltando à noite de uma revista às tropas, Nicolau e Alexei fizeram uma visita de surpresa a um hospital de campo. As salas estavam iluminadas apenas por tochas. Indo de um corpo enfaixado a outro, Nicolau falava com os feridos, muitos dos quais mal podiam acreditar que o czar estava ali entre eles. Alexei ia logo atrás, profundamente comovido com os gemidos e o sofrimento que via em toda parte. Mais tarde, diante dos homens em formação, Nicolau pediu que os que estivessem lutando desde o começo da guerra levantassem a mão. "Mas muito poucas mãos se levantaram acima daqueles milhares de cabeças", escreveu Gilliard. "Havia companhias inteiras em que nenhum homem se moveu... [Isso] causou grande impressão em Alexei Nicolaievich."

Em todos os lugares aonde iam, Alexei mostrava uma curiosidade insaciável. Em Reval, na costa báltica, visitaram quatro submarinos britânicos que haviam afundado navios alemães no Báltico. As chaminés e pontes de comando estavam revestidas de gelo reluzente quando Nicolau agradeceu aos oficiais e à tripulação, e agraciou os quatro comandantes da Marinha Real com a Cruz de São Jorge. Para Alexei, os submarinos foram de um fascínio extraordinário. "Alexei... se enfiou em todos os buracos possíveis", escreveu Nicolau. "Cheguei a ouvi-lo conversando animadamente com um tenente, fazendo-lhe perguntas." Aquela noite, para deleite de Alexei, Nicolau trouxe os quatro comandantes dos submarinos para jantar no trem.

No sul, o czar e o filho inspecionaram quatro regimentos de cavalaria caucasianos. Alexei vibrou e até o fleumático Gilliard ficou impressionado: "Dentre outras unidades, havia os cossacos de Kuban e do Terek, empertigados no alto da sela, com os imensos gorros de pele que os faziam parecer tão ferozes. Quando começamos a retornar, toda a massa da cavalaria moveu-se subitamente para diante, tomou posição dos dois lados da estrada e partiu a galope, rasgando as colinas, varrendo as margens das ravinas, esmagando todos os obstáculos e nos escoltando assim até a estação, num ataque terrível em que homens e animais avançavam juntos em estardalhaço, numa confusão que provocava gritos roucos dos montanheses caucasianos. Foi um espetáculo ao mesmo tempo magnífico e terrível."

Além de revistar tropas, pai e filho percorreram cidades, fábricas, estaleiros e hospitais. Em Odessa, Nicolau escreveu: "As ruas estavam cheias de jovens soldados e... povo... Nosso Tesouro [Alexei] ficou de rosto sério, saudando todo o tempo. Em meio ao tumulto da multidão e aos gritos de 'Hurra!', consegui ouvir vozes de mulheres gritando 'O herdeiro!', 'O anjo!', 'O menino bonito!'... Ele também ouviu, e sorriu para elas." Certa vez, quando o trem parou fora de uma vila, "a gata de Alexei correu e se escondeu debaixo de uma pilha de tábuas. Vestimos nossos casacões e saímos à procura dela. Nagorny logo a encontrou com uma lanterna, mas levou muito tempo para fazer a desgraçada sair dali. Ela não atendia aos chamados de Alexei. Por fim, ele a pegou pela perna traseira e puxou-a por uma brecha estreita". De volta ao quartel-general, após um mês no trem, Nicolau contou alegremente a Alexandra: "Alexei suportou a pressão... incrivelmente bem, mas sofreu ocasionalmente de um pequeno sangramento no nariz."

Como se incapaz de ficar afastada do refúgio exclusivamente masculino do marido e do filho, a imperatriz foi algumas vezes ao quartel-general. Trazendo as filhas e às vezes Ana Vyrubova, ela ficava a bordo do trem. De manhã, quando o czar estava trabalhando, ela se sentava à beira do rio ou visitava famílias de camponeses e operários da ferrovia. Ao meio-dia, vinham automóveis buscar as damas para almoçar na casa do governador. À tarde, enquanto a família saía a passeio, os carros voltavam ao trem para buscar as criadas, vestidos e joias necessários para adornar as damas para o jantar. Numa casa cheia de homens, elas se arrumavam o melhor que podiam, em nichos e closets.

No jantar, Hanbury-Williams achou-a "muito mais fácil de lidar do que eu esperava... Ela me disse que se sentia terrivelmente encabulada ao entrar na sala em que todos estávamos reunidos... os chefes das missões militares aliadas... e uma galáxia de oficiais russos... No momento em que alguém começava a rir de alguma coisa, ela se animava e a conversa se tornava fácil e sem afetação... É extraordinário como é preciso pouco para animá-la... Ela tem tanto orgulho da Rússia e fica tão ansiosa para os aliados vencerem a guerra... A guerra lhe parece quase mais terrível, se é que tal coisa é possível, do que para outras pessoas. Mas falou comigo sobre isso como a 'passagem da escuridão para a luz da vitória. Vitória devemos ter'".

Enquanto Alexei esteve sozinho com o pai, o czar carregou o peso dos cuidados do dia a dia com a saúde do filho. Suas cartas para Alexandra eram cheias de detalhes: "Quando chegamos de trem, à noite, Baby fez uma bobagem", ele escreveu no fim de novembro de 1915. "[Ele] fingiu cair da cadeira e machucou o braço (a axila). Não doeu, mas depois inchou. Assim, a primeira noite aqui ele teve um sono muito inquieto, ficava se sentando na cama, gemendo, chamando por você e falando comigo. Em poucos minutos, dormia de novo. Isso continuou até as quatro horas. Ontem, ele passou o dia na cama. Eu disse a todos que ele simplesmente tinha dormido mal... Graças a Deus tudo acabou hoje, exceto pela palidez e um leve sangramento no nariz. Quanto ao mais, ele está exatamente como sempre, e caminhamos juntos pelo jardinzinho."

No verão seguinte, em julho de 1916, Nicolau escreveu: "Esta manhã, enquanto ainda estávamos na cama, Alexei me mostrou que seu cotovelo não dobrava; então, mediu a temperatura e anunciou calmamente que seria melhor ficar de cama o dia inteiro." Em novembro de 1916: "O pequenino está sofrendo de uma veia inchada na parte de cima da perna direita. Durante a noite, ficou acordando e gemendo no sono. Fedorov mandou que ele ficasse quieto na cama." No dia seguinte: "A perna de Baby dói de vez em quando e ele não consegue dormir na primeira parte da noite. Quando vou dormir, ele tenta não gemer."

Embora fosse uma situação sem precedentes na história das guerras e monarquias — um imperador, comandante em chefe do maior exército do mundo passar as noites cuidando de uma criança com dor —, Nicolau evitava sistematicamente qualquer conversa específica sobre a doença do filho. "Ele raramente se refere à saúde do czarevich, mas esta noite estava ansioso quanto a ele", escreveu Hanbury-Williams. "Suponho que reconheça que a saúde do menino jamais será satisfatória, e sem dúvida se pergunta o que acontecerá se ele viver para sucedê-lo no trono. De todo modo, ele está fazendo tudo o que pode para treiná-lo no que, se vier a acontecer, será uma tarefa muito pesada. O czar deseja muito que ele possa viajar e ver alguma coisa do mundo, ganhar experiências de outros países que lhe serão úteis na Rússia, com todas as complicações, como ele me diz, de seu imenso império."

Na maior parte do tempo, tudo ia bem, a doença permanecia sob controle e Nicolau aproveitava a enganosa calma e estabilidade que frequentemente advêm aos pais de hemofílicos. Mas a doença, caprichosa e malevolente, aguarda precisamente esses momentos para atacar. Em dezembro de 1915, o czarevich sofreu um forte sangramento no nariz. Foi o pior ataque desde Spala, do tipo que assombrava a imaginação da imperatriz. Ao contrário de outros sangramentos externos, que podem ser estancados com pressão e bandagens, o de nariz é um perigo extremo para os hemofílicos. Difícil de tratar, refratário à pressão; quando começa, é quase impossível estancar.

Nicolau e Alexei estavam no trem rumo à Galícia para inspecionar vários regimentos da Guarda Imperial. "Na manhã da partida", recorda Gilliard, "Alexei Nicolaievich, que tinha pegado um resfriado na véspera e sofria forte constipação nasal, começou a sangrar muito pelo nariz como resultado de violentos espirros. Mandei chamar o professor Fedorov, mas ele não conseguiu estancar totalmente o sangramento...

Durante a noite, o menino piorou. Sua temperatura subiu e ele estava ficando mais fraco. Às três horas da madrugada, alarmado com a responsabilidade, o professor Fedorov decidiu acordar o czar e pedir que voltasse a Mogilev, onde poderia atender ao czarevich em condições mais favoráveis.

"Na manhã seguinte, estávamos de volta ao quartel-general, mas o estado do garoto era tão alarmante que foi decidido retornar a Tsarskoe Selo... As forças do paciente se esvaíam rapidamente. O trem teve que parar várias vezes para podermos trocar o tampão [do nariz]. Alexei Nicolaievich ficou apoiado na cama por seu marinheiro Nagorny (não podia ficar totalmente deitado). À noite, ele desmaiou duas vezes e pensei que o fim tinha chegado."

Durante a crise, Ana Vyrubova acompanhava a imperatriz: "Eu estava com a imperatriz quando chegou o telegrama anunciando a volta do imperador e do menino a Tsarskoe Selo, e nunca esquecerei a angústia da mente com que a pobre mãe esperava a chegada do filho doente, talvez morrendo. Nem esquecerei jamais o palor tumular, cor de cera, da carinha pontuda quando o menino, com infinito cuidado, foi trazido para o palácio e colocado em sua caminha branca. Acima das bandagens encharcadas de sangue, seus olhos azuis olhavam vagos para nós com indizível pathos, e parecia a todos ao redor da cama que a última hora da infeliz criança estava chegando. Os médicos mantiveram a medicação, exaurindo todos os meios conhecidos da ciência para estancar o sangramento incessante. Em desespero, a imperatriz mandou chamar Rasputin. Ele entrou no quarto, fez o sinal da cruz sobre a cama e, olhando intensamente para a criança quase moribunda, disse calmamente aos pais ajoelhados: 'Não se aflijam. Nada vai acontecer.' Depois saiu do quarto e do palácio. Foi só isso. A criança adormeceu e no dia seguinte se sentia tão bem que o imperador partiu para *Stavka*. O dr. Derevenko e o professor Fedorov me disseram depois que nem sequer se atreviam a explicar a cura."

O relato de Gilliard dá mais crédito à ação dos médicos, mas não refuta a afirmação de Vyrubova quando diz que a imperatriz estava convencida de que somente Rasputin tinha salvo o czarevich: "Finalmente chegamos a Tsarskoe Selo. Eram sete horas. A imperatriz, devastada de angústia e ansiedade, estava na plataforma com as grã-duquesas. Com infinito cuidado, o inválido foi levado para dentro do palácio. Afinal, os médicos conseguiram cauterizar a cicatriz que se formou no lugar em que o pequeno vaso sanguíneo havia se rompido. Mais uma vez, a imperatriz atribuiu o sucesso da condição do filho às preces de Rasputin, e continuou certa de que ele fora salvo graças à intervenção do *starets*."

Deixando com tristeza o filho novamente rodeado de mulheres e travesseiros, Nicolau voltou à vida do front. Da Galícia, onde passou a guarda em revista, ele escreveu: "Eles não avançaram devido à lama grossa e funda – perderiam as botas sob meus próprios olhos... Já estava escurecendo... Um *Te Deum* [foi celebrado] no centro de uma grande praça em total escuridão. Tendo me sentado no carro, gritei 'Adeus!' para as tropas e, do campo invisível, ergueu-se um terrível clamor [em resposta]... Naquele dia, inspecionei 84 mil soldados, só guardas, e alimentei 105 oficiais comandantes [no trem]... Diga ao pequenino que tenho enorme saudade dele."

Em Mogilev, uma quietude desceu sobre a casa do governador. As conversas se tornaram formais e profissionais. "Diga-lhe", Nicolau escreveu a Alexandra, "que eles [os estrangeiros] sempre terminam seu *zakouski* na salinha e se lembram dele. Eu também penso nele muitas vezes, especialmente no jardim e à noite, e tenho saudade da minha xícara de chocolate [com ele]."

O czarevich ficou em Tsarskoe Selo pelo resto do inverno, ganhando forças. A imperatriz dava notícias de seus progressos em cada carta: "Graças a Deus, seu coração pode se tranquilizar sobre Alexei... Baby se levantou e vai almoçar na sala... Ele está meigo, magrinho, com olhos enormes... Raio de Sol finalmente está saindo e espero que recupere as bochechas rosadas... Ele recebeu um telegrama encantador de todos os estrangeiros do quartel-general, recordando a salinha em que se sentavam para conversar durante o *zakouski*."

Em fevereiro, ele estava bem o suficiente para ir ao parque brincar na neve. Um dia, o czar – passando alguns dias em casa – e as meninas estavam com ele. "Ele [Alexei] chegou de mansinho por trás da irmã menor, que não o viu se aproximando, e atirou nela uma enorme bola de neve", escreveu Gilliard. "Seu pai... chamou o garoto e falou severamente: 'Você devia se envergonhar, Alexei! Está se comportando como um alemão, atacando por trás alguém que não pode se defender. É horrível e covarde. Deixe esse comportamento para os alemães!'"

Em maio de 1916, seis meses depois da crise de Alexei, a imperatriz, relutante, permitiu que ele voltasse para o quartel-general. Foi promovido de recruta a cabo. "Ele está muito orgulhoso da patente e mais travesso que nunca", escreveu Hanbury-Williams. "No almoço, o czarevich empurrou em minha direção todos os copos, pães, torradas, menus etc. que conseguiu pegar na mesa e depois chamou a atenção do pai para mostrar tudo o que eu tinha na frente."

Em 20 de dezembro de 1916, o czarevich foi pela última vez ao quartel-general do exército. Dias depois, ele partiria para passar o inverno em Tsarskoe Selo. Antes da primavera, a revolução teria deposto seu pai do trono. Naquela noite, o general Hanbury-Williams recebeu a notícia de que seu filho mais velho, um oficial em serviço no exército britânico na França, havia morrido em consequência de ferimentos. O general estava sozinho com sua dor em seu quarto, quando a porta se abriu. Era Alexei, dizendo: "Papai disse para eu vir e ficar com você, que deve se sentir muito solitário esta noite."

❦22❦
"COITADOS, PRONTOS A DAR A VIDA POR UM SORRISO"

A VITÓRIA NO MARNE e a derrota em Tannenberg enfraqueceram o resultado de uma terceira grande batalha, travada nas semanas de abertura da guerra. Mesmo enquanto os cossacos assolavam os celeiros do leste da Prússia, o grosso do exército austro-húngaro, de 1 milhão de homens, avançava pelo norte da Galícia com a intenção de amputar a Polônia da Rússia. Em menos de três semanas, os russos detiveram e esmagaram os invasores. Quatro exércitos austro-húngaros foram desbaratados, 200 mil homens foram feitos prisioneiros, Lemberg, a capital da província, foi tomada, a cavalaria russa cruzou os Cárpatos e avançou pela grande planície do Danúbio em direção a Budapeste e Viena. Aterrorizado, vendo que poderia ser obrigado a fazer a paz em separado, o governo austríaco apelou para Berlim.

O Estado-Maior alemão ordenou a Hindenburg que se apressasse com reforços. Em 14 de setembro de 1914, dois corpos do exército alemão partiram do leste da Prússia para o sul. Quatro dias depois, Hindenburg aumentou a força de socorro, adicionando dois corpos do exército e uma divisão de cavalaria. Mas nem mesmo esse reforço teria sido suficiente se a ofensiva russa não tivesse parado repentinamente por decisão própria. A fonte desse comando – inexplicável e altamente frustrante para os generais do front, que viam a chance de eliminar a Áustria-Hungria da guerra – foi Paris. Em 14 de setembro, Paléologue recebeu um telegrama de seu governo. "Tenho instruções para transmitir ao governo russo: é essencial que seus exércitos pressionem uma ofensiva direta à Alemanha", escreveu. "[Temos] receio de que nossos aliados possam ter a cabeça virada pelos sucessos relativamente fáceis na Galícia e negligenciem o front alemão a fim de se concentrarem em forçar caminho até Viena." Por ordem do czar, e para satisfazer o desejo da aliada, os russos triunfantes começaram a recuar dos Cárpatos. Dois de seus quatro exércitos na Galícia foram desviados para o norte para dar início a um infrutífero ataque à Silésia alemã. Mais uma vez, a Rússia fazia um gesto galante e caro em prol da aliada sob forte pressão. Mas esse gesto representou uma grosseira violação da sólida estratégia militar expressa num antigo provérbio russo: "Se você caçar duas lebres, não vai pegar nenhuma." A chance de a Rússia esmagar logo de saída a Áustria-Hungria foi perdida.

Nas primeiras batalhas de 1914, os russos viram que os austríacos eram um inimigo bem mais fraco do que os alemães. Lutar com os austríacos foi considerado quase indigno pelos oficiais russos. Knox descobriu esse sentimento entre vinte jovens subalternos, recém-saídos da academia de artilharia: "Os coitados tinham o entusiasmo de um peixe morto e me disseram que seu único medo era continuarem até o fim da guerra lutando contra a Áustria, sem ter nenhum embate com os prussianos."

Os russos também descobriram, em todos os campos de batalha, que embates e bravura não eram suficientes. Carregando longas lanças e brandindo sabres, a cavalaria russa galopava com exuberância de encontro aos uhlans* prussianos e hussardos austríacos. Empunhando cruéis baionetas de quatro pontas, a infantaria atacava vigorosamente quaisquer posições que seus oficiais indicassem. Mas quando as posições eram defendidas por artilharia superior e ninhos de metralhadoras, as

---

* O termo refere-se ao regimento de cavalaria de lanceiros. (N. do R. T.)

valentes fileiras russas eram ceifadas como campos de trigo. No final de 1914, com apenas cinco meses de guerra, 1 milhão de russos – um quarto do exército – estavam mortos, feridos ou eram prisioneiros.

Entre os oficiais, a proporção de baixas era bem mais alta. Ao contrário dos oficiais austríacos e alemães, que tomavam precauções sensatas, os russos achavam que ter cobertura era covardia. Atacando de frente o mortífero fogo inimigo, os oficiais mandavam os soldados rastejarem enquanto eles avançavam eretos, diretamente para as balas inimigas. O famoso Regimento da Guarda Preobajensky perdeu 48 de seus 70 oficiais. A 18ª Divisão ficou com apenas 40 de seus 370 oficiais. "Essa gente brinca na guerra", disse Knox, com tristeza.

Para compensar essas perdas, três mil cadetes foram formados precocemente e enviados para o front. Quinze mil estudantes universitários, antes dispensados do serviço militar, receberam ordens de se alistar para receber quatro meses de treinamento e saírem tenentes. Foram dadas ordens para frear a intrepidez flamejante e desperdiçada dos jovens oficiais. "Lembrem-se do que vou lhes dizer", falou o czar em 1º de outubro de 1914 a uma companhia de cadetes promovidos a tenentes. "Não tenho a menor dúvida da coragem e bravura de vocês, mas preciso de suas vidas porque perdas inúteis no corpo de oficiais podem ter sérias consequências. Estou certo de que cada um de vocês dará a vida de bom grado se for necessário, mas só o façam em caso de emergência excepcional. Em outras palavras, estou pedindo que se cuidem."

Apesar de seus sacrifícios, os russos começaram a guerra como um empreendimento cavalheiresco. Oficiais inimigos capturados não eram interrogados; era considerado indelicado pedir a um irmão oficial que desse informações sobre seus compatriotas. Com o passar do tempo, o implacável espírito combativo dos alemães alteraria esses sentimentos generosos. Ao ser carregado ferido para fora do campo de batalha, um oficial alemão sacou o revólver e matou os padioleiros. Mais tarde, o czar escreveria: "Não fazemos prisioneiros onde o inimigo usa balas explosivas."

Muito da força e resistência do exército russo devia-se a sua fé religiosa. Knox ficou impressionadíssimo com a crença simples, inquestionável, que permeava todos os escalões, de que a prece levaria à vitória. Certa vez, num abrigo subterrâneo perto do front, ele ouviu um general russo discutindo táticas com um grupo de oficiais. "Então", escreveu Knox, "da maneira mais simples possível, sem nenhum floreado hipócrita... ele acrescentou: 'Vocês devem se lembrar sempre, também, do valor da oração. Com a oração, vocês podem fazer qualquer coisa.' Uma transição tão súbita de tecnicalidades profissionais para simples verdades primárias parecia incongruente, e foi um choque para mim, mas encarada com naturalidade pelos oficiais barbudos, de cara séria, reunidos naquele pequeno esconderijo. Essa fé religiosa é uma força no exército russo."

Knox observou um regimento de veteranos reunidos em formação. Perto do front, "o general... agradeceu-lhes em nome do imperador e do país pelo nobre serviço... Foi comovente ver como os homens se emocionaram com suas simples palavras de elogio... Enquanto passava, ele se inclinava para tocar no queixo de um ou outro. 'Coitados', ele disse enquanto se afastava, 'estão prontos a dar a vida por um sorriso'".

A diferença que a fé podia fazer era demonstrada em todos os campos de batalha. Na Páscoa de 1916, houve um ataque de alemães perto do Báltico. Às cinco da madrugada, a artilharia alemã abriu fogo contra as trincheiras russas, cavadas em terreno pantanoso, ao mesmo tempo que lançava gás nas linhas inimigas. Sem máscaras contra gás e sem capacetes de aço, os russos resistiram. Após cada hora de bombardeio, a artilharia alemã fazia uma pausa para sentir o efeito nas trincheiras russas. A cada vez, recomeçava o fogo dos rifles russos, seguido por outro bombardeio alemão. Passadas cinco horas dessa devastação, os 500 homens dos batalhões russos estavam reduzidos a 90 ou 100. Ainda assim, quando a infantaria alemã avançou, foi recebida por uma investida de baionetas russas. Durante aquele dia inteiro, os russos só cederam dois quilômetros e meio de front. Naquela noite, os alemães ouviram, vindo do interior das linhas russas, as vozes de centenas de homens entoando o hino da Páscoa: "Cristo ressurgiu dos mortos, conquistando a morte com a morte."

Apesar das enormes perdas do outono anterior, a chegada da primavera de 1915 encontrou o exército russo novamente pronto para a batalha. Sua força, reduzida a dois milhões de homens em dezembro de 1914, inflara para quatro milhões e duzentos mil com as novas levas de recrutas que chegavam ao front. Em março, os russos atacaram, arremessando-se violentamente contra os austríacos na Galícia. Tiveram sucesso imediato, brilhante. Przemysl, a maior fortaleza do império austro-húngaro, caiu em 19 de março, com 120 mil prisioneiros e 900 armas. "Nikolasha [grão-duque Nicolau] entrou correndo em minha carruagem, sem fôlego e com lágrimas nos olhos, para me contar", Nicolau escreveu. A igreja "estava lotada de oficiais e meus esplêndidos cossacos para o *Te Deum*. Que faces radiantes!" Cheio de alegria, o czar presenteou o grão-duque com uma espada decorativa de ouro, com o punho e a bainha cravejados de diamantes. No começo de abril, o próprio czar entrou de carro na província conquistada, percorrendo estradas calorentas e cobertas de poeira branca. Em Przemysl, ele admirou a fortaleza – "construção colossal, terrivelmente fortificada, nem um centímetro de terreno sem defesas". Em Lemberg, ele passou a noite na casa do governador-geral austríaco, na cama até então reservada exclusivamente para o imperador Francisco José.

Mais uma vez, hordas da infantaria e cavalaria russas exultantes subiram para avançar sobre os Cárpatos. Os picos escarpados, de florestas densas, foram defendidos desesperadamente por regimentos húngaros divididos. Devido a sua deplorável falta de artilharia pesada e munição, os russos não podiam bombardear o alto dos morros antes de atacar. Cada colina, cada serra, cada crista tinham que ser vencidas com baionetas. Avançando com o que Ludendorff definiu como "um supremo desprezo pela morte", a infantaria russa subia, deixando as encostas atrás encharcadas de sangue. Em meados de abril, as ravinas dos Cárpatos estavam em mãos russas e o 8º exército do general Brusilov descia para a planície do Danúbio. Mais uma vez, Viena tremeu. Mais uma vez, falou-se em fazer a paz em separado. Em 26 de abril de 1915, convencida de que o império dos Habsburgo desmoronava, a Itália declarou guerra à Áustria-Hungria.

Foi nesse momento que Hindenburg e Ludendorff lançaram sobre a Rússia o ataque monstruoso que vinham preparando havia meses. Tendo fracassado em destruir a França, em 1914, o Estado-Maior alemão escolheu o ano de 1915 para tirar a Rússia da guerra. Durante março e abril, enquanto a Rússia devastava os austríacos na Galícia e nos Cárpatos, os generais alemães, com calma e eficiência, reuniam tropas e artilharia no sul da Polônia. Em 2 de maio, 1.500 armas alemãs abriram fogo sobre um único setor das linhas russas. Num período de quatro horas, 700 mil projéteis caíram sobre as trincheiras russas.

"De um morro dos arredores, podia-se ver uma linha ininterrupta de fogo inimigo por oito quilômetros de cada lado", escreveu Sir Bernard

Pares, que testemunhou o bombardeio. "A artilharia russa ficou praticamente silenciosa. As elementares trincheiras russas foram completamente dizimadas e, da mesma forma, para todos os efeitos e propósitos, foi a vida humana naquela área. A divisão russa estacionada naquele ponto foi reduzida de 16 mil para 500 homens."

Nessa voragem, a linha russa desintegrou-se. Reforços trazidos de trem diretamente para o campo de batalha desembarcaram sob fogo. O 3º Corpo Caucasiano avançou rapidamente e foi logo reduzido de 40 mil para seis mil homens. E esses remanescentes, atacando à noite com baionetas, ainda fizeram sete mil prisioneiros. O 3º exército russo, que sofreu o peso total do ataque alemão, nas palavras de seu comandante, "perdeu todo o seu sangue". Em 2 de junho, a fortaleza de Przemysl foi perdida. Lemberg caiu em 22 de junho. "Pobre Nikolasha", escreveu Nicolau, "enquanto me contava, chorava em minha sala particular. Ele até me perguntou se eu pensava em substituí-lo por um homem mais capaz... Ficou me agradecendo por ficar aqui, porque minha presença o apoiava pessoalmente."

Na retirada, os homens perdiam os rifles ou os jogavam longe. A escassez logo se tornou desesperadora. Um oficial sugeriu armar alguns batalhões com machados de cabo comprido. "Em batalhas recentes, um terço dos homens não tinha rifles", relatou o general Belaiev, do *Stavka*. "Os pobres-diabos tinham que esperar pacientemente até seus companheiros caírem diante de seus olhos para pegarem as armas. O exército está se afogando em seu próprio sangue." Soldados desarmados, esperando em trincheiras de reserva até que os mortos na linha de fogo lhes deixassem armas disponíveis, estavam "virando mingau" sob as bombas que explodiam e seus estilhaços escaldantes. Os homens entendiam o que estava acontecendo. "Sabe, senhor, não temos armas além do peito dos soldados", disse um soldado da infantaria a Pares. "Isso não é guerra, senhor, é massacre."

Nada podia refrear as colunas alemãs que avançavam entre as nuvens de poeira do verão da Polônia. À frente, a longa linha de refugiados arrastava-se vagarosamente para o leste. Tão intenso era seu sofrimento que um general russo, que sempre fora amigável, voltou-se para Knox e quis saber o que os ingleses estavam fazendo na guerra. "Estamos na luta", disse o russo, enlouquecido de angústia. "Estamos dando tudo. Você acha que é fácil para nós ver essas longas colunas de gente fugindo do avanço alemão? Sabemos que todas essas crianças nesses carrinhos estarão mortas antes de o inverno acabar." Abalado pela tragédia, Knox baixou a cabeça e não respondeu.

Em 5 de agosto de 1915, Varsóvia caiu. Para o grão-duque Nicolau, a estratégia da Rússia tinha se tornado uma questão, não de salvar Varsóvia ou mesmo a Polônia, mas de preservar o exército. Como Kutuzov, em 1812, ele recuou, deixando para trás aldeias, cidades e até províncias com o único objetivo de manter o exército intacto. Apesar de tudo, os soldados russos não perderam o espírito combativo. No dia da queda de Varsóvia, Knox visitou os oficiais da Guarda Preobrajensky. Eles continuavam brincando. "Vamos nos retirar para os Urais", disseram, "e, quando chegarmos lá, o exército inimigo estará reduzido a um único alemão e a um único austríaco. Segundo o costume, o austríaco vai se entregar como prisioneiro e nós vamos matar o alemão."

O drama do exército russo na primavera e verão de 1915 causticou todos os que sobreviveram. Metade estava destruída: 1,4 milhão entre mortos e feridos, e 976 mil prisioneiros. "A primavera de 1915, vou me lembrar por toda a vida", escreveu o general Deniken. "A retirada da Galícia foi uma grande tragédia para o exército russo... A artilharia pesada dos alemães dizimou linhas inteiras de trincheiras e com elas as suas defesas. Mal respondemos – não havia nada com que responder. Apesar de totalmente exauridos, nossos regimentos rebatiam um ataque após outro, com baionetas... O sangue fluía sem cessar, as fileiras tornavam-se cada vez mais finas. O número de covas se multiplicava o tempo todo..."*

Era impossível esconder do país o que estava acontecendo no front. O otimismo exagerado que colocara a Guarda Russa na Unter den Liden em menos de seis meses foi substituído por pessimismo e melancolia. Naquele inverno, não houve grandes bailes nas cidades, cinzentas e cobertas de neve. Os jovens que tinham dançado com tanta alegria dois invernos antes jaziam mortos nas florestas do leste da Prússia ou nas encostas dos Cárpatos. No Nevsky Prospect não havia bandeiras, nem bandas tocando o hino nacional, nem multidões aplaudindo, mas apenas

---

* Não é de surpreender que os russos sobreviventes a esse massacre tenham passado a ver a artilharia como o Senhor da Guerra. Trinta anos mais tarde, em abril de 1945, quando o marechal Zhukov deu início à tomada de Berlim pelo Exército Vermelho, seu ataque foi precedido por uma barragem de 20 mil armas pesadas.

grupos silenciosos, de pé na friagem, lendo as listas de mortos expostas nas vitrines das lojas. Nas enfermarias dos hospitais de todo o país, jaziam soldados pacientes, gentis, gratos como crianças. "*Nítchevo* – não é nada, irmãzinha", eles respondiam à compaixão. Só raramente as enfermeiras ouviam uma voz baixa gemer: "Estou sofrendo, irmãzinha."

O eletrizante senso de unidade nacional que tanto comoveu o czar no Palácio de Inverno e no Kremlin havia evaporado, e em seu lugar ressurgiam velhas suspeitas, rixas e ódios. Pior era o ódio a tudo o que fosse alemão. Em Petrogrado, Bach, Brahms e Beethoven foram retirados do repertório das orquestras. As vidraças das padarias alemãs foram quebradas e as escolas exclusivas para alemães sofreram ameaças de incêndio. No Natal de 1914, o Santo Sínodo proibiu tolamente as árvores de Natal, por ser um costume alemão. "Vou fazer um escândalo", disse a imperatriz ao czar, quando soube. "Por que tirar o prazer de feridos e crianças só porque tem origem na Alemanha? A mente estreita é colossal."

O sentimento antigermânico era mais forte em Moscou. Nos bondes, pessoas de língua francesa eram chamadas de *Nemtsy* [alemães] por russos que não conheciam outro idioma. Histórias mais acres eram ouvidas sobre a imperatriz, alemã de nascença. A mais popular falava de um general que, caminhando por um corredor do palácio, encontrou o czarevich chorando. Acariciando a cabeça do garoto, o general perguntou: "O que aconteceu, rapazinho?" Meio sorrindo, meio chorando, o czarevich respondeu: "Quando os russos perdem, papai chora. Quando os alemães perdem, mamãe chora. Quando é que eu devo chorar?"

Diante da derrota do supostamente invencível exército russo, o povo de Moscou foi às ruas em busca de vingança. Em 10 de junho de 1915, lojas, fábricas e residências de pessoas com nome alemão foram saqueadas e queimadas. "A casa de campo do grande milionário russo-germânico Knop, que mais do que qualquer outro ajudou a construir a indústria algodoeira russa, foi... totalmente queimada", escreveu o cônsul britânico R. H. Bruce Lockhart. "A polícia não pôde ou não quis fazer nada... Fiquei assistindo a vândalos saqueando a maior loja de pianos de Moscou. Bechsteins, Blüthners, pianos de cauda, meia cauda, verticais, foram arrastados, um por um, das várias lojas, e atirados no chão."

Na Praça Vermelha, o populacho gritava insultos à família imperial, exigindo que a imperatriz fosse trancada num convento, o czar, deposto, Rasputin, enforcado, e o grão-duque Nicolau, coroado como Nicolau III. Da Praça Vermelha, o povaréu subiu em alvoroço para o Convento de Maria e Marta, onde a irmã da imperatriz, grã-duquesa Elizabeth, os esperava no portão. Houve gritaria e acusações de que ela estava dando abrigo a um espião alemão e escondendo seu irmão, o grão-duque Ernest de Hesse. Sozinha, vestindo o hábito cinza e branco, a grã-duquesa convidou calmamente os líderes a darem uma busca para ver que seu irmão não estava lá. Enquanto ela falava, uma pedra caiu a seus pés. "Fora com a alemã!", a multidão gritou, exatamente quando uma companhia de soldados chegou e a dispersou.

Dentro do governo, a derrota militar e a raiva da nação tiveram rápida repercussão política. O general Sukhomlinov, enfim incapaz de usar mais uma história divertida para driblar explicações sobre a desesperadora falta de armas e munições, foi expulso em 20 de junho. Em 27 desse mês, conclamando "todos os leais filhos da pátria, sem distinção de classe ou opinião, a trabalharem juntos com um só pensamento e um só coração para suprir as necessidades do exército", o czar anunciou que a Duma seria chamada "a fim de se ouvir a voz da terra da Rússia". Foi criado um Conselho Especial de Defesa, composto por ministros do governo e líderes da Duma. Era um sinal de esperança, mas chegou tarde. O general Polivanov, sucessor de Sukhomlinov como ministro da Guerra, um homem vigoroso, brusco e eficiente, falou francamente com seus colegas numa reunião do conselho ministerial em 16 de julho: "Considero meu dever declarar ao Conselho de Ministros que o país está em perigo. Onde nossa retirada irá acabar, só Deus sabe."

Com a retirada de seus soldados, os intensos sentimentos do czar pelo exército reviveram. Em 16 de julho, caminhando irrequieto pelo parque de Tsarskoe Selo com o czarevich e Gilliard, ele disse ao tutor: "Você não tem ideia de como é frustrante estar longe do front. Parece que tudo aqui exaure a energia e debilita as resoluções... Lá no front, os homens lutam e morrem por seu país. No front, só existe um pensamento – a determinação de conquistar."

O forte sentimento de Nicolau pelo exército era constantemente estimulado por outra fonte, bem menos nobre: a animosidade pessoal da imperatriz pelo grão-duque Nicolau. Alexandra jamais gostara do soldado ardente, impetuoso que se avultava perto de seu tão menos vibrante marido. Ela jamais esqueceu que sua dramática ameaça de estourar os miolos na presença do czar e de Witte foi o que levou à assinatura do Manifesto de 1905, criando a Duma. Ela sabia que, no front, o tamanho heroico de "Nikolasha" lhe criava a aura de grão-duque guerreiro, o verdadeiro homem forte da família imperial. Corriam rumores de que, em seu círculo íntimo, o grão-duque nada fazia para contestar as histórias de que um dia seria coroado Nicolau III. Pior ainda, ela sabia que Nicolau Nicolaievich tinha jurado ódio implacável a Rasputin. Certa vez, esperando recuperar as boas graças do homem que o havia introduzido no palácio imperial, Rasputin telegrafou ao grão-duque oferecendo-se para ir ao quartel-general benzer um ícone. "Vem, sim", respondeu o grão-duque Nicolau. "Vem, que eu te enforco."

Contra esse inimigo tão poderoso e perigoso, Rasputin usava a astúcia. Descobriu rapidamente a quais argumentos a imperatriz era mais sensível e, cada vez que estava na sua presença, lançava mão deles de modo a envenenar o comandante em chefe: "O grão-duque está deliberadamente angariando a simpatia do exército e eclipsando o czar para um dia reclamar o trono." "O grão-duque não pode absolutamente vencer no campo de batalha porque não terá a bênção de Deus." "Como Deus poderia abençoar alguém que virou as costas para mim, um homem de Deus?" "Com toda a probabilidade, se for permitido que o grão-duque mantenha seu poder, ele vai me matar, e então o que acontecerá com o czarevich, o czar e a Rússia?"

Enquanto o exército russo continuava a avançar, o grão-duque Nicolau permaneceu firme no comando, mas quando os soldados começaram a recuar, sua posição foi se tornando cada vez mais vulnerável. As cartas de Alexandra para Nicolau mantinham uma fuzilaria regular de críticas ao grão-duque, ecoando e reecoando os argumentos de Rasputin:

11 de junho (E.A.): "Por favor, meu anjo, faça N. [Nikolasha, o grão-duque] olhar com seus olhos... Espero que minha carta não desagrade, mas estou obcecada com o presságio de nosso amigo [Rasputin], e sei que será fatal para nós e para o país se for realizado. Ele sabe o que diz quando fala com tanta seriedade."

12 de junho: "Quisesse Deus que N. fosse outro homem, e não se voltasse contra um homem de Deus."

16 de junho: "Não tenho absolutamente fé em N.— sabendo que está longe de ser inteligente e tendo se voltado contra um homem de Deus, seu trabalho não pode ser abençoado, nem seus conselhos, bons... A Rússia não será abençoada se seu soberano deixar um homem de Deus

enviado para ajudá-lo ser perseguido, tenho certeza... Você sabe que o ódio de N. a Gregório é intenso."

17 de junho: "Culpa de N. e de Witte que a Duma exista e tenha lhe causado mais preocupação do que alegrias. Oh, não gosto que N. tenha qualquer coisa a ver com essas grandes reuniões que concernem a questões internas. Ele entende tão pouco nosso país e se impõe sobre os ministros com sua voz alta e sua gesticulação. Às vezes, fico furiosa com sua falsa posição... Ninguém sabe quem é o imperador agora... É como se N. resolvesse tudo, fizesse as escolhas e as mudanças. Isso me deixa totalmente arrasada."

25 de junho: "Odeio que você esteja no quartel-general... ouvindo os conselhos de N., que não são bons e não podem ser – ele não tem o direito de agir como age, se imiscuindo nos seus assuntos. Todos ficam chocados que os ministros tenham que se reportar a ele, como se ele agora fosse o soberano. Ah, meu Nicky, as coisas não são como deveriam ser e portanto N. o mantém por perto para ter domínio sobre você com suas ideias e maus conselhos."

O czar não compartilhava as fortes opiniões da esposa sobre o grão-duque Nicolau. Ele respeitava o grão-duque e tinha total – e plenamente justificada – confiança em sua lealdade. Numa estada no *Stavka*, Paléologue tentou conversar com o comandante em chefe sobre as ideias do czar. Cheio de compostura, o grão-duque respondeu friamente: "Nunca discuto uma opinião de Sua Majestade, exceto quando ele me dá a honra de pedir meu conselho." Para encerrar conversas em alguns escalões, de que a Rússia não podia continuar lutando, o grão-duque emitiu uma ordem do dia: "Todos os súditos leais sabem que, na Rússia, todos, desde o comandante em chefe até o soldado raso, obedecem, e somente, à sagrada e augusta vontade do ungido por Deus, nosso profundamente respeitado imperador, o qual tão somente tem o poder de começar e terminar uma guerra."

Sempre que possível, o czar tentava atenuar as relações entre a imperatriz e o grão-duque Nicolau. Em abril de 1915, quando Nicolau estava de partida para Lemberg e Przemysl, Alexandra queria que o grão-duque ficasse, para que apenas o czar recebesse os vivas das tropas. Calmamente, o czar a dissuadiu: "Querida minha, não concordo que N. deva permanecer aqui durante minha visita à Galícia. Pelo contrário, precisamente porque estou indo em tempos de guerra a uma província conquistada, o comandante em chefe deve me acompanhar. É ele quem me acompanha, não sou eu que estou em seu séquito."

Todavia, à medida que a retirada continuava, a determinação do czar em assumir pessoalmente o comando do exército se intensificou. Estando o exército e a nação em perigo, ele considerava seu dever unificar a autoridade civil e militar, e tomar sobre sua pessoa todo o peso da responsabilidade pelo destino da Rússia. No Conselho de Ministros, onde foram feitos severos ataques ao manejo das operações militares pelo grão-duque Nicolau, o primeiro-ministro Goremykin advertiu os colegas: "Considero meu dever repetir aos membros do conselho meu enfático aviso para serem extremamente cautelosos no que dirão ao imperador sobre... essas questões relacionadas ao comando do quartel-general e ao grão-duque. A irritação com o grão-duque em Tsarskoe Selo assumiu um caráter que ameaça trazer sérias consequências. Receio que suas representações possam servir de pretexto para trazer graves complicações."

Em 5 de agosto, Varsóvia caiu. "O imperador, pálido e trêmulo, trouxe a notícia à imperatriz quando tomavam chá no terraço, sob o cálido ar de outono", escreveu Ana Vyrubova. "O imperador estava bastante abatido pelo pesar e pela humilhação. 'Não posso continuar assim!', ele exclamou com amargura."

Três semanas depois, Nicolau e Alexandra foram de carro a Petrogrado, numa viagem particular, não anunciada. Dirigiram-se primeiro à catedral da Fortaleza de Pedro e Paulo, onde se ajoelharam diante das tumbas dos czares. De lá, foram à Catedral de Nossa Senhora de Kazan, onde passaram horas ajoelhados diante do miraculoso ícone da Virgem, rezando por orientação. Naquela noite, o Conselho de Ministros foi chamado ao Palácio Alexandre. Nicolau jantou com Alexandra e Ana Vyrubova. Antes de sair para a reunião, pediu a elas que rezassem para que sua resolução permanecesse forte. Em silêncio, Ana colocou na mão dele um ícone em miniatura que sempre trazia ao pescoço. Levando o ícone, Nicolau saiu da sala e as duas mulheres se puseram à espera. Quando os minutos se arrastaram em horas, Alexandra ficou impaciente. Jogou um manto sobre os ombros e, fazendo sinal a Ana para segui-la, foi ao terraço para onde davam as janelas da Câmara do Conselho. Pelas cortinas de renda, podiam ver o czar, sentado muito ereto, rodeado de ministros. Um dos ministros estava de pé, falando apaixonadamente.

Todos eles, sem exceção, estavam horrorizados com a proposta do czar. Salientaram a desorganização que haveria na máquina governamental se o chefe do Estado passasse todo o tempo no quartel-general, a mais de 800 quilômetros da sede do governo. Declararam que a unidade administrativa que Nicolau desejava seria meramente a concentração da culpa na cabeça do soberano pelas derrotas militares e pela agitação política. Como último recurso, imploraram que ele não fosse para o front num momento em que o exército estava derrotado. Nicolau ouviu, com a testa e as mãos cobertas de suor, até o último ministro acabar de falar. Então, agradeceu a todos e anunciou serenamente: "Senhores, em dois dias parto para *Stavka*."

A carta aberta ao grão-duque, explicando sua decisão, era característica do czar. Eloquente e congratulatória, conseguia preservar o orgulho do grão-duque ao mesmo tempo que o dispensava graciosamente do posto:

> A Sua Alteza Imperial:
> No início da guerra, razões de natureza política me impediram de seguir minha inclinação pessoal e me colocar imediatamente à frente do exército. Vem daí o fato de ter conferido a você o comando supremo de todas as forças militares e navais.
>
> Aos olhos de toda a Rússia, durante a guerra, Sua Alteza Imperial ostentou uma coragem invencível, que deu a mim e a toda a Rússia total confiança em você, e despertou as ardentes esperanças com as quais seu nome foi associado em todos os lugares, às inevitáveis vicissitudes da sina militar. Agora que o inimigo atingiu grande penetração no império, meu dever para com o país que Deus a mim confiou ordena que eu assuma o comando supremo das Forças Armadas, compartilhe com meu exército o fardo e a labuta da guerra, e que o ajude a proteger o solo russo contra a investida do inimigo.
>
> Os caminhos da Providência são inescrutáveis. Mas meu dever e meu próprio desejo me fortalecem na determinação inspirada pela preocupação com o bem-estar geral.
>
> A invasão hostil, que faz mais progressos a cada dia na frente ocidental, exige acima de tudo uma extrema concentração de toda autoridade civil e militar, a unidade de comando durante a guerra e a intensificação das atividades de todos os serviços administrativos. Mas todos esses deveres desviam nossa atenção da frente sul e, nes-

sas circunstâncias, sinto a necessidade de seus conselhos e ajuda nessa frente. Assim sendo, eu o nomeio meu tenente no Cáucaso e comandante em chefe do bravo exército operando naquela região.

A Sua Alteza Imperial desejo expressar minha profunda gratidão e a do país por todo o seu trabalho na guerra.

Nicolau

A carta foi entregue em mãos pelo ministro da Guerra, Polivanov. "Deus seja louvado", disse Nicolau Nicolaievich simplesmente. "O imperador me libera da tarefa que estava me exaurindo." Quando o imperador chegou ao *Stavka*, escreveu: "N. veio com um sorriso gentil, corajoso, e perguntou simplesmente quando eu ordenaria que ele partisse. No dia seguinte, no almoço e no jantar, ele estava falante e de muito bom humor."

A queda do grão-duque foi uma fonte de cruel satisfação para os alemães. "O grão-duque", Ludendorff escreveu mais tarde, "foi realmente um grande soldado e estrategista." No exército russo, oficiais e soldados ficaram tristes ao vê-lo partir, mas o verão de desastres havia embaçado o lustro do herói. No *boudoir* malva em Tsarskoe Selo, a mudança foi saudada como um supremo triunfo pessoal. Quando Nicolau partiu para o *Stavka*, levou consigo uma carta de êxtase de Alexandra:

Meu muito amado, não encontro palavras para expressar tudo o que quero – meu coração está cheio demais. Só anseio por apertá-lo forte em meus braços e sussurrar palavras de intenso amor, coragem, força e infindáveis bênçãos... Você lutou essa grande batalha por seu país e seu trono – sozinho, com bravura e determinação. Nunca antes viram essa firmeza em você... Sei o quanto lhe custa... Perdoe-me, suplico-lhe, meu anjo, por não tê-lo deixado em paz e tê-lo preocupado tanto, mas conheço bem demais seu caráter maravilhosamente gentil, e você precisou deixá-lo de lado desta vez, teve que vencer sozinho a luta contra todos. Será uma página gloriosa da história russa, a história desses dias e dessas semanas... Deus o ungiu na coroação, Ele o colocou onde você está e você cumpriu seu dever, esteja certo, muito certo disso. E Ele não abandonou seu ungido. As preces de nosso Amigo por você se elevam dia e noite aos céus e Deus as ouvirá... É o começo da grande glória de seu reino, Ele assim disse e eu acredito totalmente... Durma bem, meu Raio de Sol, Salvador da Rússia. Lembre-se de ontem à noite, como ficamos juntinhos. Ansiarei por suas carícias... Beijo-o sem fim e o abençoo. Sagrados anjos guardem seu sono. Estou perto e com você para sempre e sempre e nada vai nos separar.

Sua muito sua esposa,
Sunny

Na França e na Inglaterra, a decisão do czar foi recebida com um suspiro de alívio. As derrotas da Rússia tinham despertado nos dois países o medo de que o governo do czar fosse forçado a sair da guerra. Ao assumir pessoalmente o comando, a atitude de Nicolau foi vista como uma reafirmação de seu compromisso com a aliança.

No exército russo, ficou entendido claramente que o czar teria o papel de figura de proa e que as decisões militares seriam tomadas de fato pelo soldado profissional que fosse nomeado chefe de seu staff. A escolha de Nicolau para esse posto foi tranquilizadora. Miguel Vasilievich Alexeiev era um soldado enérgico, de origem humilde, que chegara ao topo por pura competência e trabalho árduo. Ex-professor do colégio militar, servira no sudoeste combatendo os austríacos e comandara o front norte. Agora, como chefe do staff, ele era de fato, senão de nome, comandante em chefe do exército russo.

Em aparência, Alexeiev não se comparava ao grão-duque Nicolau. Era baixo, com o rosto simples e largo dos russos, que, ao contrário de muitos generais, ele preferia expor sem barba. Tinha problema no músculo de um olho e Nicolau o descreveu a Alexandra como "meu amigo estrábico". No quartel, ele era solitário, evitando contato com o séquito imperial. Sua fraqueza era a dificuldade de delegar autoridade. Tentava fazer tudo sozinho, inclusive checar referências nos enormes mapas espalhados nas mesas do quartel-general. Entretanto, Nicolau estava encantado com ele. "Tenho a ótima ajuda de Alexeiev", ele telegrafou logo após assumir o comando. E poucos dias depois: "Não posso lhe dizer como estou satisfeito com Alexeiev. Compenetrado, inteligente, modesto, e que trabalhador!"

Em setembro de 1915, pouco depois da mudança de comando no quartel-general russo, a ofensiva alemã começou a perder o ímpeto. Lutando agora em próprio solo, as tropas russas demoravam a ceder terreno, disputando cada rio, cada colina, cada pântano. Em novembro, quando o inverno fechou a maioria dos fronts, Alexeiev conseguiu estabilizar uma linha que se estendia, em média, 300 quilômetros para leste do front em maio. Firmemente em mãos alemãs estavam toda a Polônia russa e também os territórios do baixo Báltico. Na verdade, no final de 1915, a linha de batalha já era quase exatamente a fronteira ocidental da Rússia Soviética até 1939, ao explodir a Segunda Guerra Mundial.

Não houve outras grandes ofensivas alemãs no leste durante a guerra. Supondo que as perdas de 1915 tivessem exaurido o exército russo, o Estado-Maior alemão trouxe a campanha mais pesada de volta ao front ocidental. A partir de fevereiro de 1916, o grosso da artilharia e 1 milhão de soldados da infantaria alemã se lançaram contra a disputadíssima fortaleza de Verdun. Para total espanto e intensa consternação dos generais do kaiser, tão logo eles se engajaram no oeste, os russos voltaram a atacar o leste. De maio a outubro, os russos avançaram. Em julho, 18 divisões alemãs foram transferidas do oeste para o leste e a tomada de Verdun foi abandonada. Mas o custo da campanha russa de 1916 foi terrível: 1,2 milhão de homens.

Depois da guerra, Hindenburg prestou tributo à coragem e sacrifício de seus inimigos russos: "No livro de contabilidade da Grande Guerra, a página em que foram anotadas as perdas russas foi arrancada. Ninguém sabe os números. Cinco ou oito milhões? Nós também não sabemos. Só sabemos é que às vezes tínhamos que remover os montes de corpos dos inimigos da frente de nossas trincheiras, a fim de abrir espaço de fogo contra novas ondas de assalto." Dez anos depois desse registro de Hindenburg, uma análise minuciosa das baixas russas foi feita por Nicolau Golovine, ex-general do exército imperial. Levando em conta todas as evidências, ele estimou que 1,3 milhão de homens foram mortos em combate, 4,2 milhões foram feridos, dos quais 350 mil morreram em consequência dos ferimentos, e 2,4 milhões foram feitos prisioneiros. O total foi de 7,9 milhões – mais da metade dos 15,5 milhões de soldados mobilizados.

Assim, o colapso militar de 1915 teve um papel muito importante em tudo o que aconteceu depois, pois foi a trágica e sangrenta derrota do exército que enfraqueceu o pulso do grão-duque Nicolau e inspirou o czar a assumir pessoalmente o comando das tropas. Ao partir para o quartel-general, a centenas de quilômetros da sede do governo, o czar abandonou tudo, exceto uma vaga supervisão dos assuntos de Estado.

Numa autocracia, essa conjunção era impossível. Era preciso encontrar um autocrata substituto. A princípio timidamente, e depois com autoconfiança cada vez maior, essa função foi preenchida pela imperatriz Alexandra. Por trás dela, "rezando dia e noite", estava seu amigo Rasputin. Juntos, eles finalmente poriam abaixo o império russo.

✢23✢
O ENGANO FATÍDICO

A IMPERATRIZ SE ATIROU À GUERRA de corpo e alma. Ardendo de patriotismo, cheia de energia e entusiasmo, ela esqueceu a própria doença para mergulhar no trabalho hospitalar. Alexandra ficava mais feliz imersa nos problemas alheios, e a guerra dava infinitas oportunidades a esse lado de sua natureza. "Para alguns, pode parecer desnecessário que eu faça isso", dizia, "mas... precisam tanto de ajuda e todas as mãos são úteis." A enfermagem tornou-se sua paixão. O imenso Palácio Catarina, em Tsarskoe Selo, foi transformado em hospital militar e, antes de 1914, 85 hospitais funcionavam sob seus auspícios apenas na área de Petrogrado. Essa atividade, embora em grande escala, não era exclusividade sua. Na época, muitas damas russas patrocinavam hospitais e trens-hospitais, embora poucas seguissem o exemplo da imperatriz, que fez curso de enfermagem e ia todos os dias cuidar pessoalmente dos feridos.

A vida no Palácio Alexandre se transformou. A imperatriz, que antes ficava na cama até o meio-dia, acalentando suas doenças, agora se levantava para a missa das sete. Às nove em ponto, vestida no uniforme cinzento de freira enfermeira, ela chegava ao hospital com as duas filhas mais velhas, Olga e Tatiana, e com Ana Vyrubova para o curso de enfermagem. A atmosfera do hospital era brutal e patética. Todos os dias chegavam trens da Cruz Vermelha trazendo do front longas filas de feridos e moribundos. A maioria tinha tido somente primeiros socorros nas trincheiras e nos postos de saúde das linhas de frente. Chegavam sujos, cheios de sangue, com febre e gemendo. Sob a direção das enfermeiras formadas, as alunas lavavam e enfaixavam carnes dilaceradas e corpos mutilados. "Vi a imperatriz da Rússia na sala de cirurgia", escreveu Ana Vyrubova, "... segurando cones de éter, manuseando instrumentos esterilizados, assistindo às mais difíceis operações, recebendo das mãos de cirurgiões atarefados pernas e braços amputados, removendo curativos sangrentos e até bichados, suportando todas as cenas, cheiros e agonias do mais horrível de todos os lugares, um hospital militar no meio da guerra." Contudo, Ana escreveu, "nunca a vi mais feliz do que naquele dia, ao fim de dois meses de curso, quando foi à frente da fila de formandas receber... o diploma de enfermeira de guerra da Cruz Vermelha".

Após passar a manhã numa sala de operações, Alexandra comia um almoço corrido e passava a tarde visitando outros hospitais. Ao percorrer as enfermarias, a alta figura da imperatriz em uniforme causava agitação entre os feridos. Erguiam mãos enfaixadas para tocá-la, choravam quando ela se ajoelhava para rezar junto aos leitos. Oficiais e camponeses se igualavam ao sofrerem amputações, ao pedir: "Czarina, fique perto de mim. Segure minha mão para me dar coragem."

Para Alexandra, isso era a Rússia, sangrando e morrendo. Ela era a imperatriz da Rússia, a *matushka* de todos os homens e meninos corajosos que se entregavam à nação. "Ferimentos muito graves", ela escreveu a Nicolau em 21 de outubro de 1914 (E.A.). "Pela primeira vez, raspei a perna de um soldado perto e em volta da ferida..." Mais tarde no mesmo dia, uma segunda carta: "Três operações, três dedos foram retirados porque gangrenaram e estavam muito podres... Meu nariz está cheio de cheiros medonhos de feridas gangrenadas." E mais tarde: "Fui ver o ferimento do nosso porta-bandeira – horrível, ossos esmagados, sofreu horrivelmente durante a imobilização, mas não disse uma palavra, só ficou pálido, com o suor escorrendo pela face e pelo corpo..." Em 19 de novembro (E.A.): "Um oficial do 2º Rifles, pobre rapaz, cujas pernas estão ficando muito escuras e teme-se que seja necessário fazer uma amputação. Fiquei com ele ontem, durante os curativos; horrível de se ver, ele se agarrou a mim e ficou calado, pobre menino." Em 20 de novembro (E.A.): "Esta manhã estivemos presentes (ajudo como sempre, passando os instrumentos, enquanto Olga enfia linha nas agulhas) em nossa primeira grande amputação. O braço inteiro foi cortado."

Alexandra não se poupava de nada, nem dos terríveis ferimentos em genitais estilhaçados: "Tive uns infelizes com ferimentos horríveis – já mal era um homem, tão despedaçado, talvez tenha que cortar tudo, de tão preto, mas esperamos salvá-lo — terrível de se ver. Lavei e passei iodo, untei com vaselina, juntei tudo e enfaixei... Fiz três desses — e um deles tinha um tubinho lá. O coração da gente sangra por eles — não vou descrever mais detalhes porque é tão triste, mas sendo esposa e mãe, sinto por eles de um modo muito particular — uma jovem enfermeira (menina) mandei sair da sala."

Para Nicolau, no quartel-general, a morte era remota, uma questão de aritmética na medida em que regimentos, brigadas e divisões iam minguando e eram reconstituídos por novos recrutas. Para Alexandra, a morte era familiar e imediata. "Durante uma operação, um soldado morreu... hemorragia", ela escreveu em 25 de novembro de 1914 (E.A.). "Todas se comportaram bem, nenhuma perdeu a cabeça [Olga e Tatiana] foram corajosas — Elas e Ania [Vyrubova] nunca tinham visto alguém morrer. Mas ele morreu num minuto... Quão perto está sempre a morte."

Em novembro, ela criou um vínculo especial com um rapaz, mencionando-o repetidamente em suas cartas: "Um jovenzinho ficou implorando por mim... o menino implorou que eu viesse mais cedo hoje... acho que o menino está piorando gradualmente... à noite, ele fica fora de si e tão fraco... Ele vai morrer gradualmente. Só espero que não seja enquanto estivermos fora."

No começo de março, o jovem morreu. Ela escreveu: "Meu pobre amiguinho ferido se foi. Deus o levou para si calmamente e em paz. Como sempre, fiquei com ele de manhã e mais de uma hora à tarde. Ele falou muito — sempre num sussurro — sobre seu serviço no Cáucaso — terrivelmente interessante e tão vivo com seus grandes olhos brilhantes... Olga e eu fomos vê-lo. Ele jazia tão tranquilamente, coberto com as flores que eu lhe trazia todos os dias, com seu lindo sorriso tranquilo — a testa ainda bem quente. Fui para casa com minhas lágrimas. A irmã mais velha [enfermeira] nem conseguia aceitar — ele estava tão calmo, alegre, dizendo se sentir um pouquinho desconfortável, e quando a irmã, dez minutos depois de sair, voltou, encontrou-o com os olhos azuis muito abertos, ele respirou duas vezes — e tudo acabou — em paz até o fim. Nunca se queixou, nunca pediu nada, a doçura em pessoa. Todos o amavam e àquele sorriso brilhante. Você, amado meu, pode entender o que é isso, quando a gente está lá diariamente, pensando apenas em dar conforto — e de repente — acabou... Perdoe-me escrever tanto sobre ele, mas ir lá e tudo isso têm sido de muita ajuda com você longe. Senti que Deus me deixou levar a ele um pequeno raio de sol em sua solidão. Assim é a vida! Outra alma corajosa deixou este mundo para se juntar às estrelas luzentes no céu. Não deve deixá-lo triste o que escrevi, apenas não pude aguentar mais."

As cartas da imperatriz para o czar nunca foram dirigidas a outros olhos que não os dele. Ao todo, foram encontradas 630 cartas numa mala de couro preto em Ekaterinburg após sua morte. Destas, 230 foram escritas no período desde seu primeiro encontro até estourar a guerra, em 1914. As outras 400 foram escritas durante os anos de guerra, 1914-1916. Foram escritas sem a mínima ideia de que alguém mais fosse lê-las, e muito menos que um dia viriam a ser publicadas como documentos históricos fundamentais para explicar eventos, personalidades e decisões às vésperas da Revolução Russa. Hoje, elas oferecem isso e até mais: uma janela íntima para uma alma, o retrato único de uma mulher que nenhum de seus contemporâneos na Rússia jamais poderia ver.

Alexandra escrevia profusamente. Ela podia começar de manhã cedo, acrescentar parágrafos durante o dia, continuar com páginas e páginas tarde da noite e talvez até mais no dia seguinte. Numa letra grande, redonda, ela escrevia ao czar em inglês, no mesmo estilo telegráfico que usava com seus amigos: uma prosa ofegante, com ortografia irregular, muitas abreviações, frequentes omissões de palavras que pareciam óbvias e pontuação com muitos pontos e travessões. Tanto a extensão quanto o estilo de suas cartas são infelizes. Com muitas omissões e saltos, ela dá a impressão de superficialidade em temas que na verdade a preocupavam muito. Da mesma forma, o intenso fervor de outras passagens é forte evidência das grandes paixões de que Alexandra era capaz, mas não são prova suficiente de que a imperatriz – como alguns a acusaram – era louca. A própria extensão das cartas tornava difícil sua interpretação para historiadores e biógrafos. Ler todas é tarefa árdua, e impossível citar mais do que uma minúscula fração delas. Contudo, e de forma extraordinária nesse caso, os excertos podem ser enganadores. Um pensamento cuja germinação se estende por sentenças – talvez parágrafos – surge inopinadamente com força total numa frase dura e condenatória. Essas frases, pinçadas da massa de verbosidade, fazem uma mulher loquaz parecer inequivocamente histérica.

Um aspecto notável dessas cartas era o frescor do amor de Alexandra. Após duas décadas de casamento, ela ainda escrevia como uma garotinha. A imperatriz, tão tímida e até fria ao expressar emoções em público, soltava nas cartas toda a sua paixão amorosa. Por baixo da reservada superfície vitoriana, ela revelava os sentimentos floridos, extravagantes, dos poetas da época.

Geralmente, as cartas chegavam com lírios ou violetas imprensados entre as páginas e começavam com "Bom-dia, meu querido... Meu amado... Meu doce tesouro... Meu anjo muito amado". Terminavam com "Durma bem, meu tesouro... Anseio por tê-lo em meus braços e repousar a cabeça no seu ombro... Anseio por seus beijos, seus braços, que o tímido Childy [Nicolau] me dá [somente] no escuro e esposinha vive por eles". Ela sofria cada vez que ele partia para o front. "Oh, meu amor! Foi tão difícil dizer adeus vendo aquele rosto sozinho, pálido, com os grandes olhos tristes na... janela [do trem] – meu coração gritava leve-me com você... Dei meu beijo de boa-noite no seu travesseiro, desejando que você estivesse comigo – em pensamentos, vejo você deitado em seu compartimento, inclino-me sobre você, o abençoo e beijo suavemente seu meigo rosto inteiro – oh, meu querido, você é tão intensamente amado por mim – se eu apenas pudesse ajudá-lo a suportar suas pesadas cargas, há tantas pesando sobre você." As cargas de ambos permaneciam em sua mente. "Eu... tento esquecer tudo, olhando em seus olhos lindos... Tanta tristeza e dor, preocupações e provações – a gente fica tão cansada, mas tem que suportar e ser forte, dar conta de tudo... Quando estamos juntos, não mostramos nada do que sentimos. Cada um procura poupar o outro e sofrer em silêncio. Passamos por tantas coisas juntos nesses 20 anos – e sem palavras nos entendemos um ao outro." Embora sua linguagem tivesse o ardor transbordante do amor da juventude, Alexandra não se iludia com a passagem do tempo: "32 anos atrás, meu coração de menina se atirou a você em profundo amor... Sei que não devia dizer isso, e para uma madura mulher casada pode parecer ridículo, mas não consigo evitar. Com os anos, o amor aumenta e o tempo sem a sua doce presença é duro de aguentar. Oh, que nossos filhos tenham a mesma bênção em suas vidas de casados."

Nicolau lia as cartas dela à noite, já na cama, antes de dormir. E respondia um pouco mais recatado, mas não com menos intimidade e ternura: "Sunny, meus olhos ficaram úmidos quando li suas cartas... parece-me que você está recostada em seu sofá e eu estou ouvindo, da minha cadeira sob o abajur... Não sei se seria capaz de suportar tudo isso se Deus não me tivesse enviado você como esposa e amiga. Estou falando sério. Às vezes é difícil falar dessas coisas e, para mim, é mais fácil pôr no papel, por causa da timidez boba... Adeus, minha doce amada Sunny... Beijo-a e as crianças ternamente. Seu maridinho sempre, Nicky."

Sentada em seu terraço, a imperatriz descrevia as mudanças de estação em Tsarskoe Selo: "O sol por detrás das árvores, uma suave neblina cobrindo tudo, os cisnes nadando no lago, o vapor subindo da relva", e mais tarde, "as folhas estão ficando muito amarelas e vermelhas", e depois, "o céu róseo detrás da cozinha e as árvores cobertas de neve espessa parecem um mundo mágico". De Mogilev, no começo da primavera, Nicolau escreveu: "O Dnieper se quebrou hoje. O rio inteiro ficou coberto de blocos de gelo movendo-se rápidos e silenciosos; só ocasionalmente ouvia-se o som cortante da colisão de dois grandes blocos de gelo. Foi um espetáculo magnífico." Poucas semanas depois: "As bétulas estão ficando verdes, os castanheiros estão cintilando e logo irão explodir em botões. Tudo cheira bem. Vi dois cachorrinhos correndo um atrás do outro enquanto me lavava junto à janela."

Sabendo o quanto ele tinha saudades das crianças, Alexandra enchia suas cartas de detalhes das atividades caseiras: "Baby está tendo aulas e sai no trenó do burro duas vezes por dia. Tomamos chá em seu quarto e ele gosta... Baby adora loucamente sua banheira e chama todas nós para vermos as travessuras dele na água. Todas as filhas imploram para ter a mesma regalia uma noite dessas. Podem?" Quando chegou a permissão do czar: "As meninas estão loucas de alegria por poderem se banhar na sua banheira." E mais tarde: "Baby comeu montes de blinis... Baby tem feito progressos na balalaica. Tatiana também. Quero que os dois aprendam a tocar juntos... Maria fica na porta, e *alas!*, enfia o dedo no nariz... No trem, as meninas ficam escarrapachadas no chão, sob o sol batendo forte, para ficarem bronzeadas. De quem elas puxaram essa loucura?..."

Apesar da distração do trabalho no hospital, a imperatriz continuava a sofrer de falta de ar e usava a cadeira de rodas quando não estava em público. Tinha os pés inchados e dor de dentes. Durante a primavera de 1916, o dentista ia atendê-la diariamente; às vezes, tinha consultas três vezes no mesmo dia. Alexei sofria com sangramentos recorrentes nos cotovelos e joelhos. Quando ele não conseguia andar, a imperatriz passava horas sentada num sofá em seu quarto e jantava junto a seu leito. Quando a noite se aproximava e a dor se tornava mais forte – "ele tem pavor da noite", ela escreveu – suas irmãs Olga e Tatiana iam distraí-lo.

"Baby ficou incrivelmente alegre e animado o dia todo... à noite, ele acordou com dor no braço esquerdo e a partir das duas mal teve um momento de sono", ela escreveu em 6 de abril de 1916. "As meninas ficaram um bom tempo com ele. Parece que ele trabalhou com um punhal e deve ter se esforçado muito – é tão forte que é difícil para ele se lembrar e pensar que não deve fazer movimentos vigorosos. Mas como a dor veio tão violenta à noite e o braço não dobrava, acho que vai passar mais depressa – geralmente três noites de dor... Chorei como um bebê na igreja. Não aguento quando a doce criança sofre."

Na mesma noite, ela voltou a escrever: "Passei a tarde no quarto de Baby, enquanto Mr. G. [Gilliard] lia para ele... Ele sofreu quase o tempo todo, cochilava alguns minutos e depois dores fortes de novo... Ler é o melhor, pois distrai seu pensamento por algum tempo... Vê-lo sofrer me deixa absolutamente arrasada. Mr. G. é tão gentil e bondoso, sabe exatamente como lidar com ele."

Para quem a conhecia, nunca houve dúvidas quanto ao patriotismo russo da imperatriz. Para ela, a guerra da Alemanha com a Rússia foi martirizante em termos pessoais – seu irmão, o grão-duque Ernest de Hesse, estava no exército alemão –, mas ela era ardorosamente leal à Rússia. "Vinte anos passei na Rússia", ela disse a uma dama de companhia. "Este é o país de meu marido e de meu filho. Vivi uma vida de esposa e mãe feliz na Rússia. Todo o meu coração está ligado a este país." Todavia, a mudança que se produzira na Alemanha a entristecia. "O que aconteceu com a Alemanha da minha infância?", ela perguntou a Pierre Gilliard. "Tenho lembranças tão felizes, tão poéticas dos meus dias antigos em Darmstadt. Mas, nas últimas visitas, a Alemanha me pareceu um país mudado, um país que não conheço e que nunca tinha conhecido... Eu não tinha pensamentos e sentimentos em comum com ninguém." Ela culpava a Prússia e o kaiser. "A Prússia foi a ruína da Alemanha", afirmou. "Não tenho notícias de meu irmão. Estremeço ao pensar que o imperador Guilherme queira se vingar de mim, enviando-o para o front russo. Ele é bem capaz dessa atitude monstruosa."

Devido à sua incômoda posição pessoal, Alexandra era especialmente sensível à reputação nacional dos soldados dos dois lados. Quando os alemães queimaram selvagemente a cidade universitária belga de Louvain, ela chorou. "Enrubesço ao pensar que já fui alemã." Em 25 de setembro de 1914 (E.A.) ela escreveu ao czar: "Espero que nossas tropas se comportem de modo exemplar em todos os sentidos, que não roubem nem saqueiem – deixem isso para as tropas prussianas... quero que nossas tropas russas sejam lembradas para sempre com admiração e respeito – com estima... Agora estou aborrecendo você com coisas que não me concernem, mas é por amor a seus soldados e à reputação deles."

Sua profunda tristeza era pela própria guerra e pelo sofrimento que trazia. Como tantos outros, ela desejava que o sofrimento tivesse um significado: "Fico imaginando o que será quando essa grande guerra acabar. Haverá um renascimento em tudo – os ideais voltarão a existir, as pessoas serão mais puras e poéticas ou continuarão a ser duras, materialistas? Mas esse tormento horrível, sofrido pelo mundo inteiro, deve limpar corações e mentes, purificar cérebros adormecidos e almas estagnadas. Oh, ao menos guiar sabiamente a todos para o canal correto e fecundo."

Compartilhando o patriotismo do czar, acreditando que ela e o marido eram o centro de um grande movimento nacional que varria a Rússia, a imperatriz trabalhava em hospitais e esperava a vitória que certamente viria. Não foi senão na primavera de 1915, quando a perspectiva de uma vitória rápida se extinguiu, que as cartas de Alexandra passaram a mostrar um interesse sério no trabalho do marido.

Curiosamente, sua preocupação começou com a questão da atitude pessoal do czar. Totalmente imbuída do princípio da autocracia, certa de que era a única forma de governo para a Rússia, Alexandra questionava se seu gentil marido, que ela amava por seu charme e bondade, era suficientemente régio. "Perdoe-me, meu precioso", ela escreveu em abril de 1915, "mas você sabe que é bondoso e gentil demais – às vezes, levantar a voz pode fazer maravilhas, e um olhar severo – seja, meu amor, mais decidido e seguro de si. Você sabe perfeitamente o que é certo. Eles [os ministros] devem ser lembrados de quem você é. Você me acha uma chata intrometida, mas às vezes a mulher vê e sente as coisas com mais clareza do que seu muito humilde marido. A humildade é o maior dom de Deus, mas um soberano precisa mostrar sua vontade com mais frequência."

Na mesma época, ela aconselhava: "Seja mais autocrático, meu muito amado... Seja o amo e senhor, você é o autocrata." Alexandra passou também a advertir contra aqueles que ela supunha estarem usurpando prerrogativas imperiais. O grão-duque Nicolau era alvo de suas críticas; ela continuou a queixar-se até ele cair. Ao mesmo tempo, a imperatriz atacava de forma incansável a Duma. "Queridíssimo, ouvi dizer que o horrendo Rodzianko e outros... pedem que a Duma volte a se reunir", escreveu em julho de 1915. "Oh, por favor, não, não é da alçada deles, querem discutir coisas que não lhes dizem respeito e trazer mais descontentamento – devem ser mantidos afastados." Suas cartas voltavam sempre ao mesmo tema: "Não somos um país constitucional, e não ousamos ser, nosso povo não está preparado para isso... Não se esqueça de que você é e deve permanecer um imperador autocrata. Não estamos prontos para um governo constitucional." Não eram apenas as prerrogativas do marido que ela estava protegendo, mas também os direitos de seu filho, o futuro czar: "Por amor a Baby, devemos ser firmes, ou sua herança será horrível, pois com sua personalidade ele não irá se curvar diante de outros, mas será seu próprio senhor, como deve ser na Rússia, enquanto o povo for tão despreparado."

Considerando-se o ponto de vista de Alexandra, o próximo passo era totalmente lógico. Ao empreender sua grande luta para salvar a Rússia e a autocracia, Alexandra precisava de um aliado. E tinha certeza de que Rasputin era um homem de Deus; suas credenciais haviam sido comprovadas nas horas em que as orações que fez pareceram estancar miraculosamente as hemorragias do czarevich. Agora, em tempo de guerra, ele parecia a incorporação viva da alma do povo russo: rude, simples, sem estudos, mas próximo de Deus e dedicado ao czar. Partindo dessas premissas, não precisava muito para ela chegar à conclusão de que Deus desejava que Rasputin guiasse a Rússia durante a provação da guerra. Se ela podia confiar a ele seu bem mais precioso – a vida do filho –, por que não confiar nele para escolher ministros, comandar o exército ou dirigir a vida de toda a nação?

Por algum tempo, no primeiro outono da guerra, a influência de Rasputin em Tsarskoe Selo foi reduzida. Nicolau não podia perdoar sua oposição ao que ele considerava uma guerra patriótica. A imperatriz ficava ocupada de manhã à noite em hospitais, realizando-se como enfermeira. Certa vez, quando Rasputin telefonou a Ana Vyrubova pedindo para ver a imperatriz, Ana respondeu que Alexandra estava muito ocupada e que era melhor ele esperar alguns dias. Rasputin desligou o telefone expressando seu aborrecimento alto e bom som.

No início do inverno de 1915, porém, a influência de Rasputin sobre a imperatriz foi completamente restaurada por outro daqueles notáveis episódios que pontilharam sua vida. No fim da tarde de 15 de janeiro de 1915, o trem que levava Ana Vyrubova de Tsarskoe Selo a Petrogrado se acidentou. Ana foi retirada das ferragens em condições críticas. Suas pernas haviam sido esmagadas pela bobina de um radiador, o rosto foi atingido e a cabeça ficou presa por uma trave de ferro, o crânio e a espinha ficaram seriamente feridos. No hospital para onde foi levada, o cirurgião disse: "Não a incomodem, ela está morrendo." Nicolau e Alexandra ficaram à beira do leito, esperando o fim. Rasputin, que não pôde ser contatado, só soube do acidente no dia seguinte. Seguiu às pressas para o hospital num carro emprestado pela condessa Witte. Quando entrou no quarto, Ana delirava, murmurando "padre Gregório, reze por mim", com o czar e a imperatriz a seu lado. Rasputin adiantou-se e pegou a mão de Ana, chamando "Anushka! Anushka! Anushka!".

Na terceira vez, Ana abriu os olhos lentamente.
Rasputin ordenou:
– Acorde e levante.
Ela fez um esforço para se levantar.
– Fale comigo – ele ordenou.
Ela falou, com voz fraca.
– Ela vai sarar, mas vai ficar aleijada – disse Rasputin, voltando-se para os outros. Ele então saiu do quarto cambaleando e caiu, num surto de tontura e suor.

Exatamente como Rasputin havia previsto, Ana se recuperou, mas daí em diante só andou de muletas ou em cadeira de rodas. Sua devoção a Rasputin tornou-se incontestável. Certa de que ele havia sido enviado pelo céu para salvar a família imperial, ela se dedicou a dar assistência à sua missão. Agindo como intermediária, ela fazia de tudo em seu poder para aplainar as diferenças entre sua senhora e o *starets*.

Em Alexandra, o episódio fez ressurgir total e completamente a convicção de que Rasputin era um verdadeiro santo, capaz de realizar milagres. Absolutamente convencida, fez todo o possível para transmitir sua convicção a Nicolau. "Não, atente para nosso Amigo", ela escreveu em junho de 1915. "Creia nele. Ele leva no coração nosso interesse pela Rússia. Não foi à toa que Deus o enviou a nós, mas precisamos dar mais atenção ao que ele diz. Suas palavras não são ditas com leviandade, e a importância de termos, não apenas suas preces, mas seus conselhos, é grande... Estou impressionada pelo desejo de nosso Amigo e sei que será fatal para nós e para o país se não for cumprido. Ele diz a verdade quando fala tão seriamente." Em setembro de 1916: "Confio plenamente na sabedoria do nosso Amigo, dotado por Deus para aconselhar o que é certo para você e para nosso país. Ele enxerga muito além e portanto seu julgamento é confiável."

A um quarteirão do Fontanka Canal, na rua Gorokhovaya, 64, em Petrogrado, ficava o edifício em que Rasputin morou nesses anos cruciais, 1914-1916. Era um prédio de apartamentos de cinco andares, de tijolos aparentes, onde se entrava por um pequeno pátio pavimentado, com a sala do porteiro no pé de uma escada larga, com arquitetura igual à de milhares de prédios construídos em Paris, Londres, Berlim ou Nova York. Em termos sociais, nada havia de notável na moradia do favorito imperial. Os vizinhos de Rasputin eram trabalhadores, um balconista, uma costureira, uma massagista. A escada era carregada de cheiros acres, de couro, casaco de pele de cordeiro, densas nuvens de sopa de repolho e o odor rançoso de queijo de ovelha aquecido.

O apartamento de Rasputin, no terceiro andar, era surpreendentemente pequeno e sossegado. Consistia de cinco cômodos. "O quarto... era pequeno e mobiliado com muita simplicidade", escreveu o príncipe Felix Yussoupov, que o visitava frequentemente. "Num canto junto à parede, havia uma cama estreita com uma coberta de pele de raposa vermelha, presente de Ana Vyrubova. Perto da cama, uma grande cômoda de madeira pintada e, no lado oposto, lamparinas ardendo diante de um pequeno ícone. Retratos do czar e da czarina pendiam das paredes junto com toscos entalhes em madeira representando cenas bíblicas. [Na sala de jantar] a água fervia no samovar, sobre as mesas havia vários pratos com biscoitos, bolos e frutas secas, compoteiras com geleias, frutas e outros acepipes; no centro, uma cesta de flores. A mobília era de carvalho maciço, cadeiras de espaldar muito alto, um volumoso guarda-louça cheio de potes e pratos de barro tomava uma parede quase toda. Havia quadros muito mal pintados. Um lustre de bronze com mangas de vidro iluminava a mesa. O apartamento tinha um ar de solidez de classe média."

Quando não tinha bebido demais na véspera, Rasputin se levantava cedo e ia à missa. Na volta, para uma refeição de pão e chá, o primeiro de seus consulentes já vinha subindo a escada. A influência de Rasputin na corte lhe trazia gente de toda espécie e estrato social: banqueiros, bispos, altos funcionários, mulheres da sociedade, atrizes, aventureiros e especuladores, moças camponesas, velhas que viajavam quilômetros só para receberem sua bênção. Chegavam em tal quantidade que muitos tinham que fazer fila de espera na escada. Lá fora, junto à calçada, havia uma fileira de automóveis de gente importante que ia à procura de Rasputin.

Se Rasputin gostava de um visitante e decidia ajudá-lo, pegava a caneta e garatujava umas mal traçadas linhas: "Meu caro e estimado amigo. Faça isso por mim. Gregório." Essas tiras de papel, levando a aura de grandes conexões, costumavam ser tudo o que era preciso para obter um cargo, uma promoção, adiar uma transferência ou firmar um contrato. Alguns desses bilhetes, anexados a requerimentos, iam diretamente para a imperatriz, que os passava ao czar. Como Mosolov era o chefe do Secretariado da Corte, os bilhetes de Rasputin frequentemente chegavam à mesa dele. "Todos tinham a mesma configuração", ele escreveu, "uma cruzinha no alto da página, uma ou duas linhas com a recomendação do *starets*. Abriam todas as portas em Petrogrado." Num dos casos, Molotov não pôde ajudar. "Uma dama num vestido muito decotado, apropriado para um baile... me entregou um envelope: dentro estava a caligrafia de Rasputin, com sua ortografia errática: 'Meu querido camarada. Arrume isso para ela. Ela é legal. Gregório.' A dama disse que queria ser a *prima donna* da Ópera Imperial. Fiz o melhor possível para explicar a ela com toda a clareza e paciência que isso não dependia absolutamente de mim."

Em geral, como escrevia mal e devagar, Rasputin não se incomodava em citar o serviço a ser prestado, deixando ao requerente a tarefa de fornecer os detalhes. Muitas vezes, nem mesmo dava o nome do destinatário, supondo que o solicitante o levaria às mãos mais indicadas. Às vezes, para economizar tempo, Rasputin já fazia uma provisão de bilhetes. Quando o solicitante chegava, ele já entregava um bilhete pronto.

Em troca do serviço, ele aceitava qualquer coisa que o visitante pudesse lhe dar. Financistas e mulheres ricas punham um maço de notas na mesa, que Rasputin enfiava numa gaveta sem se dar ao trabalho de contar. Se o solicitante era muito necessitado, ele tirava o maço inteiro da gaveta e lhe dava. Ele mesmo tinha muito pouca necessidade de dinheiro. Seu apartamento era simples, e a maioria dos vinhos e comidas ele ganhava de presente. Seu único interesse em ter dinheiro era juntar para o dote de sua filha Maria, que estudava em Petrogrado e morava num quarto no apartamento.

Para mulheres bonitas havia outras formas de pagamento. Muitas visitantes atraentes, julgando que obteriam sua ajuda com palavras e sorrisos, saíam correndo do apartamento, chorando ou tremendo de raiva. Ajudada a descer a escada, a mulher ia diretamente à delegacia de polícia dar queixa de que Rasputin tentara estuprá-la. Seu nome e as circunstâncias eram devidamente registrados, mas padre Gregório nunca foi punido.

Além do bando de pedintes, outro grupo de pessoas frequentava fielmente o prédio de Rasputin. Dia após dia, na frente do prédio, na sala do porteiro e nas escadas que levavam à porta de Rasputin, aglomeravam-se detetives com a dupla função, de proteger a vida do *starets* e anotar meticulosamente todas as pessoas que o visitavam e tudo o que acontecia com ele. Entediados, encolhendo os pés para dar passagem aos visitantes na escada, eles registravam todos os detalhes: "Anastácia Shapovalenkova, esposa de um médico, deu um tapete a Rasputin... Um clérigo desconhecido trouxe peixe para Rasputin... Conselheiro Von Kok trouxe para Rasputin uma caixa de vinhos." Quando o visitante saía do apartamento, era imediatamente cercado pelos homens à paisana querendo saber o que tinha acontecido lá dentro. Quando encontravam alguém tagarela, pequenos dramas eram descritos objetivamente nos bloquinhos:

2 de novembro: "Uma mulher desconhecida visitou Rasputin a fim de evitar que seu marido, um tenente atualmente no hospital, fosse transferido de São Petersburgo...[Ela disse:] 'Uma criada abriu a porta para mim e me mostrou uma sala onde Rasputin, que eu nunca tinha visto antes, apareceu imediatamente. Na mesma hora, ele me mandou tirar as roupas. Obedeci ao seu desejo e fui com ele para um quarto adjacente. Ele mal ouviu meu pedido, e ficou tocando meu rosto e meus seios, pedindo que o beijasse. Depois escreveu um bilhete, mas não me deu, dizendo que estava descontente comigo, e mandou que eu voltasse no dia seguinte."

3 de dezembro: "Madame Likart visitou Rasputin... para pedir que interviesse a favor de seu marido. Rasputin propôs que ela o beijasse; ela

recusou e foi embora. Depois a amante do senador Mamontov chegou. Rasputin pediu que ela voltasse à 1 hora da madrugada."

29 de janeiro: "A esposa do coronel Tatarinov visitou Rasputin e o *starets* abraçou e beijou uma menina em sua presença; ela achou o incidente tão desagradável que decidiu nunca mais visitar Rasputin."

A vigilância na escada era mantida dia e noite, e a polícia fazia relatórios de suas companhias noturnas: "Maria Gill, esposa de um capitão do 145º Regimento, dormiu no apartamento de Rasputin... Por volta de 1 da madrugada, Rasputin trouxe uma mulher desconhecida para casa; ela passou a noite com ele... Rasputin trouxe uma prostituta ao apartamento e trancou-a em seu quarto. Os criados, porém, mais tarde a libertaram... Vararova, a atriz, dormiu com Rasputin."

Às vezes, quando Rasputin se excitava, mas não era satisfeito pelas visitantes femininas, ficava subindo e descendo a escada, esmurrando as portas:

9 de maio: "Rasputin mandou a mulher do porteiro buscar a massagista, mas ela se recusou a ir. Então, ele mesmo foi buscar Kátia, a costureira que mora no prédio, e pediu-lhe que lhe 'fizesse companhia'. A costureira recusou... Rasputin disse: 'Venha na semana que vem e lhe dou 50 rublos.'"

2 de junho: "Rasputin mandou a mulher do porteiro buscar a massagista Utília, mas ela não estava em casa... Ele foi à costureira Kátia, do apartamento 31. Aparentemente, ela lhe recusou a entrada, pois ele desceu novamente a escada e pediu à mulher do porteiro que o beijasse. Ela, porém, se desvencilhou de seu abraço e tocou a campainha do apartamento dele, ao que um criado apareceu e pôs Rasputin na cama."

Passado algum tempo, Rasputin fez amizade com os detetives. Quando a porta se abria e aparecia sua figura poderosa, com aquele rosto curtido, os detetives o cumprimentavam, tirando o chapéu e lhe desejando bom dia. Muitas vezes, lhe prestavam favores. Uma noite, dois senhores carregando revólveres se lançaram escada acima, dizendo que suas esposas estavam passando a noite com Rasputin e eles tinham ido vingar a desonra. Enquanto um grupo de agentes argumentava com os maridos zangados, outros subiram correndo a escada para avisar. Rasputin deu um jeito de enfiar as damas na escada dos fundos antes que os maridos irrompessem pela porta da frente.

Tarde da noite, Rasputin desceu com estrondo pela escada, pulou em seu carro e partiu para a farra até de manhã. A polícia, enfiando canetas e bloquinhos no bolso, apressou-se em segui-lo.

14 de dezembro: "Na noite de 13 para 14 de dezembro, Rasputin, acompanhado pela mulher de 28 anos, esposa de... Yazininski, saiu... por volta das 2 da madrugada num carro para o restaurante Villa Rode... Sua entrada foi recusada devido ao adiantado da hora, mas ele esmurrou as portas e arrancou fora o sino. Deu 5 rublos ao policial de plantão para não aborrecê-lo. Então seguiu com sua acompanhante para o coro cigano Mazalski, no número 49, e ficou lá até as 10 da manhã. O par, em estado avançado de embriaguez, seguiu para o apartamento de Madame Yazininskaia, de onde Rasputin não retornou até o meio do dia. À noite, ele foi de carro para Tsarskoe Selo."

15 de abril: "Rasputin... foi visitar o cidadão honorário Pestrikov. (...) Como Pestrikov não estava em casa, ele tomou parte numa festa com bebidas que o filho de Pestrikov estava dando para alguns estudantes. Um músico tocava e cantava e Rasputin dançou com a empregada."

Ao fim da orgia, Rasputin voltou cambaleando para casa, ainda seguido pelos exaustos, porém persistentes detetives.

14 de outubro: "Rasputin chegou em casa completamente bêbado à 1 da madrugada e insultou a mulher do porteiro."

6 de novembro: "Rasputin... chegou bêbado... quando subia, perguntou se tinha visitas na casa dele. Ao saber que havia duas damas, ele perguntou: 'São bonitas? Muito bonitas? Ótimo. Preciso das bonitas.'"

14 de janeiro: "Rasputin chegou em casa às 7 da manhã. Estava totalmente bêbado. (...) Arrebentou a vidraça da porta de casa; aparentemente já havia caído antes, pois seu nariz estava inchado."

Dia após dia, os relatórios se empilhavam em grandes montes nas mesas da polícia. Dali eram repassados para alguns cuja tarefa era lê-los, e para outros que, embora não autorizados, pagavam muito bem para saborear a luxúria. Ministros, altos funcionários da corte, grão-duques, condessas, embaixadores, grandes industriais, mercadores e corretores de ações, todos se debruçavam sobre os relatórios. Era o assunto de Petrogrado, de todos os cidadãos importantes, que se deleitavam ou se indignavam. Marye, o embaixador norte-americano, escreveu excitadamente em seu diário: "O apartamento de Rasputin é cena das mais desbragadas orgias. Empobrecem todas as outras descrições e, pelos relatos que correm atualmente de boca em boca, as famosas infâmias do imperador Tibério na ilha de Capri parecem moderadas e inofensivas." As anotações convenciam todos os que as liam de que o homem citado era grosseiro, inescrupuloso, um sátiro. Apenas uma pessoa, a quem foi oferecida a chance, se recusou a ler. A imperatriz estava certa de que os altos funcionários da polícia odiavam Rasputin e tudo fariam para manchar seu nome. Para ela, as famosas "anotações da escada" eram pura ficção.

A cega e total obstinação de Alexandra ao se recusar a enxergar a verdade nunca foi tão drasticamente exposta quanto no notório incidente do Yar, em abril de 1915. Rasputin havia ido a Moscou, supostamente para rezar nas tumbas dos patriarcas da Ouspensky Sobor, no Kremlin. À noite, porém, ele decidiu ir ao famoso restaurante Yar, onde ficou ruidosamente bêbado. Por acaso, Bruce Lockhart estava lá. "Eu estava no Yar, o lugar mais luxuoso da noite em Moscou, com alguns visitantes ingleses", ele escreveu. "Enquanto assistíamos ao show musical no salão principal, houve uma violenta confusão numa sala privada. Gritos estridentes de mulheres, xingamentos de um homem, vidro quebrado, portas batendo. Maîtres subiram correndo. O gerente chamou a polícia... Mas a balbúrdia e os berros continuaram... A causa do distúrbio era Rasputin – bêbado e libidinoso, e nenhum policial se atrevia a expulsá-lo." A certa altura, telefonaram para o assistente do ministro do Interior, que deu permissão para prendê-lo, e Rasputin foi retirado "vociferando e jurando vingança". Segundo testemunhas, Rasputin se expôs, urrando bazófias de que sempre se comportava assim na companhia do czar e podia fazer o que quisesse com a "Garotona".

Foi feito um relatório detalhado do comportamento de Rasputin e entregue pessoalmente ao czar pelo general Dzhunkovsky, ajudante de campo que era comandante da polícia em todo o império. Quem estava ciente do conteúdo do relatório supôs que, dessa vez, finalmente, Rasputin estava acabado. Nicolau mandou chamar Rasputin e, com raiva, exigiu uma explicação. A desculpa de Rasputin foi engenhosa e continha pelo menos um núcleo de verdade. Ele explicou que era um simples camponês atraído para um lugar do mal e tentado a beber mais do que deveria. Negou as partes piores do relatório e jurou que não havia falado nada sobre a família imperial. Sem mostrar o relatório a Alexandra, o czar ordenou que Rasputin deixasse Petrogrado e passasse algum tempo em Pokrovskoe.

Mais tarde, a imperatriz leu o relatório e explodiu de raiva. "Meu inimigo Dzhunkovsky mostrou esse papel vil, imundo, a Dmitry [grão-duque Dmitry, mais tarde um dos assassinos de Rasputin]. Se deixarmos nosso Amigo ser perseguido, nós e nosso país sofreremos por isso."

Os dias de Dzhunkovsky estavam contados. A partir daquele momento, as cartas da imperatriz passaram a ter uma torrente de pedidos para "livrar-se de Dzhunkovsky", e em setembro de 1915 ele foi demitido.*

Apesar de tudo o que fazia, Rasputin sempre teve um cuidado extraordinário em resguardar a imagem de piedoso que criara em Tsarskoe Selo. Era a pedra angular de tudo, de sua carreira e de sua vida, e ele a preservava com astúcia e zelo. Às vezes, um telefonema de Tsarskoe Selo vinha estragar seus planos para a noite. Ele resmungava, mas, mesmo totalmente bêbado, conseguia se pôr sóbrio para conferenciar com "Mamãe", como ele chamava a imperatriz, sobre assuntos de Estado.

A descrença de Alexandra na metade ruim da natureza de Rasputin era consideravelmente mais complicada do que uma simples cegueira pudica vitoriana a esse lado da vida. Certamente, ela era moralista, mas não ignorante nem cheia de melindres quanto a sexo ou vício. Tinha ouvido a maioria das histórias sobre o comportamento infame de Rasputin, mas as descartava conscienciosamente como falsas ou difamatórias. Por esse fatídico julgamento distorcido, o próprio Rasputin era vergonhosamente — embora, como ator, de forma brilhante — responsável.

Gregório Rasputin foi um dos homens mais extraordinários e enigmáticos sobre a face da terra. Era uma personalidade arrebatadora e um ator soberbamente convincente. Tinha uma força física prodigiosa e farreava noite e dia num ritmo capaz de matar um homem normal. Sua presença física projetava um enorme magnetismo. Primeiros-ministros, bispos e grão-duques, além de mulheres da sociedade e mocinhas do campo, sentiam sua enorme força de atração e, quando o relacionamento azedava, eram repelidos com a mesma enorme força.

Todo o terrível poder de sua notável personalidade estava concentrado num único objetivo: convencer a imperatriz de que ele era o homem que ela via, o puro, o devoto homem de Deus, nascido do solo da Rússia campônia. Devido a esse laborioso cuidado, Alexandra nunca

---

* Uma explicação singular das duas imagens violentamente contrastantes de Rasputin — o homem santo e o devasso — é oferecida por Maria Rasputin em seu livro *Rasputin, My Father*. Segundo a filha devotada, o bom nome de seu santo pai foi difamado por um esquema monstruoso, montado pelos inimigos do czar, que contrataram um ator parecido com o *starets* para se degradar da maneira mais obscena em lugares públicos. É uma tentativa amorosa, mas não resiste ao peso das provas em contrário.

viu nada além disso. Sua soberba performance foi fortemente engrandecida pelos milagres que ela presenciou junto ao leito de Alexei e de Ana. Cada vez que se sentia ameaçado, Rasputin agia habilmente sobre os medos e a natureza religiosa da imperatriz. "Lembre-se de que não preciso nem do imperador nem de você", ele dizia. "Se me abandonarem a meus inimigos, não vou me preocupar. Sou muito capaz de lidar com eles. Mas nem você nem o imperador podem passar sem mim. Se eu não estiver aqui para protegê-los, perderão seu filho e a Coroa em seis meses." Ainda que tivesse começado a duvidar da pureza do *starets*, Alexandra – depois de Spala e do sangramento do nariz no trem – não queria correr riscos. Rasputin devia ser o que dizia ser, e precisava ficar com ela, ou seu mundo viria abaixo.

Perspicaz, Rasputin mantinha sua posição e aumentava seu domínio, atendendo às necessidades mais prosaicas da imperatriz, de constante reafirmação e encorajamento. Suas conversas e telegramas eram uma ardilosa mistura de religião e profecia, muitas vezes à maneira das gloriosas previsões sem significado algum, expedidas por máquinas de jogos de quermesses do interior: "És coroada com a felicidade terrena, as coroas do céu virão depois... Não teme as dificuldades do presente, tens a proteção da Santa Mãe – vá aos hospitais, apesar das ameaças dos inimigos – tenha fé... Não tema, nada ficará pior do que já está, tenha fé e o estandarte nos guiará." Apesar de vagas como eram essas mensagens, a imperatriz, exausta e insegura, encontrava nelas conforto.

Em questões de política, os conselhos de Rasputin em geral se limitavam a endossar cuidadosamente políticas já enunciadas pela imperatriz, certificando-se de reformular a ideia em sua própria linguagem, de modo que parecesse uma nova inspiração. Suas ideias eram de fato originais e específicas quando representavam de modo realista a Rússia camponesa. Durante toda a guerra, ele advertiu sobre o derramamento de sangue. "As aldeias estão se esvaziando", ele disse ao czar. No entanto, quando Paléologue o confrontou, afirmando que ele estava pressionando o czar para acabar com a guerra, Rasputin replicou: "Quem lhe falou isso é um idiota. Estou sempre falando ao czar que ele deve lutar até a vitória total. Mas também digo a ele que a guerra trouxe um sofrimento insuportável ao povo russo. Conheço aldeias onde só restaram cegos e feridos, viúvas e órfãos."

À medida que a guerra continuava, Rasputin, assim como Lênin, via que, junto com a paz, a preocupação predominante do povo russo seria o pão. Ele reconhecia que a falta de comida era principalmente um problema de distribuição e não cessava de avisar à imperatriz que os problemas mais críticos da Rússia eram as ferrovias. Em certo momento de outubro de 1915, ele pressionou Alexandra para fazer com que o czar cancelasse todos os trens de passageiros por três dias para que os carregamentos de combustível e alimentos chegassem às cidades.

Quando se tratava de escolher os ministros para o governo do país, a área em que Rasputin exerceu sua mais destrutiva influência, ele não tinha o menor planejamento. Nomeou homens para as mais altas posições meramente porque gostavam ou diziam gostar dele, ou que pelo menos não se opunham a ele. Rasputin não tinha ambição de governar a Rússia, só queria que o deixassem em paz para levar sua louca vida desregrada. Quando, desprezando sua influência sobre a imperatriz, ministros poderosos lhe fizeram oposição, Rasputin quis livrar-se deles. Ao colocar seus homens em todos os postos de maior importância, tinha a garantia não de governar, mas de que não o incomodariam.

A certa altura, todas as indicações para os mais altos escalões dos ministérios do governo e da Igreja passavam por suas mãos. Algumas nomeações feitas por Rasputin seriam cômicas se não fossem trágicas. Certa vez, ele viu um mordomo da corte, chamado A. N. Khvostov, jantando no restaurante Villa Rode. Quando o coral cigano começou a cantar, Rasputin não gostou; achou os baixos muito fracos. Olhando para Khvostov, que era grande e forte, Rasputin deu-lhe um tapinha nas costas, dizendo: "Irmão, vá lá ajudar essa gente a cantar. Você é gordo, pode fazer um barulhão." Khvostov, já bêbado e descontraído, subiu ao palco e soltou sua voz de baixo profundo. Feliz da vida, Rasputin bateu palmas, aplaudindo aos gritos. Não muito depois, Khvostov foi inesperadamente nomeado ministro do Interior. Sua nomeação levou Vladimir Purishkevich, membro da Duma, a declarar seu desgosto ao ver que os ministros agora precisavam ser aprovados não em suas qualidades governamentais, mas em música cigana.

Da mesma forma, o ardente endosso de Rasputin à crença da imperatriz na autocracia era em parte autodefensivo. Somente num sistema em que seu protetor e protetora fossem todo-poderosos ele poderia sobreviver. Ele resistia às demandas da Duma e de outros que pressionavam por um governo responsável porque o primeiro ato de um governo assim seria eliminá-lo. Além do mais, Rasputin não acreditava mesmo em governo responsável. Não acreditava que os membros da Duma, ou

Rodzianko, seu presidente, representassem a verdadeira Rússia. Certamente não representavam a Rússia camponesa de onde ele surgira. Acreditava na monarquia, não por simples oportunismo, mas porque era a única forma de governo conhecida nas aldeias. Tradicionalmente, os camponeses olhavam para o czar. Aristocratas, cortesãos, senhores de terras – os homens que compunham a Duma – pertenciam às classes que, historicamente, impediam o acesso dos camponeses ao czar. Vistos por esse prisma, eram os homens da Duma, e não Rasputin, os oportunistas inescrupulosos que tentavam usurpar os poderes do czar. Dar à Duma mais poder do que já possuía, diluir ainda mais o papel da autocracia, seria pôr fim à Rússia antiga, tradicional, de Czar, Igreja e Povo. Rasputin entendia e resistia a isso. "Governo responsável", a imperatriz escreveu ao czar, "como nosso Amigo diz, seria a ruína de tudo."

Como Nicolau via essas cartas ardorosas, persistentes, exortando-o a escolher este ou aquele ministro e, sobretudo, a acreditar mais no "nosso Amigo"? Às vezes, ele ignorava calmamente aqueles conselhos, envolvendo-se num manto de silêncio, evitando respostas diretas e agindo a seu modo. A própria vociferação das cartas de Alexandra mostra que constantemente ela ficava insatisfeita com as respostas dele. Se realmente fosse ela quem dirigisse o império e Nicolau não passasse de um mero fantoche executando seus comandos, essas exortações insistentes e repetitivas não seriam necessárias.

Mas se Nicolau nem sempre satisfazia as súplicas da esposa, raramente a confrontava com uma recusa aberta, em particular sobre qualquer questão envolvendo Rasputin. Em se tratando do *starets*, a atitude do czar era de um respeito tolerante, com uma pitada de amigável ceticismo. Às vezes, ele reconhecia se acalmar com as conversas semirreligiosas de Rasputin. Ao partir para o front, em março de 1915, ele escreveu a Alexandra: "Vou com tanta tranquilidade na alma que estou até surpreso. Se é por causa de uma conversa que tive com nosso Amigo, ou por causa da notícia no jornal sobre a morte de Witte [que morreu de infarto aos 67 anos], não sei." Em outras ocasiões, Nicolau se aborrecia com a intrusão de Rasputin em questões políticas e pedia à esposa: "Não arraste nosso Amigo para isso."

Entretanto, quando a imperatriz o interpelava diretamente, pedindo que seguisse o conselho do "homem de Deus", ele em geral se curvava. Sabia muito bem o quanto ela contava com a presença e as preces de Rasputin. Vira com seus próprios olhos o que acontecera à beira do leito de Alexei e de Ana. Para confortá-la, encorajá-la e acalmar seus medos, ele endossava suas sugestões e recomendações. Esse relacionamento foi grandemente acentuado depois que Nicolau foi para o quartel-general. Então, tendo deixado a gerência dos assuntos internos nas mãos de Alexandra, Nicolau confirmava regularmente suas sugestões de nomeação de ministros. E foi com essas escolhas, propostas por Rasputin, pressionadas pelas súplicas da imperatriz e insensatamente endossadas por sua ausência, que Nicolau perdeu o trono.

❦24❦
O GOVERNO SE DESINTEGRA

No começo do outono de 1915, Alexandra Feodorovna era imperatriz da Rússia havia 21 anos. Durante todo esse tempo, ela demonstrara pouco interesse em política e nenhuma ambição pessoal. Exceto em defesa de Rasputin, era raro falar com o czar sobre assuntos do governo. Mal conhecia os ministros do marido e, durante a primeira década de casamento, ficava completamente intimidada diante deles. Em 1905, o conde Fredericks persuadiu-a, com dificuldade, a falar com o czar sobre uma questão política. Quando ele voltou e lhe pediu pela segunda vez, Alexandra se desfez em lágrimas. Depois que o filho nasceu e Rasputin apareceu, ela intervinha quando ele parecia estar sendo ameaçado. Então, seu poder se tornou formidável: a exoneração de Kokovtsov como premier foi basicamente obra sua. Mas ela continuava tímida e calada na presença dos ministros, ainda sem experiência em assuntos do governo.

Tudo isso mudou quando Nicolau assumiu o comando do exército. A lacuna deixada por ele na administração civil foi preenchida pela esposa. Não era uma regência formal. Era quase uma divisão doméstica dos deveres da família. Como tal, estava totalmente dentro da tradição autocrática russa. "Quando o imperador foi para a guerra, é claro que sua esposa governou em seu lugar", disse o grão-duque Alexandre, explicando o que considerava uma sequência natural dos eventos.

As cartas de Nicolau deixam claro que ele via o papel da czarina sob essa luz. "Pense, minha esposinha, você não ajudaria seu maridinho agora que ele está ausente [?]", ele escreveu animado ao partir para o quartel-general. "Que pena que você não está cumprindo esse dever há muito tempo ou pelo menos durante a guerra." Em 23 de setembro de 1916 (E.A.), ele disse: "Sim, realmente, você deve ser meus olhos e ouvidos na capital enquanto preciso estar aqui. Cabe a você manter a paz e harmonia entre os ministros – desse modo, você presta um grande serviço a mim e ao país. (...) Fico muito feliz ao pensar que você enfim encontrou uma ocupação merecida. Agora, naturalmente ficarei calmo e pelo menos não me preocuparei com assuntos internos." E no dia seguinte: "Você realmente me ajudará muito falando com os ministros e os observando." Quando ela se sentia insegura e pedia desculpas por sua pretensão, ele a tranquilizava: "Não há nada a desculpar, pelo contrário, devo ser profundamente grato por avançar nessa séria questão com sua ajuda."

Já que o czar pedia sua ajuda, Alexandra se lançou à tarefa. Para "manter a paz e harmonia entre os ministros" e administrar os assuntos internos, ela usou a mesma intensa dedicação e estreita teimosia demonstrada na luta pela vida do filho. Faltando-lhe experiência, Alexandra cometeu vários erros, de tamanho gigantesco. Tateava às cegas entre pessoas e fatos, incapaz de averiguar o que lhe diziam, no mais das vezes dependendo de suas impressões de uma única entrevista curta. À medida que atuava, sua autoconfiança aumentava, e foi um triunfo pessoal quando, em setembro de 1916, ela escreveu ao czar, exultante: "Já não tenho nem um pouquinho de timidez ou de medo dos ministros e falo como uma cascata em russo."

Rasputin era não somente seu conselheiro, mas também sua unidade de medida para avaliar outros homens. Homens "bons" acatavam os conselhos de Rasputin e o respeitavam. Homens "maus" o odiavam e contavam histórias sórdidas sobre ele. O trabalho dos "bons" seria abençoado e, portanto, eles deviam ser nomeados para altos cargos. Os "maus" era certo que fracassariam, e os que já ocupavam altas posições deviam ser exonerados. Alexandra não dava atenção especial à aptidão ou experiência de um ministro em potencial para ocupar o cargo. Só importava que ele fosse aceitável para o homem de Deus. Era muito mais importante ele gostar de Rasputin do que entender alguma coisa de munições, diplomacia ou distribuição de alimentos.

Todo candidato ao Conselho de Ministros era examinado e avaliado da seguinte maneira: "Ele gosta do nosso Amigo... Ele venera nosso Amigo... Ele chama nosso Amigo de padre Gregório... Ele não é inimigo do nosso Amigo?" Ao contrário da Duma, cuja própria existência ela considerava uma mancha na autocracia, Alexandra aceitava o Conselho de Ministros como uma instituição legítima. Nomeados pelo czar e responsáveis apenas perante o czar, os ministros eram necessários para governar o país. O que ela não suportava eram ministros que se opunham à vontade autocrática. A qualquer sinal de que um deles discordava do czar, ela ficava desconfiada. A ideia de que um ministro e a Duma trabalhavam em conjunto a deixava desesperada.

Para Alexandra, o ministro ideal era personificado no velho primeiro-ministro Ivan Goremykin. Tendo deixado o cargo em 1906 para ser substituído por Stolypin, Goremykin foi readmitido no poder antes de estourar a guerra. Agora, com 76 anos e a saúde decadente, Goremykin não tinha ilusões quanto a seu papel. Já em 1896 Pobedonostsev havia escrito a Nicolau que Goremykin precisava descansar ou "não vai durar até o fim do inverno". Várias vezes, Goremykin tinha pedido permissão – sempre negada – para se demitir. "O imperador não vê que as velas já estão acesas em volta do meu caixão e que a única coisa que falta para completar a cerimônia sou eu", ele dizia, pesaroso.

No entanto, as ideias antiquadas, obstinadas de Goremykin sobre a autocracia e o papel de um ministro eram raras e valiosas demais para que se abrisse mão dele. "Sou um homem da velha escola e, para mim, uma ordem imperial é lei", dizia. "Para mim, Sua Majestade é o ungido, o soberano por direito. Ele personifica toda a Rússia. Ele está com 47 anos e não é de hoje que está reinando e decidindo o destino do povo russo. Quando ele toma uma decisão e determina seu curso de ação, seus súditos devem aceitar, sejam quais forem as consequências. E que seja feita a vontade de Deus. Essa convicção, tive durante toda a minha vida, e com ela morrerei." Não era de surpreender que a imperatriz ficasse encantada com Goremykin, a quem ela chamava afetuosamente "o Velho". "Ele vê e entende tudo com tanta clareza que é um prazer conversar com ele", ela comentava.

Com a mesma clareza, o singular Goremykin e suas convicções sobre a autocracia se tornaram notoriamente aparentes na grave crise ministerial que se seguiu à decisão do czar de assumir o comando do exército. Dentre todos os ministros, Goremykin foi o único a apoiar a decisão de seu amo e senhor. Em vão, ele clamava: "Conclamo-os, senhores, em vista dos eventos de extraordinária importância, a se curvarem à vontade de Sua Majestade, a lhe darem total apoio nesse momento decisivo e se dedicarem com toda a energia ao serviço do soberano." Diante da recusa, Goremykin disse, combalido: "Peço que comuniquem ao imperador que não estou à altura de minha posição, e que é necessário nomear um homem de visão mais moderna para ocupar meu lugar. Serei grato a vocês por esse favor."

Em vez disso, a maioria do conselho ministerial decidiu que, se o czar se recusava a acatar suas recomendações, nada havia a fazer senão se demitir. "É nosso dever", declarou Sazonov, ministro das Relações Exteriores, "(...) dizer francamente ao czar que, nas atuais condições, não podemos governar o país, não podemos servi-lo conscienciosamente e estamos prejudicando o país... O gabinete não pode desempenhar suas funções se não goza da confiança do soberano." Uma carta coletiva de demissão, assinada por oito dos treze ministros, foi enviada ao czar. Não surtiu o menor efeito. Nicolau mandou chamar os ministros ao quartel-general e lhes respondeu que, enquanto ele não achasse adequado substituí-los, não tinham permissão para se demitir.

Dias depois, numa carta a Alexandra, ele ruminava sobre a lacuna entre ele e seu ministério. "A atitude de alguns ministros continua a me causar espanto. Afinal, eu lhes disse, naquela famosa reunião, precisamente o que eu pensava e pensei que tivessem entendido... O que importa... pior para eles. Estavam com medo de fechar a Duma – foi fechada. Vim para cá substituir N. [grão-duque Nicolau], a despeito de seus conselhos. O povo aceitou a mudança como natural e entendeu o que foi feito. A prova foram os vários telegramas que recebi de todos os lados, com as mais comoventes manifestações. Tudo isso me mostra claramente uma coisa: que os ministros, sempre morando na cidade, sabem terrivelmente pouco do que está acontecendo no país como um todo. Aqui, posso julgar corretamente o verdadeiro ânimo entre as várias classes de pessoas... Petrogrado e Moscou constituem as únicas exceções no mapa da pátria."

A imperatriz estava menos interessada em achar desculpas para a atitude ministerial do que em tirar do cargo todos os que haviam assinado a carta. Assim, os dezesseis meses seguintes viram uma triste sequência de demissões, remanejamentos e intrigas. Nesse meio-tempo, a Rússia teve quatro primeiros-ministros, cinco ministros do Interior, quatro ministros da Agricultura e três ministros da Guerra. "Depois de meados de 1915", escreveu Florinsky, "o muito respeitável e eficiente grupo que formava o topo da pirâmide burocrática degenerou numa rápida sucessão de nomeados por Rasputin. Foi um espetáculo extravagante, espantoso e lamentável, sem paralelo na história de nações civilizadas."

Dois dos que assinaram, o príncipe Shcherbatov, ministro do Interior, e Samarin, procurador do Santo Sínodo (ministro da Religião) saíram rapidamente, demitidos sem explicação, em outubro. Krivoshein, ministro da Agricultura, saiu em novembro, e Kharitonov, controlador do Estado, se foi em janeiro. O seguinte, em fevereiro de 1916, foi o leal Goremykin. "Os ministros não desejam trabalhar bem com o velho Goremykin... portanto, em meu retorno, terão lugar algumas mudanças", Nicolau escreveu. A princípio, a imperatriz relutou. "Se, de algum modo, você acha que ele é um entrave, um obstáculo para você, é melhor deixá-lo ir", ela escreveu, "mas, se quiser mantê-lo, ele fará tudo o que você ordenar e tentará fazer o melhor possível... A meu ver, muito melhor tirar ministros que atacam e não mudar o presidente que, com [colegas] decentes, enérgicos, bem-intencionados... ainda pode servir perfeitamente bem. Ele vive e serve somente a você e a seu país, sabe que os dias dele estão contados, e não teme a morte por idade, nem por faca ou tiro." Rasputin também detestava a ideia de perder Goremykin: "Ele não suporta a ideia de o Velho ir embora, está preocupado e pensando sem cessar no assunto. Diz que ele é tão sensato, enquanto os outros fazem confusão... ele fica de cabeça baixa – é porque entende que, hoje, o povo lamenta, amanhã aplaude, e ninguém precisa ser esmagado pela mudança da maré."

Todavia, nas mãos enfraquecidas de Goremykin, o governo tinha quase parado de funcionar. Seus colegas ministros o evitavam ou ignoravam. Quando aparecia na Duma, o Velho era recebido com uma vaia tão prolongada que o impedia de falar. O czar, a imperatriz e o próprio Goremykin entendiam que aquela situação não podia continuar. "Estou quebrando a cabeça com a questão da sucessão do Velho", escreveu Nicolau. Alexandra concordou, com tristeza, e pensaram em nomear Alexandre Khvostov, o conservador ministro da Justiça. Tio daquele ministro do Interior cantor, esse Khvostov mais velho era um dos que haviam se recusado a assinar a carta abominada. Antes, porém, ele precisava receber a visita de Rasputin.

"Nosso Amigo me disse para esperar sobre o Velho até que ele veja o tio Khvostov na quinta-feira, saiba que impressão terá dele", Alexandra escreveu ao czar. "Ele [Rasputin] está desolado sobre o querido Velho, diz que é um homem tão sério, mas tem pavor das vaias da Duma para ele, porque então você ficaria numa posição horrível." No dia seguinte, ela escreveu: "Amanhã, Gregório vê o velho Khvostov e depois o encontro à noite. Ele quer me contar suas impressões, se é um sucessor à altura de Goremykin." Mas Khvostov não sobreviveu à entrevista. Alexandra escreveu que Rasputin foi recebido "como um pedinte no ministério".

O candidato proposto a seguir, Boris Stürmer, teve mais sucesso. Equipado com o instinto arquiconservador de Goremykin, mas sem um pingo da coragem e de honestidade do Velho, Stürmer, então com 67 anos, era um produto obscuro e funesto da burocracia profissional russa. Sua família era de origem germânica. Seu tio-avô, barão Stürmer, fora um delegado austríaco na guarda de Napoleão na prisão em Santa Helena. O Stürmer atual fora inicialmente mestre de cerimônias da corte e, mais tarde, como governador reacionário da província de Yaroslav, angariara má fama universal. "Um homem que deixou más lembranças em todos os postos administrativos que ocupou", declarou Sazonov. "Uma absoluta nulidade", resmungou Rodzianko. "Um homem falso, de duas caras", disse Khvostov.

Quando Stürmer apareceu, Paléologue, que mal tinha ouvido falar nele, passou três dias ocupado em obter informações e depois traçou um retrato desencorajador: "Ele... é pior que uma mediocridade – intelecto de terceira categoria, espírito mesquinho, caráter baixo, honestidade duvidosa, nenhuma experiência e sem noção de negócios de Estado. O máximo que se pode dizer sobre ele é que tem um belo talento para a astúcia e para a lisonja... Sua nomeação se torna inteligível na suposição de que foi escolhido unicamente como um instrumento; em outras palavras, realmente por sua insignificância e seu servilismo... [Ele] foi... calorosamente recomendado ao imperador por Rasputin."

Na verdade, Stürmer foi primeiramente recomendado ao czar pelo amigo e *protégé* de Rasputin, Pitirim, que, com a ajuda de Rasputin, havia sido nomeado metropolitano da Igreja Ortodoxa, em Petrogrado. "Eu gerei Pitirim e Pitirim gerou Stürmer", foi o comentário sardônico de Rasputin. Contudo, o nome de Stürmer constava muito nas cartas da imperatriz. "Amorzinho, não sei, mas ainda acho que Stürmer... Stürmer vai servir por algum tempo. Ele tem muita consideração por Gregório, o que é ótimo... Nosso Amigo disse, sobre Stürmer, para mantê-lo por algum tempo, pois ele é decididamente um homem leal."

Para perplexidade da Rússia, e até do leal Goremykin, que nem suspeitava de que seu desejo de aposentadoria estava prestes a ser atendido, o desconhecido Stürmer foi subitamente nomeado primeiro-ministro em fevereiro de 1916. A Duma considerou a nomeação uma humilhação insuportável, um insulto a todo seu trabalho e aspirações. Não havia dúvida de que, quando o novo primeiro-ministro aparecesse, a indignação superaria tudo o que fora direcionado a Goremykin. Nessa altura, Rasputin ofereceu uma sugestão engenhosa. O *starets* não morria de amores pela Duma, mas reconhecia sua utilidade. Chamava seus membros de "cães reunidos para calar outros cães". Naquelas circunstâncias, ele aconselhou Nicolau a um gesto apaziguador. "Claro que, se puder endereçar algumas palavras, totalmente inesperadas, à Duma... tudo pode mudar", Alexandra explicou a ideia ao czar. Nicolau concordou e, em 22 de fevereiro de 1916, compareceu em pessoa à Duma imperial. Foi cantado um *Te Deum*, Nicolau cumprimentou os membros como "representantes do povo russo" e agraciou Rodzianko com a Ordem de Santa Ana. Embora Stürmer estivesse presente ao lado do czar, sua nomeação foi temporariamente esquecida – como Rasputin havia espertamente previsto – em meio à torrente de aplausos.

Uma vez Stürmer instalado no topo, a imperatriz, por insistência de Rasputin, continuou a extirpar as ervas daninhas das fileiras ministeriais. O próximo alvo importante foi Polivanov, ministro da Guerra. A imperatriz jamais gostara dele. "Perdoe-me", ela escreveu ao czar quando Polivanov foi nomeado, "mas não gosto da escolha do ministro da Guerra Polivanov. Ele não é inimigo do nosso Amigo?" Pouco tempo após substituir o indolente Sukhomlinov, o brusco e eficiente Polivanov fizera maravilhas no treinamento e equipagem do exército. Foi basicamente devido a seu trabalho que o exército russo, derrotado em 1915, conseguiu se recuperar a ponto de realizar a grande ofensiva de 1916. Contudo, Polivanov estava marcado não só por sua áspera recusa a ter qualquer coisa a ver com Rasputin, mas também por sua determinação em trabalhar diretamente com a Duma, de modo a obter o máximo apoio a seu programa de armamento do exército. No fim, o destino de Polivanov foi selado quando ele descobriu que Stürmer tinha dado a Rasputin quatro carros do Ministério da Guerra, de alta potência, muito mais velozes que os da polícia e que, portanto, não seria possível segui-lo em suas surtidas aos inferninhos noturnos. Polivanov objetou severamente, e logo Alexandra estava escrevendo a Nicolau: "Livre-se de Polivanov... qualquer homem honesto é melhor que ele... Lembre-se de Polivanov... Amorzinho, não perca tempo, decida-se logo, é muito grave." Em 25 de março, Polivanov caiu. "Oh, que alívio! Agora vou dormir bem", ela disse quando recebeu a notícia. Outros ficaram horrorizados. Polivanov foi "indubitavelmente o mais capaz organizador militar da Rússia e sua demissão foi desastrosa", escreveu Knox. Sucessor de Polivanov, o general Shuvaiev foi descrito por Knox como "um bom homem, muito direto e honesto. Não tinha conhecimento do trabalho, mas sua dedicação ao imperador era tamanha que, se a porta se abrisse e Sua Majestade entrasse lhe dizendo que se atirasse pela janela, ele o faria na mesma hora".

O próximo a cair seria Sazonov, o ministro das Relações Exteriores. Cunhado de Stolypin, Sazonov era um homem culto, de histórico liberal e amigo íntimo de Buchanan e Paléologue. Era ministro das Relações Exteriores desde 1910 e gozava da confiança total tanto do czar quanto dos governos aliados. Contudo, desde sua assinatura da carta ministerial, Alexandra queria que ele saísse. Ela suspeitava, com razão, que além de sua amizade com a França e com a Inglaterra ele desejava um governo responsável no país. As duas coisas, ela acreditava, enfraqueceriam a Rússia autocrática que esperava passar para o filho. Durante todo o inverno, ela manteve fogo cerrado contra o "narigudo Sazonov... Sazonov é um tolo". Em março de 1916, ela escreveu a Nicolau: "Gostaria que você pensasse em um bom sucessor para Sazonov – não precisa ser diplomata. Para que... mais tarde não sejamos pisados pela Inglaterra e quando vierem questões da paz final sejamos firmes. O velho Goremykin e Stürmer sempre o desaprovaram porque é muito covarde com relação à Europa, e parlamentarista – e isso seria a ruína da Rússia."

A queda de Sazonov veio em julho de 1916, precipitada pela questão da autonomia da Polônia. Quando estourou a guerra, a Rússia havia prometido um reino polonês realmente independente e unido, ligado à Rússia apenas pela pessoa do czar. Os poloneses se entusiasmaram e, ao entrarem na Galícia, as tropas russas foram recebidas como libertadoras. As derrotas militares e a perda de grande parte do território polonês, em 1915, adiaram o compromisso e ao mesmo tempo encorajaram os conservadores russos, que resistiam ao cumprimento da promessa por temerem que dar autonomia a uma parte do império estimulasse outras províncias a seguir o exemplo. Incitada por Rasputin, Alexandra argumentou que "o direito futuro de Baby" estava em questão. No entanto, apoiado pela Inglaterra e pela França, Sazonov continuava a insistir.

Em 12 de julho, Sazonov se reuniu com Nicolau no quartel-general. "O imperador adotou inteiramente meu ponto de vista... Venci o tempo todo", ele relatou, jubiloso, a Buchanan e Paléologue. Com enorme bom humor, o ministro das Relações Exteriores embarcou para um feriado na Finlândia, durante o qual pretendia redigir uma proclamação imperial à Polônia. Enquanto isso, Stürmer e a imperatriz correram ao quartel-general e, durante sua viagem à Finlândia, Sazonov foi sumariamente demitido. Abismados, Buchanan e Paléologue pleitearam a revogação da demissão. Não sendo atendidos, Buchanan ousou pedir permissão ao czar para solicitar ao rei George V uma condecoração britânica a Sazonov por serviços prestados à Aliança. Nicolau concordou e ficou de fato contente por Sazonov – de quem ele gostava e a quem tratara mal – receber a honraria.

O substituto de Sazonov como ministro das Relações Exteriores não foi outro senão Stürmer, que assumiu o cargo, além de continuar como premier. A nomeação foi outro choque horrendo para Buchanan e Paléologue, que passariam a lidar diariamente em termos profissionais próximos com o novo ministro. Cada embaixador reagiu de sua forma típica: Buchanan, empertigado, escreveu a Londres: "Jamais posso esperar ter relações confidenciais com um homem em cuja palavra não se pode depositar confiança." Após uma reunião, Paléologue confidenciou a seu diário: "Sua aparência [de Stürmer], esperto e de olhar meloso, furtivo e piscando, é a própria expressão da hipocrisia... ele emite um intolerável odor de falsidade. Em sua bonomia e polidez afetada, sente-se que ele é baixo, intrigante e traiçoeiro."* O ministério-

---

* Como representantes dos aliados da Rússia, Buchanan e Paléologue eram naturalmente os membros mais importantes do corpo diplomático em Petrogrado, pois a representação norte-americana era inusitada e desnecessariamente fraca devido à escolha, pelo presidente Wilson, de não profissionais para o posto. De 1914 a 1916, o embaixador dos Estados Unidos foi George T. Marye, de San Francisco, que tinha pouco interesse e contato com a Rússia, e obtinha a maior parte das informações nos jornais que recebia de Paris. Em sua audiência de despedida com o czar, Marye disse esperar que, após a guerra, os homens de negócios americanos afluíssem para investir na Rússia. "A Rússia precisava da energia americana, do dinheiro americano, e os americanos que viessem fazer negócios na Rússia encontrariam um campo imensamente lucrativo. Ninguém,

chave em tempos de crise não era o das Relações Exteriores, nem a presidência do conselho. Era o do Interior, responsável pela manutenção da lei e da ordem. Logo abaixo vinham a polícia, a polícia secreta, informantes e agentes da contraespionagem – todos os aparelhos que, à medida que um regime se torna cada vez mais impopular, se tornam cada vez mais necessários à sua preservação. Em outubro de 1916, o czar nomeou inopinadamente para esse posto da maior importância o vice-presidente da Duma, Alexandre Protopopov. A escolha foi desastrosa, contudo, ironicamente, Nicolau a fez, pelo menos em parte, como um gesto simpático a Rodzianko e à Duma.

Alexandre Protopopov era um homem de 64 anos, pequeno, untuoso, de cabelos brancos, bigode e olhos negros brilhantes. Em sua nativa Simbirsk, a cidadezinha no Volga que também deu à Rússia Kerensky e Lênin, sua posição social era muitíssimo mais alta que a de seus dois famosos conterrâneos. Seu pai era um nobre senhor de terras e dono de uma grande fábrica têxtil, e o filho tinha sido cadete na escola de cavalaria, cursado direito e se tornado diretor da fábrica do pai. Importante personagem local, ele foi eleito para a Duma, onde, embora demonstrasse pouco discernimento político, seu ar suave e insinuante o tornou extremamente popular. "Ele era bonito, elegante, cativante nos salões, moderadamente liberal e sempre agradável... Tinha um ar levemente astuto, mas que parecia muito inocente e de boa índole", escreveu Kerensky, que também fazia parte da Quarta Duma.

O charme de Protopopov e sua filiação ao grande e moderadamente liberal Partido Outubrista o levavam a ser sempre reeleito vice-presidente da Duma. Como presidente, Rodzianko respeitava as habilidades do vice. Em junho de 1916, ele sugeriu a Nicolau que Protopopov daria um bom ministro. "Para o posto [de ministro do Comércio], ele propôs o *tovarísh* Protopopov", Nicolau escreveu a Alexandra, acrescentando que "tenho uma noção de que nosso Amigo o mencionou [Protopopov] em alguma ocasião." Mas nenhuma mudança foi feita na época, e Protopopov continuou como o segundo homem da Duma. Nessa condição, ele chefiou uma delegação em visita de cortesia à Inglaterra e à França, em julho de 1916. Na volta para casa, ele parou em Estocolmo

---

é claro, estava no ramo de negócios a troco de nada. O imperador sorriu levemente quando usei essa expressão meio vulgar", relatou Marye. Seu sucessor foi David R. Francis, um rico homem de negócios e ex-governador do Missouri, que chegou à Rússia com uma escarradeira portátil acionada por pedal.

e teve uma misteriosa conversa com um financista sueco sabidamente próximo à embaixada alemã. Ao chegar à Rússia, foi ao quartel-general, em visita oficial ao czar. "Ontem, recebi um homem de quem gosto muito, Protopopov, vice-presidente da Duma Estatal", Nicolau escreveu. "Ele viajou para o estrangeiro com membros da Duma e me contou coisas muito interessantes."

Agora todos os ingredientes necessários à promoção de Protopopov a ministro estavam presentes: ele tinha conquistado o czar com suas boas maneiras, tinha sido recomendado como um sólido colaborador por Rodzianko e, o mais importante, tinha o total apoio de Rasputin e, consequentemente, da imperatriz. Protopopov e Rasputin se conheciam havia muitos anos. O ministro recém-nomeado não tinha boa saúde. Sofria de uma doença ora descrita como paralisia progressiva da coluna, ora como sífilis em estado adiantado, dependendo da afinidade do informante com Protopopov. Quando os médicos se mostraram incapazes de tratá-lo, Protopopov recorreu a Badmayev, um charlatão siberiano então muito em voga em Petrogrado. Badmayev era conhecido de Rasputin, e Protopopov, que tinha fascinação pelo misticismo e pelo oculto, foi introduzido num círculo mais amplo do *starets*. Ao ter a notícia de que Nicolau tinha gostado de seu amigável *protégé*, Rasputin tomou a iniciativa de propor Protopopov para ministro do Interior.

"Gregório pede seriamente que você nomeie Protopopov", Alexandra escreveu em setembro. "Ele gosta do nosso Amigo há pelo menos quatro anos, e isso diz muito de um homem." Dois dias mais tarde, ela repetiu: "Por favor, tome Protopopov como ministro do Interior. Como ele é da Duma, terá um grande efeito e vai calar-lhes a boca." Nicolau relutou e censurou a esposa por aceitar todos os caprichos de Rasputin: "Esse Protopopov é um bom homem… Há muito que Rodzianko vem sugerindo o nome dele para ministro do Comércio. [Mas] preciso considerar essa questão, que me tomou totalmente de surpresa. As opiniões de nosso Amigo sobre as pessoas são às vezes muito estranhas, como você bem sabe – portanto, isso tem que ser pensado com muita cautela." Contudo, dias depois o czar cedeu e telegrafou: "Será feito." Por carta, ele acrescentou: "Deus permita que Protopopov venha a ser o homem de que precisamos agora." Exultante, a imperatriz respondeu: "Deus abençoe a sua escolha de Protopopov. Nosso Amigo diz que foi um ato de grande sabedoria tê-lo nomeado."

A nomeação causou sensação. Na Duma, o fato de Protopopov aceitar servir sob Stürmer foi visto como uma traição escandalosa. Quando um velho amigo na Duma lhe disse sem rodeios que sua nomeação era um escândalo e que ele deveria renunciar imediatamente, Protopopov, borbulhando de alegria com a promoção, respondeu com total franqueza: "Como você me pede para renunciar? Toda a minha vida sonhei em ser vice-governador e agora sou ministro."

Rodzianko foi o mais irritado de todos. Tremendo de raiva, ele confrontou o vira-casaca, criticando acerbamente sua traição. Quando, em tom servil, Protopopov disse: "Espero poder fazer algumas mudanças", Rodzianko replicou, com desdém: "Você não tem nem força suficiente para a luta; jamais terá coragem de falar francamente com o imperador." Pouco depois, Protopopov procurou Rodzianko, insinuando que, com sua ajuda, o presidente da Duma poderia ser nomeado premier e ministro das Relações Exteriores, em substituição a Stürmer. Sabendo perfeitamente bem que nem Nicolau nem Alexandra jamais sonhariam em nomeá-lo, Rodzianko ditou suas condições: "Somente eu terei o poder de escolher os ministros... a imperatriz deve ficar morando... em Livadia até o fim da guerra." Na mesma hora, Protopopov sugeriu que Rodzianko fosse falar pessoalmente com a imperatriz.

Depois que assumiu o cargo, Protopopov passou a ter um comportamento totalmente excêntrico. Apesar de ministro, ele manteve seu lugar na Duma, mas comparecia às reuniões vestindo o uniforme de general da Guarda Civil, o que, como chefe da polícia, ele tinha direito. Ao lado de sua mesa de trabalho havia um ícone que ele tratava como se fosse uma pessoa. "Ele me ajuda em tudo; tudo é feito conforme o conselho dele", disse Protopopov a Kerensky, apontando para o ícone. Ainda mais esdrúxula foi a repentina transformação do liberal Protopopov da Duma no Protopopov ultrarreacionário. Estava decidido a ser o salvador do czarismo e da Rússia ortodoxa. Ele não só destemia a revolução, mas esperava provocá-la, a fim de esmagá-la à força. Nas reuniões, escreveu Rodzianko, "ele revirava os olhos todo o tempo, numa espécie de êxtase sobrenatural. 'Sinto que vou salvar a Rússia. Sei que somente eu poderei salvá-la'".

Além de comandar a polícia, Protopopov assumiu ainda a responsabilidade do problema mais crítico da Rússia, a organização do suprimento de alimentos. A ideia foi de Rasputin. Não sem lógica, ele propôs que essa competência fosse transferida do Ministério da Agricultura, que se debatia para sobreviver, para a competência do Ministério do Interior, que tinha a polícia à disposição para fazer cumprir suas ordens. Aprovando a ideia, a imperatriz emitiu pessoalmente a ordem de transferência. Foi o único episódio em que Alexandra não se deu ao trabalho de consultar o czar. "Perdoe-me pelo que fiz, mas tive que fazer. Nosso Amigo disse que era absolutamente necessário", ela escreveu. "Stürmer está mandando por este mensageiro um documento para você assinar, passando todo o suprimento de alimentos imediatamente para o ministro do Interior... Precisei dar este passo por mim mesma, já que Gregório diz que Protopopov terá tudo nas mãos... e assim salvará a Rússia... Perdoe-me, mas tive que assumir essa responsabilidade pelo seu próprio bem, amor." Nicolau aquiesceu, e assim, à medida que a Rússia se aproximava do tenebroso inverno de 1916-1917, tanto a polícia quanto os alimentos ficaram nas mãos trêmulas e ineficientes de Alexandre Protopopov.

Embora a função delegada informalmente por Nicolau fosse apenas supervisionar os assuntos internos, Alexandra começou a invadir a área de operações militares. "Doce anjo", ela escreveu em novembro de 1915, "querendo muito perguntar seus passos sobre os planos a respeito da Romênia. Nosso Amigo está muito ansioso para saber." No mesmo mês: "Nosso Amigo estava temeroso de que, se não tivermos um grande exército para atravessar a Romênia, poderemos ser apanhados numa armadilha por trás."

Em sua suprema autoconfiança, Rasputin logo foi além de fazer perguntas sobre o exército e passou a transmitir instruções sobre o momento e a localização dos ataques russos. Dizia à imperatriz que sua inspiração lhe vinha em sonhos enquanto dormia: "Agora, antes que me esqueça, preciso lhe passar uma mensagem do nosso Amigo, ditada pelo que ele viu à noite", ela escreveu em novembro de 1915. "Ele pede a você que ordene o avanço por Riga, diz que é necessário, senão os alemães vão se estabelecer tão firmemente durante todo o inverno que isso custará infindáveis problemas e derramamento de sangue para fazê-los sair... Ele diz que agora é o mais essencial e pede seriamente que você ordene aos nossos que avancem, diz que podemos e devemos, e que eu precisava lhe escrever imediatamente."

Em junho de 1916: "Nosso Amigo envia suas bênçãos a todo o exército ortodoxo. Ele pede que ainda não avancemos com força no norte porque diz que, se nosso sucesso continuar bom no sul, eles vão recuar no norte, ou avançar, e então as perdas deles serão muito grandes – se começarmos lá, nossas perdas serão muito pesadas. Ele diz que esse é... [seu] conselho."

No quartel-general, o general Alexeiev não ficou propriamente feliz ao saber desse novo interesse pelo exército. "Falei com Alexeiev que você anda muito interessada nos assuntos militares e dos detalhes que você pediu na última carta", Nicolau escreveu em 7 de junho de 1916 (E.A.). "Ele [Alexeiev] sorriu e ouviu em silêncio." O silêncio de Alexeiev escondia sua preocupação com possíveis vazamentos de seus planos. Depois da abdicação, ele relatou: "Quando os papéis da imperatriz foram examinados, viu-se que ela estava de posse de um mapa que indicava em detalhes a disposição das tropas ao longo de todo o front. Foram feitas apenas duas cópias desse mapa, uma para o imperador e outra para mim. Minha impressão foi muito dolorosa. Só Deus sabe quem pode ter feito uso desse mapa."

Embora o czar achasse muito natural admitir sua esposa em segredos militares, ele não queria que ela os transmitisse a Rasputin. Muitas vezes, após confiar a ela vários detalhes, ele escrevia: "Peço-lhe, meu amor, não comunicar esses detalhes a ninguém. Escrevi apenas para você... Peço-lhe, guarde para você, absolutamente ninguém mais deve saber disso." Quase com a mesma frequência, Alexandra ignorava o pedido do marido e contava a Rasputin. "Ele não vai contar a vivalma", ela garantia a Nicolau, "mas tive que pedir a bênção dele para sua decisão."

A intervenção de Rasputin nas questões militares surgiu com mais evidência durante a grande ofensiva russa de 1916. Seguindo-se aos milagres de Polianov com suprimentos e mão de obra durante o inverno de 1915-1916, o exército russo lançou um pesado ataque aos austríacos na Galícia em junho de 1916. A linha austríaca cedeu e se rompeu. O comandante russo Brusilov infligiu aos adversários 1 milhão de perdas, fez 400 mil prisioneiros, expulsou 18 divisões alemãs de Verdun, impedindo que os austríacos explorassem sua grande vitória sobre os italianos em Caporetto. Em agosto, sentindo a vitória dos aliados, a Romênia entrou na guerra contra a Alemanha e a Áustria.

No entanto, tudo isso teve um custo bastante alto para a Rússia. Durante o verão, enquanto Brusilov ganhava terreno, as perdas russas chegaram a 1,2 milhão. À medida que o exército avançava, deixando atrás de si um tapete de mortos, parecia à imperatriz e a Rasputin que a Rússia estava se afogando em seu próprio sangue. Já em 25 de julho (E.A.), ela escreveu: "Nosso Amigo... acha melhor não avançar tão obstinadamente porque as perdas serão muito grandes." Em 8 de agosto (E.A.): "Nosso Amigo espera que não subamos os Cárpatos para tentar tomá-los, e repete que as perdas serão muito grandes de novo." Em 21 de setembro (E.A.), Nicolau escreveu: "Falei com Brusilov para interromper nossos ataques sem esperanças." Alexandra respondeu, feliz: "Nosso Amigo diz, sobre as ordens que você deu a Brusilov: 'Muito satisfeito com as ordens do Pai [o czar]; tudo correrá bem.'"

Enquanto isso, no *Stavka*, Alexeiev vinha discutindo a situação com o czar, e no mesmo momento em que a imperatriz se congratulava consigo mesma, Nicolau escrevia: "Alexeiev pediu autorização para continuar a atacar... e eu permiti." Surpresa, Alexandra respondeu: "Nosso Amigo está muito confuso que Brusilov não tenha cumprido sua ordem de interromper o ataque – diz que você foi inspirado pelo alto a dar a ordem... e Deus o abençoou. Agora ele diz novamente 'perdas inúteis'." No dia 24 (E.A.), Nicolau escreveu: "Acabei de receber seu telegrama no qual me informa que nosso Amigo está muito preocupado sobre meu plano ser levado adiante." Cuidadosamente, ele explicou que um exército adicional havia se reunido, o que "duplica nossas forças... e dá esperanças de possibilidade de sucesso. Por isso... dei meu consentimento". Acrescentou que a decisão, "do ponto de vista militar, é totalmente correta", e pediu: "Esses detalhes são apenas para você. Diga a ele [Rasputin] apenas: 'Papai ordenou que se tomassem medidas sensatas.'"

Mas Alexandra reagiu esbravejando. No dia 25 (E.A.), ela escreveu: "Oh, dê nova ordem a Brusilov – pare com esse massacre inútil... Por que repetir a loucura dos alemães em Verdun. Seu plano, tão sábio, [foi] aprovado por nosso Amigo... Mantenha-o... Nossos generais não contam as vidas – endurecidos pelas perdas – e isso é pecado." Dois dias mais tarde, a 27 de setembro (E.A.), Nicolau cedeu: "Minha querida, ao receber minhas instruções, Brusilov teve ordem de parar imediatamente." Em consequência, a grande ofensiva de Brusilov cessou. Depois da guerra, o general Vladimir Gurko, que participara da operação, escreveu: "A exaustão da tropa contribuiu... mas não há dúvida de que a interrupção do avanço foi prematura e baseada em ordens do quartel-general." Irritado, o general Brusilov respondeu com impaciência: "Uma ofensiva sem perdas só pode ser efetuada durante manobras; nenhuma ação no tempo presente foi realizada aleatoriamente e o inimigo sofre perdas tão pesadas quanto nós... mas para derrotar ou expulsar o inimigo, precisamos ter perdas e elas podem ser consideráveis."

Em outubro de 1916, com Stürmer e Protopopov ocupando os ministérios-chave do governo, a imperatriz tinha aparentemente conseguido o que decidira fazer um ano antes. Os ministros que assinaram a carta coletiva tinham caído, e os que estavam no poder bajulavam Rasputin. "Stürmer e Protopopov acreditam totalmente na maravilhosa sabedoria, enviada por Deus, do nosso Amigo", ela escreveu, cheia de contentamento.

Na verdade, todo o arranjo – e com ele toda a Rússia – estava começando a se desintegrar. Um novo escândalo governamental assomou quando Manuilov, secretário particular de Stürmer, foi preso por chantagear um banco. Dois episódios colocaram em questão a lealdade do exército. Em Marselha, componentes de uma brigada russa a caminho de Arkhangelsk para lutar na Grécia se amotinaram e mataram seu coronel. Tropas francesas intervieram e vinte soldados russos foram executados. Bem mais grave foi quando dois regimentos de infantaria em Petrogrado, chamados em outubro para dispersar uma horda de grevistas, se rebelaram e atiraram na polícia. Somente quando quatro regimentos de cossacos atacaram e levaram a infantaria à ponta de lança de volta ao quartel o motim foi dominado. Dessa vez, 150 soldados encararam o pelotão de fuzilamento.

O pior de tudo era a crescente ruína da economia. Mais perspicaz do que a imperatriz, Nicolau já vinha prevendo isso. "Stürmer... é um excelente homem, honesto", ele escreveu em junho, "apenas me parece que ele não consegue se decidir a fazer o que é necessário. A questão mais grave e urgente nesse momento é a questão do combustível e dos metais – ferro e cobre para munições –, porque, com a escassez de metais, as fábricas não podem produzir projéteis e bombas em quantidade suficiente. O mesmo acontece com as ferrovias... Esses assuntos são uma maldição habitual... Mas é imperativo agir de modo enérgico." Em agosto, ele confessou que o peso estava se tornando insuportável. "Às vezes, quando fico revolvendo em meu pensamento o nome de uma pessoa ou outra para nomear, e penso como as coisas estão caminhando, parece que minha cabeça vai explodir. O maior problema agora é a questão dos suprimentos..." Em setembro, quando Alexandra pedia urgência na nomeação de Protopopov: "E com quem vou começar? Todas essas mudanças deixam minha cabeça girando. Em minha opinião, são frequentes demais. De qualquer maneira, não são boas para a situação interna do país, pois cada uma traz consigo alterações na administração." Em novembro: "A eterna questão dos suprimentos é a que mais me atormenta... os preços estão subindo cada vez mais e o povo está começando a morrer de fome. É óbvio aonde essa situação pode levar o país. O velho Stürmer não consegue superar essas dificuldades... É o problema mais execrável que já enfrentei."

No começo de novembro, Nicolau foi a Kiev, com Alexeiev, inspecionar hospitais e visitar sua mãe, que estava morando fora de Petrogrado. Nessa viagem, todos perceberam a mudança operada no czar. "Fiquei chocada ao ver... Nicky tão pálido, magro e cansado", escreveu sua irmã, a grã-duquesa Olga Alexandrovna, que estava com a mãe em Kiev. "Minha mãe ficou preocupada com seu silêncio excessivo." Gilliard viu a mesma coisa: "Ele nunca me parecera tão preocupado antes. Geralmente, era muito autocontrolado, mas naquela ocasião ele se mostrou nervoso e irritado, e uma vez ou duas falou asperamente com Alexei Nicolaievich."

Sob a pressão de seu duplo papel, de czar e comandante em chefe, a saúde e o moral de Nicolau começavam a sofrer. Velhos amigos, como o príncipe Vladimir Orlov, tinham sumido, expulsos por desaprovarem Rasputin. Até o velho conde Fredericks só conseguia se manter perto do czar falando sobre o tempo e outras desimportâncias. Em Kiev, Nicolau pensara que teria um alívio dos problemas da guerra e do governo. Em vez disso, em sua primeira conversa com Maria, ela exigiu a demissão de Stürmer e que ele empurrasse Rasputin para fora do trono.

Embora abatido pelas inquietações do ofício, Nicolau teve um gesto imperial em Kiev. Na enfermaria do hospital em que sua irmã trabalhava, "tínhamos um jovem desertor ferido, julgado pela corte marcial e condenado à morte", ela escreveu. "Dois soldados o vigiavam. Todos nos sentíamos muito aflitos por ele – parecia um rapaz tão decente. O médico falou sobre ele com Nicky, que foi imediatamente àquele canto da enfermaria. Eu o segui e vi que o menino ficou petrificado de medo. Nicky pôs a mão em seu ombro e perguntou baixinho por que ele havia desertado. O rapazinho gaguejou que tinha ficado sem munição e, com muito medo, saiu correndo. Todos ficamos esperando, segurando a respiração, mas Nicky lhe disse que ele estava livre. O menino bracejou para fora da cama e caiu no chão abraçando os joelhos de Nicky e chorando como uma criança. Acho que todos nós fomos às lágrimas... tenho acalentado essa lembrança por todos esses anos. Nunca mais vi Nicky."

Enquanto o czar esteve em Kiev, a Duma se reuniu e uma tempestade desabou. As linhas partidárias já não faziam diferença: da extrema-direita à esquerda revolucionária, todos os partidos se opunham ao governo. Miliukov, líder dos liberais, fez um ataque direto a Stürmer e Rasputin, atingindo indiretamente a imperatriz. Acusou Stürmer explicitamente de ser um agente alemão. Uma a uma, à medida que enumerava as acusações de ineficiência e corrupção do governo, ele perguntava após cada denúncia: "Isso é idiotice ou traição?" Depois de Miliukov, foi a vez de Basil Maklakov, liberal de direita, que declarou: "O antigo regime e os interesses da Rússia agora se separaram." Citando Pushkin, ele gritou "Ai desse país, onde apenas o escravo e o mentiroso são íntimos do trono."

Quando Nicolau voltou de Kiev para o quartel-general, a indignação da Duma não podia mais ser ignorada. Com os apelos da mãe ecoando nos ouvidos, o czar decidiu demitir Stürmer. A imperatriz não se opôs totalmente, mas sugeriu umas férias em vez da demissão: "Protopopov... [e] nosso Amigo ambos acham que, para calar a Duma, Stürmer deve dizer que está doente e sair para descansar por três semanas. É verdade... ele realmente não está bem e anda abalado com esses ataques maldosos — e sendo o alvo principal daquela casa de loucos, é melhor que desapareça por algum tempo."

Nicolau concordou rapidamente, e em 8 de novembro (E.A.) escreveu: "Todos esses dias tenho pensado no velho Stürmer. Como você diz, com razão, ele age como alvo principal, não só para a Duma, mas para todo o país, *alas*. Escuto isso de todos os lados. Ninguém acredita nele e todos estão com raiva porque o apoiamos. É muito pior do que com Goremykin no ano passado. Eu o reprovo pela prudência excessiva e a incapacidade em assumir a responsabilidade de fazer todos trabalharem como deveriam. Ele virá aqui amanhã. Vou lhe dar férias no momento... Quanto ao futuro, veremos; vamos conversar sobre isso quando você vier aqui."

A sugestão de Rasputin era de que Stürmer abrisse mão de um dos ministérios, o das Relações Exteriores, para apaziguar a Duma, mas não de ambos: "Nosso Amigo diz que Stürmer ainda pode continuar por algum tempo como presidente do Conselho de Ministros", lembrou Alexandra. Mas, dessa vez, Nicolau estava decidido: "Vou receber Stürmer daqui a uma hora", escreveu em 9 de novembro (E.A.), "e vou insistir que se retire. Aliás, receio que ele terá que sair dos dois [isto é, sair da presidência do Conselho de Ministros e do Ministério das Relações Exteriores] – ninguém confia nele. Lembro-me até de Buchanan falando, em nossa última reunião, que os relatórios dos cônsules ingleses preveem graves distúrbios se ele permanecer. E a cada dia escuto mais e mais sobre ele."

A imperatriz ficou surpresa com a decisão do czar. "Foi um choque doloroso saber que você quer tirá-lo também do Conselho dos Ministros. Estou com um grande nó na garganta – um homem tão dedicado, honesto, seguro... Lamento porque ele gosta do nosso Amigo e tem toda a razão nesse aspecto. Trepov [o novo premier], eu pessoalmente não gosto e nunca terei os mesmos sentimentos por ele que tenho por Goremykin e Stürmer – eles são da antiga boa cepa... Aqueles dois me amavam e recorriam a mim em qualquer assunto que os preocupasse para não aborrecerem você. Esse aqui [Trepov], *alas*, duvido que se importe comigo, e se não confiar em mim e no nosso Amigo, as coisas ficarão difíceis. Falei com Stürmer para dizer-lhe como se comportar com relação a Gregório e sempre protegê-lo."

Mas Alexandre Trepov, o novo primeiro-ministro, já tinha decidido como se comportaria com Gregório. Ex-ministro das Comunicações, construtor da nova ferrovia de Murmansk, Trepov era ao mesmo tempo um monarquista conservador e severo inimigo de Rasputin, determinado a expurgar o governo de sua influência. Num primeiro passo importante, ele pretendia expulsar Protopopov, instrumento de Rasputin. Ao aceitar a nomeação, Trepov obteve do czar a promessa de demitir Protopopov. "Lamento por Protopopov", Nicolau escreveu a Alexandra, explicando sua decisão. "Ele é um homem bom, honesto, mas pula de uma ideia a outra e não sabe tomar decisão sobre coisa nenhuma. Percebi isso desde o início. Dizem que já há alguns anos ele não é muito normal devido a uma certa doença... É arriscado deixar o Ministério do Interior em suas mãos nesses tempos." E, prevendo a reação dela, ele acrescentou, significativamente: "Só lhe peço, não meta nosso Amigo nisso. A responsabilidade é minha e, portanto, desejo ter liberdade de escolha."

Ao saber que tanto Protopopov como Stürmer seriam demitidos, Alexandra ficou desesperada: "Perdoe-me, querido, acredite... Suplico que não mude Protopopov agora, ele vai ficar bem, dê-lhe uma chance de ter o suprimento de alimentos nas mãos e, garanto, tudo ficará [bem]... Oh, amorzinho, você tem que confiar em mim. Posso não ser muito inteligente, mas tenho um forte pressentimento e isso muitas vezes ajuda mais do que o cérebro. Não mude ninguém antes de nos encontrarmos, eu suplico, vamos conversar com calma sobre isso..."

No dia seguinte, o tom da carta de Alexandra foi mais forte: "Amorzinho, meu anjo... não mude Protopopov. Tive uma longa conversa com ele ontem – ele é tão são quanto qualquer um... é calmo e tranquilo, e tão absolutamente dedicado quanto se pode dizer, aliás, de muito poucos. Ele conseguirá – as coisas já estão melhores... Não mude ninguém agora, ou a Duma irá pensar que é proeza deles, que conseguiram tirar todo mundo... Querido, lembre-se de que não está nas mãos do homem Protopopov ou de x.y.z., mas que é uma questão da monarquia e do seu prestígio agora, que não pode ser abalado ao sabor da Duma. Não pense que vão parar nele, mas farão sair, um a um, todos os outros que forem dedicados a você – e a nós. Lembre-se... quem governa é o czar, e não a Duma. Perdoe-me por escrever novamente, mas estou lutando por nosso reino e pelo futuro de Baby."

Dois dias depois, a imperatriz chegou ao quartel-general, numa visita que já estava programada. Juntos, na privacidade do quarto, discutiam sobre o problema de Protopopov. A imperatriz venceu – e Protopopov permaneceu no cargo. Contudo, a queda de braço não foi fácil para nenhum dos dois. Na carta de despedida de Nicolau para a imperatriz, quando a visita terminou, há mostras da tensão. Na verdade, em toda a correspondência deles é a única evidência de uma séria briga pessoal. "Sim", escreveu o czar, "esses dias que passamos juntos foram difíceis, mas graças a você os passei mais ou menos calmo. Você foi tão forte e resoluta – eu a admiro mais do que posso dizer. Perdoe-me se fui mal-humorado e descomedido – às vezes, o gênio da pessoa precisa sair! (...) agora creio firmemente que o mais penoso ficou para trás, não será mais tão difícil quanto antes. E doravante pretendo ser duro e implacável... Durma com doçura e calma."

Enviando o marido de volta ao front, Alexandra não pôde evitar sentir-se feliz com o grande triunfo. Nos dias que se seguiram, uma torrente de exortações jorrou de sua pena: "Estou plenamente convencida de que grandes e belos tempos estão vindo para o seu reinado e para a Rússia... devemos dar um país forte a Baby e não ousarmos ser fracos, pelo bem dele, senão ele terá um reinado ainda mais difícil, consertando nossos erros e apertando com firmeza as rédeas que você deixou frouxas. Você tem que sofrer pelos erros do reinado de seus antecessores e Deus sabe quantas são as suas dificuldades. Que nosso legado seja mais leve para Alexei. Ele tem vontade e mente fortes, não deixe que as coisas escorram entre seus dedos e ele tenha que construí-las todas novamente. Seja firme... as pessoas querem sentir seu pulso – há quanto tempo, anos, as pessoas me dizem: 'A Rússia gosta de sentir o chicote' – é sua natureza – terno amor e mão de ferro para punir e guiar. Como eu queria fazer correr minha força em suas veias... Seja Pedro, o Grande, Ivan, o Terrível, imperador Paulo – esmague-os todos – e não ria, seu malvado."

Nicolau recebeu com tranquilidade essas exortações. Respondeu com um toque de acidez: "Minha querida, o Meigo agradece as severas reprimendas. Li-as com um sorriso, porque você fala comigo como a uma criança... Seu maridinho 'fracotinho, coitadinho', Nicky." O perdedor imediato, porém, foi Trepov. Tendo fracassado em eliminar Protopopov, ele tentou se demitir. Nicolau, recém-espicaçado pelas cartas da esposa, negou, dizendo-lhe com severidade: "Alexandre Fedorovich, ordeno que você cumpra seu dever com os colegas que achei adequado lhe dar." Desesperado, Trepov tentou outro caminho. Mandou seu cunhado, Mosolov, procurar Rasputin e lhe oferecer um polpudo suborno. Rasputin teria uma casa em Petrogrado, com todas as despesas e guarda-costas pagos, mais o equivalente a 95 mil dólares, se providenciasse a demissão de Protopopov e se abstivesse de qualquer interferência no governo. De lambuja, Rasputin continuaria a ter passe livre com o clero. Já gozando de imenso poder e tendo pouco uso para a riqueza, Rasputin respondeu com uma gargalhada.

No outono de 1916, a sociedade de Petrogrado misturava um ódio profundo a Rasputin com uma jovial indiferença pela guerra. No Astoria e no Europe, os dois melhores hotéis de Petrogrado, entre os muitos que bebiam champanhe nos bares e salões, encontravam-se vários oficiais que deveriam estar no front; não era vergonha nenhuma tirar licenças prolongadas e se esquivar das trincheiras. No fim de setembro, começava a temporada e a sociedade comparecia ao Teatro Maryinsky para ver Karsavina dançar *Sylvia* e *O nenúfar*. Tomando seu lugar no suntuoso teatro azul e ouro, Paléologue assombrou-se com a irrealidade da cena: "Dos camarotes até as últimas fileiras dos círculos mais altos, eu não via nada além de faces animadas, sorridentes... e as sinistras visões da guerra... desapareceram como num passe de mágica no momento em que a orquestra começou a tocar." Durante o outono, as noites esplêndidas continuaram. No Narodny Dom, o inigualável *basso* Fedor Chaliapin cantava seus grandes papéis, *Boris Godunov* e *Dom Quixote*. No Maryinsky, uma série de lindos balés – *Nuits Egyptiennes, Islamey* e *Eros* – envolvia o público em contos de fada e encantamento. Matilde Kschessinska, a *prima ballerina assoluta* no Balé Imperial, dançou seu famoso papel em *A filha do faraó*. No alto de uma alta árvore, sobre a bailarina, um estudante de 12 anos, no papel de macaco, pulava de galho em galho enquanto Kschessinska tentava atingi-lo com arco e flecha. Depois da performance de 6 de dezembro, o menino, George Balanchine, foi levado ao camarote imperial e apresentado ao czar e à imperatriz. Nicolau deu ao rapaz um sorriso gentil, tapinhas nas costas e uma caixa de prata cheia de chocolates.*

Para a maioria na Rússia, porém, a imperatriz era objeto de desprezo e ódio. A mania do alemão-espião florescia com força total, com seus mais feios rebentos. Muitos russos acreditavam firmemente na existência de uma conspiração pró-germânica que os traía sistematicamente desde o topo. O czar não era incluído nessa suposta trama. Cada vez que surgia o tema de reconciliação com a Alemanha, Nicolau falava duramente que aqueles que diziam que ele faria a paz em separado dos aliados, ou enquanto houvesse soldados alemães em terras russas, eram traidores. Mas a impopular imperatriz, junto com Stürmer, um reacionário de nome alemão, e Protopopov, que havia se encontrado com um agente alemão em Estocolmo, eram acusados alto e bom som. Depois da abdicação, todo o Palácio Alexandre, em Tsarskoe Selo, foi revistado em busca de estações clandestinas de rádio, supostamente usadas pelos conspiradores para comunicação secreta com o inimigo.

Rasputin, todos concordavam, era um espião pago pela Alemanha. Entretanto, em todos aqueles anos, desde 1916, nenhuma evidência foi

---

* Cinquenta anos mais tarde, tentando expressar a forte impressão que lhe causou a imperatriz, Balanchine disse: "Linda, linda, como Grace Kelly."

fornecida, nem pelo lado alemão, nem pelo lado russo. No fim das contas, isso parece improvável. Pela mesma razão que rejeitou o suborno de Trepov, Rasputin teria rejeitado dinheiro. Nenhum estrangeiro poderia lhe oferecer mais poder do que ele já possuía. Além disso, ele não gostava de estrangeiros, especialmente ingleses e alemães. O mais provável é que Rasputin tenha sido usado para obter informações que ele conseguia de agentes alemães. Nesse sentido, Kerensky argumenta: "Seria inexplicável que o Estado-Maior alemão não tivesse feito uso dele [Rasputin]." Não era difícil infiltrar-se no círculo de Rasputin. Ele odiava a guerra e não evitava quem falasse contra ela. Seu *entourage* já era composto por tipos tão variados, muitos deles de má fama e caráter duvidoso, que um ou outro a mais dificilmente seria notado. Rasputin era espalhafatoso e fanfarrão; um agente só precisava ficar lá, prestando atenção ao que ele falava.

Há sinais de que era exatamente isso o que acontecia. Rasputin era convidado para jantar todas as quartas-feiras com um banqueiro de Petrogrado chamado Manus, e sempre havia damas bonitas e charmosas à mesa. Todos bebiam muito e Rasputin falava indiscriminadamente. Manus, o anfitrião, era francamente a favor da reconciliação com a Alemanha. Paléologue, cujo serviço de inteligência local era eficiente, acreditava que Manus era o principal agente alemão na Rússia.

Ao mais frívolo indício, a imperatriz era acusada de traição. Quando Alexandra enviou livros de oração a soldados alemães feridos, internados em hospitais na Rússia, isso foi tomado como evidência de conluio. Knox, no front, encontrou um oficial da artilharia russa que deu de ombros, dizendo: "O que podemos fazer? Temos alemães por toda parte. A imperatriz é alemã." Até no quartel-general, o almirante Nilov, comandante de esquadra dedicado ao czar, esbravejava violentamente contra a imperatriz: "Não posso acreditar que ela é traidora", gritava, "mas é evidente que simpatiza com eles."

O apoio dado por Alexandra a Rasputin parecia confirmar o pior. Muita gente não tinha dúvidas de que a ligação era sexual. Nos salões da sociedade, em reuniões de conselhos municipais, palestras de sindicato e nas trincheiras, a imperatriz era chamada abertamente de amante de Rasputin. Alexeiev chegou a falar com o czar sobre a prevalência desse mexerico, avisando que a censura às cartas dos soldados revelava que eles escreviam continuamente sobre sua esposa e Rasputin. À medida que esses boatos se espalhavam e os sentimentos contra Alexandra se exaltavam, muitos dos sinais externos de respeito em sua presença eram descartados. No verão e outono de 1916, nas enfermarias, ela era tratada por alguns cirurgiões e oficiais feridos com desrespeito, desconsideração e, às vezes, franca grosseria. Pelas costas, ela era chamada em toda parte simplesmente de *Nemka* (a alemã), da mesma forma que a odiada Maria Antonieta era tratada pelos franceses como *L'Autrichienne* (a austríaca). Tentando localizar a origem desses "libelos incompreensíveis", o cunhado do czar, grão-duque Alexandre, foi falar com um membro da Duma. Sardonicamente, o homem da Duma perguntou: "Se a jovem czarina é uma patriota russa tão ardente, por que tolera a presença daquele animal bêbado que é visto ostensivamente na capital em companhia de espiões e simpatizantes alemães?" Por mais que quisesse, o grão-duque não conseguiu articular uma resposta.

No fim de 1916, alguma forma de mudança no topo era considerada inevitável. Muitos ainda esperavam que a mudança pudesse ser feita sem violência, que a monarquia poderia ser modificada para dar um governo responsivo à nação. Outros achavam que, se fosse para preservar a dinastia, teria que haver um expurgo brutal. Um grupo de oficiais revelou a Kerensky um plano para "bombardear o automóvel do czar de um aeroplano, num determinado ponto de sua rota". Um famoso piloto de guerra, capitão Kostenko, sugeriu mergulhar seu avião de nariz em cima do carro imperial. Havia boatos de que o general Alexeiev tramava com Guchkov para forçar o czar a mandar a imperatriz para a Crimeia. Alexeiev, porém, caiu doente com febre alta, e quem teve que ir para a Crimeia foi ele, para descansar e se recuperar ao sol.

O perigo crescente era óbvio para outros membros da família imperial. Em novembro, após seu retorno de Kiev, o czar recebeu a visita de seu primo, grão-duque Nicolau Mikhailovich, famoso historiador e presidente da Sociedade Histórica Imperial. Rico, amante dos prazeres e assíduo frequentador das casas noturnas de Petrogrado, o grão-duque era francamente liberal. Já havia escrito ao czar várias cartas ressaltando a importância de ampliar o apoio do governo à Duma. No quartel-general, ele teve uma longa conversa com Nicolau e lhe entregou uma carta. Achando que tinha entendido perfeitamente a visão do primo, o czar passou a carta à imperatriz, sem ter lido. Para seu horror, Alexandra encontrou na carta uma acusação direta e contundente a ela: "Você confia nela, é muito natural", o grão-duque escrevera ao czar. "Entretanto, o que ela lhe diz não é verdade; ela está apenas repetindo o que lhe é astuciosamente sugerido. Se você não é capaz de afastar dela essa influência, pelo menos proteja-se." Indignada, ela escreveu ao marido: "Li [a carta] de Nicolau e estou absolutamente aborrecida... chega às raias de alta traição."

Apesar desse revés, a família persistiu. Numa reunião de todos os membros de Petrogrado e arredores, o grão-duque Paulo, único tio sobrevivente de Nicolau, foi escolhido para pedir ao czar que aceitasse uma Constituição. Em 16 de dezembro, ele foi tomar chá com Nicolau e Alexandra e fez a solicitação. Nicolau negou, dizendo que, na coroação, fizera o juramento de transmitir o poder autocrático intacto a seu filho. Enquanto ele falava, a imperatriz olhava para Paulo, balançando a cabeça em silêncio. Então, o grão-duque falou francamente sobre a influência perniciosa de Rasputin. Dessa vez, Nicolau ficou em silêncio, fumando calmamente seu cigarro, enquanto a imperatriz defendia vigorosamente o *starets*, declarando que todo profeta acabava sendo condenado.

A mais acerba de todas as visitas de advertência foi a da grã-duquesa Elizabeth. Vestida no hábito cinza e branco de sua ordem religiosa, Ella veio de Moscou especialmente para conversar com a irmã mais nova sobre Rasputin. À menção do nome, a face da imperatriz endureceu. Ela lamentava, falou, ver a irmã aceitando "mentiras" sobre o padre Gregório; se era tudo o que ela tinha a dizer, a visita podia ser encerrada imediatamente. Desesperada, a grã-duquesa insistiu, diante do que a imperatriz cortou a conversa, levantou-se e ordenou uma carruagem para levar a irmã à estação.

— Talvez fosse melhor que eu não tivesse vindo — disse Ella tristemente ao partir.

— Sim — retrucou Alexandra. Nesse tom frio, as irmãs se separaram. Foi seu último encontro.

Num ponto, os grão-duques, generais e membros da Duma concordavam: Rasputin tinha que ser afastado. A questão era como. Em 2 de dezembro, Vladimir Purishkevich fez uma denúncia pública categórica na Duma. Então na casa dos 50 anos, homem de inteligência brilhante e espírito agudo, autor de excelentes versos políticos satíricos, Purishkevich era um orador de tal renome que, quando se levantava para falar, toda a Duma, inclusive seus inimigos, já sorriam na expectativa do que iriam ouvir. Politicamente, Purishkevich era de extrema-direita, o mais ardoroso monarquista da Duma. Acreditava na autocracia absoluta, na ortodoxia rígida, no czar autocrata como emissário de Deus. Patriota fervoroso, Purishkevich havia se atirado ao trabalho de guerra, indo ao front para organizar um sistema de substituição para os feridos, e administrando pessoalmente o trem da Cruz Vermelha que ia e vinha de Petrogrado ao front. Convidado a jantar com o czar no quartel-general, Purishkevich deixou uma impressão altamente favorável: "energia maravilhosa e notável organizador", escreveu Nicolau.

Dedicado à monarquia, Purishkevich se postou diante da Duma e, durante duas horas, trovejou sua denúncia de "forças obscuras" que estavam destruindo a dinastia. "Basta uma recomendação de Rasputin para elevar o mais abjeto cidadão ao alto escalão", ele berrou. Então, num ressonante *finale* que levou o público a uma tumultuosa ovação de pé, ele rugiu um desafio aos ministros à sua frente: "Se vocês são realmente leais à Rússia, se a glória da Rússia, seu poderoso futuro, que está intimamente ligado ao brilho do nome do czar, significam alguma coisa para vocês, então levantem-se, ministros! Corram ao quartel-general e se lancem aos pés do czar. Tenham a coragem de lhe dizer que a turba cheia de ódio é ameaçadora. A revolução se prenuncia e um obscuro mujique não vai mais governar a Rússia."

Em meio à tempestade de aplausos que encheu o Palácio Tauride quando Purishkevich terminou, um jovem esguio, sentado no box dos visitantes, permaneceu em total silêncio. Olhando para ele, outro visitante notou que o príncipe Felix Yussoupov estava pálido e trêmulo.

25
O PRÍNCIPE E O CAMPONÊS

Aos 29 anos, o príncipe Felix Yussoupov era o herdeiro único da maior fortuna da Rússia. Havia quatro palácios Yussoupov em Petrogrado, três em Moscou e 37 propriedades Yussoupov espalhadas pelo país. As minas de carvão e ferro, campos de petróleo, usinas e fábricas da família geravam uma riqueza que excedia até a dos czares. "Uma de nossas propriedades", escreveu Yussoupov, "se estendia por 200 quilômetros ao longo do mar Cáspio; o petróleo cru era tão abundante que ensopava o solo e os camponeses o usavam para lubrificar as rodas das carroças." Certa vez, num capricho, o pai do príncipe Yussoupov dera à sua mãe a mais alta montanha da Crimeia de presente de aniversário. Ao todo, a fortuna Yussoupov foi estimada, cem anos atrás, entre 350 e 500 milhões de dólares. O que esse patrimônio valeria hoje, ninguém saberia dizer.

A fortuna dos Yussoupov foi acumulada em séculos de prestação de serviços a czares e imperatrizes. Descendente de um khan tártaro chamado Yussuf, o príncipe Dmitri Yussoupov fora informante de Pedro, o Grande. Príncipe Boris Yussoupov, um favorito da imperatriz Elizabeth. Príncipe Nicolau, o maior de todos os Yussoupov, foi amigo de Catarina, a Grande, conselheiro de seu filho, o czar Paulo, e de dois de seus netos, czar Alexandre I e czar Nicolau I. A propriedade do príncipe Nicolau Yussoupov em Archangelskoe, perto de Moscou, era uma verdadeira cidade, ostentando enormes parques e jardins com estufas aquecidas, zoológico, fábricas de vidro e porcelana, um teatro e companhias de atores, músicos e bailarinos, todos pertencentes ao príncipe. Sentado na plateia, a um movimento da bengala o príncipe Nicolau provocava um fenômeno extraordinário: todos os bailarinos surgiam no palco completamente nus. Na propriedade de Archangelskoe, uma galeria reunia retratos de suas trezentas amantes. Quando o velho fidalgo morreu, aos 81, havia recém-terminado uma ligação com uma moça de 18 anos.

Ao nascer, em 1887, Felix Yussoupov foi introduzido numa terra encantada de arte e tesouros deixados por esses vigorosos ancestrais. Os salões e galerias do Palácio Moika, onde ele nasceu, eram decorados com uma coleção de quadros mais valiosa que a de muitos museus da Europa, móveis que pertenceram a Maria Antonieta e um candelabro que havia iluminado o *boudoir* de Madame Pompadour. Cigarreiras incrustadas de joias de Fabergé espalhavam-se displicentemente pelas mesas. Jantares reuniam 200 convidados sentados, servidos em pratos de ouro por lacaios árabes e tártaros, vestidos a caráter. Uma das mansões Yussoupov em Moscou fora construída em 1551, como cabana de caça de Ivan, o Terrível, e ainda era ligada ao Kremlin por um túnel de vários quilômetros. Sob os salões abobadados, decorados com mobília e tapeçarias medievais, havia câmaras subterrâneas, cujas paredes, ao serem abertas durante a infância de Felix, revelaram fileiras de esqueletos ainda pendurados por correntes nas paredes.

Embora criado em berço de ouro, Felix foi um menino magricela e solitário, cujo nascimento causou em sua mãe uma grande decepção. A princesa Zenaide Yussoupov, uma das mais famosas beldades de seu tempo, anteriormente tinha dado à luz três filhos, dos quais apenas um sobrevivera. Ela rezara para que o próximo fosse menina. Para se consolar do nascimento de Felix, ela mantinha seus cabelos longos e o vestia como menina até os 5 anos. Surpreendentemente, isso o agradava, e ele costumava gritar para desconhecidos nas ruas: "Olhe, o neném não está bonito?" Mais tarde, ele escreveu: "O capricho de minha mãe teve uma influência permanente em meu caráter."

Na adolescência, Felix Yussoupov era esguio, de olhos ternos e cílios longos. Muitas vezes, foi descrito como "o jovem mais belo da Europa". Estimulado pelo irmão mais velho, mantivera o costume de usar os elegantes vestidos da mãe, suas joias e perucas, para sair a passeio pelas avenidas. Num restaurante da moda em São Petersburgo, chamado O Urso, ele atraía entusiástica atenção dos oficiais da guarda, que lhe enviavam bilhetes convidando-o para jantar. Encantado, Felix aceitava e desaparecia em salas privadas do restaurante. Em Paris, sempre nesses trajes, certa vez ele reparou num senhor corpulento, de suíças, que o olhava insistentemente do outro lado do Théatre des Capucines. Chegou um bilhete, que Felix se apressou a responder. Seu radiante admirador era o rei Eduardo VII, da Inglaterra.

A primeira experiência sexual de Yussoupov ocorreu na idade de 12 anos, na companhia de um jovem argentino e sua namorada. Aos 15 anos, percorrendo a Itália com seu tutor, Felix foi a um bordel napolitano. Mais tarde, ele escreveu: "Lancei-me apaixonadamente a uma vida de prazeres, pensando apenas em satisfazer meus desejos... Eu amava a beleza, o luxo, o conforto, a cor e o perfume das flores." Experimentou também o ópio e a ligação com "uma encantadora jovem" em Paris. Entediado, matriculou-se como aluno em Oxford, mantendo na universidade um chef, chofer, valete, governanta e um cavalariço para cuidar de seus três corcéis. De Oxford, ele se mudou para um apartamento em Londres, onde colocou carpete negro, cortinas de seda laranja, mobília moderna, um piano de cauda, um cachorro, uma arara e um casal de franceses para cozinhar e servir. Passou a frequentar um alegre círculo, que incluía a bailarina Ana Pavlova, o príncipe Sérgio Obolensky e o ex-rei Manuel de Portugal. Quando os amigos o visitavam, fosse dia ou noite, ele tocava guitarra e cantava canções ciganas.

Felix, o caçula Yussoupov, se tornou o único herdeiro quando seu irmão mais velho, Nicolau, foi morto num duelo por um marido ultrajado. Em 1914, Felix retornou à Rússia para se casar. A noiva, princesa Irina, era sobrinha do czar e a moça mais cobiçada do império. No casamento, Felix vestiu o uniforme da nobreza russa: sobrecasaca preta com lapelas e gola bordadas em ouro, e calças de casimira branca. Irina usou o véu de renda de Maria Antonieta. O czar deu sua mão em casamento e, de presente, uma bolsa contendo 29 diamantes de três a sete quilates cada um.

Durante a guerra, Felix não foi convocado para o serviço militar. Permaneceu em Petrogrado, com uma cintilante fama de boêmio. "O príncipe Felix Yussoupov tem 29 anos", escreveu Paléologue, "é dotado de espírito ágil e bom gosto estético, mas seu diletantismo é inclinado demais a fantasias perversas e representações literárias de vício e de morte... seu autor predileto é Oscar Wilde... seus instintos, fisionomia e modos o fazem mais aparentado com... Dorian Grey do que com Brutus."

Yussoupov conheceu Rasputin antes de seu casamento. Encontrava-o com frequência e farreavam juntos em casas noturnas de caráter dúbio. Yussoupov se submetia às carícias do olhar e das mãos de Rasputin. Nessa época, ouvia-o falar muito de seus protetores imperiais: "A imperatriz é uma sábia governante. É uma segunda Catarina, mas, quanto a ele, não é um czar imperador, é apenas uma criança de Deus." Segundo Yussoupov, Rasputin sugeriu que Nicolau devia abdicar em favor de Alexei, tendo a imperatriz como regente. Um ano antes de finalmente agir, Yussoupov concluiu que a presença de Rasputin estava destruindo a monarquia e que era preciso matar o *starets*.

Purishkevich discursou na Duma em 2 de dezembro. Na manhã seguinte, Yussoupov procurou Purishkevich numa excitação febricitante. Contou estar planejando matar Rasputin, mas precisava de ajuda. Entusiasmado, Purishkevich concordou em ajudar. Três outros conspiradores aderiram à trama: um oficial chamado Sukhotin, o médico do exército Lazovert e o jovem amigo de Yussoupov, grão-duque Dmitri Pavlovich. Aos 26 anos, Dmitri era filho do último tio sobrevivente do czar, o grão-duque Paulo. Devido à diferença de idade, Dmitri se referia ao czar – na verdade, seu primo-irmão – como "tio Nicky". Elegante e charmoso, Dmitri era um favorito especial da imperatriz, que frequentemente se via rindo de suas histórias e piadas. Contudo, ela se preocupava com seu caráter. "Dmitri não está trabalhando em nada e bebe constantemente", ela se queixava a Nicolau durante a guerra. "(...) mande Dmitri voltar a seu regimento; a cidade e as mulheres são um veneno para ele."

No decorrer de dezembro, os cinco conspiradores se encontraram regularmente, tecendo os fios da captura, morte e destino do corpo. A data foi determinada pela agenda cheia do grão-duque Dmitri. Sua primeira noite livre era 29 de dezembro. Os conspiradores concordavam que cancelar um compromisso poderia levantar suspeitas. O local escolhido foi o porão do Palácio Moika, de Yussoupov. Era um lugar isolado, silencioso, e a princesa Irina estava cuidando da saúde na Crimeia. O próprio Yussoupov levaria Rasputin num carro dirigido pelo dr. Lazovert disfarçado de chofer. Uma vez no porão, Yussoupov daria comida envenenada a Rasputin e os outros, esperando lá em cima, se encarregariam de remover o corpo.

Quando as fortes nevascas de dezembro redemoinharam pelas ruas de Petrogrado, Rasputin pressentiu o perigo. Após as inflamadas denúncias lançadas contra ele na Duma, ele entendeu que uma crise se aproximava. Incapaz de cumprir o juramento de segredo, logo o ebuliente Purishkevich estava soltando insinuações a outros membros da Duma de que algo aconteceria a Rasputin. Captando fragmentos desses rumores, Rasputin tornou-se taciturno e cauteloso. Evitava ao máximo sair à luz do dia. Ficou preocupado com a ideia da morte. Certa vez, após um passeio solitário ao longo do Neva, chegou em casa falando que tinha visto o rio cheio de sangue de grão-duques. Em seu último encontro com o czar, Rasputin se recusou a dar a Nicolau a bênção costumeira, dizendo: "Desta vez, é você quem deve me abençoar, não eu a você."

Segundo Simanovich, seu secretário e confidente, foi naquelas últimas semanas de dezembro que Rasputin escreveu a profética carta mística que se tornaria parte da lenda desse homem extraordinário. Intitulada "O Espírito de Gregório Efimovich Rasputin-Novykh da cidade de Pokrovskoe", é uma mensagem de advertência endereçada diretamente a Nicolau:

Escrevo e deixo atrás de mim essa carta em São Petersburgo. Sinto que deixarei a vida antes de 1º de janeiro. Desejo fazer saber ao povo russo, ao Papai, à Mãe Russa e às Crianças, à terra da Rússia, o que precisam entender. Se eu for morto por assassinos comuns, especialmente por meus irmãos camponeses russos, você, czar, nada tem a temer; permaneça em seu trono e governe; você, czar da Rússia, nada tem a temer por seus filhos, eles reinarão por centenas de anos na Rússia. Mas se eu for morto por boiardos, nobres, se eles derramarem meu sangue, suas mãos ficarão manchadas, e por vinte e cinco anos eles não lavarão meu sangue de suas mãos. Eles deixarão a Rússia. Irmãos matarão irmãos, eles irão se matar uns aos outros e odiar uns aos outros, e por vinte e cinco anos não haverá nobres no país. Czar da terra da Rússia, se ouvir o som do sino que lhe dirá que Gregório foi morto, deve saber disso: se foi algum dos seus parentes que lavrou a minha morte, então ninguém da sua família, ou seja, nenhum dos seus filhos e parentes permanecerá vivo por mais de dois anos. Eles serão mortos pelo povo russo... Eu serei morto. Não estou mais entre os vivos. Reze, reze, seja forte, pense em sua abençoada família.

Gregório

Como a trama se apoiava na capacidade de Yussoupov trazer Rasputin ao porão do Palácio Moika, o príncipe intensificou sua convivência com ele. "Minha intimidade com Rasputin – tão indispensável ao nosso plano – aumentava a cada dia", ele escreveu. Quando, perto do fim do mês, Yussoupov o convidou a "passar uma noite comigo em breve", Rasputin aceitou prontamente.

Mas Rasputin não aceitou apenas por amizade a um diletante charmoso ou por gosto a um chá à meia-noite. Deliberadamente, Yussoupov levou-o crer que a princesa Irina, famosa por sua beleza e a quem Rasputin não conhecia, estaria em casa. "Ele [Rasputin] há muito tempo queria conhecer minha esposa", escreveu Yussoupov. "Achando que ela estaria em São Petersburgo, e sabendo que meus pais estavam na Crimeia, ele aceitou o convite. A verdade é que Irina também estava na Crimeia, mas imaginei que seria mais provável Rasputin aceitar meu convite se pensasse que teria a chance de conhecê-la."

A isca era atraente e Rasputin engoliu. Ao ouvirem falar do jantar, tanto Simanovich quanto Ana Vyrubova tentaram dissuadi-lo. Naquela tarde, Ana Vyrubova foi até o apartamento dele, levando um ícone de presente da imperatriz. "Ouvi Rasputin dizer que faria uma visita tarde da noite ao palácio de Yussoupov e conheceria a princesa Irina, esposa do príncipe Felix Yussoupov", escreveu Ana. "Eu sabia que Felix visitava Rasputin frequentemente, mas achei estranho que fossem à casa dele a uma hora tão imprópria... Mencionei essa visita à meia-noite no *boudoir* da imperatriz, que comentou, um pouco surpresa: 'Mas deve haver algum engano, Irina está na Crimeia'... Mais uma vez, ela repetiu, pensativa: 'Deve haver algum engano.'"

À noite, o porão já estava preparado. Yussoupov descreveu a cena: "Um teto baixo em abóbada... paredes de pedra cinzenta, chão de granito... cadeiras de carvalho entalhado... mesinhas cobertas com bordados antigos... um armário de ébano esculpido que era um sólido agregado de espelhos, minicolunas de bronze e gavetas secretas. Em cima do armário, um crucifixo de prata e cristal de rocha, um belo exemplar da artesania italiana do século XVI... Um grande tapete persa cobria o chão e, num canto, em frente ao armário de ébano, um tapete de pele de urso-branco... No meio da sala, a mesa em que Rasputin tomaria sua última xícara de chá.

"Sobre a mesa, o samovar fumegava cercado de pratos de tortas e das guloseimas de que Rasputin tanto gostava. Uma fileira de garrafas e copos num aparador... Na lareira de granito, o fogo fazia estalar a lenha e espalhava fagulhas na pedra... Tirei do armário de ébano uma caixa contendo o veneno e coloquei-a sobre a mesa. Doutor Lazovert vestiu luvas de borracha e triturou os cristais de cianureto de potássio até virarem pó. Levantando a tampa de cada torta, Lazovert salpicou o interior com uma dose de veneno que, segundo ele, era suficiente para matar vários homens instantaneamente." Ao terminar, ele atirou convulsivamente as luvas contaminadas ao fogo. Foi um erro. Em poucos minutos a lareira começou a soltar uma fumaça pesada e o ar ficou temporariamente irrespirável.

Rasputin também se preparou cuidadosamente para o encontro. Quando Yussoupov chegou, sozinho, ao apartamento de Rasputin, encontrou o *starets* cheirando a sabão barato, vestindo sua melhor blusa de seda bordada, calças de veludo preto e reluzentes botas novas. Ao conduzir sua vítima para o porão, Yussoupov disse que a princesa Irina estava lá em cima numa festinha e prometeu que ela desceria logo. Lá de cima, o som de "Yankee Doodle" tocava num fonógrafo, simulando a "festinha" da princesa.

A sós com sua vítima no porão, Yussoupov ofereceu nervosamente as tortas envenenadas a Rasputin. Ele recusou. Depois mudou de ideia e devorou duas. Yussoupov observava, esperando vê-lo se contorcer em agonia, mas nada aconteceu. Depois Rasputin pediu um Madeira, que também tinha sido envenenado. Engoliu dois copos, e ainda nenhum efeito. Ao ver tudo isso, escreveu Yussoupov, "minha cabeça tonteou". Rasputin tomou um pouco de chá para clarear o pensamento e, entre dois golinhos, pediu que Yussoupov cantasse e tocasse guitarra para ele. Uma canção após a outra, o aterrorizado assassino cantava enquanto o alegre "cadáver" marcava o ritmo e ria com prazer. Encolhidos no alto da escada, mal ousando respirar, Purishkevich, Dmitri e os outros só ouviam o som trêmulo de Yussoupov cantando e o murmúrio indistinguível das duas vozes.

Quando essa brincadeira já durava duas horas e meia, Yussoupov não aguentou mais. Em desespero, subiu correndo as escadas para perguntar o que fazer. Lazovert não tinha resposta; seus nervos não suportaram e ele já tinha tido um desmaio. O grão-duque Dmitri sugeriu desistir e irem embora. Foi Purishkevich, o mais velho e estável do grupo, que manteve a cabeça fria e afirmou que não podiam deixar Rasputin ir embora meio morto. Aprumando-se, Yussoupov voluntariou-se para descer ao porão e completar o assassinato. Segurando o revólver Browning de Dmitri nas costas, ele desceu e encontrou Rasputin respirando pesadamente e pedindo mais vinho. Reanimando-se, Rasputin sugeriu visitarem as ciganas. "Com Deus no pensamento, mas a humanidade na carne", ele disse, com uma forte piscadela. Yussoupov levou Rasputin até o armário de ébano e lhe mostrou o crucifixo ornamentado. Rasputin olhou para o crucifixo e afirmou que gostava mais do armário. "Gregório Efimovich", declarou Yussoupov, "é melhor olhar para o crucifixo e dizer uma prece." Rasputin arregalou os olhos para o príncipe e se voltou para olhar a cruz por um instante. Quando ele se virou, Yussoupov atirou. A bala atingiu as largas costas de Rasputin, que, com um grito, caiu de costas sobre o tapete de pele de urso-branco.

Ao ouvir o tiro, os amigos correram ao porão. Encontraram Yussoupov de revólver na mão, encarando calmamente o homem estirado no chão com um olhar de indizível aversão. Embora não houvesse traços de sangue, o dr. Lazovert tomou o pulso de Rasputin e declarou-o morto. O diagnóstico foi prematuro. No momento seguinte, quando Yussoupov, tendo largado o revólver, ficara temporariamente a sós com o "cadáver", o rosto de Rasputin estremeceu, seu olho esquerdo tremeu e abriu. Segundos depois, o olho direito também se abriu. "Vi os dois olhos – os olhos verdes de uma víbora – me encarando com uma expressão de ódio diabólico", escreveu Yussoupov. De repente, enquanto Yussoupov ainda estava grudado ao chão, Rasputin levantou-se de um salto, a boca espumando, agarrou seu assassino pela garganta e arrancou uma dragona de seu ombro. Aterrorizado, Yussoupov soltou-se e voou escada acima. Atrás dele, subindo de quatro e rugindo de fúria, vinha Rasputin.

Lá em cima, Purishkevich ouviu um "grito selvagem, inumano". Era Yussoupov: "Purishkevich, atire, atire! Ele está vivo! Está fugindo!" Purishkevich correu para a escada e quase colidiu com o príncipe desvairado, cujos olhos "saltavam das órbitas. Sem me ver... ele se atirou para a porta...[e entrou no] apartamento de seus pais".

Purishkevich recobrou-se e correu para o pátio. "O que vi teria sido um sonho se não fosse a terrível realidade. Rasputin, que meia hora antes jazia morrendo no porão, corria depressa, atravessando o pátio coberto de neve em direção ao portão de ferro que dava para a rua... Não acreditei em meus olhos. Mas um grito rouco, quebrando o silêncio da noite, me convenceu. 'Felix! Felix! Vou contar tudo à imperatriz!' Era ele mesmo, Rasputin. Em segundos, ele chegaria ao portão de ferro... Atirei. O tiro ecoou na noite. Errei. Atirei de novo. Errei de novo. Tive raiva de mim. Rasputin se aproximava do portão. Mordi com toda a força a mão esquerda para me obrigar a ter concentração e atirei pela terceira vez. A bala o atingiu entre os ombros. Ele parou. Atirei uma quarta vez e o atingi provavelmente na cabeça. Corri e chutei-o com toda a força na têmpora, com minha bota. Ele caiu na neve, tentou se levantar, mas só conseguiu ranger os dentes."

Vendo Rasputin novamente prostrado, Yussoupov reapareceu e bateu histericamente com um cassetete de borracha no homem que sangrava. Por fim, quando o corpo ficou imóvel sobre a neve carmesim, foi enrolado numa cortina azul, amarrado com uma corda e levado para um buraco no Neva congelado, onde Purishkevich e Lazovert o empurraram para dentro da cova no gelo. Três dias depois, quando o corpo foi encontrado, seus pulmões estavam cheios de água. Com a corrente sanguínea cheia de veneno e o corpo furado de balas, Gregório Rasputin havia morrido afogado.

"No dia seguinte", escreveu Ana Vyrubova, "pouco depois da refeição da manhã, recebi o telefonema de uma das filhas de Rasputin. (...) Com alguma ansiedade, a menina me contou que seu pai havia saído na noite anterior no automóvel de Yussoupov e não tinha retornado. Quando cheguei ao palácio, dei a mensagem à imperatriz, que ouviu com ar grave, mas fez poucos comentários. Minutos depois, houve um telefonema de Protopopov, de Petrogrado. A polícia (...) lhe relatara que um guarda-noturno postado junto ao palácio de Yussoupov havia se surpreendido com um barulho de pistola. Ele tocou a campainha e quem atendeu foi (...) Purishkevich, que parecia em avançado estado de embriaguez. [Ele disse que] haviam acabado de matar Rasputin."

Na excitação do momento, Purishkevich esquecera novamente a necessidade de manter segredo. Após o forte ruído de quatro tiros ter cortado o seco ar de inverno e acionado um policial, Purishkevich lançou seus braços em torno do homem e gritou, exultante: "Matei Grishka Rasputin, o inimigo da Rússia e do czar!" Vinte e quatro horas mais tarde, a história, enfeitada com mil detalhes coloridos, corria por Petrogrado.

A imperatriz se manteve calma e ordenou a Protopopov que fizesse uma investigação completa. Um esquadrão de detetives entrou no palácio de Yussoupov e encontrou as manchas de uma trilha de sangue subindo a escada e cruzando o pátio. Yussoupov explicou que era resultado de uma festa animada na noite anterior, quando um convidado havia atirado num cachorro – o corpo do cachorro estava ali no pátio para a polícia ver. Todavia, Protopopov avisou à imperatriz que o desaparecimento de Rasputin quase certamente estava ligado à comoção na casa de Yussoupov. O alarde de Purishkevich e o sangue encontrado sugeriam que o *starets* provavelmente fora assassinado. Tecnicamente, somente o czar podia ordenar a prisão de um grão-duque, mas Alexandra ordenou que Felix e Dmitri ficassem confinados cada um em sua casa. Mais tarde no mesmo dia, Felix telefonou pedindo permissão para ver a imperatriz e ela negou, dizendo-lhe que enviasse a mensagem por carta. Quando a carta chegou, continha a negação de ter tido qualquer participação no suposto assassinato. Chocado com os rumores de cumplicidade do filho, o grão-duque Paulo confrontou Dmitri com um ícone sagrado e uma foto de sua mãe. Diante dos dois objetos, ele pediu ao filho que jurasse que não tinha matado Rasputin. "Eu juro", Dmitri declarou solenemente.

Na tarde após o assassinato, Lili Dehn, amiga da imperatriz, encontrou-a deitada no divã do *boudoir* malva, rodeada de flores e da fragrância de madeira queimando. Ana Vyrubova e as quatro grã-duquesas estavam lá. Os olhos de Ana estavam vermelhos de choro, mas os olhos azuis de Alexandra estavam claros. Apenas sua extrema palidez e a frenética desarticulação da carta que ela estava escrevendo para o czar traíam sua ansiedade:

Meu muito querido amado
    Estamos juntas aqui – pode imaginar nossos sentimentos – pensamentos –, nosso Amigo desapareceu.
    Ontem A. [Ana] o viu e disse que Felix o convidou para ir à noite, um automóvel ia buscá-lo, visitar Irina. Um automóvel [militar] o pegou com dois civis e partiu.
    Essa noite, grande escândalo na casa de Yussoupov – grande reunião, Dmitri, Purishkevich etc. todos bêbados; polícia ouviu tiros, Purishkevich correu para fora, gritando para o polícia que nosso Amigo tinha sido morto.
    ... Nosso Amigo estava animado, mas nervoso ultimamente. Felix alega que ele [Rasputin] não foi a casa... Ainda confio na misericórdia de Deus que alguém apenas o tenha levado para algum lugar. Protopopov está fazendo tudo o que pode...
    Não posso e não vou acreditar que ele foi morto. Deus tende piedade. Essa total angústia (estou calma e não acredito)...Venha logo...
    Felix esteve muito com ele ultimamente.
                               Beijos,
                               Sunny

No dia seguinte, quando Rasputin não apareceu, Alexandra telegrafou: "Sem vestígios ainda... A polícia continua a busca. Receio que esses dois meninos miseráveis tenham cometido um crime horrendo, mas ainda não perdi toda a esperança. Comece hoje, preciso terrivelmente de você."

No terceiro dia, 1º de janeiro de 1917, o corpo de Rasputin foi encontrado. Na correria, os assassinos tinham deixado uma de suas botas perto do buraco no gelo. Mergulhadores procurando sob o gelo trouxeram o corpo. Incrivelmente, antes de morrer, Rasputin lutara com força suficiente para libertar uma das mãos das cordas que o amarravam. O braço livre estava levantado acima do ombro. O efeito era de que o último gesto de Rasputin na terra tinha sido um sinal de bênção.

Em Petrogrado, onde todo mundo sabia os detalhes e as histórias picantes do escândalo Rasputin, a confirmação de que a Besta fora esfolada gerou uma orgia de júbilo selvagem. As pessoas se beijavam nas ruas, aclamavam Yussoupov, Purishkevich e o grão-duque Dmitri como heróis. Na Catedral de Nossa Senhora de Kazan, as pessoas se acotovelavam para acender velas diante dos ícones de São Dmitri. Nas províncias longínquas, porém, onde os camponeses sabiam apenas que um mujique, um homem igual a eles, tinha se tornado poderoso na corte do czar, o assassinato foi visto de modo diferente. "Para os mujiques, Rasputin tornou-se um mártir", disse a Paléologue um velho príncipe que acabara de voltar de sua propriedade no Volga. "Ele era um homem do povo, deixou o czar ouvir a voz do povo, defendeu o povo contra o pessoal da corte, os *prídvorny*. Então, os *prídvorny* o mataram. É isso o que estão dizendo."

Em toda a sua abrangência e diversidade, a história produz poucas personalidades tão originais e extravagantes quanto Gregório Rasputin. A fonte e a extensão de seus poderes extraordinários jamais serão totalmente conhecidas. A sombra dessa incerteza irá revigorar perpetuamente a lenda. A dualidade de seu semblante – uma face serena, tranquilizadora, oferecendo as bênçãos de Deus, e a outra cínica, astuta, inflamada pela luxúria – é o cerne de seu misterioso feitiço. Em sua vida singular, notável, ele representa não só os dois lados da história da Rússia, metade compassiva, sofrida, e metade selvagem e pagã, mas também a constante luta de todas as almas entre o bem e o mal.

Quanto ao mal em Gregório Rasputin, tem que ser pesado cuidadosamente. Ele já foi chamado de monstro, contudo, ao contrário de muitos monstros na história, nunca tirou nem uma única vida. Ele tramava contra seus inimigos e derrubava homens de altas posições, porém, depois que eles caíam, Rasputin não procurava se vingar. Em suas relações com as mulheres, ele era indubitavelmente perverso, mas muitos dos episódios ocorreram com o consentimento das envolvidas. Sem dúvida, ele usava sua aura "sagrada" como vantagem para seduzir e, se tudo o mais falhasse, se impunha às vítimas relutantes. Mas, mesmo então, os gritos de ultraje eram amplamente exagerados pelos boatos.

O maior crime de Rasputin foi iludir a imperatriz Alexandra. Deliberadamente, ele levou-a a acreditar que tinha apenas um lado: padre Gregório, nosso Amigo, o homem de Deus que trazia alívio a seu filho e acalmava seus medos. O outro Rasputin – bêbado, lúbrico, arrogante – não existia para a imperatriz, exceto nos relatórios maliciosos de seus inimigos em comum. Um óbvio patife para todos os demais, ele escondia cuidadosamente esse lado em se tratando da imperatriz. No entanto, ninguém podia acreditar que ela não soubesse e, portanto, todos achavam que ela aceitava o pior do comportamento dele. Da parte dela, isso pode ser chamado de ingenuidade, cegueira, ignorância. Mas da parte dele, a exploração deliberada de sua fraqueza e devoção era nada menos que monstruosa maldade.

Como era de esperar, o impacto da morte de Rasputin foi menos grave para Nicolau do que para Alexandra. Ao saber do desaparecimento, durante uma reunião no quartel-general, o czar levantou-se imediatamente e telegrafou: "Estou horrorizado, abalado." Entretanto, não partiu para Petrogrado antes de 1º de janeiro, quando a morte de Rasputin foi confirmada. Mais uma vez, na morte como na vida, Nicolau estava menos preocupado com Rasputin do que com o efeito que o assassinato teria sobre a esposa. Nos meses precedentes, os conselhos de Rasputin tinham se tornado menos bem recebidos. Com frequência, Nicolau se irritava com o que considerava intrusões grosseiras em assuntos políticos e militares. O czar, Gilliard escreveu, "tolerou [Rasputin] porque não se atrevia a enfraquecer a fé de sua esposa – uma fé que a mantinha viva. Não queria mandá-lo embora porque, se Alexei Nicolaievich morresse, aos olhos da mãe ele teria sido o assassino do próprio filho".

Para Nicolau, o primeiro impacto da morte de Rasputin estava no fato de o assassinato ter sido cometido por membros da família imperial. "Estou muito envergonhado de que as mãos de meus parentes estejam manchadas com o sangue de um simples camponês!", ele exclamou. "Um assassinato é sempre um assassinato", replicou rigidamente ao recusar o apelo de parentes em favor de Dmitri. Quase cinquenta anos depois, sua irmã, a grã-duquesa Olga, ainda mostrava a mesma vergonha e desprezo pelo comportamento da família. "Não houve nada de heroico no assassinato de Rasputin", ela disse. "Foi... premeditado com a maior vilania. Pense nos dois nomes mais intimamente associados a isso até hoje – um grão-duque, neto do czar-libertador, e o descendente de uma de nossas maiores casas, cuja esposa era filha de um grão-duque. Isso prova quão baixo decaímos."

Pouco depois do retorno de Nicolau a Petrogrado, havia evidências suficientes para incriminar os três líderes da conspiração. O grão-duque Dmitri recebeu ordem de deixar imediatamente Petrogrado e servir com as tropas russas em operação na Pérsia. A sentença certamente salvou-lhe a vida, colocando-o fora do alcance da revolução que não tardaria. Yussoupov foi banido para uma de suas propriedades no centro da Rússia. Um ano mais tarde, ele deixou a terra natal ao lado da princesa Irina, levando, de toda a sua enorme fortuna, apenas 1 milhão de dólares em joias e dois Rembrandt. Purishkevich teve permissão para ficar livre. Sua participação no assassinato levou seu prestígio às alturas. Atacar um membro da Duma que se tornara herói já não era possível nem mesmo para o autocrata de todas as Rússias.

O corpo de Rasputin foi levado em segredo para a capela de uma casa de veteranos, a meio caminho entre Petrogrado e Tsarskoe Selo. Ali, foi realizada uma autópsia e o corpo foi lavado e colocado num caixão. Dois dias depois, em 3 de janeiro, Rasputin foi enterrado num canto do Parque Imperial, onde Ana Vyrubova construíra uma igreja. Lili Dehn estava presente: "Era uma manhã gloriosa. O céu estava muito azul, o sol brilhava e a neve dura cintilava como um monte de diamantes. Minha carruagem parou na estrada... e fui orientada a atravessar a pé o campo gelado até a igreja inacabada. Haviam colocado pranchas sobre a neve para servir como calçadas e, quando cheguei, percebi que um furgão da polícia estava estacionado junto ao túmulo aberto. Após esperar alguns minutos, ouvi sinos de trenó e Ana Vyrubova atravessou lentamente o campo. Quase imediatamente depois, um automóvel fechado parou e a família imperial se reuniu a nós. Vestiam luto e a imperatriz trazia flores brancas. Estava muito pálida, mas composta, embora eu visse suas lágrimas caindo quando o caixão de carvalho foi retirado do furgão... O serviço fúnebre foi lido pelo capelão, que, depois que o imperador e a imperatriz jogaram terra sobre o caixão, distribuiu as flores dela entre as grã-duquesas e nós, que as espalhamos sobre a cova."

Dentro do caixão, antes que lhe fechassem a tampa, a imperatriz havia colocado dois objetos sobre o peito de Rasputin. Um deles era um ícone assinado por ela, seu marido, seu filho e suas filhas. O outro era uma carta: "Meu querido mártir, dá-me tua bênção e me acompanhes sempre no triste e sombrio caminho que ainda preciso trilhar aqui embaixo. E lembra-te de nós aí nas alturas em tuas santas orações. Alexandra."

26
ÚLTIMO INVERNO EM TSARSKOE SELO

NAS DESOLADORAS SEMANAS DE INVERNO que se seguiram à morte de Rasputin, o czar de todas as Rússias sofreu algo próximo a um colapso nervoso. Absolutamente exausto, ansiando apenas por tranquilidade e descanso, ele permaneceu isolado em Tsarskoe Selo. No seio da família, rodeado pelo pequeno círculo de pessoas próximas, ele permaneceu sossegado, evitando tomar decisões que afetassem ministros, munições, seus milhões de soldados e dezenas de milhões de súditos. Rodzianko, que esteve com ele duas vezes nesse período, recordou a audiência em que Nicolau se levantou e foi à janela. "Como estava lindo o parque hoje", ele disse. "Lá é tão tranquilo. A gente esquece todas as intrigas e inquietações da miséria humana. Minha alma se sente em paz. Aqui estamos mais próximos da natureza, mais próximos de Deus."

Nicolau passou o dia inteiro em seus aposentos. Converteu a sala de bilhar em sala de mapas, onde, com a porta guardada por seus dois etíopes imóveis, passava horas debruçado sobre os imensos mapas dos campos de batalha espalhados sobre as mesas. Ao sair da sala, trancava a porta com cuidado e guardava a chave no bolso. À noite, sentava-se com

Alexandra e Ana Vyrubova no *boudoir* malva, lendo em voz alta. Suas declarações públicas eram vagas. Emitiu um manifesto às Forças Armadas, que, embora redigido para ele pelo general Gurko, foi moldado segundo seu permanente sonho patriótico: "O tempo de paz ainda não chegou... a Rússia ainda não cumpriu as tarefas que esta guerra lhe impôs... A posse de Constantinopla e do Estreito... a restauração da Polônia livre... Nossa confiança na vitória permanece inabalável. Deus abençoará nossos braços. Ele os cobrirá com a glória eterna e nos dará uma paz à altura de nossos feitos gloriosos. Oh, minhas tropas gloriosas, uma paz tamanha, que gerações virão abençoar sua sagrada memória!" Lendo o manifesto e imaginando o que Nicolau queria dizer, Paléologue concluiu que "só pode ser... uma espécie de testamento político, uma proclamação final da visão gloriosa que ele imaginou para a Rússia e que agora vê se dissolvendo no ar".

Os visitantes ficavam chocados com a aparência do czar. Havia boatos de que Alexandra o estava drogando. No Ano-Novo russo, o corpo diplomático foi a Tsarskoe Selo para a recepção anual. Nicolau apareceu rodeado de generais e ajudantes para trocar apertos de mãos, sorrisos e congratulações. "Como sempre", escreveu Paléologue, "Nicolau II foi gentil e natural, e até afetou um certo ar descontraído, mas seu rosto pálido e magro traía a natureza de seus pensamentos secretos." Uma audiência particular deixou o embaixador francês melancólico. "As palavras do imperador, seus silêncios e reticências, sua fisionomia grave e tensa, pensamentos distantes e a qualidade totalmente vaga e enigmática de sua personalidade me confirmaram... a noção de que Nicolau II se sente esmagado e dominado pelos eventos, que perdeu toda a fé em sua missão... que ele... abdicou internamente e se resignou ao desastre."

Nicolau causou impressão semelhante em Vladimir Kokovtsov, o ex-primeiro ministro. Kokovtsov sempre tivera em alta conta a compreensão rápida e intuitiva de vários assuntos e a excepcional memória de Nicolau. Mas ao entrar em seu gabinete, a 1º de fevereiro, Kokovtsov ficou bastante preocupado com a mudança no soberano. "Durante o ano em que não o vi, ele se tornara quase irreconhecível. Seu rosto estava muito magro, encovado e coberto de pequenas rugas. Seus olhos haviam se tornado amortecidos e vagavam sem rumo, de objeto em objeto... O branco dos olhos tinha uma coloração fortemente amarelada e as retinas escuras estavam descoradas, cinza e sem vida... O rosto do czar tinha uma expressão de desamparo. Seu sorriso era forçado, desconsolado, fixo nos lábios, e ele respondia, repetindo diversas vezes: 'Estou perfeitamente bem e saudável, mas passei muito tempo sem exercícios e estou acostumado a ter muita atividade. Repito a você, Vladimir Nicolaievich, estou perfeitamente bem. Você não me vê há muito tempo, e possivelmente não tive uma boa noite. Agora vou dar um passeio e terei melhor aparência.'"

Durante toda a entrevista, prosseguiu Kokovtsov, "o czar me ouviu com o mesmo sorriso enfermiço, olhando nervosamente em torno de si". "A uma pergunta que me pareceu bastante simples... o czar ficou reduzido a um estado de desamparo totalmente incompreensível. O sorriso estranho, quase vazio, permanecia fixo em seu rosto; olhou-me como se me pedisse apoio, que eu o lembrasse de algo que tinha fugido por completo de sua memória... Ficou olhando para mim por um longo tempo, como se tentasse juntar os pensamentos ou lembrar o que lhe escapava da memória."

Kokovtsov saiu do gabinete em lágrimas. Lá fora, encontrou o dr. Botkin e o conde Paulo Benckendorff, o grão-marechal da corte. "Vocês não estão vendo o estado do czar?", perguntou. "Ele está à beira de um distúrbio mental, se é que já não está acometido." Ambos responderam que Nicolau não estava doente, apenas cansado. Entretanto, Kokovtsov retornou a Petrogrado com a forte impressão "de que o czar estava seriamente doente, e que sua doença era de natureza nervosa".

Alexandra ficou abatida com a morte de Rasputin, mas, reunindo as mesmas reservas da fortaleza interna que a sustentariam nos impiedosos meses pela frente, ela não desabou. Rasputin sempre lhe dizia: "Se eu morrer ou se você me abandonar, perderá seu filho e a coroa dentro de seis meses." A imperatriz nunca duvidou dele. A morte de Rasputin tirou-lhe o salvador do filho e sua conexão com Deus. Na falta de suas orações, qualquer desgraça era possível. O fato de que o golpe viera de dentro da família imperial não a surpreendeu. Sabia o que eles achavam e entendia que ela era o verdadeiro alvo dos assassinos.

Depois do assassinato, ela ficou quieta e calada vários dias, com a face marcada pelas lágrimas, olhando para o vazio. Depois se recobrou e a fisionomia que mostrava, até para os de dentro do palácio, era calma e resoluta. Se Deus lhe tirara o Amigo, ela ainda estava na terra. Enquanto a vida continuasse, ela ia perseverar em sua fé, sua dedicação ao marido e à família, em sua determinação, agora com a chancela do martírio de Gregório, para manter a autocracia concedida à Rússia por Deus. Atingida pelo mesmo sentimento de sina terrena que afetava o czar, ela se enrijeceu para enfrentar os choques que viriam. A partir desse ponto, nos meses que ainda lhe faltavam viver, Alexandra nunca vacilou.

Foi a imperatriz que assumiu a situação. Desde o dia do assassinato, a correspondência de Ana Vyrubova chegara cheia de cartas anônimas ameaçadoras. Por ordem da imperatriz, e por uma questão de segurança, Ana mudou-se de sua casinha para um apartamento no Palácio Alexandre. Embora o czar estivesse no palácio, a imperatriz continuava a exercer influência predominante nas questões políticas. O telefone principal do palácio não ficava na mesa dele, mas no *boudoir* dela, abaixo do retrato de Maria Antonieta. Os relatórios de Protopopov eram entregues tanto a Nicolau quanto a Alexandra, quem estivesse mais disponível, e às vezes para ambos ao mesmo tempo. Além disso, com o conhecimento do marido, a imperatriz passou a ouvir escondida as conversas oficiais do czar. Kokovtsov sentiu algo desse tipo em sua entrevista. "Achei que a porta que levava do gabinete [do czar] para o quarto de vestir estava entreaberta, o que jamais acontecera antes, e que havia alguém lá dentro", ele escreveu. "Pode ter sido apenas uma ilusão, mas essa impressão permaneceu comigo durante toda a breve audiência." Não era ilusão, mas um arranjo temporário. Pouco depois, para maior conveniência, a imperatriz mandou instalar uns degraus de madeira, cortando a parede, até a sacada que dava para a câmara de audiência formal do czar. Ali, oculta por cortinas, a imperatriz podia ouvir tudo confortavelmente reclinada num divã.

Na condução do governo da Rússia, a morte de Rasputin não mudou nada. Ministros iam e vinham. Trepov, que havia substituído Stürmer como primeiro-ministro em novembro, teve permissão para se demitir em janeiro, sendo substituído pelo príncipe Nicolau Golitsyn, um senhor mais velho que a imperatriz havia conhecido como presidente substituto num de seus comitês de caridade. Golitsyn ficou horrorizado com a nomeação e implorou em vão ao czar que escolhesse outro. "Se outro homem usasse a linguagem que usei para descrever a mim mesmo, eu seria obrigado a desafiá-lo para um duelo", ele disse.

Pouca diferença fez. Protopopov era o único ministro em que a imperatriz depositava verdadeira confiança. O resto do gabinete pouco importava, e Protopopov raramente se dava ao trabalho de comparecer às reuniões. Rodzianko se recusava até a falar com ele. Na recepção do dia de Ano-Novo, o presidente da Duma tentou evitar o ex-representante. "Notei que ele me seguia... Fui para outra parte da sala e fiquei de costas [para ele]. Apesar disso, Protopopov estendeu a mão. Respondi: 'Nunca e em lugar nenhum.' Protopopov... tomou-me pelo cotovelo de modo amigável, dizendo: 'Meu caro amigo, certamente podemos chegar a um entendimento.' Fiquei com vergonha por ele. 'Me deixe em paz. Você é repelente', retruquei."

Dependente, como Rasputin, unicamente da proteção da imperatriz, o ministro do Interior apressou-se a colocar a máscara espiritual de Rasputin. Como fazia o *starets*, ele telefonava todos os dias às dez da manhã para a imperatriz ou para Ana Vyrubova. Dizia que o espírito de Rasputin às vezes vinha até ele à noite, que podia sentir-lhe a presença e sua voz familiar dando-lhe conselhos. Uma história que circulava em Petrogrado retratava Protopopov no meio de uma audiência com Alexandra subitamente caindo de joelhos e gemendo: "Oh, Majestade, vejo Cristo atrás da senhora."

Embora resoluta, a imperatriz não tinha alegria em seu trabalho. Todas as noites de quinta-feira, havia um concerto de música de câmara no palácio, apresentado por uma orquestra romena. A cadeira da imperatriz era sempre colocada junto à lareira, e ela ficava absorta na música, contemplando as chamas. Numa dessas noites, Lili Dehn sentou-se numa cadeira a seu lado. "A imperatriz parecia incomumente triste", ela escreveu. "Sussurrei ansiosamente: 'Oh, Madame, por que está tão triste esta noite?' A imperatriz voltou-se para mim... 'Por que estou triste, Lily?... Realmente, não sei, mas... acho que meu coração se quebrou.'"

Um inglês que visitou a imperatriz nessa mesma época ficou impressionado com seu ar de tristeza e resignação. Em visita à Rússia numa missão dos Aliados, o general Sir Henry Wilson conhecera Alexandra em Darmstadt. Agora, "após uma longa passagem para o *boudoir* da imperatriz — um quarto cheio de quadros e bricabraque...", ele lembrou-lhe "nossas partidas de tênis nos velhos tempos, 36 anos atrás, em Darmstadt... Ela deliciou-se com as reminiscências e recordou alguns nomes que eu havia esquecido. Depois disso, foi fácil. Ela disse que sua parte era mais difícil que a da maioria das pessoas porque tinha parentes e amigos na Inglaterra, Rússia e Alemanha. Falou de suas experiências e seus olhos se encheram de lágrimas. Ela tem um rosto lindo, mas muito, muito triste. É alta e graciosa, tem os cabelos repartidos simplesmente de lado e presos num coque atrás. Os cabelos são empoados de cinza. Quando eu disse que ia deixá-la, pois já devia estar cansada de receber estrangeiros e manter conversas, ela quase deu uma gargalhada e me prendeu por mais algum tempo".

Wilson ficou comovido com essa conversa. "Que tragédia existe nessa vida", escreveu. No entanto, quando partiu da Rússia, uma semana depois, acrescentou: "O certo é que o imperador e a imperatriz estão a caminho de uma queda. Todos – altos funcionários, comerciantes, damas – falam abertamente da absoluta necessidade de acabar com eles."

O assassinato de Rasputin foi um ato monarquista. A intenção do grão-duque, do príncipe e do representante da direita era limpar o trono e restaurar o prestígio da dinastia. Ao remover o que consideravam o poder por trás da imperatriz, era sua intenção também eliminar a própria imperatriz como força no governo da Rússia. Achavam que então o czar estaria livre para escolher seus ministros e seguir políticas que salvariam a monarquia e a Rússia. Essa era a esperança dos membros da família imperial, muitos dos quais reprovavam o assassinato, mas achavam bom o homem ter sido assassinado.

Apesar de suave, a punição imposta pelo czar ao grão-duque Dmitri e ao príncipe Felix Yussoupov frustrou essas esperanças. A família escreveu uma carta coletiva a Nicolau, pedindo perdão para Dmitri e a escolha de um ministério responsável. Ainda indignado por membros de sua família terem se envolvido num assassinato, Nicolau ficou ainda mais ofendido com a carta. "Não admito que ninguém me dê conselhos", respondeu, revoltado. "Um assassinato é sempre um assassinato. Seja como for, sei que a consciência de vários dos que assinaram esta carta não está limpa." Dias depois, sabendo que um dos assinantes da carta, o grão-duque liberal Nicolau Mikhailovich, grande frequentador de casas noturnas de Petrogrado, censurava abertamente o governo em suas noitadas, o czar ordenou que ele saísse da capital e permanecesse em domicílio numa de suas propriedades no campo.

Em vez de diminuir o abismo entre a família Romanov, o assassinato, muito ao contrário, só fez aumentá-lo. A imperatriz viúva ficou muito preocupada. "Deve-se... perdoar", Maria escreveu, de Kiev. "Estou certa de que você está ciente do quão profundamente ofendeu toda a família com sua resposta brusca, jogando sobre eles uma acusação horrível e totalmente injustificada. Espero que alivie o destino do pobre Dmitri, não o deixando na Pérsia.... O pobre tio Paulo [pai de Dmitri] me escreveu, desesperado, que nem teve a chance de se despedir... Não é do seu feitio se comportar dessa maneira... Isso me deixa muito preocupada."

O grão-duque Alexandre Mikhailovich, primo e cunhado do czar, saiu de sua casa em Kiev e foi a Tsarskoe Selo pedir que a imperatriz se afastasse da política e que o czar assumisse um governo aceitável pela Duma. Ele era o "Sandro" da juventude de Nicolau, o alegre companheiro dos jantares com Kschessinska, marido de sua irmã Xenia e padrinho do príncipe Felix Yussoupov. Sandro encontrou a imperatriz deitada na cama, vestida num penhoar branco rendado. Apesar da presença do czar, sentado e fumando em silêncio no outro lado da grande cama do casal, o grão-duque falou claramente: "Sua interferência em assuntos de Estado está prejudicando... o prestígio de Nicky. Tenho sido seu amigo leal, Alix, por 24 anos... como amigo, digo a você que todas as classes da população se opõem a suas políticas. Você tem uma família linda, filhos, por que não pode... por favor, Alix, deixar os assuntos de Estado a cargo de seu marido?"

Quando a imperatriz disse que era impossível a um autocrata dividir seus poderes com um parlamento, o grão-duque retrucou: "Você está enganada, Alix. Seu marido deixou de ser autocrata em 17 de outubro de 1905."

A entrevista terminou mal, com o grão-duque gritando, furioso: "Lembre-se, Alix, fiquei calado por trinta meses! Por trinta meses, eu nunca disse... a você uma palavra sobre as desgraças que acontecem em nosso governo, ou, melhor dizendo, em *seu* governo. Entendo que queira se destruir, e seu marido sente a mesma coisa, mas e quanto a nós?... Você não tem o direito de arrastar seus parentes para o precipício com você." Nesse ponto, Nicolau interrompeu calmamente e levou o primo para fora do quarto. Mais tarde, de Kiev, o grão-duque Alexandre escreveu: "Não se pode governar um país sem ouvir a voz do povo... Por estranho que pareça, é o governo que está preparando a revolução... O governo está fazendo tudo o que pode para aumentar o número de descontentes e está tendo um sucesso admirável. Assistimos a um espetáculo sem precedentes, a revolução vindo de cima, e não de baixo."

Um ramo da família imperial, os "Vladimires", não contentes em escrever cartas, falavam sem rodeios de uma revolução no palácio para substituir o czar à força. A grã-duquesa Maria Pavlovna e os grão-duques Cirilo, Boris e Andrei – viúva e filhos do tio mais velho do czar, grão-duque Vladimir – tinham ressentimentos que remontavam ao passado distante. O próprio Vladimir, um homem violento e ambicioso, sempre enciumado do irmão mais velho, o czar Alexandre III, aceitara com dificuldade a ascensão ao trono de seu delicado sobrinho. Anglófobo feroz, enfureceu-se quando Nicolau escolheu como consorte uma princesa que, embora nascida em Darmstadt, era neta da rainha Vitória. A viúva de Vladimir, Maria Pavlovna, também era alemã, uma Mecklenberger e terceira dama do império russo, colocada na hierarquia logo atrás das duas imperatrizes. Socialmente, Maria Pavlovna era tudo o que Alexandra não era. Enérgica, posuda, inteligente, muito lida, dada a mexericos e intrigas, indisfarçavelmente ambiciosa para os três filhos, ela fez em seu grandioso palácio no Neva uma corte fulgurante que suplantava de longe Tsarskoe Selo. Nas animadas conversas que dominavam seus jantares, escárnio e anedotas desdenhosas sobre o casal governante eram temas frequentes. E a grã-duquesa não esquecia que, depois do czarevich, que era doente, e do irmão do czar, que se casara com uma plebeia, o seguinte na linha de sucessão era seu filho mais velho, Cirilo.

Ademais, cada um dos filhos de Vladimir tinha razões pessoais para relações espinhosas com o czar e a imperatriz. Cirilo tinha se casado com a esposa divorciada do irmão de Alexandra, o grão-duque Ernest de Hesse. Andrei manteve como amante a bailarina Matilde Kschessinska, que fora apaixonada por Nicolau quando solteiro. Boris, o filho Vladimir do meio, pedira em casamento sua prima Olga, filha mais velha do czar. Escrevendo ao marido, a imperatriz deu o tom de sua repulsa a Boris: "A que meio horrendo a esposa dele seria arrastada... intrigas sem fim, maus modos e conversas... um homem gasto, *blasé*... de 38 anos, com uma menina pura e viçosa 18 anos mais nova do que ele, para morar numa casa em que várias mulheres já "compartilharam" a vida dele! Uma garota inexperiente sofreria terrivelmente com um marido de 4^a-5ª mão – ou mais!" Como o pedido foi transmitido, não só em nome de Boris, mas também no de sua mãe, Maria Pavlovna guardou grande mágoa de Alexandra.

Rodzianko sentiu o gostinho dessa mágoa, e da conspiração dela decorrente, quando foi convidado para almoçar urgentemente no Palácio Vladimir, em janeiro de 1917. Depois do almoço, ele escreveu, a grã-duquesa "começou a falar do estado geral das coisas, da incompetência do governo, de Protopopov e da imperatriz. Ao mencionar o nome desta última, foi ficando cada vez mais empolgada, alongando-se sobre sua nefanda influência e interferência em tudo, dizendo que ela estava levando o país à destruição, que era a causa do perigo que ameaçava o imperador e o restante da família imperial, que tais condições não podiam mais ser toleradas, que as coisas tinham que mudar, alguma coisa se fazer, afastar, destruir..."

Tentando entender mais precisamente o que a grã-duquesa queria dizer, Rodzianko perguntou:

— Como assim, "afastar"?

— A Duma tem que fazer alguma coisa. Ela tem que ser aniquilada.

— Quem?

— A imperatriz.

— Sua Alteza — retrucou Rodzianko —, permita-me tratar essa conversa como se nunca tivesse acontecido, porque, se a senhora se dirige a mim como presidente da Duma, meu juramento de lealdade me obriga a ir imediatamente a Sua Majestade imperial relatar que a grã-duquesa Maria Pavlovna declarou a mim que a imperatriz precisa ser aniquilada.

Durante semanas, a conspiração grã-ducal foi o assunto de Petrogrado. Todo mundo conhecia os detalhes: quatro regimentos da guarda invadiriam Tsarskoe Selo à noite e prenderiam a família imperial. A imperatriz seria encerrada num convento — o método russo clássico de dar sumiço em imperatrizes indesejadas — e o czar seria obrigado a abdicar em favor de seu filho, com o grão-duque Nicolau como regente. Ninguém, nem mesmo a polícia secreta, que havia colhido todos os pormenores, levou os grão-duques a sério. "Ontem à noite", escreveu Paléologue em 9 de janeiro, "o príncipe Gabriel Constantinovich deu um jantar para sua amante, uma ex-atriz. Os convidados incluíam o grão-duque Boris... alguns oficiais e um bando de cortesãs elegantes. Durante a noite, o único tópico foi a conspiração — quais regimentos da guarda eram mais confiáveis, o momento mais favorável para a invasão etc. Tudo isso com os criados passando para lá e para cá, meretrizes vendo e ouvindo, ciganos cantando e todos banhados pelo aroma de Moët e Chandon *brut impérial* que jorrava em abundância."

O governo imperial se esfacelava e, entre os que assistiam abismados ao processo, havia alguns não russos. A guerra e a aliança haviam conferido aos embaixadores da França e da Inglaterra, Maurice Paléologue e Sir George Buchanan, posições de grande importância. Pelas duas embaixadas em Petrogrado, pelas mesas dos dois embaixadores passavam questões essenciais de suprimentos, munições e operações militares. Quando ficou cada vez mais evidente que a crise política doméstica na Rússia afetava a capacidade militar dessa aliada, Buchanan e Paléologue se viram numa situação delicada. Credenciados pessoalmente para tratar com o czar, eles não tinham o direito de comentar questões que afetavam a política interna russa. Todavia, no inverno de 1917, ambos se viram assediados para usar seu acesso ao czar e fazer um apelo por um governo aceitável pela Duma. Convencidos de que nada mais poderia salvar a Rússia como aliada, ambos concordaram. A tentativa de Paléologue, abortada pela amável cortesia e evasivas de Nicolau, fracassou completamente. Em 12 de janeiro, foi a vez de Buchanan ser recebido em Tsarskoe Selo.

Sir George Buchanan era um diplomata da velha escola, notável por sua discrição, seus cabelos prateados e o monóculo. Sete anos servindo na Rússia o deixaram cansado e frágil, mas com inúmeros amigos e admiradores, inclusive o próprio czar. Seu único ponto fraco na função era a incapacidade de falar russo. Mas isso não fazia diferença em Petrogrado, onde todo mundo de alguma importância falava francês ou inglês. Em 1916, porém, Buchanan foi a Moscou, onde o fizeram cidadão honorário e o presentearam com um ícone de valor incalculável e uma grande taça ornamental de prata maciça. "No coração da Rússia", escreveu R. H. Bruce Lockhart, cônsul-geral britânico, que acompanhou Buchanan na ocasião, "ele tinha que falar pelo menos uma ou duas palavras em russo. Tínhamos ensaiado exaustivamente com o embaixador para levantar a taça e dizer ao distinto público '*Spasíbo*', que é a forma abreviada de dizer 'obrigado' em russo. Em vez disso, Sir George levantou a taça e disse '*Za pívo*', que quer dizer 'pra cerveja'."

Em Tsarskoe Selo, Buchanan ficou surpreso ao ser recebido pelo czar na câmara de audiência formal, e não em seu gabinete, onde costumavam conversar. Entretanto, perguntou se podia falar francamente, e Nicolau assentiu. Buchanan foi direto ao ponto, dizendo que o czar da Rússia precisava de um governo que tivesse a confiança da nação.

— Sua Majestade, se me permite dizer, resta-lhe somente aberto um caminho seguro: romper a barreira que o separa de seu povo e recuperar-lhe a confiança.

Levantando-se com um olhar duro a Buchanan, Nicolau perguntou:

— Você quer dizer que eu preciso recuperar a confiança do meu povo, ou que eles precisam recuperar *minha* confiança?

— As duas coisas, Sire — respondeu Buchanan —, pois sem essa confiança mútua a Rússia jamais ganhará a guerra.

O embaixador criticou Protopopov, "que, se Sua Majestade me perdoa dizê-lo, está levando a Rússia à beira da ruína".

— Escolhi M. Protopopov — replicou Nicolau — entre as fileiras da Duma, a fim de lhes ser agradável e essa é minha recompensa.

Buchanan advertiu que a linguagem revolucionária estava sendo falada, não apenas em Petrogrado, mas em toda a Rússia, e que, "no caso de uma revolução, só se pode contar com uma pequena parte do exército para defender a dinastia". E concluiu com um arroubo de sentimento pessoal:

— Bem sei que um embaixador não tem o direito de usar a linguagem que usei com Sua Majestade, e precisei reunir toda a minha coragem antes de falar como falei... [Mas] se eu visse um amigo caminhando em uma floresta numa noite escura por uma trilha que eu sabia que acabava num precipício, não seria meu dever, Sire, avisá-lo do perigo? E não é igualmente meu dever avisar Sua Majestade do abismo aberto à sua frente?

O czar se comoveu com o apelo de Buchanan e, ao apertar a mão do embaixador na saída, disse: "Eu lhe agradeço, George." A imperatriz, porém, sentiu-se ultrajada pela presunção de Buchanan. "O grão-duque Sérgio observou que, se eu fosse um súdito russo, teria sido mandado para a Sibéria", Sir Buchanan escreveu mais tarde.

Apesar de ter desdenhado a sugestão de Maria Pavlovna de que a imperatriz fosse "aniquilada", Rodzianko concordava com a grã-duquesa que a imperatriz precisava ser destituída de poderes políticos. Mais cedo, no outono, quando Protopopov viera lhe dizer que o czar talvez nomeasse o presidente da Duma para o cargo de primeiro-ministro, Rodzianko impusera a condição de que "a imperatriz renunciasse a interferir em assuntos de Estado e permanecesse em Livadia até o fim da guerra". Agora, no meio do inverno, ele recebeu a visita do irmão mais novo do czar, grão-duque Miguel. O belo e bem-humorado "Misha" morava com a esposa, condessa Brassova, em Gatchina, fora da capital. Embora fosse o primeiro na linha de sucessão após o czarevich, ele não tinha influência alguma sobre o irmão. Preocupado e reconhecendo sua própria impotência, Miguel perguntou-lhe como seria possível sair daquela situação desesperadora. Mais uma vez, Rodzianko declarou que "Alexandra é feroz e universalmente odiada, e todos os círculos clamam por seu afastamento. Enquanto ela estiver no poder, vamos continuar no caminho da ruína". O grão-duque concordou e implorou a Rodzianko que novamente dissesse isso ao czar. Em 20 de janeiro, Nicolau o recebeu.

— Sua Majestade — falou Rodzianko —, considero que o estado de coisas no país está mais crítico e ameaçador do que nunca. O espírito de todo o povo é tal que se pode esperar a mais grave rebelião... Toda a Rússia é unânime em exigir uma mudança de governo e a nomeação de um premier responsável, investido da confiança da nação... Sire, não há um único homem honesto e confiável em seu governo; todos os bons foram eliminados ou renunciaram... É um segredo aberto que a imperatriz emite ordens sem o seu conhecimento, que os ministros se reportam a ela em questões de Estado... A indignação e o ódio à imperatriz estão crescendo em todo o país. Ela é vista como defensora da Alemanha. Até o povo miúdo fala nisso...

— Dê-me os fatos. Não há fatos que confirmem suas afirmações — Nicolau interrompeu.

— Não há fatos — Rodzianko admitiu —, mas toda a tendência da política direcionada por Sua Majestade dá margem a essas ideias. Para salvar sua família, Sua Majestade deve encontrar um meio de impedir que a imperatriz exerça qualquer influência política... Majestade, não incite a população a escolher entre o senhor e o bem do país.

Nicolau apertou a cabeça entre as mãos.

— Será possível que, por 22 anos, tentei agir para o melhor, e por 22 anos foi tudo errado?

A pergunta era desconcertante e estava totalmente fora dos limites apropriados a Rodzianko responder. No entanto, vendo que era uma pergunta feita com honestidade, de homem para homem, ele reuniu toda a sua coragem e falou:

— Sim, Majestade, por 22 anos o senhor seguiu um caminho errado.

Um mês depois, em 23 de fevereiro, Rodzianko viu Nicolau pela última vez. Nessa ocasião, a atitude do czar foi "positivamente dura", e Rodzianko, por sua vez, foi brusco. Anunciando que a revolução era iminente, ele declarou:

— Considero meu dever, Sire, expressar minha intensa percepção e convicção de que este será meu último relatório.

Nicolau não disse nada e Rodzianko foi dispensado secamente.

A advertência de Rodzianko foi o último dos grandes avisos ao czar. Nicolau rejeitou todos. Ele havia jurado preservar a autocracia e passá-la intacta ao filho. Em sua mente, os bem-educados grão-duques, embaixadores estrangeiros e membros da Duma não representavam as massas camponesas da verdadeira Rússia. Acima de tudo, ele achava que ceder durante a guerra seria visto com um sinal de fraqueza que serviria apenas para acelerar a revolução. Talvez, quando a guerra terminasse, ele modificasse a autocracia e reorganizasse o governo. "Farei tudo depois", ele disse, "mas não posso agir agora. Não posso fazer mais de uma coisa ao mesmo tempo."

Os ataques à imperatriz e as sugestões de afastamento o enraiveciam. "A imperatriz é estrangeira", ele declarou com veemência. "Ela não tem quem a proteja, a não ser eu. Jamais a abandonarei, em quaisquer circunstâncias. De qualquer maneira, todas as acusações feitas a ela são falsas. Mentiras maldosas são ditas a seu respeito. Mas eu sei fazer com que ela seja respeitada."

No início de março, após dois meses de descanso com a família, o ânimo de Nicolau começou a melhorar. Estava otimista que o exército, agora equipado com novas armas da Inglaterra e da França, pudesse terminar a guerra no final do ano. Queixando-se do "ar envenenado" de Petrogrado, ele estava ansioso para voltar ao *Stavka*, a fim de planejar a ofensiva da primavera.

Enquanto isso, sentindo a aproximação da crise, Protopopov tentou disfarçar seu medo recomendando contramedidas enérgicas. Quatro regimentos de cavalaria da guarda receberam ordens de ir do front para Petrogrado, e a polícia municipal passou a receber treinamento com metralhadoras. A cavalaria não chegou. No *Stavka*, agastado com a perspectiva de lutar contra o povo, o general Gurko deu uma contraordem. Em 7 de março, véspera da partida do czar para o quartel-general, Protopopov foi ao palácio. Encontrou-se primeiro com a imperatriz. Alexandra lhe disse que o czar decidira passar um mês no front e ela não conseguia fazê-lo mudar de ideia. Nicolau entrou na sala e, chamando Protopopov à parte, falou que tinha resolvido voltar em três semanas. Muito agitado, Protopopov, disse: "Nesses tempos, Sire, sua presença é desejada aqui e lá... receio muito as consequências." Preocupado com o temor do ministro, Nicolau prometeu que, se possível, estaria de volta em uma semana.

Houve um momento, segundo Rodzianko, em que Nicolau hesitou em sua determinação de recusar um ministro responsável. Na véspera da partida, o czar convocou vários ministros, inclusive o primeiro-ministro, príncipe Golytsin, e comunicou que pretendia ir à Duma no dia seguinte, anunciar pessoalmente a composição de um governo responsável. Na mesma noite, Golytsin foi chamado novamente ao palácio, onde lhe foi comunicado que o czar estava de partida para o quartel-general.

— Como assim, Majestade? — perguntou Golytsin, espantado. — E o ministério responsável? O senhor pretendia ir à Duma amanhã.

— Mudei de ideia — respondeu Nicolau. — Estou indo para o *Stavka* esta noite.

Essa conversa ocorreu na quarta-feira, 7 de março. Cinco dias depois, segunda-feira, 12 de março, o governo imperial em Petrogrado caiu.

※ 27 ※

REVOLUÇÃO: MARÇO DE 1917

ENFRENTANDO 35 GRAUS ABAIXO DE ZERO, o povo de Petrogrado tremia de frio e tinha fome. Diante das padarias, formavam-se longas filas de mulheres, esperando horas pela ração de pão enquanto a neve pousava suavemente sobre seus casacos e xales. Operários, cujas fábricas tinham sido fechadas por falta de carvão, fervilhavam pelas ruas, angustiados, reclamando e esperando que alguma coisa acontecesse. Nos quartéis abafados, enfumaçados, soldados da guarnição se agrupavam diante das lareiras, ouvindo, desde o jantar até a madrugada, os discursos e exortações de agitadores revolucionários. Assim era Petrogrado na primeira semana de março de 1917, amadurecendo a revolução.

Em 27 de fevereiro, a Duma se reuniu novamente e Kerensky berrou desafios não só ao governo, mas também ao czar. "Os ministros são sombras que vagueiam!", gritou. "Para evitar uma catástrofe, o próprio czar tem que ser afastado, por métodos terroristas, se não houver outro jeito. Se não ouvirem a voz da advertência, vocês mesmos vão ter que encarar os fatos, e não mais os avisos. Vejam o clarão distante dos relâmpagos no céu da Rússia." Incitação ao assassinato do czar era traição, e Protopopov deu início aos procedimentos para suspender a imunidade parlamentar de Kerensky, para que ele fosse processado. Entretanto, em particular, Rodzianko lhe confidenciou: "Tenha certeza de que não entregarei você a eles."

No clima que assolava a capital, nem o discurso inflamado de Kerensky pareceu anormal. Naquele mesmo dia, Buchanan, cujas antenas políticas eram agudamente sensíveis, concluiu que a cidade estava quieta o suficiente para que ele escapulisse para muito necessárias férias de dez dias na Finlândia.

O problema básico era falta de comida e combustível. A guerra tirara 15 milhões de homens das fazendas, ao mesmo tempo que o exército consumia enormes quantidades de alimentos. As ferrovias que traziam suprimentos à cidade estavam quebrando. Já mal equipadas para tempos de paz, as estradas de ferro russas tinham agora a sobrecarga de suprir os seis milhões de homens no front com alimentos e munição, bem como transportá-los conforme as ordens do quartel-general. Além disso, houve a necessidade de adicionar centenas de trens de carvão ao sistema já sobrecarregado. Antes da guerra, toda a região de São Petersburgo, com suas gigantescas indústrias metalúrgicas, usava o carvão barato Cardiff, que, importado, chegava pelo Báltico. O bloqueio fazia com que o carvão agora fosse trazido de trem da bacia do Donets até a Ucrânia. Rangendo sob essa enorme carga militar e industrial, a capacidade das ferrovias diminuiu drasticamente. A Rússia entrou na guerra com 20.071 locomotivas. No início de 1917, havia apenas 9.021 em operação. Deterioração semelhante havia reduzido o número de vagões de 539.549 para 174.346.

As cidades, naturalmente, sofriam mais do que o campo, e Petrogrado, mais distante das regiões produtoras de alimentos e carvão, sofria ainda mais. A escassez elevou os preços às alturas. Um ovo custava quatro vezes o preço de 1914, manteiga e sabão custavam cinco vezes mais. Rasputin, mais perto do povo do que o czar e os ministros, tinha visto o perigo havia muito tempo. Em outubro de 1915, Alexandra havia escrito ao marido: "Nosso Amigo... pouco falou sobre qualquer outra coisa durante duas horas. É isso: que você precisa ordenar que vagões de farinha, manteiga e açúcar sejam obrigados a passar. Ele viu a coisa toda à noite, como uma visão, todas as cidades, ferrovias etc... Ele deseja que eu fale com você muito seriamente sobre isso, até severamente... Ele proporia que, durante três dias, nenhum outro trem partisse, exceto aqueles com farinha, manteiga e açúcar – isso é ainda mais necessário do que carne ou munição."

Em fevereiro de 1917, o inverno deferiu o golpe final nas ferrovias russas. Num mês de extremo frio e fortes nevascas, 1.200 caldeiras de locomotivas congelaram e explodiram, montes de neve bloquearam grandes trechos de trilhos e 57 mil vagões ficaram imobilizados. Em Petrogrado, farinha, carvão e lenha escassearam e desapareceram.

Ironicamente, no inverno de 1917, não havia planos sérios de revolução, nem dos operários, nem dos revolucionários. Morando em Zurique na casa de um sapateiro, Lênin se sentia ilhado, deprimido e vencido. Nada do que tentava parecia dar certo. Os panfletos que escreveu tiveram pouca resposta, e o óleo capilar que ele havia comprado em grande quantidade e esfregava assiduamente no crânio não estimulava o crescimento de um fio de cabelo sequer.* Em janeiro de 1917, falando a um grupo de operários suíços, ele declarou sombriamente que "levantes populares devem explodir na Europa em poucos anos... nós, mais velhos, talvez não estejamos aqui para ver as batalhas decisivas da revolução que se aproxima". Kerensky, o mais exaltado defensor da revolução na Duma, declarou mais tarde: "Nenhum partido de esquerda e nenhuma organização tinham feito qualquer plano de revolução." Nem precisavam. As tramas revolucionárias e programas políticos se tornaram insignificantes em face da fome e angústia do povo. "Eles [os revolucionários] não estavam prontos", escreveu Basil Shulgin, deputado monarquista, "mas tudo o mais estava pronto."

Em 8 de março, uma quinta-feira, enquanto o trem imperial se afastava de Petrogrado levando o czar para o quartel-general, as sofridas e silenciosas filas do pão subitamente explodiram. Não suportando mais esperar, o povo invadiu as padarias e se serviu. Colunas de protestos de

---

* A mãe de Krupskaya morreu enquanto Lênin morava na Suíça. Há uma história de que, uma noite, Krupskaya, exausta da vigília junto ao leito da mãe doente, pediu a Lênin, que estava sentado à mesa escrevendo, que a chamasse se a mãe precisasse dela. Lênin concordou e Krupskaya foi dormir. Na manhã seguinte, quando acordou, encontrou a mãe morta. Arrasada, ela confrontou Lênin, que respondeu: "Você me disse para chamá-la se sua mãe precisasse de você. Ela morreu. Não precisou de você."

operários da seção industrial Vyborg atravessaram as pontes do Neva em direção ao centro da cidade. Uma passeata composta principalmente de mulheres cantando "Queremos pão" encheu o Nevsky Prospect. A manifestação era pacífica; contudo, à noitinha, um esquadrão de cossacos veio trotando pelo Nevsky Prospect, o bater dos cascos dos cavalos anunciando o aviso do governo. Apesar do tumulto, ninguém ficou seriamente alarmado. Naquela noite, na embaixada francesa, os convidados se empenharam numa acalorada discussão sobre qual das bailarinas reinantes – Anna Pavlova, Tamara Karsavina ou Matilde Kschessinska – era suprema em sua arte.

Na manhã de sexta-feira, 9 de março, uma grande multidão saiu às ruas. Mais padarias foram saqueadas e novamente apareceram patrulhas de cossacos, embora sem os chicotes, o tradicional instrumento de controle da malta na Rússia. Notando a ausência do instrumento, a multidão recebeu os cossacos com aplausos, prontamente abrindo caminho para lhes dar passagem. Os cossacos, por sua vez, gracejaram com o povo, dizendo: "Não se preocupem, ninguém vai dar tiros."

No sábado, a maioria dos trabalhadores de Petrogrado entrou em greve. Trens, bondes e táxis pararam de circular, e não houve jornais. Enormes multidões encheram as ruas, carregando, pela primeira vez, bandeiras vermelhas e gritando "Abaixo a alemã! Abaixo Protopopov! Abaixo a guerra!". Um certo alarme começou a percorrer a cidade. Naquela noite, o violinista Georges Enesco deu um recital no Teatro Maryinsky. O teatro ficou praticamente vazio; não havia mais do que cinquenta pessoas na plateia, e grandes lacunas marcavam a orquestra. Num dos cantos do palco, Enesco fez um concerto intimista para as poucas pessoas sentadas juntas nas primeiras filas do teatro deserto.

Tentando desesperadamente resolver o problema dos alimentos, o gabinete passou o dia inteiro reunido e entrou noite adentro. Por telegrama, imploraram a Nicolau que retornasse. À exceção de Protopopov, todos os ministros se dispuseram a pedir demissão, instando com o czar para que nomeasse um novo ministério, aceitável pela Duma. Nicolau recusou. A 800 quilômetros de distância, mal informado por Protopopov quanto à seriedade da situação e achando que a crise era apenas mais uma das turbulentas greves que assolaram todo o seu reinado, ele respondeu ao primeiro-ministro, príncipe Golytsin, que demissões no gabinete estavam fora de cogitação. Ao general Khabalov, governador militar de Petrogrado, ele passou um telegrama ríspido: "Ordeno que as desordens na capital, intoleráveis nesses tempos de guerra, estejam terminadas amanhã. Nicolau."

A ordem do czar significava claramente que, se necessário, as tropas seriam usadas para esvaziar as ruas. A sequência articulada por Protopopov seria enfrentar as desordens primeiro com a polícia, depois com os cossacos brandindo chicotes e, como último recurso, com soldados armados de rifles e metralhadoras. Em última análise, é claro, o plano e a segurança da capital dependiam da qualidade das tropas disponíveis.

Aconteceu que a qualidade das tropas em Petrogrado não poderia ser pior. Os soldados do exército pré-guerra – a orgulhosa infantaria e a cavalaria da Guarda Imperial, os cossacos veteranos e os regimentos da linha de frente – tinham perecido havia muito tempo nos campos gelados da Galícia e da Polônia. No inverno de 1917, a guarnição de Petrogrado consistia em 170 mil homens, a maioria dos quais era de recrutas novatos, muito crus, amontoados em quartéis de treinamento. Os cossacos da guarnição eram garotões do campo, recém-chegados das aldeias, totalmente inexperientes em luta de rua. Muitos dos homens da infantaria eram mais velhos, reservistas na casa dos 30 e 40 anos, recrutados, em parte, das classes trabalhadoras dos subúrbios de Petrogrado. Eram material inferior de batalha, recusados pelos generais do front e deixados na capital, onde se esperava que a proximidade de casa os impedisse de criar problemas. Havia muito poucos oficiais; os operantes eram inválidos vindos do front ou garotos saídos da escola militar, incapazes de manter a disciplina numa crise. Na falta de oficiais e de rifles, muitas unidades da guarnição nem se incomodaram de fazer treinamento.

Apesar do calibre de sua guarnição, o general Khabalov se preparou para obedecer ao comando do czar. Madrugadores que se aventuraram pelas ruas na manhã de domingo encontraram grandes cartazes com as ordens de Khabalov: todos os comícios e reuniões públicas estavam proibidos e seriam dispersados à força. Todos os grevistas que não estivessem no trabalho na manhã seguinte seriam registrados e enviados para o front.

Os cartazes foram completamente ignorados. Multidões enxameavam, vindo do setor de Vyborg, cruzando as pontes do Neva em direção à cidade. Em resposta, fileiras de soldados começaram a sair em silêncio dos quartéis. Às 4:30 da madrugada houve tiroteio no Nevsky Prospect, no lado oposto ao Palácio Anitchkov. Cinquenta pessoas foram mortas ou feridas. Naquele dia, 200 pessoas morreram na cidade. Muitos soldados, inconformados, obedeciam às ordens com relutância. Antes da Estação Nicolau, uma companhia recusou-se a atirar na multidão e esvaziou os rifles atirando para o alto. Uma companhia de Guarda-Vidas Pavlovsky recusou-se a atirar e, quando o comandante voltou a ordenar, eles se viraram e o alvejaram. A situação foi rapidamente controlada quando uma leal companhia da veterana Guarda Preobrajensky chegou, desarmando os insubordinados e mandando-os de volta para o quartel.

Naquela noite, Rodzianko, que estivera reunido com os ministros impotentes, enviou um telegrama angustiado ao czar: "A posição é grave. Há anarquia na capital. O governo está paralisado. Transporte de comida e combustível completamente desorganizado... Há tiroteios desordenados nas ruas. Alguém de confiança do país precisa ser encarregado imediatamente de formar um ministério." Rodzianko concluiu com um pedido sincero: "Que a culpa não recaia sobre o detentor da coroa." Desdenhando o que considerou como histeria, Nicolau declarou a Alexeiev: "O gordo Rodzianko me mandou uma bobajada que nem vou me incomodar em responder."

Em vez de fazer concessões, Nicolau resolveu mandar reforços. Ordenou ao general Ivanov, um velho comandante do front galício, que enviasse quatro dos melhores regimentos da linha de frente para marcharem para a capital e subjugarem os revoltosos à força, se necessário. Telegrafou ao príncipe Golytsin para ordenar a Rodzianko a suspensão das reuniões da Duma. E decidiu voltar a Petrogrado dentro de alguns dias. "Vou voltar depois de amanhã [dia 13]", telegrafou a Alexandra. "Terminei todas as questões importantes aqui. Durma bem. Deus a abençoe." Naquela noite em Petrogrado, apesar dos 200 mortos, a maior parte da cidade estava calma. Finalmente de volta da Finlândia, Buchanan observou que "a área da cidade por onde passei em nosso curto trajeto para a embaixada estava perfeitamente calma e, exceto por algumas patrulhas de soldados no cais e pela ausência de bondes e táxis, nada havia de incomum". Voltando para casa às 11 da noite, Paléologue passou pela mansão Radziwill, toda acesa para uma festa de gala. Do lado de fora, numa fileira de automóveis e carruagens elegantes, Paléologue viu o carro do grão-duque Boris.

Segunda-feira, 12 de março, foi o ponto de virada em Petrogrado. De manhã, o governo do czar ainda se agarrava às últimas migalhas do poder. À noite, o poder tinha passado para a Duma.

A chave dessa esmagadora virada foi a deserção em massa da soldadesca de Petrogrado. Muitos dos trabalhadores já não aguentavam mais ir ao Nevsky Prospect para serem mortos. De fato, na noite de domingo, Iurenev, líder do Partido Bolchevista em Petrogrado, concluíra tristemente que o levante havia fracassado. "A reação está ganhando força", disse numa reunião de líderes de partidos de extrema-esquerda no gabinete de Kerensky. "A agitação nos quartéis está diminuindo. Na verdade, é claro que a classe trabalhadora e a soldadesca devem seguir caminhos diferentes. Não podemos confiar em devaneios... para uma revolução, mas na propaganda sistemática junto aos trabalhadores, nas fábricas, para terem dias melhores."

Iurenev estava enganado. A agitação nos quartéis não diminuíra. Domingo à tarde, os soldados do Regimento Volinsky, que haviam se mostrado relutantes em abrir fogo contra a multidão, tinham se retirado para o quartel confusos e irados. Passaram a noite toda discutindo. Às seis da manhã, um sargento do Volinsky, chamado Kirpichnikov, matou o capitão que o atacara na véspera. Os outros oficiais fugiram dos quartéis e, pouco depois, o Volinsky marchava, com a banda tocando, para se juntar à revolução. O motim se alastrou rapidamente a outros regimentos famosos, como o Semonovsky, o Ismailovsky e o Litovsky, ao Regimento Oranienbaum de Metralhadoras e, finalmente, à lendária Guarda Preobrajensky, o mais antigo e conceituado regimento do exército, criado pelo próprio Pedro, o Grande. Em todos eles, as unidades eram batalhões de recrutas, de qualidade inferior; não obstante, levavam as cores e trajavam os uniformes dos mais altaneiros regimentos da Rússia.

Em muitas partes da cidade, o dia 12 de março amanheceu numa quietude mortal. De uma janela da embaixada britânica, Meriel Buchanan, filha do embaixador, viu "as mesmas ruas largas, os mesmos grandes palácios, as mesmas espirais e domos de ouro se elevando entre as brumas peroladas, e no entanto... vazio em toda parte, sem filas de carroças, sem bondes vermelhos superlotados, sem trenozinhos... [Somente] o lixo das ruas desertas e o rio congelado... [e] na margem oposta, as baixas muralhas lúgubres da fortaleza e a bandeira imperial da Rússia que pela última vez tremulou contra o céu de inverno".

Minutos depois, de uma janela de sua embaixada, Paléologue testemunhou a cena dramática quando o exército confrontou a multidão: "Às oito e meia desta manhã, eu tinha acabado de me vestir quando ouvi um ruído estranho e prolongado, que parecia vir da Ponte Alexandre.

Olhei para fora; não havia ninguém na ponte, que normalmente apresenta uma cena movimentada. Mas quase imediatamente uma multidão desordeira, carregando bandeiras vermelhas, apareceu no fim... da margem direita do Neva, e um regimento veio do lado oposto, em direção a eles. Parecia que haveria uma violenta colisão, mas, pelo contrário, os dois grupos se uniram. O exército estava confraternizando com a revolução."

Duas horas mais tarde, o general Knox ouviu "que as tropas do arsenal da guarnição haviam se amotinado e estavam vindo pelas ruas. Fomos à janela... Esticando o pescoço, vimos primeiro dois soldados – uma espécie de batedores – andando pelo meio da rua, apontando os rifles para os passantes saírem da rua... Seguiu-se uma grande massa de soldados em desordem, ocupando toda a largura da rua e as duas calçadas. Eram liderados por um diminuto, porém imensamente respeitável estudante. Todos estavam armados e muitos tinham a bandeira vermelha atada à baioneta... O que mais me impressionou foi o sinistro silêncio daquilo tudo. Éramos como espectadores de um enorme cinema".

Minutos depois, tentando descobrir o que estava acontecendo, Paléologue foi para a rua. "Habitantes amedrontados se espalhavam pelas ruas... Numa esquina da Liteiny, soldados ajudavam civis a armar uma barricada. Chamas se erguiam do tribunal. Os portões do arsenal se abriram de repente com um estampido. Subitamente, o pipocar de uma metralhadora cortou o ar; eram os soldados do exército, que acabavam de tomar posição perto do Nevsky Prospect... O tribunal já não era nada mais do que uma enorme fornalha; o arsenal na Liteiny, o Ministério do Interior, o prédio do Governo Militar... o quartel-general da Okhrana e várias delegacias de polícia estavam em chamas, as prisões foram abertas e todos os presos soltos." Ao meio-dia, a Fortaleza de Pedro e Paulo tinha caído com sua artilharia pesada e 25 mil soldados se uniram à revolução. Ao cair da noite, esse número tinha chegado a 66 mil.

Na manhã de segunda-feira, o Gabinete Imperial teve sua última reunião. Exigiram que Protopopov, que estava presente, renunciasse. Ele levantou-se e deixou a sala, resmungando melodramaticamente "Agora só resta me matar". O irmão mais novo do czar, Miguel, chegou e, depois de ouvir os ministros, decidiu apelar para Nicolau. Saiu da reunião e telefonou diretamente para o quartel-general, exigindo a nomeação imediata de um governo que tivesse a confiança da nação. Do outro lado da linha, o general Alexeiev pediu ao grão-duque que esperasse enquanto ele falava com o czar. Quarenta minutos depois, Alexeiev ligou de volta: "O imperador deseja expressar seu agradecimento. Ele está partindo para Tsarskoe Selo e decidirá de lá." Ao ouvir isso, os membros do gabinete simplesmente desistiram. Os ministros suspenderam os trabalhos – para sempre, como se viu depois – e foram embora. Ao cair da noite, a maioria deles havia chegado ao Palácio Tauride, onde foram presos e colocados sob a custódia da Duma.

Na Duma, os eventos se sucediam a toda velocidade. A ordem imperial suspendendo a Duma chegara a Rodzianko na noite anterior. Às oito da manhã, ele convocou os líderes de todos os partidos políticos para uma reunião em seu escritório. Ali foi decidido que, em vista do colapso da lei e da ordem, a ordem imperial seria ignorada e a Duma continuaria em sessão. À uma e meia, carregando bandeiras vermelhas e cantando a *Marseillaise,* as primeiras grandes multidões de operários e soldados chegaram à Duma para oferecer apoio e pedir instruções. Irrompendo pelas portas desguarnecidas, eles invadiram corredores e câmaras. Era uma turba colorida, exuberante, composta por soldados altos, agasalhados em seus uniformes de lã rústica, estudantes exultantes aos gritos e, aqui e ali, alguns velhos de barba grisalha, recém-saídos da prisão, com joelhos trêmulos e olhos brilhantes.

"Preciso saber o que dizer a eles!", Kerensky gritou para Rodzianko enquanto a turba se acotovelava em volta dos deputados hesitantes. "Posso dizer que a Duma Imperial está com eles, que assume a responsabilidade e toma a chefia do governo?"

Rodzianko não tinha escolha senão concordar. Ainda pessoalmente leal ao czar, ele queixou-se a Shulgin: "Eu não quero me revoltar." Tão realista quanto monarquista, Shulgin adiantou-se, dizendo: "Tome o poder... se não o fizer, outros farão." Ainda relutante, Rodzianko subiu num tablado, que estalou sob seu peso, e garantiu ao povo que a Duma se recusava a ser dissolvida e aceitava as responsabilidades do governo. Às três da tarde, a Duma se reuniu para nomear um comitê executivo temporário com a finalidade de restaurar a ordem e ter o controle das tropas amotinadas. Do comitê, faziam parte os líderes de todos os partidos, exceto os da extrema-direita.

O colapso do governo imperial e a ascensão da Duma não foram tudo o que aconteceu naquele dia memorável. No mesmo dia surgiu uma segunda assembleia, rival, o Soviete de Representantes dos Soldados e Trabalhadores, constituída de um integrante de cada companhia de soldados revolucionários e outro para cada mil trabalhadores. Inacreditavelmente, ao cair da noite o Soviete estava instalado sob o mesmo teto da Duma.

Foi Kerensky quem criou essa espantosa situação. Como ele explicou mais tarde: "A guarnição inteira se amotinou e... as tropas vieram marchando para a Duma... Naturalmente, surgiu a questão... de como e por quem os soldados e trabalhadores seriam liderados, pois até então o movimento era totalmente desorganizado, descoordenado e anárquico. 'Um Soviete?' A lembrança de 1905 levantou o grito... A necessidade de algum tipo de centro para o movimento da massa foi percebida por todo mundo. A própria Duma precisava de representantes do populacho rebelde; sem eles, teria sido impossível restabelecer a ordem na capital. Por esse motivo o Soviete foi formado rapidamente, e de maneira alguma por uma questão de luta de classes. Simplesmente, por volta das três ou quatro horas da tarde os organizadores vieram me pedir um local adequado; levei o assunto a Rodzianko e assim ficou arranjado."

Construção do século XVIII, erguida por Catarina, a Grande, para presentear seu favorito, o príncipe Potemkin, o Palácio Tauride possuía duas alas; uma era a câmara da Duma e a outra, antes da sala do comitê do orçamento, foi destinada ao Soviete. Daí em diante, escreveu Kerensky, "duas Rússias diferentes se instalaram lado a lado: a Rússia das classes governantes, que tinha perdido (embora ainda não soubesse disso)... e a Rússia do trabalho, a caminho do poder, mas sem suspeitar disso".

Apesar de Rodzianko ter assumido a presidência do comitê temporário da Duma, foi Kerensky quem, desde o princípio, se tornou a figura central. Com apenas 36 anos de idade, ele foi a ponte entre o Soviete e o comitê da Duma. Foi eleito vice-presidente do Soviete e, dentro de três dias, era ministro da Justiça do Governo Provisório. "Suas palavras e gestos eram diretos e objetivos; ele tinha brilho nos olhos", escreveu Shulgin. "E parecia crescer a cada minuto." Uma torrente de prisioneiros importantes – príncipe Golytsin, Stürmer, o metropolitano Pitirim, todos os ministros do gabinete – foi trazida ou se apresentou para ser presa. Foi Kerensky quem lhes salvou a vida. "Ivan Gregorovich", ele disse, dirigindo-se a um prisioneiro em voz vibrante, "você está preso. Sua vida não corre perigo. A Duma Imperial não derrama sangue."

Muito justamente, mais tarde Kerensky levou o crédito por evitar um massacre. "Nos primeiros dias da revolução, a Duma estava cheia dos mais odiados altos funcionários da monarquia...", escreveu. "Dia e noite, a voragem revolucionária rugia em volta dos prisioneiros. Os imensos salões e corredores da Duma estavam inundados de estudantes, trabalhadores, soldados armados. As ondas de ódio... batiam contra as paredes. Se eu movesse um dedo, se tivesse meramente fechado os olhos e lavado as mãos, a Duma inteira, São Petersburgo inteira, toda a Rússia teria se encharcado de sangue humano, como [foi] sob Lênin em outubro."

Perto da meia-noite, Protopopov veio pedir proteção. Após sair da reunião final do conselho, ele passou a noite escondido numa alfaiataria, e agora chegava num disfarce improvisado: um casacão até os pés e um chapéu cobrindo os olhos. Ao avistar Kerensky num corredor, ele se aproximou sorrateiramente e sussurrou "Sou eu, Protopopov". Naquele momento, Shulgin estava na sala ao lado. "De repente", escreveu, "alguma coisa especialmente excitante estava acontecendo e o motivo me foi cochichado imediatamente: 'Protopopov foi preso.' Naquele instante, vi pelo espelho a porta abrir-se violentamente e Kerensky surgiu. Estava pálido, seus olhos brilhavam, seu braço estava levantado. Com o braço esticado, ele pareceu cortar ao meio a multidão. Todos o reconheceram e recuaram para os lados. Pelo espelho, vi que atrás de Kerensky havia soldados armados com rifles e, entre as baionetas, uma figurinha miserável com uma cara afundada, desesperadamente vexado – foi com dificuldade que reconheci Protopopov. 'Não se atrevam a tocar nesse homem!', gritou Kerensky, abrindo caminho. Pálido, com olhos brilhantes, um braço levantado cortando a turba e o outro tragicamente dobrado apontando 'esse homem'... Era como se o estivesse conduzindo para a execução, para alguma coisa horrível. E a turba se afastou. Kerensky se precipitou como uma tocha flamejante de justiça revolucionária, enquanto atrás dele vinham arrastando a figurinha triste no casacão amarfanhado, cercada de baionetas."

Na terça-feira de manhã, 13 de março, à exceção de um último posto avançado do czarismo no Palácio de Inverno, que o general Khabalov mantinha com 1.500 tropas leais, a cidade estava nas mãos da revolução. À tarde, os revolucionários na Fortaleza de Pedro e Paulo, do outro lado do rio, deram aos homens de Khabalov vinte minutos para abandonar o palácio ou enfrentar um bombardeio. Tendo perdido toda esperança, os derrotados legalistas largaram o posto e sumiram.

Na anarquia que se seguiu, comemorações desordenadas se misturavam a violentas explosões da turba enfurecida. Em Kronstadt, a base naval perto da cidade, os marinheiros chacinaram brutalmente os oficiais, matando um e queimando outro vivo junto ao cadáver do primeiro. Em Petrogrado, carros blindados com soldados rebeldes empoleirados no alto percorriam ruidosamente as ruas agitando bandeiras vermelhas. Bombeiros que chegavam para apagar incêndios em prédios públicos eram impedidos por soldados e operários que queriam ver os prédios pegando fogo. A mansão de Kschessinska foi saqueada de alto a baixo, o piano de cauda, esmagado, os tapetes manchados de tinta, as banheiras cheias de pontas de cigarros.*

Na quarta-feira, 14 de março, até os indecisos haviam se unido aos vitoriosos. Aquela manhã viu a obediência maciça da Guarda Imperial à Duma. De sua janela na embaixada, Paléologue assistiu à passagem de três regimentos a caminho do Palácio Tauride: "Marchavam em perfeita ordem, com a banda à frente. Alguns oficiais vinham primeiro, com um penacho vermelho no capacete, um nó de fita vermelha nos ombros e faixas vermelhas nas mangas. O estandarte original do regimento, coberto de ícones, fora cercado de bandeiras vermelhas." Atrás vinha a guarda, com unidades da guarnição de Tsarskoe Selo. "À frente vinham os cossacos do séquito, aqueles cavaleiros magníficos que são a flor... e a privilegiada elite da Guarda Imperial. Depois, o Regimento de Sua Majestade, a legião sagrada que é recrutada de todas as unidades da guarda, cuja função especial é garantir a segurança dos soberanos."

Ainda mais espetacular foi a marcha dos homens da Guarda Marinha, a *Garde Equipage*, a maioria dos quais tinha servido a bordo do *Standart* e conhecia pessoalmente a família imperial. À frente dos marinheiros marchava seu oficial comandante, grão-duque Cirilo. Liderando seus homens ao Palácio Tauride, Cirilo foi o primeiro dos Romanov a quebrar publicamente o juramento de lealdade ao czar, que ainda estava no trono. Na presença de Rodzianko, Cirilo penhorou aliança à Duma. Depois, voltando a seu palácio na rua Glinka, hasteou uma bandeira vermelha no telhado. Escrevendo a seu tio Paulo, Cirilo explicou friamente:

---

* Uma mansão elegante de Petrogrado foi salva pela rápida ação de sua proprietária, a ardilosa condessa Kleinmichel. Antes que a malta chegasse, ela embarreirou as portas, fechou todas as janelas e pôs um aviso na frente da casa: "Proibida a entrada. Esta casa é propriedade do Soviete de Petrogrado. A condessa Kleinmichel foi levada para a Fortaleza de Pedro e Paulo." Dentro de casa, a condessa ficou arrumando as malas enquanto planejava sua fuga.

"Nesses últimos dias, estive sozinho no cumprimento do dever para com Nichy e a nação, salvando a situação com meu reconhecimento ao Governo Provisório." Uma semana mais tarde, Cirilo deu entrevista a um jornal de Petrogrado: "Muitas vezes me perguntei se a ex-imperatriz era cúmplice de Guilherme [o kaiser], mas cada vez me obrigava a recuar do horror desse pensamento."

A atitude de Cirilo suscitou um comentário lapidar, profético, de Paléologue: "Quem poderá dizer se essa traiçoeira insinuação não proverá em breve a base para uma terrível acusação à desafortunada imperatriz. O grão-duque Cirilo deveria... ser lembrado de que as mais infames calúnias enfrentadas por Maria Antonieta diante do Tribunal Revolucionário criaram asas nos jantares elegantes do Comte. d'Artois [o invejoso irmão mais novo de Luís XVI]."

Petrogrado caiu. Em toda a cidade, a revolução era triunfante. No Palácio Tauride, duas assembleias rivais, ambas certas de que o czarismo havia acabado, embarcavam na luta pela sobrevivência e pelo poder. Contudo, a Rússia era imensa, e Petrogrado era só um montinho artificial num beco remoto do império do czar, e por pouco não era russo. Seus dois milhões de habitantes eram apenas uma fração dos muitos milhões de súditos. Mesmo em Petrogrado, soldados e operários revolucionários eram menos de um quarto da população da cidade. Havia se passado uma semana desde que Nicolau partira para o quartel-general e que as primeiras desordens haviam se iniciado. Naquela semana, ele havia perdido a capital, mas ainda mantinha o trono. Por quanto tempo mais seria capaz de mantê-lo?

Os embaixadores aliados, desesperados e preocupados com a queda do czarismo, que significaria a retirada da Rússia da guerra, agarravam-se à esperança de que o czar não caísse. Buchanan ainda falava em termos de Nicolau "aprovar uma Constituição e delegar a Rodzianko o poder para selecionar os membros de um novo governo". Paléologue achava que o czar ainda tinha chance se perdoasse os rebeldes, nomeasse um comitê da Duma como ministros, "aparecesse pessoalmente... e anunciasse de modo solene na escadaria da Nossa Senhora de Kazan o começo de uma nova era. Mas se ele esperar um só dia, será tarde demais". Foi Knox quem sentiu de modo mais acurado o futuro ameaçador. Numa esquina do Liteiny Prospect, vendo o quarteirão incendiado do outro lado da rua, ouviu um soldado dizer: "Só queremos uma coisa: acabar com os alemães. Vamos começar com os alemães daqui e com uma família que você conhece, chamada Romanov."

28

ABDICAÇÃO

AO SAIR DE CASA PARA O QUARTEL-GENERAL, na noite de 7 de março, Nicolau estava calado, desalentado. No trem, por duas vezes ele enviou telegramas melancólicos, tingidos pela solidão que se abateu sobre ele ao deixar a família, depois de dois meses em Tsarskoe Selo. Em Mogilev, ele sentiu falta da presença buliçosa do czarevich. "Aqui na casa tudo está tão quieto", ele escreveu a Alexandra. "Sem barulho, sem gritos excitados. Eu o imagino dormindo – suas coisinhas, fotos e bugigangas em ordem exemplar no quarto."

As últimas cartas de Nicolau enquanto czar, escritas como foram na beira do abismo, são muitas vezes mencionadas como evidências de sua incorrigível estupidez. A mais famosa observação, invariavelmente citada até nas mais sucintas avaliações de seu caráter, é a frase: "Vou voltar a jogar dominó nas horas livres." Tomado isoladamente, o comentário é devastador. Qualquer monarca com tão pouca inteligência a ponto de querer jogar dominó enquanto sua capital se revoltava não merecia nada: nem trono, nem compreensão.

No entanto, não era bem assim. Era sua primeira noite no quartel-general e ele escreveu à esposa sobre coisas da família. Imediatamente antes dessa frase tão citada, ele fala sobre o filho. Diz que sentirá muita saudade das brincadeiras e dos jogos que os dois faziam juntos à noite. Já que não terá isso, jogará dominó para relaxar em seus momentos livres. Ainda mais significativo é que essa carta foi escrita não no cenário da revolução, mas num momento em que Nicolau acreditava que a capital estava calma. A carta é datada de 8 de março, o dia em que ocorreram os primeiros tumultos do pão. Os primeiros relatórios dos distúrbios chegaram ao quartel-general na manhã do dia 9 de março; até o dia 11, Nicolau não sabia que alguém em Petrogrado os considerava graves.

Apesar das semanas de descanso com a família, Nicolau retornou a Mogilev ainda mentalmente fatigado e esgotado fisicamente. Um sinal de alerta de seu estado de saúde apareceu domingo de manhã, 11 de março. Na igreja, Nicolau sentiu "uma dor insuportável no peito", que durou quinze minutos. "Mal pude ficar até o fim", escreveu, "e minha testa ficou coberta de gotas de suor. Não entendo o que pode ter sido, pois não tive palpitações no coração... Se ocorrer de novo, direi a Fedorov [o médico]." Os sintomas eram de oclusão coronariana.

Se a revolução nas ruas de Petrogrado veio como um choque para todos na cidade, não é de surpreender que o czar, num quartel-general a 800 quilômetros de distância, não estivesse mais atento ou atilado. Na verdade, Nicolau tinha menos informação do que os alegres e despreocupados habitantes que continuavam a frequentar jantares, festas e concertos na capital. Ele dependia de relatórios que passavam por uma rede de funcionários, inclusive Protopopov em Petrogrado e Voeikov no quartel-general. Tanto um quanto o outro o informavam mal, menosprezando deliberadamente a crescente gravidade da situação. Protopopov defendia sua própria posição; as desordens que ele não conseguia controlar eram um reflexo condenatório de sua capacidade como ministro do Interior. Voeikov, no outro extremo, era um homem conservador, sem imaginação, que simplesmente não conseguia encarar a possibilidade de chegar à presença do czar para anunciar uma revolução.

De quinta-feira, 8 de março, até domingo, dia 11, Nicolau não ouviu nada que lhe causasse grande preocupação. Relataram-lhe que a capital estava afligida por "desordens de rua". "Desordens de rua" não eram motivo de preocupação para Nicolau, ele as havia enfrentado inúmeras vezes em seus 23 anos de reinado. Havia autoridades para lidar com isso: Khabalov, o governador militar, e, acima dele, Protopopov, ministro do Interior. O czar de todas as Rússias, o comandante em chefe do exército, não precisava se incomodar com um caso para a polícia da cidade.

Na noite de 11 de março, depois que as tropas foram chamadas, atiraram no povo e deixaram 200 mortos, Nicolau foi informado de que as "desordens de rua" estavam ficando feias. Reagindo rapidamente, ele enviou ordens a Khabalov para que pusesse fim às arruaças, "intoleráveis nesses difíceis tempos de guerra com a Alemanha e a Áustria". Na mesma noite, escreveu a Alexandra: "Espero que Khabalov seja capaz de acabar com essas desordens de rua. Protopopov deve dar-lhe instruções claras e definitivas."

Na segunda-feira, 12 de março, as notícias eram bem piores. "Depois das notícias de ontem sobre a cidade, vi muitas fisionomias amedrontadas aqui", Nicolau escreveu. "Felizmente, Alexeiev está calmo, mas acha que é necessário nomear um homem muito enérgico, que obrigue os ministros a encontrarem uma solução para os problemas – suprimentos, ferrovias, carvão etc." Mais tarde naquela mesma noite, chegou um telegrama impactante da imperatriz: "Concessões inevitáveis. Luta nas ruas continua. Muitas unidades se passaram para o inimigo. Alix." À meia-noite, ele mandou vir o trem, e às cinco da manhã estava a caminho de Tsarskoe Selo. Contudo, mesmo então Nicolau não seguiu diretamente para a capital. Sabendo que a rota mais direta era muito usada pelos trens de suprimentos para as tropas, decidiu tomar um caminho mais longo para evitar deslocamentos. Ele ainda não imaginava que sua presença fosse exigida com tanta urgência a ponto de deixar de lado os suprimentos para o exército e civis famintos.

Enquanto o trem imperial seguia para o norte na terça-feira, dia 13, rolando por estações onde dignitários locais ainda saudavam nas plataformas em honra à passagem do czar, notícias tenebrosas continuavam a chegar. Telegramas da capital anunciaram a queda do Palácio de Inverno e a formação de um comitê executivo da Duma, sob Rodzianko. Às duas da madrugada de 14 de março, o trem estava em Malaya Vishera, poucos quilômetros ao sul da capital, quando reduziu a velocidade e parou. Um funcionário veio a bordo informar a Voeikov que havia soldados revolucionários com artilharia e metralhadoras bloqueando os trilhos à frente. Nicolau foi chamado e, no meio da noite, discutiram a possibilidade de alternativas. Se não podiam prosseguir para o norte, para Petrogrado e Tsarskoe Selo, podiam tomar o rumo leste, para Moscou, sul para Mogilev ou oeste para Pskov, quartel-general do Grupo Norte de Exércitos, comandado pelo general Ruzsky. A discussão se inclinou para essa última direção. Nicolau concordou e declarou: "Bem, então, para Pskov."

Eram oito horas da noite quando o trem imperial entrou deslizando vagarosamente na estação de Pskov. A plataforma, geralmente guarnecida por uma guarda de honra, estava deserta, exceto pelo general Ruzsky e seu representante, general Danilov. Ruzsky entrou no vagão do czar trazendo mais notícias ruins: toda a guarnição de Petrogrado e Tsarskoe Selo tinha aderido, inclusive a guarda, os cossacos da escolta e a *Garde Equipage,* com o grão-duque Cirilo marchando à frente. Enviadas para restaurar a ordem, as forças de Ivanov tinham chegado, mais cedo naquele dia, a Tsarskoe Selo, onde os trens foram parados e cercados por soldados revolucionários, que conclamavam os homens de Ivanov a se unirem a eles. O próprio Ivanov tinha recebido um telegrama de Alexeiev avisando que a ordem fora restabelecida na capital e que, se não houvesse mais derramamento de sangue, a monarquia poderia ser salva. Alexeiev sugerira que ele fizesse uma retirada, Ivanov acatou a sugestão e seu pequeno grupo logo desapareceu.

A informação de que sua guarda pessoal havia desertado foi um pesado golpe para Nicolau. Além de revelar traição a sua pessoa, indicando claramente o fim da esperança de obter apoio na cidade, a perda dos homens de Ivanov mostrava a futilidade de enviar mais tropas do front. A liberdade de ação de Nicolau se afunilava rapidamente e, ouvindo as notícias de Ruzsky, ele tomou uma decisão. Pediu a Ruzsky que telefonasse a Rodzianko, oferecendo o que já fora tantas vezes recusado: um ministério aprovado pela Duma, com um primeiro-ministro, presumivelmente Rodzianko, com plenos poderes sobre assuntos internos. Ruzsky desceu do trem e correu ao telégrafo.

Ao responder à mensagem de Ruzsky, Rodzianko estava rodeado de gente empurrando, gritando, pedindo e berrando ordens. Acima do barulho, o assediado Rodzianko telegrafou dramaticamente a Ruzsky: "Ao que parece, nem você nem Sua Majestade têm noção do que está acontecendo na capital. Estourou uma terrível revolução. O ódio à imperatriz atingiu intensidade máxima. Para evitar derramamento de sangue, fui obrigado a prender todos os ministros... Não mande mais tropas. Eu mesmo estou pendurado por um fio. O poder está me escapando das mãos. As medidas propostas vêm tarde demais. O tempo para elas acabou. Não há mais volta."

Rodzianko falava a verdade sobre sua posição. Um compromisso firmado pela manhã entre o comitê da Duma e o Soviete havia criado um Governo Provisório. Miliukov, líder do Partido Cadet na Duma, era ministro das Relações Exteriores. Representando o Soviete, Kerensky se tornou ministro da Justiça; Guchkov, líder dos outubristas, era ministro da Guerra. O primeiro-ministro, porém, não era Rodzianko, com quem o Soviete não concordava, mas o príncipe Lvov, o liberal e muito popular diretor da Cruz Vermelha de Zemstvo. Rodzianko continuava a participar das discussões do governo, mas sua influência, assim como a da Duma, logo se esgotou.

Rodzianko estava inteiramente correto ao dizer que era tarde demais para concessões. A Duma e o Soviete já haviam concordado que Nicolau abdicaria em favor do filho, com seu irmão, o grão-duque Miguel, como regente. Até os membros do comitê que desejavam preservar o trono – Guchkov, Miliukov e Basil Shulgin, um deputado da direita que tomava parte em todas as discussões – haviam concluído que, para salvar o sistema imperial e a dinastia Romanov, Nicolau teria que ser sacrificado. "É de vital importância que Nicolau II não seja deposto com violência", declarou Guchkov. "A única coisa que pode garantir o estabelecimento permanente de uma nova ordem, sem um choque grande demais, é sua abdicação voluntária."

Sobre essa questão, os líderes do novo governo em Petrogrado já estavam em contato com os líderes do exército. Em 14 de março, quando o trem do czar se aproximava de Pskov, Rodzianko já havia falado com Alexeiev no quartel-general. Alexeiev também achava que a única solução era a abdicação e concordou em colher a opinião dos generais no comando das diversas linhas de frente. Na manhã do dia 15, as respostas foram enviadas a Alexeiev e transmitidas a Ruzsky, em Pskov. Foram implacavelmente unânimes: Nicolau precisava abdicar. O almirante Nepenin, da frota do Báltico, declarou: "É somente com a maior dificuldade que mantenho as tropas e a frota sob meu comando em xeque." Do Cáucaso, o grão-duque Nicolau telegrafou implorando "de joelhos" a abdicação do primo.

Em Pskov, após a refeição da manhã de 15 de março, Ruzsky levou os telegramas ao trem imperial e os colocou diante do czar. Nicolau ficou arrasado. Seu rosto empalideceu, ele voltou as costas a Ruzsky e foi à janela. Distraidamente, levantou a cortina e olhou para fora. O interior do vagão estava absolutamente silencioso. Ninguém falava e a maioria dos presentes mal respirava.

Se é impossível saber a angústia de Nicolau no clímax desse último momento, a lógica de seu raciocínio é relativamente clara. Se rejeitasse o conselho dos líderes políticos em Petrogrado e dos generais, o que poderia fazer depois? Ele sabia que, com a deserção da Guarda Imperial e a experiência de Ivanov, não seria fácil encontrar regimentos leais para invadir a cidade e, sem o apoio dos generais, seria provavelmente impossível. Mesmo se pudesse encontrar homens para lutar, seria arriscado para sua família, ainda em Tsarskoe Selo, agora firmemente nas mãos do Governo Provisório. Para completar, Nicolau não tinha estômago para uma derradeira batalha sangrenta nas ruas de Petrogrado. Anos de governo, anos de guerra, anos de esforço pessoal e angústia o deixaram com poucas forças internas para encarar a possibilidade de lançar o país numa guerra civil.

Em última análise, o fator que fez pender a decisão do czar foi o conselho dos generais. Para Nicolau, cada um daqueles telegramas era mais importante do que dúzias de mensagens de Rodzianko. Aqueles eram seus camaradas soldados, seus companheiros, seus irmãos em armas. Nicolau amava o exército e amava verdadeiramente seu país. Dava muito maior importância a vencer a guerra do que à coroa. Começar uma guerra civil, com russos matando russos enquanto os odiados alemães ficavam assistindo, seria a negação de tudo em que ele acreditava profundamente. Se o conselho dos generais era de que seu maior gesto de patriotismo seria abdicar, então era impossível a Nicolau recusar.

Subitamente, num movimento repentino, o czar virou-se e anunciou em voz clara e firme: "Decidi desistir do trono em favor de meu filho Alexei." Nicolau fez o sinal da cruz e os outros no vagão também se benzeram. "Agradeço aos senhores por seus notáveis e leais serviços", prosseguiu. "Espero que os mantenham sob meu filho."

Foi criado um formulário de abdicação, sob a direção de Alexeiev e transmitido ao quartel-general. Nicolau assinou o documento, datado das três horas da tarde de 15 de março. O trono foi passado de pai para filho, conforme previsto por lei. Aos 12 anos, Sua Majestade Imperial Czar Alexei II era o autocrata de todas as Rússias.

Nesse ponto, depois da assinatura, teve início uma confusão de procedimentos. Na noite anterior, em Petrogrado, os monarquistas do comitê governante tinham decidido que Guchkov e Shulgin deveriam estar presentes à assinatura e levar o documento a Petrogrado. Foi providenciado um trem para eles de madrugada, e os dois delegados passaram o dia inteiro viajando para Pskov. Como não eram esperados antes do anoitecer, Ruzsky foi instruído a simplesmente entregar o documento já assinado por Nicolau.

Esse intervalo – de quase seis horas – deu a Nicolau tempo para refletir sobre as consequências de seu ato. Para ele, a extinção do poder era um alívio. O czar achou que poderia se retirar com a família para

Livadia, que Alexei ficaria com eles pelo menos até completar seus estudos e que a verdadeira responsabilidade do governo passaria para seu irmão Miguel como regente. Foi uma conversa com Fedorov, o médico, que fez Nicolau mudar de ideia. Mandou chamar Fedorov e pediu uma avaliação franca das perspectivas de Alexei com a hemofilia.

Perfeitamente ciente do significado político da pergunta, Fedorov respondeu, cauteloso: "A ciência nos ensina, Sire, que é uma doença incurável. Contudo, muitos afligidos por ela às vezes alcançam uma idade avançada. Ainda assim, Alexei Nicolaievich está à mercê de acidentes." O jovem czar jamais poderia cavalgar, continuou, e seria obrigado a evitar qualquer atividade que pudesse cansá-lo ou tensionar-lhe as juntas. Então, o médico foi além de uma opinião puramente clínica. Ressaltou que, uma vez fora do trono, Nicolau seria quase certamente exilado da Rússia junto com a imperatriz. Se isso acontecesse, o novo governo jamais permitiria que seu soberano fosse criado em outro país pelos pais depostos. E mesmo que a família inteira tivesse permissão para continuar na Rússia, a educação de Alexei certamente seria transferida para outras mãos.

As palavras de Fedorov deixaram Nicolau num doloroso dilema. Como czar, ele sabia que seu filho, por direito, era herdeiro do trono russo; como pai, não podia admitir abandonar o filho adorado a estranhos, ignorantes de todas as implicações de sua doença. Pela segunda vez naquele dia fatídico, Nicolau foi obrigado a tomar uma decisão dramática, uma decisão que afetaria não somente seu próprio destino e o de sua família, mas também a história da Rússia.

Às nove da noite, Guchkov e Shulgin chegaram a Pskov e foram conduzidos pelos trilhos ao feericamente iluminado trem imperial. Vestindo uma simples túnica cinza, Nicolau os cumprimentou com um aperto de mãos e os convidou a se sentarem. De costas para a lateral forrada de seda verde do carro-salão, ele ouviu Guchkov explicar por que a abdicação fora necessária. Antes que terminasse, Nicolau o interrompeu: "Esse longo discurso é desnecessário", disse calmamente, quase se desculpando. "Decidi renunciar ao trono. Até às três horas de hoje, pensei que abdicaria em favor de meu filho, Alexei. Mas mudei minha decisão em favor de meu irmão Miguel. Espero que compreendam os sentimentos de um pai." Ao pronunciar essa última frase, sua voz desceu a um tom baixo, sussurrante.

Quando o czar terminou de falar, Guchkov lhe entregou um novo texto, preparado em Petrogrado. Nicolau pegou o papel e se retirou. Algum tempo depois, reapareceu com um documento escrito por ele mesmo, editando vários pontos do texto de Guchkov. A versão final era esplêndida, embora pateticamente iluminada pelo patriotismo do autor:

> Nessa grande batalha contra um inimigo estrangeiro, que por quase três anos vem tentando escravizar nosso país, foi do agrado do Senhor Deus enviar à Rússia uma nova provação, muito dura. Os distúrbios populares internos que tiveram início ameaçam ter um efeito desastroso na condução futura dessa persistente guerra. O destino da Rússia, a honra de nosso heroico exército, o bem do povo, todo o futuro de nosso amado país exigem que, a todo custo, a guerra seja levada a um fim vitorioso.
>
> O cruel inimigo está reunindo suas últimas forças, e já se aproxima a hora em que nosso valente exército, juntamente com nossos gloriosos aliados, será finalmente capaz de esmagá-lo.
>
> Nesses dias decisivos da vida da Rússia, pensamos ser um dever de consciência facilitar para nosso povo a firme união e consolidação de todas as forças nacionais para acelerar a obtenção da vitória, e, em concordância com a Duma Imperial, pensamos ser bom abdicar do trono do Estado russo e entregar o poder supremo.
>
> Não desejando nos separar de nosso amado filho, entregamos nossa herança ao nosso irmão, o grão-duque Miguel Alexandrovich, dando-lhe nossa bênção para subir ao trono do Estado russo. Legamos o trono ao nosso irmão para que conduza as forças do Estado em total e inviolável união com os representantes do povo nas instituições legislativas, segundo os princípios que serão por eles estabelecidos.
>
> Em nome do nosso muito amado país, conclamamos todos os filhos da pátria a cumprir seu sagrado dever, em obediência ao czar nesse momento de grandes provações nacionais, dando-lhe apoio, juntamente com os representantes do povo, para conduzir o Estado russo ao caminho da vitória, prosperidade e glória.
>
> Que o Senhor Deus ajude a Rússia!
>
> Nicolau

A cena histórica estava quase concluída. Antes de ser finalizada, a assinatura de Nicolau foi obtida para duas nomeações indicadas pelo Governo Provisório. A primeira foi do príncipe Lvov como premier, e a outra, do grão-duque Nicolau, novamente nomeado comandante em chefe das Forças Armadas. Uma vez isso feito, Nicolau levantou-se. Nesse momento, Shulgin, cujo coração explodia de afeição e piedade pelo homem que acabara de ser humilhado, foi com Nicolau até um canto do vagão. "O imperador olhou para mim", escreveu Shulgin, "e talvez tenha lido em meus olhos os sentimentos que me afligiam, porque nos olhos dele havia algo como um convite para falar, e minhas palavras vieram por si mesmas: 'Oh, Majestade, se tivesse feito isso antes, mesmo na última reunião da Duma, talvez tudo isso...', e não consegui terminar. O czar me olhou de um modo curiosamente [natural]. 'Você acha que poderia ter sido evitado?'"

A reunião terminou. Uma camada de verniz foi colocada sobre a assinatura da abdicação de Nicolau, e Guchkov e Shulgin partiram imediatamente para Petrogrado. À uma da madrugada de 16 de março, após trinta horas em Pskov, o trem imperial deixou a silenciosa plataforma e rumou para Mogilev, onde Nicolau despediu-se de seu exército. Durante todo o dia em que, com uma penada, ele tirou dois Romanov do trono da Rússia, Nicolau permaneceu calmo e quase gentil com todos à sua volta. Naquela noite, em seu diário, normalmente um repositório apenas das observações mais críticas e fleumáticas sobre os eventos do dia, ele finalmente deu o grito saído do coração: "Pelo bem da Rússia e para manter o exército em campo, decidi dar esse passo... Deixei Pskov à uma da madrugada. Em toda a minha volta vejo traição, covardia e falsidade."

O czar tinha caído. Era um evento de significado gigantesco, mas, no entanto, nem na Rússia, nem no estrangeiro esse significado não foi mais do que minimamente compreendido. No domingo seguinte à abdicação, Paléologue foi a três igrejas de Petrogrado. "A mesma cena me esperava em todos os lugares; uma congregação silenciosa e grave trocava olhares graves e melancólicos. Alguns mujiques pareciam desorientados e horrorizados, e muitos tinham lágrimas nos olhos. Contudo, mesmo entre aqueles que pareciam mais comovidos, não encontrei um que não tivesse um penacho ou uma faixa vermelha no braço. Todos tinham estado empenhados na revolução; todos estavam a favor, de corpo e alma. Mas isso não os impediu de verter lágrimas por seu Pai, o czar." Buchanan teve a mesma impressão: "Não era tanto do imperador, mas do regime, que a nação estava farta. Como observou um soldado: 'Ah, sim, precisamos ter uma república, mas com um bom czar à frente.'" Muito longe dali, numa aldeia nas estepes do sul da Rússia, os camponeses se aglomeraram para ouvir a notícia da abdicação. "Bem, então ele se foi, imagine só", comentou alguém, "e foi nosso czar durante Deus sabe quantos anos, e quando nos deixa tudo será a mesma coisa de sempre. Acho que ele vai tomar conta de suas propriedades em algum outro lugar; ele sempre gostou de fazenda." "Pobre homem", disse uma velha, "nunca fez mal a ninguém. Por que o mandaram embora?"

"Cala tua boca, idiota", retrucaram. "Não vão matá-lo. Ele fugiu, só isso." "Ah, mas era o nosso czar, e agora não temos *ninguém*!"

Na verdade, os governos da Inglaterra, França e Estados Unidos entendiam ainda menos o acontecido do que os camponeses russos. Na Inglaterra, onde o czar era visto como um tirano brandindo o relho, muitos liberais e trabalhistas estavam exultantes. Na Câmara dos Comuns, Andrew Bonar Law, líder da Casa, citou Wordsworth: "Felicidade era naquela manhã estar vivo, Mas ser jovem era o paraíso." De Paris, o ministro socialista de Munições francês, Albert Thomas, telegrafou a Kerensky dando-lhe "congratulações e fraternos cumprimentos".

Nos Estados Unidos, a notícia foi recebida de maneira ainda mais extravagante. Em 22 de março, apenas uma semana após a abdicação, os Estados Unidos foram o primeiro governo estrangeiro a reconhecer o Governo Provisório. Para a América, a ponto de entrar na guerra por causa da política alemã de afundamento indiscriminado de navios, a queda do czarismo removia a mancha de lutar ao lado de uma Rússia autocrática. Em 2 de abril de 1917, o presidente Woodrow Wilson pediu ao Congresso que declarasse guerra para deixar o mundo "a salvo para a democracia". No mesmo discurso, ele falou com entusiasmo das "coisas maravilhosas e promissoras que aconteceram nas últimas semanas na Rússia... A autocracia... foi derrubada e o grandioso, generoso povo russo foi adicionado em toda a sua ingênua majestade e poder às forças que estão lutando pela liberdade no mundo, pela justiça e pela paz. Eis aqui um parceiro à altura da Liga de Honra".

Esse ardor e otimismo quase universais não foram compartilhados pelo brilhantemente errático inglês, cuja carreira meteórica foi temporariamente obscurecida pelo fracasso de sua menina dos olhos, o ataque a Galípoli. Mesmo uma década depois, quando o papel de Nicolau II e da Rússia na guerra ainda era ignorado ou ridicularizado, Winston Churchill, solitário em seu ponto de vista, fez sua avaliação:

"Atualmente, há uma tendência superficial de menosprezar o regime czarista como uma tirania míope, corrupta e incompetente. Mas uma pesquisa de seus trinta meses de guerra com a Alemanha e a Áustria corrige essas impressões frouxas e expõe os fatos dominantes. Podemos medir a força do império russo pela violência que suportou, pelos desastres a que sobreviveu, pelas forças inexauríveis que desenvolveu e pela recuperação que teve. Nos governos dos Estados, quando grandes eventos sobrevêm, o líder da nação, seja ele quem for, é responsabilizado pelo fracasso e aplaudido pelo sucesso. Tanto faz quem forjou a ferramenta, quem planejou a luta, é à suprema autoridade responsável que pertence a culpa ou o crédito.

"Por que esse severo teste seria negado a Nicolau II? Ele cometeu muitos erros, mas que governante não cometeu? Ele não era nem um grande comandante, nem um grande príncipe. Era apenas um homem simples, verdadeiro, de capacidade mediana, de disposição compassiva, mantido em sua vida diária pela fé em Deus. Mas o peso das decisões supremas estava centrado nele. Na cúpula, onde todos os problemas são reduzidos a Sim ou Não, onde os eventos transcendem as faculdades do homem e onde tudo é inescrutável, ele precisava dar as respostas. Dele era a função da agulha da bússola. Guerra ou não guerra? Avançar ou recuar? Direita ou esquerda? Democratizar ou se manter firme? Sair ou perseverar? Esses eram os campos de batalha de Nicolau II. Por que ele não colheria honra deles? A leal investida do exército russo que salvou Paris em 1914, a agonia controlada da retirada sem munição, as forças mais uma vez lentamente reunidas, as vitórias de Brusilov, a entrada da Rússia na campanha de 1917, inconquistada, mais forte do que nunca; ele não teve participação nisso? Apesar dos erros grandes e terríveis, o regime que ele personificava, sobre o qual presidia, ao qual seu caráter pessoal deu a fagulha vital, tinha naquele momento vencido a guerra para a Rússia.

"Ele está prestes a ser abatido. Uma mão escura, a princípio enluvada na insensatez, agora intervém. Saia, czar. Envia a ele e a todos os que amava para o tormento e a morte. Deprecia seus esforços, difama sua conduta, insulta sua memória, mas pare e nos diga, então, qual outro foi capaz. Quem ou o que poderia guiar o Estado russo? Homens talentosos e destemidos, homens ambiciosos e ferozes, espíritos audaciosos e autoritários – desses não havia falta. Mas nenhum pôde responder às poucas perguntas simples sobre o que se tornou a vida e a fama da Rússia."

Inevitavelmente, os membros da família imperial receberam a notícia da abdicação com perplexidade. Alguns, pensando apenas na dificuldade de sua própria situação, lançaram-se ao ataque. "Nicky deve ter perdido a cabeça", escreveu o grão-duque Alexandre. "Desde quando um soberano abdica por causa de uma escassez de pão e desordens parciais na capital?... Ele tinha um exército de 15 milhões de homens à sua disposição. A coisa toda... parecia ridícula."

Muito mais criticada foi a decisão de Nicolau de assinar a desistência do direito do filho. Shulgin e Guchkov, ambos monarquistas ferrenhos, ficaram surpresos com a mudança de Alexei para Miguel. Sabiam que isso traria problemas, mas, na emoção do momento no trem, curvaram-se aos "sentimentos de um pai". Entre as classes legalistas, burocráticas, cuja preocupação principal era obedecer a qualquer governo legalizado, e entre os monarquistas devotos, fiéis à tradição, que teriam se mobilizado a favor do herdeiro legítimo, a mudança causou consternação. "A ascensão imediata do czarevich era o único meio de deter a revolução", declarou Nicolau Basily, um oficial do quartel-general que redigira o documento da primeira abdicação e ficara chocado ao ver a troca do filho pelo irmão. "Em primeiro lugar, o jovem Alexei Nicolaievich teria a lei a seu lado. Teria também se beneficiado dos sentimentos de simpatia da nação e do exército."

Até aqueles que haviam servido lealmente e por longo tempo a Nicolau não conseguiram entender que o czar era também pai de um menino frágil de 12 anos. Sazonov, que fora ministro das Relações Exteriores de Nicolau durante alguns anos, conversou com Paléologue sobre o assunto. "Não preciso lhe falar do meu amor pelo imperador e com que dedicação o servi", disse com lágrimas nos olhos. "Mas enquanto eu viver, jamais o perdoarei por abdicar também em nome do filho. Ele não tinha nem sombra do direito de fazer isso. Existe algum corpo de leis no mundo que permita transferir os direitos de um menor? E o que dizer quando esses direitos são os mais sagrados e augustos da terra? Imagine destruir uma dinastia de 300 anos e a obra estupenda de Pedro, o Grande, Catarina II e Alexandre I. Que tragédia! Que desastre!"

Com Nicolau e Alexei afastados, Miguel era o czar. Uma antiga lenda russa dizia que, quando o czar Miguel II se sentasse no trono, a Rússia conquistaria seu eterno alvo, Constantinopla. Não houve nenhum czar chamado Miguel desde o fundador da dinastia Romanov. O irmão mais novo de Nicolau, portanto, seria Miguel II. Havia outros bons augúrios. A Inglaterra e a França, que sempre haviam bloqueado a expansão da Rússia para o sul, eram agora suas aliadas e tinham prometido Constantinopla como prêmio da vitória. Se Miguel subisse ao trono e os aliados vencessem a guerra, a antiga profecia seria enfim cumprida.

Acontece que o reinado do czar Miguel II foi ridiculamente curto. A notícia o alcançou em Gatchina, num telegrama do irmão mais velho: "A Sua Majestade o imperador Miguel: Eventos recentes me forçaram irrevogavelmente a decidir dar este passo extremo. Perdoe-me se o aflige e também pela falta de aviso – não houve tempo. Serei sempre um irmão devotado e leal. Retornando agora ao quartel-general de onde espero voltar em breve a Tsarskoe Selo. Rezo fervorosamente a Deus que o ajude e ao nosso país. Nicky."

Então com 39 anos, Miguel estava totalmente despreparado para essa abrupta transformação. Antes do nascimento do czarevich, ele fora herdeiro do trono durante seis anos. Nos períodos de doença de Alexei, ele se viu diante da possibilidade de ser herdeiro novamente. Mas nunca sonhou que seu irmão e seu sobrinho seriam afastados simultaneamente e que, com a chegada de um telegrama, ele subitamente se tornaria czar. Miguel não era covarde; tinha recebido a Cruz de São Jorge comandando tropas nos Cárpatos. Também não era politicamente insensível. Ao ver a desintegração do governo no começo daquele inverno, fora procurar Rodzianko, perguntando o que podia fazer para ajudar. Mas não era um homem ousado, decidido, com energia e força de vontade extraordinárias, e o que se exigia era um homem com essas qualidades. Todavia, despedindo-se da esposa, que agora não cabia em si com a ideia de se tornar consorte de um imperador, Miguel viajou de Gatchina para Petrogrado, a fim de tomar sua histórica decisão.

Em Petrogrado, a maré antimonarquista era forte. Mesmo enquanto Guchkov e Shulgin estavam em Pskov, obtendo a abdicação de Nicolau, o Soviete decidia que trocar um czar por outro não era suficiente. "Chega de Romanovs! Queremos a República!" era o grito do momento. Voltando a Petrogrado com o documento da abdicação, Guchkov e Shulgin foram convidados a discursar na estação para os operários da ferrovia. Acreditando que lhes agradaria saber da abdicação de Nicolau, Shulgin gritou ardentemente: "Vida longa ao imperador Miguel!" Para seu horror, os operários ficaram indignados. Fecharam as portas e tentaram agarrar Guchkov e Shulgin, que por pouco não conseguiram fugir correndo para um automóvel à espera. Da estação, os dois delegados foram diretamente para a casa particular onde o novo governo estava reunido. Rodzianko estava presente e, sentado numa cadeira de braços à cabeceira da mesa, esperando ouvir os conselhos dos homens que seriam seus ministros se ele aceitasse o trono, estava Miguel.

O debate que se seguiu foi travado com apaixonada intensidade. Miliukov, Guchkov e Shulgin argumentaram que Miguel não tinha o direito de escapar ao trono, que a monarquia era a única força unificadora da Rússia, sem a qual o país seria destruído. Com igual ênfase e convicção, do outro lado, Rodzianko e Kerensky ameaçavam que, se mais um czar tomasse o trono contra a vontade do povo, uma nova torrente da revolução seria liberada. Previam que a primeira vítima seria o próprio Miguel. "Ele me perguntou cara a cara se eu responderia por sua vida se ele aceitasse a coroa", Rodzianko escreveu mais tarde, "fui obrigado a responder com uma negativa porque não havia força armada em que eu pudesse confiar."

Kerensky foi ainda mais veemente do que Rodzianko. Ciente da fúria que a proclamação de um novo czar causaria no Soviete, ele declarou: "De forma alguma, não posso responder pela vida de Sua Alteza." Miguel pediu alguns minutos para pensar e saiu da sala com Rodzianko e o príncipe Lvov. Cinco minutos depois, ele voltou e anunciou: "Decidi abdicar." Acrescentou que mais tarde aceitaria o trono apenas se fosse convidado por uma assembleia constituinte.

Kerensky ficou exultante. "*Monseigneur*, és o mais nobre dos homens!", gritou. O segundo ato de abdicação foi datilografado numa carteira escolar na casa ao lado e Miguel assinou.

Trezentos e quatro anos depois que um menino tímido de 16 anos aceitou, relutante, o trono a pedido da nação russa, seu descendente, também chamado Miguel, o devolveu. A dinastia Romanov havia acabado.

Apesar de ter sido a deserção de seus generais confiáveis que, em última análise, o levara à decisão de abdicar, Nicolau não podia abandonar o trono sem se despedir do exército. Em Pskov, imediatamente após assinar a abdicação, Nicolau pediu permissão para retornar ao quartel-general. O Governo Provisório concordou sem hesitar. Nicolau não estava hostil, mas submisso; no quartel-general, Alexeiev estava com eles; em todas as frentes de batalha, os generais no comando haviam se unido para pedir a abdicação. A probabilidade de Nicolau mudar de ideia subitamente, revogar a abdicação, reunir tropas e marchar para a capital simplesmente não existia.

Quando o trem já se aproximava de Mogilev, Alexeiev enviou Basily para ir ao encontro do czar. "Ele estava absolutamente calmo, mas fiquei chocado ao vê-lo com ar extenuado e olhos fundos", Basily escreveu sobre o ex-soberano. "... Tomei a liberdade de dizer que nós, no *Stavka*, estávamos desolados por ele não ter transferido a coroa para o czarevich. Ele respondeu calmamente: 'Não posso ser separado do meu filho.' Minutos depois, o jantar foi servido. Foi uma refeição melancólica. Todos nós sentíamos o coração explodindo, não conseguíamos comer nem beber. No entanto, o imperador manteve um autocontrole maravilhoso e me fez várias perguntas sobre os homens que formavam o Governo Provisório. Mas ele estava com um colarinho baixo, e pude ver que se engasgava continuamente com a emoção."

Em Mogilev, Alexei esperava o trem na estação e foi em carro aberto com o czar para a casa do governador. Em sua escrivaninha, Nicolau redigiu como ordem do dia sua despedida do exército:

"Minhas muito amadas tropas, dirijo-me a vocês pela última vez. Desde minha abdicação, por mim e por meu filho, do trono da Rússia, o poder foi passado para o Governo Provisório, formado por iniciativa da Duma Imperial... Submetam-se ao Governo Provisório, obedeçam aos seus comandantes... Que o Senhor Deus os abençoe e que o santo mártir e conquistador São Jorge os conduza à vitória." Infelizmente, a mensagem não chegou às tropas. Enviada a Petrogrado para aprovação, foi censurada pelo mesmo Governo Provisório que Nicolau tão lealmente recomendava. Sob o mesmo teto do Palácio Tauride, o Soviete fez saber que não aprovava ordens do dia emitidas por um monarca deposto.

Durante seus últimos dias em Mogilev, Nicolau demonstrou a mesma compostura e autocontrole que aprendera desde a infância. Numa cerimônia de despedida promovida por Alexeiev, o salão principal da casa se encheu de oficiais do quartel-general. Diante dos homens reunidos no salão, Nicolau agradeceu-lhes placidamente a lealdade, pediu-lhes que esquecessem todas as rixas e levassem o exército russo à vitória. Sua modéstia causou profunda impressão. Quando ele terminou, o salão explodiu em altos vivas e muitos choraram abertamente. Mas ninguém se adiantou para insistir que ele mudasse de ideia. Nicolau despediu-se com um aceno de cabeça e se retirou.

Já em seu quarto, ele disse adeus aos observadores militares estrangeiros. O general Hanbury-Williams encontrou Nicolau em uniforme cáqui, cansado e pálido, com linhas escuras sob os olhos. Ele sorriu e levantou-se da escrivaninha para fazer companhia ao convidado no sofá. "Ele disse que pretendera fazer... [reformas]", escreveu Hanbury-Williams, "mas as coisas se adiantaram com tanta rapidez que ficou tarde demais. A proposta de o czarevich assumir seu lugar com um regente ele não podia aceitar, pois não podia suportar uma separação do único filho, e sabia que a imperatriz sentiria o mesmo. Ele... esperava não ter que deixar a Rússia. Achava que não haveria objeção a se retirar para a Crimeia... caso contrário, ele iria, antes, para a Inglaterra do que para qualquer outro lugar... Ele... acrescentou que o certo a fazer era apoiar o governo atual, e que essa era a melhor maneira de manter a Rússia em aliança para terminar a guerra... Temia que a revolução arruinasse o exército... Quando eu disse 'Adeus'... ele se voltou para mim e disse: 'Lembre-se, nada é mais importante do que vencer a Alemanha.'"

Sua mudança de status foi diplomaticamente mascarada pela cortesia com que foi tratado, mas se mostrava visível nas pequenas questões de procedimento e cerimônias que são as marcas do poder. Na manhã seguinte ao seu último encontro com o pessoal, os mesmos oficiais se reuniram para prestar juramento de lealdade ao Governo Provisório. Enquanto Nicolau estava sozinho em seu quarto, todos os componentes do quartel-general e de sua comitiva se alinharam no pátio e pronunciaram em coro o novo juramento. Nas preces que se seguiram, pela primeira vez em centenas de anos os nomes do czar e da família imperial foram omitidos. À noite, a cidade se iluminou e multidões agitadas gritavam nas ruas. Das janelas da prefeitura, bem em frente à janela de Nicolau, pendiam duas grandes bandeiras vermelhas. À medida que os dias se passavam, os oficiais da comitiva iam, um a um, retirando as iniciais do czar das dragonas e cortando os nós dourados que os identificavam como ajudantes de campo. Nicolau reagiu com elegância a essa visão melancólica; em 21 de março, Alexeiev telegrafou a Brusilov: "O imperador deposto compreende e deu permissão para remover as iniciais e os nós imediatamente."

No segundo dia da estada de Nicolau no quartel-general, sua mãe, a imperatriz viúva, chegou de Kiev. "A notícia da abdicação de Nicolau veio como um raio", escreveu a irmã do czar, grã-duquesa Olga Alexandrovna, que estava com a mãe em Kiev. "Sentimo-nos atordoadas. Minha mãe ficou num estado terrível. Repetia que era a maior humilhação de sua vida... Culpou a pobre Alicky por... tudo." Em Mogilev, o trem da imperatriz viúva foi levado para a plataforma imperial e minutos depois Nicolau chegou em seu automóvel. Deu bom-dia aos dois cossacos a postos na porta do vagão de Maria e entrou. Por duas horas, mãe e filho permaneceram a sós. Então, o grão-duque Alexandre, que acompanhava Maria, entrou no vagão. Encontrou a imperatriz viúva derreada numa cadeira, soluçando alto, e Nicolau silencioso, com os olhos baixos, fumando um cigarro.

Por três dias, Maria permaneceu em Mogilev, morando no trem. Ela e Nicolau passavam juntos a maior parte do tempo, saindo em longos passeios de carro à tarde e jantando juntos à noite. Foi o filho quem consolou a mãe. Maria, sempre alegre, espirituosa, brilhante, decidida e totalmente no controle de suas emoções, havia perdido a postura real que era seu emblema. Pela primeira vez, estava assustada, envergonhada e muito triste. Foi Nicolau, o filho a quem ela sempre ensinara a se comportar, que a conduziu carinhosamente de volta à coragem e ao autocontrole.

Enquanto esteve em Mogilev, Nicolau só manteve a mais escassa comunicação com a família, em Tsarskoe Selo. Ansioso para retornar tão logo possível, pediu permissão ao Governo Provisório, que não objetou. Em Petrogrado, porém, a posição da família imperial se deteriorara. Circulavam rumores de que Nicolau havia voltado ao quartel-general para liderar o exército contra a revolução e "deixar entrar os alemães". Os jornais estavam cheios de histórias sensacionalistas de relações sexuais da imperatriz com Rasputin, junto com detalhes da "traição" de Alexandra. Em 20 de março, basicamente para garantir-lhes a própria segurança, o Governo Provisório resolveu "privar da liberdade o imperador deposto e sua consorte". A imperatriz seria presa em Tsarskoe Selo em 21 de março. No mesmo dia, Nicolau seria preso em Mogilev e, então, escoltado por quatro comissários enviados pelo governo, levado para junto da família, em Tsarskoe Selo.

Em 21 de março, sabendo que seria preso, Nicolau almoçou sozinho com a mãe. Às três da tarde, chegou o expresso de Petrogrado trazendo os enviados do governo. Às 15:45, a delegação, acompanhada por Alexeiev, chegou para reclamar o czar. Nicolau levantou-se e deu um terno beijo de despedida na mãe. Nenhum deles podia adivinhar o futuro. Ambos esperavam se reunir em breve na Crimeia ou na Inglaterra. Mesmo assim, Maria chorava incontrolavelmente. Nicolau desceu do trem de sua mãe, atravessou a plataforma e entrou no salão de seu próprio trem, parado num trilho adjacente. Os apitos soaram e, com um solavanco, o trem do czar começou a se movimentar. À janela, Nicolau sorriu e acenou adeus. Ainda em lágrimas, Maria fez o sinal da cruz. Quando o trem não era mais do que uma mancha de fumaça no horizonte norte, o trem de Maria deixou a estação rumo ao sul, para Kiev. Nenhum dos dois sabia, mas a orgulhosa imperatriz e seu discreto filho mais velho nunca mais voltariam a se encontrar.

Na plataforma, perfilados minutos antes, Alexeiev e os outros oficiais do quartel-general observavam enquanto o trem do soberano deposto partia. Quando o vagão levando o czar passou, Alexeiev fez uma saudação. Segundos depois, quando o último vagão do mesmo trem passou, levando os representantes da Duma, Alexeiev tirou o quepe e fez uma profunda reverência.

29

A IMPERATRIZ SOLITÁRIA

ÀS DEZ HORAS DA MANHÃ DE 12 DE MARÇO, um telefone tocou na casa da amiga da imperatriz, Lili Dehn, em Petrogrado. Ainda na cama, Lili levantou-se para atender. Era a imperatriz. "Quero que você venha a Tsarskoe Selo no trem das 10:45", disse Alexandra. "A manhã está linda. Vamos passear de carro. Você pode ver as meninas e Ana, e voltar a Petrogrado às quatro da tarde... Estarei na estação."

Tendo apenas 45 minutos para pegar o trem, Lili se vestiu rapidamente, apanhou as luvas, anéis e uma pulseira, e correu para a estação. Conseguiu embarcar quando o trem já estava de partida.

Era uma maravilhosa manhã de inverno. O céu estava de um azul forte e o sol brilhava sobre as altas pilhas brancas de neve. Fiel à sua palavra, a imperatriz esperava na estação de Tsarskoe Selo. "Como está Petrogrado?", ela perguntou ansiosamente. "Ouvi dizer que as coisas estão sérias." Lili respondeu que a greve geral tinha causado inconveniências, mas ela mesma não tinha visto nada de mais grave. Ainda preocupada, a imperatriz mandou parar o carro a caminho do palácio para perguntar a um capitão da *Garde Equipage*. O capitão sorriu. "Não há perigo, Majestade", ele disse.

Durante o fim de semana, Alexandra prestara menos atenção do que o habitual aos acontecimentos em Petrogrado. Por Protopopov e outros, ela soubera que tinha havido tumultos e que, em alguns lugares, a polícia tivera dificuldade em acalmar e dispersar a multidão. Tranquilizador, Protopopov garantira que as coisas estavam sob controle. De todo modo, a imperatriz não tinha tempo para se preocupar com essas coisas. No palácio, ela enfrentava uma urgente crise de família.

Três de seus filhos haviam adoecido com sarampo. Uma semana antes, um grupo de cadetes tinha vindo ao palácio brincar com o czarevich. Um dos meninos chegara com o rosto muito vermelho e passara a tarde tossindo. No dia seguinte, a imperatriz soube que ele estava com sarampo. Em 8 de março, logo depois que o trem do czar partiu para Mogilev, Olga e Alexei apresentaram erupção na pele e febre alta.

A doença se espalhou rapidamente. A Olga e Alexei se seguiram Tatiana e Ana Vyrubova. Em seu uniforme branco da Cruz Vermelha, a imperatriz cuidava pessoalmente dos enfermos. "Ela passou todos os dias subsequentes entre os quartos deles e o meu", escreveu Ana Vyrubova. "Semiconsciente, eu sentia, com gratidão, suas mãos ajeitando meus travesseiros, aliviando minha testa ardente e levando aos meus lábios remédios e bebidas geladas." Apesar dos cuidados, os pacientes pioravam. Na noite de 12 de março, Olga teve 39,5 graus de febre, Tatiana, 39, e Ana e Alexei, 40 graus.

Foi durante a visita de Lili Dehn que a imperatriz soube que os soldados de Petrogrado tinham se unido aos revoltosos. Lili estava no andar de cima, num quarto escurecido, com as grã-duquesas doentes. Alexandra tinha ido falar com dois oficiais da guarda do palácio. Quando voltou, fez sinal para Lili segui-la até outro quarto. "Lili", ela disse, sem fôlego, "a situação está *muito* ruim... O regimento Litovsky se amotinou, assassinou os oficiais e saiu do quartel, em seguida foi o regimento Volinsky. Não posso entender. Nunca acreditei na possibilidade de revolução... Tenho certeza de que o problema está confinado a Petrogrado."

No entanto, à medida que o dia passava, as notícias pioravam. A imperatriz tentou telefonar para o czar, mas não conseguiu completar a ligação. "Telegrafei a ele, pedindo que voltasse imediatamente. Ele estará aqui na quarta-feira de manhã [dia 14]." Alexandre Taneyev, pai de Ana Vyrubova, chegou ofegante e com os pés feridos, o rosto quase roxo de agitação e raiva. "Petrogrado está nas mãos da turba", ele disse. "Estão parando todos os carros. Confiscaram o meu e tive que andar o caminho todo a pé."

Aquela noite, em vez de tentar voltar à capital naquelas condições, Lili decidiu permanecer no palácio. Para que ela pudesse pernoitar na ala privativa da família, onde não havia quarto de hóspedes, foi colocado um divã na sala de estar vermelha. Ali, enquanto a imperatriz conversava com o conde Benckendorff, o idoso grão-marechal da corte e oficial mais veterano no palácio, Lili e Anastácia sentaram-se no tapete vermelho montando um quebra-cabeça. Quando a imperatriz voltou da reunião com Benckendorff, mandou a filha para a cama e disse a Lili: "Não quero que as meninas saibam de nada, até que seja impossível não lhes revelar a verdade, mas as pessoas estão bebendo em excesso e há tiroteios indiscriminados pelas ruas. Oh, Lili, é uma bênção termos a guarda mais confiável. É a *Garde Equipage*, são nossos amigos pessoais."

À noite, uma mensagem enviada por Rodzianko, então diretor do Comitê Temporário da Duma, advertia a imperatriz de que seus filhos corriam perigo e deviam sair de Tsarskoe Selo o mais cedo possível. Por iniciativa própria, Benckendorff interceptou a mensagem e enviou-a a Mogilev, pedindo instruções ao czar. Nicolau telegrafou dizendo que deviam preparar um trem para sua família, mas que sua esposa não deveria ser informada até a manhã seguinte. Enquanto isso, ele estaria saindo de Mogilev e chegaria de manhã cedo, no dia 14, a Tsarskoe Selo.

Na terça-feira, 13 de março, caiu outra tempestade de neve do céu cinzento e um vento gelado soprou furiosamente as janelas do palácio.

A imperatriz levantou-se cedo e tomou *café au lait* no quarto das filhas doentes, com Olga e Tatiana. De Petrogrado, as notícias eram terríveis: a turba arrasara tudo pela frente, e o general Khabalov, com seus 1.500 homens ainda defendendo o Palácio de Inverno, era o único czarista em toda a cidade. Benckendorff comunicou à imperatriz as conversas da véspera: o aviso de Rodzianko e a ordem do czar para lhe prepararem um trem. O trem já era uma vã esperança. Num telefonema para a estação de Petrogrado, o pessoal do palácio ficou sabendo que dificilmente os operadores mandariam um trem para qualquer membro da família imperial.

Mas o empecilho mostrou-se irrelevante porque Alexandra se recusou a deixar Tsarskoe Selo. Como Benckendorff transmitiu sua mensagem a Rodzianko e ao comitê da Duma, ela havia declarado que jamais iria embora sozinha e que, "em vista do estado de saúde dos filhos, principalmente do herdeiro aparente, partir estava totalmente fora de questão". Mais preocupado do que nunca com a crescente intensidade que a revolução vinha alcançando a sua volta, Rodzianko argumentou com Benckendorff que "quando a casa está queimando, os doentes são os primeiros a ser retirados". Mas Alexandra estava decidida. Às 11:30 da manhã, Benckendorff foi informado por funcionários da ferrovia que dentro de duas horas todas as linhas seriam interrompidas; se tivessem alguma intenção de deixar Tsarskoe Selo, teriam que sair imediatamente. Ciente da determinação da imperatriz, o conde nem se deu ao trabalho de transmitir-lhe a mensagem. Às quatro da tarde, o dr. Derevenko chegou ao palácio de volta das visitas a hospitais da cidade de Tsarskoe Selo, trazendo a notícia de que toda a rede ferroviária em torno de Petrogrado estava nas mãos dos revolucionários. "Não podíamos sair", escreveu Gilliard, "e era altamente improvável que o czar conseguisse nos alcançar."

Já antes do fim do dia, parecia que a decisão de Alexandra levaria a uma calamidade. De Petrogrado, numa súbita inspiração, uma multidão de revolucionários partiu de caminhão para Tsarskoe Selo. Seu plano, gritado de caminhão para caminhão, era "pegar a alemã" e o filho, e levar os dois para a capital. Ao chegar à cidade de Tsarskoe Selo se desconcentraram, saqueando lojas de bebidas e bebendo. No Palácio Alexandre, aonde chegavam os sons de tiros e vivas, o tamanho da turba foi ampliado pelos boatos. "Lili", disse a imperatriz, "estão dizendo que uma multidão hostil de trezentos mil está marchando para o palácio. Não vamos, não devemos ter medo. Tudo está nas mãos de Deus. O imperador chegará amanhã. Quando ele chegar, tudo ficará bem."

O Palácio Alexandre não estava completamente desguarnecido. Naquela manhã, o conde Benckendorff havia destacado um batalhão da *Garde Equipage*, dois batalhões do seleto Regimento da Guarda Imperial, dois esquadrões de cossacos do séquito do imperador, uma companhia do Regimento Ferroviário e uma bateria de campo – ao todo, eram 1.500 homens – para tomar posições defensivas em torno do palácio. Ao cair da noite, foram instaladas cozinhas para a sopa e fogos de alerta no pátio do palácio. A imperatriz se sentiu segura, e uma de suas filhas mais novas, ao ver os rostos de marinheiros conhecidos, exclamou alegremente: "Parece que estamos no iate de novo!"

Passaram a noite à espera do ataque. Às nove da manhã, receberam um telefonema avisando que os rebeldes estavam a caminho. Logo depois, um sentinela foi morto a tiros a menos de 500 metros do palácio. Através das árvores do parque, o som de tiros aproximava-se cada vez mais. De uma janela do palácio, a imperatriz viu o general Ressine, comandante das forças de defesa, à frente de seus homens, no pátio. Num arroubo, Alexandra decidiu falar com os soldados. Jogou um casaco de peles sobre o uniforme de enfermeira e, acompanhada pela filha Maria, de 17 anos, e pelo conde Benckendorff, saiu para a noite gélida.

"A cena foi inesquecível", escreveu a baronesa Buxhoeveden, que assistia de cima. "Estava escuro, exceto pelo fraco reflexo da neve refletida nos canos polidos dos rifles. As tropas estavam alinhadas em formação de batalha... a primeira linha ajoelhada na neve, os outros de pé atrás com os rifles prontos para o ataque. As figuras da imperatriz e sua filha passaram de linha em linha, o palácio branco se elevando como uma massa fantasmagórica ao fundo." A imperatriz foi de soldado em soldado dizendo que confiava plenamente neles e que a vida do herdeiro estava em suas mãos. O conde Benckendorff, um velho e rijo soldado, achou que alguns homens responderam de mau humor, mas a imperatriz, segundo Lili Dehn, voltou ao palácio "aparentemente possuída por uma exultação interna. Estava radiante; sua confiança no 'povo' era completa... 'Todos são nossos amigos', ela repetia. 'Eles são muito devotados a nós'". Ela pediu que os homens, muitos dos quais estavam duros de frio, fossem trazidos ao palácio para se aquecer e tomar canecas de chá bem quente.

Durante aquela noite, Alexandra se deitou, mas sem se despir para dormir. Levantou-se várias vezes: primeiro, para levar cobertas extras para a condessa Benckendorff e a baronesa Buxhoeveden, acomodadas em sofás na sala de estar, depois, calçando apenas meias, ela lhes ofereceu frutas e biscoitos da mesa ao lado de sua cama.

Lá fora, a noite foi de confusão e escaramuças ocasionais. Soldados amotinados haviam avançado até o Pagode Chinês, perto do Palácio Catarina. Ali, ouvindo boatos de que o palácio estava guardado por uma enorme força e que o telhado estava coalhado de metralhadoras, perderam a coragem e se retiraram.

Embora o palácio não tenha sido invadido, o som de tiros chegou claramente ao quarto das crianças. Aos doentes, ainda febris, disseram que os tiros eram de manobras. Lili e Anastácia, que dormiam no mesmo quarto, foram à janela. Um grande canhão fora instalado no pátio, com sentinelas e atiradores batendo os pés no chão para mantê-los quentes. "Papai vai ficar perplexo", comentou Anastácia, olhando para o enorme canhão.

Na manhã seguinte – quarta-feira, 14 de março –, a imperatriz levantou-se às cinco da manhã, esperando que o czar chegasse às seis. Disseram-lhe que ele tinha se atrasado. "Talvez a nevasca tenha detido o trem", ela falou, deitando-se no divã para esperar. Anastácia ficou assustada. "Lili, o trem *nunca* se atrasa. Oh, se papai pudesse chegar logo!" Às oito, Alexandra soube que o trem de Nicolau havia sido retido em Malaya Vishera. Ela se levantou e passou um telegrama. Não obteve resposta. Outros telegramas se seguiram, num fluxo de ansiedade. Nos vários dias seguintes, todos os telegramas retornaram, marcados em caneta azul "Endereço do destinatário desconhecido".

Durante o dia, a lealdade das tropas de guarda no Palácio Alexandre começou a deteriorar. À janela, a imperatriz percebeu que muitos soldados no pátio tinham lenços brancos amarrados nos pulsos. Eram os símbolos de uma trégua combinada entre os guardas do palácio e as tropas revolucionárias: se o palácio não fosse atacado, as tropas não interviriam contra os rebeldes na cidade. A trégua fora arranjada por um membro da Duma. Ao saber disso, a imperatriz falou amargamente: "Bem, então tudo está nas mãos da Duma."

Na manhã seguinte, 15 de março, a imperatriz recebeu um golpe mais forte. De manhã, muito cedo, mortalmente pálida, ela acordou Lili, dizendo:

— Lili, as tropas desertaram!

— Por quê, madame? Em nome de Deus, por quê?

— O comandante, o grão-duque Cirilo, mandou buscá-los.

Então, incapaz de se conter, a imperatriz disse, em voz entrecortada:

— Meus marinheiros, os meus próprios marinheiros, não posso acreditar.

No dia 15, em Pskov, o czar estava em seu trem retificando e assinando o instrumento de abdicação. Em Tsarskoe Selo, sem saber do paradeiro do marido, Alexandra enfrentava novas dificuldades. Alexei tinha melhorado, mas Anastácia e Maria começavam a apresentar os sinais do sarampo. A eletricidade e a água haviam sido cortadas. Só se conseguia água quebrando o gelo do lago. O pequeno elevador de Alexandra, entre seus aposentos e os das crianças, parou. Para ver os filhos, ela precisava subir as escadas devagar, apoiada pelas axilas e ofegando. Não havia luz. Para ver Ana Vyrubova, cujo quarto ficava na outra ala do palácio, era levada em cadeira de rodas pelos enormes salões escuros, agora vazios, sem empregados. Contudo, sabendo que os outros a estavam observando, à espera de qualquer sinal de pânico, ela disse a Lili: "Não posso me entregar. Fico repetindo 'não posso'. Isso me ajuda."

Sexta-feira, 16 de março, caiu outra nevasca, sacudindo janelas e empilhando mais neve no parque. Em meio à tempestade, mais notícias e boatos inquietantes chegavam ao palácio. Às 3:30 da madrugada, um membro da Duma telefonou para o dr. Botkin pedindo notícias da saúde do czarevich. Durante a tarde, criados que chegavam a pé de Petrogrado disseram que panfletos anunciando a abdicação do czar estavam sendo distribuídos pela capital. A imperatriz se negou a acreditar. Às cinco da tarde, impressos anunciando a abdicação de Nicolau, a renúncia do grão-duque Miguel ao trono e a formação do Governo Provisório chegaram ao palácio. Oficiais da guarda e membros do séquito os leram com lágrimas nos olhos. Às sete, o grão-duque Paulo, tio do czar, chegou e foi diretamente à imperatriz. Esperando na sala ao lado, a grã-duquesa Maria e Lili Dehn ouviram vozes alteradas.

"Então", escreveu Lili, "a porta se abriu e a imperatriz apareceu. Sua face estava contorcida de agonia, seus olhos, cheios de lágrimas. Ela mais cambaleava do que andava. Corri a apoiá-la até a escrivaninha entre as janelas. Ela se curvou sobre a escrivaninha e, tomando minhas mãos nas delas, gaguejou '*Abdiqué!*'..Não pude crer nos meus ouvidos. Esperei por suas próximas palavras. Mal eram audíveis. 'O pobre querido... sozinho lá... o que ele passou... Oh, meu Deus, o que ele passou... E eu não estava lá para consolá-lo.'"

Aquela noite, escreveu Gilliard, "eu a vi no quarto de Alexei... Seu rosto era terrível de se ver, mas com uma força de vontade quase sobre-humana, ela se obrigou a ir ao quarto das crianças como sempre para que os pequenos doentes... não suspeitassem de nada".

Na mesma noite, o conde Benckendorff, a baronesa Buxhoeveden e outros foram ver a imperatriz para reafirmar sua lealdade. "Ela estava mortalmente pálida", escreveu a baronesa Buxhoeveden. "(...) Quando a imperatriz me beijou, só consegui me agarrar a ela, murmurando palavras de afeição. O conde Benckendorff segurou-lhe a mão, com lágrimas correndo por seu rosto normalmente imóvel... 'É pelo melhor', ela disse. 'É a vontade de Deus. Deus enviou isso para salvar a Rússia. É só isso o que importa.' Antes que a porta se fechasse, pude vê-la afundando na cadeira da escrivaninha, soluçando amargamente, cobrindo o rosto com as mãos."

Dolorosa como foi, a abdicação do czar melhorou a situação imediata em Tsarskoe Selo. O estado de cerco virtual ao palácio terminou quando os oficiais e os soldados da guarda, liberados do juramento pela abdicação do czar, juraram lealdade ao Governo Provisório. A comunicação entre os soberanos depostos, não mais um perigo para a revolução, foi restaurada. Em 17 de março, na chegada ao quartel-general, Nicolau teve permissão para telefonar à esposa. A notícia do telefonema foi levada a Alexandra por um criado idoso, trêmulo de excitação. Esquecido da etiqueta, ele gaguejou: "O czar está ao telefone!" Alexandra o encarou como se ele tivesse perdido a razão. Depois, entendendo o que ele estava dizendo, deu um pulo como uma menina de 16 anos e correu ao telefone. Ciente de que havia pessoas ouvindo dos dois lados da linha, Nicolau apenas indagou: "Você sabe?" Alexandra só respondeu "Sim", antes de falarem sobre a saúde das crianças.

Passava das dez horas da noite de 18 de março quando o conde Benckendorff se admirou ao saber que Guchkov, agora ministro da Guerra no Governo Provisório, e o general Kornilov, um soldado do exército que viera do front para assumir o comando da guarnição de Petrogrado, estavam a caminho de Tsarskoe Selo para conversar com a imperatriz. Guchkov era um inimigo confesso – ex-presidente da Duma e um dos primeiros antagonistas de Rasputin –, que acabara de chegar da supervisão da assinatura de abdicação do czar em Pskov. Sua chegada, mais o adiantado da hora, pareciam indicar uma prisão iminente. Benckendorff comunicou a Alexandra, que mandou chamar o grão-duque Paulo. O grão-duque levantou-se da cama e foi correndo a Tsarskoe Selo. Às onze horas, Guchkov e Kornilov chegaram, acompanhados por vinte membros do conselho revolucionário da cidade de Tsarskoe Selo. Enquanto a imperatriz e o grão-duque recebiam os dois enviados, os vinte outros, na maioria operários e soldados, perambularam pelo palácio insultando os empregados e chamando o séquito de "sanguessugas".

Acontece que Guchkov e Kornilov tinham vindo apenas investigar a situação no palácio e oferecer a proteção do Governo Provisório à imperatriz e às crianças. Guchkov perguntou respeitosamente do que a imperatriz precisava, principalmente remédios. Aliviada e grata, Alexandra respondeu que tinham o suficiente, mas pediu a Guchkov que verificasse os dispensários dos numerosos hospitais de Tsarskoe Selo. Além disso, pediu que, pelo bem das crianças, fosse mantida a ordem no palácio. Guchkov prometeu tomar as duas providências. A primeira entrevista da imperatriz com seus captores havia corrido bem. Voltando para casa após a entrevista, o grão-duque Paulo contou à esposa que nunca tinha visto Alexandra "tão linda, tranquila e digna".

Entretanto, o futuro ainda parecia incerto. Nos dias que precederam o retorno do czar, a imperatriz começou a queimar seus diários, encadernados em cetim ou em couro, e muito de sua correspondência particular. Todas as cartas da rainha Vitória, e suas cartas para a rainha, que retornaram de Windsor após sua morte, foram destruídas. "Um fogo intenso crepitava na enorme lareira da sala vermelha", escreveu Lili Dehn. "(...) Ela releu algumas... ouvi soluços abafados... suspiros. (...) Ainda chorando, [ela] deitou as cartas, uma por uma, nas chamas da lareira. As letras brilharam por um instante... então sumiram e o papel virou um montinho de cinzas brancas." Algumas cartas Alexandra não queimou. Diante dos rumores de que um deles, ou ambos, seria levado a julgamento, ela teve o cuidado de salvar todas as suas cartas para Nicolau e as dele para ela, para que fossem usadas como prova de patriotismo.

O moral da guarnição de defesa começou a baixar. Obedecendo à imposição da Ordem Número Um do Soviete de Petrogrado, as tropas passaram a eleger seus oficiais. Todos os cossacos reelegeram seus comandantes, mas o general Ressine, comandante da guarda, foi destituído. A disciplina afrouxou, os homens relaxavam no serviço e respondiam mal ao receber ordens. Os que permaneciam leais se sentiam frustrados e impotentes por causa da abdicação. Estacionado em Novgorod, a 160 quilômetros ao sul de Tsarskoe Selo, um esquadrão dos Guardas Chevalier encetou uma marcha através da neve para defender o czar e a dinastia. Viajaram dois dias sob frio cortante, mas, chegando aos portões do palácio, enlameados e exaustos, descobriram que não havia mais czar nem dinastia a defender.

Na manhã de 21 de março, o general Kornilov voltou ao palácio. Dessa vez, sua missão era colocar Alexandra Feodorovna em detenção. Vestida com o uniforme de enfermeira, a imperatriz o recebeu na sala de estar verde. Cioso de sua missão, ele entrou em silêncio gélido e não tomou-lhe a mão, estendida para recebê-lo. Explicou minuciosamente que a detenção era puramente preventiva, designada para salvaguardar a ela e as crianças contra os excessos do Soviete e da soldadesca revolucionária. Disse que seu marido havia sido detido em Mogilev e chegaria a Tsarskoe Selo no dia seguinte. Tão logo a saúde das crianças permitisse, o Governo Provisório pretendia enviar toda a família para Murmansk, onde um cruzador britânico estaria esperando para levá-los à Inglaterra. As palavras tranquilizadoras de Kornilov venceram a reserva de Alexandra. Meia hora depois, um ajudante retornou, encontrando a imperatriz e o general sentados a uma mesinha. Ela soluçava e havia lágrimas nos olhos dele. Quando ela se levantou para despedir-se, ele tomou as mãos dela entre as suas.

Passando à câmara de audiências de Nicolau, Kornilov reuniu os oficiais da guarda e os componentes do séquito do palácio. Anunciou que, como o czar e sua esposa estavam detidos, os deveres dos oficiais do palácio tinham chegado ao fim e seus soldados seriam rendidos por outras tropas. Os do séquito, se assim o desejassem, estavam livres para ir embora; os que fossem, porém, não poderiam retornar. Aqueles que decidissem ficar estariam em prisão domiciliar com Sua Majestade. Nesse ponto, a maioria se levantou e saiu da sala. Enojado, Kornilov murmurou entredentes: "Lacaios!" Ele comunicou a Benckendorff que, à exceção de duas entradas, a cozinha e a entrada principal, o palácio seria lacrado. O capitão Kotzebue, que viera acompanhando Kornilov, foi designado comandante do palácio, e o general advertiu que todos ali deviam obedecer a absolutamente todas as ordens do capitão.

Às duas da tarde, os homens do regimento foram liberados de seus postos. "Os soldados da nova guarda eram horríveis de se ver", disse Benckendorff. "Desleixados, barulhentos, brigando com todo mundo.

Os oficiais, que tinham medo deles, tiveram a maior dificuldade em impedir que invadissem o palácio e entrassem em todos os aposentos... Houve muitas brigas entre eles e os empregados domésticos, a quem censuravam por usar libré e pela atenção que davam à família imperial."

Assim que Kornilov saiu, a imperatriz mandou chamar Gilliard. "O czar chegará amanhã", ela disse. "Alexei precisa saber de tudo. Pode contar a ele? Eu mesma vou contar às meninas." Tanto Tatiana como Anastácia sofriam com dolorosos abscessos nos ouvidos, como resultado de infecções secundárias. Tatiana, temporariamente surda, não ouvia o que a mãe falava. Somente quando as irmãs escreveram os detalhes, ela compreendeu o que tinha acontecido.

Enquanto isso, Gilliard foi ter com o czarevich.

"[Eu] disse a ele que o czar estava retornando de Mogilev na manhã seguinte e nunca mais voltaria para lá.

– 'Por quê?'

– 'Seu pai não quer mais ser comandante em chefe.'

"Ele ficou extremamente emocionado, pois gostava muito de ir ao Q.G. Passado um momento, acrescentei:

– 'Sabe, Alexei Nicolaievich, seu pai não quer mais ser czar.'

"Ele me olhou, estupefato, tentando ler em meu rosto o que havia acontecido.

– 'O quê?! Por quê?'

– 'Ele está muito cansado e tem tido muitos problemas ultimamente.'

– 'Ah, sim! Mamãe me contou que pararam o trem dele quando vinha para casa. Mas o papai não vai ser czar de novo depois?'

"Contei a ele que o czar tinha abdicado em favor do grão-duque Miguel, que também tinha renunciado ao trono.

– 'Mas então quem vai ser o czar?'

– 'Não sei. Acho que ninguém sabe...'

"Nem uma palavra sobre ele mesmo. Nem uma alusão sequer aos seus direitos de herdeiro. Ficou muito vermelho e agitado...

– 'Mas se não houver um czar, quem vai governar a Rússia?' – perguntou.

"Expliquei que tinha sido formado um Governo Provisório..."

Às quatro horas da tarde, as portas do palácio foram trancadas. Naquela noite, a primeira de sua prisão, a lua brilhou no céu. Do parque, vinham sons de tiros de rifles; eram os soldados matando os veados domesticados. Lá dentro, a ala privativa do palácio estava silenciosa. De outra parte do prédio vinham sons de gargalhadas, interrompidas por ocasionais trechos de canções e gritos de bêbados.

Lili Dehn se ofereceu para dormir do lado de fora do quarto da imperatriz. "Desci as escadas em silêncio até o *boudoir* malva", ela escreveu. "A imperatriz estava esperando por mim e, ao vê-la, pensei que parecia uma garotinha. Seus cabelos compridos desciam numa onda larga pelas costas, ela vestia um penhoar longo de seda sobre a roupa de dormir. Estava muito pálida, quase etérea, mas indizivelmente patética. Quando entrei atabalhoadamente no *boudoir* com meus... lençóis e cobertores, ela sorriu... Vendo-me tentando arrumar uma cama no divã, ela se adiantou, ainda sorrindo. 'Oh, Lili, vocês, damas russas, não sabem ser úteis. Quando eu era menina, minha avó, a rainha Vitória, me ensinou a arrumar a cama. Vou lhe ensinar...'

"Dormir era impossível para mim. Deitei-me no divã malva – o divã dela – incapaz de entender que esse estranho acontecimento fazia parte da vida real. Certamente, eu estava sonhando; certamente iria acordar de repente em minha cama em Petrogrado e ver que a revolução e os horrores concomitantes eram apenas um pesadelo! Mas o som de tosse no quarto da imperatriz me fez ver que não era sonho... O *boudoir* malva estava inundado pelo luar... Tudo era silêncio, salvo os passos do Sentinela Vermelho passando para lá e para cá pelo corredor."

O dia 22 de março, marcado para a chegada do imperador, amanheceu frio e cinzento. Ao mesmo tempo excitada e preocupada, mas temendo uma frustração, Alexandra foi esperar com os filhos. No mesmo estado de agitação nervosa de sua mãe, Alexei ficou olhando o relógio, contando os minutos até o pai chegar.

O trem de Nicolau chegou no horário e parou no ramal privativo da estação de Tsarskoe Selo. Na plataforma, os representantes da Duma conduziram o prisioneiro ao novo comandante do palácio. Quando o czar foi levado, os membros de sua comitiva espiaram pela janela do trem e, vendo o terreno limpo, correram pela plataforma em todas as direções. Apenas o príncipe Vassily Dolgoruky, genro do conde Benckendorff, seguiu o ex-soberano para o que quer que o esperasse no Palácio Alexandre.

No portão do palácio, a cerca de 100 metros do hall de entrada, Nicolau encarou nova humilhação. Os portões estavam trancados quando seu carro chegou. A sentinela perguntou quem estava no carro e telefonou a um oficial, que chegou às escadas da entrada do palácio e tornou a perguntar, gritando: "Quem está aí?" A sentinela berrou de volta: "Nicolau Romanov!" "Deixe passar!", berrou o oficial. "Depois dessa comédia ultrajante", escreveu Benckendorff, "o automóvel chegou às escadas e o imperador e Dolgoruky desembarcaram." Entraram na antecâmara, cheia de gente, com muitos soldados se amontoando para ver a passagem do czar. Alguns fumavam, outros nem se incomodaram em tirar o boné. Como de hábito, ao caminhar por entre a malta, Nicolau tocou a aba do quepe em retribuição a saudações que não houve. Após cumprimentar Benckendorff com um aperto de mãos, ele subiu para seus aposentos, sem dizer uma palavra.

Lá em cima, assim que a imperatriz ouviu o ruído do automóvel chegando, sua porta se abriu e um criado, num tom que ignorava completamente os eventos daqueles últimos dias, anunciou em voz estrondosa: "Sua Majestade, o imperador!"

Alexandra se pôs de pé com um grito e correu para o marido. A sós, no quarto das crianças, caíram nos braços um do outro. Com lágrimas nos olhos, Alexandra lhe assegurou que o marido e o pai eram infinitamente mais importante do que o czar, cujo trono ela compartilhara. Nicolau finalmente sucumbiu. Deitou a cabeça no colo da esposa e chorou como uma criança.

Parte Quatro

O imperador Nicolau II preso pelos bolcheviques em sua antiga propriedade de Tsarskoe Selo, nas cercanias de São Petersburgo, em 1917. Fotografia de autor não identificado. Acervo Bridgeman Images.

Preso em Tsarskoe Selo, 1917

30

CIDADÃO ROMANOV

À TARDE, O CZAR REAPARECEU, andando pelos salões silenciosos do palácio. Na sala de estar vermelha, encontrou Lili Dehn. Tomando-lhe a mão nas suas, ele disse simplesmente: "Obrigado, Lili, por tudo o que fez por nós." Ela ficou chocada ao ver o quanto ele havia mudado. "O imperador estava mortalmente pálido", ela observou. "Seu rosto estava coberto de inumeráveis vincos, seus cabelos haviam se tornado muito grisalhos nas têmporas e sombras azuis lhe circulavam os olhos. Parecia um velho." Nicolau sorriu tristemente ao ver a expressão de Lili. "Acho que vou dar uma caminhada", anunciou. "Caminhar sempre me fez bem."

Antes de sair, Nicolau conversou com o conde Benckendorff, que o pôs a par dos arranjos feitos com o general Kornilov. A princípio, Kornilov queria manter a família imperial trancada no palácio, mas Benckendorff, conhecendo a grande necessidade do czar de fazer exercícios ao ar livre, conseguiu que uma pequena parte do parque pudesse ser usada. No entanto, fora exigido que combinassem antecipadamente cada saída, para que as sentinelas ficassem a postos. Na primeira tarde, esses arranjos ainda não tinham sido feitos e Nicolau foi obrigado a ficar vinte minutos esperando, até que alguém aparecesse com a chave. Quando finalmente conseguiu sair, Lili e Ana Vyrubova ficaram olhando por uma janela.

Viram Nicolau caminhando rapidamente pelo parque, quando um soldado se adiantou e bloqueou-lhe o caminho. Surpreso, o czar fez um gesto nervoso com a mão e tomou outra direção. Outro sentinela apareceu e ordenou que ele voltasse. No momento seguinte, Nicolau estava cercado por seis soldados armados de rifles. Ana ficou horrorizada. "Com os punhos e a coronha das armas, eles empurravam o imperador de um lado para outro, como se fosse um vagabundo miserável que tivessem flagrado numa estradinha do campo. 'Não pode ir para lá, *Gospodin Polkovnik* (senhor coronel).' 'Não é permitido andar nessa direção,

Gospodín Polkovník', 'Pare quando ouvir a ordem, *Gospodín Polkovník*'. Aparentemente impassível, o imperador olhou de um para outro daqueles brutamontes e, com grande dignidade, caminhou de volta ao palácio."
À janela, lá em cima, Alexandra não disse nada, mas agarrou com força a mão de Lili. "Acho que até aquele momento não tínhamos sentido o punho esmagador da revolução", admitiu Lili. "Mas ele se impôs à força quando vimos a passagem do Senhor de Todas as Rússias, o imperador cujos domínios se estendiam por milhões de quilômetros, restringido a poucos metros de seu próprio parque."

Mas aquele dia longo e tumultuado não havia chegado ao fim. À tardinha, três carros blindados, cheios de revolucionários vindos de Petrogrado, irromperam pelos portões do palácio. Saltando dos torreões de ferro dos tanques, os soldados exigiam que Nicolau lhes fosse entregue. O Soviete havia decidido por unanimidade que o czar fosse levado a uma cela na Fortaleza de Pedro e Paulo e aquele destacamento viera buscá-lo. A guarda do palácio, tosca e desorganizada, não ofereceu resistência, mas os oficiais se uniram e correram a defender a entrada. Impedidos de entrar, os invasores recuaram e concordaram em não levar o czar, desde que pudessem vê-lo. Embora contrariado, Benckendorff arrumou uma "inspeção". "Encontrei o imperador com seus filhos doentes", recordou o conde, "informei o acontecido e lhe pedi que descesse e caminhasse devagar pelo longo corredor. Ele o fez um quarto de hora depois. Nesse ínterim, o comandante, todos os oficiais da guarda... e eu nos posicionamos no fim do corredor, de modo a nos postarmos entre o imperador e... [o bando invasor]... O corredor estava bem iluminado e o imperador andou vagarosamente de uma porta a outra, e... [o líder dos invasores] se declarou satisfeito. Disse que podia tranquilizar os que o haviam mandado."

Mesmo quando os carros blindados saíram roncando dentro da noite, o destino houve por bem adicionar mais um episódio sinistro a esse dia extraordinário. Já passava de meia-noite quando um bando de soldados invadiu a capelinha no Parque Imperial que se tornara a tumba de Rasputin e desenterrou o caixão. Levaram-no para uma clareira na floresta, arrombaram os fechos e, usando varas para evitar contato com o corpo em putrefação, levantaram o que restava de Rasputin para o alto de uma pilha de lenha de pinheiros. Encharcaram o corpo e a pira com gasolina e atearam fogo. O corpo ficou queimando por mais de seis horas, enquanto o vento gelado uivava na clareira e nuvens de fumaça acre se elevavam. Calados e temerosos, um grupo de camponeses se reuniu aos soldados para passar a noite assistindo à cena final daquele drama nefasto. Aconteceu o que Rasputin previra: ele seria morto e seu corpo não seria deixado em paz, mas queimado e suas cinzas espalhadas ao vento.

O pequeno grupo que se recusara a sair e permanecera com a família no palácio, nas palavras de Ana Vyrubova, parecia de "sobreviventes de um naufrágio". Além de Ana Vyrubova e Lili Dehn, lá ficaram o conde Benckendorff e sua esposa, o príncipe Dolgoruky, duas damas de companhia, a baronesa Buxhoeveden e a condessa Hendrikov, os tutores Pierre Gilliard e Mlle. Schneider, e os doutores Botkin e Derevenko. Os dois médicos tratavam Maria o melhor que podiam, que, além do sarampo, desenvolvera uma pneumonia. Dr. Ostrogorsky, o pediatra de Petrogrado que fazia visitas periódicas, se recusou a voltar lá, comunicando à imperatriz que "as estradas estavam sujas demais" para continuar a atender no palácio.

Dentro do palácio, o pequeno grupo ficou inteiramente isolado. Todas as cartas que chegavam e partiam eram abertas e lidas pelo comandante da guarda. Todas as linhas telefônicas foram cortadas, exceto a conectada a um único aparelho na sala da guarda. Só podia ser usado na presença de um oficial e de um soldado raso, e toda a conversa tinha que ser em russo. Cada mercadoria que chegava ao palácio era examinada minuciosamente: tubos de pasta de dentes eram cortados ao meio, potes de iogurte abertos por dedos sujos e barras de chocolate eram quebradas a mordidas. Quando o dr. Botkin ia atender a grã-duquesa doente, era acompanhado por soldados, que entravam no quarto para ouvir tudo o que era falado. Com dificuldade, o dr. Botkin os convenceu a esperar atrás da porta aberta enquanto ele examinava os pacientes.

A atitude e a aparência dos guardas eram ofensivas às suscetibilidades militares de Nicolau. Eles tinham os cabelos sujos e desgrenhados, se apresentavam sem fazer a barba, de camisa desabotoada e botas imundas. Para outros, como a baronesa Buxhoeveden, essa falta de disciplina oferecia momentos de cômica distração. "Um dia", recordou ela, "a grã-duquesa Tatiana e eu vimos pela janela que um guarda de plantão na parte da frente do palácio, certamente aviltado pela injustiça de ter que permanecer no posto, tinha trazido do salão uma bela cadeira de braços dourada e estava confortavelmente refestelado, com o rifle nos joelhos. Comentei que só faltavam almofadas para completar a cena. Evidentemente, houve alguma telepatia em meu olhar, pois, quando olhamos de novo, ele havia trazido almofadas de um sofá e, com os pés repousando num banquinho estofado, lia um jornal, com o rifle caído no chão." Até Nicolau conseguiu achar graça nesse tipo de comportamento. "Quando me levantei", ele disse a Alexandra certa manhã, "vesti o roupão e olhei pela janela. ... A sentinela destacada para lá estava sentada na escada – o rifle tinha caído de suas mãos –, ela estava dormindo! Chamei meu valete para ver essa cena tão inesperada e não pude deixar de rir – era um total absurdo. Ao som da minha gargalhada, o soldado despertou... olhou-nos com raiva e se retirou."

Quando não estavam de plantão, os soldados andavam livremente pelo palácio. Uma noite, a baronesa Buxhoeveden acordou com um soldado em seu quarto, ocupado em enfiar no bolso várias quinquilharias de ouro e prata que estavam na mesa. Quem mais atraía atenção era Alexei. Grupos de soldados bisbilhotavam os aposentos das crianças, perguntando: "Onde está Alexei?" Certa vez, Gilliard encontrou dez deles, hesitantes, num corredor que dava para o quarto do menino.

— Queremos ver o herdeiro – disseram.

— Ele está de cama e não pode receber – replicou o tutor.

— E as outras?

— Também estão mal.

— E onde está o czar?

— Não sei; mas olhem só, não fiquem por aqui – falou, determinado, o suíço, perdendo a paciência. – Não pode haver barulho, por causa dos doentes. – Os soldados concordaram com a cabeça e saíram nas pontas dos pés, murmurando entre si.

Nessa época, Gilliard ficou ainda mais íntimo do czarevich, que havia sido abandonado, abrupta e cruelmente, por outra figura-chave de seu pequeno mundo. Derevenko, o marinheiro-cuidador que por dez anos vivera ao lado do garoto, impedindo-o de cair, massageando suas pernas machucadas quando ele não conseguia andar, agora via a chance de fugir da vida que, ao que parecia, ele odiava. A cena foi testemunhada por Ana Vyrubova: "Passei pela porta aberta do quarto de Alexei e... vi escanchado numa cadeira... o marinheiro Derevenko... Com insolência, ele gritava para o garoto, que antes ele amava e protegia, lhe trazer isso e aquilo, fazer todo tipo de trabalho servil... Atordoado e aparentemente mal consciente do que o obrigavam a fazer, o menino tentava obedecer." Derevenko deixou o palácio imediatamente. Nagorny, o segundo marinheiro-cuidador do czarevich, indignado com a traição, permaneceu.

No longo aprisionamento que se seguiu, Alexei encontrou uma feliz distração num projetor e vários filmes que, antes da revolução, ganhara da companhia de cinema Pathé. Usava o equipamento e fazia "apresentações", convidando todo mundo para as sessões em seu quarto onde, com grave prazer, fazia o papel de anfitrião. O conde Benckendorff, sempre convidado, pensava: "Ele é muito inteligente, tem bom caráter e um excelente coração. Se a doença pudesse ser controlada, ele poderia um dia tomar parte na restauração do nosso pobre país. Ele é o representante do princípio de legitimidade; seu caráter foi formado pelo infortúnio dos pais e de sua infância. Que Deus o proteja, que o salve e à sua família das garras dos fanáticos em que se encontram agora."

Quando todas as crianças se restabeleceram, seus pais decidiram que retomariam as aulas, dividindo os temas entre as pessoas disponíveis. Nicolau se tornou professor de história e geografia, a baronesa Buxhoeveden dava aulas de inglês e piano, Mlle. Schneider ensinava aritmética, a condessa Hendrikov ensinava arte, e a imperatriz, religião. Gilliard, além de professor de francês, se tornou diretor informal. Depois de dar sua primeira aula, Nicolau o cumprimentou: "Bom-dia, caro colega."

A tranquilidade da postura de Nicolau durante a detenção, a começar pelos cinco meses em que ele e a família ficaram presos em Tsarskoe Selo, tanto atraía escárnio e desprezo quanto grande admiração. Em geral, o desprezo partia daqueles que, distantes no tempo e no espaço, se perguntavam como um homem podia cair do pináculo do poder terreno sem entrar num estado de fúria impotente. No entanto, aqueles próximos a Nicolau durante esses cinco meses, que o viam como homem e que haviam convivido com ele nos anos de poder supremo, sabiam como fora pesado o fardo, por mais conscienciosamente que tivesse sido suportado. Eles encaravam a calma de Nicolau como prova de coragem e nobreza de espírito. Não era segredo no palácio que o imenso escudo de discrição e autocontrole do czar havia se rompido quando ele retornara a Tsarskoe Selo. Todos sabiam que Nicolau havia chorado e, por um momento, para todos eles a âncora tinha se perdido. Depois ele se recuperara e sua postura voltara a ser a da âncora que segurava tudo e todos os demais. "O czar aceitava todas essas limitações com extraordinária serenidade e grandeza moral", afirmou Pierre Gilliard. "Nenhuma palavra de reprovação passava por seus lábios. O fato era que todo o seu ser era dominado por uma paixão, ainda mais poderosa que os laços entre ele e sua família – seu amor ao país. Sentíamos que ele estava pronto a perdoar a todos que lhe infligiam tais humilhações desde que fossem capazes de salvar a Rússia."

Pelos jornais russos e revistas francesas e inglesas que tinha permissão para receber, Nicolau acompanhava com grande interesse os eventos políticos e militares. A seu pedido, o padre rezava pelo sucesso da Rússia e dos exércitos aliados, e mesmo quando ele fez uma prece pelo Governo Provisório, Nicolau fez o sinal da cruz com fervor. Acima de tudo, estava ansioso para que o exército se mantivesse disciplinado e forte, e que o país permanecesse fiel aos aliados. Tendo visto com os próprios olhos o colapso da disciplina no palácio, ele se preocupava com a decadência que estaria ocorrendo no front. Ao saber que o general Ruzsky havia se demitido, Nicolau comentou com indignação: "Ele [Ruzsky] pediu que empreendessem uma ofensiva. O Comitê dos Soldados recusou. Que humilhação! Vamos deixar os aliados serem esmagados e depois será a nossa vez." No dia seguinte, ele abrandou e se consolou. "O que me dá um pouco de esperança", falou, "é nosso amor ao exagero. Não posso acreditar que nosso exército no front seja tão ruim quanto dizem."

Num sentido puramente físico, a abdicação e detenção em Tsarskoe Selo foram uma bênção para o homem extremamente cansado que Nicolau se tornara. Pela primeira vez em vinte e três anos não havia relatórios a ler, ministros a atender, decisões supremas a tomar. Nicolau estava livre para passar os dias lendo e fumando seus cigarros, brincando com as crianças, cavando neve e passeando pelo jardim. Leu toda a Bíblia, desde o começo. À noite, com a esposa e as filhas, lia em voz alta os clássicos russos. Gentilmente, por meio de seu exemplo, ele tentava facilitar para Alexandra a passagem de imperatriz a prisioneira. Após o longo serviço religioso da meia-noite da véspera da Páscoa, Nicolau convidou discretamente os dois oficiais de plantão a acompanhá-lo e a sua família na refeição pascal tradicional, na biblioteca. Ali ele os abraçou, não como prisioneiro e carcereiro, mas como russo e russo, cristão e cristão.

Ao contrário de Nicolau, Alexandra encarava a queda da monarquia e o começo do cativeiro com profunda amargura. Orgulhosa e calada, mais magra do que nunca, com os cabelos predominantemente grisalhos, ela passava a maior parte dos dias no sofá do quarto das meninas. À noite, ia em cadeira de rodas ver Ana, geralmente com Nicolau a empurrando. Tudo lhe falava da humilhação. Acostumada a encher o quarto de violetas, lírios-do-vale e jacintos trazidos da Crimeia, era agora proibida de ter esses "luxos desnecessários a prisioneiros". Ocasionalmente, quando uma empregada ou um lacaio lhe trazia um único ramo de lilás, ela chorava de gratidão.

Durante semanas, Alexandra continuou convencida de que, apesar do que acontecera em Petrogrado, a verdadeira Rússia – os milhões de camponeses e o exército – permanecia leal. Apenas gradualmente, com certo humor amargo, ela começou a aceitar a realidade. Nicolau lhe mostrou o caminho. "Às vezes, ele ria da ideia de ser chamado de 'Ex'", contou Lili Dehn. Alexandra adotou a expressão. "Não me chame mais de imperatriz... sou apenas uma 'ex'", dizia. Um dia, no almoço, quando foi servido um presunto especialmente intragável, Nicolau fez todo mundo rir ao dar de ombros e declarar: "Isso um dia pode ter sido um presunto, agora não passa de um ex-presunto."

Nas semanas seguintes à abdicação, em Petrogrado, os sentimentos se exacerbaram contra os Romanov. Em 24 de março, o grão-duque Nicolau, nomeado pelo Governo Provisório para reassumir o cargo de comandante em chefe do exército, ao chegar a Mogilev para cumprir suas obrigações, encontrou uma carta do príncipe Lvov à sua espera. Na carta, o novo premier pedia a exoneração do grão-duque, desculpando-se, mas explicando que "o sentimento nacional é, decidida e insistentemente, contra o emprego de qualquer membro da Casa Romanov em qualquer posição oficial". Rigidamente leal, o grão-duque aquiesceu imediatamente, passando o comando a Alexeiev com a grandiloquente declaração: "Fico feliz por mais uma vez ser capaz de provar meu amor pelo meu país, do qual até então a Rússia não duvidou." O velho soldado deixou o exército e se retirou para sua propriedade na Crimeia.

Mas o foco do ódio popular era sempre o czar e sua família em Tsarskoe Selo. Desde o momento da abdicação, corriam boatos em Petrogrado de que o "cidadão Romanov" e sua esposa, "Alexandra, a alemã", trabalhavam secretamente para entregar o país aos alemães e, com a ajuda deles, restaurar a autocracia. A imprensa, livre de censura e limitações, publicava histórias escandalosas de Rasputin e a imperatriz, que antes só passavam de boca em boca. A "vida privada" das quatro filhas do czar era escrita por seus "amantes". Um menu de jantar rabelaisiano, descrito como "típico" no palácio, foi publicado para que os famintos de Petrogrado vissem como "Nicolasha" e sua família se empanturravam: "Caviar, sopa de lagosta, pastel de cogumelos, macarrão, pudim, ganso assado, torta de galinha, pernil de vitela, gelatina de laranja, lombo de porco, pudim de arroz, arenque com pepinos, omelete, risoles ao creme, abacaxi, esturjão." Caricaturas mostravam Nicolau batendo palmas de alegria assistindo ao enforcamento de um prisioneiro político, e Alexandra se banhando numa banheira cheia de sangue, dizendo "Se Nicky matasse mais alguns desses revolucionários, eu poderia tomar esse banho mais vezes".

Foi nesse ponto, com a opinião pública inteiramente incitada e com o Soviete exigindo que Nicolau fosse jogado na Fortaleza de Pedro e Paulo, que o Governo Provisório colocou toda a responsabilidade pela segurança da família imperial nas costas de Kerensky. Em 3 de abril, o novo carcereiro resolveu ver pessoalmente os prisioneiros.

Chegou no início da tarde, num dos automóveis do czar, dirigido por um chofer da garagem imperial. Entrou pela porta da cozinha e reuniu os soldados da guarda e os empregados do palácio num corredor, onde fez um inflamado discurso revolucionário. Os empregados, afirmou, eram agora empregados do povo, que pagava seus salários e esperava que eles vigiassem e relatassem qualquer coisa suspeita que acontecesse no palácio. Em seguida, Kerensky foi à sala de espera do czar, onde encontrou Benckendorff. "Ele estava vestido com uma camisa azul abotoada até o pescoço, sem punhos e sem colarinho, botas grandes, e afetava o ar de um operário em roupas domingueiras", lembra o conde. "(...) Ele se apresentou e disse: 'Vim ver como vocês estão vivendo, inspecionar o palácio e falar com Nicolau Alexandrovich.'" Segundo Kerensky, "o velho dignitário [Benckendorff], com um monóculo no olho, respondeu que levaria o assunto a Sua Majestade". Enquanto isso, sabendo que Nicolau e Alexandra ainda estavam almoçando com as filhas, Benckendorff distraiu a atenção de Kerensky propondo-lhe um tour pelo palácio. Kerensky concordou. "Seus modos eram abruptos e nervosos", recorda Benckendorff. "Ele não andava, mas corria pelos ambientes, falando muito alto... Mandou abrir os aposentos privados da imperatriz, que todas as portas, gavetas e armários fossem revistados, e mandou os que o acompanhavam olharem cada canto e debaixo dos móveis." Sem lhes dirigir qualquer palavra, Kerensky passou pelos aposentos das damas de companhia, que lá ficaram olhando para ele. Depois chegou ao quarto de Ana Vyrubova.

Recuperando-se do sarampo, Ana almoçava com Lili Dehn quando o barulho e a confusão no palácio assinalaram a chegada de Kerensky. Aterrorizada, ela agarrou uma pilha de papéis pessoais, atirou no fogo, pulou para a cama e se cobriu até o queixo. À medida que a comoção aumentava, Ana, com "a mão fria como gelo" no coração, sussurrou para Lili: "Eles estão vindo." Um momento depois, Kerensky entrou e viu a lareira cheia de cinzas brilhantes de papel queimado. "O quarto logo se encheu de homens", escreveu Ana, "e andando com arrogância diante deles, observei uma pessoa pequena, teatral, de barba feita, cujo rosto essencialmente fraco se disfarçava com um franzir de cenho napoleônico. De pé ao meu lado... a mão direita enfiada no peito do casaco, o homem esbravejou: 'Sou o ministro da Justiça. Você se vista, porque vai imediatamente para Petrogrado.' Não respondi nada, mas continuei deitada nos travesseiros... Isso pareceu desconcertá-lo um pouco, pois ele se virou... e falou nervosamente: 'Pergunte aos médicos se ela tem condições de ir.'" Perguntaram a Bokin e Derevenko, e ambos declararam que, do ponto de vista médico, não lhe faria mal sair. Mais tarde, com amargor, Ana atribuiu a decisão dos médicos a um "medo covarde".

Kerensky deixou Ana e passou ao quarto de Gilliard. Supondo que o suíço — como cidadão de uma república — era um amigo, Kerensky o cumprimentou amavelmente, dizendo: "Tudo está correndo bem."

A essa altura, Nicolau e Alexandra estavam preparados. Kerensky foi conduzido à sala de aula das crianças, onde Benckendorff o deixou parado diante de uma porta fechada enquanto entrava para anunciar o ministro. Então, abrindo totalmente a porta dupla, o conde anunciou solenemente: "Sua Majestade lhe dá as boas-vindas." "Kerensky", recorda Benckendorff, "estava num estado de agitação febril; não conseguia ficar parado, tocava em todos os objetos que estavam nas mesas e parecia um louco. Falava de modo incoerente."

Kerensky admitiu seu extremo nervosismo: "Para ser franco, eu estava tudo, menos calmo, antes daquele primeiro encontro com Nicolau II. No passado, muitas coisas duras, terríveis estavam ligadas ao nome dele... Todo o tempo, passando pela infindável rede de apartamentos oficiais, eu lutava para controlar as emoções... [Entrando na sala] meus sentimentos tiveram uma mudança-relâmpago... A família imperial estava de pé... perto da janela, todos em torno de uma mesa pequena, juntinhos, perplexos. Desse montinho de humanidade amedrontada saiu, um pouco hesitante, um homem de altura mediana e uniforme militar, que se adiantou ao meu encontro com um leve sorriso peculiar. Era o imperador... ele parou, confuso. Não sabia bem o que fazer, não sabia como eu agiria, que atitude iria adotar. Ele deveria se adiantar ao meu encontro, como anfitrião, ou esperar que eu falasse primeiro? Deveria estender a mão?

"Num átimo, instintivamente, eu soube a posição exata: a confusão da família, seu medo de se encontrar a sós com um revolucionário cujo objetivo ao aparecer de repente era desconhecido... Com um sorriso em resposta, caminhei rapidamente na direção do imperador, demos um aperto de mãos e eu disse bruscamente 'Kerensky', como sempre faço como apresentação. ... Nicolau II deu-me um firme aperto de mãos, recuperando-se imediatamente da confusão, e, sorrindo novamente, me conduziu até a família.

"Suas filhas e o herdeiro aparente estavam obviamente ardendo de curiosidade, e todos os olhos ficaram grudados em mim. Mas Alexandra Feodorovna permaneceu tensa e ereta – altiva, dominadora, irreconciliável; ela estendeu a mão para mim devagar e de má vontade... Quando os apertos de mãos terminaram, perguntei-lhes pela saúde [e] lhes disse que seus parentes no exterior estavam vivamente interessados em seu bem-estar... Disse-lhes que não tivessem medo... mas que tivessem total confiança no Governo Provisório. Depois disso, o imperador e eu passamos à sala ao lado, onde novamente lhe assegurei de que estavam a salvo... Ele havia recuperado plenamente sua impressionante calma. Perguntou-me pela situação militar e nos desejou sucesso em nossa difícil tarefa."

Ao recordar os eventos daquele dia, Kerensky não faz menção à prisão de Ana Vyrubova e Lili Dehn. Antes de partir, as duas deram um breve adeus à imperatriz. "A última coisa de que me lembro", escreveu

Ana, "foi a mão branca da imperatriz apontando para o alto e sua voz: 'Lá estaremos sempre juntas,'" As últimas palavras de Alexandra para Lili foram semelhantes: "Com um tremendo esforço da vontade, ela [Alexandra] se obrigou a sorrir; depois, numa voz cujo tom evidenciava intenso amor e profunda convicção religiosa, disse: 'Lili, com o sofrimento, somos purificadas para o céu. Esse adeus não importa. Vamos nos encontrar em outro mundo.'" Deixando Jimmy, seu cachorrinho spaniel, Ana foi capengando nas muletas até o carro à espera, e sentou-se ao lado de Lili. "O carro saiu em disparada e deixei o palácio de Tsarskoe Selo para sempre", escreveu Ana. "Eu e Lili pressionamos o rosto contra o vidro, num último esforço para ver os amados que deixávamos para trás, e, por entre a neblina e a chuva, só podíamos discernir um grupo de figuras de branco, juntinhas na janela do quarto das crianças para nos ver partir. Por um momento, a cena ficou borrada e vimos apenas a paisagem molhada, as árvores torcidas pela tempestade, o crepúsculo assomando rapidamente." Em Petrogrado, Lili foi liberada no dia seguinte, mas Ana Vyrubova foi enviada para passar cinco sofridos meses na Fortaleza de Pedro e Paulo.

Seis dias mais tarde, em 9 de abril, Kerensky voltou ao palácio para dar início a uma investigação das atividades "pró-germânicas, de traição", da imperatriz. Ele ordenou que a imperatriz ficasse separada do marido e dos filhos enquanto procedia ao interrogatório. Imediatamente, ele se viu numa chuva de protestos dos médicos e das damas de companhia, falando que era desumano deixar uma mãe separada dos filhos doentes. Kerensky cedeu, e designou Nicolau para ficar separado. O casal tinha permissão para se encontrar nas orações e nas refeições, desde que houvesse um oficial presente e só falassem em russo.

Apesar de a separação ter durado dezoito dias, a investigação foi informal e Kerensky não descobriu nada. O interrogatório de Alexandra se resumiu a uma única sessão de uma hora. Segundo Benckendorff relatou mais tarde, Kerensky começou perguntando à imperatriz, polida e suavemente, sobre "sua participação na política [e] sua influência sobre o imperador na escolha dos ministros, que ela recebia frequentemente na ausência do czar. Sua Majestade respondeu que o imperador e ela eram o mais unido dos casais, cuja total alegria e prazer eram a vida em família, e que não tinham segredos um para o outro; que conversavam sobre tudo, e não era de admirar que, nos últimos anos, tão tumultuados, conversassem frequentemente sobre política... Era verdade que tinham conversado sobre as várias nomeações de ministros, mas isso não poderia ser diferente num casamento como o deles". Benckendorff soube depois que Alexandra ficou impressionada pela polidez de Kerensky, e que Kerensky se impressionou com "a clareza, a energia e a franqueza das palavras dela". Quando o ministro terminou, falou com o czar, que esperava do lado de fora: "Sua esposa não mente." Calmamente, Nicolau observou que isso não era novidade para ele.

Ao interrogar Nicolau, Kerensky descobriu menos ainda. Perguntou por que o czar tinha mudado os ministros com tanta frequência, por que tinha nomeado Stürmer e Protopopov e demitido Sazonov, mas Nicolau evitou dar respostas diretas, e Kerensky rapidamente deixou o assunto morrer. Não houve mais conversa sobre "traição" e Kerensky declarou aos colegas do Governo Provisório que a imperatriz Alexandra era leal à Rússia.

À medida que o tempo passava e Kerensky continuava indo ao palácio, as relações do ministro socialista com o soberano deposto e a esposa melhoravam sensivelmente. "A atitude de Kerensky com o czar já não é o que foi no começo... [Ele] requisitou os documentos para pôr fim à campanha contra o czar e, mais especialmente, contra a imperatriz", Gilliard escreveu em seu diário em 25 de abril. Kerensky admitiu que, naquelas semanas, foi influenciado pela "maneira despretensiosa e completa ausência de pose [de Nicolau]. Talvez fosse essa simplicidade natural, despojada que dava ao imperador aquele fascínio peculiar, o charme ainda mais realçado por seus maravilhosos olhos, profundos e tristonhos... Não se pode dizer que minhas conversas com o czar se devessem a um desejo especial da parte dele; ele era obrigado a me receber... no entanto, o imperador nunca perdeu o equilíbrio, nunca deixou de agir como um cortês homem do mundo". Da parte de Nicolau, Benckendorff observou que "a confiança que o imperador sentia em Kerensky cresceu ainda mais... e a imperatriz compartilhava essa confiança". O próprio Nicolau disse sobre Kerensky: "Ele não é mau. É um bom rapaz. A gente pode falar com ele." Mais tarde, Nicolau iria acrescentar: "Ele [Kerensky] é um homem que ama a Rússia, e desejaria tê-lo conhecido antes porque poderia ter-me sido útil."

A primavera derreteu a neve e, às tardes, a família começou a ir ao parque. A princípio tinham que esperar no hall de entrada semicircular, até que um oficial viesse trazer a chave, depois sair em fila, com a imperatriz empurrada na cadeira de rodas, passando entre soldados boquiabertos, ociosos, muitos dos quais debochavam e riam à passagem deles. Às vezes, iam além da zombaria: quando Nicolau saiu de bicicleta, pedalando por uma trilha, um dos soldados enfiou a baioneta nos raios da roda. Nicolau caiu e os soldados deram gargalhadas. Contudo, Nicolau era infalivelmente amigável, mesmo com os que o insultavam. Ele sempre dizia "Bom-dia" e estendia a mão. "Nem por nada desse mundo", respondeu um soldado, dando as costas à mão estendida. "Mas por quê, meu rapaz? O que você tem contra mim?", perguntou Nicolau, realmente perplexo.

A notícia de que o czar e sua família passeavam vigiados no parque atraiu multidões, que se enfileiravam nas grades de ferro para olhar, assobiar e debochar. Em certo ponto, um oficial da guarda pediu a Nicolau que saísse dali para não provocar ainda mais a multidão. Surpreso, Nicolau retrucou que não tinha medo, e que "o bom povo não o incomodava de maneira nenhuma".

A fileira de guardas com baionetas caladas, a restrição de mobilidade no parque e principalmente a humilhação do pai eram difíceis para Alexei entender e suportar. Ele, que sempre vira seu pai sendo tratado com respeito e reverência, enrubescia de vergonha quando havia algum incidente. Alexandra também ficava rubra quando o marido era insultado, mas aprendeu a se calar. Quando o tempo estava bom, ela sentava-se à margem do lago, num tapete estendido debaixo de uma árvore. Geralmente, era rodeada por soldados curiosos. Uma vez, quando a baronesa Buxhoeveden, que estava sentada com a imperatriz, se levantou, um soldado sentou-se no tapete, com um grunhido beligerante, ao lado de Alexandra. "A imperatriz chegou um pouco para o lado", escreveu a baronesa, "fazendo-me sinal para ficar calada, pois tinha medo de que toda a família fosse mandada para dentro e as crianças fossem privadas de uma hora ao ar livre. O homem não lhe pareceu ter cara de mau e ela logo começou a conversar com ele. A princípio ele a interpelou, acusando-a de 'desprezar' o povo, mostrando que, por não viajar pelo país, ela não queria conhecer a Rússia. Alexandra Feodorovna explicou tranquilamente que, em seus dias de jovem, ela teve cinco filhos e cuidava deles pessoalmente, por isso não tinha tempo de percorrer o país; depois a saúde a impedia. O homem pareceu se impressionar com esse argumento e, pouco a pouco, tornou-se mais amigável. Perguntou à imperatriz sobre sua vida, sobre seus filhos e sua atitude com relação à Alemanha. Em palavras simples, ela respondeu que tinha sido alemã na juventude, mas isso pertencia ao passado. Seu marido e filhos eram russos, e ela agora era russa também, de todo o coração. Quando voltei com o oficial... a quem tinha ousado apelar, temendo que o soldado incomodasse a imperatriz, encontrei os dois pacificamente discutindo questões de religião. O soldado levantou-se à nossa aproximação e tomou a mão da imperatriz, dizendo: 'Sabe, Alexandra Feodorovna, eu tinha uma ideia muito diferente de você. Eu estava enganado a seu respeito.'"

Em maio, outro oficial assumiu o comando da guarnição de Tsarskoe Selo. O coronel Eugene Kobylinsky, de 39 anos, era um veterano dos Guarda-Vidas de Petrogrado e por duas vezes tinha sido ferido e internado num hospital de Tsarskoe Selo. Kobylinsky não era um revolucionário, mas meramente um oficial cumprindo o dever determinado pelo general Kornilov. Embora fosse carcereiro por nomeação, de fato Kobylinsky era profundamente leal à família imperial e, durante os doze meses em que esteve em Tsarskoe Selo, fez muito para amortecer os choques. Nicolau entendia muito bem a situação de Kobylinsky, e, da Sibéria, escreveu à mãe que Kobylinsky "foi meu último amigo".

Havia limites, porém, ao que um oficial podia fazer com a soldadesca desregrada e incidentes desagradáveis continuavam a acontecer. Em junho, Alexei brincava do lado de fora com o rifle de brinquedo que ganhara no *Stavka*. De repente, ao ver o brinquedo, os soldados gritaram uns para os outros: "Eles estão armados!" Ouvindo o berreiro, Alexei correu para a mãe, que estava sentada na grama. Um minuto depois, os soldados vieram requisitar "a arma". Gilliard tentou intervir, explicando que era um brinquedo, mas os soldados levaram o rifle. Em lágrimas, Alexei olhava para a imperatriz e para o tutor, mas ambos estavam impotentes. A arma foi entregue ao coronel Kobylinsky, que ficou furioso com os homens que importunaram a criança. Com cuidado, ele desmontou o rifle e, levando-o sob o casaco, devolveu peça por peça ao czarevich. Daí em diante, Alexei só brincou com a arma em seu quarto, a portas fechadas.

Apesar das perturbações e humilhações, a família continuava a sair todos os dias, feliz com a chance de passar algum tempo ao ar livre. Em meados de maio, começaram a cavar uma parte do gramado do parque para plantar uma horta. Juntos, removeram placas de grama, afofaram a terra, plantaram sementes e trouxeram baldes de água da cozinha. Muitos empregados ajudavam, e também alguns soldados, que descobriram mais prazer em trabalhar ao lado do czar do que em zombar dele. Em junho, quando terminou a semeadura, Nicolau passou a serrar as árvores mortas do parque para fazer lenha. Em breve, pilhas de lenha cuidadosamente arrumadas apareceram por todo o parque.

À noite, cansados do exercício, Nicolau e a família se sentavam juntos antes de dormir. Numa noite de calor sufocante, em julho, ele lia em voz alta para a imperatriz e as meninas quando um oficial e dois soldados invadiram a sala, gritando que uma sentinela no parque tinha visto alguém enviando sinais de luz vermelha e verde por uma janela. Os homens revistaram a sala e não encontraram nada. Apesar do calor, ordenaram que todas as cortinas fossem fechadas – e, nesse momento, o mistério foi descoberto. Anastácia bordava sentada junto a uma janela, enquanto ouvia o pai ler. Quando ela se movia, curvando-se para pegar alguma coisa numa mesa, cobria e descobria dois abajures, um com a cúpula verde e outro com cúpula vermelha.

Inofensivos em si, esses incidentes revelavam a tensão subjacente que prevalecia em Tsarskoe Selo. As sentinelas faziam ronda dia e noite, temendo que a qualquer instante pudesse haver uma tentativa de resgate, e que, se fosse bem-sucedida, eles seriam responsabilizados. No interior do palácio, os prisioneiros viviam dia a dia, incertos de quem era amigo, e onde os haveria, imaginando se na manhã seguinte seriam libertados ou jogados numa masmorra soviética.

Desde o começo, o que mais esperavam era ser enviados para o exterior. Fora o que os representantes do Governo Provisório – Guchkov, Kornilov e Kerensky – haviam prometido. Que seriam impossibilitados de cumprir a promessa, ninguém poderia saber. "Nosso cativeiro em Tsarskoe Selo parecia que não duraria muito", contou Gilliard, "e falavam de nossa iminente transferência para a Inglaterra. Mas os dias se passavam e nossa partida era sempre adiada... Estávamos a poucas horas de trem da fronteira da Finlândia, e a necessidade de passar por Petrogrado era o único obstáculo. Assim, parece que, se as autoridades tivessem agido resoluta e secretamente, não teria havido dificuldade para levar a família imperial a um porto finlandês e de lá para algum outro país. Mas eles temiam responsabilidades e ninguém ousava se comprometer."

❊31❊
"O GOVERNO DE SUA MAJESTADE NÃO INSISTE"

GILLIARD NÃO PODERIA SABER, mas, desde os primeiros dias da revolução, uma das primordiais preocupações do Governo Provisório era manter o czar e a família em segurança. "O ex-imperador e a família imperial não são mais inimigos, mas simples seres humanos que estão sob nossa proteção. Consideramos qualquer manifestação de vingança como indigna da Rússia livre", disse Kerensky. Em conformidade com esse espírito, o novo governo aboliu imediatamente a pena capital na Rússia. Como ministro da Justiça, Kerensky implantou essa lei, em parte para evitar exigências de execução do czar. Nicolau fez objeção: "É um erro. A abolição da pena de morte irá arruinar a disciplina do exército", argumentou o czar. "Se ele [Kerensky] a está abolindo para me salvar do perigo, diga-lhe que estou pronto a dar a vida pelo bem do meu país." Contudo, Kerensky manteve a decisão. Em 20 de março, ele compareceu ao Soviete dos Representantes dos Trabalhadores de Moscou e ouviu uma cacofonia de gritos pela execução do czar. Audaz, ele respondeu: "Não serei o Marat da Revolução Russa. Vou levar pessoalmente o czar para Murmansk. A Revolução Russa não quer vingança."

Murmansk era o portão de saída para a Inglaterra, e era para a Inglaterra que todos os ministros colegas de Kerensky esperavam que o czar fosse mandado. Já em 19 de março, enquanto Nicolau ainda estava com a mãe no *Stavka*, Paulo Miliukov, o novo ministro das Relações Exteriores, dizia ansiosamente: "Ele não pode perder tempo para sair." No dia 21, quando Buchanan e Paléologue confrontaram Miliukov com a notícia da detenção do czar em Mogilev, Miliukov replicou energicamente que Nicolau tinha sido simplesmente "privado da liberdade" a fim de garantir sua segurança. Buchanan advertiu oficialmente Miliukov de que Nicolau era parente do rei George V, da Inglaterra, que vinha manifestando o maior interesse pelo bem-estar do primo. Miliukov concordava que o czar devia ser salvo e, em vista do parentesco, pediu a Buchanan que telegrafasse imediatamente a Londres pedindo asilo para a família imperial. Implorando a Buchanan que se apressasse, ele disse: "É a última chance de garantir a liberdade desses pobres infelizes e talvez de salvar-lhes a vida."

Buchanan estava igualmente preocupado, e no dia seguinte seu telegrama chegou ao Ministério da Guerra britânico. À cabeceira da mesa na Downing Street, 10, estava o primeiro-ministro liberal, David Lloyd George. O exaltado galês tinha pouca simpatia pela autocracia russa. Num famoso discurso em agosto de 1915, ele externara ferozmente sua implacável aprovação às terríveis derrotas da Rússia: "O céu oriental está escuro e sombrio. As estrelas foram cobertas pelas nuvens. Contemplo o horizonte tempestuoso com ansiedade, mas não com pavor. Hoje, vejo a cor de uma nova esperança começando a tingir de púrpura o céu. O inimigo, em sua marcha vitoriosa, não sabe o que está fazendo. Que tenham cuidado, pois estão tirando os grilhões da Rússia. Com sua monstruosa artilharia, estão sacudindo as barras enferrujadas que agrilhoaram a força do povo russo."

Quando a Rússia imperial caiu, Lloyd George enviou um telegrama exuberante ao Governo Provisório: "É com sentimentos da mais profunda satisfação que o povo da Grã-Bretanha... veio a saber que sua grande aliada Rússia se situa agora entre as nações que baseiam suas instituições em um governo responsável... Acreditamos que a Revolução é o maior serviço que ele [o povo russo] já prestou à causa pela qual os povos aliados vêm lutando desde agosto de 1914. Revela a verdade fundamental de que esta guerra é, no fundo, uma luta pelo governo popular, bem como pela liberdade."

No fundo de seu coração, Lloyd George estava bastante relutante em permitir que o czar deposto e sua família viessem para a Inglaterra. Todavia, ele e seus ministros concordaram que, como o pedido de asilo não partira do czar, mas do novo governo aliado da Inglaterra, o Governo Provisório, não poderia ser recusado. Buchanan foi avisado de que a Inglaterra receberia Nicolau, mas caberia ao governo russo pagar-lhe as contas.

Em 23 de março, Buchanan levou a mensagem a Miliukov. Satisfeito, mas cada vez mais nervoso – a chegada não autorizada de carros blindados cheios de soldados a Tsarskoe Selo havia ocorrido no dia anterior –, Miliukov assegurou ao embaixador que a Rússia daria generosos subsídios para a família imperial. Pediu, entretanto, que Buchanan não revelasse que o Governo Provisório havia tomado a iniciativa desse acordo. Se o Soviete soubesse, o projeto estaria condenado.

Mas o Soviete, rigidamente hostil à ideia de o czar sair da Rússia, já sabia. Kerensky havia lhes contado, em Moscou, que acompanharia pessoalmente a família imperial a um navio inglês. Em 22 de março – o mesmo dia em que Nicolau voltou à sua família, em que o corpo de Rasputin foi desenterrado e que a Inglaterra decidiu oferecer asilo –, o presidente do Soviete de Petrogrado berrava, com ódio: "A República deve ser protegida contra a volta dos Romanov à arena histórica. Isso significa que pessoas poderosas devem ficar diretamente nas mãos do Soviete de Petrogrado." Foram enviados telegramas a todas as cidades ao longo das ferrovias saindo de Tsarskoe Selo, com instruções para bloquearem a passagem do trem do czar. Ao mesmo tempo, o Soviete resolveu que o czar devia ser retirado de Tsarskoe Selo e devidamente trancafiado no bastião da Fortaleza de Pedro e Paulo até o dia de seu julgamento e execução. O fato de que essa resolução nunca tenha sido efetivada foi atribuído por um desdenhoso escritor bolchevique ao domínio do Soviete por mencheviques e revolucionários sociais irresolutos.

Naquele meio-tempo, a questão do destino do czar tornou-se um impasse entre o Soviete e o Governo Provisório. O Soviete não tinha força para penetrar no Palácio Alexandre e arrastar a família para a fortaleza. O governo, por outro lado, não tinha domínio suficiente sobre o país, principalmente sobre as ferrovias, para se lançar num empreendimento tal como levar Nicolau para Murmansk. Essa viagem, partindo de Tsarskoe Selo, ao sul da capital, e passando pelo coração de Petrogrado, significava correr o risco de que o trem fosse parado, a família real, retirada e enfiada numa carroça para a fortaleza, ou pior.

Não querendo correr esse risco, Kerensky, Miliukov e seus colegas decidiram adiar a viagem até que o clima psicológico melhorasse. Nesse ínterim, apaziguariam o Soviete. No dia 24, o dia seguinte à chegada do oferecimento de asilo, o Governo Provisório pediu ao Soviete que os soberanos depostos permanecessem na Rússia. No dia 25, Miliukov comunicou a Buchanan que não poderia sequer entregar ao czar um telegrama pessoal do rei George, que declarava inofensivamente: "Eventos da última semana angustiaram-me profundamente. Meus pensamentos estão constantemente com você e sou sempre seu verdadeiro e devotado amigo, como você sabe que sempre fui no passado." Quando Buchanan argumentou que o telegrama não tinha significado político, Miliukov replicou que sabia disso, mas que outros poderiam interpretar como parte de uma trama de fuga. A única indicação que Nicolau e Alexandra jamais tiveram desse telegrama foi o comentário de Kerensky em sua primeira visita a Tsarskoe Selo, de que o rei e a rainha da Inglaterra pediam notícias dos parentes russos.

Os dias se passavam e o impasse permanecia. Em 2 de abril, Buchanan escreveu ao Ministério das Relações Exteriores: "Nada foi ainda decidido quanto à viagem do imperador para a Inglaterra." Em 9 de abril, Buchanan conversou com Kerensky, que informou que a partida do czar seria adiada por várias semanas mais, enquanto seus documentos eram examinados, e ele e a esposa eram interrogados. Enquanto isso, na Inglaterra, a notícia de asilo havia sido apresentada e recebida friamente pelo Partido Trabalhador e por muitos liberais. Quando a oposição começou a se manifestar contra, o governo britânico começou a recuar. Em 10 de abril, uma declaração semioficial do Ministério das Relações Exteriores anunciou friamente que "o governo de Sua Majestade não insiste em sua oferta inicial de hospitalidade à família imperial".

Em 15 de abril, até Buchanan começou a retirar seu apoio ao asilo, explicando a Londres que a presença do czar na Inglaterra poderia facilmente ser usada pela extrema-esquerda na Rússia "como desculpa para levantar a opinião pública contra nós". Sugeriu que talvez Nicolau pudesse ser recebido na França. Ao ouvir isso, Lord Francis Bertie, embaixador inglês em Paris, escreveu uma carta pessoal mordaz ao secretário de Relações Exteriores, repleta de informações falsas e maldosas sobre a imperatriz Alexandra. "Penso que o ex-imperador e sua família não serão bem-vindos à França", Bertie escreveu. "A imperatriz não é boche somente de nascimento, mas também de coração. Ela fez todo o possível para chegar a um entendimento com a Alemanha. É vista como criminosa, ou uma louca criminosa, e o ex-imperador, criminoso por sua fraqueza e submissão às incitações dela. Sinceramente, Bertie."

De abril até junho, o plano ficou em suspenso. Mais tarde, Kerensky admitiu que, durante esse período, a suspensão não teve nada a ver com a posição dos ingleses liberais e trabalhistas, mas foi determinada pela situação interna da Rússia. No começo do verão, porém, as condições na Rússia haviam mudado e o momento parecia propício a uma discreta transferência da família imperial para Murmansk. Mais uma vez, a Rússia consultou a Inglaterra sobre a questão de asilo.

"Inquirimos Sir George Buchanan a respeito de quando poderia ser enviado um cruzador para levar a bordo o governante deposto e sua família", disse Kerensky. "Simultaneamente, foi obtida a promessa do governo alemão, por intermédio do ministro dinamarquês, Skavenius, de que os submarinos alemães não atacariam esse navio em particular, que estaria levando os exilados reais. Nós e Sir George Buchanan aguardávamos impacientes uma resposta de Londres. Não me lembro exatamente se foi no fim de junho ou começo de julho que o embaixador compareceu, desesperado... Com lágrimas nos olhos, mal podendo controlar a emoção, Sir George comunicou... [a nós] a recusa final do governo britânico em dar refúgio ao ex-imperador da Rússia. Não sei citar o texto exato da carta... Mas posso dizer com certeza que a recusa se devia exclusivamente a considerações de política interna britânica." Ao que parece, a carta de Bertie, de Paris, lançara o veneno, pois Kerensky recorda de um trecho que dizia que "o primeiro-ministro era impossibilitado de oferecer hospitalidade a pessoas cujas simpatias pró-germânicas eram bem conhecidas".

Subsequentemente, confusão, acusações e um sentimento de culpa pareceram permear as recordações de todos os envolvidos naquele inglório episódio. Tanto Sir George Buchanan quanto Lloyd George contradisseram francamente Kerensky, insistindo que a oferta de asilo por parte da Inglaterra jamais tinha sido retirada, e que o fracasso do projeto se deveu unicamente ao fato de o Governo Provisório – nas palavras de Buchanan – "não ser o senhor de sua casa". Meriel Buchanan, filha do embaixador, mais tarde desmentiu o relato do pai, explicando que ele dissera aquilo para proteger Lloyd George, que fora o responsável pela recusa. Ela recorda que o telegrama recusando a ida do czar para a Inglaterra chegou a Petrogrado no dia 10 de abril, e se lembra das palavras do pai e da expressão angustiada em seu rosto ao relatar-lhe o conteúdo. Lloyd George não respondeu formalmente à acusação de Meriel, mas ela afirma que houve relatos sobre o ex-primeiro-ministro "ter dito numa entrevista que não se lembra de recusar a admissão do falecido imperador à Inglaterra, mas que, se a questão tivesse sido considerada, ele provavelmente teria dado essa orientação". Em suas memórias, Lloyd George não deixa dúvidas quanto a sua falta de simpatia pela Rússia imperial e seu czar. O império russo, ele diz, era "uma arca inavegável. As madeiras estavam podres e a tripulação, não muito melhor. O comandante era compatível com um iate de passeio em águas calmas e o contramestre fora escolhido por sua esposa, reclinada na cabine de baixo". Ele menosprezava Nicolau como "apenas uma coroa sem cabeça... O final foi tragédia... mas por tal tragédia esse país não pode de maneira alguma ser responsabilizado".

A atitude do rei George na questão foi vacilante. A princípio ele queria ajudar os parentes, mas, em 30 de março, seu secretário particular escreveu ao secretário das Relações Exteriores: "Sua Majestade não pode evitar dúvidas, não somente quanto aos perigos da viagem, mas quanto às bases gerais da conveniência, se é aconselhável que a família imperial venha a fixar residência neste país." Em 10 de abril, o rei se preocupava com a indignação generalizada na Inglaterra contra o czar. Ele viu que, se Nicolau viesse, ele seria obrigado a receber o primo, um gesto que lhe traria considerável impopularidade. Assim sendo, ele sugeriu a Lloyd George que, em vista da irrupção da opinião pública, o governo russo talvez devesse ser informado de que a Inglaterra era obrigada a retirar a oferta.

Mais tarde, é claro, quando o assassinato da família imperial escandalizou o rei, essas recordações se tornaram mais vagas. "A Revolução Russa de 1917, com o assassinato do czar e sua família, abalou a confiança de meu pai na decência inata da humanidade", recordou o duque de Windsor. "Havia uma verdadeira ligação entre ele e seu primo-irmão Nicky... Ambos usavam barba com a mesma característica específica quando jovens e eram muito parecidos... tenho a permanente impressão de que, pouco antes de os bolcheviques prenderem o czar, meu pai pessoalmente tinha planos de resgatá-lo num cruzador britânico, mas de algum modo o plano foi bloqueado. De qualquer maneira, meu pai ficou magoado com o fato de a Inglaterra não ter levantado um dedo para salvar seu primo Nicky. 'Esses políticos', ele costumava dizer. 'Se fosse um da classe deles, teriam agido bem depressa. Mas meramente porque o pobre homem era imperador...'"

Na Suíça, a primeira reação de Lênin à revolução na Rússia foi de ceticismo. Apenas sete semanas haviam se passado desde sua declaração, em 22 de janeiro de 1917, de que "nós, mais velhos, podemos não viver para ver as batalhas decisivas da revolução que se aproxima". Nem as notícias da abdicação do czar e do estabelecimento de um Governo Provisório venceram suas restrições. A seu ver, a substituição da autocracia por uma república burguesa não era uma autêntica revolução do proletariado, mas apenas a troca de um sistema capitalista por outro. Para ele, o fato de Miliukov e o Governo Provisório quererem continuar a guerra confirmava que eles não passavam de instrumentos da Inglaterra e da França, potências capitalistas, imperialistas. Em 25 de março, Lênin telegrafou instruções aos bolcheviques em Petrogrado: "Nossa tática: absoluta desconfiança, nenhum apoio ao governo, Kerensky especialmente suspeito, nenhum *rapprochement* com os outros partidos."

Lênin ficou desesperado para voltar à Rússia. "Desde o momento em que chegou a notícia da revolução, Ilyich não dormia, e à noite fazia todo tipo de planos", recorda Krupskaya. "Podíamos viajar de aeroplano. Mas essas coisas só podiam ser pensadas no semidelírio da noite." Ele pensou em usar uma peruca e viajar via França, Inglaterra e pelo mar do Norte, mas havia o risco de ser preso ou torpedeado por um navio de guerra. De repente, por meio do ministro alemão em Berna, combinou-se que ele atravessaria a Alemanha até a Suécia, Finlândia, e de lá seguiria para a Rússia. O motivo alemão para esse arranjo bizarro era pura necessidade militar. A Alemanha pouco ganhara com a queda do czarismo, dado que o Governo Provisório queria continuar a guerra, e a Alemanha precisava de um regime que fizesse a paz. Lênin prometeu fazer isso. Ainda que ele fracassasse, os alemães sabiam que sua presença na Rússia criaria distúrbios. Portanto, em 9 de abril, Lênin, Krupskaya e mais 17 exilados bolcheviques partiram de Zurique para atravessar a Alemanha num trem "lacrado". "Os líderes alemães", afirmou Winston Churchill, "usaram contra a Rússia a arma mais aterradora. Transportaram Lênin num vagão de carga lacrado, como o bacilo de uma praga, da Suíça para a Rússia."

Na noite de 16 de abril, após dez anos longe do país, Lênin chegou à Estação Finlândia, em Petrogrado. Saiu do trem em meio a uma grande multidão e um mar de bandeiras vermelhas. Num carro blindado, foi para a mansão de Matilde Kschessinska, que havia se tornado o quartel-general bolchevique. Da sacada da casa da bailarina, ele se dirigiu a uma multidão empolgada e gritou que a guerra era uma "vergonhosa carnificina imperialista".

Embora Lênin tenha sido recebido com o retumbante triunfo devido a um profeta retornado, nem o Soviete de Petrogrado, nem a minoria bolchevique dentro do Soviete estavam preparados, de modo algum, para aceitar todos os seus dogmas. Nos primeiros dias da revolução, os membros do Partido Social Revolucionário e os mencheviques, que dominavam o Soviete, acreditavam que deviam mostrar algum grau de cooperação com o Governo Provisório, ainda que fosse apenas para evitar a restauração da monarquia. Ademais, a teoria marxista pedia um período de transição entre a derrubada do absolutismo e a ditadura do proletariado. O Soviete podia discutir se Nicolau ficaria em seu palácio ou numa cela, mas sua atitude geral era apoiar as políticas do Governo Provisório, "na medida em que correspondam aos interesses do proletariado e das grandes massas da população". Até alguns bolcheviques apoiavam esse programa.

Lênin não admitia nada disso. Em discurso na Conferência de Sovietes de Todos os Russos, na manhã seguinte à sua chegada, ele lançou sua famosa Tese de Abril, exigindo a derrubada do Governo Provisório, a abolição da polícia, do exército e da burocracia. E, o mais importante, exigia o fim da guerra e que as tropas no front confraternizassem com o inimigo. As palavras de Lênin foram recebidas com espanto e consternação. Foi interrompido no meio do discurso com gritos de "Isso é delírio! Isso é delírio de um louco!". Até Molotov, que continuava a ser um dos líderes bolcheviques em Petrogrado, e Stalin, que retornara em 26 de março, após três anos de exílio na Sibéria, foram apanhados de surpresa. O *Pravda*, o jornal bolchevique que editavam, vinha concordando que um período prolongado de governo burguês era necessário antes de avançarem para o estágio final da revolução socialista. Os inimigos de Lênin se apressaram a ridicularizar. Ele tinha passado muito tempo fora, diziam, vivendo confortavelmente no exílio, não tinha tomado parte na derrubada do czarismo e fora transportado para a Rússia sob a proteção do regime mais autocrático e imperialista remanescente na Europa. Quando correu a notícia de que o Soviete havia repudiado Lênin, o Governo Provisório suspirou de alívio. "Lênin foi um fiasco irremediável no Soviete ontem", disse Miliukov, exultante, em 18 de abril. "Foi obrigado a sair da sala debaixo de uma chuva de vaias. Ele não vai sobreviver a isso."

Mas Lênin mal percebeu a derrota. Dialético brilhante, preparado para passar uma noite inteira discutindo, ele ganhou ascendência sobre seus colegas bolcheviques por meio de pura força intelectual e energia física. Em 17 de maio, Trotsky, que morava na East 162nd Street, em Nova York, escrevia em um jornal russo para emigrados, chamado *Novy Mír,* e estudava economia norte-americana na New York Public Library, voltou para Petrogrado. Nominalmente menchevique, semanas após seu retorno estava trabalhando com Lênin. Dos dois, Lênin era o líder.

Por todo o verão e a primavera, Lênin martelou a tecla contra o Governo Provisório. As sutilezas marxistas da Tese de Abril foram postas de lado. Para as massas, os bolcheviques cunharam um slogan irresistível, combinando os dois desejos mais profundos do povo russo: "Paz, Terra, Poder Total do Soviete." Em maio, quando Miliukov proclamou mais uma vez que a Rússia honraria sua obrigação e prosseguiria na luta, uma gritaria maciça obrigou sua saída do governo. Guchkov também se demitiu e, no começo de julho, o príncipe Lvov decidiu que não poderia mais continuar como primeiro-ministro. Kerensky assumiu simultaneamente como primeiro-ministro e ministro da Guerra.

Na constante exortação à Rússia para continuar a lutar, os aliados se colocavam diretamente nas mãos de Lênin. Aterrorizados com a ideia de que a saída da Rússia liberaria dezenas de divisões inimigas para lutar no Oeste, a Inglaterra, a França e os agora beligerantes Estados Unidos exerciam grande pressão sobre o cambaleante Governo Provisório. Começando em junho, os Estados Unidos fizeram empréstimos de 325 milhões de dólares ao Governo Provisório. Mas Elihu Root, que liderou a missão do presidente Wilson ao país, deixou claro que os termos eram: "Sem guerra, nada de empréstimo."

Pressionado pelos aliados, o Governo Provisório começou a preparar outra ofensiva. Kerensky em pessoa fez um *tour* pelo front para exortar os soldados. No começo de julho, a artilharia russa abriu um pesado bombardeio ao longo de 60 quilômetros do front na Galícia. Pela primeira vez, havia fartura de suprimentos e munições, e as 31 divisões de ataque aos austríacos avançaram rapidamente. Durante duas semanas, eles prosseguiram, enquanto Kerensky exultava e Nicolau, em Tsarskoe Selo, irradiava felicidade e ordenava *Te Deums* para comemorar as vitórias. Mas, em 14 de julho, as notícias pioraram. As reservas alemãs chegaram e impediram o avanço. No lado russo, o Comitê dos Soldados contestava a conveniência de novos ataques e divisões inteiras se recusaram a avançar. Quando o inimigo contra-atacou, não encontrou resistência. A retirada russa foi em debandada.

Em Petrogrado, as notícias da debacle acenderam a fagulha na atmosfera já carregada de eletricidade. Em 16 de julho, meio milhão de pessoas marcharam pelas ruas carregando enormes bandeiras vermelhas e gritando: "Abaixo a guerra!", "Abaixo o Governo Provisório!". Lênin e os bolcheviques não estavam preparados para o levante, e o Governo Provisório o esmagou, principalmente fazendo circular entre os regimentos leais um documento tentando mostrar que Lênin era um agente alemão e que o levante tinha o propósito de trair a Rússia pela retaguarda enquanto os alemães avançavam no front. A divulgação foi temporariamente eficaz. Os baluartes bolcheviques – a casa de Kschessinska, a redação do *Pravda* e a Fortaleza de Pedro e Paulo – foram invadidos e ocupados. Trotsky se entregou à polícia, e Lênin, após passar a noite escondido num palheiro, fugiu pela fronteira da Finlândia, disfarçado de foguista numa locomotiva. O primeiro levante bolchevique, mais tarde conhecido como "o Levante de Julho", terminou. Admitindo que havia sido meio acanhado, Lênin o definiria mais tarde como "algo consideravelmente maior do que uma demonstração, mas bem menor do que uma revolução".

Apesar da pequena vitória, o levante deixou claro para Kerensky o perigo de qualquer demora em levar a família imperial para longe de Petrogrado. Ainda antes do levante, o novo primeiro-ministro tinha ido avisar a Nicolau que "os bolcheviques estão atrás de mim e logo estarão atrás de você". Ele sugeriu que a família estaria mais segura em algum lugar distante, longe da ebulição das paixões revolucionárias na capital. Nicolau perguntou se poderiam ir para Livadia. Kerensky respondeu que Livadia poderia ser uma possibilidade, mas estavam estudando outros locais. Sugeriu que a família começasse a fazer as malas, em segredo, para não levantar suspeitas entre a guarda do palácio.

A ideia de que poderiam partir em breve para Livadia foi um tônico revigorante para o espírito da família. Na excitação, falavam animadamente sobre isso, até que Benckendorff pediu que se calassem. Mas enquanto Kerensky pesava os prós e contras da Crimeia, tornava-se cada vez mais óbvio que isso não poderia ser feito. Era um lugar remoto, a população tártara era favorável, e muitos membros da família do czar, inclusive a imperatriz viúva, já estavam lá. Mas seria preciso atravessar 1.600 quilômetros de extensão da Rússia. Para chegar a Livadia, o trem precisava passar por cidades industriais densamente povoadas e províncias rurais onde o campesinato revolucionário já vinha aterrorizando grandes proprietários e expropriando terras. Nessas condições, Kerensky não sentia mais segurança em enviar seus prisioneiros para Livadia do que colocá-los num cruzador inglês em Murmansk. As mesmas considerações se estendiam à propriedade do grão-duque Miguel perto de Orel, na Rússia central, que o próprio Kerensky se via inclinado a aprovar.

Finalmente, por eliminação, ele decidiu por Tobolsk, uma cidade mercantil às margens de um rio no oeste da Sibéria. A escolha nada tinha a ver com uma vingativa justiça poética. Era apenas uma questão de segurança das estradas de ferro. Cruzando os Urais até a Sibéria, a Rota Norte passava por grandes extensões de florestas virgens, com cidades e aldeias esparsas ao longo dos trilhos. Uma vez em Tobolsk, a família imperial estaria relativamente a salvo. "Escolhi Tobolsk", Kerensky explicou mais tarde, "porque era um pantanal bem retirado... tinha uma guarnição muito pequena, sem proletariado industrial, com uma população próspera e satisfeita, para não dizer antiquada. Além disso... o clima era excelente e a cidade se orgulhava de uma residência do governador bastante passável, onde a família imperial poderia viver com certo conforto."

Em 11 de agosto, Kerensky voltou ao palácio e, sem dizer a Nicolau para onde eles seriam levados, avisou que deveriam partir dentro de alguns dias e que levassem muitas roupas quentes. Nicolau compreendeu imediatamente que seu destino não seria Livadia. Quando Kerensky, constrangido, começou a explicar veementemente por que a segurança da família exigia essa decisão, Nicolau o interrompeu com um olhar penetrante. "Não tenho medo. Confiamos em você", ele disse. "Se diz que precisamos nos mudar, assim será. Confiamos em você", repetiu.

Os preparativos foram concluídos rapidamente. O czar e a imperatriz escolheram as pessoas que desejavam que os acompanhassem: a condessa Hendrikov e o príncipe Dolgoruky como dama e cavalheiro de companhia; o dr. Botkin; e Pierre Gilliard e Mlle. Schneider como tutores. A baronesa Buxhoeveden precisava ficar para uma cirurgia, mas depois se reuniria à família em Tobolsk. Para seu imenso pesar, o conde Benckendorff não podia ir por causa da grave bronquite de sua esposa. Perguntado quem ele desejava como substituto do conde, Nicolau chamou o general Tatishchev, um ajudante de campo. Sem hesitação, Tatishchev arrumou uma maleta e se apresentou no palácio.

O dia 12 de agosto era aniversário de 13 anos do czarevich e, a pedido da imperatriz, foi trazido um ícone sagrado da igreja de Nossa Senhora de Znamenie para a comemoração. O ícone chegou numa procissão do clero da cidade, que foi admitida no palácio, prosseguiu para a capela, onde foram feitas orações pela segurança na viagem da família imperial. "A cerimônia foi pungente... todos estavam em lágrimas", escreveu Benckendorff. "Os próprios soldados ficaram comovidos e se aproximaram para beijar o ícone sagrado. [Depois, a família] acompanhou a procissão até a varanda, onde a viu desaparecer no parque. Era como se o passado estivesse indo embora para nunca mais voltar."

O dia seguinte, 13 de agosto de 1917, foi o último que Nicolau e Alexandra passaram em Tsarskoe Selo. As crianças correram excitadas por toda parte, despedindo-se dos empregados, de seus pertences e de sua ilha predileta no lago. Nicolau deu instruções minuciosas a Benckendorff para cuidar que os legumes da horta e as pilhas de lenha fossem distribuídos igualmente entre os criados que haviam ajudado no trabalho.

No governo, Kerensky tinha conseguido que seu plano fosse mantido em segredo. Apenas quatro homens, incluindo ele mesmo, sabiam da transferência para Tobolsk. O assunto não foi discutido nas reuniões do gabinete. Kerensky tinha tratado pessoalmente de todos os detalhes. Na noite da partida, Kerensky saiu da reunião do gabinete às 11 horas para supervisionar os arranjos finais. Sua primeira providência foi falar com as tropas selecionadas para a guarda quando a família chegasse a Tobolsk. Para isso, três companhias – seis oficiais e 330 homens – foram escolhidas no 1º, 2º e 4º regimentos da Guarda de Atiradores de Elite, servindo em Tsarskoe Selo. A maioria dos selecionados era de oficiais não comissionados que haviam estado no front. Muitos haviam sido condecorados por bravura. Por ordem de Kerensky, eles tinham recebido uniformes e rifles novos, e avisados de que receberiam um pagamento especial. Apesar desses agrados, alguns estavam relutantes em partir. No quartel, corria um movimento de inquietude, resmungos e incerteza.

Em companhia do coronel Kobylinsky, que comandaria o destacamento, Kerensky foi ao quartel, reuniu a nova guarda e se dirigiu a eles de forma persuasiva: "Vocês montaram guarda à família imperial aqui. Agora, precisam montar guarda em Tobolsk, para onde a família foi transferida por ordem do Governo Provisório. Lembrem-se: não se ataca um homem caído. Comportem-se como cavalheiros, não como grosseirões. Lembrem-se de que ele é um ex-imperador, e nem ele, nem sua família precisam passar por sofrimentos." A oratória de Kerensky funcionou. Os homens, parcialmente envergonhados, se prepararam para partir. Kerensky escreveu um documento para Kobylinsky que dizia apenas: "As ordens do coronel Kobylinsky devem ser obedecidas como se fossem dadas por mim. Alexandre Kerensky."

Ao cair da noite, a família havia terminado de fazer as malas e estava pronta para partir, exceto por baús e canastras espalhados pelo palácio. Cinquenta soldados, reunidos no hall semicircular e designados para pegar as bagagens, simplesmente se recusaram a trabalhar em troca de nada. Benckendorff, aborrecido, acabou pagando três rublos a cada um.

Em meio a esses preparativos, à medida que o hall se enchia de malas e baús, o grão-duque Miguel chegou para se despedir do irmão. Kerensky, que providenciara o encontro, entrou com o grão-duque no gabinete do czar, onde os irmãos se abraçaram. Sem querer deixá-los totalmente a sós, ele se retirou para uma mesa e ficou folheando um bloco de anotações do czar, entreouvindo a conversa: "Os dois... estavam profundamente emocionados. Por um longo tempo, ficaram em silêncio... depois se precipitaram naquela conversa banal, fragmentária, irrelevante, tão característica de encontros breves. Como está Alix? Como está mamãe? Onde você está morando agora? E por aí afora. Frente a frente, apoiando-se num pé e no outro, em curioso constrangimento, às vezes tocavam no braço um do outro, ou num botão."

Nervoso e excitado, o czarevich tinha visto Miguel chegar. "Foi o tio Misha que chegou?", ele perguntou a Kobylinsky. O coronel respondeu que sim, mas que ele não podia entrar lá. Alexei se escondeu atrás da porta e ficou olhando por uma fresta. "Eu quero ver quando ele for embora", disse. Dez minutos depois, Miguel saiu da sala, em lágrimas. Deu um rápido beijo de despedida em Alexei e deixou o palácio.

A noite foi confusa e insone. Segurando seu excitado spaniel Joy pela coleira, Alexei corria entre o hall e os aposentos da família para ver o que estava acontecendo. Sentada todo o tempo em trajes de viagem, a imperatriz era incapaz de esconder a aflição. "Foi então", escreveu Kerensky, "que vi pela primeira vez Alexandra Feodorovna preocupada e chorando como qualquer mulher comum." Entrando e saindo para carregar baús e bagagens do hall para a estação, os soldados trabalhavam sem tirar os quepes, praguejando e resmungando. Os oficiais ficaram sentados à mesa, tomando chá com a condessa Benckendorff e outras damas. Quando o czar se aproximou pedindo uma xícara, os oficiais se levantaram, declarando alto e bom som que não se sentavam na mesma mesa que Nicolau Romanov. Mais tarde, quando os soldados não estavam olhando, muitos oficiais se desculparam, explicando que temiam ser levados ao tribunal dos soldados sob a acusação de contrarrevolucionários.

As horas se passavam e o trem, marcado para a uma da madrugada, não aparecia. Suspeitosos e hostis, os ferroviários tinham se recusado a tirar os vagões dos desvios e depois se negado a atrelá-los. Várias vezes, Kerensky telefonou pessoalmente para o pátio de manobras do trem. Kobylinsky, exausto e ainda não passando bem, caiu dormindo numa cadeira. A certa altura, Benckendorff aproximou-se de Kerensky para perguntar, diante de testemunhas, quanto tempo a família imperial ficaria em Tobolsk. Kerensky respondeu confiante que, assim que a Assembleia Constituinte fosse estabelecida, em novembro, Nicolau poderia voltar para Tsarskoe Selo ou ir para qualquer lugar que quisesse. Sem dúvida, Kerensky estava sendo sincero. Mas, em novembro, ele mesmo era um fugitivo dos bolcheviques.

Entre cinco e seis da manhã, finalmente ouviram-se as buzinas dos automóveis soando no pátio. Kerensky comunicou a Nicolau que o trem estava preparado e as bagagens, embarcadas. A família entrou nos automóveis e o pequeno cortejo seguiu escoltado por cossacos montados. Ao deixarem os terrenos do palácio, o sol do amanhecer lançava os primeiros raios sobre a cidade adormecida. O trem, com bandeiras do Japão e placas com os dizeres "Missão da Cruz Vermelha Japonesa", estava num desvio, fora da estação. A família foi caminhando ao lado dos trilhos até o primeiro vagão, onde, por falta de plataforma, os homens levantaram Alexandra, as filhas e as outras mulheres para o vagão. Tão logo todos estavam a bordo, o trem começou a se movimentar rumo à Sibéria.

✣32✣

SIBÉRIA

Se o trem providenciado por Kerensky para a viagem do czar à Sibéria não era de qualidade imperial, era pelo menos um veículo de luxo para a função de transportar prisioneiros. Consistia em confortáveis *wagon-lits* da International Sleeping Car Company, carro-restaurante com um estoque de vinhos da adega imperial e compartimentos de bagagens com as quinquilharias, tapetes e quadros prediletos trazidos do palácio. Em seus porta-joias, a imperatriz e as filhas levavam consigo pedras preciosas no valor de 500 mil dólares. Além das damas e cavalheiros do séquito, a família imperial foi para a Sibéria acompanhada por dois valetes, seis camareiras, dez lacaios, três cozinheiros, quatro ajudantes de cozinha, um mordomo, um *sommelier*, uma enfermeira, um escrevente, um barbeiro e dois cãezinhos spaniel. O coronel Kobylinsky também seguiu a bordo do trem do czar, mas a maioria dos 330 soldados embarcou num segundo trem.

A rotina do trem cumpria precisamente os hábitos da família imperial: refeição da manhã às oito, café às dez, almoço à uma, chá às cinco e jantar às oito horas. Entre seis e sete da noite, o trem fazia uma parada em campo aberto para que Nicolau e as crianças levassem os cães a passeio por meia hora ao lado dos trilhos. Alexandra não se atrevia a participar dessas excursões. Ficava sentada junto a uma janela aberta, abanando-se por causa do calor. Ela ficou encantada quando, certa tarde, um soldado veio lhe trazer uma flor azul.

Durante quatro dias, o trem deslizou para leste, estralejando monotonamente pelos trilhos, por entre o calor e a poeira da Rússia europeia. Em cada cidade, a estação estava cheia de soldados, as persianas das cabines eram fechadas e ninguém tinha permissão para aparecer à janela. Apenas uma vez o trem foi obrigado a parar por oficiais locais curiosos. Em Perm, na ponta dos Urais, um homem alto, de barba branca, entrou na cabine de Kobylinsky, apresentou-se como chefe dos ferroviários daquele distrito e disse que os camaradas queriam saber quem estava no trem. Kobylinsky mostrou o documento com a assinatura de Kerensky, e os homens se retiraram imediatamente.

Na noite do terceiro dia, quando o trem já cruzava os Urais, o ar tornou-se sensivelmente frio. A leste da área florestal na baixada da cordilheira começavam as estepes russas. Das janelas do trem barulhento, resfolegante, a imperatriz e seus filhos viram pela primeira vez os prados se estendendo até o horizonte. No final da tarde, o imenso domo do céu refulgia em ouro e carmesim, os últimos raios de sol brilhavam sobre os troncos brancos das bétulas e sobre os verdes relvados dos charcos.

Perto da meia-noite de 17 de agosto, o trem chegou se arrastando lentamente a Tyumen, no rio Tura. Nas docas do lado oposto à estação, o barco fluvial *Rus* os aguardava. Tobolsk ficava a 300 quilômetros a nordeste, uma jornada de dois dias pelos rios Tura e Tobol. Nicolau passou toda a viagem caminhando pelo convés superior, olhando as vilas espalhadas pelas margens desnudas do rio. Uma dessas vilas era Pokrovskoe, lar de Rasputin. Enquanto passavam por Pokrovskoe, a família se amontoou no convés para olhar. Viram um vilarejo próspero, com flores nas jardineiras das janelas, vacas e porcos nos estábulos. A casa de Rasputin era inequívoca: de dois andares, projetava-se acima das cabanas simples dos camponeses. Os passageiros ficaram fascinados ao verem a remota, porém famosa, aldeola. Muito tempo atrás, Rasputin havia vaticinado que um dia a imperatriz iria à sua aldeia. Ele não previu as circunstâncias, e a família aceitou aquele vislumbre como uma realização da profecia.

Antes do pôr do sol do segundo dia navegando, quando o barco seguia por uma curva do rio, os passageiros viram a silhueta da velha fortaleza de Tobolsk e os bulbos em forma de cebola das igrejas da cidade. À noitinha, o barco atracou no cais da West Siberian Steamship and Trading Company, e Kobylinsky desembarcou para inspecionar a casa do governador, onde os prisioneiros iam morar. Encontrou a casa dilapidada e vazia, sem mobília. Na manhã seguinte, adiando o desembarque da família, ele contratou pintores e papeleiros de paredes, comprou móveis e um piano, em lojas e de famílias de Tobolsk. Foram chamados eletricistas para consertar a fiação e encanadores para instalar banheiras. Nos oito dias de restauração da casa, a família ficou morando a bordo do *Rus*. Para quebrar a monotonia, o barco saía em passeios pelo rio, parando para que Nicolau e as crianças caminhassem pelas margens. Por fim, em 26 de agosto, a casa ficou pronta e, às oito da manhã, o czar, o czarevich e três grã-duquesas fizeram o trajeto das docas até a casa, por uma rua ladeada de soldados. A imperatriz e Tatiana seguiram de carruagem.

Tobolsk, onde o czar e família morariam pelos oito meses seguintes, ficava na junção do Tobol com o grande rio Irtysh. No passado, tinha sido um importante centro comercial de pescado e peles, uma ligação com o Ártico, mais ao norte. Mas os construtores da Transiberiana haviam desviado a ferrovia de Tobolsk, descendo 300 quilômetros para o sul, passando por Tyumen. Em 1917, Tobolsk era, nas palavras de Kerensky, "um pantanal". Seus 20 mil habitantes ainda viviam principalmente do comércio com o norte. No verão, todo o transporte era feito por barcos a vapor fluviais; no inverno, quando os rios congelavam, as pessoas viajavam de trenó pelo leito gelado ou por trilhas abertas na neve ao longo das margens. A cidade em si era um esparrame de igrejas caiadas de branco, prédios comerciais de madeira e casas de troncos nas ruas densas de poeira durante o verão. Na primavera e no outono, a poeira se transformava numa lama grossa, xaroposa, e pranchas de madeira eram colocadas nas ruas porque as calçadas desapareciam sob o barro.

A casa do governador, uma estrutura de dois andares, grande, branca, franjada com sacadas dos dois lados do segundo andar, era a maior residência da cidade. Mesmo assim, não era grande o bastante para a comitiva imperial. A família ocupou o segundo andar, com as quatro grã-duquesas juntas no quarto do canto, e Nagorny dormindo no quarto adjacente ao de Alexei. Gilliard ficou no andar de baixo, ao lado da grande sala de estar central que tinha sido o gabinete do governador. O restante da comitiva foi alojado do outro lado da rua, na casa confiscada a um comerciante chamado Kornilov.

A princípio, Kobylinsky não postava guardas no interior da casa do governador e permitia à família uma considerável liberdade de movimentos. Na primeira manhã em Tobolsk, todos atravessaram a rua para ver como a comitiva estava se acomodando na casa de Kornilov. Os soldados objetaram imediatamente a esse grau de liberdade dos prisioneiros, e Kobylinsky, a contragosto, autorizou a construção de uma alta cerca de madeira em torno da casa, fechando até o trecho de uma ruazinha lateral. Dentro desse complexo lamacento, sem vegetação, a família se exercitava como podia. A comitiva, por sua vez, tinha permissão para ir e vir livremente, e quando Sidney Gibbs, tutor de inglês do czarevich, chegou de Petrogrado, não teve dificuldade em entrar na casa para visitar a família. Várias empregadas da imperatriz alugaram apartamentos na cidade, e o dr. Botkin foi até autorizado a abrir um pequeno consultório em Tobolsk.

As orações da noite eram realizadas na sala de estar do andar de baixo, que foi decorada com lâmpadas e ícones. Um padre local vinha conduzir o serviço religioso, mas como não havia altar consagrado, ele não podia celebrar missas. Em 21 de setembro, Kobylinsky fez arranjos para a família frequentar uma missa privativa, de manhã bem cedo, numa igreja próxima. Nessas ocasiões, formavam-se duas fileiras de soldados na praça que ficava entre a casa e a igreja. Quando a família imperial passava, as pessoas se juntavam atrás dos guardas, faziam o sinal da cruz e algumas se ajoelhavam.

Confirmando a suspeita de Kerensky, o povo de Tobolsk permanecia fortemente ligado tanto ao símbolo quanto à pessoa do czar. Ao passar diante da casa do governador, eles tiravam o chapéu e faziam o sinal da cruz. Quando a imperatriz se sentava junto à janela, faziam-lhe reverências. Os soldados intervinham frequentemente para dispersar ajuntamentos na rua lamacenta cada vez que as grã-duquesas chegavam à sacada. Comerciantes lhes mandavam comidas de presente, freiras do convento traziam açúcar e bolos, e camponeses chegavam regularmente com manteiga e ovos das fazendas.

Afastado do clima inflamatório de Petrogrado, o coronel Kobylinsky conseguiu restaurar alguma disciplina entre seus homens. Vendo os antes augustos e inatingíveis personagens agora tão próximos, os soldados ficavam surpresos ao descobrir que eram uma família simples e unida. Embora os homens do 2º regimento continuassem hostis, os soldados do 1º e do 4º se tornaram mais cordiais, especialmente com as crianças. As grã-duquesas falavam com eles, perguntando sobre a cidade e suas famílias. Maria aprendeu rapidamente os nomes de suas esposas e filhos. Para muitos deles, Alexei continuava a ser "o herdeiro", objeto de especial respeito e afeição. Quando uma determinada seção do 4º regimento estava de plantão, Alexei e o pai escapuliam até a casa da guarda para jogar com eles.

Kobylinsky continuou a ser a única autoridade até o fim de setembro, quando dois comissários civis chegaram para se encarregar dos cativos, embora Kobylinsky tivesse ordens de manter o comando da guarda militar. Os dois comissários, Vasily Pankratov e seu representante, Alexandre Nikolsky, eram social-revolucionários que haviam passado anos exilados na Sibéria. Apesar de amigos, Pankratov e Nikolsky eram opostos em caráter. Pankratov, pequeno, severo, com cabelos hirsutos e óculos grossos, apresentou-se formalmente ao czar.

"Não desejando infringir as regras da boa educação", ele escreveu, "solicitei ao valete do ex-czar que anunciasse minha chegada à propriedade e que eu desejava ver seu senhor..."

— Bom-dia — cumprimentou Nicolau Alexandrovich, estendendo a mão. — Fez boa viagem?

— Sim, obrigado — respondi, apertando-lhe a mão.

— Como está Alexandre Kerensky? — perguntou o ex-czar...

Pankratov perguntou se Nicolau precisava de alguma coisa.

— Poderia me autorizar a cortar lenha?... Gosto desse tipo de trabalho.

— Talvez você queira ter aqui uma carpintaria? O trabalho é mais interessante.

— Não, basta pedir que tragam algumas toras e um serrote para o pátio — replicou Nicolau Alexandrovich.

— Será feito amanhã.

— Posso me corresponder com meus parentes?

— Certamente. Tem livros suficientes?

— Muitos, mas por que não recebemos os jornais estrangeiros? Foi proibido?

— Provavelmente por falha dos correios. Vou averiguar.

Pankratov tinha pena do czar e gostava francamente das crianças. A doença de Alexei o comovia, e às vezes ele ficava, como Rasputin fazia, desfiando longas histórias de seus tempos na Sibéria. Certa vez, ao entrar na casa da guarda, ficou perplexo ao descobrir Nicolau e os filhos sentados à mesa, conversando com os guardas. O czar o convidou amavelmente a sentar-se com eles, mas Pankratov, desconcertado com a cena, se desculpou e fugiu.

Nikolsky, alto, de rosto largo e cabelos grossos e despenteados, tinha sentimentos diferentes quanto à família imperial. Bruto e mal-educado, ele culpava a pessoa do czar por sua prisão e tentava ir à forra por meios mesquinhos. Entrava nos aposentos sem bater na porta e falava com os prisioneiros sem tirar o chapéu. Gostava de estender a mão e, com dedos duros, apertava a mão estendida do outro até a vítima se encolher de dor. Assim que chegou, Nikolsky anunciou que todos os componentes da família e da comitiva imperial teriam que ser fotografados para efeito de identificação. Kobylinsky objetou, afirmando que as sentinelas já conheciam todos eles de vista. Nikolsky ficou furioso e gritou: "Antes, tivemos ordem da polícia de ser fotografados de frente e de perfil; agora, eles serão fotografados." Enquanto tiravam as fotos, Alexei foi espiar, o que desencadeou mais berros do zangado Nikolsky. O czarevich, com quem ninguém jamais havia gritado antes, se retraiu, estupefato. Quando chegou a Tobolsk uma caixa de vinhos, enviada de Petrogrado para a família, isso gerou um debate passional entre os soldados sobre a questão de papariçar os prisioneiros. O soldado que trouxe a caixa de Petrogrado declarou que havia sido despachada com a permissão e na presença de Kerensky. O dr. Derevenko argumentou que, se não fossem permitidas bebidas alcoólicas para a família, que lhe permitissem levar para uso medicinal no hospital da cidade. A discussão foi inútil, e Nikolsky entendeu qual era o seu dever. Sem mesmo serem abertas, as garrafas foram jogadas no rio.

Como veteranos partidários do doutrinário Partido Social Revolucionário, tanto Pankratov quanto Nikolsky acreditavam que tinham o dever de ministrar educação política aos soldados. Infelizmente, disse Kobylinsky, que via com apreensão esses procedimentos, "o resultado dessas lições foi a conversão dos soldados [não aos princípios do Socialismo Revolucionário, mas] ao bolchevismo". Houve mais queixas sobre pagamento e comida.

Contudo, a família não foi afetada. Eles tinham suportado um tratamento muito pior em Tsarskoe Selo, e continuavam destemidos e esperançosos quanto ao futuro. Todos os sobreviventes observaram que, apesar do rígido confinamento, os tranquilos meses de outono em Tobolsk não foram de todo desagradáveis.

Em outubro, o longo vento siberiano desceu do Ártico sobre Tobolsk. Ao meio-dia, o sol ainda brilhava, mas no meio da tarde a luz sumia e, na escuridão que se adensava, pesados acúmulos da geada se formavam pelo chão. À medida que os dias se tornavam mais curtos, a maior privação de Nicolau era de notícias. Apesar das garantias de Pankratov, o correio não vinha com regularidade, e ele ficava na dependência da mistura de fatos e boatos que chegavam a Tobolsk e apareciam no jornal local. Foi por meio desse veículo moroso que ele acompanhou a rápida deterioração de Kerensky e do Governo Provisório.

Ironicamente, o próprio Kerensky ajudou a tornar essa tragédia inevitável. Apesar do apertado triunfo do governo no levante de julho,

O general Kornilov, agora comandante em chefe do exército, era fraco demais para resistir ao crescente poder dos bolcheviques. Assim, no final de agosto, Kornilov ordenou a um corpo de cavalaria que ocupasse Petrogrado e dispersasse o Soviete. Sua proposta era trocar o Governo Provisório por uma ditadura militar, mantendo Kerensky como primeiro-ministro, mas ele mesmo, Kornilov, assumindo a função dominante. Tão fortemente socialista quanto antibolchevique, Kerensky resistiu ao golpe direitista de Kornilov com o que lhe pareceu o único meio disponível: apelou para o Soviete. Os bolcheviques reagiram com entusiasmo, requisitando operários para formar batalhões da Guarda Vermelha. Enquanto isso, como parte do arranjo, Kerensky soltou da prisão Trotsky e outros líderes bolcheviques.

Assim, a ameaça de Kornilov se evaporou e sua cavalaria imediatamente começou a confraternizar com a milícia enviada para se opor a eles. Em setembro, os bolcheviques obtiveram maioria no Soviete de Petrogrado. Da Finlândia, Lênin exigia a tomada imediata do poder supremo: "A história não nos perdoará se não tomarmos o poder agora... adiar é crime." Em 23 de outubro, Lênin chegou disfarçado a Petrogrado para uma reunião do Comitê Central Bolchevique, que concordou por 10 x 2 que "a insurreição é inevitável e o momento é totalmente oportuno".

Em 6 de novembro, os bolcheviques atacaram. Ostentando a bandeira vermelha, o cruzador *Aurora* ancorou no Neva, na margem oposta ao Palácio de Inverno. Esquadrões de bolcheviques armados ocuparam estações, pontes, bancos, postos telefônicos, correios e outros edifícios públicos. Não houve derramamento de sangue. Na manhã seguinte, 7 de novembro, Kerensky deixou o Palácio de Inverno num carro aberto Pierce-Arrow, seguido por outro carro, com a bandeira norte-americana. Passou sem ser incomodado pelas ruas cheias de soldados bolcheviques e tomou o rumo sul para tentar conseguir ajuda do exército. Os ministros restantes do Governo Provisório permaneceram no Hall Malaquita do Palácio de Inverno, protegidos por um batalhão de mulheres e uma tropa de cadetes. Sentados em volta de uma mesa coberta de pano verde, enchendo os cinzeiros com pontas de cigarros, os ministros cobriam seus blocos de anotações com rabiscos abstratos e patéticas proclamações de última hora: "O Governo Provisório apela para que todas as classes o apoiem..." Às nove da noite, o *Aurora* atirou um único projétil inofensivo e, às dez, o batalhão de mulheres se rendeu. Às onze, trinta ou quarenta projéteis assoviaram sobre o rio, lançados pelas baterias da Fortaleza de Pedro e Paulo. Apenas dois atingiram o palácio, pouco danificando o reboco. Às 2:10 da madrugada de 8 de novembro, os ministros se renderam.

Esse rápido ataque foi a Revolução Bolchevique de Novembro, mais tarde amplificada pela mitologia comunista como uma epopeia de batalha e heroísmo. Na verdade, a vida na capital permaneceu quase inalterada. Restaurantes, lojas e cinemas no Nevsky Prospect continuaram abertos. Os bondes circularam normalmente pela maior parte da cidade e houve apresentação de balé no Teatro Maryinsky. Na tarde do dia 7, Sir George Buchanan andou pela vizinhança do Palácio de Inverno e achou "o aspecto do cais mais ou menos normal". Contudo, esse estalar de dedos de Lênin bastou para acabar com Kerensky. Não conseguindo ajuda, Kerensky não voltou mais a Petrogrado. Em maio, depois de passar meses escondido, ele viajou secretamente a Moscou, onde Bruce Lockhart lhe deu um visto falso, com a identidade de um soldado siberiano enviado de volta para casa. Três dias mais tarde, Kerensky partiu de Murmansk para começar seus cinquenta anos de desassossegado exílio. Mais tarde, Trotsky, já exilado, escreveu um desdenhoso epitáfio político de Kerensky: "Kerensky não foi um revolucionário; meramente passeou pela revolução... Ele não tinha preparo teórico, nem educação política, nem capacidade de pensar, nem vontade política. O lugar dessas qualidades era ocupado por uma sensibilidade ágil, um temperamento inflamável e esse tipo de eloquência que não opera nem sobre a mente, nem sobre a vontade, nem sobre os nervos." Não obstante, quando Kerensky partiu, levou com ele o sonho perdido de uma Rússia humana, liberal e democrática.

Da distante Tobolsk, Nicolau acompanhava esses eventos com agudo interesse. Culpava Kerensky pelo colapso do exército na ofensiva de julho e por não aceitar a ajuda de Kornilov para desbaratar os bolcheviques. No começo, ele não acreditava que Lênin e Trotsky fossem tão formidáveis quanto pareciam. Pareciam óbvios agentes alemães enviados à Rússia para corromper o exército e derrubar o governo. Quando esses homens, que ele via como dois traidores e canalhas repugnantes, se tornaram governantes da Rússia, Nicolau ficou francamente escandalizado. "Então, pela primeira vez, ouvi o czar se arrepender da abdicação", disse Gilliard. "Ele agora sofria ao ver que sua renúncia havia sido em vão, e que, com seu afastamento dos interesses do país, tinha na realidade feito mal à nação. Essa ideia iria assombrá-lo cada vez mais."

No começo, a Revolução Bolchevique teve pouco efeito prático em Tobolsk. Os funcionários indicados pelo Governo Provisório – inclusive Pankratov, Nikolsky e Kobylinsky – permaneceram nos cargos. Bancos e tribunais mantiveram as mesmas atividades. Na casa do governador, a família imperial estabelecera uma rotina que, embora limitada, era quase confortável.

"As aulas começam às nove", a imperatriz escreveu em dezembro a Ana Vyrubova. "Levanto ao meio-dia para aulas de Tatiana, Maria, Anastácia e Alexei. Dou aulas de alemão três vezes por semana a Tatiana, e uma vez a Maria... Costuro, bordo e pinto, com óculos, porque meus olhos ficaram muito fracos para fazê-lo sem eles. Leio muito 'bons livros', amo a Bíblia, e de vez em quando leio romances. Estou muito triste porque eles não têm permissão para caminhar, exceto na frente da casa, atrás de uma cerca alta. Mas pelo menos têm ar fresco, e somos gratos por qualquer coisa. Ele [Nicolau] é simplesmente maravilhoso. Tamanha docilidade, e todo o tempo sofrendo intensamente pelo país... Os outros todos são bons, corajosos e não se queixam; Alexei é um anjo. Ele e eu jantamos *a deux* e geralmente também almoçamos.

"Uma a uma, todas as coisas terrenas se vão, casas e propriedades arruinadas, amigos desaparecidos. Vivemos dia a dia. Mas Deus está em tudo, e a natureza nunca muda. Em toda a minha volta vejo igrejas... e colinas, um mundo adorável. Volkov [atendente dela] me leva na cadeira para a igreja do outro lado da rua... algumas pessoas se curvam e nos abençoam, mas outras não ousam... Sinto-me velha, oh, tão velha, mas ainda sou a mãe desse país, sofro suas dores como as dores do meu próprio filho e o amo apesar de todos os pecados e horrores. Ninguém pode arrancar um filho do coração da mãe, e nem pode arrancar um país, apesar de a negra ingratidão da Rússia pelo czar partir meu coração. Não é, porém, que seja o país inteiro. Deus tenha piedade e salve a Rússia."

Dias depois, ela escreveu novamente a Ana: "Está um belo sol e tudo brilha com a geada. A cada noite de luar, deve ser ideal nas montanhas. Mas meus pobres desafortunados só podem andar para cá e para lá no pátio estreito... Estou tricotando meias para o pequeno [Alexei]. Ele precisa de um par, pois todas as dele estão esburacadas... Eu faço tudo agora. As calças do pai [o czar] estão rasgadas e remendadas, as roupas de baixo das meninas, em trapos... Fiquei muito grisalha. Anastácia, para seu desespero, está muito gorda, como Maria era, redonda e gorda na cintura, com pernas curtas. Olga e Tatiana estão magras."

Em dezembro, a força total do inverno siberiano atingiu Tobolsk. O termômetro caiu para 55 graus abaixo de zero, os rios eram gelo sólido e não havia paredes ou janelas que deixassem de fora o frio gelado. O quarto das meninas, no canto, se tornou, nas palavras de Gilliard, "uma verdadeira casa de gelo". O fogo ficava aceso o dia inteiro na lareira da sala de estar, mas a temperatura dentro da casa se mantinha em 6,5 graus. Sentada perto do fogo, a imperatriz tremia e sofria com frieiras, com os dedos tão duros que mal conseguia mexer as agulhas de tricô.

Para Alexei, o frio do inverno era uma enorme diversão. "Hoje está um grau negativo de geada, um vento forte e sol", ele escreveu alegremente a Ana. "Caminhamos e eu fui de esquis até o pátio. Ontem representei com Tatiana e... [Gilliard] uma peça francesa. Agora estamos preparando outra peça. Temos alguns soldados bons com quem eu jogo nas salas deles... Está na hora de ir almoçar... Alexei."

Durante o inverno, o czarevich permaneceu animado e com excelente saúde. Apesar do frio, ele ia para fora com o pai todas as manhãs, de botas, casacão e gorro. Geralmente suas irmãs também iam, vestindo pelerine cinza e gorro de angorá vermelho e azul. Enquanto o czar andava de um lado a outro do pátio, com as filhas correndo para acompanhar seu rápido passo militar, Alexei vagava pelos barracões anexos à casa, catando caracóis e pedaços de barbante. "Nunca se sabe quando poderão ser úteis", ele dizia. Depois do almoço, Alexei se deitava no sofá e Gilliard lia para ele. Mais tarde, saía de novo, acompanhando o pai e as irmãs ao pátio. Quando voltava, tinha aula de história com o pai. Às quatro, era servido o chá, e depois, Anastácia escreveu a Ana, "geralmente nos sentamos à janela, vendo as pessoas passarem, o que nos distrai".

Para as quatro grã-duquesas, jovens ativas e saudáveis – naquele inverno, Olga tinha 22, Tatiana, 20, Maria, 18, e Anastácia, 16 anos –, a vida na casa do governador era extremamente aborrecida. Para distraí-las, Gilliard e Gibbs as dirigiam em cenas de peças de teatro. Nicolau e Alexandra escreviam caprichados programas formais, e o czar chegou a representar o papel principal, de Smirnov, em *O urso*, de Tchecov. Alexei participava animadamente, aceitando qualquer papel, felicíssimo em pôr uma barba e falar em voz grossa e roufenha. Apenas o dr. Botkin se recusava categoricamente a subir ao palco, argumentando que espectadores também eram essenciais. Vendo na relutância de Botkin um desafio, Alexei tomou a resolução de convencê-lo. Certa noite, depois do jantar, ele se aproximou do médico e disse em tom sério: "Quero falar com você sobre um assunto, Eugene Sergeievich." Alexei o pegou pelo braço e, caminhando com ele pela sala, para lá e para cá, argumentava que o papel em questão era de um velho médico de aldeia, e que somente Botkin poderia interpretá-lo com o realismo necessário. Botkin cedeu.

Depois do jantar, o pequeno grupo se juntava ao lado do fogo, tomando chá, café e chocolate quente, tentando se aquecer. Nicolau lia em voz alta enquanto os outros jogavam em silêncio e as grã-duquesas faziam trabalhos de agulha. "Nessa atmosfera de paz em família", escreveu Gilliard, "passamos todas as noites de inverno, perdidos na imensidão da distante Sibéria."

No Natal, o grupo tornou-se especialmente íntimo. "As crianças estavam cheias de alegria. Agora nos sentíamos parte de uma grande família", escreveu Gilliard. A imperatriz e as filhas deram ao séquito e aos empregados os presentes em que haviam trabalhado por várias semanas: coletes de tricô e marcadores de livros de fitas pintadas. Na manhã de Natal, a família atravessou a praça para a missa matinal. Ao final, o padre ofereceu uma oração à saúde e vida longa da família imperial, que havia sido afastada da Igreja Ortodoxa depois da abdicação. Ao ouvir isso, os soldados se zangaram, e a partir de então recusaram permissão à família para ir à igreja. Foi um grande sofrimento, sobretudo para Alexandra. Ao mesmo tempo, foram colocados soldados da guarda no interior da casa para assegurar que a mesma prece não fosse repetida. Sua presença levou a uma fiscalização mais próxima e a uma supervisão mais severa.

Uma noite, quando a vigilância interna já estava em vigor, o guarda de plantão observou "... por volta das 11 da noite... ouvi um barulho extraordinário lá em cima, onde os Romanov moravam. Era alguma festa da família, e o jantar tinha durado até tarde da noite. O barulho ficou mais alto, e logo um grupo animado, consistindo na família Romanov e seu séquito, em trajes de noite, desceu as escadas. Nicolau liderava a procissão em uniforme de cossaco com dragonas de coronel e um punhal circassiano no cinto. Foram todos ao quarto de Gibbs, o tutor, onde festejaram até as duas da madrugada". De manhã, o guarda relatou o incidente e os soldados resmungaram: "Eles têm armas. Têm que ser revistados." Kobylinsky foi falar com Nicolau e tomou o punhal.

Esse mesmo episódio insignificante levou ao caso das dragonas. À medida que o significado da revolução penetrava em Tobolsk, os soldados do 2º regimento se tornavam cada vez mais hostis. Elegeram um Comitê dos Soldados, que usurpava gradualmente a autoridade de Kobylinsky. Pouco depois de Nicolau ter sido visto usando dragonas, o Comitê dos Soldados votou, com vitória de 100 x 85, pela proibição de todos os prisioneiros, inclusive o czar, usarem dragonas. A princípio, Nicolau se recusou a obedecer. Tinha recebido as dragonas de seu pai e nunca se concedera uma patente mais alta, mesmo enquanto comandante em chefe do exército da Rússia. Kobylinsky fez o que pôde para revogar a ordem, dizendo que Nicolau não podia ser humilhado daquela maneira, que mesmo não sendo mais o czar, ainda era primo do rei da Inglaterra e do imperador da Alemanha. Os soldados responderam com grosseria, ameaçando violência. "Depois do jantar", escreveu Gilliard, "o general Tatishchev e o príncipe Dolgoruky foram pedir ao czar que tirasse as dragonas a fim de evitar demonstrações hostis por parte dos soldados. A princípio, parecia que o czar ia recusar, mas após trocar um olhar e algumas palavras com a imperatriz, ele recuperou o autocontrole e se rendeu, pela segurança da família. Contudo, continuou a usar as dragonas em seu quarto e, quando saía, as escondia dos soldados sob um manto caucasiano."

Para o fiel Kobylinsky, o caso das dragonas foi o golpe final. "Senti que não podia aguentar mais", ele disse. "Sabia que tinha perdido absolutamente todo o controle sobre os homens, e me dei conta perfeitamente da minha impotência. ... Pedi ao imperador que me recebesse... e disse: 'Majestade, toda a autoridade está me escapando rapidamente das mãos... Não posso mais lhe ser útil; portanto, desejo me demitir... Meus nervos estão esgotados. Estou exausto.' O imperador pôs o braço em meus ombros, os olhos cheios de lágrimas, e respondeu: 'Imploro a você que fique. Eugene Stepanovich, fique, por mim, por minha esposa e pelos meus filhos. Você precisa ficar conosco...' Ele me abraçou... Resolvi ficar."

A decisão de Kobylinsky foi afortunada, pois em 8 de fevereiro o Comitê dos Soldados decidiu que Pankratov e Nikolsky deviam ter poder total. Simultaneamente, o governo bolchevique emitiu uma ordem de desmobilização de todos os soldados mais velhos do Exército

Imperial. "Todos os velhos soldados [os mais amigáveis] devem nos deixar", Gilliard escreveu em seu diário, em 13 de fevereiro. "O czar parece muito deprimido diante disso; a mudança pode ter resultados desastrosos para nós." Dois dias mais tarde, ele acrescentou: "Um certo número de soldados já partiu. Vieram despedir-se secretamente do czar e da família."

O esforço de dizer adeus aos homens do 4º Regimento de Atiradores de Elite custou muito à família. Em janeiro, durante a época de nevascas, Nicolau e a família começaram a fazer uma "montanha de neve" no pátio. Por dez dias eles trabalharam, empilhando a neve com pás, pegando água na cozinha para transformá-la em gelo e formar uma pequena pista de tobogã. Muitas vezes tinham que correr para despejar a água antes que congelasse no balde. Quando a montanha ficou pronta, as crianças se deliciaram. Alexei, Anastácia e Maria inventaram várias brincadeiras violentas, inclusive apostar corrida na pista, escorregar e cair lutando na neve, tudo acompanhado de gritos e gargalhadas. No começo de março, Nicolau e Alexandra subiram na montanha para olhar por cima da paliçada e assistir à partida do 4º regimento. O Comitê dos Soldados declarou imediatamente que, expostos daquela maneira, o czar e a imperatriz poderiam levar um tiro da rua, evento pelo qual eles seriam responsabilizados. O comitê ordenou a demolição da montanha. No dia seguinte, Gilliard escreveu em seu diário: "Os soldados, com expressão envergonhada, demoliram a montanha com picaretas. As crianças estão inconsoláveis."

Os novos guardas, enviados do regimento da estação de Tsarskoe Selo, eram mais jovens, fortemente afetados pela corrente de entusiasmo revolucionário. Muitos gostavam de dirigir pequenos insultos aos cativos. Num balanço duplo que as grã-duquesas usavam, eles entalharam palavras obscenas nos assentos de madeira. Alexei foi o primeiro a ver, mas, antes que pudesse decifrar, Nicolau retirou os assentos. A partir de então, os soldados se divertiam fazendo inscrições e desenhos obscenos na cerca, onde as meninas forçosamente os veriam.

Durante o inverno, a crescente dificuldade de Kobylinsky com os soldados era resultado tanto de problemas de pagamento quanto da política. Ele chegara a Tobolsk trazendo uma grande quantia de dinheiro do Governo Provisório, para arcar com as despesas da casa e da mesa do czar. Os soldados seriam pagos com remessas de dinheiro a serem enviadas mais tarde. Quando o Governo Provisório foi substituído pelos bolcheviques, as remessas prometidas por Kerensky pararam de chegar e Kobylinsky precisou pagar aos homens com a soma de dinheiro inicial. Quando esse dinheiro acabou, ele e o general Tatishchev foram duas vezes ao comissário distrital, e a cada vez tomaram emprestados 15 mil rublos. Enquanto isso, em Petrogrado, o conde Benckendorff foi a escritórios do governo pedir dinheiro para manter o czar e a família. Quando as notícias da situação do czar se espalharam, apareceram várias ofertas de dinheiro. Um embaixador estrangeiro, anônimo, se ofereceu para manter o czar durante seis meses. Um russo muito importante ofereceu discretamente mais ainda. Benckendorff acabou levantando 200 mil rublos, que foram enviados para Tobolsk. Infelizmente, o dinheiro caiu em outras mãos e nunca chegou à família imperial.

Enquanto isso, em Tobolsk, os cativos viviam de crédito, que começou a minguar. Justamente quando o cozinheiro avisou que já não era bem recebido e não lhe davam mais crédito nos armazéns, um rico comerciante de Tobolsk, monarquista ferrenho, adiantou mais 20 mil rublos. Finalmente, a questão foi resolvida com um telegrama anunciando que, a partir de 1º de março, "Nicolau Romanov e sua família devem receber ração de soldados e cada membro da família receberá 600 rublos por mês, retirados dos lucros de suas propriedades pessoais". Como a família era composta por sete, isso significava 4.200 rublos mensais para sustentar toda a casa, mais o séquito. Diante da nova tarefa de administrar o orçamento doméstico, Nicolau pediu ajuda. "O czar disse em tom de brincadeira que, já que todo mundo estava nomeando comitês, ele ia nomear um para cuidar do bem-estar de sua comunidade", contou Gilliard. "Será composto pelo general Tatishchev, o príncipe Dolgoruky e eu. Fizemos uma reunião esta tarde e chegamos à conclusão de que é preciso reduzir o pessoal. Estamos num aperto. Temos que demitir dez empregados, muitos dos quais trouxeram a família para Tobolsk. Quando comunicamos a Suas Majestades, vimos a tristeza que isso lhes causou. Precisam mandar embora empregados cuja dedicação os reduzirá à mendicância."

O novo regime autoimposto era rigoroso. Na manhã seguinte, manteiga e café foram considerados luxos e excluídos. Em breve, sabendo da situação, os habitantes da cidade começaram a mandar pacotes de ovos, doces e guloseimas, aos quais a imperatriz se referia como pequenos "presentes do céu". Refletindo sobre a natureza do povo, ela escreveu: "O estranho sobre o caráter russo é que pode mudar tão subitamente para o mal, a crueldade e a desrazão quanto voltar atrás com a mesma rapidez."

Às vezes, parecia aos exilados em Tobolsk que estavam vivendo em outro planeta – remoto, esquecido, fora do alcance de qualquer ajuda. "Hoje é domingo de carnaval", escreveu Gilliard em 17 de março. "Todos estão contentes. Os trenós passam para lá e para cá sob nossas janelas; sons de sinos, de gaitas e cantos... As crianças assistem melancolicamente aos folguedos... Suas Majestades ainda acalentam a esperança de que, entre seus amigos leais, possam ser encontrados alguns que tentem sua libertação. A situação jamais foi tão favorável à fuga, pois ainda não há representante do governo bolchevique em Tobolsk. Em vista da cumplicidade do coronel Kobylinsky, já do nosso lado, seria fácil driblar a vigilância insolente, porém descuidada dos guardas. Só é preciso um esforço organizado e resoluto de alguns espíritos ousados lá fora."

33
BONS HOMENS RUSSOS

A IDEIA DE FUGA CRESCEU lentamente na casa do governador. A princípio, nem parecia necessário. Kerensky não tinha prometido a segurança da família imperial? Não havia garantido que Tobolsk seria apenas um refúgio de inverno? "Dali", Kerensky escreveu mais tarde, "pensamos que seria possível, na primavera de 1918, mandá-los para o exterior, via Japão. O destino resolveu de outra maneira."

Apesar das promessas de Kerensky, mesmo antes da Revolução Bolchevique havia russos planejando secretamente libertar a família imperial. Tanto em Moscou quanto em Petrogrado, organizações fortemente monarquistas, com fundos substanciais, ansiavam em tentar um resgate. O problema não era dinheiro, mas planejamento, coordenação e, sobretudo, clareza de propósito. O próprio Nicolau levantava um sério obstáculo cada vez que se falava na questão da fuga: a família não seria separada. Isso aumentava o problema logístico, pois uma fuga envolvendo várias mulheres e um menino deficiente não poderia ser improvisada. Seria preciso ter cavalos, comida e soldados leais. Se fosse ocorrer no verão, precisariam de carruagens e barcos. Se fosse planejada para o inverno, precisariam de trenós e, possivelmente, de um trem.

Pouco depois da chegada da família imperial a Tobolsk, várias organizações monarquistas começaram a mandar agentes à Sibéria. Oficiais veteranos com nomes falsos desciam do trem em Tyumen e seguiam de barco para Tobolsk. Visitantes misteriosos com barbas bem cuidadas e óbvio sotaque de Petrogrado se misturavam a comerciantes e lojistas ricos de Tobolsk. Faziam observações veladas e promessas vagas sobre a família imperial, mas depois desapareciam discretamente, sem conseguir nada. No começo, era fácil estabelecer contato com a família imperial. Empregados e membros do séquito entravam e saíam livremente da casa do governador, levando cartas, mensagens e presentes. Somente quando os portadores tentavam enganar os guardas é que eles objetavam. O mais atrapalhado desses casos envolveu Mlle. Margaret Khitrivo, dama de honra e amiga da jovem grã-duquesa Olga. Em Petrogrado, a moça decidiu por si mesma compartilhar a prisão da família. Viajou abertamente para Tobolsk, levando um grosso maço de cartas escondido num travesseiro. Na chegada, ela foi revistada e as cartas caíram no chão. Eram inofensivas, mas os guardas se irritaram, e daí por diante o acesso à casa do governador ficou mais restrito.

O maior obstáculo à fuga era a falta de liderança. Havia grupos demais, todos ciumentos uns dos outros. Achando que deveria ter precedência nos arranjos de resgate do filho, a imperatriz viúva, Maria, enviou um oficial ao bispo Hermógenes, de Tobolsk, exigindo arrogantemente sua ajuda. "Meu senhor", escreveu a mãe do czar, "você traz o nome de São Hermógenes, que lutou pela Rússia. É um augúrio. Chegou a hora de servir à mãe pátria." Apelos semelhantes foram feitos por membros do grupo de Petrogrado que haviam se reunido em torno de Rasputin e Ana Vyrubova. Achando que a imperatriz era sua patronesse especial, eles exigiam a liderança no esforço de salvá-la. O conde Benckendorff e um grupo de ex-funcionários do governo se mobilizaram para angariar dinheiro e interesse. Ao agir de forma independente, esses grupos dissiparam a energia fragmentando-se em bate-bocas sobre dinheiro e quem teria a honra de conduzir um empreendimento tão glorioso quanto o resgate da família imperial.

A certa altura, um líder pareceu surgir na pessoa de Boris Soloviev. Ele se instalou em Tyumen e conseguiu reunir todos os fios dos diversos projetos de resgate. Sua autoridade era tão evidente que os monarquistas que chegavam a Tyumen para dar assistência à família imperial se apresentavam automaticamente a Soloviev para receber instruções. Seu mandato, ao que parecia, vinha da própria imperatriz. Era verdade. Alexandra confiava implicitamente em Soloviev por uma razão que lhe parecia absoluta, irretorquível: ele era genro de Rasputin.

Boris Soloviev, o aventuroso filho do tesoureiro do Sínodo Sagrado, estudara em Berlim e se tornara secretário particular de um turista alemão em viagem para a Índia. Uma vez lá, Soloviev largou o patrão e entrou numa escola de misticismo, fundada por uma russa, Mme. Blavatskaya. Soloviev passou um ano se exercitando por conta própria em hipnotismo.

Durante a guerra, como oficial de um regimento de metralhadoras, Soloviev conseguiu escapar de servir no front. Em Petrogrado, onde estava estacionado, seu histórico de misticismo fornecia excelentes credenciais para se introduzir nas sessões de ocultismo que ainda divertiam a sociedade. Em 1915, fez amizade com Rasputin e Ana Vyrubova. Na época, ele demonstrou pouco entusiasmo por seus augustos patronos imperiais. No segundo dia da Revolução de Março, Soloviev levou sua unidade inteira ao Palácio Tauride para prestar lealdade à Duma.

Nem a morte de Rasputin, nem a queda do czar, nem a prisão de Ana abalaram a fé daqueles que acreditavam nos poderes místicos de Rasputin. Durante a primavera e o verão de 1917, grupos de fervorosos admiradores mantinham encontros espiritualistas de oração e sessões espíritas para conversar com o finado *starets*. Soloviev continuava a frequentar esses encontros. Maria Rasputin, filha de Gregório, também era frequentadora, e um romance foi precipitadamente induzido. "Fui à casa de Anya ontem à noite", ela escreveu em seu diário. "Papai falou conosco de novo... Por que todos dizem a mesma coisa: 'Ame Boris... você tem que amar Boris... Eu não gosto dele nem um pouco.'"

Em agosto, imediatamente após a família imperial ser transferida para Tobolsk, Soloviev, atuando como agente desse grupo em Petrogrado, foi à Sibéria investigar a situação. Retornou a Petrogrado e, em 5 de outubro de 1917, casou-se com Maria Rasputin na capela da Duma. Voltou para a Sibéria com Maria e moraram várias semanas na casa do pai dela em Pokvroskoe.

Ao chegar à região, Soloviev logo estabeleceu contato com a imperatriz por uma das empregadas, Romanova, que tinha um apartamento em Tobolsk. Por intermédio dessa empregada, ele enviou bilhetes e uma parte do dinheiro que lhe foi confiado. O mais importante é que Soloviev usava Romanova para elevar as esperanças dos cativos, prometendo que "a família de Gregório e seus amigos estão ativos".

Dada a ligação familiar de Soloviev, era impossível para Alexandra duvidar de sua palavra. Confiante de que estavam sendo feitos planos para sua libertação, ela lhe passou até o nome que escolhera para a organização que ele estava montando. Seria "a Irmandade de São João de Tobolsk", em homenagem ao santo mais famoso da cidade. Frequentemente, quando a família se entristecia, ela a animava com a lembrança de que "trezentos oficiais fiéis" da irmandade estariam disfarçados na vizinhança, aguardando apenas o sinal de Soloviev.

Não tardou muito, porém, para que a atitude de Soloviev começasse a dar voltas estranhas. Ele saiu de Pokvroskoe e se instalou, não em Tobolsk, onde estavam os prisioneiros, mas em Tyumen, onde podia vigiar a estrada de ferro e monitorar todos os contatos entre Tobolsk e o mundo externo. Em breve, seu minucioso exame de todo viajante para o norte se tornou desnecessário. Os que estavam envolvidos em qualquer coisa relativa à família imperial iam diretamente a ele, entregavam o dinheiro que traziam e pediam instruções. Soloviev operava com uma eficiência implacável. Insistia que todos os agentes e dinheiro fossem passados através dele. Quando outros grupos monarquistas conservadores tentaram agir fora de seu controle, ele declarou que qualquer outra tentativa de contatar a família imperial colocaria em risco as operações já em andamento. Ocasionalmente, quando necessário, Soloviev chegava a ponto de dizer que a própria imperatriz achava que o trabalho de outros grupos colocava em perigo suas chances de escapar.

Em dado momento, é claro, os demais grupos começaram a questionar e pedir provas do plano de resgate de Soloviev. Ele respondeu que havia convertido ao monarquismo oito regimentos de soldados Vermelhos na área. Para provar, ele levou os céticos para observar exercícios da guarnição de cavalaria em Tyumen. Como Soloviev havia prometido, o oficial à frente do esquadrão fez um sinal anteriormente combinado, indicando sua adesão à trama. Quando os céticos ainda se mostraram obstinados, Soloviev os mandou a Tobolsk se postarem numa rua perto da casa do governador. Conforme combinado com Romanova, um membro da família imperial iria à sacada fazer um gesto preestabelecido.

Apesar dessas persuasivas indicações, quatro oficiais suspeitosos ainda não confiavam em Soloviev. Por que – perguntavam – ele passava as mensagens por uma empregada, quando o dr. Botkin, muito mais inteligente, mais dedicado, e de mais confiança da família imperial, estava disponível? Por que, se um único oficial no exercício respondeu à presença de Soloviev, isso significava que oito regimentos estariam prontos a lutar pelo czar? Por que Soloviev continuava a dizer a Petrogrado e Moscou que não mandassem mais homens, mas que dessem seu apoio mandando mais dinheiro? Os oficiais levaram essas questões a Soloviev em janeiro, depois que os bolcheviques tomaram o controle de Tyumen. Imediatamente, três dos quatro oficiais foram entregues aos bolcheviques e fuzilados; o quarto escapou.

Desnecessário dizer, nenhuma tentativa de resgate ocorreu sob o comando de Soloviev. Poucos meses depois, quando a família imperial foi removida de Tobolsk, Soloviev foi convenientemente preso pelos bolcheviques, ficou detido alguns dias e depois solto, conseguindo assim um álibi apropriado por não ter feito nada para impedir a transferência. Durante a guerra civil, ele perambulou com a esposa pela Sibéria, na retaguarda do Exército Branco, e acabou chegando a Vladivostock. Dali seguiu para Berlim, onde foi saudado por russos desinformados, como o homem que tentara salvar a família imperial. Alguns desses agradecidos patrícios o fizeram gerente de um restaurante.

Subsequentemente, vários fatos isolados com relação a Soloviev vieram à luz. O oficial de cavalaria que deu o sinal durante o exercício do esquadrão admitiu que, de todos os seus homens, somente ele tinha algo a ver com Soloviev. Um banqueiro de Petrogrado declarou que tinha levantado 175 mil rublos e entregue a Ana Vyrubova para enviar à família imperial. Dessa soma, Soloviev entregou apenas 35 mil rublos. Assim que a família imperial deixou Tobolsk, Soloviev correu para falar com a empregada Romanova. Mais tarde, Romanova se casou com um comissário bolchevique. Em Vladivostock, Soloviev foi preso pelos Brancos, que encontraram em seu poder documentos indicando que podia ser um agente alemão. No entanto, sua reputação de galante – embora fracassado – "salvador" da família imperial era forte, e ele foi solto.

Os motivos de Soloviev durante sua aventura em Tyumen permaneceram obscuros. Ele pode ter sido apenas ambicioso. Ao estabelecer uma empresa enormemente lucrativa – na verdade, um posto de pedágio em Tyumen para todos os que quiseram ajudar a família imperial –, ele pode ter desejado extrair o que fosse possível antes de ser obrigado a fugir. Mas muitos acreditam que sua maquinação era bem mais sinistra. Kerensky escreveu mais tarde: "Na região de Tobolsk... os monarquistas foram capitaneados pelo traidor Soloviev... aparentemente enviado... para salvar e proteger a família, mas que de fato estava traindo para os bolcheviques os oficiais monarquistas que foram a Tobolsk."

É possível que Soloviev estivesse trabalhando tanto para os bolcheviques quanto para os alemães. É possível que sua pronta aceitação pelos devotos de Rasputin, sua apresentação e casamento com Maria e sua missão na Sibéria tivessem sido articulados pelas mesmas figuras soturnas que espreitavam Rasputin antes de sua morte. Inquestionavelmente, seu casamento era a maneira mais segura de ganhar a confiança da imperatriz e convencê-la a não procurar outras rotas de fuga. Se a imperatriz estivesse convencida de que uma forte "irmandade secreta", operando em nome de Rasputin, estava pronta a ajudar, ela naturalmente apoiaria Soloviev, desencorajando outros monarquistas de levar adiante planos conflitantes. No fim, fossem quais fossem os motivos de Soloviev, o efeito foi o mesmo. Quando chegou o momento da maquinaria de fuga – laboriosamente construída e generosamente financiada – entrar em ação, nada aconteceu porque ela simplesmente não existia.

Em março, a primavera trouxe esperança com os primeiros raios tépidos do sol. Tomando sol na sacada, Alexandra fechou os olhos e sonhou com os jardins ingleses. À medida que a Páscoa se aproximava, ela começava a esperar que alguma ressurreição miraculosa acontecesse na Rússia. "Deus não vai deixar isso assim", ela escreveu a Ana. "Ele enviará sabedoria e salvará a Rússia, tenho certeza... A nação é forte e jovem, maleável como cera. Agora está em mãos ruins, em escuridão e a anarquia reina. Mas o Rei da Glória virá salvar, fortalecer e dar sabedoria ao povo que hoje está iludido." Alexandra considerava um sinal da transformação vindoura o fato de os soldados terem mudado as regras e agora permitirem que ela fosse frequentemente à igreja.

Foi justamente nesse ponto que um inimigo bem mais antigo que os bolcheviques se alçou para despedaçar suas esperanças. Alexei passara bem todo o inverno, estava cheio de energia e animação. A destruição da montanha de neve o privou de uma atividade que absorvia muito de sua vitalidade. Como compensação, ele inventava novas brincadeiras irrequietas, que ninguém parecia capaz de impedir. Uma dessas – deslizar pela escada interna da casa numa espécie de barco sobre esquis que ele usava na montanha de neve – resultou em calamidade. A hemorragia foi a pior desde Spala, cinco anos antes. A dor aumentou rapidamente e se tornou torturante. Quando ficava insuportável, ele arquejava entre gritos: "Mamãe, eu quero morrer. Não tenho medo da morte, mas tenho muito medo do que eles vão fazer conosco aqui." Alexandra, sozinha, sem Rasputin para vir, telegrafar ou rezar, nada podia fazer. "Ele está terrivelmente magro e amarelo, lembrando-me de Spala", escreveu a Ana. "Passo o dia inteiro a seu lado, segurando suas pernas doloridas. Fiquei tão magra quanto ele."

Dias depois, em sua última carta para Ana Vyrubova, a imperatriz descreveu o progresso de Alexei e mencionou uma nova fonte de alarme. "Ontem, pela primeira vez, ele sorriu e conversou conosco, até jogou cartas e dormiu duas horas durante o dia. Está terrivelmente magro, com olhos enormes, igual a Spala. Ele gosta que leiam para ele, come pouco... Estou com ele o dia inteiro, Tatiana ou Mr. Gilliard me rendem nos intervalos. Mr. Gilliard lê incansavelmente para ele, ou aquece suas pernas com o aparelho Fohn. Um grande número de novas tropas chegou de toda parte. Chegou um comissário de Moscou, um homem chamado Yakovlev, e hoje teremos que conhecê-lo... Eles estão sempre insinuando que teremos que viajar, ou para muito longe ou para o centro da Sibéria... Agora mesmo passaram onze homens a cavalo, boa cara, meninos... São da guarda do novo comissário. Às vezes, homens com as caras mais horríveis... A atmosfera à nossa volta é... eletrificada. Sentimos que uma tempestade se aproxima, mas sabemos que Deus é misericordioso... nossas almas estão em paz. O que quer que aconteça, será pela vontade de Deus."

Alexandra sentiu, com razão, que uma tempestade estava a caminho. O que ela não podia saber é que seu filho nunca mais voltaria a andar.

O colapso do governo de Kerensky fora ainda mais repentino e sem sangue que a derrubada da autocracia. Em pouco mais do que a passagem de uma única noite, Lênin tomou o leme do novo Estado soviético. Entretanto, seu controle sobre o imenso território da Rússia era precário. Para consolidar seu domínio, os bolcheviques precisavam da paz – a qualquer preço. O preço estabelecido pelos alemães foi terrível: a perda da maior parte do território conquistado desde os dias de Pedro, o Grande, incluindo Polônia, Finlândia, Estados bálticos, Ucrânia, Crimeia e a maior parte do Cáucaso. Nesses 650 mil quilômetros quadrados viviam 60 milhões de pessoas, mais do que um terço da população do império. Mas Lênin não tinha escolha. "Paz" era o grito que o levara ao poder. Espicaçados pela própria propaganda bolchevista, os soldados russos desertavam aos milhões. Um exército alemão avançava para Petrogrado, e a capital foi transferida para Moscou, mas os soldados não podiam ser chamados de volta às armas, e muito menos pelo partido que lhes prometera a paz. Portanto, para salvar a revolução até que – como ele esperava confiantemente – ela se alastrasse pela Alemanha, Lênin fez a paz. Em 3 de março de 1918, na cidade de Brest-Litovsk, agora quartel-general do front da Alemanha Oriental, uma delegação bolchevique assinou o tratado com os alemães. Tão humilhantes eram os termos e o tratamento dos alemães com a delegação russa que, depois de assistir à cerimônia, um general russo retirou-se e se matou com um tiro.

Quando a notícia do tratado chegou a Tobolsk, Nicolau ficou arrasado de tristeza e vergonha. Como Lênin sabia muito bem, era uma total rejeição do patriotismo russo. Nicolau chamou-o de "desgraça" e de "suicídio da Rússia". "E pensar que chamaram Sua Majestade de traidor", ele disse amargamente. O czar ficou abismado ao ver que o kaiser, o mais clamoroso defensor do princípio monarquista da Europa, concordara em negociar com os bolcheviques. "Eu nunca poderia imaginar que o imperador Guilherme e o governo alemão se rebaixassem a um aperto de mãos com esses traidores miseráveis", ele lamentou. "Mas eles [os alemães] não conseguirão nada de bom com isso; isso não irá salvá-los da ruína." Ao ouvir rumores de que os alemães exigiam que lhes entregassem o czar e a família desarmados, Nicolau retrucou que era "ou uma manobra para me desacreditar, ou um insulto". Alexandra acrescentou, desafiadora: "Eles [os alemães] não se atreverão jamais a tentar qualquer conversa com o Pai [Nicolau] ou com a Mãe [ela mesma]... Depois do que fizeram ao czar, eu preferiria morrer na Rússia a ser salva pelos alemães."

Inevitavelmente, quando a luta terminou, tanto os alemães quanto os russos tiveram mais tempo para pensar no czar e família. Nicolau continuava a ser um símbolo, um peão humano com valor potencial. Para o kaiser, que de fato se envergonhara de abraçar os bolcheviques, um Nicolau flexível, disposto a endossar o tratado de Brest-Litovsk, seria de grande valia. Sentindo esse interesse germânico, os bolcheviques entenderam imediatamente que, em qualquer tipo de barganha ou manobra, o czar tinha que ser mantido fora do alcance do kaiser. Como todos os soldados em Tobolsk, inclusive seu comandante, Kobylinsky, ainda eram remanescentes do regime de Kerensky, os líderes bolcheviques resolveram colocar a família imperial sob uma guarda mais confiável.

Outro fator também influenciaria o destino da família imperial. Dentre todos os sovietes regionais que haviam surgido na Rússia, nenhum era mais ferozmente bolchevique do que o instalado nos montes Urais, na cidade de Ekaterinburg. Durante muitos anos, mineiros e operários dos Urais, mourejando sob a terra ou diante de altos-fornos, mantiveram uma tradição de descontentamento e rebelião que valeu à área o nome de Urais Vermelhos. Em 1917, bem antes de os bolcheviques tomarem o poder em Petrogrado, o Soviete de Ekaterinburg havia estatizado as minas e fábricas locais. Por uma razão bem diferente das do governo central, esse grupo de militantes bolchevistas estava ansioso para pôr as mãos no czar. Uma vez em Ekaterinburg, o czar e família não seriam mais peões num jogo de política internacional, mas vítimas de um cruel drama de vingança. Em março, o Soviete Regional dos Urais pediu autorização a Moscou para trazer a família imperial para Ekaterinburg.

Antes que Moscou respondesse, um destacamento bolchevique da cidade de Omsk chegou a Tobolsk. Omsk era a capital administrativa da província da Sibéria ocidental e rival de Ekaterinburg pela supremacia na região leste dos Urais. Tecnicamente, Tobolsk estava sob a jurisdição de Omsk, e seu bando de soldados tinha vindo, não para levar o czar, mas para dissolver o governo local e impor o bolchevismo na cidade. Pateticamente, a família imperial persistiu na esperança de que os soldados de Omsk seriam seus salvadores. Olhando pela janela, ao vê-los passar correndo em troicas festonadas com sininhos, a imperatriz acenou alegremente e chamou as filhas para ver "os bons homens russos". Nicolau também estava esperançoso. "Sua Majestade me diz que tem motivo para acreditar que há entre esses homens muitos oficiais que se alistaram em suas fileiras", ponderou Gilliard, que não compartilhava esse otimismo. "Ele afirma também, sem me dizer exatamente a fonte de sua informação, que há 300 oficiais em Tyumen."

Em 13 de abril, um destacamento de Ekaterinburg, sob a chefia de um comissário chamado Zaslavsky, finalmente chegou a Tobolsk. Moscou ainda não dera resposta ao pedido de tirar o czar de Tobolsk e, sem essa autorização, nem os homens de Kobylinsky, nem os soldados de Omsk permitiriam que a família fosse transferida. Zaslavsky então sugeriu que pelo menos fossem levados para a prisão local, onde estariam fortemente guardados. Kobylinsky recusou, e os homens de Zaslavsky lançaram uma campanha de propaganda para que os soldados de Kobylinsky ignorassem a ordem de seu comandante. Foi nesse ponto da disputa que Moscou interveio diretamente, na forma do comissário Vasily Vaslevich Yakovlev.

Desde o começo, um ar de mistério cercava Yakovlev. Os prisioneiros sabiam que alguém importante estava vindo de Moscou; havia boatos de que poderia ser o próprio Trotsky. Em vez disso, em 22 de abril, chegou Yakovlev à frente de uma cavalaria de 150 homens, trazendo com ele um aparelho de telégrafo particular, através do qual se comunicava diretamente com o Kremlin. Na primeira noite em Tobolsk, ele tomou chá com o czar e a imperatriz, mas não disse nada sobre sua missão. Eles observaram que Yakovlev tinha 32 ou 33 anos, era alto e musculoso, com cabelos negros como azeviche e, apesar de vestido como marinheiro, havia sinais inequívocos da proveniência de uma classe mais culta. Sua linguagem era refinada, referiu-se a Nicolau como Sua Majestade e cumprimentou Gilliard com um *Bonjour, Monsieur*. Tinha as mãos limpas, dedos longos e finos. A despeito dessas observações, os prisioneiros não ficaram necessariamente tranquilizados. "Todos estão inquietos e angustiados", Gilliard escreveu em seu diário. "A chegada do comissário é sentida como um presságio maligno, vago, porém real."

Na segunda manhã, 24 de abril, Yakovlev mandou chamar Kobylinsky e lhe mostrou documentos assinados por Jacob Sverdlov, íntimo de Lênin e ocupando o posto administrativo chave de presidente do Comitê Executivo Central do Congresso Soviético de Todos os Russos. "O primeiro documento era endereçado a mim", escreveu Kobylinsky, "ordenando-me a cumprir sem demora todas as solicitações do comissário especial Tovarich Yakovlev, que estava em missão de grande importância. Minha recusa em cumprir suas ordens resultaria em minha morte instantânea. O segundo documento era endereçado aos soldados do meu destacamento... Trazia também uma ameaça da mesma penalidade – i.e., corte marcial num tribunal revolucionário e morte instantânea."

Kobylinsky não discutiu e, a pedido de Yakovlev, levou-o para ver o czar e o czarevich. O czarevich estava de cama, a perna ainda muito flexionada por causa da hemorragia recente, e o comissário se impressionou com a cena. Mais tarde, no mesmo dia, voltou com um médico, que examinou Alexei e afirmou a Yakovlev que o menino estava gravemente doente.

Observando esses movimentos, Gilliard ficou apavorado. "Sentimos que fomos esquecidos por todo mundo, abandonados aos nossos próprios recursos e à mercê desse homem. Será possível que ninguém vá levantar um dedo para salvar a família imperial? Onde estão os que permaneceram leais ao czar? Por que se demoram?"

Na manhã do dia 25, Yakovlev finalmente revelou sua missão a Kobylinsky. Contou que, a princípio, tinha sido encarregado pelo Comitê Executivo Central de tirar toda a família imperial de Tobolsk. Ao chegar e descobrir que o czarevich estava gravemente doente, fora necessária uma reconsideração. Por telégrafo, ele estava em comunicação direta com Moscou. Agora, ele concluiu, "recebi ordem de deixar a família em Tobolsk e levar apenas o imperador". E pediu para ver o czar o mais breve possível.

"Depois do almoço, às duas horas", disse Kobylinsky, "Yakovlev e eu entramos no hall. O imperador e a imperatriz estavam de pé no meio do hall, e Yakovlev parou a uma pequena distância deles e se curvou. Então, falou: 'Devo lhes dizer que sou o representante especial do Comitê Executivo Central de Moscou e minha missão é levar toda a sua família de Tobolsk, mas, como seu filho está doente, recebi uma segunda ordem, afirmando que apenas você deve partir.' O imperador respondeu: 'Eu me recuso a ir.' Ao ouvir isso, Yakovlev retrucou: 'Peço que não se recuse. Sou obrigado a executar a ordem. Em caso de recusa, devo levá-lo à força ou entregar o posto. Nesse último caso, o comitê provavelmente enviará um homem muito menos escrupuloso para me substituir. Fique calmo, sou responsável, com minha vida, pela sua segurança. Se não quiser ir sozinho, pode levar consigo as pessoas que desejar. Esteja pronto, partiremos amanhã [de manhã] às quatro horas.'"

Yakovlev curvou-se novamente, primeiro diante do czar e depois diante da imperatriz, e saiu. Tão logo ele saiu, Nicolau chamou Kobylinsky e perguntou para onde Yakovlev pretendia levá-lo. Kobylinsky não sabia, mas Yakovlev tinha mencionado que a viagem duraria quatro ou cinco dias, portanto ele supunha que o destino seria Moscou. Nicolau entendeu e, voltando-se para Alexandra, falou amargamente: "Eles querem me obrigar a assinar o tratado de Brest-Litovsk. Mas prefiro cortar a mão direita a assinar um tratado desses." A imperatriz concordou e, remetendo-se à abdicação, declarou, com emoção: "Eu irei também. Se eu não estiver lá, eles o obrigarão a fazer algo exatamente da mesma maneira como fizeram antes."

A notícia se espalhou rapidamente pela casa. Tatiana, chorando, bateu à porta de Gilliard e lhe pediu que fosse ver a mãe. O tutor encontrou a imperatriz extremamente agitada. Contou-lhe que o czar seria levado naquela noite, e falou de seu doloroso dilema:

"O comissário diz que nada de mau acontecerá ao czar, e que se alguém quiser acompanhá-lo, ele não fará objeção. Não posso deixar o czar ir sozinho. Querem separá-lo da família, como fizeram antes... Vão tentar forçar sua mão, deixando-o aflito por causa da família. O czar lhes é necessário; acham que somente ele representa a Rússia. Juntos, estaremos em melhor posição para resistir, e estarei ao lado dele nas horas de coação. Mas o menino ainda está muito doente. Imagine se houver alguma complicação. Oh, Deus, que tortura horrível! Pela primeira vez na vida, não sei o que fazer. Sempre me senti inspirada quando precisei tomar uma decisão, mas agora não consigo pensar. Deus não permitirá a partida do czar; não pode, não pode ser."

Observando a mãe, Tatiana suplicou que ela se decidisse. "Mas, mãe", ela argumentou, " se papai tem que partir, não importa o que dissermos, é preciso decidir alguma coisa." Gilliard sugeriu que, se ela fosse com o czar, ele e os outros tomariam conta de Alexei. E lembrou que o pior da crise já havia passado.

"Sua Majestade", ele escreveu, "estava obviamente torturada pela indecisão; andava de um lado para outro, e falava mais consigo mesma do que conosco. Por fim, ela voltou-se para mim e disse: 'Sim, é o melhor; eu vou com o czar. Confio Alexei a você.' Um momento depois, o czar entrou. A imperatriz foi em sua direção: 'Está tudo resolvido. Eu vou com você e Maria vai também.' O czar respondeu: 'Muito bem, se é o que você deseja.'" A decisão de Maria acompanhar os pais foi tomada pelas meninas. Reunindo-se às pressas, elas ponderaram que Olga não estava muito bem, Tatiana podia ser necessária em Tobolsk para supervisionar a casa e cuidar de Alexei, Anastácia era jovem demais para ser de ajuda aos pais, logo Maria fora a escolhida.

De algum modo, naquele dia frenético, o general Tatishchev conseguiu enviar um telegrama para o grupo do conde Benckendorff em Moscou, pedindo orientação: "Médicos exigem partida imediata para estância de tratamento. Muito preocupado com a exigência e considero viagem indesejável. Favor envie orientação. Posição extremamente difícil."

Os monarquistas em Moscou nada sabiam da missão de Yakovlev e só puderam responder: "Infelizmente não temos dados que lancem luz sobre o motivo dessa exigência. Hesitamos em dar opinião definida, pois estado de saúde e circunstâncias desconhecidas. Aconselhamos adiar a viagem se possível, concordando apenas se médicos insistirem."

Mais tarde, uma única mensagem, a última, foi recebida de Tobolsk: "Necessário se submeter à decisão de médicos."

Durante essas horas, Yakovlev também estava nervoso. Tinha descoberto que Zaslavsky, o comissário de Ekaterinburg, havia partido repentinamente de Tobolsk naquela manhã. Yakovlev estava tão preocupado que mal notou Kobylinsky, que viera falar sobre a partida e a bagagem. "Para mim, não faz diferença", ele disse distraidamente. "Só sei que precisamos partir amanhã, de qualquer jeito. Não temos tempo a perder."

Enquanto isso, Alexei, ainda sem poder andar, permanecia deitado à espera da mãe, que prometera ir ao seu quarto depois do almoço. Ela não apareceu, e ele começou a chamar: "Mamãe, mamãe!" Seus gritos ecoaram pela casa exatamente quando o czar e a imperatriz conversavam com Yakovlev. Alexandra não apareceu, e Alexei ficou com medo. Entre as quatro e cinco horas, ela entrou no quarto dele, com os olhos vermelhos, e contou que ela e Nicolau partiriam naquela noite.

Toda a família passou o resto da tarde e a noite junto ao leito de Alexei. Vendo desaparecer sua esperança de ajuda terrena, a imperatriz rezava pedindo ajuda aos céus. Como teriam que atravessar rios congelados, ela rezava para haver degelo. "Eu sei, tenho certeza de que o rio vai degelar à noite e a viagem terá que ser adiada", falava. "Isso nos dará tempo para sair dessa terrível situação. Se for necessário um milagre, um milagre acontecerá."

Às 22:30 da noite, o séquito se uniu a eles para o chá. Encontraram Alexandra sentada num sofá, rodeada pelas filhas, com o rosto inchado de chorar. Nicolau e Alexandra estavam calmos. "Essa esplêndida serenidade deles, essa maravilhosa fé, mostrou ser contagiante", comentou

Gilliard. Às 23:30, desceram para se despedir dos criados na sala principal. Nicolau abraçou todos os homens, Alexandra, todas as mulheres.

Da casa de Kornilov, do outro lado da rua, quem estava à janela viu a casa do governador e os barracões iluminados durante toda a noite. Já perto do amanhecer, o bater de cascos de cavalos e o estralejar de carruagens assinalaram a chegada de Yakovlev ao pátio. Os veículos que levariam o czar e a imperatriz por mais de 300 quilômetros de lama e neve derretida até Tyumen eram toscos, desconfortáveis *tarantasses* de camponeses, mais carroças do que carruagens, sem molas e sem assentos. Os passageiros só podiam sentar-se ou deitar no chão. À guisa de almofadas, os criados espalharam palha retirada do chiqueiro no chão das carroças. Na única que tinha teto, colocaram um colchão para a imperatriz.

Quando a família desceu, Alexandra, vendo Gilliard, pediu-lhe que voltasse para ficar com Alexei. Ao entrar no quarto do menino, ele o encontrou deitado com o rosto voltado para a parede, chorando incontrolavelmente. Lá fora, Yakovlev foi infinitamente cortês, tocando várias vezes a aba do boné em saudação ao czar e à imperatriz. Acompanhou Alexandra à carroça, e, insistindo para que ela pusesse um agasalho mais quente, embrulhou-a no grande casacão de pele de Botkin e mandou buscar outra coberta para o médico. Nicolau ia subindo na carroça da esposa, mas Yakovlev interveio, dizendo que o czar devia ir junto com ele, numa carroça aberta. Maria sentou-se com a mãe, e o príncipe Dolgoruky, dr. Botkin, um valete, uma empregada e um lacaio foram distribuídos nas demais carroças.

Uma vez tudo pronto, os cocheiros estalaram o chicote e as carroças saíram rangendo. A escolta esporeou os cavalos, o cortejo saiu pelo portão e ganhou a rua. Ao lado da cama do czarevich, Gilliard ouviu Olga, Tatiana e Anastácia subirem a escada e passarem, soluçando, para seu quarto. Os meses em Tobolsk tinham chegado ao fim. Não houve "irmandade" nem "bons homens russos", nenhum socorro. Somente um menino e suas irmãs, amedrontados e absolutamente sós.

A viagem para Tyumen foi difícil e exaustiva. Os viajantes atravessaram o gelo que derretia no rio Irtysh, com as rodas das carroças afundadas até o eixo. Mais ao sul, chegando ao rio Tobolsk, o gelo já estava rachando. Por segurança, todos desceram e cruzaram o rio a pé. Trocaram os cavalos com frequência. O último posto de muda foi em Pokrovskoe, bem debaixo das janelas da casa de Rasputin. Lá estavam o czar e a imperatriz, prisioneiros numa caravana de carroças, enquanto nas janelas, lá em cima, a família do homem que tanto fizera para destruí-los assistia, acenando lenços brancos. Antes que prosseguissem, a viúva de Rasputin, Praskovie, olhou diretamente para Alexandra e, devagar, fez o sinal da cruz.

Vinte quilômetros ao norte de Tyumen, outro esquadrão de cavalaria veio ao encontro dos viajantes, cercou as carroças e as escoltou para entrar na cidade. Enquanto os homens cavalgavam, a imperatriz curvou-se para olhá-los, examinando atentamente suas fisionomias, na esperança de que pudessem ser os "bons homens russos", alertados pela notícia de que o czar estava a caminho. Totalmente alheios a essa patética expectativa, os soldados continuaram escoltando as carroças até a cidade, onde um trem especial os esperava. Yakovlev transferiu os prisioneiros para um vagão de primeira classe e, então, pegando seu aparelho, instalou-se na sala do telégrafo da estação. Sua primeira mensagem foi para Tobolsk: "Prosseguindo em segurança. Deus os abençoe. Como está o pequeno?" Foi assinada por Yakovlev, mas os que a receberam em Tobolsk sabiam quem tinha escrito. Depois o comissário enviou sinais a Moscou.

Quando Yakovlev saiu da sala do telégrafo, algum tempo mais tarde, tinha tomado uma decisão inesperada. Suas ordens eram para levar o czar e a imperatriz até Moscou. Mas durante a conversa com Moscou, ou talvez por ter ouvido alguma coisa em Tyumen, ele viu que, se tomasse aquela direção, o trem seria parado em Ekaterinburg e os prisioneiros, levados pelo Soviete Regional dos Urais. Assim, para evitar Ekaterinburg, ele decidiu, de Tyumen, seguir para leste, em vez de ir para oeste. Tomando o rumo leste, eles chegariam a Omsk, onde encontrariam a seção sul da ferrovia Transiberiana e fariam a volta por Chelyabinsk, Ufa e Samara, até Moscou. Voltando ao vagão, ele comunicou seu plano aos cativos. Às cinco da manhã, com todas as luzes apagadas, o trem partiu de Tyumen para Omsk. Yakovlev não mencionou isso, mas sabia que, além de Omsk, havia milhares de quilômetros de trilhos livres até o Pacífico.

Tão logo o trem saiu de Tyumen, Ekaterinburg recebeu aviso de que Yakovlev havia tomado a direção errada. Uma reunião especial da Junta do Soviete dos Urais foi convocada às pressas e Yakovlev foi declarado "traidor da revolução" e foragido. Telegramas desesperados destinados "a todos, a todos, a todos" foram enviados aos sovietes e quartéis do partido na região. Ao mesmo tempo, o Soviete dos Urais contatou o Soviete Siberiano do Oeste, em Omsk, pedindo que bloqueassem Yakovlev. Não tendo recebido instruções contrárias de Moscou, o Soviete de Omsk concordou, e quando o trem chegou à cidade de Kulomzino, a cerca de 100 quilômetros de Omsk, foi cercado por tropas. Yakovlev foi informado do telegrama declarando-o traidor. Desengatou a locomotiva e um vagão do trem, deixou para trás o vagão do czar e seguiu sozinho para argumentar com o Soviete de Omsk. Não conseguindo convencê-los, insistiu em contatar Moscou. Conversou por telégrafo diretamente com Sverdlov, explicando por que tinha mudado a rota. Sverdlov respondeu que, em vista das circunstâncias, Yakovlev nada podia fazer senão ceder, levar os prisioneiros para Ekaterinburg e entregá-los ao Soviete do Urais. Triste, Yakovlev voltou a seu vagão, mandou engatá-lo novamente ao trem e contou a Nicolau e Alexandra: "Tenho ordem de levá-los para Ekaterinburg." "Eu iria a qualquer outro lugar, exceto os Urais", retrucou Nicolau. "A julgar pelos jornais, o povo de lá me é tremendamente hostil."

O que poderia ter sido feito nesse estranho enredo de objetivos opostos, intrigas tenebrosas e reversão de instruções? Mais tarde, quando Yakovlev abandonou os bolcheviques para se unir aos russos brancos, os bolcheviques o acusaram de ter sido monarquista o tempo todo, e que seu empreendimento fora uma trama de fuga do czar. Ao não conseguir furar o bloqueio de Omsk e seguir para o Pacífico – diz essa teoria – ele voltou atrás, mas ainda pensou em parar o trem e levar os prisioneiros consigo para se esconderem nas montanhas. Não há fortes evidências disso e, embora Yakovlev tivesse simpatia pela condição dos presos, é muito mais provável que ele fosse exatamente o que dizia ser: agente de Moscou tentando cumprir a ordem de levar o czar para a capital. Quando o caminho mais direto foi bloqueado, e parecia que ele perderia os prisioneiros, tentou outro, via Omsk. Mas foi apanhado no meio de uma contenda entre o longínquo Comitê Central e o Soviete dos Urais e, com a aquiescência de Sverdlov, entregou-se ao lado mais forte.

Mas se os motivos e objetivos de Yakovlev parecem razoavelmente claros, os dos outros partidos envolvidos nessa intriga são mais obscuros e sinistros. Além das duas caracterizações de Yakovlev já sugeridas – o cavalheiro monarquista tentando salvar o casal imperial e o agente de Moscou curvando-se à força superior de Ekaterinburg –, ainda há um outro papel que Yakovlev poderia estar desempenhando: o de joguete numa conspiração malévola envolvendo o Soviete dos Urais, em Ekaterinburg, os governantes bolcheviques, em Moscou, e o governo alemão do kaiser Guilherme.

Depois do tratado de Brest-Litovsk e da retirada da Rússia da guerra, ficou claro que os aliados ocidentais haviam perdido totalmente o interesse no destino da família imperial russa. O czar, que levara 15 milhões de homens às trincheiras, que sacrificara um exército para salvar Paris, que havia recusado fazer a paz em separado mesmo quando seu país estava sendo destruído pela guerra, agora era esquecido, desdenhado, desprezado. Se o czar e sua família pudessem ser salvos pela intervenção de outro país, esse país só poderia ser a Alemanha. Na Rússia, os alemães agora falavam como conquistadores. Tropas alemãs haviam se deslocado para a Ucrânia a fim de pegar a comida desesperadamente necessária ao faminto povo do kaiser. Os alemães não ocuparam Petrogrado nem Moscou porque era mais fácil deixar a administração dessas áreas caóticas entregue aos debilitados bolcheviques. Mas, se fosse preciso, os regimentos alemães podiam invadir as duas cidades e dispersar Lênin e seus tenentes, como folhas secas ao vento.

Por essa razão, muitos russos conservadores, inclusive Benckendorff e Alexandre Trepov, ex-primeiro-ministro, recorreram ao conde Guilherme Mirbach, recém-nomeado embaixador alemão. A resposta de Mirbach era sempre a mesma: "Fiquem calmos. Estou a par de toda a situação em Tobolsk, e quando for a hora, o império germânico vai agir." Não satisfeitos, Trepov e o conde Benckendorff escreveram uma carta a Mirbach, ressaltando que somente a Alemanha estava em posição de salvar a família imperial e advertindo que, se o czar e sua família morressem, o kaiser Guilherme seria pessoalmente responsável.

Muito distanciados da questão da culpa, os alemães mais uma vez perscrutavam ansiosamente seu horizonte oriental. Ao injetar o bacilo bolchevique na Rússia, haviam destruído o exército inimigo. Mas haviam também criado uma nova ameaça que, como começavam a sentir, podia ser ainda mais perigosa. Lênin proclamava francamente que sua meta era a revolução mundial. Mesmo agora, seu credo vinha exercendo atração sobre soldados e operários alemães cansados da guerra. Tendo isso em mente, o governo alemão tinha um crescente interesse em restaurar na Rússia uma monarquia que esmagasse os bolcheviques e ao mesmo tempo fosse amigável com a Alemanha. Nicolau e Alexandra eram sabidamente hostis à Alemanha. Mas o governo alemão presumia que, se fosse o kaiser quem os salvasse e restaurasse seu trono, os soberanos russos seriam gratos e submissos à vontade alemã.

Para atingir essa meta, Mirbach meteu-se num jogo delicado. Insistiu para que Nicolau fosse trazido a Moscou, onde estaria ao alcance do poder alemão. A solicitação deveria ser feita de tal maneira que os bolcheviques não se assustassem nem descobrissem seu verdadeiro propósito, e também de um modo que deixasse claro que a solicitação era respaldada por uma ameaça de intervenção militar alemã. Aparentemente concordando com Mirbach, Sverdlov encarregou Yakovlev de trazer Nicolau a Moscou.

É claro que Sverdlov enxergou facilmente o jogo alemão e a necessidade de frustrá-lo. Mas não podia simplesmente recusar. O poder alemão era grande demais. O que podia fazer era combinar secretamente com Ekaterinburg, que ficava a mais de 1.200 quilômetros de Moscou e fora do alcance dos alemães, que interceptassem e prendessem o czar, num aparente desafio ao governo central. Assim, ele poderia se apresentar a Mirbach dizendo que lamentava a captura, mas infelizmente não tivera como impedir. O governo central pareceria tanto mais inocente porquanto a ferrenha atitude bolchevista do Soviete dos Urais era amplamente conhecida.

Portanto, Sverdlov estava traindo tanto os alemães quanto o próprio agente Yakovlev, que não participava do esquema. Com a mão direita, Sverdlov regia Yakovlev, pressionando para contornar Ekaterinburg e levar o czar para Moscou. Com a esquerda, apertava a rede em torno de Yakovlev para assegurar que Nicolau fosse parar em Ekaterinburg. Finalmente, para fechar esse círculo de traição, é possível que, entrando no esquema como joguete de Sverdlov, Yakovlev tivesse começado a adivinhar o que estava ocorrendo e realmente tenha tentado levar o czar à liberdade.

No final, quando o trem foi parado, Yakovlev não teve escolha senão obedecer a Sverdlov. Seguido por outro trem cheio de soldados bolcheviques, ele entrou em Ekaterinburg. O trem foi cercado por tropas, e membros do Soviete Regional assumiram imediatamente a guarda dos presos. Yakovlev telegrafou novamente a Sverdlov, que confirmou a ordem de entregar os prisioneiros e retornar diretamente para Moscou. Naquela noite, numa reunião do Soviete Regional, exigiu-se a prisão de Yakovlev. Ele argumentou que estava apenas tentando cumprir a ordem de levar os prisioneiros diretamente a Moscou. Como isso não podia ser desaprovado, e Yakovlev ainda era claramente um representante de Sverdlov, deixaram que partisse. Seis meses depois, ele desertou para o Exército Branco do almirante Kolchak.

Percebendo que havia sido ludibriado, Mirbach ficou furioso. Sverdlov pediu mil perdões, torcendo as mãos ao dizer ao embaixador alemão: "O que podemos fazer? Ainda não temos uma máquina administrativa adequada, e precisamos deixar os sovietes locais agirem em muitas situações. Dê a Ekaterinburg tempo para se acalmar." Mas sabendo que tinha perdido o jogo, Mirbach resolveu tomar outro caminho. Mais tarde, em maio, um ajudante de campo do kaiser chegou à Crimeia, onde vários grão-duques em fuga haviam se reunido. Esse enviado levava a proposta do kaiser de proclamar czar de Todas as Rússias qualquer membro da família imperial que concordasse em assinar o tratado de Brest-Litovsk. Todos os Romanov presentes se recusaram, e o emissário alemão chegou a pedir uma reunião com Felix Yussoupov. Essa reunião nunca aconteceu, e o assassino de Rasputin foi poupado da tentação de visualizar em sua própria cabeça a coroa imperial da Rússia.

Mirbach não perdeu mais tempo com Nicolau. Quando os monarquistas russos voltaram, em junho, implorando que salvasse o czar de seus captores em Ekaterinburg, Mirbach lavou as mãos: "O destino do imperador russo está nas mãos de seu povo. Se houvéssemos sido derrotados, não teríamos tido um tratamento melhor. É a velha história... ai do vencido!"

Realmente! No começo de julho, Mirbach foi assassinado em sua embaixada, em Moscou. Seus assassinos foram dois social-revolucionários russos, convencidos de que Lênin e os bolcheviques haviam traído a revolução para os alemães: "A ditadura do proletariado", berravam, "virou ditadura de Mirbach!" Quatro meses depois, em novembro de 1918, a Alemanha foi vencida.

❊34❊

EKATERINBURG

A CIDADE DE EKATERINBURG se situa num aglomerado de morros na vertente leste dos Urais. No cume do morro mais alto, perto do centro da cidade, um comerciante bem-sucedido chamado N. N. Ipatiev construíra uma bela residência de dois andares. Erigida numa encosta suave, o andar de baixo, no nível da rua, tornou-se uma espécie de porão da casa. No fim de abril, quando Nicolau e Alexandra estavam sendo levados de Tobolsk, Ipatiev foi subitamente notificado de que tinha 24 horas para desocupar a casa. Quando ele saiu, um grupo de operários ergueu rapidamente uma cerca de madeira, isolando da rua o jardim e a casa. Cinco quartos do andar de cima foram lacrados como uma prisão, com as vidraças das janelas pintadas de branco, de modo que não se pudesse ver lá fora. O andar de baixo foi rapidamente convertido em salas da guarda e escritórios. Quando ficou pronta, a casa recebeu a agourenta designação oficial de "A Casa do Propósito Especial".

Quando o trem de Yakovlev levando os presos chegou à estação principal de Ekaterinburg, o clima hostil era óbvio. Uma multidão enfurecida rodeou os vagões, gritando: "Cadê os Romanov?!" Tão ameaçadora era a multidão que até os membros do Soviete concordaram que Yakovlev levasse o trem de volta a uma estação secundária antes de entregar os prisioneiros. Nicolau desceu do trem vestindo um casacão militar sem dragonas e carregando sua própria mala para entrar num carro à espera. Com Alexandra e Maria a seu lado, ele foi seguido por um único outro carro e levado velozmente por ruas secundárias até a casa de Ipatiev. À porta estava Isiah Goloshchekin, membro da Junta do Soviete e amigo pessoal de Sverdlov. Goloshchekin cumprimentou o czar com ironia: "Cidadão Romanov, pode entrar."

Os presos receberam ordem imediata de abrir as bagagens. Nicolau se dispôs, mas a imperatriz objetou. Vendo a esposa transtornada, Nicolau, andando para lá e para cá, disse: "Até agora tivemos um tratamento cortês, de homens que eram cavalheiros, mas agora..." Os guardas o interromperam. Grosseiramente, lembraram-lhe que não estava mais em Tsarskoe Selo e que, se continuasse a se comportar com provocações, iam deixá-lo separado da família. Avisaram que mais uma ofensa resultaria em trabalho forçado. Temerosa por ele, Alexandra submeteu-se. Lá em cima, em seu quarto, ela pegou um lápis e desenhou uma suástica na janela, como símbolo de fé. Logo abaixo, datou o primeiro dia deles em Ekaterinburg, "17/30 abr. 1918".

Enquanto isso, em Tobolsk, os quatro filhos remanescentes esperavam nervosamente para saber o que tinha acontecido com os pais. Em 3 de maio, um telegrama para Kobylinsky dizia que o czar e a imperatriz haviam sido detidos em Ekaterinburg. Pouco depois, uma carta de Ekaterinburg, escrita pela empregada Demidova, mas ditada pela imperatriz, falava por alto que estavam bem e dizia às grã-duquesas para "dispor dos remédios conforme combinado". No código elaborado pela família antes de se separar, "remédios" significavam "joias". Todas as joias trazidas de Tsarskoe Selo haviam sido deixadas em Tobolsk, pois, avisados em cima da hora, Nicolau e Alexandra não tiveram tempo de escondê-las nas roupas do corpo. Agora, depois de completa e grosseiramente revistados, Alexandra avisava às filhas para tomar as providências combinadas. Assim, durante vários dias, as meninas e empregadas de confiança costuraram joias escondidas nas roupas. Diamantes foram cobertos como botões, rubis escondidos dentro de espartilhos e corpetes. Tatiana, e não Olga, supervisionava o trabalho. Ela era vista, tanto pelos prisioneiros quanto pelos guardas, como a cabeça da família em Tobolsk.

Os bolcheviques não tinham a intenção de deixar a família separada. Em 11 de maio, o coronel Kobylinsky, que mantivera o comando por 12 meses difíceis, foi exonerado, e, em 17 de maio, os soldados dos regimentos de Tsarskoe Selo que vinham atuando como guardas na casa do governador foram substituídos pela Guarda Vermelha de Ekaterinburg. O lugar de Kobylinsky foi ocupado por um jovem comissário intimidador, chamado Rodionov, que tinha ordem de levar os remanescentes para Ekaterinburg tão logo o czarevich pudesse viajar. Quando Rodionov chegou, foi imediatamente ver Alexei. Ao encontrar o menino na cama, Rodionov saiu do quarto e voltou um minuto depois, achando que ia apanhá-lo de pé, usando a enfermidade como pretexto para não se mexer. Determinado a não deixar ninguém enganá-lo, Rodionov ordenou chamada diária de todos os prisioneiros. Recusou às grã-duquesas permissão para trancar a porta do quarto à noite, explicando que precisava poder entrar a qualquer momento para se certificar de que elas estavam lá. Certo dia, Anastácia foi até a janela e, vendo Gleb, filho do dr. Botkin, na rua, acenou para ele. Rodionov correu à rua e empurrou

Gleb, gritando: "Ninguém tem permissão para olhar para as janelas! Camaradas", ordenou, dirigindo-se aos guardas, "atirem em qualquer pessoa que se atreva sequer a olhar naquela direção!" Anastácia continuou sorrindo enquanto Gleb se curvou diante dela e foi embora.

Em 19 de maio, Alexei estava suficientemente bem para viajar. No dia seguinte, ao meio-dia, Nagorny carregou-o para bordo do navio *Rus*, que os trouxera para Tobolsk no verão anterior. Na viagem pelo rio, Rodionov também não permitiu que as meninas trancassem a porta à noite. Exigiu, porém, que Alexei e Nagorny ficassem trancados em seu quarto. Gilliard e Nagorny protestaram, argumentando: "O menino está doente, o médico precisa ter acesso a qualquer momento." Nagorny se enfureceu e gritou com Rodionov, mas o comissário meramente encarou com olhos perversos o leal marinheiro.

Na estação de Tyumen, Gilliard foi separado de Alexei e colocado num vagão de quarta classe, no fim do trem. Viajaram o dia inteiro e chegaram a Ekaterinburg no meio da noite. Na manhã seguinte, ao olhar pela janela, através de um chuvisco contínuo, o tutor viu pela última vez as crianças imperiais.

"Várias carruagens estavam enfileiradas ao longo do nosso trem, e vi quatro homens se aproximando da carruagem das crianças. Alguns minutos se passaram, e então Nagorny, o marinheiro... passou por minha janela, carregando nos braços o menino doente; atrás dele vieram as grã-duquesas, carregadas de valises e pequenos objetos pessoais. Tentei sair, mas fui brutalmente empurrado de volta ao vagão pela sentinela. Voltei à janela. Tatiana Nicolaievna veio por último, carregando seu cachorrinho e pelejando para arrastar uma pesada valise marrom. Chovia, e eu via seus pés afundando na lama a cada passo. Nagorny tentou ir em seu auxílio; foi brutalmente empurrado de volta por um comissário... Alguns minutos depois, as carruagens partiram com as crianças... Eu mal suspeitava que nunca mais tornaria a vê-las."

Depois que as crianças e Nagorny partiram, os guardas dividiram o restante do grupo. O general Tatishchev, o conde Hendrikov e Mlle. Schneider foram mandados para a prisão, onde já se encontrava o príncipe Dolgoruky desde sua chegada com o czar. Kharitonov, o cozinheiro, Trup, o lacaio, e Leonid Sednev, o menino de 14 anos ajudante de cozinha, foram mandados para se reunir à família imperial e ao dr. Botnik na casa de Ipatiev. Quando eles já haviam partido, Rodionov entrou no vagão e, para espanto de todos os demais – dr. Derevenko, a baronesa

Buxhoeveden, Sidney Gibbs e o próprio Gilliard – anunciou que estavam livres. Durante dez dias eles ficaram em Ekaterinburg, morando no vagão de quarta classe, até que os bolcheviques ordenaram que saíssem da cidade. Em 20 de julho, em Tyumen, Gilliard e os outros foram resgatados pelo Exército Branco.

Na casa de Ipatiev, a chegada das crianças provocou um surto de felicidade. Aquela noite, Maria dormiu no chão para Alexei ficar com a cama dela. A partir daí, doze pessoas se amontoaram em cinco quartos. Nicolau, Alexandra e Alexei ficaram num quarto, as meninas em outro, e os restantes foram divididos em quartos de homens e de mulheres.

Em Ekaterinburg, Nicolau e a família eram de fato prisioneiros. Seus guardas eram divididos em dois grupos distintos. Do lado de fora da cerca, a intervalos ao longo da rua, a guarda consistia em soldados Vermelhos comuns. Dentro, os guardas eram da tropa de choque bolchevique, formada por ex-operários das fábricas Zlokazovsky e Syseretsky. Todos eram velhos revolucionários durões, enrijecidos por anos de privações e ressentimentos. Dia e noite, três desses homens, armados de revólveres, mantinham guarda diante dos cinco quartos ocupados pela família imperial.

O líder da guarda interna era um homem alto, de rosto fino, que habitualmente se referia ao czar como "Nicolau, o bebedor de sangue". Alexandre Avadeyev tinha sido comissário na ocupação da Zlokazovsky, onde, no outono de 1917, ele prendeu pessoalmente o dono e se tornou o chefe da fábrica soviética. Avadeyev odiava o czar e enfiou na cabeça de seus subordinados que Nicolau forçara a Rússia a entrar na guerra para derramar maiores quantidades do sangue de operários. Bebia muito e encorajava os homens a acompanhá-lo. Juntos, furtaram coisas da bagagem da família imperial, guardada numa sala do andar de baixo. Seguindo o exemplo de Avadeyev, os guardas andavam sem cinto e desabotoados. Eram deliberadamente grosseiros. Se um membro da família pedia, por exemplo, que uma janela fosse aberta num dia de calor sufocante, os guardas ignoravam o pedido ou o transmitiam a Avadeyev, cuja resposta costumeira era "Mande-os para o inferno". Então, contentes consigo mesmos, eles desciam para se vangloriar de que tinham recusado isso ou aquilo a "Nicolasha" e à "mulher alemã". A família não tinha privacidade. Os guardas entravam nos quartos quando bem entendiam, praguejando, fazendo piadas sujas ou cantarolando cantigas obscenas. Quando as meninas iam ao banheiro, os guardas as seguiam com risadas indecentes para "guardá-las". Dentro do banheiro, fizeram pichações da imperatriz em poses obscenas com Rasputin. Quando uma grã-duquesa entrava, o guarda lhe dizia para não deixar de ver as figuras.

À exceção de uma volta pelo jardim todas as tardes, as atividades da família se limitavam ao que podiam fazer entre as quatro paredes dos quartos. Nicolau e Alexandra liam, as meninas tricotavam e bordavam, e Alexei brincava na cama com um naviozinho. A imperatriz e as filhas frequentemente cantavam hinos para abafar o barulho dos soldados entoando canções revolucionárias em torno de um piano no andar de baixo. Aniversários se passavam quase sem que percebessem. Em 19 de maio, Nicolau fez 50 anos; em 25 de maio, Alexandra completou 46 anos.

Todas as manhãs, a família se levantava às oito horas e se reunia para as preces matinais. O café da manhã era pão preto e chá. A refeição principal chegava às duas horas, quando sopa e fatias de carne mandadas da cantina do Soviete eram aquecidas e servidas por Kharitonov, o cozinheiro. Almoçavam numa mesa sem toalha nem utensílios de mesa e muitas vezes, enquanto comiam, Avadeyev e seus homens vinham assistir. Às vezes, Avadeyev se enfiava junto ao czar, esbarrando o cotovelo em seu rosto para pegar um pedaço de carne da panela. "Já comeu demais, seu rico preguiçoso", ele dizia. "Tem bastante para você, vou pegar um pouco para mim."

Nagorny, cujas discussões com Rodionov já o tinham marcado, logo se viu em maiores dificuldades. Os guardas exigiram que Alexei tivesse apenas um par de botas. Nagorny exigiu dois pares, justificando que, quando um estivesse molhado, o czarevich precisaria do outro, pois não conseguia andar descalço. Pouco depois, um dos guardas notou um cordãozinho de ouro pendurado na cama de Alexei, onde ele colocava sua coleção de medalhinhas. Ao tentar pegar o cordão, Nagorny, indignado, o impediu. Foi o último serviço que o marinheiro prestou a Alexei. Foi preso imediatamente. Quando ele saiu da casa, cercado por Guardas Vermelhos, por acaso Gilliard, o dr. Derevenko e Gibbs passavam pela rua. "Nagorny caminhava para a... carruagem", escreveu Gilliard. "Estava pondo o pé no estribo, com a mão na lateral da carruagem, quando, levantando a cabeça, ele nos viu ali, imóveis, a poucos metros de distância. Por alguns segundos, ele olhou fixamente para nós, depois, sem um único gesto que pudesse nos trair, sentou-se. As carruagens se afastaram... na direção da prisão." Nagorny foi colocado na mesma cela que o príncipe George Lvov, o primeiro primeiro-ministro do Governo Provisório, que havia sido mandado para Ekaterinburg. Seu tempo de convívio foi curto. Quatro dias depois, Nagorny foi fuzilado.

Na falta de Nagorny, cabia a Nicolau carregar Alexei para o jardim. O czar colocava o filho numa cadeira, onde ele ficava sentado quieto enquanto os outros andavam de um lado para outro sob o olhar dos guardas. Em breve, a visão de Nicolau e sua família começou a mudar a impressão até dos mais empedernidos revolucionários. "Ainda carrego uma impressão deles que permanecerá para sempre em minha alma", admitiu Anatoly Yakimov, um membro da guarda capturado pelos Brancos. "O czar já não era jovem, sua barba estava ficando grisalha... [Ele vestia] uma camisa de soldado com um cinto de oficial preso por uma fivela em torno da cintura. A fivela era amarela... a camisa era cáqui, da mesma cor das calças e de suas botas gastas. Seus olhos eram bondosos, e ele também tinha uma expressão bondosa. Eu tinha a impressão de que ele era uma pessoa boa, simples, franca e comunicativa. Às vezes, eu achava que ele ia falar comigo. Ele parecia querer conversar conosco.

"A czarina não era nem um pouco como ele. Tinha o olhar severo, as maneiras e a aparência de uma mulher sisuda, arrogante. Às vezes, conversávamos sobre eles entre nós e achávamos que ela era diferente e parecia exatamente uma czarina. Parecia mais velha que o czar. Os cabelos grisalhos eram plenamente visíveis em suas têmporas, e seu rosto não era o rosto de uma mulher jovem...

"Todos os meus maus pensamentos sobre o czar desapareceram depois que passei um certo tempo entre os guardas. Depois de vê-los diversas vezes, senti-me inteiramente diferente, passei a ter pena deles. Tinha pena deles como seres humanos. Estou dizendo a pura verdade. Você pode acreditar em mim ou não, mas eu ficava dizendo a mim mesmo: 'Deixe eles fugirem... faça alguma coisa para eles fugirem.'"

Nos poucos dias antes que Pierre Gilliard fosse obrigado a sair de Ekaterinburg, ele, Gibbs e a baronesa Buxhoeveden foram várias vezes falar com Thomas H. Preston, o cônsul britânico em Ekaterinburg, apelando para que ele fizesse alguma coisa para ajudar a família imperial. Preston se mostrava pessimista.

"Passamos horas discutindo meios e maneiras de salvar a família real", falou Preston mais tarde. "Com 10 mil soldados Vermelhos na cidade, espiões Vermelhos em cada esquina e em cada casa, tentar qualquer coisa da natureza de uma fuga teria sido loucura, e com os maiores perigos para a própria família real... Nunca houve uma tentativa organizada em Ekaterinburg para isso."

A declaração de Preston foi contestada por P. M. Bykov, presidente do Soviete de Ekaterinburg, que via um monarquista atrás de cada árvore. "Desde os primeiros dias da transferência dos Romanov para Ekaterinburg", ele escreveu, "começaram a acorrer monarquistas em grande quantidade, começando por damas meio loucas, condessas e baronesas de todos os calibres, e acabando com freiras, padres e representantes de potências estrangeiras." Segundo Bykov, o contato entre essas pessoas e a família imperial era mantido pelo dr. Derevenko, que ainda era autorizado a entrar na casa de Ipatiev para tratar de Alexei. Além disso, disse Bykov, foram interceptados bilhetes dentro de pães e garrafas de leite, contendo mensagens como "A hora da libertação está chegando e os dias dos usurpadores estão contados", "Os exércitos eslavos estão cada vez mais perto de Ekaterinburg... É chegado o tempo da ação", "Seus amigos já não dormem".

Preston não sabia nada sobre tentativas de resgatar o czar, e Bykov via conspirações brotando em cada esquina. Quase com certeza, a verdade é que havia gente ansiosa para salvar a família imperial, mas que nunca foi capaz de transferir suas intenções para um plano viável. Duas cartas de autenticidade razoável que apoiam essa teoria são citadas pelo general M. K. Dieterichs, chefe de pessoal do Exército Branco do almirante Kolchak, que colaborou no exaustivo inquérito Branco sobre a prisão e assassinato do czar. A primeira carta era a mensagem de um oficial anônimo Branco para o czar:

"Com a ajuda de Deus e sua prudência, esperamos alcançar nosso objetivo sem correr riscos. É necessário destrancar uma de suas janelas para que você possa abri-la; por favor, me avise exatamente qual. Se o pequeno czarevich não puder andar, as coisas ficarão muito complicadas, mas pesamos isso também, e não considero um obstáculo intransponível. Faça-nos saber com certeza se você precisa de dois homens para carregá-lo e se um de vocês pode se encarregar da tarefa. É possível fazer o menino adormecer por uma ou duas horas com algum medicamento? Deixe o médico decidir, mas você precisa saber o tempo exato de antemão. Forneceremos tudo o que for necessário. Tenha certeza de que nada empreenderemos se não estivermos absolutamente certos do sucesso. Fazemos-lhe nosso solene juramento perante Deus, a história e nossa própria consciência." A carta era assinada "Oficial".

A segunda carta citada por Dieterichs é a resposta de Nicolau:

"A segunda janela a partir do canto, de frente para a praça, já está aberta há dois dias, mesmo à noite. A sétima e oitava janelas perto da entrada principal... também são mantidas abertas. A sala é ocupada pelo comandante e seus assistentes, que constituem a guarda interna no momento. São treze ao todo, armados com rifles, revólveres e granadas. Nenhum outro quarto além do nosso tem chave. O comandante e seus assistentes podem entrar em nossos aposentos sempre que quiserem. O metódico oficial faz a ronda da casa duas vezes por hora à noite e ouvimos o tinir de suas armas embaixo de nossas janelas. Há uma metralhadora montada na sacada e outra acima, para uma emergência. Do lado oposto a nossas janelas, do outro lado da rua, fica a guarda [externa] numa casinha. Consiste em cinquenta homens... De todo modo, informe-nos quando houver uma chance e se podemos levar nosso pessoal [empregados]... Em cada posto há uma campainha para o comandante e um sinal para a sala da guarda em outros locais. Se nosso pessoal ficar para trás, podemos ter certeza de que nada acontecerá a ele?"

Além das cartas, o diário de Nicolau indica claramente que algo estava acontecendo. Em 27 de junho, ele escreveu: "Passamos uma noite ansiosos, mas mantivemos o ânimo, totalmente vestidos. Tudo isso porque, alguns dias atrás, recebemos duas cartas, uma após a outra, em que nos diziam para estarmos prontos para sermos resgatados por pessoas dedicadas, mas os dias se passaram e nada aconteceu, e a espera e a incerteza foram muito penosas."

Em 4 de julho, a incerteza deu lugar ao medo. Nesse dia, Avadeyev, cujas bebedeiras e roubalheiras se tornaram bem conhecidas, foi substituído de repente, junto com seus guardas operários de fábrica. Seus lugares foram ocupados por um silencioso e eficiente esquadrão de dez "Letts" da Cheka Bolchevique, a polícia secreta, enviados do quartel-general da Cheka, no Hotel América de Ekaterinburg. Na verdade, os homens não eram Letts, como os russos ignorantes chamavam qualquer estrangeiro que falasse línguas germânicas estranhas. Pelo menos cinco deles eram magiares, feitos prisioneiros de guerra pelo exército austro-húngaro e contratados pela Cheka para missões em que havia suspeita de que nativos russos poderiam falhar. Seu líder, Jacob Yurovsky era um russo que havia sido relojoeiro em Tomsk e se tornara revendedor de material fotográfico em Ekaterinburg. Quando os bolcheviques tomaram o poder, ele passou a ser um membro ativo e eficiente da polícia secreta. Embora o comportamento de Yurovsky fosse inteiramente correto, ele era tão assustadoramente frio que Nicolau imediatamente o achou sinistro. "Esse espécime, gostamos menos do que de todos", ele escreveu no diário. Sua apreensão era totalmente justificada. Desde o momento em que Yurovsky apareceu, o destino da família imperial estava selado. Os homens da Cheka não eram guardas, mas algozes.

De tudo o que se seguiria, Sverdlov e Moscou tinham pleno conhecimento. Avadeyev fora substituído, não só por causa de seus furtos, mas porque os membros do Soviete Regional e do Comitê Executivo Central haviam sentido a mudança de sentimentos de seus homens pelos prisioneiros, e viram que estavam perdendo o controle. Em 4 de julho, a boa notícia da substituição foi telegrafada para Sverdlov. "Ansiedade desnecessária. Inútil se preocupar... Avadeyev substituído por Yurovsky. Guarda interna trocada, substituída por outros." Agora o plano da destinação dos prisioneiros avançava rapidamente.

O Soviete dos Urais nunca teve dúvidas sobre o que fazer com Nicolau. Logo depois de sua chegada a Ekaterinburg, o Soviete votou unanimemente a favor da execução. Sem querer assumir essa responsabilidade, enviaram Goloshchekin a Moscou para saber a atitude do governo central. Goloshchekin não era de Ekaterinburg. Nascido numa província do Báltico, era um revolucionário profissional que havia fugido para o exterior e se ligado a Lênin. Conhecia bem Sverdlov, e ficou hospedado na casa dele em Moscou. Nessa estada, Goloshchekin descobriu que os líderes ainda não tinham decidido o que fazer com o czar. Brincavam com a ideia de Trotsky, de realizar um julgamento público no final de julho, com o próprio Trotsky como promotor.

Antes que isso fosse organizado, porém, uma mexida na sina dos bolcheviques ironicamente teria um efeito desastroso no destino dos prisioneiros. A guerra civil e a intervenção estrangeira haviam começado a ameaçar o frágil controle do bolchevismo sobre a Rússia. Fuzileiros navais americanos e soldados ingleses já tinham desembarcado em Murmansk. Na Ucrânia, os generais Alexeiev, Kornilov e Deniken haviam organizado o Exército Branco com a cooperação dos cossacos, independentes ferrenhos. Na Sibéria, uma Legião Tcheca independente, de

45 mil homens, avançava para o leste. Já haviam tomado Omsk e se moviam rapidamente para Tyumen e Ekaterinburg. Esses tchecos eram ex-prisioneiros de guerra retirados do exército austro-húngaro, reorganizados e equipados por Kerensky para lutar no front russo pela liberdade de sua terra. Quando os bolcheviques chegaram e fizeram a paz, Trotsky concordou que esses tchecos encalhados na Rússia fossem autorizados a sair do país via Sibéria, Vladivostock e o Pacífico, para dar a volta ao mundo navegando até a França, e lá retomar a luta. Eles já estavam na Sibéria rumando para o Leste em comboios de trens da Transiberiana, quando o Estado-Maior alemão se opôs vigorosamente à sua passagem, e exigiu que os bolcheviques os bloqueassem e desarmassem. Os bolcheviques tentaram, mas os tchecos resistiram. Já se constituindo numa força formidável naquela arena caótica, os tchecos foram fortalecidos por oficiais e soldados antibolchevistas. Foi a rapidamente crescente ameaça do avanço desse exército que levou os bolcheviques a abandonar a ideia de um julgamento espetacular para o ex-imperador e fazer outros planos para Nicolau e família.

Em 12 de julho, Goloshchekin voltou de Moscou e chegou ao Soviete dos Urais comunicando que os líderes do partido estavam dispostos a deixar o destino dos Romanov em suas mãos. Perguntaram ao comandante das forças militares Vermelhas por quanto tempo Ekaterinburg poderia resistir aos Brancos. Ele informou que os tchecos já haviam flanqueado o sul da cidade e que Ekaterinburg poderia cair em três dias. Ao saber disso, o Soviete dos Urais decidiu matar a família inteira o mais cedo possível e destruir todas as evidências do ato.

Yurovsky recebeu a ordem no dia 13 de julho e os preparativos para o massacre começaram imediatamente. Nos três dias seguintes, Yurovsky e Goloshchekin fizeram viagens às florestas em torno da cidade, à procura de um lugar onde esconder os corpos. A 20 quilômetros de Ekaterinburg, perto da aldeia de Koptyaki, encontraram um local adequado. Era uma mina abandonada, perto de quatro pinheiros isolados, conhecidos pelos camponeses como os "Quatro Irmãos". Enquanto isso, Voikov, outro membro do Soviete dos Urais, comprou 150 galões de gasolina e 180 quilos de ácido sulfúrico.

Os prisioneiros logo sentiram a mudança de postura. Yurovsky não era o bêbado insolente que Avadeyev fora. Não ficava com baboseiras sobre "Nicolau sangrento" e parecia não ter raiva deles. Era um profissional, e eles eram simplesmente sua próxima tarefa. Duas mulheres que foram a casa limpar o chão viram Yurovsky perguntar ao czarevich sobre sua saúde. Mais cedo, no mesmo dia, Yurovsky estivera nos "Quatro Irmãos", supervisionando os preparativos.

A grande mudança na atitude da família naqueles últimos dias foi percebida por um padre de Ekaterinburg, que uma vez já tivera permissão para ir à Casa do Propósito Especial fazer orações. Em sua primeira visita, no fim de maio, ele observou que, embora a imperatriz tivesse um ar cansado e doentio, Nicolau e as filhas estavam de bom humor. Alexei, que não conseguia andar, foi levado numa cama para participar da missa. Parecia feliz, e quando o padre Storozhov se aproximou dele com o crucifixo, o menino tinha um olhar claro e alegre. Em 14 de julho, o padre voltou a casa, e a mudança era notável. A família parecia extremamente ansiosa e deprimida. Quando o padre entoou "Minha alma descansa em Deus", todos se ajoelharam e uma das meninas chorou abertamente. Dessa vez, ao levar o crucifixo até Alexei, o padre achou-o pálido e magro, deitado, com uma camisola branca e coberto até a cintura. Seus olhos, erguidos, ainda eram claros, mas tristes e vagos.

Em 16 de julho, dia do assassinato, Yurovsky mandou embora o menino ajudante de cozinha. Às quatro da tarde, o czar e as filhas foram dar o habitual passeio pelo jardim. Às sete da noite, Yurovsky reuniu em sua sala todos os homens da Cheka e ordenou que pegassem todos os revólveres dos guardas externos. Tendo doze revólveres na mesa à sua frente, ele declarou: "Hoje à noite vamos matar a família inteira, todos eles. Notifiquem os guardas externos para que não se alarmem ao ouvir os tiros."

A decisão foi cuidadosamente escondida da família. Às 22:30, todos foram inocentemente para a cama. À meia-noite, Yurovsky os acordou, ordenando que se vestissem depressa e descessem. Disse que os tchecos e o Exército Branco se aproximavam de Ekaterinburg e o Soviete Regional havia decidido que eles precisavam ser retirados. Ainda sem suspeitas, a família se vestiu, e Nicolau e Alexei puseram seus bonés militares. Nicolau desceu primeiro, carregando Alexei. Sonolento, o menino apertava os braços em torno do pescoço do pai. Os outros o seguiram, com Anastácia agarrada ao spaniel Jimmy. No andar térreo, Yurovsky os levou a uma pequena sala no porão, de cinco por cinco metros e meio, com grossas grades de ferro na janela. Ali, ele disse que esperassem a chegada dos automóveis.

Nicolau pediu cadeiras para sua esposa e o filho se sentarem enquanto esperavam. Yurovsky mandou trazerem três cadeiras, e Alexandra sentou-se numa delas. Nicolau pegou outra, usando o braço e o encosto para apoiar Alexei na terceira cadeira. Atrás da mãe, ficaram de pé as quatro filhas e o dr. Botkin, o valete Trupp, o cozinheiro Kharitonov e Demidova, a camareira da imperatriz. Demidova levava dois travesseiros, um dos quais ela ajeitou nas costas da imperatriz, e ficou fortemente agarrada ao outro. Dentro dele estava uma caixa com uma coleção das joias da Coroa.

Quando todos estavam reunidos, Yurovsky voltou à sala seguido pelo esquadrão da Cheka, todos empunhando revólveres. Ele se adiantou e falou depressa: "Seus amigos tentaram salvá-los. Fracassaram e temos que matar vocês."

Nicolau, ainda com o braço em torno de Alexei, começou a se levantar da cadeira para proteger a esposa e o filho. Só teve tempo de dizer "O que...?", antes que Yurovsky apontasse o revólver para sua cabeça e atirasse. Nicolau morreu instantaneamente. A esse sinal, todo o esquadrão de carrascos começou a atirar. Alexandra teve tempo de levantar a mão e fazer o sinal da cruz antes de morrer com uma única bala. Olga, Tatiana e Maria, atrás da mãe, foram atingidas e morreram rapidamente. Botkin, Kharitonov e Trupp também caíram sob a rajada de balas. Demidova, a empregada, sobreviveu à saraivada, mas, em vez de recarregarem, os carrascos pegaram rifles na sala ao lado e foram atrás dela, agredindo-a com baionetas. Aos gritos, correndo ao longo da parede como um animal acuado, tentava afastá-los com o travesseiro. Por fim caiu, trespassada por mais de trinta estocadas de baionetas. Jimmy, o cãozinho, morreu com a cabeça esmagada por uma coronhada de rifle.

A sala, cheia de fumaça e cheiro de pólvora, ficou subitamente silenciosa. O sangue corria dos corpos no chão. Então, houve um movimento e um gemido baixo. Jazendo no chão e ainda nos braços do pai, Alexei moveu a mão trêmula para agarrar a manga de seu casaco. Um dos executores chutou selvagemente a cabeça do czarevich com a bota. Yurovsky se acercou e deu dois tiros no ouvido do menino. Nesse momento, Anastácia, que havia apenas desmaiado, recobrou a consciência e gritou. O bando inteiro foi para cima dela, com baionetas e coronhadas. No momento seguinte, ela jazia imóvel. Estava terminado.

EPÍLOGO

OS CORPOS FORAM ENROLADOS EM LENÇÓIS e colocados num caminhão à espera junto ao porão. Antes do amanhecer, o veículo chegou com sua carga macabra aos "Quatro Irmãos", e o processo de desmembramento e destruição dos cadáveres começou. Cada corpo foi cortado em pedaços com machados e serrotes, depois queimado numa fogueira mantida acesa com frequentes jatos de gasolina. Quando a lâmina do machado penetrava nas roupas, esmagava joias e seus fragmentos se espalhavam pelo mato alto, enterrando-se na lama. Como era de esperar, muitos ossos maiores resistiram ao fogo e tiveram que ser dissolvidos em ácido sulfúrico. O processo não era fácil, nem rápido. Por três dias, os homens de Yurovsky se empenharam nessa lúgubre tarefa. Por fim, as cinzas e resíduos foram jogados numa poça d'água no fundo da mina. Tão satisfeitos ficaram os assassinos por haverem eliminado todos os vestígios, que Voikov, o membro do Soviete dos Urais que havia comprado a gasolina e o ácido, declarou com orgulho: "O mundo jamais saberá o que fizemos com eles." Mais tarde, Voikov tornou-se embaixador soviético na Polônia.

Oito dias depois do assassinato, Ekaterinburg caiu sob a investida do Exército Branco, e um grupo de oficiais correu à casa de Ipatiev. No pátio, encontraram o spaniel do czarevich, Joy, meio morto de fome, vagando como se estivesse à procura do dono. A casa estava vazia, mas sua aparência era sinistra. A sala no porão fora lavada e esfregada, mas as paredes e o assoalho tinham as marcas das balas e baionetas. Da parede de trás haviam caído grandes pedaços de reboco. Era óbvio que tinha havido um massacre ali. Mas era impossível saber o número de vítimas.

A busca imediata pela família não resultou em nada. Somente no mês de janeiro seguinte (1919) teve início uma investigação, quando o almirante Kolchak, "chefe supremo" do Governo Branco na Sibéria, encarregou Nicolau Sokolov, um veterano investigador legal, de levar adiante a tarefa. Auxiliado pelos dois tutores do czarevich, Gilliard e Gibbs, Sokolov localizou a mina e descobriu fartas evidências. Para Gilliard, principalmente, o trabalho era um sofrimento. "Mas as crianças... as crianças?", ele gritou quando Sokolov lhe comunicou os achados preliminares. "As crianças tiveram o mesmo destino dos pais", respondeu Sokolov com tristeza. "Quanto a isso não tenho sombra de dúvida."

Antes de concluída a investigação, centenas de artigos e fragmentos foram coletados, identificados e catalogados. Até o pesaroso Gilliard se convenceu. Dentre os objetos encontrados estavam a fivela do cinto do czar, uma cruz de esmeraldas dada a Alexandra por Maria, a imperatriz viúva, um brinco de pérola do par que Alexandra sempre usava, a Cruz de Ulm, um distintivo de jubileu, adornado com safiras e diamantes, que fora presenteado pela Guarda Uhlan Pessoal de Sua Majestade à imperatriz, e fragmentos de safira de um anel que ficara tão apertado no dedo de Nicolau que ele não conseguia mais tirar.

Além disso, foram encontrados um estojinho de bolso, de metal, em que Nicolau levava o retrato da esposa, três pequenos ícones usados pelas grã-duquesas (em cada ícone o rosto do santo fora destruído por fortes golpes), a caixa dos óculos da imperatriz, seis conjuntos de corpetes femininos (a imperatriz, as quatro filhas e Demidova somam seis), fragmentos dos bonés militares usados por Nicolau e Alexei, fivelas de sapatos usados pelas grã-duquesas e os óculos e a dentadura do dr. Botkin.

Havia também vários ossos parcialmente carbonizados, destruídos pelo ácido, mas ainda apresentando marcas de machado e serrote, balas de revólver, muitas das quais reduzidas a bolhas de metal fundido, e um dedo humano cortado, pertencente a uma mulher de meia-idade. Era fino e manicurado como os da imperatriz.

Os investigadores coletaram várias unhas, papel-alumínio, moedas de cobre e um pequeno cadeado que os intrigou, até que o mostraram a Gilliard. Ele o identificou imediatamente como parte do punhado de bugigangas que o czarevich sempre carregava. Por fim, esmagado, mas não queimado, o corpo do pequeno spaniel Jimmy foi achado no fundo da cova. Por algum motivo, os assassinos tiveram o maior cuidado em destruir os corpos dos donos, mas ignoraram o ainda reconhecível cãozinho.

Mais tarde, para confirmar essas evidências, os Brancos adicionaram os depoimentos dos guardas da Casa do Propósito Especial, que narraram a execução. Mais tarde, os achados de Sokolov foram totalmente confirmados do lado bolchevique por P. M. Bykov, presidente do Soviete de Ekaterinburg.

Poucas horas depois do assassinato, um relatório foi telegrafado a Moscou. Em 18 de julho, a Junta do Conselho Executivo Central aprovou a ação. Naquela noite, enquanto o comissário de Saúde lia um projeto de lei de saúde pública para os comissários do Conselho do Povo, Sverdlov entrou no recinto e cochichou no ouvido de Lênin, que interrompeu o orador.

– O camarada Sverdlov quer fazer uma declaração – disse Lênin.

– Tenho a dizer – falou Sverdlov – que recebemos um comunicado de que, em Ekaterinburg, por decisão do Soviete Regional, Nicolau foi fuzilado. A Junta resolveu aprovar.

Murmúrios percorreram o salão. Então, Lênin continuou calmamente: "Vamos agora prosseguir com a leitura do projeto [de lei de saúde pública], cláusula por cláusula."

Embora apenas o nome de Nicolau tivesse sido mencionado, Lênin e Sverdlov sabiam que a família inteira estava morta. Na pressa de sair de Ekaterinburg, os bolcheviques deixaram para trás vários telegramas trocados com o Kremlin depois do assassinato. Um deles dizia: "Diga a Sverdlov que toda a família teve o mesmo destino do chefe. Oficialmente, a família morrerá durante a evacuação." Outra mensagem perguntava a Moscou como queriam que a notícia fosse dada. Ao que parece, os líderes bolcheviques decidiram que era suficiente anunciar inicialmente apenas um assassinato. Em 20 de julho, a proclamação oficial mencionava somente Nicolau. Foi feita na forma de um anúncio pelo Soviete dos Urais, endossada pelo Comitê Executivo Central:

DECISÃO

da Junta do Conselho Divisionário de Representantes dos Trabalhadores, Camponeses e Guarda Vermelha dos Urais:

Em vista do fato de que grupos tchecoslovacos ameaçam a Capital Vermelha dos Urais, Ekaterinburg; de que o algoz coroado pode escapar do tribunal do povo (uma conspiração da Guarda Branca para resgatar toda a família imperial acabara de ser descoberta), a Junta do Comitê Divisionário, em consonância com a vontade do povo, decidiu que o ex-czar Nicolau Romanov, culpado perante o povo de inumeráveis crimes sangrentos, deve ser fuzilado.

A decisão da Junta do Conselho Divisionário foi levada a efeito na noite de 16-17 de julho.

A família Romanov foi transferida de Ekaterinburg para um local de maior segurança.

O endosso de Moscou foi redigido:

DECISÃO

da Junta do Comitê Executivo Central de Todas as Rússias de 18 de julho:

O Comitê Executivo Central de Representantes dos Conselhos de Trabalhadores, Camponeses, Guarda Vermelha e Cossacos, na pessoa de seu presidente, aprova a ação da Junta do Conselho dos Urais.

O presidente do Comitê Executivo Central
Sverdlov

Um ano depois, incapazes de manter a ficção, os bolcheviques admitiram que a família inteira estava morta. Mas ainda não admitiam a responsabilidade pelos assassinatos. Em vez disso, prenderam e julgaram 28 pessoas, todas social-revolucionárias, sob a acusação de que tinham assassinado o czar a fim de desacreditar os bolcheviques. Cinco dos acusados foram executados. A hipocrisia desse segundo crime foi mais tarde admitida pelos próprios bolcheviques no livro de Bykov.

A ligação entre os líderes do partido em Moscou, que autorizaram o assassinato, e o Soviete dos Urais, que determinou a hora e os métodos, foi mais tarde relatada por Trotsky. Ele contou que havia proposto um julgamento público a ser transmitido pelo rádio para todo o país, mas, antes que algo resultasse da proposta, ele teve que partir para o front.

"Minha ida seguinte a Moscou ocorreu depois da queda de Ekaterinburg. Em conversa com Sverdlov, perguntei, casualmente:

— Ah, sim, e onde está o czar?

— Está acabado — ele respondeu. — Foi fuzilado.

— E onde está a família?

— A família se foi com ele.

— Todos eles? — perguntei, pelo visto com ar de surpresa.

— Todos eles — respondeu Sverdlov. — E daí?

Ele estava esperando para ver minha reação; não respondi.

— E de quem foi a decisão? — perguntei.

— Nós decidimos aqui. Ilyich achou que não devíamos deixar os Brancos correndo por aí com uma bandeira viva, principalmente nas atuais circunstâncias difíceis.

"Não fiz mais perguntas e considerei a questão encerrada. Na verdade, a decisão não foi conveniente, mas necessária. A severidade dessa justiça sumária mostrou ao mundo que continuaríamos a lutar implacavelmente, sem nos determos diante de nada. A execução da família do czar era necessária, não somente para amedrontar, horrorizar e desanimar os inimigos, mas também para chamar a atenção de nossas próprias fileiras, para mostrar que não havia mais volta, que só tínhamos à frente a vitória ou a ruína total... Isso Lênin entendeu bem."

A crueldade da lógica de Lênin foi eficaz para muitos no mundo inteiro, ainda incertos sobre a natureza do bolchevismo. Esforçando-se para manter o idealismo sobre o curso dos eventos na Rússia, Woodrow Wilson ouviu a notícia quando jantava na casa do secretário do Interior, Franklin K. Lane. O presidente se levantou da mesa e declarou que "uma grande ameaça ao mundo tomou forma". Acrescentou ter certeza de que todos os presentes compartilhavam sua visão de que "não era o momento de festejar". Todos os presentes foram embora imediatamente.

A mesma lógica cruel ditou o assassinato de todos os membros da família Romanov em que os bolcheviques puderam deitar as mãos. O grão-duque Miguel, irmão mais novo do czar, foi morto a tiros em Perm seis dias depois da morte de Nicolau, em Ekaterinburg. Em 17 de julho, dia seguinte à morte do czar, um grupo da família imperial – a irmã da imperatriz, grã-duquesa Elizabeth, o grão-duque Sérgio Mikhailovich, três filhos do grão-duque Constantino e um filho do grão-duque Paulo – foi barbaramente assassinado. A grã-duquesa Elizabeth havia recusado todas as ofertas de abrigo e fuga. Em março de 1917, o Governo Provisório tinha pedido que ela deixasse a abadia e se refugiasse no Kremlin, mas ela recusou. Em 1918, o kaiser tentou diversas vezes, primeiro pela embaixada sueca e depois por intermédio de Mirbach, trazer a mulher que ele amara para se refugiar na Alemanha. Mais uma vez, Ella recusou. Transferida pelos bolcheviques para a cidadezinha de Alapayevsk, nos Urais, ela e outras vítimas foram levadas em carroças para a boca de outra mina abandonada. As vítimas foram jogadas lá ainda vivas e, por cima delas, toras pesadas de madeira e granadas para completar o serviço. Nem todas morreram imediatamente, pois um camponês, que foi bisbilhotar depois que os assassinos se afastaram, ouviu hinos cantados no fundo da mina. Além disso, quando os corpos foram retirados pelos Brancos, a cabeça machucada de um menino estava coberta cuidadosamente com um lenço da grã-duquesa. Em janeiro de 1919, mais quatro grão-duques, inclusive Paulo, tio do czar, e Nicolau Mikhailovich, o historiador liberal, foram executados na Fortaleza de Pedro e Paulo. Apelando para a reputação histórica e o liberalismo de Nicolau Mikhailovich, o escritor Maxim Gorky, amigo de Lênin, pediu que poupasse a vida do grão-duque. Lênin recusou, dizendo que "a Revolução não precisa de historiadores".

Ironicamente, dentro de poucos anos, a Revolução também não precisava mais de Lênin nem de Trotsky. Lênin morreu em 1924, depois que uma série de infartos já o havia afastado do poder. Trotsky, exilado mais uma vez em 1927, mais tarde escreveu que Lênin fora envenenado por Stalin, acusação que os biógrafos de Lênin ainda contestam. Não resta dúvida de que o assassinato de Trotsky com uma picareta, na Cidade do México, em 1940, foi ordenado por Stalin. Foi Stalin quem herdou a Revolução e por trinta anos governou a Rússia com maior crueldade do que qualquer czar desde Ivan, o Terrível. Em janeiro de 1945, chegando ao ápice do poder, Stalin recebeu seus aliados, o presidente Franklin D. Roosevelt e o primeiro-ministro Winston Churchill, em Ialta, na Crimeia. Os americanos ficaram hospedados no Palácio Livadia. Como o presidente estava doente, os outros dois líderes foram ter com ele, e a conferência de Ialta foi realizada em volta de uma mesa redonda na sala de jantar oficial, onde 34 anos antes Olga, a filha de Nicolau e Alexandra, chegou enrubescida e vaporosa, para seu primeiro baile, festejando o aniversário de 16 anos.

Jacob Sverdlov morreu seis meses depois dos assassinatos em Ekaterinburg. Os líderes bolcheviques noticiaram pneumonia como causa da morte, apesar de insistentes rumores de que ele fora assassinado por um operário em Moscou. Num reconhecimento tardio de que foi Sverdlov quem concatenou o assassinato da família imperial, a cidade de Ekaterinburg foi rebatizada Sverdlovsk. Durante anos, a Casa do Propósito Especial foi um museu bolchevique e os visitantes eram levados ao porão onde a família imperial foi executada. Em 1959, um grupo de correspondentes da imprensa estrangeira, acompanhando o presidente Nixon num *tour* pela Rússia, visitou a casa. O porão estava fechado, mas o lugar, agora repositório de arquivos do Partido Comunista local, fora pintado de fresco em branco, creme e marrom. Disseram-lhes que o porão era ocupado por caixotes poeirentos, cheios de documentos velhos. Nas décadas seguintes a 1918, Sverdlovsk havia crescido muito, passando de cidade pequena a uma enorme e sombria metrópole de carvão e aço. Foi sobre Sverdlovsk que, em maio de 1960, o avião U-2 pilotado por Francis Gary Powers foi abatido.

A lista de membros da família imperial que deixaram a Rússia para escapar dos bolcheviques foi encabeçada pela mãe do czar, a imperatriz viúva Maria Feodorovna. Em abril de 1919, quando o Exército Vermelho se aproximava da Crimeia, a velha imperatriz, aos 72 anos, embarcou no navio de guerra inglês H.M.S. *Marlborough*. Maria rejeitou o que chamou de "boatos" sobre os assassinatos em Ekaterinburg e deixou a Rússia com relutância, apenas por insistência de sua irmã, rainha Alexandra, da Inglaterra, e do filho de Alexandra, rei George V. Retornando à sua nativa Dinamarca, a imperatriz ficou morando numa ala do palácio de seu sobrinho, o rei Christian X. O rei e a tia não se gostavam e brigavam por dinheiro. A imperatriz tinha trazido muitas joias da Rússia, e o rei sugeriu que ela as vendesse ou as empenhasse para pagar suas despesas. Ela se recusou categoricamente, e as guardava embaixo do colchão. Em retaliação, o rei Christian a sujeitava a várias humilhações mesquinhas. Uma noite, em 1920, ela conversava com a grã-duquesa Olga quando um lacaio entrou na sala. "Sua Majestade me enviou para pedir que apague todas as luzes", ele disse. "Sua Majestade pediu que lhe falasse que a conta de eletricidade paga por ele recentemente foi excessiva." A imperatriz viúva empalideceu e o encarou com olhos de pedra. Ainda com o lacaio diante dela, ela tocou a campainha para chamar seu próprio criado e ordenou que ele acendesse todas as luzes do palácio, do sótão ao porão. No final, as finanças e a dignidade da imperatriz viúva foram salvas pelo rei George V, que adiantou uma pensão de 10 mil libras (48 mil dólares) por ano a sua "querida Minnie". Maria nunca aceitou o fato de que Nicolau e a família estivessem mortos, embora, contrariando a crença geral, jamais encontrou ou entrevistou quaisquer das mulheres que alegavam ser sua neta Anastácia. Em outubro de 1928, a alegre princesa dinamarquesa, que havia cativado a Rússia como consorte do gigantesco czar Alexandre III, morreu em Copenhague, aos 81 anos.

As filhas da imperatriz viúva, as grã-duquesas Xenia e Olga, também deixaram a Rússia a bordo de navios de guerra. Xenia foi para Londres, onde seus criados, ao verem o rei George V, caíram de joelhos a seus pés e lhe beijaram a barra do manto, acreditando ser o czar milagrosamente ressuscitado. Ela viveu seus últimos 25 anos numa mansão cedida por "obra e graça" da família real britânica e chamada – talvez apropriadamente – Casa do Deserto. Xenia morreu em 1960, aos 85 anos. Olga, a irmã mais nova de Nicolau II, viveu sossegada na Dinamarca até 1948, quando se mudou para uma fazenda perto de Toronto, no Canadá. Ali, viveu em tão tranquila obscuridade que seus vizinhos ficaram muito surpresos quando, em 1959, ela foi convidada para almoçar a bordo do iate real *Britannia* pela rainha Elizabeth e pelo príncipe Philip. Em 1960, Olga ficou tão doente que foi morar com um casal russo num apartamento em cima de uma barbearia, num bairro pobre de Toronto. Em novembro de 1960, sete meses depois de Xenia, ela morreu, aos 78 anos.

Entre os grão-duques russos que escaparam, estava Cirilo, primo-irmão do czar. Ironicamente, embora ao levar a *Garde Equipage* para a Duma ele tenha sido o primeiro Romanov a quebrar o juramento de lealdade a Nicolau II, Cirilo ainda era o primogênito do ramo sobrevivente da família e, portanto, herdeiro de Nicolau. Em 1924, ele se proclamou czar de Todas as Rússias e instalou sua "corte" numa cidadezinha inglesa. Em 1930, foi a Paris para uma "revista militar" de dois mil oficiais veteranos do exército imperial, numa floresta perto da cidade. Quando Cirilo apareceu, os oficiais deram gritos cossacos de guerra, berrando: "O dia da glória está chegando!" Infelizmente para a causa de Cirilo, a imperatriz viúva nunca reconheceu seu título. Ele morreu em 1938, aos 62 anos, no American Hospital, em Paris. Hoje, seu filho Vladimir, de 49 anos, que mora em Madri, é considerado o chefe da Casa Romanov.

O grão-duque Nicolau permaneceu na Crimeia até 1919, quando embarcou a imperatriz viúva no H.M.S. *Marlborough*. Para muitos *émigrés* russos, ele parecia um pretendente ao trono mais adequado do que Cirilo, mas o altivo grão-duque nada tinha a ver com essas manobras. Quando morreu, em Antibes, no sul da França, em 1929, seu funeral foi realizado com todas as honras militares devidas a um antigo comandante em chefe de um exército aliado.

Por algum tempo, outro reclamante do trono inexistente foi o grão-duque Dmitri, cuja vida foi salva pelo exílio forçado na Pérsia, após a morte de Rasputin. Em 1926, Dmitri se casou, em Biarritz, com uma herdeira americana, e nos anos 1930 foi vendedor de champanhe em Palm Beach, na Flórida. Ao contrário dos outros famosos assassinos, Yussoupov e Purishkevich, não escreveu um livro e até se recusava a falar sobre seu papel no assassinato. Dmitri morreu de tuberculose em 1941, aos 50 anos, em Davos, na Suíça.

Os bolcheviques cobraram caro àqueles que serviram ao czar de um modo ou de outro. A condessa Hendrikov e Mlle. Schneider, que compartilharam o longo cativeiro em Tsarskoe Selo e em Tobolsk, foram executadas em setembro de 1918, na Sibéria. O príncipe Dolgoruky e o general Tatishchev desapareceram na mesma época, e dois corpos correspondendo à descrição deles foram encontrados. A baronesa Buxhoeveden e Sidney Gibbs atravessaram a Sibéria e chegaram a salvo na Inglaterra.

Dos ministros czaristas, o velho Goremykin foi apanhado por uma turba em Petrogrado, em 1918, e estrangulado na mesma hora. Stürmer e Protopopov foram fuzilados pelos bolcheviques. Kokovtsov e Sazonov escaparam e foram morar na França. Rodzianko, presidente da Duma, saiu da Rússia pela Crimeia e morreu em 1924, em Belgrado, perseguido até o fim pelos monarquistas russos, que o culpavam pela derrubada da monarquia. Purishkevich lutou junto com os Brancos no sul da Rússia e lá morreu, de tifo. Dos ministros do Governo Provisório, o príncipe Lvov, Miliukov e Guchkov foram para a França, onde se tornaram ativistas em organizações antibolchevistas.

Apenas dois generais líderes da Rússia imperial durante a Grande Guerra deixaram a pátria. Foram os arquirrivais grão-duque Nicolau e Sukhomlinov. Alexeiev e Kornilov morreram liderando exércitos Brancos, enquanto Polivanov e Brusilov se aliaram aos bolcheviques. Brusilov, pelo menos, via essa aliança como patriotismo russo. Quando os aliados despejaram tropas na Crimeia, em Murmansk e em Vladivostock, com os poloneses às portas de Kiev e Smolensk, Brusilov declarou: "Os poloneses estão cercando as fortalezas russas com a ajuda de nações que salvamos da derrota certeira no começo da guerra. Com todas as gotas do meu sangue, desejo sucesso ao Exército Vermelho, com a ajuda de Deus." Sukhomlinov não tinha esses sentimentos patrióticos. Fugiu num veleiro pelo golfo da Finlândia com sua voluptuosa esposa e foi morar em Berlim. Antes de morrer, em 1926, ele escreveu suas memórias, convenientemente dedicadas ao kaiser. Guilherme ficou tão lisonjeado que propôs, em retribuição, dedicar as memórias *dele* a Sukhomlinov, mas seus editores conseguiram evitar esse gesto bizarro. A jovial Mme. Sukhomlinov não esteve presente para colaborar no empreendimento literário do marido. Deixando-o são e salvo na Finlândia, ela se divorciou, voltou para a Rússia e se casou com um jovem oficial da Geórgia. Morreram juntos no terror bolchevique.

Depois da revolução, Buchanan e Paléologue foram transferidos da Rússia para outros postos diplomáticos, mas, para ambos, os anos na bela capital sobre o Neva foram a coroação da carreira. Buchanan foi ser embaixador em Roma, onde seus últimos anos foram perturbados por aqueles que alegavam que, na primavera e verão de 1917, ele não fizera o suficiente para ajudar Nicolau e a família a escaparem. Paléologue voltou a Paris para se tornar alto funcionário do Ministério das Relações Exteriores e foi eleito membro da Académie Française. Morreu em agosto de 1944, quando sua amada Paris foi libertada dos alemães.

Os dois dedicados funcionários da corte do czar, conde Fredericks e conde Benckendorff, morreram poucos anos depois de seu amo imperial. Benckendorff investigou incansavelmente todos os boatos referentes ao assassinato da família imperial e ao desaparecimento de seu filho adotivo, príncipe Dolgoruky. Somente quando acreditou sinceramente que todos estavam mortos foi que tentou sair da Rússia. Detido por problemas de visto na fronteira da Estônia, morreu num dilapidado hospital de cidadezinha fronteiriça, em 1921. O conde Fredericks morou por algum tempo em Petrogrado, que logo se tornaria Leningrado. De modo desafiador, ele usava seu desbotado uniforme dourado de cortesão em passeios pelo Nevsky Prospect. Em seus últimos anos de vida, foi autorizado a voltar para sua nativa Finlândia, onde morreu em 1922, aos 84 anos.

Depois de ser levada por Kerensky de Tsarskoe Selo, Ana Vyrubova ficou presa por cinco meses na Fortaleza de Pedro e Paulo. Foi solta e presa novamente diversas vezes, uma delas no alojamento do antigo iate imperial *Estrela Polar*, em cujos deques polidos ela andara tantas vezes com a imperatriz. Por algum tempo, viveu na obscuridade em Petrogrado e até fez amizade com o escritor revolucionário Maxim Gorky, que a animou a escrever suas memórias. Finalmente, perseguida mais uma vez, fugiu para a Finlândia em 1920. Viveu sossegada por mais 44 anos até sua morte, em 1964, aos 80 anos.

Pierre Gilliard permaneceu na Sibéria durante três anos, colaborando no trabalho de investigação de Sokolov. Com a esposa, Alexandra Tegleva, que tinha sido babá da grã-duquesa Anastácia, voltou para a Suíça, via Japão e Estados Unidos, e lá, aos quarenta e poucos anos, retomou os estudos que havia interrompido quase vinte anos antes, ao viajar para a Rússia. Tornou-se um notório professor de língua francesa na Universidade de Lausanne e foi condecorado com a Legião de Honra francesa. Até o fim, em escritos e palestras, Gilliard defendeu a memória da família a que servira. Morreu em 1962, aos 83 anos.

Iliodor, o inflamado monge pregador que fora arqui-inimigo de Rasputin, voltou para a Rússia depois da revolução com o quixotesco plano de reorganizar a Igreja Ortodoxa segundo os moldes do bolchevismo e tornar-se o "Papa Russo". Os bolcheviques não se interessaram e, em 1921, Iliodor foi para Nova York e se tornou batista. Viveu na obscuridade, trabalhando por algum tempo como porteiro do Metropolitan Life Insurance Building, na Madison Square. Em 1952, com a idade de 71 anos, morreu de problemas cardíacos no Bellevue Hospital.

Maria Rasputin, a filha mais velha do *starets*, deixou a Rússia com o marido, Boris Soloviev, e se tornou domadora de leões. Nos anos 1930, percorreu a Europa e os Estados Unidos, anunciada como "a filha do famoso monge louco, cujos feitos na Rússia espantaram o mundo". Atualmente, ela mora perto da Hollywood Freeway, em Los Angeles.

Hoje, no inverno de 1967, pouquíssimos dos principais personagens desse imenso drama histórico ainda estão vivos. Matilde Kschessinska, cuja casa virou quartel-general de Lênin, em Petrogrado, saiu da Rússia em 1920 e casou-se com o grão-duque Andrei, em Cannes, em 1921. Durante trinta anos, dirigiu uma escola de balé em Paris, ensinando, entre outros, a Margot Fonteyn. Em 1936, aos 63 anos, ela dançou numa apresentação de jubileu no Covent Garden. Hoje, a jovem bailarina que passeou de troica nas noites nevadas ao lado de Nicolau II ainda vive em Paris. Tem 94 anos.

O príncipe Felix Yussoupov e sua esposa, a princesa Irina, viveram a maior parte do tempo em Paris, onde a generosidade de Yussoupov com outros emigrados russos tornou-se lendária. Dois famosos casos judiciais puseram em destaque o nome de Yussoupov. O primeiro, em 1934, quando a princesa Irina entrou com uma ação contra a Metro-Goldwyn-Mayer, por calúnia, por causa de um filme chamado *Rasputin, o monge louco*. Os Yussoupov ganharam a ação e a MGM pagou 375 mil dólares. Em 1965, o príncipe Yussoupov foi a Nova York acionar a Columbia Broadcasting System por invasão de privacidade, devido a uma peça encenada na televisão sobre o assassinato de Rasputin. Dessa vez, os Yussoupov perderam. Hoje o príncipe Yussoupov mora em Paris, numa pequena casa que foi um celeiro reformado.

Alexandre Kerensky morou em Londres, Paris, Palo Alto, na Califórnia, e Nova York. Em quase meio século desde que saiu da Rússia, ele escreveu uma série de livros, muitos dos quais recontando apaixonadamente a história dos breves e agitados sete meses em que se viu no centro da história da Rússia. Hoje, ainda vigoroso aos 85 anos, mora em Nova York e em Palo Alto.

É impossível traçar com exatidão o curso de uma das mais esmagadoras influências desse drama: o gene recessivo que a rainha Vitória passou a seus descendentes. Até recentemente, quando o plasma e fortes concentrados de plasma se tornaram acessíveis, a hemofilia, como outras doenças hereditárias recessivas, tendiam a se extinguir nas famílias afetadas, pelo processo de atrito. No enorme clã da rainha Vitória, esse padrão foi seguido. Na quarta geração – os bisnetos da rainha – houve seis hemofílicos. Alexei foi um deles. Dois outros foram o príncipe Alfonso e o príncipe Gonzalo, filhos de Alfonso XIII, último rei da Espanha. Ambos morreram em acidentes de carro: Alfonso na Áustria, em 1934, e Gonzalo em Miami, em 1938. Nos dois casos, não fosse a hemorragia incontrolável, não houve ferimentos graves. A quinta geração da família da rainha Vitória, que inclui tanto a rainha Elizabeth quanto seu marido, o príncipe Philip, está livre da hemofilia, bem como a sexta geração. É possível que o gene mutante ainda exista em estado latente entre as descendentes da rainha Vitória, e possa surgir de repente num menino no futuro. Mas com o passar das sucessivas gerações essa possibilidade, já distante, se tornará extremamente remota.

Uma eterna lenda diz que há uma pilha enorme de ouro dos Romanov no cofre lacrado de algum banco, à espera de um membro da família imediata do czar que possa comprovar sua identidade. Os fatos dão pouco apoio à lenda. Nada sobrou da riqueza da família imperial dentro da Rússia. Mesmo antes da revolução bolchevique, todas as terras e propriedades dos Romanov haviam sido tomadas pelo Governo Provisório. Quando Nicolau abdicou, seu capital pessoal na Rússia somava 1 milhão de rublos, ou 500 mil dólares. O capital da imperatriz era de 1,5 milhão de rublos, ou 750 mil dólares. Partes desse dinheiro foram retiradas pelo conde Benckendorff para pagar as despesas da família em Tobolsk; o restante foi tomado pelos bolcheviques. As joias da Coroa se tornaram propriedade do Estado. Parte delas foi quebrada e vendida pelo governo soviético. O restante está numa esplendorosa exposição permanente no Kremlin. Muitas das joias pessoais levadas pela imperatriz e as filhas para Tobolsk foram descobertas na destruição de seus corpos. Os fragmentos encontrados mais tarde por Sokolov foram preservados como relíquias e depois enterrados no cemitério russo perto de Paris. As joias pessoais da imperatriz Maria, avaliadas em mais de 2 milhões de dólares, foram vendidas após sua morte por uma fração desse valor. Várias peças foram parar na coleção da rainha Mary. Hoje, a rainha Elizabeth II usa frequentemente o espetacular colar e a tiara de diamantes da imperatriz Maria.

Antes da Primeira Guerra Mundial, a família imperial russa tinha depósitos no exterior, e é aqui que se concentram as especulações. Havia fundos num banco de Berlim, mas, depois da guerra, com o colapso do marco alemão e a inflação desenfreada, a soma tornou-se insignificante. Hoje, talvez haja 1.500 dólares, mas o banco é em Berlim oriental. As esperanças que restam recaem sobre o Bank of England, mas essas também parecem não ter fundamento. Durante a guerra, Nicolau e Alexandra empregaram suas fortunas pessoais no esforço de guerra. Os depósitos na Inglaterra foram retirados e levados de volta à Rússia para ajudar a pagar a rede de hospitais e trens-hospitais patrocinados pela imperatriz. O dinheiro era transferido por intermédio da embaixada britânica em Petrogrado. Em 26 de agosto de 1915 (E.A.), Alexandra escreveu a Nicolau: "Vejo [Sir George] Buchanan amanhã, quando me trouxer de novo 100 mil l. [libras] da Inglaterra." No fim da guerra, não havia sobrado nada.

Em 1960, o finado Sir Edward Peacock, diretor do Bank of England de 1920 a 1924, e novamente de 1929 a 1946, conversou sobre o assunto com um escritor canadense, Ian Vorres, que estava colaborando com a grã-duquesa Olga em suas memórias. Peacock tinha recebido instruções dadas pessoalmente pelo rei George V para cuidar dos assuntos financeiros de sua prima Olga. Dessa posição vantajosa ele escreveu:

"Tenho certeza de que nunca houve dinheiro da família imperial russa no Bank of England, nem em nenhum outro banco da Inglaterra. Decerto é difícil dizer 'nunca', mas pelo menos posso afirmar que jamais houve dinheiro nenhum depois da Primeira Guerra Mundial e durante meus longos anos como diretor do banco."

Contudo, apesar de todas as evidências em contrário, a ideia sedutora de que esse dinheiro existe continua a estimular uma atividade extraordinária. Como em todos os casos de morte de pessoas da realeza em circunstâncias misteriosas, persistiram boatos de que alguns ou todos os membros da família imperial russa estavam vivos. Em 1920, o próprio czar foi visto nas ruas de Londres, com os cabelos brancos como a neve. Outra história o coloca secretamente em Roma, escondido pelo papa no Vaticano. Diziam que toda a família imperial estava a bordo de um barco navegando perpetuamente pelas águas do mar Branco, sem nunca tocar a terra.

No correr dos anos, apareceram dezenas de reclamantes se dizendo este ou aquele membro da família imperial. O czarevich Alexei ressurgiu pela primeira vez na Sibéria, pouco depois do assassinato. Gilliard viu o jovem e achou que se parecia vagamente com Alexei, mas só entendia russo. O garoto acabou admitindo ser um impostor. A patética história de Mrs. Anna Anderson, que passou a vida inteira tentando provar que era a grã-duquesa Anastácia, ficou mundialmente famosa. Todavia, foi contestada por várias outras Anastácias vivendo nos mais distantes cantos do mundo. Coube à grã-duquesa Olga, que tivera maior intimidade com a sobrinha do que qualquer outro Romanov vivo, entrevistar muitas dessas mulheres. Ocasionalmente, ela as recebia de boa vontade, como em Berlim, em 1925, quando entrevistou Mrs. Anderson. Após quatro dias junto a seu leito, foi com tristeza que declarou que era uma impostora. Mais frequentemente, reclamantes perseguiam Olga por toda parte, atirando-se sobre ela e gritando: "Tia Olga querida!" Olga suportava essas intrusões, entendendo-as como uma consequência inevitável do fascínio do público por uma miraculosa escapada da morte. Certa vez, ela disse: "Falar a verdade não adianta nada, porque o público sempre quer acreditar no mistério."

Infinitamente mais memorável e fatidicamente misterioso do que o enigma de Anastácia é o incrível, irresistível drama da Revolução russa. A ascensão do comunismo, introduzida por Lênin na Rússia, onde enraizou-se, e o alastramento de sua doutrina e poder por todo o globo são os eventos essenciais de nosso tempo. Por ironia, as duas grandes nações comunistas, a Rússia e a China, são os únicos países com quem os Estados Unidos nunca guerrearam. A luta que divide o mundo atual não é comercial nem territorial, mas ideológica. Este é o legado de Lênin.

E é também o legado de Rasputin e da hemofilia. Kerensky disse: "Se não houvesse Rasputin, não teria havido Lênin." Se isso é verdade, é também verdade que, se não houvesse hemofilia, não teria havido Rasputin. Isso não quer dizer que tudo o que aconteceu na Rússia e no mundo teve origem unicamente na tragédia pessoal de um único menino. Não é para subestimar o atraso e a insatisfação da sociedade russa, o clamor por reformas, a tensão e o desgaste de uma guerra mundial, a natureza gentil e retraída do último czar. Tudo isso teve um impacto muito forte, contundente, sobre os acontecimentos. Mesmo antes do nascimento do czarevich, a autocracia já estava em retrocesso.

Este é precisamente o ponto. Se não fosse a agonia da hemofilia de Alexei, não fosse o desespero que levou sua mãe a procurar Rasputin, primeiro para salvar o filho e depois para salvar a autocracia, Nicolau II não poderia ter continuado a recuar para o papel de monarca constitucional, tão bem preenchido por seu primo rei George V? Poderia ter acontecido e, de fato, era esse o rumo que a história russa estava tomando. Em 1905, o povo russo teve uma revolução parcial. O poder absoluto foi arrancado das mãos do czar com a criação da Duma. Na era de Stolypin e da Terceira Duma, a cooperação do trono com o parlamento atingiu um nível altamente promissor. Durante a guerra, a nação não pedia revolução ou reforma, e sim uma parte da responsabilidade na luta e na vitória. Mas Alexandra, açulada por Rasputin, objetava passionalmente qualquer divisão do poder imperial. Ao ceder à esposa, ao lutar para salvar a autocracia e negar todos os apelos por um governo responsável, Nicolau tornou inevitáveis a revolução e o triunfo final de Lênin.

Por que Lênin triunfou, por que Nicolau fracassou, por que Alexandra colocou o destino do filho, do marido e do império nas mãos de um milagreiro itinerante, por que Alexei sofria de hemofilia? Esses são os verdadeiros enigmas desse conto histórico. Todos têm respostas, exceto, talvez, o último.

Árvores Genealógicas

Árvore genealógica de Nicolau II (parcial)

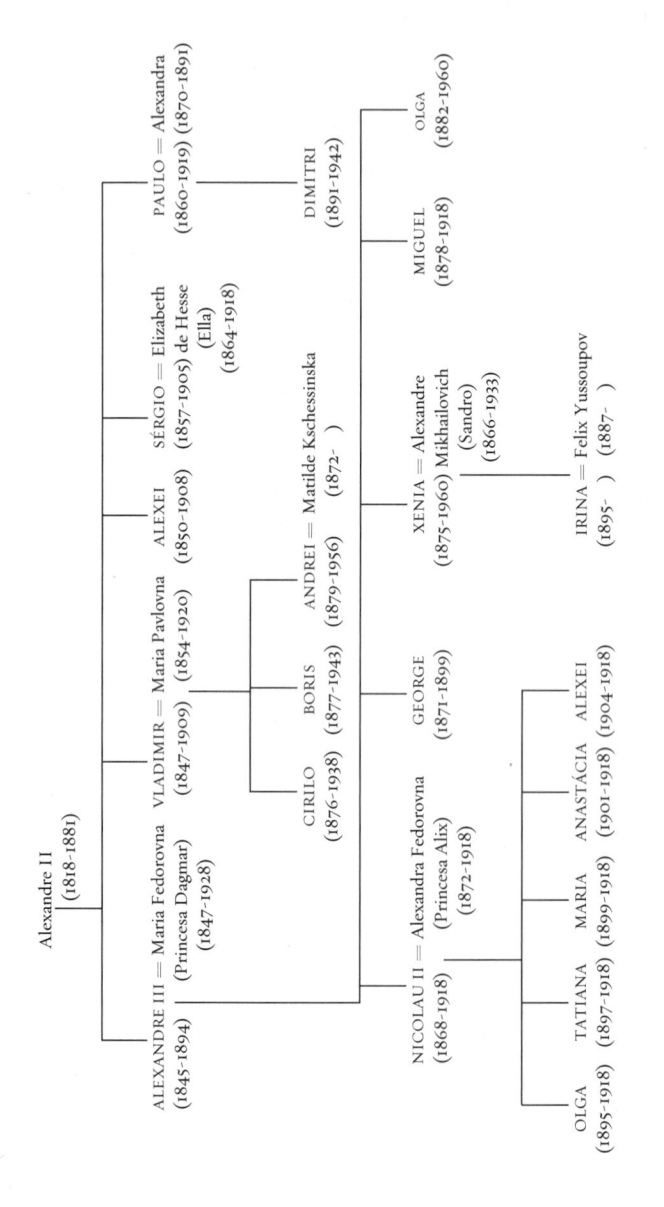

```
Alexandre II
(1818-1881)
    │
    ├─────────────────────────────────┬──────────────────┬──────────────────────────────┐
    │                                 │                  │                              │
ALEXANDRE III = Maria Fedorovna   VLADIMIR = Maria Pavlovna   ALEXEI      SÉRGIO = Elizabeth      PAULO = Alexandra
(1845-1894)    (Princesa Dagmar)  (1847-1909) (1854-1920)  (1850-1908)  (1857-1905) de Hesse    (1860-1919) (1870-1891)
               (1847-1928)              │                                    (Ella)
                                        │                                  (1864-1918)                │
              ┌──────┬──────┬──────────┐                                                    ┌─────────┴─────────┐
              │      │      │          │                                                    │                   │
           CIRILO  BORIS  ANDREI = Matilde Kschessinska                                   DIMITRI           MIGUEL
          (1876-1938)(1877-1943)(1879-1956) (1872- )                                    (1891-1942)        (1878-1918)
                                                                                                                │
                                   XENIA = Alexandre Mikhailovich                                          ┌────┴────┐
                                   (1875-1960) (Sandro)                                                    │         │
                                              (1866-1933)                                                             OLGA
                                                    │                                                              (1882-1960)
    │                                         IRINA = Felix Yussoupov
    │                                         (1895- ) (1887- )
NICOLAU II = Alexandra Fedorovna
(1868-1918)  (Princesa Alix)
             (1872-1918)
    │
    ├──────────┬──────────┬──────────┬──────────┬──────────┐
    │          │          │          │          │          │
  OLGA      TATIANA     MARIA    ANASTÁCIA    ALEXEI
(1895-1918)(1897-1918)(1899-1918)(1901-1918)(1904-1918)
```

Árvore genealógica da imperatriz Alexandra (parcial)

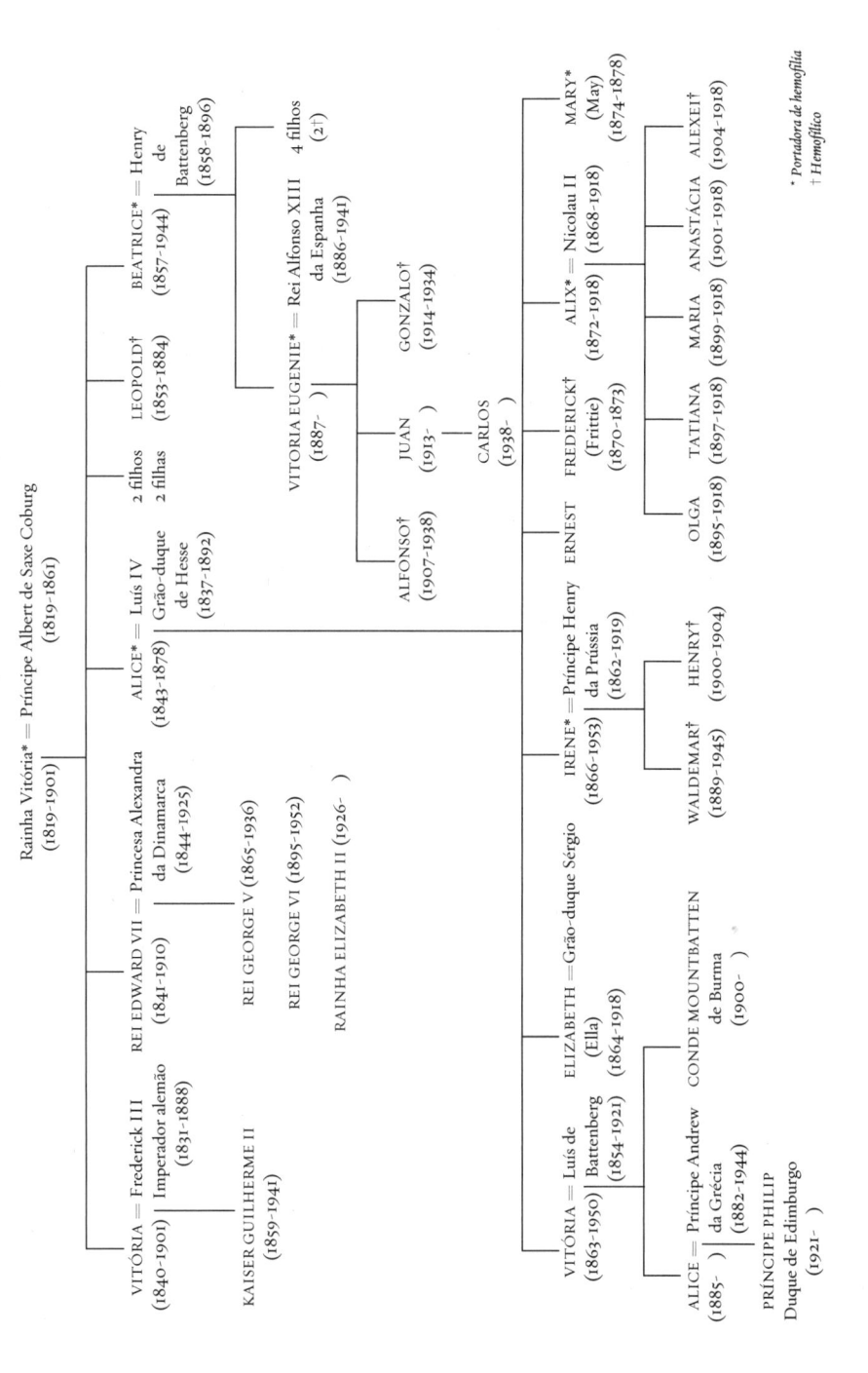

Rainha Vitória* = Príncipe Albert de Saxe Coburg
(1819-1901)   (1819-1861)

- **VITÓRIA** = Frederick III, Imperador alemão
  (1840-1901)   (1831-1888)
  - KAISER GUILHERME II (1859-1941)

- **REI EDWARD VII** = Princesa Alexandra da Dinamarca
  (1841-1910)   (1844-1925)
  - REI GEORGE V (1865-1936)
    - REI GEORGE VI (1895-1952)
      - RAINHA ELIZABETH II (1926-)

- **ALICE*** = Luís IV, Grão-duque de Hesse
  (1843-1878)   (1837-1892)
  - VITÓRIA = Luís de Battenberg
    (1863-1950)   (1854-1921)
    - ALICE = Príncipe Andrew da Grécia
      (1885-)   (1882-1944)
      - PRÍNCIPE PHILIP, Duque de Edimburgo (1921-)
    - ELIZABETH = Grão-duque Sérgio
      (Ella) (1864-1918)
    - CONDE MOUNTBATTEN de Burma (1900-)
  - ELIZABETH = Grão-duque Sérgio (Ella) (1864-1918)
  - IRENE* = Príncipe Henry da Prússia
    (1866-1953)   (1862-1919)
    - WALDEMAR† (1889-1945)
    - HENRY† (1900-1904)
  - FREDERICK† (Frittie) (1870-1873)
  - ERNEST
  - ALIX* = Nicolau II (1872-1918) (1868-1918)
    - OLGA (1895-1918)
    - TATIANA (1897-1918)
    - MARIA (1899-1918)
    - ANASTÁCIA (1901-1918)
    - ALEXEI† (1904-1918)
  - MARY* (May) (1874-1878)

- **LEOPOLD†** (1853-1884)
  - 2 filhos, 2 filhas

- **BEATRICE*** = Henry de Battenberg
  (1857-1944)   (1858-1896)
  - VITORIA EUGENIE* = Rei Alfonso XIII da Espanha
    (1887-)   (1886-1941)
    - ALFONSO† (1907-1938)
    - JUAN (1913-)
    - GONZALO† (1914-1934)
    - CARLOS (1938-)
  - 4 filhos (2†)

* *Portadora de hemofilia*
† *Hemofílico*

AGRADECIMENTOS

Ao escrever este livro, trabalhei e colhi material na New York Public Library, na Butler Library, da Universidade de Colúmbia, e na Beinecke Rare Book Library, da Universidade de Yale. Sou grato às equipes dessas instituições por sua cortesia e eficiência. Agradeço especialmente a ajuda de Margery Wynne por disponibilizar a extraordinária coleção de álbuns e documentos dos Romanov, na Beinecke Library. Sem a assistência de Richard Orlando, que diligentemente descobriu diversos livros, minha pesquisa teria sido menos extensa e mais difícil.

Tenho uma profunda dívida de gratidão com Dimitry Lehovich e com o professor Robert Williams, do Williams College, cada um dos quais leu todo o manuscrito e ofereceu numerosas sugestões úteis. Nenhum dos dois é responsável por quaisquer erros de fatos ou julgamento que possam aparecer no livro. Em pontos específicos, busquei o conhecimento do padre James Griffiths, da Igreja Ortodoxa, de Svetlana Umrichin e Evgenia Lehovich. Os três também me deram constante encorajamento para o projeto como um todo.

Meu entendimento dos problemas médicos da hemofilia foi obtido numa sucessão de entrevistas e conversas com os doutores Kenneth Brinkhous, Martin Rosenthal, o falecido Leandro Tocantins, Oscar Lucas, David Agle e Ake Mattson. Para questões específicas relativas a este livro, e por seu dedicado apoio ao longo dos anos, sou profundamente grato ao dr. Leroy Engel e ao dr. Herbert Newman.

Dentre aqueles que por palavras e obras me deram permanente estímulo durante os longos meses de escrita, estão Suzanne e Maurice Rohrbach, o falecido N. Hardin Massie, Simon Michael Bessie, Alfred Knopf Jr., Robert Lantz e Janet Dowling, que, juntamente com Terry Conover, datilografaram o manuscrito. Meus filhos me sustentaram com seu inesgotável otimismo e dezenas de desenhos alegres.

A contribuição de minha mulher, Suzanne, é imensurável. Paralelamente a sua carreira de jornalista, ela me forneceu um fluxo constante de pesquisa para este livro. À noite e nos fins de semana ela lia e editava cada frase. Suas ideias e sugestões, minuciosamente registradas por mim em centenas de horas de gravações, me deram um ambiente constante de estímulo criativo. Sem sua ajuda este livro jamais teria sido escrito. Agora que foi terminado, é tanto dela quanto meu.

Robert K. Massie

NOTAS

Quatro fontes primárias são citadas de forma abreviada nestas Notas. O *Journal Intime* de Nicolau II é citado como "Diário de N". *As cartas do czar para a czarina 1914-1917* são citadas como "N para AF" e *As cartas da czarina para o czar 1914-1916* são citadas como "AF para N". *As cartas secretas do último czar: a correspondência confidencial entre Nicolau II e sua mãe, a imperatriz viúva Maria Feodorovna*, são citadas como "N para MF" para as cartas de Nicolau para sua mãe, e como "MF para N" para as cartas da imperatriz viúva para o filho.

PARTE UM
1 – 1894: A RÚSSIA IMPERIAL

25 "O curioso conglomerado": Paléologue, I, 93.
26 "Dividindo a cidade ao meio": Kennan, 3.
27 brisa do rio... entrar também o ar salgado: Paléologue, I, 348.
28 "*décolletage* da moda": Dehn, 44. "Ninguém pensava em ir embora": ibid., 44.
28 Nas recepções: Meriel Buchanan, 13; Vorres, 99.
28-29 Bailes imperiais: Mosolov, 192-202; Vorres, 100-1; Alexandre, 55-6, 161-2.
30 "Isso é o que vou fazer com seus dois ou três exércitos": Alexandre, 67.
30 czar Alexandre III: Mosolov, 4. "Um soberano que ela não consideraria": Bainbridge, 13.
30 "estar a ponto de lhe bater": Kaun, 130.
30 soprando seu grande fagote: Pares, 30.
31 Dagmar foi noiva do irmão: Vorres, 21.
32 sua imperatriz, e Maria brilhava: Alexandre, 723; Mosolov, 65; Vorres, 53, 57.
32 "Ficaram meia hora dançando a mazurca": MF para N, 44.
32 "Ele é tão festejado, tão empanturrado": MF para N, 45. O trem imperial descarrilou: Alexandre, 168; Vorres, 29.

2 – O CZAREVICH NICOLAU

33 Um dos irmãos, um principezinho chamado Alexandre: Alexandre, 165; Vorres, 21.
33 admirou o humor brilhante de George: Vorres, 34. George teve tuberculose: Alexandre, 120.
33 Gatchina tivesse 900 cômodos: Vorres, 24. Alexandre III se levantava às sete: ibid., 26. Simples catres do exército: ibid., 23.
34 "Nicolau estava com tanta fome": ibid., 36. Bombardeando com migalhas de pão: Mosolov, 5.
34 um tutor de dança: Vorres, 35.

34 "sumo sacerdote da estagnação social": Mazour, 36. "A mais dominante e maligna influência": Charques, 51. Frios olhos ascéticos: Vorres, 38.

34 "morada do 'Homem Mau'": Alexandre, 188.

34-35 "Dentre os mais falsos princípios políticos": Pobedonostsev, 32. "A instituição do Parlamento": ibid., 34-5. "A providência preservou nossa Rússia": ibid., 49.

35 Pobedonostsev atacava: Pares, *History*, 426-7. O problema dos judeus: Harcave, 21. "Não devemos esquecer": Florinsky, 1119.

35 Foi Pobedonostsev que escreveu o documento: "Introduction to Pobedonostsev, ix.

35 *Anna Karenina*: Paléologue, I, 314.

36 "É cedo para agradecer a Deus!": Pares, *History*, 403. "Para o palácio, para morrer lá": ibid., 403.

36 "O imperador está morto": Alexandre, 59-61.

36 "as lanças vermelhas brilhando": ibid., 61.

36-37 "com fé no poder e no direito da autocracia": Pares, *History*, 407.

37 jovem esguio, com 1,74m: Alexandre, 173. "Com seu jeito sempre terno, tímido, levemente triste": ibid., 77.

37 seu inglês era tão bom: Alexandre, 165.

37 O diário de N: Pares, 15. O estilo críptico, desprovido de emoção do diário de Nicolau, é frequentemente citado como evidência de um caráter raso. "É o diário de um ninguém", escreveu Charques, "de um homem transparentemente imaturo e de interesses patentemente insignificantes... trivialidade sobre trivialidade."

Todavia, esse tipo de diário não é condenado universalmente. Em certas circunstâncias, concisos, monótonos, eduardianos, esses diários foram considerados admiráveis e dignos de elogios: "Em 3 de maio de 1880...[ele] começou a manter um diário", diz o relato de um especialista em diários da realeza, "e desde então continuou sem interrupção até três dias antes de sua morte. Por 56 anos, em sua caligrafia clara, ele anotou diariamente o momento em que se levantou, os horários das refeições e a hora em que foi dormir. Adquiriu o hábito náutico de registrar a direção do vento, a condição do barômetro e o estado do tempo durante todo o dia. Anotava meticulosamente os lugares que tinha visitado, as pessoas que tinha conhecido, o número de pássaros e outros animais que havia abatido. Raramente se permitia algum comentário sobre assuntos pessoais ou públicos; seu diário é pouco mais que um catálogo detalhado de seus compromissos. Ele não era dessas pessoas para quem o ato físico de escrever vem com facilidade e com prazer; sua pena viajava devagar através da página. No entanto, só quando ele ficava gravemente doente permitia que sua mãe, suas irmãs e mais tarde sua esposa fizessem as anotações por ele. Seus diários cresceram para 24 volumes encadernados e trancados, cada um deles aberto por uma pequena chave de ouro. Para ele, os diários se tornaram parte da disciplina de vida."

Esse relato, com alterações muito pequenas, poderia ter se referido ao diário de Nicolau II. Na verdade, foi escrito por Harold Nicolson em sua biografia do primo de Nicolau, rei George V, pp. 15-16.

37 "Hoje, concluí... a minha educação": Radziwill, 37.
37-38 "Como sempre depois de um baile": Diário de N, 13. "Levantei-me às 10:30": ibid., 16. "Não fiquei arrasado de tristeza": ibid., 21.
38 "corremos como bobos": ibid., 14. Na temporada de inverno... em São Petersburgo: ibid., 12-31.
38-39 "o dia inteiro num estado de alegria": ibid., 25. Um telefone em seu quarto: ibid., 43. Batalhões de cossacos: ibid., 23.
39 Bangalô em Krasnoe Selo: Alexandre, 166.
39 "Estou mais feliz do que posso expressar": N para MF, 35.
39 "Nunca se esqueça de que todos os olhos": MF para N, 33. "Tentarei sempre seguir": N para MF, 36.
40 "Ficamos encharcados" etc.: Kaun, 133.
40 "Onde está Kschessinska?": Kschessinska, 28. "Seja a glória e o adorno do nosso balé": ibid., 28. "No coração de ambos nasceu uma atração": ibid., 29. "Jantar com as alunas": ibid., 29.
40 "Ah, vocês devem estar flertando": ibid., 33. "Achei que, mesmo sem estar apaixonado": ibid., 33. "Fofoquei na janela": ibid., 34.
41-42 "vilas e tufos de palmeiras": Diário de N, 33. "Nada que valha a pena contar": ibid., 33. "Dessa vez foi muito melhor": ibid., 34.
42 "fardas vermelhas por toda parte": ibid., 36. "Eu gostaria de pensar": MF para N, 42.
42-43 O atentado no Japão: Diário de N, 37-8; MF para N, 51; Alexandre, 167; Kschessinska, 35. "Recebi o ministro sueco": Diário de N, 45.
43 Vladivostock: Tupper, 83, 85.
43-44 Kschessinska novamente: Kschessinska, 37-42.
44 "Apesar de ele não falar abertamente": Kschessinska, 42. "Tivemos uma vida sossegada": ibid., 44.
44 "Fui nomeado membro": Diário de N, 46. "Exercícios com os hussardos": ibid., 14. "O quê? Mas você conhece o czarevich?": citado numa passagem introdutória no Diário de N, 45.
45 "Tio Bertie, é claro": N para MF, 59. "Mary é adorável": ibid., 59. Nicolau foi confundido com George: Buxhoeveden, 37; Hanbury-Williams, 89.
45-46 "Ela foi muito amável": N para MF, 60. Carreira de bailarina da pequena Kschessinska: Kschessinska, 47.
46 O fim do caso com Kschessinska: ibid., 50-1. "Terrível sofrimento infindável": ibid., 52.
46 "Eu não estava sozinha em minha dor": ibid., 53. O grão-duque Andrei: ibid., 78. Um filho: ibid., 89. Se casaram em Cannes: ibid., 209.

3 – PRINCESA ALIX

47 "Meu sonho é me casar algum dia com a princesa Alix": Pares, 33.
47 "Mamãe fez algumas alusões": Radziwill, 38.
47-48 Princesa Hélène e princesa Margareth: N para MF, 61.
48 "Oh, Senhor, como eu gostaria de ir para Ilinskoe": Pares, 33.
48 Nicolau insiste em Alix: Buxhoeveden, 33.
48 Saúde de Alexandre III: Mosolov, 33.
48 "Eles assassinam meu nome aqui": Buxhoeveden, 4. "Uma pessoinha doce, alegre": ibid., 4. "Sunny, de cor-de-rosa": ibid., 4.
49 Prússia e Hesse-Darmstadt: ibid., 3; Botkin, 24.
49 Darmstadt: Buxhoeveden, I; Almedingen, 7.
49-50 Lembranças da Inglaterra: Buxhoeveden, 2. Mrs. Orchard: ibid., 5. Charrete puxada a pônei: ibid., 6. Os peixes dourados: Almedingen, 14. Crinolina: Buxhoeveden, 6. O Natal: ibid., 7. Visitas à Inglaterra: ibid., 7, 9. Difteria: ibid., 9-10.
50 Distanciamento de Alix: ibid., 12. Interesse da rainha Vitória: ibid., 12.
51 Excelente aluna: ibid., 13-15. Casamento de Ella: ibid., 18-19. Nicolau presenteia Alix com um broche: Vyrubova, 19.
51 Visita de Alix à Rússia, 1889: Buxhoeveden, 23-4. Ilinskoe: ibid., 26-7.
52 Sentimentos de Alix por Nicolau: ibid., 21, 34. Príncipe Eddy: Pope-Hennessy, 183; Longford, 512.
53 Banjo: Buxhoeveden, 22. Itália: ibid., 31.
53 Chegada de Nicolau a Coburg: Diário de N, 48. "Que dia!": ibid., 49. "Tentei explicar": N para MF, 63.
54 Jantar em dois turnos: Diário de N, 50. A rainha Vitória com escolta dos Dragões: ibid., 49. Pressão do kaiser: N para MF, 64. "Profundezas da alma de Alix": Diário de N, 51.
54-55 "Um dia maravilhoso, inesquecível": ibid., 52. "Fomos deixados a sós": N para MF, 64. "'Vou me casar com Nicky!'": Almedingen, 23.
55 Comandos militares: Diário de N, 52. "Minha soberba Alix veio a mim": ibid., 52. "Tudo em meu coração estava brilhando": ibid., 52. "Passamos o dia respondendo": ibid., 53.
56 "Sua querida Alix": MF para N, 65, 66.
56 "Ela mudou tanto": Diário de N, 54.
56 "Ficamos um longo tempo juntos": ibid., 59. "É tão estranho": ibid., 57. "Que desgosto": ibid., 54. "Que tristeza": ibid., 60. "Um anel no dedo": ibid., 57. Gatchina: ibid., 62-3.
57 "para os braços da minha prometida": N para MF, 71. Walton-on-Thames: ibid., 71.
57 presentes de noivado: Buxhoeveden, 38. *sautoir* de pérolas de Fabergé: Bainbridge, 56. "Alix, não vá ficar muito orgulhosa": Buxhoeveden, 38; Dehn, 59.
57-58 "galopando como louco": Diário de N, 63. "Não posso me queixar": N para MF, 71.

58 "eu simplesmente tenho que me levantar": N para MF, 73.
58 "Sonhei que era amada": Diário de N, 76-7. "O que passou, passou": ibid., 78.
59 "vovó me ama tanto": N para MF, 74. Aldershot: Diário de N, 71.
59 "nasceu o filho de Georgie e Mary": Diário de N, citado por Catherine Radziwill, *The Intimate Life of the Last Tzarína* (Nova York, L. MacVeagh, Dial Press, 1928), 26.
59 "Em vez de mergulhar o bebê": Diário de N, 75. "Que criança linda e saudável!": N para MF, 73. "Georgie veio almoçar": Diário de N, 76.
59 "O amor foi apanhado": ibid., 81. "Dorme suavemente": ibid., 83.
59-60 navios da Marinha Real Alemã: ibid., 83. "Sou sua": ibid., 86. "Pois o passado é passado": ibid., 85.

4 – CASAMENTO

60 diagnosticou nefrite: Witte, 46; Mosolov, 44; Vorres, 63.
60 "meu dever de permanecer aqui": Diário de N, 90.
61 "tem sorvete na sala ao lado": Vorres, 64.
61 "Meu Deus, que alegria": Diário de N, 101. Chegada de Alix à Crimeia: ibid., 101. Trajava uniforme completo: Vyrubova, 20.
62 "Doce criança, reze a Deus": Diário de N, 103. "Seja firme e faça com que os médicos venham": ibid., 104.
62 "O Senhor chamou": ibid., 107.
62 "Vi lágrimas em seus olhos azuis": Alexandre, 168-9.
63 Os embalsamadores: Diário de N, 111. Na época, a Igreja Ortodoxa normalmente não permitia que embalsamassem os mortos. Todavia, eram feitas exceções no caso de soberanos que ficavam vários dias em exposição antes dos funerais.
63 "Mesmo em nossa grande dor": ibid., 110. "Alix leu lindamente": ibid., 110. "A verdadeira fiel grã-duquesa Alexandra Feodorovna": Buxhoeveden, 41.
63-64 "Mamãe, muitos outros e eu": Diário de N, 110. Os tios de Nicolau: Buxhoeveden, 41. "Meu querido papai foi transferido": Diário de N, 112.
64 para cruzar a Ucrânia: ibid., 114. Moscou: ibid., 114; Almedingen, 37. São Petersburgo: Diário de N, 115; Almedingen, 37-8. "Ela chegou aqui atrás de um caixão": Gilliard, 48.
65 "Recebi tantas delegações": Diário de N, 120. "Quase caí em soluços": ibid., 122.
65 "Todos os dias, depois do almoço": Pope-Hennessy, 301-2. "Os sentimentos": Buxhoeveden, 44. "Assim foi minha entrada na Rússia": Fülöp-Miller, 80.
65 O casamento: Diário de N, 125; Buxhoeveden, 43; Vyrubova, 21.
66 "Nicky é um homem de muita sorte": Pope-Hennessy, 300. "Quando saíram do Palácio de Inverno": Nicolson, 57. "Alix estava com dor de cabeça": Diário de N, 125.
66 "Finalmente unidos": Buxhoeveden, 50. "Jamais acreditei": Diário de N, 125; Buxhoeveden, 50.

67 seis cômodos no Palácio Anitchkov: Vorres, 71; Buxhoeveden, 45-6.
67 "Sou indescritivelmente feliz com Alix": Diário de N, 125. À noite Nicolau lia: ibid., 131. Passeios de trenó: Buxhoeveden, 47.
67 "É duro pensar": Diário de N, 126.
68 A sogra: Vorres, 72, 93; Buxhoeveden, 49; Vyrubova, 87.
68 As joias: Almedingen, 43.
68-69 "Ainda não consigo realmente me ver casada": Buxhoeveden, 44. "Sinto-me completamente só": Vyrubova, 21-2.
69 "quão intensamente feliz": Buxhoeveden, 51.
69 "Já está muito grande, chuta": N para MF, 96. "Triste por deixar Peterhof": ibid., 93-4.
69 "Está entendido, não é": MF para N, 100.
69-70 Nascimento de Olga: Diário de N, 132; Buxhoeveden, 56.
70 "Você nem imagina nossa imensa felicidade": Buxhoeveden, 56.

5 – A COROAÇÃO

70 começou a rachar o gelo do Neva: N para MF, 101.
70 "Acredito que devemos encarar": ibid., 107.
71 Palácio Petrovsky: Vorres, 74.
71 Casas caiadas, guirlandas, bandeiras: Bovey, 10, 32. Cossacos, camponesas, caucasianos, turcos: ibid., 14-15, 22.
71 Nicolau entra em Moscou: Bovey, 13; Kschessinska, 58. "Foi uma agonia": Kschessinska, 58.
71 O cortejo: Bovey, 15-17; Kschessinska, 58.
72 Escadaria Vermelha: Bovey, 21.
72 o cabeleireiro: Naryishkin-Kurakin, 148.
72 Descendo a Escadaria Vermelha: Bovey, 23-4.
73 Trono de Diamante e Trono de Mármore: Duncan, 165, 160.
73-74 A cerimônia de coroação: Buxhoeveden, 64-5. Ordem de Santo André: Izvolsky, 262.
73-74 Título de Nicolau: *Almanach de Gotha*, 79-80.
74 Nicolau desejou usar a Pac de Monomakh: Buxhoeveden, 64. Coroa imperial da Rússia: Alexandre, 157.
74 Homenagem da família: Vorres, 76.
75 saíram da catedral: Bovey, 25.
75 Descendentes de Susanin: Buxhoeveden, 66. Pergaminho e menu: Bovey, 26. Nicolau e Alexandra jantavam sozinhos: Vorres, 76.
75 coroa, tão grande que lhe chegava quase até os olhos: Bovey, 27.
75 Baile da coroação: ibid., 28, 30, 40.
76 iluminação especial: ibid., 33; Vorres, 77; Kschessinska, 59; Buxhoeveden, 66.
76 Campo de Khodynka: Alexandre, 171-2; Bovey, 35, 36; Buxhoeveden, 67-9.
77 Tapeçarias e rosas francesas: Vorres, 79. "Longe de se mostrarem insensíveis": Izvolsky, 259.

78 Balmoral na chuva: N para MF, 109-10.
78 "Ela é maravilhosamente boa": ibid., 110.
79 Poincaré, "Aqueles de nós que atingiram a maioridade": citado por Mansergh, 35.
79 brotos artificiais de castanhas: Buxhoeveden, 74. Policiais a cada vinte metros: N para MF, 112.
79 A visita à França: N para MF, 112-17; Buxhoeveden, 74-6.
80 capacetes alemães... escuro e sem graça: N para MF, 117.

6 – O NOVO CZAR

80 "Os vários assuntos que você me passou": N para MF, 82. "Antes de os ministros saírem de férias": ibid., 83.
80 "Preciso falar com você, querida mamãe": ibid., 88-9.
81 Os tios: Alexander, 137-40. "Mulheres rápidas e navios lentos": ibid., 139. *Anna Karenina*: Paléologue I, 152.
81 "vociferações de seus ameaçadores tios": Alexandre, 173.
82 Renda e propriedades imperiais: ibid., 156-63; Vorres, 94-6.
83 Nicolau preferia ser russo: Mosolov, 19-21. Pedro, o Grande: ibid., 16. Nicolau mais admirava Alexei: Izvolsky, 269. O baile da corte de 1903: Alexandre, 210-11; Buxhoeveden, 98-9; Izvolsky, 264.
83 um calendário com seus compromissos: Vyrubova, 55.
84 ajudante de campo... falar sobre política: Mosolov, 14.
84 Nicolau... relações com seus ministros: Pares, 52,59; Mosolov, 8-10.
84 homem de educação estreita: Harcave, 50.
84 "o jovem imperador trazia em si a semente do melhor": Witte, 96.
85 Zemstvo de Tver: Pares, 57; Florinsky, 1147.
85 "Fiquei muito contente": Kaun, 134.
85 Desconhecimento dos termos da aliança franco-russa: Florinsky, 1141.
85-86 Conferência de desarmamento de 1898: Florinsky, 1260-1. Witte se opôs: Witte, 96-7. Livro de Bliokh: Billington, 758.
86 "o maior contrassenso e baboseira": Tuchman, *Proud Tower*, 239. "Dissolvendo seus regimentos": ibid., 241. Conferência em Haia... tribunal permanente: Florinsky, 1261.
86-87 "Idade de Prata": Billington, 446; Florinsky, 1241-51; Mazour, 236-94. Sholom Aleichem: *Universal Jewish Encyclopedia*, 516-18.
88 Narodny Dom: Paléologue, II, 206-7.
88 "Ela deve comer presunto cru": MF para N, 128.
89 "esperamos um evento feliz": N para MF, 130. "Terminamos *Guerra e paz*": ibid., 132.
89 Morte do grão-duque George: Buxhoeveden, 84.
89 "Nicky foi realmente um anjo": ibid., 87.
89 "Alix cuidou de mim": N para MF, 140.

89 "anseio ver sua querida face": Buxhoeveden, 90.
89-90 "Não acredito realmente que ela se foi": ibid., 90. Alexandra destruiu as cartas em 1917: ibid., 91.
90 Alexandra aterrorizada num baile: ibid., 58.
90 silenciosa e fria: ibid., 58-9.
90 "As jovens damas de São Petersburgo": Vyrubova, 4; Botkin, 26.
90-91 Vestido muito decotado: Botkin, 26.
91 As damas se recusaram a tricotar: Vyrubova, 5. A família ficava indignada: Buxhoeveden, 60.
91 Comparação de Alexandra e Maria: Alexander, 169. Não havia meio de fazer amizades: Buxhoeveden, 59.
92 ela era a *Matushka*: Pares, 55.

7 – DOIS REVOLUCIONÁRIOS

92 Simbirsk: Kerensky, *Crucifixion*, 3; Fischer, 5; Payne, 47; Wolfe, I, 38.
93 "Do cume até a margem do rio": Kerensky, *Crucifixion*, 3.
93 Ilya Ulyanov: Wolfe, I, 45; Fischer, 6-8; Payne, 62. "Abotoou tristemente seu uniforme oficial": Fischer, 8.
94 Xadrez: Fischer, 8. "Excelente em tudo!": ibid., 7; Payne, 53. Morte de Ilya: Fischer, 9; Payne, 62; Wolfe, I, 52.
94 Bomba em um dicionário médico: Wolfe, I, 69; Payne, 68.
94 "Tentei matar o czar": Payne, 70. "Tenha coragem. Tenha coragem": Fischer, 11.
94 "A execução de um irmão como Alexandre": Kerensky, *Crucifixion*, 6.
94 "Certamente uma pessoa muito talentosa": Fischer, 12. "Você vai fazer o que mamãe está pedindo": ibid., 12.
95 graduou-se como primeiro da classe: Wolfe, I, 60. O uniforme azul: Kerensky, *Crucifixion*, 60.
95 "Muito talentoso, sempre asseado": ibid., 10.
95 Vladimir expulso da Universidade de Kazan: Fischer, 18. Maria comprou uma fazenda: Payne, 83. "Minhas relações com os mujiques": Wolfe, I, 95.
95-96 Começou a estudar leis em casa: Payne, 82; Wolfe, I, 96. Fracassou na prática jurídica: Payne, 89; Wolfe, I, 96. Começou a estudar Karl Marx: Wolfe, I, 108-9; Fischer, 20.
96 Para São Petersburgo: Wolfe, I, 111; Payne, 93. "Vladimir deu uma risada": Fischer, 22. Vladimir viajou para fora da Rússia: Payne, 105-7.
96-97 um baú de fundo falso: Payne, 108. "Se você começar falando diretamente contra o czar": Fischer, 31.
97 exilado político: Payne, 111-13. Shushenkoe: Fischer, 31-2; Payne, 111; Wolfe, I, 159-62.
97 A vida em Shushenkoe: Fischer, 32-3; Payne, 127-8. "Condição tragicômica": Fischer, 33.

98 "Era como viver num reino encantado": Payne, 128.
98 "nobre hereditário Vladimir Ilyich Ulyanov": Fischer, 34.
98 "Lênin": Wolfe, I, 183.
98 "Nicolau, o sanguinário": Fischer, 37.
98 Londres: Payne, 155-67; Fischer, 22, 38.
98 figura dominante no partido: Fischer, 42-3; Payne, 170.
99 A conferência de Bruxelas: Fischer, 39. Ratos e moscas: Wolfe, I, 286.
99 cruzaram o canal: ibid., 296.
99 Cisão bolcheviques e mencheviques: Payne, 174; Fischer, 40-1; Wolfe, I, 301-2.
99 "Dessa massa são feitos os Robespierres": Wolfe, I, 302.
99 "Lênin... 'força elemental' asiática": Kerensky, *Crucifixion*, 13.
100 Fedor Kerensky: ibid., 58-9.
100 "Desde meus primeiros vislumbres": ibid., 59. "Vejo-me na infância": ibid., 58.
100 "sineiro da igreja": ibid., 61. "Minha adoração juvenil pelo czar": ibid., 65. "Duvido que o ensino superior": ibid., 84.
101 Narodniki e marxistas: ibid., 112. "Altamente respeitável passatempo": ibid., 116.
101 "Era Páscoa": ibid., 162.

8 – O CONSELHO DO KAISER

102 O kaiser encoraja a Rússia a avançar para o Extremo Oriente: Izvolsky, 24, 48; Pares, 67.
102-103 A aparência de Guilherme: Balfour, 139. O bigode: ibid., 138. Seu braço esquerdo: ibid., 74; Cowles, 9. Seu aperto de mãos: Balfour, 139.
103 Apaixonado pela princesa Elizabeth: Cowles, 47-8.
103 "O kaiser é como um balão": Balfour, 126.
103-104 "Besteira!" "Mentiras!": ibid., 159. Um amistoso beijo no traseiro: Mosolov, 203. "Hábito de falar cada vez mais rápida": Balfour, 145. "Se o kaiser ri": ibid., 138.
104 "O Todo Mais Alto": Cowles, 77. Crânios africanos: Balfour, 159.
104 "Você pergunta como estava Guilherme": ibid., 111. "Virou um soldado alemão... de capacete Pickelhaube": Cowles, 124.
105 "somos obrigados a deixá-lo vestir": N para MF, 120. "Graças a Deus a visita germânica terminou": ibid., 121.
105 Alexandra detestava Guilherme: Mosolov, 203.
105 "sem o aparato moroso e indiscreto": Pares, 166. "A tarefa que nos foi dada pelo Senhor dos Senhores": ibid., 166.
105 "cair de joelhos rezando por você": ibid., 167. "Mais discursos e mais desfiles": Botkin, 103.
105 "Não é a amizade entre a França e a Rússia": Mansergh, 63-4.
106 "Vocês devem saber, meus homens": ibid., 55. "Claramente, o maior empreendimento": ibid., 52; Pares, 167; Balfour, 189.

106 "O almirante do Atlântico": Mosolov, 203.
107 "A Rússia não tem nada que fazer no Ocidente": Pares, *History*, 423.
107 "Precisamos amarrar a Rússia na Ásia oriental": Balfour, 189. "Boas notícias...": N para MF, 130.
108 "É evidente para qualquer mente aberta": Pares, 168.
108 "uma guerrinha vitoriosa": Witte, 250. Dia de Ano-Novo, 1904: Harcave, 37.
109 "Ainda tenho boas esperanças": Mansergh, 103. "Nicolau está causando grande dano a si mesmo": ibid., 104.
109 Telegrama do almirante Alexeiev: N para MF, 171-2. Diário de N, 157.
109 "agudo pesar pela armada": ibid., 159.
110 Exército e marinha inimigos: Pares, *History*, 440.
110 "notícias de inexprimível tristeza": Diário de N, 162.
111 "Minha consciência fica muito inquieta": N para MF, 173.
111 Alexandra no Palácio de Inverno: Vyrubova, 9.
111 O pessimismo de Rozhdestvensky: Kokovtsov, 46.
111 "Abençoe essa viagem, Senhor": Diário de N, 179.
112 Dogger Bank: Novikoff-Priboy, 26-32.
112 "Os ingleses estão muito zangados": N para MF, 174.
112 Navios extra: Kokovtsov, 46-9.
112-13 Tsushima: Novikoff-Priboy, passim; Mahan, 82-4, 263-82; Florinsky, 1276; Pares, *History*, 445; Charques, 117.
113 Nicolau recebe a notícia de Tsushima: Mosolov, 14-15.
113 "Na hora de desentupir o esgoto": Kokovtsov, 53.
113 "representante do maior império da Terra": Witte, 138-9.
113 "Posso dizer que consegui": ibid., 140.
114 "Envie a Witte minha ordem": ibid., 158.
114 "água gelada em vez de vinho": ibid., 144. "Não têm gosto culinário": ibid., 151. "As mais ingênuas opiniões": ibid., 162. "Não posso dizer que gostei dele": citado por Florinsky, 1261n.
114 "o imperador Nicolau se sentiu moralmente compelido": Witte, 161.
115 "Nenhum diplomata profissional": Izvolsky, 24. "Vou fazê-lo conde": N para MF, 175.
115 A atitude do kaiser: Kokovtsov, 391.
115 "Concordo plenamente": *Willy-Nicky*, 74-5.
115 Björkö: Cowles, 215; Balfour, 258.
116 "você já não encontrará seu imperador vivo": Cowles, 219.
116 "Sua Aliada deixou-o notoriamente": *Willy-Nicky*, 130-2.

9 – 1905

117 Plehve: Pares, *History*, 408, 425.
117 Pogrom de Kishenev: Harcave, 35. "Para os devotos... russos ortodoxos": Sacher, 80-1.

117-18 Socialismo policial: Harcave, 39.
118 padre George Gapon: Harcave, 66; Mazour, 352-3.
118-19 Greve da Putilov: Harcave, 70-2. A visão de Gapon: ibid., 81, 88.
118 juiz William Howard Taft: Tuchman, *Proud Tower*, 409. Theodore Roosevelt: ibid., 424.
119 "exploradores capitalistas, canalhas": Mazour, 354-5.
119 Bênção das Águas: Harcave, 77-8.
119-20 No dia anterior: ibid., 83-5.
120 "Foram enviadas tropas": Diário de N, 207.
120 A marcha: Harcave, 88-9.
120 Número de mortos no "Domingo Sangrento": Pares, 79.
120-21 "Não temos czar": Mazour, 355. "Criatura manchada de sangue" e "assassino ordinário": Virginia Cowles, *The Gay Monarch* (Nova York, Harper, 1956), 346.
121 "Nicolau Romanov... assassino da alma": Mazour, 356. Morte de Gapon: Harcave, 95; Mazour, 357; Florinsky, 1172.
121 "Um dia doloroso": Diário de N, 207.
121 A sugestão de Witte: Harcave, 121. Os trabalhadores no palácio: Kokovtsov, 39-40.
121 Carta de Alexandra: Buxhoeveden, 108-10.
122-23 grão-duque Sérgio assassinado: Vyrubova, 13; Paléologue, I, 156-60. O Convento de Maria e Marta: Paléologue, I, 161.
123 "Fico doente ao ler as notícias": N para MF, 183.
123 O encouraçado *Potemkin*: Harcave, 156. Greve geral de outubro: ibid., 179, 183; Charques, 124.
124 O soviet: Pares, 85; Harcave, 188; Mazour, 358.
124 "Assim começaram os calmos dias aziagos": N para MF, 184-5.
125 "Tenho uma Constituição na cabeça": Von Laue, 25.
125 "Na universidade trabalhei dia e noite": Witte, 13.
125 "Atingi o sucesso": ibid., 19.
125 "Não seria exagero": ibid., 52.
125 "Tolos!": ibid., 76.
126 "ela obteve o divórcio": ibid., 35.
126 "um jovem bondoso e bem-criado": ibid., 179.
126 "não faltam dotes físicos a Alexandra": ibid., 198.
126 "o único homem que pode ajudá-lo agora é Witte": MF para N, 180.
126 "eu me mato em sua presença": Witte, 247; Mosolov, 90; Vyrubova, 26; Pares, 86.
127 O texto do Manifesto de Outubro: Harcave, 196.
127 "três galos cocoricando ao mesmo tempo": ibid., 211.
127 "O proletariado sabe": Florinsky, 1.178-9.
127 Centenas Negras: Harcave, 204.
128 Lênin na Rússia: Fischer, 51. "Vão em frente, atirem!": ibid., 54.

128 Cartas de Nicolau sobre Witte: N para MF, 188, 192, 195, 211.
128 "Ao imperador de Todas as Rússias": Harcave, 249.
129 "À sua frente está o mais feliz dos mortais": Kokovtsov, 124.
129 "Enquanto eu viver": N para MF, 120.
129 200 mil rublos: Kokovtsov, 332.
129 "Um grande dia que jamais será esquecido": Diário de N, 174.
129 Nascimento de Alexei: Vyrubova, 10. A Rússia celebra: Buxhoeveden, 103.
130 Sua Alteza Imperial: Almedingen, 80.
130 O batizado: Diário de N, citado por Catherine Radziwill, *The Taint of the Romanovs* (Londres, Cassell, 1931), 179-80; Buxhoeveden, 104.
130 "Alix e eu estamos muito preocupados": Diário de N, citado por Catherine Radziwill, op. cit., 181.
130 "houve novamente algum sangue": ibid., 181.
131 "Tenho a secreta convicção": Paléologue, I, 98.

PARTE DOIS
10 – A CIDADE DO CZAR

135 "Tsarskoe Selo era um mundo à parte": Botkin, 18.
135 O parque de Tsarskoe Selo: ibid., 15-17; Alexander, 158, 163; Meriel Buchanan, 66. Os cossacos: Paléologue, I, 244.
136 Construção dos palácios: Botkin, 16. Uma redoma de vidro que preservasse aquela obra-prima: ibid., 17.
136-37 No interior do palácio: Almedingen, 187-8. Guarda Imperial: Paléologue, I, 243-5.
137 Polícia do palácio: Vyrubova, 158; Botkin, 62.
137 "Resplandecentes em suas ligas brancas como a neve": Bykov, 34.
137 O protocolo da corte: Botkin, 32.
138 "Aconteceu alguma coisa?": ibid., 58.
138 "Você está recebendo": ibid., 83.
138-39 conde Vladimir Fredericks: Mosolov, 101, 111, 127; Vyrubova, 93. "A própria personificação da vida da corte": Paléologue, I, 20-1.
139 "Fredericks foi anunciar o príncipe a Sua Majestade": Botkin, 41. "Oh, pensei que o senhor fosse outra pessoa": ibid., 41.
139 Orlov: Mosolov, 122, 163; ibid., 43-4.
140 "o pequeno país encantado de Tsarskoe Selo": Botkin, 61.
141 "Eles não eram soldados": Vyrubova, 9. Jim Hercules: Vorres, 26.
141 Rotina de Alexandra: Vyrubova, 56, 84. Dormiam na mesma cama: Vorres, 128. O quarto: Dehn, 66. Capela e banheiro: ibid., 67.
142 o *boudoir* malva: Vyrubova, 54, 70; Dehn, 70; Buxhoeveden, 51-2.
142 Conversavam em inglês: Vyrubova, 73.
142 "Sunny": ibid., 59. Gorjeio de um pássaro: ibid., 3-4.
142-43 Vestidos de Alexandra: ibid., 55. Seu banho: Dehn, 66. Seus cabelos: Vyrubova, 74. "Somente rubis hoje": ibid., 74.

143 "Você realmente gosta dessa saia?": Dehn, 68.
143 Mme. Brissac: Vorres, 93. Lingerie e sapatos: Dehn, 68.
144 "Avançando por entre as moitas de folhagens": ibid., 39.
144 Dr. Botkin: Botkin, 29-30. Collies ingleses: Vyrubova, 16.
144 padre Vassiliev: Botkin, 80-1.
145 À mesa imperial: Mosolov, 225-9; Almedingen, 120-1. Cubat: Vyrubova, 76.
145-46 "preparar a carruagem de Sua Majestade": ibid., 159. O cocheiro: Botkina, 8. supervisão policial: Vyrubova, 159. Entregar petições: Spiridovich, I, 72. Orlov e a moça chorando: ibid., I, 73.
147 Chá: Vyrubova, 57-8.
147 "Embora minha audiência fosse particular": Paléologue, I, 190.
148 "Receio tê-lo deixado exausto": ibid., 197.
148 Noites: Vyrubova, 58-9.
148-49 "enunciação notavelmente clara": ibid., 61. Os livros do czar: Mosolov, 31. "Ele não suportava ver": Vyrubova, 56.
149 biscoitos ingleses: Vorres, 128.

11 – "OTMA" E ALEXEI

149 ouvir os passos das meninas: Vyrubova, 54. Os quartos das crianças e as babás: ibid., 77; Vorres, 107.
149 "Certa vez ela até esqueceu Maria no banho": Vorres, 107.
150 Descrições das quatro meninas: Gilliard, 73-7; Buxhoeveden, 153-60; Dehn, 75-80; Vorres, 108-12; Kobylinsky, 220-1; Gibbs, in Wilton, 254-5.
150 "Espere, mamãe, até eu saber": Botkin, 45.
150 "*Merde!*": Gilliard, 74.
150 "Via-se que era filha de um imperador": Kobylinsky, 220.
152 OTMA: Gilliard, 73.
152 "Sempre emprestamos umas às outras": Buxhoeveden, 159.
152 "Minha mãe pede que você vá lá": Botkina, 11.
152 "Por obséquio, Sua Alteza Imperial": Buxhoeveden, 158.
153 "As meninas aproveitavam cada momento": Vorres, 112.
153 "O Par das Grandes" e "O Par das Pequenas": Vyrubova, 77; Gilliard, 75.
153 penteadeiras cheias de babados, perfumes etc.: Dehn, 78.
154 uma criança de muletas: Buxhoeveden, 159.
154 "Alexei era o centro dessa família": Gilliard, 72.
154 "meu pequeno czarevich": Mosolov, 29-30.
155 Primeiros sinais da hemofilia: Vyrubova, 81.
155 "que o pequenino Alexei bateu com a testa": MF para N, 231.
156 aparelhos ortopédicos: Pares, 132.
156 Derevenko e Nagorny: Gilliard, 38.
156 'Levante meu braço', 'Ponha minha perna para cima': Vyrubova, 81.
157 O episódio do morango: Mosolov, 53.

157 "Ele gozava totalmente a vida": Gilliard, 40.
157 "Derevenko diz que é assim": ibid., 85.
157 "Vão embora, meninas": Dehn, 82.
157 "Quando o herdeiro do trono russo entra": Catherine Radziwill, *The Taint of the Romanovs* (Londres, Cassel, 1931), 197. "Foi muita gentileza sua": Buxhoeveden, 151. "Para ilustrar e escrever os versos": Botkin, 76.
158 "Posso ter uma bicicleta?": Vyrubova, 81.
158 "reação temerária": Agle, 79.
158 Bicicleta na revista da guarda: Narrado ao autor pelo falecido sr. Oleg Rodomar, que assistiu à cena.
158 "Todos os adultos para fora!": Botkina, 13.
158 "estradas de ferro com bonecos de passageiros": Fülöp-Miller, 82.
159 Joy: Vyrubova, 84. Vanka: Gilliard, 71.
159 A marta: Mosolov, 55-9.
160 Companheiros: Vyrubova, 83-4.
160 "Felizmente, as irmãs gostam de brincar com ele": Gilliard, 71.
160 "Gosto de pensar e imaginar": Radziwill, op. cit., 199.
161 "Às vezes, suas visitas cessavam": Gilliard, 26.
161 "bem alto para a idade": ibid., 40. "Uma criança que mal suportava uma correção": ibid., 39.
161-63 Relato de Gilliard: ibid., 38-43.

12 – A AGONIA DE UMA MÃE

165 príncipe Leopold: ibid., 257-8, 398. Uma mordida na perna: Balfour, 75.
165 "na nossa família não há essa doença": Longford, 235.
166 "Sua Alteza Real": McKusick, 89. "A peculiar capacidade do príncipe": ibid., 90.
166 A reação de Vitória: Longford, 398. Ordem da Liga: ibid., 367.
166 "Ela não pode consentir": McKusick, 90.
166-67 Voluntários de Balmoral: Longford, 398. Leopold fugiu e passou duas semanas em Paris: ibid., 422. Casou-se: ibid., 447.
167 Morte de Leopold: McKusick, 90. "Pelo querido Leopold": Longford, 461.
167 Frittie: McKusick, 91.
167-68 Drs. Otto e Nasse: ibid., 88.
168 "É previsível": Haldane, *Sang Royal*, 39.
168 "Nossa pobre família parece perseguida": McKusick, 88.
170 "Vi o czarevich no colo da imperatriz": Vyrubova, 16.
170 "Vi que ela [Alexandra] estava transfigurada": Gilliard, 205.
171 balançam tristemente a cabeça: ibid., 251.
172 "Deus é justo": Pares, 133. Capela privativa: Kokovtsov, 449; Pares, 132; Fülöp-Miller, 112, 122.
172 "Deus me ouviu": Gilliard, 52. Sentimento de culpa: Kokovtsov, 451; Gilliard, 53.

173 "Preciso ter alguém para mim": Buxhoeveden, 166.
173 compulsão a ajudar os outros: Gilliard, 127.
173 "A imperatriz teve grande influência moral": Buxhoeveden, 169.
174 "Eu me sinto mais perto dela assim": ibid., 214.
174-75 Ana e Alexandra: Vyrubova, 28; Dehn, 48. "Lembro-me de Vyrubova": Botkina, 8.
175 tenente Boris Vyrubov: Vyrubova, 30; Pares, 128.
175 "Agradeço a Deus": Vyrubova, 23. "Agora você está inscrita": Pares, 128.
176 "Quando Suas Majestades vinham tomar chá": Vyrubova, 35.
176 Ana no palácio: Paléologue, I, 229.
176 "Nenhum favorito real": Fülöp-Miller, 95; Paléologue, I, 229.
177 "Nunca darei a Ana uma posição oficial": Dehn, 49.
177 "um veículo", "um disco ideal de gramofone": Pares, 129.
178 clinicamente declarada virgem: Vyrubova, 395; Kerensky, *Crucifixion*, 170.
178 A saúde da imperatriz: AF para N, 272, 284, 289, 295, 296, 298, 299, 301, 302, 305, 308, 360; Vyrubova, 10-11; Buxhoeveden, 197.
178 "de fato uma mulher doente": Vorres, 130.
178 "a fraqueza dos vasos sanguíneos da família": Kobylinsky, 219.
179 "Tenho estado doente quase todo o tempo": Buxhoeveden, 128. "Não pense que minha doença me deprime": ibid., 126.
179 "Ela passa a maior parte do dia na cama": N para MF, 248. "Botkin a convenceu a ir para Nauheim": ibid., 254. "É tão triste e doloroso vê-la": MF para N, 237-8.
180 "ele tem um problema de circulação": Marye, 394.

13 – O PROGRESSO REAL

182 "nesse atoleiro": Kokovtsov, 304.
182 O trem imperial: Mosolov, 241-5; Vyrubova, 97.
182 *zakouski*: Vyrubova, 97; Bruce Lockhart, 57; Mosolov, 224.
183 Calor e desconforto: N para MF, 247. Bandejas de prata como tobogãs: Mosolov, 55.
183 Fiordes da Finlândia: Gilliard, 97.
183 O *Standart*: Mosolov, 246.
184 Informalidade a bordo do iate: Botkin, 10; Almedingen, 120.
184 "Durante as apresentações da ópera *Aída*": Vorres, 92. Os marinheiros-babás: Vyrubova, 29.
185 Nicolau na praia: ibid., 18, 28-9. Alexandra a bordo: ibid., 18, 29.
185 "como qualquer avó": ibid., 88. Oração da Noite: ibid., 29. As ondas já embalavam o sono: ibid., 18.
186 Naufrágio: Mosolov, 247; Vyrubova, 33, Buxhoeveden, 114.
186 "O imperador, muito em desalinho": Vyrubova, 33.
187 "Em terra e no mar havia bailes e jantares": Heckstall-Smith, 77.

187 príncipe Albert com muita tosse: Wheeler-Bennett, 42.
187 "foi a única vez que vi o czar Nicolau": Windsor, 69.
187 "o querido tio... muito gentil e atencioso": Buxhoeveden, 122.
187-88 "Ele disse que ficaria muito feliz": N para MF, 122. "Essa brincadeira dele... foi de gosto muito duvidoso": MF para N, 125.
188 "A visita do imperador Guilherme foi um sucesso": N para MF, 269.
188 Primavera na Crimeia: Vyrubova, 36.
189 "Ver uma cavalgada de tártaros": ibid., 38.
189 O palácio de Livadia: ibid., 41-3; Botkina, 13.
189-90 A imperatriz em Livadia: Vyrubova, 39.
190 "O pequeno Alexei e eu vimos da praia tudo acontecer": Vorres, 110.
190 "Alexei acabou de entrar": N para MF, 250.
191 "Madame, isso é para pôr o guarda-chuva": Botkina, 9.
191 O czar em Livadia: Vyrubova, 39.
191 Marcha de Nicolau com farda de soldado raso: Mosolov, 22; Botkina, 9-10.
191-92 Páscoa em Livadia: Vyrubova, 47.
192-93 Fabergé: Esse relato sobre o mestre joalheiro e sua arte se baseia fortemente em Bainbridge e Dennis. Além disso, vi coleções de Fabergé no Metropolitan Museum, em Nova York, na casa de Mrs. Merriweather Post, em Washington, D.C., no Kremlin, em Moscou, e no Hermitage, em São Petersburgo.
194 Ovo de Páscoa da Grande Ferrovia Siberiana: Tupper, 269-70.
194 "Elas precisam conhecer as tristezas": Buxhoeveden, 180.
194-95 Alexei no bazar de caridade: Vyrubova, 26.
195 Festas em Ialta: Vorres, 56; Vyrubova, 44.
195 o emir de Bokhara: Vorres, 92; Vyrubova, 39.
195 O colar de Olga: Vyrubova, 43.
195 Baile de aniversário de Olga: ibid., 44-5.

14 – "O PEQUENINO NÃO VAI MORRER"

196 Querida Madgie: Buxhoeveden, 129.
197 Centenário de Borodino: Botkin, 89. "Um sentimento compartilhado de profunda reverência": N para MF, 270.
197-98 As cerimônias em Moscou: N para MF, 273; Bruce Lockhart, 74. "Alexei pegou uma taça de champanhe": N para MF, 274.
198 Bialowieza: Mosolov, 251. "O tempo está quente": N para MF, 274. Alexei caiu entrando num barco: ibid., 275.
198 Na casa de Spala: Vyrubova, 91. Estrada dos Cogumelos: ibid., 92. Homens seguravam tochas: ibid., 91.
198-99 "[Alexei] parecia... doente desde o princípio": Gilliard, 28.
199 "uma experiência de horror": Vyrubova, 92.
199 Botkin examinou: N para MF, 276. "Os dias entre o 6º e o 10º foram os piores": ibid., 276. Os gritos perfuravam as paredes: Gilliard, 29.

200 "Mamãe, me ajude": Buxhoeveden, 132.
200 "Eu mal conseguia ficar no quarto": N para MF, 276. Nicolau chorando: Vyrubova, 93.
200 "Quando eu morrer, não vai doer mais, vai, mamãe?": Buxhoeveden, 132. "Faça um pequeno monumento de pedras para mim": Vyrubova, 93.
200 a rotina da casa permanecia igual: Gilliard, 29, 31.
200 "Eu via a czarina na primeira fila": ibid., 29.
201 boletins médicos: ibid., 30. Orações: ibid., 31.
201 "Todos os criados, os cossacos": N para MF, 277.
201 parecia que o fim havia chegado: Vyrubova, 93.
202 "O pequenino não vai morrer": ibid., 94.
202 "Os médicos ainda não observaram uma melhora": Paléologue, I, 148.
202 "decidimos dar-lhe a sagrada comunhão": N para MF, 276-8.
203 "Não concordo com meus colegas": Mosolov, 151-2. "A recuperação foi totalmente inexplicável": Vorres, 143.
203 "É impossível prever": M. Litten, *Hemorrhagic Diseases* (Nova York, W. B. Saunders and Co., 1905).
204 Dr. Poinsard: Brinkhous, 249-53.
205 a casa imperial retornou à normalidade: Vyrubova, 95-6.
205 "a recuperação de Alexei será muito lenta": N para MF, 277-8. A viagem de volta para casa: Mosolov, 152; Vyrubova, 97.
205 A perna de Alexei: Gilliard, 32; Vyrubova, 93. Banhos de lama: Gilliard, 37.

15 – RASPUTIN

206 O aparecimento de Rasputin: Fülöp-Miller, 3-4; Iliodor, 92; Pares, 135.
206-207 Os olhos de Rasputin: Vyrubova, 153; Iliodor, 209; Paléologue, I, 292.
207 "O *starets* me fez deitar num sofá": Yussoupov, 208.
208 "Bem, meu querido": Yussoupov, *Rasputin*, 103.
208 Rasputin e as camponesas: Fülöp-Miller, 6-7.
209 "Ele [Rasputin] correu os olhos pálidos sobre mim": Rodzianko, 24.
209 "Quando Rasputin entrou em meu gabinete": Kerensky, *Murder*, 46.
210 "Quando escolhemos nosso *starets*": citado por Gilliard, 54.
211 "Rasputin" significa "dissoluto": Paléologue, I, 138; Pares, 134.
211 O ladrão do cavalo: Fülöp-Miller, 14-15. O libertino: ibid., 16.
211 Verkhoturye: ibid., 17-18; Pares, 134.
212 Khlysty: Paléologue, I, 139; Fülöp-Miller, 19, 30-2; Wilson, 38. Praskovie Rasputin: Rasputin, 45; Fülöp-Miller, 45. "Ele tem bastante para todas": Pares, 145.
212 "Gregório virou peregrino por preguiça": Wilson, 33.
213 João de Kronstadt, Teófano, Hermógenes: Fülöp-Miller, 54-7.
214 "Conhecemos um homem de Deus, Gregório": Pares, 137; Fülöp-Miller, 145; Almedingen, 117.

214 Philippe Vachot: Paléologue, I, 203-10; Pares, 131.
215 credenciais impecáveis: Gilliard, 62.
215 Histórias antes de dormir: Vyrubova, 161; Fülöp-Miller, 141.
215 "Quer conhecer um camponês russo?": Vorres, 138.
215 Comportamento de Rasputin no palácio: ibid., 140.
216 "apenas um russo bom, religioso e simplório": Rodzianko, 11; Pares, 139; Paléologue, II, 93.
216 "Foi a doença do menino que trouxe Rasputin": Pares, 138. "Chamem do que quiserem": ibid., 138. "A presença de Rasputin no palácio": Gilliard, 84.
217 "Rasputin tomou o império": Haldane, 39.
217 General Beletsky: Pares, 138.
217 Dr. Lucas: Lucas, passim.
217-18 Relação entre emoções e sangramento: Os drs. Agle, Mattsson e Gross, Poinsard (em Brinkhous) e Lucas, todos descrevem essa relação.
218 "O poder, a força nervosa... dos olhos de meu pai": Rasputin, 39.
219 "Não há dúvida quanto a isso": Vorres, 142.
219 "A pobre criança jazia em dores": ibid., 142.

16 – O DEMÔNIO SAGRADO

220 Roupas de Rasputin: Vorres, 141.
221 "sua curiosidade, desenfreada e embaraçosa": ibid., 139.
221 "No *boudoir* de Alicky": ibid., 139.
221 "Nossos olhos se encontraram": Dehn, 100.
222 "Venha, minha linda égua": Fülöp-Miller, 271. "Sim, sim, meus queridos": ibid., 271.
222 "enfiando as mãos sujas em sua sopa de peixe favorita": Pares, 140.
222 "Ele tinha ofertas demais": Pares, 142.
222-23 "As mulheres encontravam em Gregório Efimovich": Fülöp-Miller, 207.
223 "Você estaria disposta a ceder a ele?": ibid., 206-7.
223 "Você acha que a estou poluindo": ibid., 215.
223 "Rasputin estava lá": Vorres, 139.
223 "Oh, por favor, ele quer tanto vê-la": ibid., 140.
224 O episódio Tiutcheva: Fülöp-Miller, 146; Gilliard, 62-3; Mosolov, 163-4.
224 distância entre as duas irmãs: Paléologue, I, 161.
224 alvoroço em São Petersburgo: Rodzianko, 31.
225 "Joguei-o na própria arapuca": Iliodor, 202.
225 "não é um mero assunto de família": Rodzianko, 27-8.
225 "Um dá uma tábua": Iliodor, 67; Fülöp-Miller, 60.
225-26 Rasputin em Tsaritsyn: Iliodor, 108. "Gregório, você é o Cristo": ibid., 111.
226 "Pode escolher": ibid., 116.
226 "Meu amado, inesquecível professor": Moorehead, 72.
226 eles eram amantes?: Pares, 145; Kokovtsov, 299.

227 "Você está quebrando nossos vasos sagrados!": Pares, 146; Iliodor, 233-4.
227 "Nunca, em lugar nenhum": Pares, 146; Iliodor, 238. A vingança de Rasputin: Kokovtsov, 293.
227-28 Iliodor mostra as cartas: Iliodor, 255.
228 "Curvaram-se diante do demônio": Pares, 150.
228 "Minha intenção era começar uma revolução": Iliodor, 269.
228 60 mil rublos: Vyrubova, 172, 399.
228-29 Rasputin evitou o palácio: ibid., 160.
229 "Os santos são sempre caluniados": Botkin, 123. "Ele é odiado porque nós o amamos": Vyrubova, 162.
229 "Fui muitas vezes à moradia de Rasputin": ibid., 165. "Rasputin não tem um harém": ibid., 166.
229 "Rasputin é um Jano": citado por Almedingen, 127.

17 – "QUEREMOS UMA GRANDE RÚSSIA"

231 "Não temos medo... queremos uma grande Rússia": Kokovtsov, 184; Pares, 112.
231 "Sua capacidade de trabalho": Izvolsky, 98. "Nobreza, coragem e dedicação": Kokovtsov, 165. "Um homem ideal para negociar": Buchanan, I, 160.
231 "Não posso lhe dizer": Pares, 111.
231 Stolypin em Saratov: Pares, 94.
232 "um homem velho... e suíças à moda de Piccadilly": Virginia Cowles, *The Gay Monarch* (Nova York, Harper, 1956), 340.
232 "Stolypin nos disse": Kokovtsov, 153.
232 "gravata de Stolypin": Charques, 161; Kerensky, *Crucifixion*, 121.
232-33 O atentado à vida de Stolypin: Kokovtsov, 163-4; Florinsky, I.195.
233 Proposta de Nicolau de vender terras da Coroa: Harcave, 251-2.
234 "Se isso continuar": Wolfe, II, 31. "Capaz de encarar a verdade de frente": Fischer, 54.
234-36 Abertura da Primeira Duma: Kokovtsov, 129-31. "O poder executivo deve se curvar": ibid., 140. "Fora! Fora!": ibid., 143, 145.
236 "As sessões da Duma são retomadas aqui": ibid., 155.
236 o teto da sala despencou: ibid., 170.
236-37 uma casa de loucos: ibid., 171. Esquemas com a polícia: ibid., 182-3. 'Mãos ao alto!'... 'Não temos medo!'": ibid., 172.
237 "Uma grotesca comissão está vindo da Inglaterra": N para MF, 219.
237 "Tudo estaria bem": N para MF, 228. Zurabov: Kokovtsov, 179-80.
237 A Terceira Duma: ibid., 197-8, 209; Florinsky, I.200; Pares, 109.
238 "Poderá um inglês criado na tradição de Gladstone": Pares, 117.
239 "Ela não pode ser acusada": Kokovtsov, 222. "A Duma começou depressa demais": Pares, 118.
239 Stolypin e Witte: Pares, 110.

239-40 Stolypin e Rasputin: Rodzianko, 24. A saúde de Stolypin enfraqueceu: Kokovtsov, 249.
240 'o coração de um czar está nas mãos de Deus': ibid., 167.
240 Stolypin se demite: ibid., 263; Pares, 123. "Não se trata de uma questão de confiança": Kokovtsov, 223.
240 "Não posso aceitar sua demissão": ibid., 264.
241 "Infelizmente, meu filho é bondoso demais": ibid., 266.
241 Stolypin espera demissão: ibid., 268. Queixou-se com amigos: ibid., 271.
241 "somos supérfluos": Pares, 124. "A morte está atrás dele!": ibid., 143.
242 Assassinato de Stolypin: Kokovtsov, 272; Vorres, 126.
242 "Olga e Tatiana estavam comigo": N para MF, 264-5.
242 Bogrov: Buchanan, I, 156-7; Florinsky, 1.204.
243 "Não sei dizer o quanto estou pesarosa": MF para N, 262.
243 O czar é aconselhado a partir imediatamente de Kiev: MF para N, 262. "Voltei a Kiev na noite de 3 de setembro": N para MF, 265-6. "Fui imediatamente à clínica": ibid., 266. O czar comparece ao serviço religioso: Kokovtsov, 276.
243 Kokovtsov evita um pogrom: ibid., 273-4.
244 "Foi-me... concedida a mais calorosa recepção": ibid., 281. 'Noto que fica fazendo comparações': ibid., 283.
245 "Por incrível que pareça": ibid., 291. "Embora fossem absolutamente impecáveis": ibid., 290. "Acreditamos que as cartas eram apócrifas": ibid., 293.
245 "esse malicioso conspirador": Rodzianko, 33-4. Cai a censura: ibid., 8, 31. Histórias impublicáveis: Almedingen, 124.
246 "Estou simplesmente sufocando": Pares, 152. "Esse caso repugnante": Kokovtsov, 294, 303-4. O casal imperial não entendia o significado de liberdade da imprensa: Mosolov, 176-7.
246 "Ela chorou amargamente": Kokovtsov, 295-6. "O imperador... é tão puro de coração": Rodzianko, 38.
246-47 Entrevista de Rodzianko: ibid., 40-1. "Leu o relatório de Stolypin?": ibid., 46.
247 'Quem é? Um *Sabler*?': ibid., 53. Livadia: ibid., 59. "O imperador é um santo": Pares, 149.
247 "Lembre-se, Vladimir Nicolaievch": Kokovtsov, 78.
248 "Deus permita que a nova Duma": ibid., 192. "Diga a verdade sem hesitar": ibid., 12.
248 "A princípio, gozei das boas graças": ibid., 454.
248-49 Carta de Nicolau a Kokovtsov: ibid., 418.
249 "Sou como um velho casaco de pele": ibid., 439.
249 "Sei que você é um homem honrado": ibid., 470.
250 General Beletsky: Pares, 151.

18 – A DINASTIA ROMANOV

252 "Uma guerra com a Áustria seria uma coisinha esplêndida": Wollfe, II, 306.
253 "Eu era tão feliz então": Vyrubova, 98.
253 "É claro que era Rasputin": Rodzianko, 76-7.
253-54 "A orquestra era toda composta por oficiais fardados": Vyrubova, 99.
254 Vestidos e joias de Alexandra: ibid., 99; Almedingen, 130.
254 "Ela estava tão doente": Buxhoeveden, 175. Apareceu no teatro Maryinski pálida: Meriel Buchanan,35-7.
254 Ovo Fabergé: Bainbridge, 72.
255 camponeses margeavam o rio: Vyrubova, 100. "Por onde quer que passássemos": Vorres, 130.
255 Moscou: Vyrubova, 101. "O czarevich foi carregado": Kokovtsov, 361-2.
255 "Vendo aquelas multidões entusiásticas": Vorres, 130.
255 "A viagem do czar": Kokovtsov, 360.
256 "Por que você me separou de minha esposa?": Fennell, 193.
258 "damas e cavalheiros... dormindo de botas seriam decapitados": Vorres, 47.
259 cálculos como passatempo: Paléologue, I, 325.
260 "Certamente, a última geração": Vorres, 114-15.
260 Divórcio na família imperial: N para MF, 165; Vorres, 116.
260 "Tive uma conversa muito séria": N para MF, 164-5.
261 Miguel e Alexandre III: Witte, 40-1. "Floppy": Vorres, 83.
262 o carro capotou: ibid., 93.
262 Dina: ibid., 80, 89.
262 "Três dias atrás Misha pediu": N para MF, 213.
262 amante de Miguel: Paléologue, II, 172.
262 "Vi uma jovem esbelta": ibid., 171.
263 Casamento de Miguel: Vorres, 118.
263 "Ele quebrou sua palavra": Vyrubova, 96.
263 "Um golpe terrível": N para MF, 253.
263 "O que me revolta mais do que tudo": ibid., 284.
264 Inverno 1913-1914: Meriel Buchanan, 71; Almedingen, 132. Nijinsky: Almedingen, 132.
264 Olga e Tatiana: Meriel Buchanan, 71. O trem para Tsarskoe Selo: Buxhoeveden, 181.
265 Lena Gold Mining Company: Kerensky, *Crucifixion*, 135-6.
265 "Ninguém podia nos expulsar dos tribunais": ibid., 135. "A comissão do governo se instalou numa casa": ibid., 137.
265 "extenuantes trabalhos de organização política": ibid., 181. "Naqueles dias": ibid., 193.
265 "Cheka czarista": ibid., 194.

19 – O LONGO VERÃO DE 1914

266 Rocha Vermelha: Gilliard, 92.
267 Visita à Romênia: Buxhoeveden, 181-3.
267 "Diga-me a verdade, monsieur": Gilliard, 94.
268 "Penso com terror": Sazonov, 110.
268 uma garotinha em idade escolar: Vyrubova, 89.
269 "Nunca tinha visto rostos mais felizes": Buchanan, I, 188.
269 Beatty: Bruce Lockhart, 88-90.
270 Áustria-Hungria: Mansergh, 116-20.
272 arquiduque era "um homem enérgico": ibid., 216.
272 Mão Negra: Balfour, 344.
273 "declaração de guerra da Sérvia": Mansergh, 219. Esmagar "a víbora sérvia": ibid., 132. "A monarquia, com mão certeira": ibid., 219. "Esse ato sangrento": ibid., 219. "A Sérvia deve ser eliminada": Pares, 182.
273-74 Alexei se machuca no *Standart*: Gilliard, 97.
274 atentado à vida de Rasputin: ibid., 97.
274 "Matei o Anticristo!": Rasputin, 21; Paléologue, I, 78-9.
275 "a Rússia possui um amigo confiável e verdadeiro": Mansergh, 170.
275 "M. Poincaré difere de muitos de seus conterrâneos": ibid., 170. "Gosto muito dele": Sazonov, 270.
276 "Nicolau II em uniforme de almirante": Paléologue, I, 12-13.
276 "Recordarei por muito tempo o fulgurante desfile de joias": ibid., 14.
276 "Um sol quente acendia a vasta planície": ibid., 21-2.
277-78 "Havia mesmo uma espécie de grandiosidade aterrorizante": ibid., 24-5. "É uma noite maravilhosa": ibid., 27-8.
278 Ultimato austríaco: Mansergh, 345.
278-79 "As exigências austríacas são tais": Pares, 181.
279 *"C'est la guerre européenne"*: Mansergh, 225; Florinsky, 1.315.
279 "Enquanto houver a mais leve esperança": Sazonov, 178.
279-80 Izvolsky e o estreito: Kokovtsov, 215; Sazonov, 32. "A Rússia poderá falar como no passado": Mansergh, 124. Izvolsky, um dândi: ibid., 122.
280 A anexação da Bósnia: ibid., 122-37.
280 "A impudência desavergonhada": N para MF, 234.
281 "Esperamos uma resposta precisa": Mansergh, 133. "Certamente não vamos lutar": N para MF, 236. "A atitude da Alemanha... foi simplesmente brutal": ibid., 239-40.
281 "Na história recente da Rússia": Mansergh, 134. Distrito militar de Kiev: Pares, *History*, 471.
281 "É a minha guerra! Minha guerra!": Alexandre, 259; Florinsky, 1.299; Mansergh, 136.
282 'Preste atenção, Nekliudov': Mansergh, 196.
282 Sazonov ganha tempo: Sazonov, 153, 177.

283 "Se Sua Majestade, o imperador Francisco José": Mansergh, 205. "Agora ou nunca": Sazonov, 160; Pares, 182. A mensagem do embaixador austríaco: Sazonov, 156.
284 'o velho Lichnowsky': ibid., 165.
284 Estado fantasma: Mansergh, 204.
284 "Agora, a Áustria vai ajustar as contas com a Sérvia": ibid., 221.
285 "Conde Pourtalès, a Rússia está decidida": Pares, 184.
285 "Agora que a Sérvia cedeu": Mansergh, 226.
285-88 Telegramas Willy-Nicky: Buchanan, I, 200-4. O telegrama referente a Haia não foi incluído por Buchanan e foi tirado de Paléologue, I, 270.
287 A raiva do kaiser: Cowles, 356.
287 "Não creio que Sua Majestade possa adiar": Sazonov, 201.
287 "Pense na responsabilidade": Paléologue, I, 45.
287 "O czar permaneceu em silêncio": Sazonov, 204-5.
288-89 Sazonov e Pourtalès: ibid., 212-13. "Nesse caso, senhor, meu governo me encarrega": Paléologue, I, 48.
289 Alexandra e filhas em Peterhof: Gilliard, 105-6.
290 "Ele nunca foi sincero; nem por um momento": Paléologue, I, 196-7.

PARTE TRÊS
20 – PELA DEFESA DA SAGRADA RÚSSIA

293 A cerimônia no Palácio de Inverno: Vyrubova, 106; Pares, 187; Almedingen, 133-4.
293 O czarevich chorando: Gilliard, 106.
293 *Salle* de Nicolau: Paléologue, I, 50; Buchanan, I, 212; Vyrubova, 107.
294 "Juro solenemente": Paléologue, I, 51.
294 a multidão se ajoelhou: Rodzianko, 109. *Deus salve o czar*: Gilliard, 112. "O senhor absoluto de seus corpos e suas almas": Paléologue, I, 52.
294 Moscou, Kiev, Odessa etc.: ibid., 74; Botkin, 105.
294-95 "*Vive la France!*": Paléologue, I, 57. "As bandeiras das três nações": ibid., 59.
295 Quebra-quebra da embaixada alemã: ibid., 58.
295 "Pela defesa da sagrada Rússia!": Golovine, 205.
295 "A guerra com o Japão": Kerensky, *Crucifixion*, 235.
295 "Agora toda a Rússia está envolvida": Rodzianko, 109.
295 "Esta não é uma guerra política": Paléologue, I, 71. "Se tivermos o azar": ibid., 135.
295 "não havia mais qualquer traço": Kerensky, *Crucifixion,* 195.
296 "Seis meses": Botkin, 111. "Eles só sabem fazer salsichas": ibid., 68.
296 Moscou: Gilliard, 113; Buchanan, 214-5.
296 "Alexei está se queixando da perna": Gilliard, 113. "Quando Alexei descobriu que não podia andar": ibid., 113.
296-97 "Deste lugar": Paléologue, I, 90.

297 "Como o próprio Deus": ibid., 95.
297 "O herdeiro! O herdeiro!": Gilliard, 115.
298 São Petersburgo vira Petrogrado: Paléologue, I, 108. Patriotismo de Nicolau: Gilliard, 121.
298 "Não deixe papai planejar guerra": Pares, 188. Nicolau rasga o telegrama: Vyrubova, 104, 173.
298 "Querido amigo, direi novamente": O original desta carta está na Beinecke Rare Book Library, em Yale, onde a vi. Uma versão da mesma carta foi publicada por Maria Rasputin, *My Father*, p. 77. Ela a descreve como "a última carta que meu pai escreveu para Nicolau II antes da declaração de guerra."
299 "Essa guerra é loucura": Paléologue, I, 122-3.
300 uniforme de gala para a parada: Botkin, 112.
300 Exército russo em marcha: Paléologue, I, 63, 77.
300 "Guilherme em Santa Helena!": ibid., 65-6.
300 "Uma... era muito jovem": ibid., 64.
300 "As tropas cinzentas de poeira": Bruce Lockhart, 95.
301 "uma estrada larga leva à guerra": Knox, 50.
301 Em número de soldados: Golovine, 45, 50. "Rolo compressor russo": ibid., 53. Ferrovias comparadas à França e Alemanha: ibid., 34.
301-302 23 dias num trem: Knox, 17. "As ferrovias decidiam": ibid., 449. Fábricas na Rússia e na Grã-Bretanha: ibid., xxxiii. Corte marcial se atirassem mais do que três rodadas por dia: ibid., 255.
302 exportações e importações russas: Golovine, 37. Tráfego portuário russo e britânico: Knox, xxxiii.
302 "uma casa murada": Golovine, 37.
302 "com seu jeito tímido": Paléologue, I, 83. 12 mil quilômetros de ida e volta: Knox, 220.
303 um soldado de salão: Meriel Buchanan, 107.
303 "ansioso por prazeres, como um jovem": Sazonov, 286.
303 Artilharia alemã e russa: Golovine, 32. "Sukhomlinov achava": ibid., 12. Histórias engraçadas: Knox, 220.
303 "*general voador*": Pares, 194.
304 grão-duque Nicolau: Paléologue, I, 62; Knox, 43.
304 Sukhomlinov e o grão-duque Nicolau se odiavam: Paléologue, I, 57.
304 "Vá para o diabo": Knox, 220.
305 "Em seis semanas": Mansergh, 214.
305 "Almoço em Paris": Pares, 195.
305 a França queria 700 mil homens em M-15: Golovine, 35; Mansergh, 37.
305 Paléologue corria exigindo pressa dos russos: Golovine, 212-13.
305-306 Entrevista de Paléologue com Nicolau: Paléologue, I, 60-1.
306 Entrevista de Paléologue com o grão-duque Nicolau: ibid., 61-3.
306 Estratégia russa no leste da Prússia: Knox, 56; Tuchman, 65-6.
307 O grão-duque Nicolau parte de São Petersburgo: Knox, 43. Samsonov: ibid., 60. Rennenkampf: ibid., 204-5. Uma metralhadora alemã: Gilliard, 111.

307 a cavalaria russa ataca os canhões: Pares, 198.
307-308 Invasão russa no leste da Prússia: Tuchman, 293, 274. Naquele solo arenoso: ibid., 66.
308 Russos acham que Allenstein é Berlim: Knox, 84. "Avançando conforme a programação": Tuchman, 287.
308 "Ver o inimigo onde ele não existe": Tuchman, 295.
308-309 Tannenberg. Artilharia alemã é fator decisivo: Golovine, 133.
308-309 "O inimigo tem sorte um dia": Knox, 74. Perdas russas: Paléologue, I, 107.
309 "Estamos felizes por fazer tais sacrifícios": Knox, 90. "Devemos esse sacrifício à França": Paléologue, I, 106.
309 "se os russos chegarem a Berlim": Tuchman, 293.
309 "Isso talvez tenha sido nossa salvação": Golovine, 214.

21 – STAVKA

310 Desejo de Nicolau de assumir pessoalmente o comando do exército: Florinsky, *End*, 61.
310 "sejamos forçados a recuar": Paléologue, I, 56.
310 *Stavka*: ibid., 302-5; Knox, 46, 233; Hanbury-Williams, 13.
311 "Todos íamos à igrejinha de madeira": Hanbury-Williams, 246.
311 O trem do czar em *Stavka*: Paléologue, I, 302.
311 linhas azuis e vermelhas nos mapas: N para AF, 3.
311-12 "fui chamado para conhecer o imperador": Hanbury-Williams, 14.
312 pudim Yorkshire: ibid., 15. "Uma procissão de tochas acesas": ibid., 18.
312 Nicolau compara a Rússia e os Estados Unidos: ibid., 75.
313 "Você vê o que é ser um autocrata": ibid., 58.
313 Passeios de Nicolau: ibid., 40, 56.
313 "Estamos passando por terras pitorescas": N para AF, 16.
313 "Meu trapézio": ibid., 13.
314 Alexei no *Stavka*: Gilliard, 148.
314 "Veja que Tiny": AF para N, 182. "Tiny adora cavar": ibid., 192.
314 "Cuide dos braços do Baby": ibid., 225. A imperatriz ia ao quarto de Alexei: Vyrubova, 127.
315 Gilliard e a imperatriz: Gilliard, 167-8.
315 "Costumávamos sair logo depois do almoço": ibid., 125.
315 "Alexei o seguia bem de perto": ibid., 149.
316 A casa do governador: N para AF, 73; Gilliard, 150; Vyrubova, 143.
316 "É muito aconchegante": N para AF, 95. "Li as suas cartas em voz alta": ibid., 197.
316 "caiu um temporal": ibid., 186.
316 "Ele acorda cedo": ibid., 96. "Ele sempre leva o riflezinho": ibid., 97.
317 "saímos de carro": ibid., 96. "Areia macia": ibid., 184.

317 "os meninos camponeses": ibid., 211. "Um enorme hotel": ibid., 227. "Ele se senta à minha esquerda": ibid., 96.
317 Alexei no quartel-general: Hanbury-Williams, 237-9.
318 "Ele arrastou alguns de nós": ibid., 109.
318 "com as mangas e botas molhadas": N para AF, 225.
318-19 um hospital de campo: Gilliard, 152. "Muito poucas mãos se levantaram": ibid., 154. Quatro submarinos britânicos: ibid., 153.
319 "Alexei... se enfiou em todos os buracos": N para AF, 102.
319 "cavalaria partiu a galope": Gilliard, 154-5.
319-20 'O herdeiro!', 'O anjo!', 'O menino bonito!': N para AF, 108. "A gata de Alexei correu": ibid., 284. "Alexei suportou a pressão": ibid., 110.
320 A imperatriz vai ao quartel-general: Vyrubova, 142-3.
320 "muito mais fácil de lidar": Hanbury-Williams, 93. "Ela tem tanto orgulho da Rússia": ibid., 117.
320-21 "Baby fez uma bobagem": N para AF, 104. "Seu cotovelo não dobrava": ibid., 236.
321 "O pequenino está sofrendo": ibid., 291. "A perna de Baby dói": ibid., 292.
321 "Ele raramente se refere à saúde do czarevich": Hanbury-Williams, 57.
321 "começou a sangrar muito pelo nariz": Gilliard, 155-6; Vyrubova, 169-70.
323 "lama grossa e funda": N para AF, 119. "Eles sempre terminam seu *zakouski*": ibid., 124.
323 "Graças a Deus, seu coração pode se tranquilizar": AF para N, 235. "Baby se levantou": ibid., 240. "Raio de Sol": ibid., 243. "Ele recebeu um telegrama encantador": ibid., 248.
323 "bola de neve": Gilliard, 165n.
323 "Ele está muito orgulhoso da patente": Hanbury-Williams, 104.
324 "Papai disse para eu vir e ficar com você": ibid., 138.

22 – "COITADOS, PRONTOS A DAR A VIDA POR UM SORRISO"

324 Derrota austríaca na Galícia: Golovine, 214; Pares, 204-5.
325 "instruções para transmitir": Paléologue, I, 129.
325 "Se você caçar duas lebres": Knox, 144.
325 "Os coitados tinham o entusiasmo de um peixe morto": ibid., 102.
325 Táticas da infantaria e da cavalaria russa: ibid., 103, 109.
326 1 milhão de baixas: Golovine, 217.
326 Os oficiais avançavam eretos: Pares, 211. Baixas na Guarda Preobajensky: Knox, 189. A 18ª Divisão: ibid., 194. "Essa gente brinca na guerra": ibid., 249.
326 Três mil cadetes: ibid., 177. 15 mil estudantes: Paléologue, I, 171.
326 "Lembrem-se do que vou lhes dizer": Golovine, 66.
326 Oficiais inimigos capturados não eram interrogados: Knox, 115. Um oficial alemão matou os padioleiros: ibid., 65.

327 "O valor da oração": Knox, 262. 'Prontos a dar a vida por um sorriso': ibid., 262.
327 O ataque alemão na Páscoa: Pares, 358.
327-28 levas de recrutas: Golovine, 107. Przemysl cai: Pares, 227. "Nikolasha entrou correndo": N para AF, 38.
328 "construção colossal": ibid., 48.
328 Os russos avançam nos Cárpatos: Pares, 228-9.
328 o Estado-Maior alemão decidiu destruir a Rússia em 1915: Golovine, 145. 1.500 armas alemãs, 700 mil projéteis: Knox, 282.
328 "De um morro dos arredores": Pares, 230.
329 "perdeu todo o seu sangue": ibid., 231. "Pobre Nikolasha": N para AF, 55.
329 armar batalhões com machados de cabo comprido: Golovine, 127. "Os pobres-diabos tinham que esperar": Paléologue, II, 34. "Virando mingau": Knox, 270, 319.
329 "Sabe, senhor, não temos armas": Pares, 232.
329 "Estamos dando tudo": Golovine, 240.
330 preservar o exército: ibid., 224. "Vamos nos retirar para os Urais": Knox, 309. Metade do exército estava destruída: Golovine, 98.
330 "A primavera de 1915": ibid., 145.
330 20 mil armas pesadas: Cornelius Ryan, *The Last Battle* (Nova York, Simon and Shuster, 1966), 352.
331 grupos silenciosos em pé na friagem: Meriel Buchanan, 108. "*Nítchevo* – não é nada, irmãzinha": ibid., 121.
331 sentimento antigermânico: Almedingen, 137. "Vou fazer um escândalo": AF para N, 37.
331 *Nemtsy*: Paléologue, I, 238. A história sobre o czarevich: Bruce Lockhart, 102-3.
331 Pianos jogados na rua: ibid., 110.
332 grã-duquesa Elizabeth: Paléologue, II, 13; Almedingen, 143.
332 "todos os leais filhos da pátria": Paléologue, II, 23.
332 Polivanov: Knox, 415.
332 "Onde nossa retirada irá acabar": Golovine, 231.
332 O patriotismo do czar: Florinsky, *End*, 60-1. "Você não tem ideia": Gilliard, 137.
332-33 Alexandra não confiava no grão-duque: Mosolov, 87. Nicolau III: Pares, 250. "Vem, que eu te enforco": Knox, 334; Buchanan, I, 238.
333 Argumentos de Rasputin: Paléologue, I, 286, 341.
333-34 "Por favor, meu anjo": AF para N, 87. "Quisesse Deus": ibid., 89. "Não tenho absolutamente fé em N.": ibid., 97. "Culpa de N. e de Witte": ibid., 100. "Odeio que você esteja no quartel-general": ibid., 110.
334 "Nunca discuto uma opinião de Sua Majestade": Paléologue, I, 305. "Todos os súditos leais sabem": ibid., 261.
334 "Querida minha, não concordo": N para AF, 43.

335 "Considero meu dever": Golovine, 231-2.
335 "O imperador, pálido e trêmulo": Vyrubova, 123.
335 viagem particular a Petrogrado: Paléologue, II, 68.
335 Ana e a imperatriz: Vyrubova, 124.
336 ministros horrorizados: Pares, 139; Gilliard, 265.
336 "Senhores... parto para o *Stavka*": Vyrubova, 125.
336 A carta do czar: Paléologue, II, 70-1.
337 "Deus seja louvado": ibid., 62-3. "N. veio com um sorriso gentil, corajoso": N para AF, 70.
337 "O grão-duque foi realmente um grande soldado": Pares, 201.
337 Carta de Alexandra para Nicolau: AF para N, 113-16.
338 Alívio na França e Inglaterra: Gilliard, 138-9. Nicolau como figura de proa: Golovine, 235; Pares, 275.
338 Alexeiev: Knox, 49; Hanbury-Williams, 261. "Meu amigo estrábico": N para AF, 55. "Tenho a ótima ajuda": ibid., 74.
338-39 O front estabilizado: Golovine, 237.
339 Alemães transferidos: Florinsky, 1.333. 1,2 milhão de homens: Golovine, 98.
339 Hindenburg: Pares, 367. O total foi de 7,9 milhões: Golovine, 93.
339 Importância do colapso militar de 1915: Mosolov, 23-4; Florinsky, *End*, 75.

23 – O ENGANO FATÍDICO

340 "Para alguns, pode parecer desnecessário": Buxhoeveden, 192.
340 Hospitais: Vyrubova, 108-9.
341 "Vi a imperatriz da Rússia": ibid., 109-10.
341 "Czarina, fique perto de mim": ibid., 110.
341 "Ferimentos muito graves": AF para N, 11. "Três operações": ibid., 12. "Meu nariz está cheio de cheiros medonhos": ibid., 26. "Fui ver o ferimento do nosso porta-bandeira": ibid., 41. "Um oficial do 2º Rifles": ibid., 24. "O braço inteiro foi cortado": ibid., 25. "Tive uns infelizes com ferimentos horríveis": ibid., 26.
342 "Durante uma operação, um soldado morreu": ibid., 31. "Um jovenzinho ficou implorando por mim": ibid., 32. "O menino está piorando gradualmente": ibid., 33.
342 "Meu pobre amiguinho ferido se foi": ibid., 53.
343 630 cartas numa mala de couro preto: AF para N, Pares's Introduction, vi; Pares, 248.
344 "Anseio por seus beijos": AF para N, 248. "Foi tão difícil dizer adeus": ibid., 3. "Dei meu beijo de boa-noite": ibid., 14. "Tento esquecer tudo": ibid., 246.
344 "Tanta tristeza e dor": ibid., 256. "Não mostramos nada do que sentimos": ibid., 21. "32 anos atrás, meu coração de menina": ibid., 249. "Que nossos filhos tenham a mesma bênção": ibid., 267.
344 "meus olhos ficaram úmidos": N para AF, 169. "Não sei se seria capaz de suportar tudo isso": ibid., 122.

345 "O sol por detrás das árvores": AF para N, 108. "O céu róseo": ibid., 237. "O Dnieper se quebrou hoje": N para AF, 160.

345 "Baby adora loucamente": AF para N, 51. "As filhas imploram": ibid., 58. "Baby comeu montes de blinis": ibid., 272. "Baby tem feito progressos na balalaica": ibid., 310. "Maria fica na porta, e *alas!*": ibid., 43. "Para ficarem bronzeadas": ibid., 334.

345-46 "ele tem pavor da noite": ibid., 41. "Baby ficou incrivelmente alegre": ibid., 318. "Passei a tarde no quarto de Baby": ibid., 318.

346 "Vinte anos passei na Rússia": Buxhoeveden, 186.

346 "O que aconteceu com a Alemanha da minha infância?": Gilliard, 110. "Não tenho notícias de meu irmão": ibid., 109.

346 "Enrubesço ao pensar que já fui alemã": Paléologue, I, 239.

347 "Espero que nossas tropas": AF para N, 9. "Fico imaginando": ibid., 288.

347 "Perdoe-me, meu precioso": ibid., 62. "Seja mais autocrático": ibid., 57.

348 "o horrendo Rodzianko": ibid., 110. "Não somos um país constitucional": ibid., 145. "Por amor a Baby": ibid., 305.

348 Rasputin: Gilliard, 141.

348 Telefonema de Rasputin a Ana: Paléologue, I, 137.

349 Acidente de Ana: Vyrubova, 118-19; Pares, 223; Paléologue, I, 257.

349 "atente para nosso Amigo": AF para N, 86.

350 Estou impressionada pelo desejo de nosso Amigo: ibid., 87. "Confio plenamente na sabedoria do nosso Amigo": ibid., 390.

350 "O quarto... era pequeno": Yussoupov, 203.

351 "Todos tinham a mesma configuração": Mosolov, 153. "Uma dama num vestido muito decotado": ibid., 153. Já fazia uma provisão de bilhetes: Fülöp-Miller, 236.

351 Em troca do serviço: Mosolov, 148.

352-53 "Anastácia Shapovalenkova": Fülöp-Miller, 183. "Uma mulher desconhecida": ibid., 184. ""Madame Likart": ibid., 185. "A esposa do coronel Tatarinov": ibid., 185. Esses episódios constam também no *Arquivo Vermelho* (Krasnyi Arkhiv), 25, 42, 44, 50.

353 "Maria Gill": Fülöp-Miller, 188. "Kátia": ibid., 189. "Utília": ibid., 190; *Arquivo Vermelho*, 47, 29, 30.

353-54 os detetives: Fülöp-Miller, 190. Dois maridos zangados: ibid., 294; Pares, 298. "Villa Rode": Fülöp-Miller, 196-7; *Arquivo Vermelho*, 45.

354 Bebedeiras: Fülöp-Miller, 199; *Arquivo Vermelho*, 28, 41, 43, 48.

354 Era o assunto de Petrogrado: Fülöp-Miller, 200. "Imperador Tibério": Marye, 446.

355 O Yar: Paléologue, I, 331. "Eu estava no Yar": Bruce Lockhart, 125-6. Rasputin se expôs; a "Garotona": Paléologue, I, 331. Nicolau chama Rasputin: Pares, 225. "Meu inimigo Dzhunkovsky": AF para N, 105.

357 "Lembre-se de que não preciso nem do imperador nem de você": Paléologue, I, 147.

357 Telegramas de Rasputin: AF para N, 35, 144, 149.
357 "As aldeias estão se esvaziando": Pares, 253.
357 Rasputin e Paléologue: Paléologue, I, 292-3.
358 Cancelar todos os trens de passageiros: AF para N, 195.
358 "Irmão, vá lá ajudar essa gente a cantar": Fülöp-Miller, 269. Khvostov nomeado graças a Rasputin: Kerensky, *Crucifixion*, 221.
359 "Governo responsável... seria a ruína de tudo": AF para N, 290.
359 Reação de Nicolau às cartas dela: Pares, 252.
359 Morte de Witte: AF para N, 29. "Não arraste nosso Amigo para isso": ibid., 298.
359-60 Nicolau não priva Alexandra de Rasputin: Gilliard, 177.

24 – O GOVERNO SE DESINTEGRA

360 Fredericks em 1905: Buxhoeveden, 232.
360 "Quando o imperador foi para a guerra": Pares, 280.
361 "Pense, minha esposinha": N para AF, 71-2. "Você deve ser meus olhos e ouvidos": ibid., 269. "Você realmente me ajudará muito": ibid., 270. "Não há nada a desculpar": ibid., 289.
361 "falo como uma cascata em russo": AF para N, 409.
362 Goremykin: Pares, 194. "Não vai durar até o fim do inverno": Florinsky, *End*, 77.
362 "as velas já estão acesas em volta do meu caixão": Paléologue, II, 14.
362 "Para mim, Sua Majestade é o ungido": Florinsky, *End*, 77.
362 "Ele vê e entende tudo": AF para N, 103.
363 "Conclamo-os, senhores": Florinsky, *End*, 79. "Peço que comuniquem ao imperador": ibid., 83. "É nosso dever": ibid., 82.
363 "A atitude de alguns ministros": N para AF, 85.
363 O "troca-troca" de ministros: Rodzianko, 239; Florinsky, *End*, 86-7.
364 "Depois de meados de 1915": ibid., 67.
364 "Os ministros não desejam trabalhar bem": N para AF, 91. "Se, de algum modo": AF para N, 145. "Ele não suporta a ideia": ibid., 219.
364-65 "Estou quebrando a cabeça": N para AF, 131. "Nosso Amigo me disse para esperar": AF para N, 214. "Amanhã, Gregório vê o velho Khvostov": ibid., 216.
365 Stürmer: Florinsky, *End*, 88; Paléologue, II, 166; Pares, 317.
365 "Um homem que deixou más lembranças": Sazonov, 306. "Uma absoluta nulidade": Rodzianko, 178. "Falso, de duas caras": Pares, 317. "Pior que uma mediocridade": Paléologue, II, 166.
365 "Eu gerei Pitirim": Pares, 315. "Amorzinho, não sei": AF para N, 256.
366 "cães reunidos": Pares, 304. "Endereçar algumas palavras": AF para N, 219.
366 Nicolau na Duma: Rodzianko, 175-6; Paléologue, II, 187; Pares, 308.
366 "Ele não é inimigo do nosso Amigo?": AF para N, 91.

366-67 Polivanov: Pares, 299. Quatro carros: Rodzianko, 183. "Livre-se de Polivanov": AF para N, 260. "Qualquer homem honesto": ibid., 297. "Amorzinho, não perca tempo": ibid., 297. "Oh, que alívio!": ibid., 297. "O mais capaz organizador militar": Knox, 412.
367 "um bom homem": ibid., 415.
367 "narigudo Sazonov": AF para N, 210. "Sazonov é um tolo": ibid., 156.
367 "Gostaria que você pensasse em um bom sucessor": ibid., 305.
367 Sazonov e a Polônia: Pares, 341; Paléologue, I, 81, 84.
368 "Venci o tempo todo": Paléologue, II, 297. Sumariamente demitido: Sazonov, 313-14; Buchanan, II, 15-18. Nicolau contente com a condecoração de Sazonov: Hanbury-Williams, 119.
368 "Jamais posso esperar ter relações confidenciais": Buchanan, II, 18. Opinião de Paléologue: Pares, 344; Paléologue, II, 224, 257.
368 Entrevista de Marye com Nicolau: Marye, 475.
369 Protopopov: Pares, 379; Vyrubova, 188; Kerensky, *Crucifixion*, 214. O czar nomeou Protopopov: Rodzianko, 260. "Ele era bonito, elegante": Kerensky, *Crucifixion*, 214.
369-70 "ele propôs o *tovarish* Protopopov": N para AF, 219. Missão de Protopopov na Inglaterra, França e Suécia: Paléologue, III, 46. "Ontem, recebi um homem": N para AF, 223.
370 Saúde de Protopopov: Paléologue, II, 46; Kerensky, *Crucifixion*, 214.
370 Badmayev: Paléologue, III, 51-2.
370-71 "Gregório pede seriamente": AF para N, 394. "Por favor, tome Protopopov": ibid., 295. "Esse Protopopov é um bom homem": N para AF, 256. "Deus permita": ibid., 269. "Deus abençoe a sua escolha": AF para N, 398. "Espero poder fazer": Rodzianko, 213. "Somente eu terei o poder": ibid., 214.
371 Comportamento excêntrico de Protopopov: ibid., 218; Paléologue, III, 51, 88.
371 O ícone: Kerensky, *Crucifixion*, 218.
371 'Sinto que vou salvar a Rússia': Rodzianko, 219.
371-72 suprimento de alimentos: ibid., 217; Pares, 383. "Perdoe-me, mas tive que": AF para N, 428.
372-73 "Doce anjo... Romênia": ibid., 211. "Nosso Amigo estava temeroso": ibid., 210. "Ordene o avanço por Riga": ibid., 221. "Nosso Amigo envia suas bênçãos": ibid., 346.
373 "Falei com Alexeiev": N para AF, 202. "Minha impressão foi muito dolorosa": ibid., nota do editor, 203. "Peço-lhe, meu amor": ibid., 78. "Apenas para você": 154. "Absolutamente ninguém mais deve saber disso": ibid., 203. "Ele não vai contar a vivalma": AF para N, 411.
373 A ofensiva de Brusilov: Golovine, 98, 241.
374 "Nosso Amigo... acha melhor": AF para N, 377. "Espera que não subamos os Cárpatos": ibid., 382. 'Muito satisfeito com as ordens do Pai': ibid., 411.
374 "Alexeiev pediu autorização": N para AF, 268. "Nosso Amigo está muito confuso": AF para N, 412. "Acabei de receber seu telegrama": N para AF, 270.

374-75 "pare com esse massacre inútil": AF para N, 413. "Minha querida, Brusilov": N para AF, 272. Gurko: N para AF, 273n. "Uma ofensiva sem perdas": Golovine, 95.
375 "Stürmer e Protopopov acreditam": AF para N, 428.
375 Manuilov: Rodzianko, 211; Paléologue, III, 17. O motim de outubro: Paléologue, III, 74, 83.
375-76 "Stürmer... é um excelente homem, honesto": N para AF, 206. "Parece que minha cabeça vai explodir": ibid., 248. "Essas mudanças deixam minha cabeça girando": ibid., 257. "A eterna questão dos suprimentos": ibid., 266.
376 "Nicky tão pálido": Vorres, 150. "Ele nunca me parecera tão preocupado antes": Gilliard, 178.
376 "um jovem desertor ferido": Vorres, 150-1.
377 Ataque de Miliukov: Paléologue, III, 92. "Ai desse país": Pares, 392.
377 "Protopopov... [e] nosso Amigo ambos acham": AF para N, 436.
377-78 "Todos esses dias tenho pensado": N para AF, 295. "Nosso Amigo diz que Stürmer": AF para N, 437. "Vou receber Stürmer": N para AF, 296. "Foi um choque doloroso": AF para N, 438.
378 Trepov: Pares, 395; Paléologue, III, 107. "Lamento por Protopopov": N para AF, 297. "Só lhe peço, não meta nosso Amigo nisso": ibid., 298.
379 "suplico que não mude Protopopov agora": AF para N, 439. "Ele é tão são quanto qualquer um": ibid., 441. "Do homem Protopopov ou de x.y.z.": AF para N, 442.
379-80 "esses dias que passamos juntos foram difíceis": N para AF, 299. "Grandes e belos tempos estão vindo": AF para N, 453-5.
380 "o Meigo agradece as severas reprimendas": N para AF, 307.
380 "Alexandre Fedorovich": Paléologue, III, 108.
380 O suborno: Mosolov, 170-3; Moorehead, 107; Pares, 395.
380 Sociedade de Petrogrado: Pares, 301. Oficiais bebendo champanhe: Bruce Lockhart, 157.
381 "Dos camarotes até as últimas fileiras": Paléologue, III, 26. No Narodny Dom: ibid., 80.
381 Balanchine no alto de uma alta árvore: Taper, 47.
381 "Linda, linda, como Grace Kelly": George Balanchine para Suzanne Massie, 12 de janeiro de 1965.
381 mania de espião alemão: Florinsky, *End*, 69. O czar não era incluído: Buchanan, I, 245. Estações clandestinas de rádio: Buxhoeveden, 225.
381-82 nenhuma evidência de Rasputin espião: Pares, 335. "Seria inexplicável": Kerensky, *Crucifixion*, 220.
382 Jantar com Manus: Paléologue, III, 63, 115.
382-83 "A imperatriz é alemã": Knox, 515. "Não posso acreditar": Kerensky, *Murder*, 55. Cartas dos soldados: Knox, 515. Desrespeito em hospitais: Vyrubova, 136. *Nemka*: Paléologue, III, 121; Florinsky, *End*, 70. "Se a jovem czarina": Alexandre, 271.

383 "bombardear o automóvel do czar": Kerensky, *Crucifixion,* 244. Capitão Kostenko: Kerensky, *Rússia,* 147.
383-84 Nicolau Mikhailovich: Pares, 390. Grão-duque Paulo: ibid., 419.
384 grã-duquesa Elizabeth: Pares, 420; Gilliard, 181-2; Paléologue, III, 159.
384 Purishkevich: Pares, 376.
385 "energia maravilhosa": N para AF, 196. Discurso de Purishkevich: Pares, 396-7; Paléologue, III, 111.
385 Yussoupov estava pálido e trêmulo: Paléologue, III, 153.

25 – O PRÍNCIPE E O CAMPONÊS

385-86 a riqueza de Yussoupov excedia até a dos czares: Vorres, 98.
386 "Uma de nossas propriedades": Yussoupov, 65. A mais alta montanha da Crimeia de presente de aniversário: ibid., 101.
386 Genealogia de Yussoupov: ibid., 13-28. Archangelskoe e diversões do príncipe Nicolau: ibid., 21-5.
386 Palácio Moika: ibid., 67-71. Palácio em Moscou: ibid., 78-79.
387 "Olhe, o neném não está bonito?": ibid., 29. O Urso: ibid., 75. Rei Eduardo VII da Inglaterra: ibid., 90.
387 "Lancei-me apaixonadamente a uma vida de prazeres": ibid., 87. "Uma encantadora jovem": ibid., 115.
388 "O príncipe Felix Yussoupov tem 29 anos": Paléologue, III, 132. "A imperatriz é uma sábia governante": Yussoupov, 211-12.
389 "a cidade e as mulheres são um veneno para ele": AF para N, 294.
389 "Desta vez, é você quem deve me abençoar": Vyrubova, 174.
389 "O espírito de Gregório Efimovich": citado por Pares, 399.
390 "Minha intimidade com Rasputin": Yussoupov, 202. "Passar uma noite comigo": ibid., 218.
390 "há muito tempo queria conhecer minha esposa": ibid., 218.
391 "Ouvi Rasputin dizer": Vyrubova, 178.
391 "Um teto baixo em abóbada": Yussoupov, 219-20.
392 "minha cabeça tonteou": ibid., 226.
392-93 "Com Deus no pensamento": ibid., 227. "É melhor olhar para o crucifixo": ibid., 228. "Vi os dois olhos": ibid., 229.
393 "grito selvagem, inumano": Purishkevich, 105. "O que vi teria sido um sonho": ibid., 106-7.
393-94 Rasputin morreu afogado: Vyrubova, 182. "No dia seguinte": ibid., 179.
394 "Matei Grishka Rasputin": Purishkevich, 108. O álibi do cachorro: Vyrubova, 181. Felix telefonou para ver a imperatriz: ibid., 180.
395 "Eu juro": Paléologue, III, 171. Alexandra deitada no divã: Dehn, 118. "Meu muito querido amado": AF para N, 461.
395-96 "Sem vestígio ainda": Fülöp-Miller, 365. A Besta fora esfolada: Paléologue, III, 135.

396 "Para os mujiques, Rasputin tornou-se um mártir": ibid., 189.
397-98 "Estou horrorizado, abalado": N para AF, 312. "Uma fé que a mantinha viva": Gilliard, 177. "Estou muito envergonhado": Vyrubova, 183. "Um assassinato é sempre um assassinato": Paléologue, III, 164.
398 "Não houve nada de heroico no assassinato de Rasputin": Vorres, 145.
398-99 "Era uma manhã gloriosa": Dehn, 123. Assinaturas no ícone: Kerensky, *Murder*, 106.
399 "Meu querido mártir": Paléologue, III, 136.

26 – ÚLTIMO INVERNO EM TSARSKOE SELO

399 Nicolau em Tsarskoe Selo: Pares, 413. "Como estava lindo o parque hoje": Rodzianko, 254. Mapas na mesa de bilhar: Vyrubova, 196.
400 "O tempo de paz ainda não chegou": Paléologue, III, 125-6. "Uma espécie de testamento político": ibid., 152.
400 "Nicolau II foi gentil e natural": ibid., 166. "As palavras do imperador": ibid., 151-2.
400 "Durante o ano em que não o vi": Kokovtsov, 478-9.
401 "não estão vendo o estado do czar?": ibid., 480. "O czar estava seriamente doente": ibid., 480.
401 "Se eu morrer ou se você me abandonar": Paléologue, III, 191.
401-402 Reação de Alexandra ao assassinato: Pares, 412; Gilliard, 183.
402 Ana mudou-se para o palácio: Vyrubova, 185. O telefone, o retrato de Maria Antonieta: Pares, 414. "Achei que a porta": Kokovtsov, 478.
402 A sacada oculta: Pares, 414. "Se outro homem usasse a linguagem": Kaun, 134.
402-403 Protopopov era o único ministro: Pares, 416. "Notei que ele me seguia": Rodzianko, 251.
403 telefonava todos os dias às dez da manhã: Pares, 416. "Oh, Majestade, vejo Cristo atrás da senhora": Paléologue, III, 119.
403 'Oh, Madame, por que está tão triste esta noite?': Dehn, 137.
403-404 "após uma longa passagem": citado por Frankland, 88. "O certo é": ibid., 87.
404 "Não admito que ninguém me dê conselhos": Paléologue, III, 167.
404 "Deve-se... perdoar": MF para N, 302.
405 "Sua interferência... está prejudicando": Alexandre, 283.
405 "Lembre-se, Alix": ibid., 283. "Não se pode governar": ibid., 184.
405 os "Vladimires": Vorres, 58; Paléologue, III, 160-1; Buchanan, I, 175-6.
406 "A que meio horrendo": AF para N, 280.
406-407 Conversa de Rodzianko com Maria Pavlovna: Rodzianko, 246.
407 A conspiração grã-ducal: Paléologue, III, 140-1. "O príncipe Gabriel Constantinovich": ibid., 157.
408 Entrevista de Paléologue com Nicolau: ibid., 149-52.
408 Sir George Buchanan: Bruce Lockhart, 115, 119.

408 'Za pívo': ibid., 150.
408 Entrevista de Buchanan com Nicolau: Buchanan, II, 43-9.
409 "a imperatriz renunciasse a interferir em assuntos de Estado": Rodzianko, 214.
410 "Alexandra é feroz e universalmente odiada": ibid., 249.
410-11 Entrevista de Rodzianko com Nicolau: ibid., 252. "Considero meu dever, Sire": ibid., 261.
411 "Farei tudo depois": Vyrubova, 146. "A imperatriz é estrangeira": Paléologue, III, 172.
411 contramedidas de Protopopov: Pares, 437. "Nesses tempos, Sire": ibid., 437.
412 "E o ministério responsável?": Rodzianko, 263

27 – REVOLUÇÃO: MARÇO DE 1917

412 Mulheres, operários, soldados: Paléologue, III, 213, 264.
412 "Os ministros são sombras que vagueiam!": Kerensky, *Crucifixion*, 261.
413 "Tenha certeza de que não entregarei você a eles": ibid., 262.
413 Ferrovias sobrecarregadas: ibid., 204. Vagões e locomotivas: Florinsky, *End*, 42.
413 Preços de alimentos: Paléologue, III, 44.
413 "Nosso Amigo... pouco falou sobre qualquer outra coisa": AF para N, 195.
414 Caldeiras explodiram: Paléologue, III, 213.
414 "nós, mais velhos, talvez não estejamos aqui": Payne, 252. O óleo capilar: ibid., 251. A sogra de Lênin: ibid., 250.
414-15 Os eventos de 8 de março: Paléologue, III, 213; Pares, 440; Moorehead, 141. Anna Pavlova, Tamara Karsavina ou Matilde Kschessinska: Paléologue, III, 214.
415 Os eventos de 9 de março: ibid., 214; Pares, 440-1; Knox, 558. Enesco: Paléologue, III, 215-16.
415-16 "Ordeno que as desordens na capital": Pares, 442.
416 Condições da guarnição de Petrogrado: Knox, 551; Paléologue, III, 81.
416 Os eventos de 11 de março: Pares, 442; Moorehead, 143; Knox, 558; Paléologue, III, 216.
417 Telegrama de Rodzianko, "Que a culpa não recaia", e "O gordo Rodzianko me mandou uma bobajada": Pares, 443.
417 Expedição de Ivanov: ibid., 457.
417 "a área da cidade por onde passei": Buchanan, II, 58.
417 A festa de Radziwill: Paléologue, III, 214, 217.
418 trabalhadores já não aguentavam mais serem mortos: ibid., 217.
418 "A reação está ganhando força": Kerensky, *Crucifixion*, 266-7; Pares, 443.
418 Sargento Kirpichnikov: Pares, 445; Moorehead, 146.
418 "as mesmas ruas largas": Meriel Buchanan, 164.
418 "Às oito e meia": Paléologue, III, 221.

419 "as tropas do arsenal haviam se amotinado": Knox, 553.
419 "Habitantes amedrontados se espalhavam": Paléologue, III, 222-3.
419 Soldados aderem à revolução: Moorhead apresenta um cronograma das deserções, 149.
419 "Agora só resta me matar": Pares, 451.
420 "O imperador deseja expressar seu agradecimento": Kerensky, *Murder*, 78.
420 A multidão chega à Duma: Knox, 556; Pares, 453.
420 "Preciso saber o que dizer a eles!": Pares, 449.
420 "Eu não quero me revoltar" e "se não o fizer, outros farão": ibid., 451.
420-21 A aparência do Soviete: ibid., 460. "A guarnição inteira se amotinou": Kerensky, *Crucifixion*, 274.
421 "duas Rússias diferentes se instalaram lado a lado": ibid., 275.
421 "E parecia crescer a cada minuto": Pares, 450.
422 "As ondas de ódio... batiam contra as paredes": Kerensky, *Crucifixion*, 219.
422 "Sou eu, Protopopov": Pares, 454.
422 A queda do Palácio de Inverno: ibid., 453.
423 Chacina em Kronstadt: Botkin, 139; Paléologue, III, 282. Comemorações desordenadas: Paléologue, III, 225. A mansão de Kschessinska: ibid., 229; Kschessinska, 169.
423 "Marchavam em perfeita ordem": Paléologue, III, 232.
423 condessa Kleinmichel: Vorres, 99.
423-24 grão-duque Cirilo: Pares, 460; Kerensky, *Murder*, 89. Hasteou uma bandeira vermelha no telhado: Paléologue, III, 259. "Estive sozinho no cumprimento do dever": Kerensky, *Murder*, 89. "Muitas vezes me perguntei": Paléologue, III, 265. "Quem poderá dizer": ibid., 265.
424 "na escadaria da Nossa Senhora de Kazan": ibid., 226.
425 "Vamos começar com os alemães daqui": Knox, 558.

28 – ABDICAÇÃO

425 "Aqui na casa tudo está tão quieto": N para AF, 313.
425 "Vou voltar a jogar dominó": ibid., 313.
426 "uma dor insuportável no peito": ibid., 316.
426 Voeikov: Buchanan, II, 61.
427 "Espero que Khabalov seja capaz de acabar com essas desordens de rua": N para AF, 316.
427 "Depois das notícias de ontem sobre a cidade": ibid., 317.
427 "Concessões inevitáveis": Kerensky, *Murder*, 79.
427 Nicolau decidiu tomar um caminho mais longo: Pares, 458-9.
427 Parou em Malaya Vishera: Kerensky, *Murder*, 86-7.
427 "Bem, então, para Pskov": Pares, 459.
427-28 Recebido pelo general Ruzsky: Kerensky, *Murder*, 87.
428 Fracasso da expedição de Ivanov: Pares, 458.

428 Conversa de Ruzski e Rodzianko: Kerensky, *Murder*, 90-2.
428 Formação do Governo Provisório: Paléologue, III, 236.
429 Nicolau tem que abdicar: ibid., 234. "É de vital importância": ibid., 233.
429 Os generais unânimes: Pares, 465.
429 "de joelhos": Mosolov, 27.
429 Olhou pela janela: Kerensky, *Murder*, 93.
430 Não quer o país numa guerra civil: Pares, 465.
430 "em favor de meu filho Alexei": Kerensky, *Murder*, 93.
430 Guchkov e Shulgin em Pskov: Pares, 466.
431 conversa com Fedorov: Benckendorff, 46-7; Mosolov, 124. "A ciência nos ensina, Sire": Gilliard, 195.
431 "Esse longo discurso é desnecessário": Bykov, 25-6; Pares, 467.
432 O documento de abdicação: O texto citado é de Pares, 467. Traduções do russo ligeiramente diferentes são encontradas em Gilliard, 196 e Paléologue, III, 237.
433 "O imperador olhou para mim": citado por Pares, 468.
433 "traição, covardia e falsidade": Kerensky, *Murder*, 94-5.
433 "A mesma cena me esperava": Paléologue, III, 247.
434 "Não era tanto do imperador": Buchanan, II, 86.
434 "então ele se foi, imagine só": Gorer e Rickman, 71.
434 "Felicidade era naquela manhã": citado por J. C. Squire em sua Introdução a Buxhoeveden, xvii.
434 "congratulações e fraternos cumprimentos": Paléologue, III, 254.
434 Discurso de Wilson: citado por Kennan, 18.
435 "Atualmente, há uma tendência superficial": Churchill, *World Crisis* (Scribner), 695-7.
436 "Nicky deve ter perdido a cabeça": Alexander, 287-8.
436 "A ascensão imediata do czarevich": Paléologue, III, 251.
436 "Não preciso lhe falar do meu amor pelo imperador": ibid., 265-6.
437 Miguel e Constantinopla: Pares, 470.
437 "A Sua Majestade o imperador Miguel": Kerensky, *Murder*, 95.
438 "Chega de Romanovs!": Paléologue, III, 238.
438 "Vida longa ao imperador Miguel!": Kerensky, *Murder*, 94.
438 Reunião sobre o futuro de Miguel: Pares, 470. "Ele me perguntou cara a cara": Kerensky, *Murder*, 94. "Não posso responder pela vida de Sua Alteza": Bykov, 29. "*Monseigneur*, és o mais nobre dos homens!": Paléologue, III, 241. Carteira escolar na casa ao lado: Pares, 470.
439 Nicolau não é considerado ameaça: Kerensky, *Crucifixion*, 269.
439 "Ele estava absolutamente calmo": Paléologue, III, 251.
439 Discurso de Nicolau ao exército: Pares, 472-3. Outras traduções em Gilliard, 203-4, Paléologue, III, 259.
440 Nicolau se despede do staff: Alexander, 290; Kerensky, *Murder*, 102.
440 Última entrevista de Hanbury-Williams: Hanbury-Williams, 168.

440 Novo juramento de lealdade: Alexandre, 290-1; Kerensky, *Murder*, 102. À noite, a cidade se iluminou: Alexandre, 291. Duas bandeiras vermelhas: Hanbury-Williams, 171.
441 "O imperador deposto compreende": Kerensky, *Murder*, 99.
441 "A notícia da abdicação de Nicolau veio como um raio": Vorres, 151-2.
441 Nicolau recebe Maria: Alexander, 288; Kerensky, *Murder*, 101.
441 "deixar entrar os alemães": Kerensky, *Crucifixion*, 269.
442 Nicolau se despede de Maria: Alexander, 292; Kerensky, *Murder*, 103-4.
442 Alexeiev se curva diante dos representantes da Duma: Bulygin, 188.

29 – A IMPERATRIZ SOLITÁRIA

442 "Quero que você venha a Tsarskoe Selo": Dehn, 147.
443 "Como está Petrogrado?": ibid., 148. "Não há perigo, Majestade": ibid., 148.
443 Cadete com sarampo: Vyrubova, 204-5. "Ela passou todos os dias subsequentes": ibid., 205. Temperatura das crianças: Buxhoeveden, 251.
444 "a situação está *muito* ruim": Dehn, 148. "Telegrafei a ele": ibid., 150.
444 "Petrogrado está nas mãos da turba": ibid., 149.
444 "Não quero que as meninas saibam de nada": ibid., 152.
444 Mensagens de Rodzianko e do czar para Benckendorff: Benckendorff, 2-3.
444-45 A manhã de 13 de março: Benckendorff, 3. "Em vista do estado de saúde dos filhos": ibid., 5. "Quando a casa está queimando": Gilliard, 211. Todas as linhas seriam interrompidas: Benckendorff, 5.
445 "Não podíamos sair": Gilliard, 211.
445-46 "estão dizendo que uma multidão hostil": Dehn, 155. As tropas defendendo o palácio: Benckendorff, 6-7.
446 "Parece que estamos no iate de novo!": Dehn, 153. Os rebeldes estavam a caminho: Gilliard, 212.
446 "A cena foi inesquecível": Buxhoeveden, 255. Desagrado de Benckendorff: Benckendorff, 8. "Uma exultação interna": Dehn, 156.
447 cobertas extras: Benckendorff, 9.
447 "Papai vai ficar perplexo": Dehn, 158.
447 "Talvez a nevasca tenha detido o trem": ibid., 158. "Endereço do destinatário desconhecido": Vyrubova, 209; Bykov, 32.
447-48 lenços brancos amarrados nos pulsos: Benckendorff, 14-15. "Bem, então tudo está nas mãos da Duma": Dehn, 160. "Por que, madame? Em nome de Deus, por quê?": ibid., 162.
448 A eletricidade e a água: ibid., 67, 160; Buxhoeveden, 256. "Não posso me entregar": Dehn, 163.
448 Os panfletos: Benckendorff, 16-17.
448-49 '*Abdiqué!*': Dehn, 165. "Eu a vi no quarto de Alexei": Gilliard, 213. "Ela estava mortalmente pálida": Buxhoeveden, 261-2.
449 O estado de cerco virtual: Benckendorff, 18.

449 "O czar está ao telefone!": Dehn, 174. "Você sabe?": Buxhoeveden, 264.
449-50 Visita de Guchkov: Benckendorff, 20-2. "Sanguessugas": Buxhoeveden, 266.
450 Cartas da rainha Vitória: ibid., 91. "Um fogo intenso crepitava": Dehn, 176.
450-51 as tropas passaram a eleger seus oficiais: Benckendorff, 25. Guardas Chevalier: Buxhoeveden, 267-8.
451 Kornilov prende Alexandra: Benckendorff, 30-5. Sentados a uma mesinha: Bulygin, 190.
451 Kornilov fala com a comitiva: Benckendorff, 31. "Lacaios!": Bulygin, 191.
451 "Os soldados da nova guarda": Benckendorff, 38.
452 Explicação de Gilliard a Alexei: Gilliard, 214-15.
452 soldados matando os veados domesticados: Benckendorff, 39.
453 "Desci as escadas em silêncio": Dehn, 185-7.
453-54 Chegada de Nicolau à estação: Kobylinsky, 170. "Comédia ultrajante": Benckendorff, 43. "Nicolau Romanov": Buxhoeveden, 271.
454 "Sua Majestade, o imperador!": Dehn, 188.
454 Nicolau chorou: Vyrubova, 212.

PARTE QUATRO
30 – CIDADÃO ROMANOV

457 "O imperador estava mortalmente pálido": Dehn, 189.
457 Arranjos para exercícios físicos: Benckendorff, 33, 48.
457 'Não pode ir para lá, *Gospodin Polkovnik*': Vyrubova, 213.
458 "o punho esmagador da revolução": Dehn, 190.
458 três carros blindados chegaram a Tsarskoe Selo: Kerensky, *Murder*, 110.
458 "Encontrei o imperador com seus filhos doentes": Benckendorff, 50.
458-59 Cremação do corpo de Rasputin: Paléologue, III, 266; Kerensky, *Murder*, 105; Kobylinsky, 172.
459 "sobreviventes de um naufrágio": Vyrubova, 218.
459 "as estradas estavam sujas demais": Botkin, 142.
459 Cartas, telefonemas, tubos de pasta de dentes e chocolates: Benckendorff, 34; Buxhoeveden, 285-6.
459 Soldados diante da porta dos doentes: Benckendorff, 52.
460 "só faltavam almofadas": Buxhoeveden, 284.
460 "ele estava dormindo!": Dehn, 192.
460 roubando quinquilharias de ouro e prata: Buxhoeveden, 285.
460 "Onde está Alexei?": Vyrubova, 211. "Não fiquem por aqui": Gilliard, 222.
460-61 "Derevenko... gritava para o garoto": Vyrubova, 222.
461 apresentações de filmes: Benckendorff, 95-6.
461 retomariam as aulas: ibid., 78-9.
461 "Bom-dia, caro colega": Gilliard, 228.
462 "O czar aceitava todas essas limitações": ibid., 216.

462 Nicolau acompanhava os eventos políticos e militares: Kobylinsky, 179. "O Comitê dos Soldados recusou. Que humilhação!": Gilliard, 229. "Nosso amor ao exagero": ibid., 229.
462 serviço religioso da Páscoa: ibid., 221, 225; Benckendorff, 68; Buxhoeveden, 296-7; Paléologue, III, 319.
463 "luxos desnecessários a prisioneiros": Buxhoeveden, 286.
463 "sou apenas uma 'ex'": Dehn, 199. Alexandra acredita que os russos continuam leais: Buxhoeveden, 275.
463 Carta do príncipe Lvov e resposta do grão-duque Nicolau: Hanbury-Williams, 179, 182.
464 "Cidadão Romanov" e sua esposa, "Alexandra, a alemã": Paléologue, III, 257.
464 O menu: Almedingen, 209. "Se Nicky matasse mais alguns": ibid., 209-10.
464-65 Fala de Kerensky para os criados: Benckendorff, 54. "Ele estava vestido com uma camisa azul": ibid., 55. "Seus modos eram abruptos e nervosos": ibid., 55-6.
465 Kerensky e Vyrubova: Vyrubova, 223-4.
465 "Tudo está correndo bem": Benckendorff, 59.
465 "estava num estado de agitação febril": ibid., 59.
465-66 Encontro de Kerensky com a família imperial: Kerensky, *Murder*, 122-3.
467 "a mão branca da imperatriz": Vyrubova, 225.
467 "com o sofrimento, somos purificadas": Dehn, 215.
467 "um grupo de figuras de branco, juntinhas", Ana Vyrubova e Lili Dehn deixam Tsarskoe Selo pela última vez: Vyrubova, 226; Dehn, 215.
467 Desumano separar uma mãe dos filhos doentes: Benckendorff, 66.
467-68 Entrevista de Kerensky com Alexandra: ibid., 75-6. "Sua esposa não mente": ibid., 76.
468 Entrevista de Kerensky com Nicolau: ibid., 77.
468 "A atitude de Kerensky com o czar já não é o que foi": Gilliard, 227. "A confiança que o imperador sentia em Kerensky": Benckendorff, 77. "Ele [Kerensky] é um homem que ama a Rússia": Pares, na Introdução de Kerensky, *Murder*, 15.
469 baioneta nos raios da roda da bicicleta: Buxhoeveden, 299. "Nem por nada desse mundo": Kobylinsky, 177. "O que você tem contra mim?": Benckendorff, 71.
469 A multidão assobiava e debochava: Kerensky, *Murder*, 114; Bulygin, 192.
469 Alexandra conversa com soldado: Buxhoeveden, 300; Benckendorff, 80.
470 coronel Eugene Kobylinsky: Kobylinsky, 167-8; Benckendorff, 91; Bulygin, 189-90. "Foi meu último amigo": Bulygin, 190.
470 O episódio do rifle de brinquedo: Benckendorff, 83; Gilliard, 230-1; Kobylinsky, 177.
471 A horta e a lenha: Benckendorff, 79-80; Gilliard, 229-31.
471 sinais de luz vermelha e verde: Benckendorff, 87; Gilliard, 232; Kerensky, *Murder*, 114-15.
471 "Nosso cativeiro em Tsarskoe Selo": Gilliard, 217-8.

31 – "O GOVERNO DE SUA MAJESTADE NÃO INSISTE"

472 "simples seres humanos": Kerensky, *Murder*, 112.
472 "É um erro": Buchanan, II, 73.
472 "Não serei o Marat da Revolução Russa": Kerensky, *Crucifixion*, 161.
472 "Ele não pode perder tempo para sair": Paléologue, III, 253.
473 "É a última chance": ibid., 258.
473 Discurso de Lloyd George: citado por Pares, 260; por Paléologue, II, 43.
473 Telegrama de Lloyd George: Lloyd George, 507. A decisão de convidar a família imperial russa: Nicolson, 300.
474 Conversas de Buchanan com Miliukov: Buchanan, II, 104-6.
474 "A República deve ser protegida": Bykov, 33. Um desdenhoso escritor bolchevique: ibid., 35.
474-75 O Governo Provisório pediu ao Soviete que os soberanos depostos permanecessem na Rússia: Paléologue, III, 268. Miliukov não pode entregar telegrama do rei George V: Buchanan, II, 103; Paléologue, III, 278. Texto do telegrama: Nicolson, 299.
475 O rei e a rainha da Inglaterra pediam notícias: Gilliard, 222.
475 "Nada foi ainda decidido": Lloyd George, 512.
475 "o governo de Sua Majestade não insiste": Kerensky, *Murder*, 117.
475 "como desculpa para levantar a opinião pública": mensagem de Buchanan, citada por Lloyd George, 512.
475 Carta de Bertie, citada por Lloyd George, 514.
475 O plano suspenso até o começo do verão: Kerensky, *Murder*, 116-17.
476 "a recusa final do governo britânico": ibid., 118.
476-77 "não ser o senhor de sua casa": Buchanan, II, 106. Relato do episódio por Meriel Buchanan: Meriel Buchanan, 195-7. Lloyd George "provavelmente teria dado essa orientação": citado por Meriel Buchanan, viii a.
477 "uma arca inavegável": Lloyd George, 480. "Uma coroa sem cabeça": ibid., 483. "Esse país não pode ser responsabilizado": ibid., 516.
477 "Sua Majestade não pode evitar dúvidas": Nicolson, 301. O rei sugere que a Inglaterra é obrigada a retirar a oferta: ibid., 301.
477 Recordação do duque de Windsor: Windsor, 131.
478 "nós, mais velhos...": Payne, 252.
478 "Nossa tática": Fischer, 108. "Ilyich não dormia": ibid., 108.
478 "bacilo de uma praga": Churchill, *World Crisis: The Aftermath*, 71.
478-79 A volta de Lênin: Trotsky, I, 295-8; Moorehead, 184-7.
479 Fracasso inicial de Lênin: Trotsky, I, 309-11; Florinsky, I.401-3; Fischer, 128. "Isso é delírio!": Trotsky, I, 310. "Lênin foi um fiasco irremediável": Paléologue, III, 302.
480 Trotsky na América: Kennan, 31-2. A Missão Raiz [indicado nas pp. 465-6, mas não consta no texto;], ibid., 19, 23.

480-81 Ofensiva de Kerensky: Florinsky, 1.409-10. Alegria de Nicolau: Benckendorff, 94. "O Levante de Julho": Florinsky, 1.431. "Maior do que uma demonstração, mas bem menor do que uma revolução": ibid., 1.432.
481 "Os bolcheviques estão atrás de mim": Pares, na Introdução de Kerensky, *Murder*; Benckendorff, 98.
481-82 Kerensky procura um refúgio: Kerensky, *Murder*, 119. "Escolhi Tobolsk": ibid., 120.
482 "Não tenho medo": ibid., 121.
482-83 O séquito: Benckendorff, 99.
483 "A cerimônia foi pungente": ibid., 103.
483 A partida da família em segredo: Kerensky, *Murder*, 128.
484 "não se ataca um homem caído": Kobylinsky, 183; Bykov, 40; Kerensky, *Murder*, 128.
484 "As ordens do coronel Kobylinsky": Bulygin, 194. Os soldados se recusaram a trabalhar: Benckendorff, 105-6.
484 o grão-duque Miguel: Benckendorff, 107. "Como está Alix? Como está mamãe?": Kerensky, *Murder*, 129.
484 "Foi o tio Misha que chegou?": Kobylinsky, 184.
484 "chorando como qualquer mulher comum": Kerensky, *Murder*, 130.
485 Os soldados praguejando e resmungando: Benckendorff, 108. Os oficiais não se sentaram com Nicolau Romanov: ibid., 110.
485 Nicolau poderia voltar: ibid., 107.
485 Partida de Tsarskoe Selo: ibid., 111-12; Gilliard, 234-5.

32 – SIBÉRIA

486 O trem para a Sibéria. Estoque de vinhos da adega imperial: Benckendorff, 121. Pedras preciosas no valor de 500 mil dólares: Wilton, 74. Séquito e criados: Bykov, 40, e Kobylinsky, que lista seus nomes, 187-8.
486 A rotina do trem: Kerensky, *Murder*, 131. Passeio ao lado dos trilhos: Benckendorff, 121.
486 Calor, persianas fechadas: Diário de N, citado por Kerensky, *Murder*, 134.
486 Parada em Perm: Kobylinsky, 185.
487 A viagem de barco: Kerensky, *Murder*, 135. Pokrovskoe, lar de Rasputin: Gilliard, 239-40; Yussoupov, *Rasputin*, 28-9.
487 Chegada a Tobolsk: Kerensky, *Murder*, 132-3; Gilliard, 240; Benckendorff, 121; Botkina, 37.
487 Tobolsk e a casa do governador: Botkin, 156; Botkina, 39; Gilliard, 240.
488 A casa de Kornilov: Benckendorff, 122; Bulygin, 194.
488 Pátio fechado: Gilliard, 240. A comitiva tinha livre acesso: Gibbs, em Wilton, 244.
489 Atitude com a família imperial. O povo da cidade: Gilliard, 242. Soldados: Bykov, 60.

489 Pankratov e Nikolsky: Kobylinsky, 190-1; Bulygin, 196; Botkina, 42.
490 "Não desejando infringir as regras da boa educação": Pankratov, *With the Czar in Tobolsk*, citado por Bykov, 43-4.
490 Histórias de Pankratov: Wilton, 61.
491 "Antes tivemos ordem da polícia": Kobylinsky, 191.
491 Caixa de vinhos: Bykov, 45; Botkina, 43.
491 ministrar educação política aos soldados: Bulygin, 196. "O resultado dessas lições": Kobylinsky, 192.
492 O caso Kornilov: Florinsky, 1.436-42.
492 "A história não nos perdoará": Florinsky, 1.445.
492 A revolução de outubro/novembro. Há inumeráveis relatos do *coup d'état* bolchevique. Baseando-me no vívido testemunho de John Reed, *Ten Days That Shook the World*, consultei também Trotsky, III, 200-75; Florinsky, 1.447-50; e Kennan, 4-6, 71-3. "O Governo Provisório apela": Reed, 103.
493 "Kerensky... meramente passeou pela revolução": Trotsky, I, 183.
493 "ouvi o czar se arrepender da abdicação": Gilliard, 243.
494 "As aulas começam às nove": Vyrubova, 311.
494 "Uma a uma, todas as coisas terrenas": ibid., 313.
494 "Está um belo sol": ibid., 314-16.
405 "uma verdadeira casa de gelo": Gilliard, 253.
495 "Hoje está um grau negativo de geada": Vyrubova, 325.
495 "Nunca se sabe quando poderão ser úteis": Gibbs, em Wilton, 256.
495 "geralmente nos sentamos à janela": Vyrubova, 309.
495-96 As peças de teatro: Botkina, 49. "Quero falar com você": ibid., 50.
496 "Nessa atmosfera de paz em família": Gilliard, 243.
496 Natal. "As crianças estavam cheias de alegria": Gilliard, 246. "Coletes de tricô e marcadores de livros": Vyrubova, 302. A missa matinal: Kobylinsky, 194-5; Bykov, 48, 53.
496-97 "ouvi um barulho extraordinário": Bykov, 54. "Eles têm armas": Kobylinsky, 196.
497 as dragonas, vitória de 100 x 85: Gilliard, 251. "Depois do jantar": ibid., 252. "Senti que não podia aguentar mais": Kobylinsky, 197-8.
498 "Todos os velhos soldados... devem nos deixar": Gilliard, 253.
498 "montanha de neve": Gilliard, 252-5. O Comitê dos Soldados: Kobylinsky, 196. "Os soldados, com expressão envergonhada": Gilliard, 255.
498 palavras obscenas: Kobylinsky, 198; Gilliard, em Wilton, 229.
498-99 Dinheiro. Kobylinsky chegara trazendo uma grande quantia: Benckendorff, 127. As remessas pararam de chegar: Kobylinsky, 197. Anônimo se ofereceu para manter o czar durante seis meses: Benckendorff, 129. 20 mil rublos: Kobylinsky, 197. "Nicolau Romanov... receber ração de soldados": ibid., 199; Bykov, 57. "Já que todo mundo estava nomeando comitês": Gilliard, 255. Ovos, doces e guloseimas: Bykov, 44-5.
499 "O estranho sobre o caráter russo": Vyrubova, 318.
500 "Hoje é domingo de carnaval": Gilliard, 256.

33 – BONS HOMENS RUSSOS

500 "Dali... via Japão": Kerensky, *Murder*, 118.
500 a família não seria separada: Gilliard, 256.
501 Visitantes misteriosos com barbas bem cuidadas: Botkina, 45; Bykov, 47.
501 Margaret Khitrivo: Kerensky, *Murder*, 138-9; Bulygin, 195-6.
501 "você traz o nome de São Hermógenes": Bykov, 48.
501 Esforços de Benckendorff: Pares, 486. Liderança de Soloviev: ibid., 486.
501-502 Quem era Soloviev?: Bulygin, 197; Bykov, 50-1; Pares, 486.
502 "Fui à casa de Anya ontem à noite": Bulygin, 198.
503 "a família de Gregório e seus amigos estão ativos": Bulygin, 198. "A Irmandade de São João de Tobolsk": ibid., 199. "Trezentos oficiais fiéis": Bykov, 57.
503-504 Soloviev em Tyumen: Bulygin, 199-201. Soloviev preso pelos bolcheviques: ibid., 211. Da Sibéria a Berlim: ibid., 211, 216. Um banqueiro de Petrogrado: ibid., 216. Romanova se casa com um bolchevique: ibid., 215. Agente alemão?: ibid., 217. Foi solto: ibid., 207.
505 "os monarquistas foram capitaneados pelo traidor Soloviev": Kerensky, *Murder*, 27. É possível que Soloviev fosse agente dos bolcheviques e dos alemães: Wilton, 131-3.
505 Alexandra sonhou com os jardins ingleses: Vyrubova, 340. "Deus não vai deixar isso assim": ibid., 336.
505-506 Alexei desliza pela escada interna: Botkina, 56. A pior desde Spala: Gilliard, 258-9. "Ele está terrivelmente magro e amarelo": Vyrubova, 338. "Ontem, pela primeira vez": ibid., 339.
506 "A atmosfera à nossa volta é... eletrificada": ibid., 341.
507 Tratado em Brest-Litovsk: Fischer, 287. Um general russo se matou com um tiro: Botkin, 172.
507 "desgraça", "suicídio da Rússia": Gilliard, 257. "E pensar que chamaram Sua Majestade de traidor": Bulygin, 202. "Eu nunca poderia imaginar que o imperador Guilherme": Gilliard, 257.
507 "Depois do que fizeram ao czar": ibid., 257.
508 Urais Vermelhos: Bykov, 61. Trazer a família imperial para Ekaterinburg: ibid., 62-3.
508 um destacamento bolchevique da cidade de Omsk: Bulygin, 203. "Os bons homens russos": ibid., 201, 203, 205; Bykov, 58. "Sua Majestade me diz": Gilliard, 258.
508-509 Zaslavsky: Kobylinsky, 202.
509 Yakovlev: ibid., 202; Bulygin, 206-8. Tomou chá com o czar: Gilliard, 259.
509 Sua Majestade, e *Bonjour, Monsieur*: Bulygin, 208. "Todos estão inquietos e angustiados": Gilliard, 259.
509-10 "O primeiro documento era endereçado a mim": Kobylinsky, 203. Yakovlev visita o czarevich: ibid., 204; Gilliard, 259. "Sentimos que fomos esquecidos por todo mundo": Gilliard, 260.

510 "recebi ordem": Kobylinsky, 205. "Depois do almoço, às duas horas": ibid., 205. 'Eu me recuso a ir': Bulygin, 208.
511 "Eles querem me obrigar a assinar": Kobylinsky, 206; Bulygin, 209, 222. "Eu irei também": Kobylinsky, 206. "O comissário diz que nada de mau": Gilliard, 260.
511 "Mas, mãe, se papai tem que partir": ibid., 261.
512 "Médicos exigem partida imediata": Bulygin, 221; Bykov, 67. "Infelizmente não temos dados": Bulygin, 221; Bykov, 67; Benckendorff, 135. "Necessário se submeter": Bulygin, 221.
512 Yakovlev preocupado: Kobylinsky, 207. "Para mim, não faz diferença": Bulygin, 209.
512 "Mamãe, mamãe!": Gibbs, em Wilton, 249. "Tenho certeza de que o rio vai degelar": Bykov, 68.
512 A última noite em Tobolsk: Gibbs, em Wilton, 250. "Essa esplêndida serenidade": Gilliard, 262.
513 *Tarantasses*: Gilliard, 262; depoimento de Gilliard, em Wilton, 234. A imperatriz manda Gilliard ficar com Alexei: Gilliard, 263. Cortesia de Yakovlev: Kobylinsky, 209; Bulygin, 209.
513 As meninas soluçando: Gilliard, 263.
513-14 A viagem para Tyumen: ibid., 263; Bykov, 68-9; Pares, 490. Acenando lenços brancos: Bykov, 69. O sinal da cruz: Kobylinsky, 209; Bulygin, 212.
514 Cavalaria Vermelha: Bulygin, 212. "Prosseguindo em segurança": Kobylinsky, 210.
514 Yakovlev parte na direção contrária: Pares, 490.
515 "traidor da revolução", "a todos, a todos, a todos": Bykov, 70.
515 Kulomzino: Gibbs, em Wilton, 235; Pares, 490. Conversou diretamente com Sverdlov: Bykov, 71; Bulygin, 225.
515 "Tenho ordem de levá-los para Ekaterinburg": Kobylinsky, 210.
515 "A julgar pelos jornais": Bykov, 72.
515-16 Yakovlev, agente monarquista: Bykov, 69. Pares acredita que Yakovlev estava tentando salvar a família imperial de cair nas garras do Soviete de Ekaterinburg e, possivelmente, tentava salvá-los completamente: Pares, 491.
516 Na Rússia, os alemães conquistadores: Bulygin, 223.
516-17 "Fiquem calmos": ibid., 202, 219. O kaiser pessoalmente responsável: ibid., 220-1. Restauração do czar: ibid., 223.
517 O jogo de Mirbach: Wilton, 151. O jogo de Sverdlov: Gilliard, 282-3; Bulygin, 224-5.
518 Yakovlev deserta para Kolchak: Bykov, 73; Pares, 491.
518 Mirbach ludibriado: Bulygin, 226.
518 Yussoupov e o emissário alemão: Yussoupov, 268.
518 "O destino do imperador russo": Bulygin, 227. "Ditadura de Mirbach!": Bruce Lockhart, 296-7.

34 – EKATERINBURG

519 Ekaterinburg e a casa de Ipatiev: Wilton, 19; Bykov, 72.
519 "Cadê os Romanov?!": Bykov, 72.
519 Nicolau desceu do trem carregando sua própria mala: Bulygin, 230-1; Benckendorff, 136.
519 "Cidadão Romanov, pode entrar": Bulygin, 231.
519 "Até agora tivemos um tratamento cortês": Kobylinsky, 216.
520 uma suástica na janela: Gilliard, 274; Kobylinsky, 239.
520 Telegrama para Kobylinsky: Gilliard, 264.
520 "dispor dos remédios conforme combinado": Bulygin, 232; Wilton, 74.
520 Tatiana supervisionava o trabalho: Kobylinsky, 220.
520-21 Rodionov: Bulygin, 228-30; Gilliard, 264. "Ninguém tem permissão para olhar para as janelas!": Botkin, 208. "O menino está doente": Bulygin, 230; Gilliard, 265. Num vagão de quarta classe: Bulygin, 233.
521 "Várias carruagens estavam enfileiradas": Gilliard, 269.
521 O grupo foi dividido: ibid., 270. Gilliard livre: ibid., 273.
521-22 Acomodações na casa de Ipatiev: Medvedev, em Wilton, 287; Gilliard, 283. Os guardas: Bulygin, 231-2; Gilliard, 282. Avadeyev: Yakimov, em Wilton, 261-2.
522 Bebedeiras e desaforos de Avadeyev: Bulygin, 232; Yakimov, em Wilton, 267.
522 "Mande-os para o inferno": Yakimov, em Wilton, 273.
523 Horários da família: Bykov, 74; Benckendorff, 137; Yakimov, em Wilton, 271; Proskuriakov, em Wilton, 299; Gilliard, 284.
523 "Já comeu demais, seu rico preguiçoso": Bulygin, 232.
523 Nagorny defende Alexei: Gibbs, em Wilton, 252-3; Gilliard, 272.
523-24 "Nagorny caminhava para a carruagem": Gilliard, 272. Na mesma cela que o príncipe George Lvov: Gibbs, em Wilton, 252-3.
524 "Ainda carrego uma impressão deles": Yakimov, em Wilton, 274-5.
524 "Passamos horas discutindo meios e maneiras": Vorres, 243.
525 damas meio loucas, condessas e baronesas: Bykov, 76.
525 "A hora da libertação está chegando": ibid., 78. Estimativa de tramas de resgate em Ekaterinburg: Pares, 493-4.
525 "Com a ajuda de Deus e sua prudência": citado por Bykov, 78.
526 "A segunda janela a partir do canto": citado por Bykov, 79.
526 "Passamos uma noite ansiosos": *Krasny Arkhív*, 1928, vol. XXVII, p. 136, citado por Bykov.
526 Os "Letts": Bulygin, 235; Wilton, 82-3; Yakimov, em Wilton, 268; Yurovsky: Wilton, 29, 81.
527 "Esse espécime, gostamos menos do que de todos": Pares, 495.
527 "Ansiedade desnecessária": Gilliard, 286; Bulygin, 235, 242.
527 Goloshchekin e Sverdlov: Bulygin, 243; Wilton, 27-8, 75; Pares, 495. Julgamento público com Trotsky como promotor: Bykov, 75.
527-28 os tchecos: Pares, 485.

528 Decisão de matar a família inteira: Wilton, 127, 139; Bykov, 80.
528 os "Quatro Irmãos": Bulygin, 248. Gasolina e ácido: ibid., 249; Wilton, 101.
528-29 Yurovsky parecia não ter raiva dos cativos: Yakimov, em Wilton, 277. Sua conversa com Alexei: Bulygin, 237; Gilliard, 286.
529 padre Storozhov: Bulygin, 236. "Minha alma descansa em Deus": Pares, 496.
529 Nicolau desceu carregando Alexei: Medvedev, em Wilton, 289. Anastácia e Jimmy: Wilton, 95. O porão: Wilton, 88.
529 o czar e as filhas foram dar o passeio habitual: Yakimov, em Wilton, 277. "Hoje à noite vamos matar a família inteira": Bulygin, 237; Medvedev, em Wilton, 288.
530 O assassinato: Bulygin, 237-8; Gilliard, 287-8; Pares, 497. Demidova trespassada por mais de trinta estocadas: Yakimov, em Wilton, 281. Jimmy morto: Wilton, 95. Anastácia: Gilliard, 288.

EPÍLOGO

531 Destruição dos corpos: Bulygin, 249-50; Wilton, 101-2; Gilliard, 290. "O mundo jamais saberá o que fizemos com eles": Pares, 498. Voikov tornou-se embaixador soviético na Polônia: Pares, 496.
531 Ekaterinburg cai sob os Brancos: Wilton, 104. Joy é encontrada no pátio: Buxhoeveden, *Left Behind*, 154. Aparência da sala do assassinato: Gilliard, 274.
531 "Mas as crianças": Gilliard, 277. Sokolov: Bulygin, 248; Wilton, 15.
531-32 Evidências achadas na mina: Gilliard, 293-4; Wilton, 116-17; Gibbs, em Wilton, 254; Bulygin, 252. Corpo de Jimmy: Wilton, 95.
533 "O camarada Sverdlov quer fazer uma declaração": Bykov, 82.
533 "Diga a Sverdlov que toda a família teve o mesmo destino": Bulygin, 244.
533-34 Texto do anúncio da morte: Gilliard, 292; Wilton, 14.
534 Bolcheviques prendem 28 social-revolucionários: Wilton, 21, 103.
534 "Sim, e onde está o czar?": *Trotsky's Diary in Exile*, 1935 (Cambridge, Harvard University Press, 1953), p. 81.
534-35 Wilson no jantar de Lane: Walworth, II, 171. Morte do grão-duque Miguel: Wilton, 121; Pares, 493. Morte da grã-duquesa Elizabeth: Wilton, 124; Benckendorff, 140-2; Bulygin, 256; Pares, 498-9. Morte de quatro grão-duques: Wilton, 127. "A Revolução não precisa de historiadores": Vyrubova, 294.
536 Lênin foi morto por Stalin? Em duas recentes biografias de Lênin, os dois biógrafos discordam. Louis Fischer duvida de que Stalin tivesse algo a ver com a morte de Lênin; Robert Payne tem certeza de que Lênin foi envenenado.
536 Conferência de Ialta no Palácio Livadia: Winston Churchill, *Triumph and Tragedy* (Boston: Houghton Mifflin, 1953), 346, 349, e Robert E. Sherwood, *Roosevelt and Hopkins* (Nova York, Harper, 1948), 850-1.
536 Morte de Sverdlov: Wilton (p. 161) declara que, embora se diga que Sverdlov morreu de causa natural, na verdade ele "levou um golpe na cabeça" de um trabalhador de Moscou.

536 correspondentes da imprensa visitam Sverdlovsk: Harrison Salisbury, *New York Times*, 1º de agosto de 1959.
537 O relato dos últimos anos da imperatriz Maria é tirado de Vorres (as memórias de sua filha grã-duquesa Olga). Maria deixa a Rússia: Vorres, 163. Recusa a acreditar que Nicolau está morto: ibid., 171. Discute com o rei Christian sobre a conta de luz: ibid., 169. Pensão do rei George V: ibid., 170. Sua morte: ibid., 181.
537-38 grã-duquesa Olga. Mudança para Toronto: ibid., 192. Convidada para almoçar com a rainha Elizabeth: ibid., 213. Morre num apartamento em cima de uma barbearia: ibid., 221.
538 grão-duque Cirilo. Herdeiro de Nicolau: Vyrubova, 207; Vorres, 236. "O dia da glória está chegando!": obituário de Cirilo no *New York Times*, 13 de outubro de 1938. Vladimir Cirilovich: Kschessinska, 252; Vorres, 236.
538 grão-duque Nicolau: Pares, 501.
538 grão-duque Dmitri: *Time*, 16 de março de 1941; Kschessinska, 159-60, 248.
539 O destino do séquito: Pares, 499.
539 Os ministros: Pares, 500. Príncipe Lvov: Kokovtsov, 545.
539 Alexeiev e Kornilov: Pares, 500. Polivanov e Brusilov: ibid., 501.
539 "Os poloneses estão cercando as fortalezas russas": Vorres, 232.
539-40 Sukhomlinov: Fugiu num veleiro: Kokovtsov, 526. Dedicou suas memórias ao kaiser: Tuchman, 63. Esposa se casou com um oficial da Geórgia e foi morta: Vyrubova, 191.
540 Buchanan: Buchanan, II, 93, 261.
540 Benckendorff: Benckendorff, vii, 166. Fredericks: Botkin, 40.
540 Vyrubova, *Estrela Polar*: Vyrubova, 276-7. Gorky: ibid., 292-4.
540 Gilliard: de seu obituário, *Gazette de Lausanne*, 8 de junho de 1962.
541 Iliodor: *New York Herald Tribune*, 5 de julho de 1933; *Time*, 11 de fevereiro de 1952.
541 Maria Rasputin: *Time*, 4 de dezembro de 1939. Em novembro de 1966, um cartaz de circo anunciando Mlle. Rasputin em exposição numa coleção no Lincoln Center Museum, na cidade de Nova York.
541 Kschessinska deu aulas para Margot Fonteyn: Kschessinska, 237. Dançou no Covent Garden, 238.
541 Yussoupov: O autor assistiu ao julgamento completo em 1965.
542 Hemofilia. Alfonso e Gonzalo; McKusick, 94. A possibilidade de recorrência nessa família é remota: Armand J. Quick, M.D. "International Forum on Hemophilia", *Spectrum*, vol. 10, n. 2 (março-abril de 1962).
542-43 A lenda do ouro Romanov. Todas as propriedades imperiais tomadas: Benckendorff, 125-6. Capital de Nicolau na abdicação: Benckendorff, 89. Relíquias enterradas perto de Paris: Vorres, 171. Joias de Maria avaliadas em mais de 2 milhões de dólares: ibid., 183. Muitas apareceram na coleção da rainha Mary: ibid., 184. Fundos em Berlim: ibid., 179. Valor de 1.500 dólares: *New York Herald Tribune*, 18 de novembro de 1965.

543 Depósitos na Inglaterra levados de volta à Rússia: Vorres, 179.
543 "Vejo Buchanan amanhã": AF para N, 123, 125.
543 Sir Edward Peacock. Instruído pelo rei George V: Vorres, 183. "Tenho certeza de que nunca houve dinheiro": ibid., 246.
544 O czar em Londres: Benckendorff, 146. Em Roma: ibid., 147. A família num barco no mar Branco: Bulygin, 272. Dezenas de reclamantes: ibid., 271, 276-7.
544 várias Anastácias: Vorres, 201, 202. Mrs. Anderson e a grã-duquesa Olga: ibid., 175-6. "Tia Olga querida!": ibid., 200. "Falar a verdade não adianta": de uma carta publicada na *Life* em 30 de dezembro de 1963, escrita por Ian Vorres.

BIBLIOGRAFIA

FONTES PRIMÁRIAS

Nicolau II, *Journal Intime*. Traduzido por A. Pierre. Paris, Payot, 1925. (Citado nas Notas como Diário de N.)

The Letters of the Tsar to the Tsaritsa 1914-1917. Londres, Bodley Head; Nova York, Dodd, Mead, 1929. (Citado nas Notas como N para AF.)

Letters of the Tsaritsa to the Tsar 1914-1916; Introdução de Sir Bernard Pares, Londres, Durkworth, 1923. (Citado nas Notas como AF para N.)

The Secret Letters of the Last Tsar: The Confidential Correspondence Between Nicholas II and His Mother, Dowager Empress Marie Feodorovna. Editadas por Edward J. Bing, Nova York, Longmans, Green, 1938. (Citadas nas Notas como N para MF e MF para N.)

Alexander, grande duque da Rússia, *Once a Grand Duke*. Nova York, Garden City, 1932.

Benckendorff, conde Paul, *Last Days at Tsarskoe Selo*. Londres, Heinemann, 1927.

Botkin, Gleb, *The Real Romanovs*. Nova York, Revell, 1931.

Botkina, Tatiana Melnik, *Vospominanya o Tsarkoy Sem'ye*. Belgrado, Stefanonivich, 1921.

Bovey, Kate Koon, *Russian Coronation 1896*. Minneapolis, edição privada, 1942.

Bruce Lockhart, R. H., *British Agent*, Nova York e Londres, Putnam, 1933.

Buchanan, Sir George, *My Mission to Russia*. 2 vols. Londres e Nova York, Cassell, 1923. (Citado nas Notas como Buchanan.)

Buchanan, Meriel, *The Dissolution of an Empire*. Londres, Murray, 1932.

Bulygin, Paul e Alexander Kerensky, *The Murder of the Romanovs*. Introdução de Sir Bernard Pares. Londres, Hutchinson, 1935.

Buxhoeveden, baronesa Sophie, *Left Behind: Fourteen Months in Siberia During the Revolution*. Nova York e Londres, Longmans, Green, 1929.

———, *The Life and Tragedy of Alexandra Feodorovna, Empress of Russia*. Nova York e Londres, Longmans, Green, 1928. (Citada nas Notas como Buxhoeveden.)

Bykov, P. M., *The Last Days of Tsardom*. Londres, Martin Lawrence [1934].

Dehn, Lili, *The Real Tsaritsa*, Londres, Thornton Butterworth, 1922.

Gilliard, Pierre, *Thirteen Years at the Russian Court*. Nova York, Doran, 1921.

Golovine, tenente-general Nicholas, *The Russian Army in the World War*. Yale e Oxford University Presses, 1931.

Hanbury-Williams, major-general Sir John, *The Emperor Nicholas as I Knew Him*. Londres, Arthur L. Humphreys, 1922.

(Iliodor) Trufanoff, Sergei, *The Mad Monk of Russia*. Nova York, Century, 1918.

(Izvolsky) Iswolsky, Alexander, *Memoirs*. Editado e traduzido por Charles L. Seeger. Londres, Hutchinson, 1920.

Kerensky, Alexander, *The Catastrophe*. Nova York, Appleton, 1927.

_____, *The Crucifixion of Liberty*. Nova York, Day, 1934.

_____, *Russia and History's Turning Point*. Nova York, Duell, Sloan and Pearce, 1965.

_____ e Paul Bulygin, *The Murder of the Romanovs*. Introdução de Sir Bernard Pares. Londres, Hutchinson, 1935.

Knox, major-general Sir Alfred, *With the Russian Army, 1914-1917*. Nova York, Dutton, 1921.

Kobylinsky, coronel Eugene, Deposition in Robert Wilton, *The Last Days of the Romanovs*. Londres, Thornton Butterworth, 1920.

Kokovtsov, conde Vladimir N., *Out of My Past: The Memoirs of Count Kokovtsov*. Stanford University Press, 1935.

Kschessinska, Mathilde, *Dancing in Petersburg*. Traduzido por Arnold Haskell. Garden City, Doubleday, 1961.

Lloyd George, David, *War Memoirs; 1916-17*. Boston, Little, Brown, 1934.

Marye, George Thomas, *Nearing the End in Imperial Russia, 1914-1916*. Filadélfia, Dorance, 1929.

(Mosolov) Mossolov, A. A., *At the Court of the Last Tsar*. Londres, Methuen, 1935.

Narishkin-Kurakin, Elizabeth, *Under Three Tsars*. Nova York, Dutton, 1931.

Novikoff-Priboy, A., *Tsushima*, Nova York, Knopf, 1937.

Obolensky, Serge, *One Man in His Time*. Nova York, McDowell Obolensky, 1958.

Oukhtomsky, E. E., *Voyage en Orient, 1890-1891, de Son Altesse Imperiale le Tsarevitch*. Paris, Delegrave, 1893.

Paléologue, Maurice, *An Ambassador's Memoirs*. 3 vols. Traduzido por F. A. Holt, Nova York, Doran, 1925.

Pobedonostsev, Konstantin P., *Reflections of a Russian Statesman*. Ann Arbor Paperbacks, University of Michigan Press, 1965.

(Purishkevich) Pourichkevitch, Vladimir, *Comme j'ai tué Raspoutine*. Paris, Povolozky, 1923.

Rasputin, Maria, *My Father*. Londres, Cassell, 1934.

Red Archives [Krasny Arkhiv]. Editado por C. E. Vulliamy, traduzido por A. L. Hynes. Londres, Bles, 1929.

Reed, John, *Ten Days That Shook the World*. Nova York, Modern Library, 1935.

Rodzianko, M. V., *The Reign of Rasputin*. Londres, Philpot, 1927.

Sazonov, Serge, *Fateful Years*. Nova York, Stokes, 1928.

Spiridovitch, general Alexandre, *Les Dernières Années de la Cour de Tsarskoe Selo*. 2 vols. Paris, Payot, 1928.

The Willy-Nicky Correspondence. Editado por Herman Bernstein. Nova York, Knopf, 1918.

Trotsky, Leon, *The History of the Russian Revolution*. 3 vols. Traduzido por Max Eastman. Nova York, Simon and Schuster, 1932.

Vorres, Ian, *Last Grand Duchess: The Memoirs of Grand Duchess Olga Alexandrovna*. Londres, Hutchinson, 1964. Nova York, Scribner, 1965.

(Vyrubova) Viroubova, Anna, *Memories of the Russian Court*. Nova York, Macmillan, 1923.

Wilton, Robert, *The Last Days of the Romanovs* (com inserções de coronel Kobylinsky, Pierre Gilliard, Sidney Gibbs, Anatoly Yakimov, Pavel Medvedev, Philip Proskuriakov). Londres, Thornton Butterworth, 1920.

Windsor, Edward, duque de, *A King's Story*. Nova York, Putnam, 1947.

Witte, Count Sergius. *Memoirs*. Traduzido e editado por Abraham Yarmolinsky. Nova York, Doubleday, Page, 1921.

(Yussoupov) Youssoupoff, príncipe Felix, *Lost Splendor*. Londres, Cape, 1953. (Citado nas Notas como Yussoupov.)

_____, *Rasputin*. Nova York, Dial, 1927.

OUTRAS FONTES

Almedingen, E. M., *The Empress Alexandra*. Londres, Hutchinson, 1961.

Bainbridge, Henry Charles, *Peter Carl Fabergé: An Illustrated Record and Review of His Life and Work*. Londres, Batsford, 1949.

Balfour, Michael, *The Kaiser and His Times*. Boston, Houghton Mifflin, 1964.

Billington, James H., *The Icon and the Axe*. Nova York, Knopf, 1966.

Chamberlain, William Henry, *The Russian Revolution 1917-1921*. 2 vols. Nova York, Macmillan, 1935.

Charques, Richard, *The Twilight of Imperial Russia*. Fair Lawn, N.J., Essential Books, 1959.

Cherniavsky, Michael. *Tsar and People*. Yale University Press, 1961.

Churchill, Winston S., *The World Crisis: The Aftermath*. Londres, Thornton Butterworth, 1929.

_____, *The World Crisis*. Nova York, Scribner, 1931.

Cowles, Virginia, *The Kaiser*. Nova York, Harper and Row, 1963.

Dennis, Jessie McNab, "Fabergé's Objects of Fantasy", *Bulletin, Metropolitan Museum of Art*, vol. 23, n. 7: 229-242 (março de 1965).

Fennell, J. L. I., editor e tradutor, *The Correspondence Between Prince A. M. Kurbsky and Tsar Ivan IV of Russia, 1564-1569*. Cambridge University Press, 1963.

Fischer, Louis, *The Life of Lenin*. Nova York, Harper Colophon Books, 1965.

Florinsky, Michael T., *The End of the Russian Empire*. Nova York, Collier Books, 1961.

_____, *Russia: A History and an Interpretation*. 2 vols. Nova York, Macmillan, 1964. (Citado nas Notas como Florinsky.)

Frankland, Noble, *Imperial Tragedy*. Nova York, Coward-McCann, 1961.

Fülöp-Miller, René, *Rasputin: The Holy Devil*. Nova York, Garden City, 1928.

Gorer, Geoffrey e John Rickman, *The People of Great Russia: A Psychological Study*. Nova York, Norton, 1962.

Harcave, Sidney, *First Blood: The Russian Revolution of 1905*. Nova York, Macmillan, 1964.

Heckstall-Smith, Anthony, *Sacred Cowes*. Londres, Anthony Blond, 1965.

Kaun, Alexander, "The Twilight of the Romanov Dynasty", *American Review,* vol. 3: 129-142 (1925).

Kennan, George, *Russia Leaves the War*. Princeton University Press, 1956.

Klyuchevsky, Vassily O., *Peter the Great*. Nova York, Dutton, 1963.

Laue, T. H. von, "Count Witte and the Russian Revolution of 1905", *The American Slavic and East European Review*, vol. 17, n. 1 (fevereiro de 1958).

Leroy-Beaulieu, Anatole, *The Empire of the Tsars*. Traduzido por Z. Ragozin. 2 vols. Nova York, Putnam, 1898.

Longford, Elizabeth, *Queen Victoria: Born to Succeed*. Nova York, Harper and Row, 1964.

Magnus, Philip, *King Edward the Seventh*. Nova York, Dutton, 1964.

Mahan, Rear Admiral Alfred T., *On Naval Warfare*. Editado por Allan Westcott. Boston, Little, Brown, 1942.

Mansergh, Nicholas, *The Coming of the First World War*. Nova York, Longmans, Green, 1949.

Mazour, Anatole G., *Rise and Fall of the Romanovs*. Princeton, Van Nostrand, 1960.

_____, *Russia Past and Present*. Nova York, Van Nostrand, 1951.

Moorehead, Alan, *The Russian Revolution*. Nova York, Harper, 1958.

Nicolson, Harold. *King George the Fifth*. Londres, Constable, 1952.

Pares, Bernard, *The Fall of the Russian Monarchy*. Nova York, Vintage Books, 1961. (Citado nas Notas como Pares.)

_____, *A History of Russia*. Nova York, Knopf, edição de 1960.

Payne, Robert, *The Life and Death of Lenin*. Nova York, Simon and Schuster, 1964.

Pope-Hennessy, James, *Queen Mary*. Nova York, Knopf, 1960.

Pridham, Francis, *Close of a Dynasty*. Londres, Wingate, 1956.

Radziwill, Catherine, *Nicholas II: The Last of the Tsars*. Londres, Cassell, 1931.

Riasanovsky, Nicholas V., *A History of Russia*. Oxford, Oxford University Press, 1963.

Sacher, Howard M., *The Course of Modern Jewish History*. Cleveland, World, 1958.

Taper, Bernard, *Balanchine*. Nova York, Harper & Row, 1960.

Tuchman, Barbara, *The Guns of August*. Nova York, Macmillan, 1962. (Citada nas Notas como Tuchman.)

_____, *The Proud Tower*. Nova York, Macmillan, 1966.

Tupper, Harmon, *To the Great Ocean*. Boston, Little, Brown, 1965.

Walworth, Arthur, *Woodrow Wilson*. Boston, Houghton Mifflin, 1965.

Wheeler-Bennett, John, *King George VI*. Nova York, St. Martin's, 1958.
Wilson, Colin, *Rasputin and the Fall of the Romanovs*. Nova York, Farrar, Straus, 1964.
Wolfe, Bertram, *Three Who Made a Revolution*. 2 vols. Nova York, Time Inc., 1964.

FONTES MÉDICAS

Agle, David P., "Psychiatric Studies of Patients with Hemophilia and Related States", *Archives of Internal Medicine*, vol. 114: 76-82 (julho de 1964).

Brinkhous, Kenneth M., editor, *Hemophilia and Hemophiloid Diseases*. University of North Carolina Press, 1957.

Gun, W. T. J., "Hemophilia in the Royal Caste", *The Eugenics Review*, vol. 29, n. 4: 245-246 (janeiro de 1938).

Haldane, J. B. S., *Heredity and Politics*. Nova York, Norton, 1938.

———, "Sang Royal, Étude de l'Hémophilie dans les familles royales d'Europe", *La Pensée: Revue de rationalisme moderne*, vol. I, n. I: 39-51 (Paris, 1939).

Iltis, Hugo, "Hemophilia: 'The Royal Disease' and the British Royal Family", *The Journal of Heredity*, vol. 39, n. 4: 113-116 (abril de 1948).

Lucas, Oscar, A. Finkelman e L. M. Tocantins, "Management of Tooth Extractions in Hemophiliacs by the Combined Use of Hypnotic Suggestion, Protective Splints and Packing of Sockets", *Journal of Oral Surgery, Anesthesia and Hospital Dental Service*, vol. 20 34/489-46/500 (novembro de 1962).

Massie, Robert K., "They Live on Borrowed Blood", *Saturday Evening Post*, vol. 236, n. 7: 32-34 (4 de maio de 1963).

Mattsson, Ake e Samuel Gross, "Adaptational and Defensive Behavior in Young Hemophiliacs and Their Parents" e "Social and Behavioral Studies on Hemophilic Children and Their Families" (Artigos inéditos apresentados em American Psychiatric Association Meetings, Nova York, N.Y., 3-8 de maio de 1965).

McKusick, Victor A., "The Royal Hemophilia", *Scientific American*, vol. 213, n. 2: 88-95 (agosto de 1965).

OBRAS DE REFERÊNCIA

Almanach de Gotha, edição de 1914.
Chujoy, Anatole, *The Dance Encyclopedia*. Nova York, A. S. Barnes, 1949.
Duncan, David Douglas, *The Kremlin*. Nova York, Graphic Society, 1960.
Gosling, Nigel, *Leningrad*. Nova York, Dutton, 1965.
McGraw-Hill Encyclopedia of Russia and the Soviet Union, Nova York, McGraw-Hill, 1961.
Universal Jewish Encyclopedia, vol. 9. Nova York, Universal Jewish Encyclopedia Inc., 1949.

Impressão e Acabamento:
EDITORA JPA LTDA.